D1661920

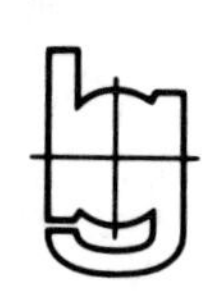

Jahresbibliographie
Bibliothek für Zeitgeschichte

WELTKRIEGSBÜCHEREI

Stuttgart

Jahrgang 55 · 1983

Neue Folge der Bücherschau der Weltkriegsbücherei

BERNARD & GRAEFE VERLAG KOBLENZ

Diese Jahresbibliographie erschien bis zum Jahrgang 31, 1959 unter dem Titel "Bücherschau der Weltkriegsbücherei" bei der Bibliothek für Zeitgeschichte, Stuttgart

Umfang: XIV, 437 Seiten

Gesamtherstellung: Omnitypie Ges. Nachf. L.Zechnall, Stuttgart

Printed in Germany

ISBN 3-7637-0123-0

INHALT

VORWORT

Auch im Jahr 1983 blieb der Erwerbungsetat der Bibliothek für Zeitgeschichte zunächst auf dem Stand der Vorjahre, was angesichts der weltweiten Preissteigerungen und des großen Anteils fremdsprachiger Literatur bei ungünstiger werdenden Wechselkursen zu einer drastischen weiteren Reduzierung der tatsächlich erworbenen Bücher geführt hat. So sind in diesem Jahr nur 3.800 Buchtitel und 1.500 Zeitschriftenaufsätze in die Bibliographie aufgenommen worden. Dank eines Ende des Jahres 1983 durch das Ministerium für Wissenschaft und Kunst des Landes Baden-Württemberg bewilligten Nachtragsetats für die Erwerbung ist für die Jahre 1984 und 1985 eine gewisse Besserung zu erwarten, jedoch konnte die Katalogisierung der mit diesen Mitteln zusätzlich erworbenen Bände erst 1984 beginnen.

Im zweiten Teil 'Forschungs- und Literaturberichte' stellt zunächst die Leiterin der Dokumentationsstelle für unkonventionelle Literatur der Bibliothek für Zeitgeschichte den Aufgaben- und Sammlungsbereich, die Probleme der Erwerbung und der Erschließung sowie die Möglichkeiten der Nutzung der Bestände, die in dem bibliographischen Teil mit einem vor die Signatur gestellten 'D' gekennzeichnet sind, vor.

Nachdem bereits in der Jahresbibliographie 1964 durch den Bibliothekar Max Gunzenhäuser die Buchbestände der Granberg-Sammlung älterer russischer Militärliteratur vorgestellt worden waren, hat Herr Werner Haupt im zweiten Beitrag die Dokumente, Archivalien und Fotos des sogenannten "Zaren-Archivs" zusammengestellt.

Kurt Ludwig gibt im dritten Beitrag eine erste bibliographische Zusammenfassung zum Thema "Die deutsche Militärmusik", die bisher fehlte.

Der frühere Mitarbeiter der BfZ und der jetzige Leiter der Landtagsbibliothek Baden-Württemberg Ralf Münnich liefert eine Bibliographie über die historische Literatur über Afghanistan seit dem Sturz der Monarchie 1973 mit dem

Schwerpunkt auf der Invasion der sowjetischen Armee und den anschließenden Widerstandskampf.

Die bibliographischen Arbeiten in diesem Jahr wurden von unseren Bibliothekarinnen und Bibliothekaren Gerda Beitter, Helene Holm, Anita Molnar, Walburga Mück, Werner Haupt, und Ralf Münnich durchgeführt. Die Schreibarbeiten besorgten Ursula Haupt und Anna Schreiner.

Stuttgart, im Juni 1984

BIBLIOTHEK FÜR ZEITGESCHICHTE
Der Direktor
Prof. Dr. Jürgen Rohwer

Inhaltsübersicht

Die bisher an dieser Stelle der Jahresbibliographie stehende "Systematische Übersicht" wurde diesmal durch eine vereinfachte Inhalts-Übersicht ersetzt, um das Auffinden der Titel zu erleichtern. Es ist darauf hinzuweisen, daß sich die systematischen Gruppen A bis K jeweils bei den unter L (Länderteil) aufgeführten Staaten in gleicher Reihenfolge wiederholen.

I
NEUERWERBUNGEN

A Allgemeine Werke

B Buch- und Bibliothekswesen

B 010 Bibliographien/Kataloge

Bauerlund, H. C.: Samfundsfaglig Bibliografi. 1. 2. København: Samfundsfagnyt 1977-80. 444, 168 S. B 45907

Bibliographie zur Politik in Theorie und Praxis. Vollst. Neubearbeitung. Königstein: Athenäum 1982. XVII, 252 S. B 47191

Bokcaféts Bok om böcker. Lund: Lunds Bok och Tidskrifts AB 1981. 192 S. B 46097

Estudio bibliográfico sobre derechos humanos. Santiago de Chile: Arzobispado 1978. 80 S. Bc 0656

Gaillemin, J.; Sowerwine-Mareschal, M.-A.; Richet, D.: L'Anarchisme. Catalogue de livres et brochures des XIX. et XX. siècles. Paris: Sur 1982. 170 S. B 47427

Jenisch, U.: Bibliographie des deutschen Schrifttums zum internationalen Seerecht 1945-1981. Frankfurt: Metzner 1982. XXIX, 141 S. B 45647

Löwis of Menar, H. von: Bibliographie zur Konfliktforschung 1981/82. In: Beiträge zur Konfliktforschung. Jg. 12, 1982. No. 4. S. 95-139. BZ 4594:12

Regionalismus und regionale Integration. Bibliographie 1970-1980. Afrika, Karibik, Lateinamerika, Südostasien. Frankfurt; Bern: Lang 1981. 107 S. Bc 3275

B 050 Nachschlagwerke/Wörterbücher

Artemov, A. P.: Nemecko-russkij raketno-artillerijskij Slovar. [Deutsch-russisches Raketen- u. Artillerie-Wörterbuch.] Moskva: Voenizdat 1982. 848 S. B 46681

Vojni Leksikon. [Militärlexikon.] (Glavni i odgovorni urednik: B. Ratković.) Beograd: Vojnoizdavački zavod 1981. 1129 S. 08880

Militärwörterbuch russisch-deutsch. Hrsg.: H. Hochmuth. 2. bearb. u. erg. Aufl. Berlin: Militär-Verl. d. DDR 1982. 639 S. B 47588

Wilczynski, J.: An encyclopedic Dictionary of marxism, socialism and communism. Economic, philosophical, political and sociological theories, concepts, institutions and practices. Classical and modern, East-West-relations included. Berlin: de Gruyter 1981. 660 S. B 46421

Harrap's praktisches Wörterbuch. Englisch - Deutsch/ Deutsch-Englisch. Ed.: R. Sawers. München: Hueber 1983. XX, 627 S. B 49084

Wörterbuch des wissenschaftlichen Kommunismus. Hrsg.: R. Dau [u. a.]. Berlin: Dietz 1982. 427 S. B 48251

B 090 Jahrbücher

Nordisch-germanischer Jahrweiser. 1983. Berlin: Asgard-Bund 1982. 13 ungez. Bl. D 02494

Kalender gegen den Krieg. '84. Hrsg.: H. Meyer u. B. Weidmann. Göttingen: Verl. Die Werkstatt 1983. 232 S. D 2783

1983. Kalenderblätter zur Unterstützung der Friedensbewegung. Hochschule für Bildende Künste 1982. 38 ungez. Bl. D 02500

B 300 Archiv- und Museumswesen

Labour and trade union Archives. Les archives des syndicats et mouvements ouvries. München: Saur 1980. 190 S. B 45602

Buchstab, G.: Die Bestände des Archivs für christlich-demokratische Politik der Konrad-Adenauer-Stiftung. Kurzübersicht. Melle: Knoth 1983. 136 S. Bc 3424

Hartl, H.: 50 Jahre Südost-Institut. Zur Geschichte seiner Entstehung und Entwicklung. In: Südosteuropa-Mitteilungen. Jg. 22, 1982. Nr. 2. S. 39-47. BZ 4725:22

Haun, H.: Die Karl-Marx-Ausstellung 1953 des Museums für Deutsche Geschichte. In: Zeitschrift für Geschichtswissenschaft. Jg. 31, 1983. H. 5. S. 414-426. BZ 4510:31

Markiewicz, R.: 35 lat Polskiego Instytutu Spraw Międzynarodowych 1947-1982. [35 Jahre Polnisches Institut für Aussenpolitik.] In: Sprawy Międzynarodowe. Rok 35, 1982. Zeszyt 7. S. 85-92. BZ 4497:35

Central' nyj Ordena Krasnoj Zvezdy Muzej Vooružennych Sil SSSR. [Das mit dem Orden "Roter Stern" ausgezeichnete Zentralmuseum der Streitkräfte der UdSSR.] Moskva: Voenizdat 1980. 24 Bl. Bc 3589

Imperial War Museum. Report 1975-1982. London: Imperial War Museum 1982. 60 S. Bc 0860

Werner, C.: Der Auslandsbereich der Parteistiftungen der Bundesrepublik Deutschland. Berlin: Freie Universität 1982. 53 S. Bc 0966

Wilson, M.: Das Institut für Sozialforschung und seine Faschismusanalysen. Frankfurt: Campus Verl. 1982. 221 S. B 45704

C Biographien und Memoiren

Nixon, R.: Leaders. London: Sidgwick and Jackson 1982. 371 S. B 47626

[Sammelbiographien und Einzelbiographien von Personen eines bestimmten Landes siehe unter dem betreffenden Land im Abschnitt "L. Länderteil".]

D Land und Volk

D 0.1 Länderkunde/Geographie/Reisen

Történelmi Atlasz. [Geschichtsatlas.] Budapest: Kartográfiai Vállalat 1981. 32 S. Bc 01084

Brill, H.: Politische Geographie - Geopolitik - Geostrategie. Versuch einer Systematisierung. In: Österreichische militärische Zeitschrift. Jg. 21, 1983. H. 3. S. 235-243. BZ 05214:21

Faber, K.-G.: Zur Vorgeschichte der Geopolitik. Staat, Nation und Lebensraum im Denken deutscher Geographen vor 1914. In: Weltpolitik, Europagedanke, Regionalismus. 1982. S. 389-406. B 46511

Die Länder der Welt. Eine illustrierte Länderkunde. 4., überarb. Aufl. Freiburg: Herder 1982. 544 S. B 47438

D 0.5 Völkerkunde/Volkstum/Rassenfrage

Billig, M.: Die rassistische Internationale. Frankfurt: Neue Kritik 1981. 184 S. B 45402

Gesellschaft für bedrohte Völker. Menschenrechtsorganisation für verfolgte Minderheiten. Göttingen 1982. 36 S. D 02684

Seiler, D.-L.: Les Partis autonomistes. Paris: PUF 1982. 127 S. B 47723

Smith, A. D.: The ethnic Revival. Cambridge: Univ. Pr. 1981. XIV, 240 S. B 45325

Vincent, R. J.: Race in international relations. In: International affairs. Vol. 58, 1982. No. 4. S. 658-670. BZ 4447:58

Yiallourides, C. K.: Minderheitenschutz und Volksgruppenrecht im 20. Jahrhundert unter besonderer Berücksichtigung der Verhältnisse auf Zypern. Bochum: Brockmeyer 1981. III, 312 S. B 45477

D 0.52 Judentum

Bauer, Y.: A History of the holocaust. New York: Watts 1982. 398 S. B 48715

Blatter, J.; Milton, S.: Art of the Holocaust. London: Orbis Publ. 1982. 272 S. 08834

Cohn, N. R. C.: Warrant for genocide. Repr. Chico:

Scholar Pr. 1981. 285 S. B 47915

Dawidowicz, L. S.: The Holocaust and the historians. Cambridge: Harvard Univ. Pr. 1981. X, 187 S. B 47012

Generations of the Holocaust. Ed.: M. S. Bergmann [u. a.]. New York: Basic Books 1982. XIV, 338 S. B 48890

Gilbert, M.: Atlas of the Holocaust. London: Joseph 1982. 256 S. 08971

Gilbert, M.: Endlösung. Die Vertreibung und Vernichtung der Juden. Ein Atlas. Reinbek: Rowohlt 1982. 264 S. B 47042

The Holocaust as historical experience. Essays and discussion. Ed.: Y. Bauer [u. a.]. New York: Holmes & Meier 1981. XIV, 288 S. B 46739

Vom antisemitischen zum semitischen Antisemitismus. Zeitlose Grabreden auf e. unbelehrbare Menschheit. Unveränd. Nachdruck. Freiburg: Holograph Ed. 1981. 47 S. Bc 3182

Zionismus

Avineri, S.: The Making of modern zionism. The intellectual origins of the Jewish state. London: Weidenfeld and Nicolson 1981. X, 244 S. B 45324

Taut, J.; Warschawsky, M.: Aufstieg und Niedergang des Zionismus. Frankfurt: isp-Verl. 1982. 95 S. Bc 3188

Vital, D.: Zionism: The formative years. Oxford: Clarendon Pr. 1982. XVIII, 514 S. B 48329

Zionismus. Ökumenetag am 3. 2. 1983 zum Nahost-Konflikt. Göttingen: Fachschaftsrat an d. Theol. Fakultät 1983. 103 S. D 2668

Bein, A.: Theodor Herzl. Biographie. Rev. ed. Frankfurt: Ullstein 1983. 366 S. B 49085

E Staat und Politik

E 0.01 Politische Wissenschaft

Maler, J.: Das Jüngste Gericht. Buenos Aires: Selbstverl. 1982. 328 S. B 46840

Sérisé, J.: Défense de la raison politique. Paris: Juillard 1982. 299 S. B 47751

Utländska politiska system. Red.: R. Lindahl. Lund: Dialog 1980. 336 S. B 46133

Zimmermann, E.: Krisen, Staatsstreiche und Revolutionen. Theorien, Daten und neuere Forschungsansätze. Opladen: Westdt. Verl. 1981. 435 S. B 46293

E 0.10 Politische Grundbegriffe

Anarchismus

Boussinot, R.: Les Mots de l'anarchie. Dictionnaire des idées, des faits, des actes, de l'histoire et des hommes anarchistes. Paris: Delalain 1982. 150 S. B 47740

Ferguson, K.E.: Toward a new anarchism. In: Contemporary crises. Vol. 7, 1983. No. 1. S. 39-57. BZ 4429:7

Frank, K.: Anarcho-Sprüche. "Eigentum ist Diebstahl". Frankfurt: Eichborn-Verl. 1982. 36 Bl. Bc 3407

Tu was du willst. Anarchismus - Grundlagentexte zur Theorie und Praxis. Hrsg.: H. Ahrens. Berlin: AHDE-Verl. 1980. 235 S. B 46387

Demokratie

Bracher, K.D.: Demokratie und Ideologie im Zeitalter der Machtergreifungen. In: Vierteljahrshefte für Zeitgeschichte. Jg. 31, 1983. H. 1. S. 1-24. BZ 4456:31

Koch, H.: Hvad er demokrati? Efterskrift ved Roar Skovmand. 4. udg. København: Gyldendal 1981. 111 S. Bc 2858

Föderalismus

Rüdiger, H.: Föderalismus. Beitrag zur Geschichte der Freiheit. Berlin: AHDE-Verl. 1979. XIX, 342 S. B 46384

Klassenkampf

Reusch, J.: Pluralismus und Klassenkampf. Frankfurt: Verl. Marxist. Blätter 1982. 226 S. B 45740

Nationalismus

Nationalismus in der Welt von heute. Hrsg.: H. A. Winkler. Göttingen: Vandenhoeck u. Ruprecht 1982. 207 S. B 46874

National Separatism. Ed.: C. H. Williams. Vanvouver: Univ. of Brit. Columbia Pr. 1982. VIII, 317 S. B 48520

Pazifismus

Forget, P.: Pacifisme et idéologies. In: Défense nationale. Année 39, 1983. Juillet. S. 23-42. BZ 4460:39

Künneth, W.: Die Ideologie des Pazifismus - eine Staatsgefährdung? In: Zeitschrift für Politik. Jg. 29, 1982. H. 3. S. 282-294. BZ 4473:29

Schumann, R.: Der Weltkongreß gegen den imperialistischen Krieg 1932 in Amsterdam. In: Zeitschrift für Geschichtswissenschaft. Jg. 31, 1983. H. 2. S. 117-131. BZ 4510:31

Spieker, M.: Die Verteidigung des Friedens gegen den Pazifismus. In: Aus Politik und Zeitgeschichte. 1983. B 17. S. 17-30. BZ 05159:1983

Revolution

Claussen, D.: List der Gewalt. Soziale Revolutionen und ihre Theorien. Frankfurt: Campus Verl. 1982. 308 S. B 47330

Welch, C. E.: Anatomy of rebellion. Albany: State Univ. of New York 1980. XIII, 387 S. B 45804

E 1 Innenpolitik

E 1.1 Staat und Recht

E 1.13 Staatsrecht/Öffentliches Recht

Bierzanek, R.: Azyl terytorialny w świetle prawa międzynarodowego. [Territoriales Asyl im Völkerrecht.] In: Przegląd stosunków międzynarodowych. 1981. No. 2/3. S. 41-58. BZ 4777:1981

Bjørklund, T.: The demand for referendum. When does it arise and when does it succeed? In: Scandinavian political studies. Vol. 5, 1982. No. 3. S. 237-259. BZ 4659:5

Charny, I. W.; Rapaport, C.: How can we commit the unthinkable? Genocide: The human cancer. Boulder: Westview 1982. XVI, 430 S. B 48095

New Directions in international law. Essays in honour of Wolfgang Abendroth. Festschrift zu seinem 75. Geburtstag. Ed.: R. Gutiérrez. Frankfurt: Campus Verl. 1982. 592 S. B 47864

Finer, S. E.: The morphology of military regimes. In: Soldiers, peasants, and bureaucrats. 1982. S. 281-309. B 47747

Finkielkraut, A.: L'Avenir d'une négation. Réflexion sur la question du génocide. Paris: Éd. du Seuil 1982. 180 S. B 46457

Grahl-Madsen, A.: Territorial Asylum. Stockholm: Almqvist and Wiksell 1980. XVI, 231 S. B 45713

Jackson, R.J.; Schendelen, M.P.C.M. van: Zum Umgang von Parlamenten mit "politischen Krisen". In: Zeitschrift für Parlamentsfragen. Jg. 13, 1982. H. 4. S. 549-572. BZ 4589:13

Jessop, B.: The capitalist State. Marxist theories and methods. New York: Univ. Pr. 1982. XVI, 296 S. B 48174

Mätzner, E.: Perspektiven des Wohlfahrtsstaates. In: Die neue Gesellschaft. Jg. 29, 1982. No. 11. S. 1055-1073. BZ 4572:29

Models of autonomy. Ed.: Y. Dinstein. New Brunswick: Transaction Books 1981. V, 319 S. B 47147

Internationaler Pakt über bürgerliche und politische Rechte... Artikel 6...-Gegen staatlichen Mord. Bonn: amnesty international 1983. 79 S. D 2607

Pasolini Zanelli, A.: La Rivolta blu. Contro i miti dello stato sociale. Milano: Ed. Nuova 1981. 157 S. B 46587

Pomerance, M.: Self-determination in law and practice. The Hague: Nijhoff 1982. XI, 154 S. B 47707

Robertson, K.G.: Public Secrets. A study in the development of government secrecy. New York: St. Martin's Pr. 1982. X, 216 S. B 48325

Wierzbicki, B.: Przestępstwo brania zakładników w prawie międzynarodowym. [Das Verbrechen d. Geiselnahme im internationalen Recht.] In: Sprawy Międzynarodowe. Rok 35, 1982. Zeszyt 12. S. 95-104. BZ 4497:35

Menschenrechte

Büchner-Uhder, W.: Menschenrechte - eine Utopie? Leipzig: Urania-Verl. 1981. 287 S. B 45671

I Diritti dell'uomo da Helsinki a Belgrado: risultati e prospettive. A cura di E. Fanara. Milano: Giuffrè 1981. 178 S. B 48215

The moral Imperatives of human rights. A world survey. Ed.: K.W. Thompson. Washington: Univ. Pr. of America 1980. VIII, 248 S. B 45914

Joyce, J.A.: Human Rights: International documents. Vol. 1-3. Alphen aan den Rijn: Sijthoff u. Noordhoff 1978. 1707 S. B 45653

Kitz, H.-E.: Die Notstandsklausel des Art. 15 der Europäischen Menschenrechtskommission. Berlin: Duncker u. Humblot 1982. 105 S. Bc 3097

Lauren, P.G.: First principles of racial equality. History and the politics and diplomacy of human rights provisions in the United Nations Charter. In: Human rights quarterly. Vol. 5, 1983. No. 1. S. 1-26. BZ 4753:5

Verfolgte Menschenrechtler. Dokument zur Woche d. polit. Gefangenen. Bonn: amnesty international 1983. 46 S. D 2794

Mols, M.: Menschenrechte und Herrschaftssysteme. In: Internationales Afrikaforum. Jg. 19, 1983. H. 2. S. 163-172. BZ 05239:19

O'Donnell, T. A.: The margin of appreciation doctrine. Standards in the jurisprudence of the European Court of Human Rights. In: Human Rights quarterly. Vol. 4, 1982. No. 4. S. 474-507. BZ 4753:4

Opfer ohne Stimme. Menschenrechtsverletzungen in ländlichen Gebieten. Bonn: amnesty international 1982. 31 S. D 2503

Resich, Z.: Międzynarodowa Ochrona praw człowieka. [Der internationale Schutz der Menschenrechte.] Warszawa: Państw. Wyd. Nauk. 1981. 166 S. B 46475

Human Rights. Contemporary domestic and international issues and conflicts. Ed.: R. L. Braham. New York: Irvington Publ. 1980. 169 S. B 46126

Thoumi, F. E.: Human rights policy. In: Journal of Interamerican studies and world affairs. Vol. 23, 1981. No. 1. S. 177-201. BZ 4608:23

Tolley, H.: Decision-making at the United Nations Commission on Human Rights, 1979-82. In: Human rights quarterly. Vol. 5, 1983. No. 1. S. 27-57. BZ 4753:5

Power, J.: Amnesty international. Der Kampf um die Menschenrechte. Düsseldorf: Econ 1982. 128 S. 08757

Power, J.: Against Oblivion. Amnesty international's fight for human rights. London: Fontana 1981. 254 S. B 45318

E 1.14 Völkerrecht

Bentzien, J. F.: Der unerlaubte Einflug von Luftfahrzeugen in fremdes Staatsgebiet in Friedenszeiten und seine Rechtsfolgen. Berlin: Duncker u. Humblot 1982. XX, 437 S. B 46649

Bierzanek, R.: Wojna a prawo międzynarodowe. [Der Krieg und das internationale Recht.] Warszawa: Wyd. Min. Obrony Narod. 1982. 349 S. B 48639

L'Évolution actuelle de la justice militaire. The present Evolution of military justice. 8. Congres international, Ankara, 11-15 octobre 1979. Vol. 1. 2. Bruxelles: Société internat. de droit pénal militaire et de droit de la guerre 1981. 1085 S. B 46029

Jenisch, U.: Seerechtskonvention. Folgen aus deutscher Sicht. In: Aussenpolitik. Jg. 33, 1982. H. 3. S. 243-262. BZ 4457:33

Jenisch, U.: Die Zeichnung der UN-Seerechtskonvention. In: Aussenpolitik. Jg. 34, 1983. H. 2. S. 169-181. BZ 4457:34

Korte, H.-J.: Kriegsdienstverweigerung. Ein internationaler Vergleich der Probleme. In: Heere international. Jg. 2, 1983. S. 74-84. BZ 4754:2

Leśko, T.: Międzynarodowe Prawo konfliktów zbrojnych. [Das internationale Recht bewaffneter Konflikte.] Warszawa: Wyd. Prawnicze 1982. 155 S. Bc 3129

Macbride, S.: Das Recht, das Töten zu verweigern. Essen: Friedensgesellsch.-Vereinigte Kriegsdienstgegner 1982. 45 S. D 2522

Muench, W.: Die Régime internationaler Meerengen vor dem

Hintergrund der Dritten UN-Seerechtskonferenz. Berlin: Duncker u. Humblot 1982. 226 S. B 46253

Wernicke, J.: Das neue Kriegsvölkerrecht und die Atomwaffen in der Bundesrepublik. In: Befreiung. 1982. Nr. 26. S. 97-105. BZ 4629:1982

E 1.4 Parteiwesen/Politik

E 1.41 Allgemeine Richtungen

Armstrong, J. A.: Nations before nationalism. Chapel Hill: The Univ. of North Carolina 1982. XXXVI, 410 S. B 48709

Bartier, J.: Libéralisme et socialisme au XIX. siècle. Bruxelles: Ed. de l'Univ. 1982. LIX, 522 S. B 45619

Burzio, F.: Essenza e attualita' del liberalismo. Bologna: Boni 1981. 208 S. B 46402

Dahrendorf, R.: Die Chancen der Krise. Über die Zukunft des Liberalismus. Stuttgart: Dt. Verlags-Anst. 1983. 240 S. B 48310

Frey, U.: Antworten an die Linke. Handbuch der Argumente. Bern: Erpf 1981. 174 S. B 45639

The Impact of parties. Politics and policies in democratic capitalist states. Ed.: F. G. Castle. London: Sage 1982. 369 S. B 48773

Matteucci, N.: Il Liberalismo in una democrazia minacciata. Bologna: Il Mulino 1981. 129 S. Bc 3106

Spengler, T.: Rundblick vom Scherbenhaufen. In: Kursbuch. 1983. Bd. 73. S. 1-10. BZ 4434:73

Walzer, M.: Radical Principles. Reflections of an unreconstructed democrat. New York: Basic Books 1980. VIII, 310 S. B 45920

E 1.45 Faschismus

Oppenheimer, M.: Antifaschismus und Friedenspolitik. Hrsg.: VVN-Bund der Antifaschisten. Frankfurt 1981. 22 S. D 02479

Théolleyre, J.-M.: Les Neo-nazis. Paris: Temps actuels 1982. 250 S. B 46817

Wippermann, W.: Zur Analyse des Faschismus. Die sozialistischen u. kommunistischen Faschismustheorien 1921-1945. Frankfurt, Berlin, München: Diesterweg 1981. 152 S. Bc 3120

E 1.46.1 Sozialismus

Brandt, W.: Internationalismus ist heute wichtiger denn je. Rede zur Eröffnung des SI-Kongresses in Albufeira, 7. April 1983. In: Die Neue Gesellschaft. Jg. 30, 1983. H. 5. S. 418-427. BZ 4572:30

Dlubek, R.: Grundlagen der Lehre vom Sozialismus im Werk von Marx und Engels. In: Zeitschrift für Geschichtswissenschaft. Jg. 31, 1983. H. 1. S. 5-23; H. 3. S. 195-213. BZ 4510:31

Gołębiowski, J. W.: XV Kongres Międzynarodówki Socjalistycznej wobec problemów współczesnego świata. [Der 15. Kongress der Sozialistischen Internationale zu Fragen d. gegenwärtigen Welt.] In: Przegląd stosunków międzynarodowych. 1981. No. 5. S. 25-42. BZ 4777:1981

Madsen, P.: Socialisme og demokrati. Argumenter for en tredje vej. København: Tiderne skifter 1981. 176 S. B 45992

Marković, M.: Sozialismus zwischen Vision und Praxis. In: Europäische Rundschau. Jg. 10, 1982. Nr. 4. S. 49-62. BZ 4615:10

Sozialistische Politik und Kriegsgefahr. Referate u. Diskussionsbeiträge e. Tagung d. Sozialist. Büros. Offenbach: Sozialist. Büro 1981. 71 S. Bc 3240

Robitaille, L.-B.: Erreurs de parcours. Essais sur la crise des socialismes. Montreal: Boréal Express 1982. 213 S. B 47951

Schanz, H.-J.: Civilisationskritik og socialisme. Århus: Modtryk 1982. 100 S. Bc 3351

Schwan, G.: Sozialismus in der Demokratie? Theorie einer konsequent sozialdemokratischen Politik. Stuttgart: Kohlhammer 1982. 218 S. B 47198

Sozialismus und persönliche Lebensgestaltung. Texte aus der Zwischenkriegszeit. Wien: Junius 1981. 211 S. B 45471

Svensson, J.: Socialismens Förnyelse. Om vår tids nödvändighet. Stockholm: Arbetarkultur 1982. 135 S. Bc 3335

Varieties and problems of twentieth-century socialism. Ed.: L. Patsouras, J. R. Thomas. Chicago: Nelson-Hall 1981. XXI, 189 S. B 48040

Vogel, H.-J.: Bernstein und der demokratische Rechtsstaat im Verständnis des demokratischen Sozialismus. Rede am 18. 12. 1982 in Berlin. Bonn: Vorstand der SPD 1982. 12 S. Bc 3469

E 1.46.2 Marxismus

Bravo, G. M.: Ritorno a Marx. Partito del proletario e teoria politica in Engels e in Marx. Milano: Angeli 1981. 292 S. B 48029

Cazzaniga, G. M.: Funzione e conflitto. Forme e classi nella teoria marxiana dello sviluppo. Napoli: Liguori 1981. 271 S. B 47900

Ehlen, P.: Marxismus als Weltanschauung. München: Olzog 1982. 198 S. B 47070

Eyerman, R.: False Consciousness and ideology in Marxist theory. Stockholm: Almqvist and Wiksell 1981. 319 S. B 46098

Gilbert, A.: Marx's Politics. Communists and citizens. New Brunswick: Rutgers Univ. Pr. 1981. XV, 326 S. B 46994

"... einen grossen Hebel der Geschichte". Zum 100. Todestag von Karl Marx: Aktualität und Wirkung seines Werks. Frankfurt: Inst. f. Marxist. Studien u. Forschungen 1982. 377 S. B 47422

Modern Interpretations of Marx. Ed. with an introd.: T. Bottomore. Oxford: Blackwell 1981. 218 S. B 45387

Nach 100 Jahren: Was bleibt von Karl Marx? In: Die Neue Gesellschaft. Jg. 30, 1983. No. 3. S. 200-215. BZ 4572:30

Lindbom, T.: Myt i verkligheten. En studie i marxism. 2. uppl. Boras: CETE 1981. 114 S. Bc 2937

Marx heute. Pro und contra. Hrsg.: O. K. Flechtheim. Hamburg: Hoffmann u. Campe 1983. 335 S. B 48311

Negri, A.: Macchina Tempo. Rompicapi, liberazione, costituzione. Milano: Feltrinelli 1982. 334 S. B 47764

Ripepe, E.: I Conti col Marxismo. Milano: Angeli 1982. 296 S. B 48031

Salvadori, M. L.: Dopo Marx. Torino: Einaudi 1981. XIII, 358 S. B 47767

Scocozza, B.: Marxismen og reformismen. Vejen til det socialdemokratiske samfund. København: Arbejderavisens Forl. 1982. 77 S. Bc 3341

History of Marxism. Ed.: E. J. Hobsbawm. Vol. 1. Brighton: The Harvester Pr. 1982. XXIV, 349 S. B 46265

Therborn, G.: Maktens Ideologi och ideologins makt. Lund: Zenit 1981. 134 S. Bc 2646

Wells, D.: Marxism and the modern state. An analysis of fetishism in capitalist society. Brighton: Harvester Pr. 1981. X, 214 S. B 45490

E 1.47 Kommunismus/Bolschewismus

The many Faces of communism. Ed.: M. A. Kaplan. New York: Free Pr. 1978. X, 366 S. B 45702

Ellul, J.: Changer de révolution. L'inéluctable prolétariat. Paris: Éd. du Seuil 1982. 290 S. B 47257

Heyden, G.: Einführung in Lenins Schrift: "Was tun?" Berlin: Dietz 1982. 63 S. Bc 3325

Kormanowa, Ż.: II Kongres Międzynarodówki Komunistycznej 19 VII-7 VIII 1920 r. Delegaci kongresu. [Der II. Kongress der Kommunist. Internationale vom 19. VII. bis 7. VIII. 1920. Die Delegierten d. Kongresses.] In: Z Pola Walki. Rok 24, 1982. Nr. 3/4. S. 229-246. BZ 4559:24

Merkel, R.: Einführung in Marx' und Engels' Schrift: "Manifest der Kommunistischen Partei". Berlin: Dietz 1982. 47 S. Bc 3326

Natoli, C.: La Terza Internazionale e il fascismo. 1919-1923. Proletario di fabbrica e reazione industriale nel primo dopoguerra. Roma: Ed. Riuniti 1982. 409 S. B 48343

Neubert, H.: Theoretische Erkenntnisse Lenins und Gramscis über die Hegemonie der Arbeiterklasse und der Kampf der Kommunisten in den kapitalistischen Ländern. In: Beiträge zur Geschichte der Arbeiterbewegung. Jg. 24, 1982. No. 5. S. 657-670. BZ 4507:24

Schaff, A.: Die kommunistische Bewegung am Scheideweg.

Wien: Europaverl. 1982. 223 S. B 46221
Westoby, A.: Communism since world war 2. Brighton: : Harvester Pr. 1981. XIII, 514 S. B 46115

Antikommunismus. Ein Mittel zur verschärften psychologischen Kriegsvorbereitung. Ein Diskussionsbeitrag. Köln: Deutsche Friedens-Union 1983. 11 S. D 2751
Boell, H.; Kopelew, L.; Vormweg, H.: Antikommunismus in Ost und West. Zwei Gespräche. Köln: Bund-Verl. 1982. 124 S. B 46220
Sima, H.: Tecnica de lucha contra el comunismo. Madrid: Fuerza Nueva Ed. 1980. 75 S. Bc 2528

E 1.49 Terrorismus

Chapman, R. D.: State terrorism. In: Conflict. Vol. 3, 1982. No. 4. S. 283-298. BZ 4687:3
Dobson, C.; Payne, R.: Terror! The West fights back. London: Macmillan 1982. 218 S. B 48785
Dobson, C.; Payne, R.: The Terrorists. Their weapons, leaders and tactics. Rev. ed. New York: Facts on File 1982. 262 S. B 48492
Francis, S. T.: The Soviet Strategy of terror. Washington: The Heritage Foundation 1981. VII, 78 S. Bc 3356
Hohn, H.: Geiselhaftung. Ein Beitrag zum Terrorismus in Geschichte und Gegenwart. Mönchengladbach: Kühlen 1982. 192 S. B 48066
Horn, M.: Sozialpsychologie des Terrorismus. Frankfurt: Campus 1982. 196 S. B 47559
Marighela, C.: Handbuch des Stadtguerillero. 6. Aufl. [o. O.]: Verl. Von der Revolte zur Revolution 1983. 48 S. D 2634
Mazzei, G.: Utopia e terrore. Le radici ideologiche della violenza politica. Firenze: Le Monnier 1981. 165 S. B 47897
The Morality of terrorism. Religious and secular justifications. New York: Pergamon Pr. 1982. XX, 377 S. B 48238
Sanguinetti, G.: Über den Terrorismus und den Staat. Hamburg: Ed. Nautilus 1981. 115 S. B 46507
Schmid, A. P.; Graaf, J. de: Violence as communication. Insurgent terrorism and the Western news media. London: Sage 1982. III, 283 S. B 48493
Contemporary Terror. Ed.: D. Carlton. London: Macmillan 1981. XVI, 231 S. B 45660
Internationaler Terrorismus. Wahrheit und Lüge. Sammelband. Moskau: APN-Verl. 1981. 83 S. Bc 3568
Wardlaw, G.: Political Terrorism. Theory, tactics, and countermeasures. Cambridge: Univ. Pr. 1982. XIII, 218 S. B 47981
Zamojskij, L. P.: Tajnye Pružiny meždunarodnogo terrorizma. [Geheime Triebfedern d. internationalen Terrorismus.] Moskva: "Meždunarodnye otnošenija" 1982. 102 S. Bc 3670

E 2 Außenpolitik

E 2.1 Diplomatie

Buchała, R.: Neutralność a niezaangażowanie w stosunkach międzynarodowych. [Neutralität u. Nichteinmischung in internationalen Beziehungen.] In: Przegląd stosunków międzynarodowych. 1981. Nr. 2/3. S. 59-73. BZ 4777:1981

Hacker, J.: Neutralität, Neutralismus und Blockfreiheit. In: Aus Politik und Zeitgeschichte. 1983. Bd 18. S. 3-20. BZ 05159:1983

Mahncke, D.: Die Beteiligung der Öffentlichkeit an der Außenpolitik im internationalen Vergleich. Stärken und Schwächen der demokratischen Staaten. In: Österreichische Zeitschrift für Außenpolitik. Jg. 22, 1982. H. 2. S. 94-103. BZ 4642:22

Schmidt, M.: Der militärische Faktor in den internationalen Beziehungen und die Politik friedlicher Koexistenz. In: Sicherheit durch Gleichgewicht? 1982. S. 35-61. B 47433

Schwarz, H.-P.: Internationale Politik in globaler und partikularer Sicht. Nutzen und Nachteile der vorherrschenden universalistischen Perspektive. In: Europa-Archiv. Jg. 38, 1983. Folge 15. S. 433-444. BZ 4452:38

Steiner, Z.: Foreign ministries old and new. In: International Journal. Vol. 37, 1982. No. 3. S. 349-377. BZ 4458:37

The Times Survey of foreign ministries of the world. Select. and ed.: Z. Steiner. London: Times Books 1982. 624 S. B 47771

Toscano, M.: Corsivi di politica estera. 1949-1968 per la Rivista di studi politici internazionali. Milano: Giuffrè 1981. 391 S. B 46711

Zartman, I.W.; Berman, M.R.: The practical Negotiator. New Haven: Yale Univ. Pr. 1982. XIII, 250 S. B 47248

E 2.3 Friedensforschung/Konfliktforschung

Alt, F.: Frieden ist möglich. Die Politik der Bergpredigt. München, Zürich: Piper 1983. 119 S. Bc 3380

Burlazkij, F.: Der Weltfrieden. Utopie oder Realität. Moskau: APN-Verl. 1982. 163 S. Bc 3567

Frei, D.: Friedenssicherung durch Gewaltverzicht. Eine kritische Überprüfung alternativer Verteidigungskonzepte. Bern: Verl. SOI 1983. 64 S. Bc 3494

Sozialistische Friedenspolitik. Thesen des Sozialistischen Büros. Nie! Offenbach: Sozialist. Büro 1982. 82 S. Bc 3239

Galtung, J.: Anders verteidigen. Beiträge zur Friedens-u. Konfliktforschung, 2. Reinbek: Rowohlt Verl. 1982. 320 S. B 46211

Giessmann, B.; Rindeblad, C.: Ofred - om krigets natur och kampen för fred. Stockholm: LTs Förl. 1981. 222 S. B 46129

Greene, F.: Let there be a world. A call for an end to the arms race. Rev. ed. Bury St. Edmunds: [Selbstverl.]1982. 64 S. Bc 0855

Hocke, E.; Scheler, W.: Die Einheit von Sozialismus und Frieden. Zu philosophischen Problemen von Krieg und Frieden in der Gegenwart. 2.,überarb. Aufl. Berlin: Dietz 1982. 319 S. B 48250

Kaeser, K.D.: Das kleine Friedens-ABC. Stuttgart: Die Grünen Baden-Württemberg 1982. 101 S. D 2541

Krieg - Friedensangst, Kriegslust. Hrsg.: H. Hartwig [u. a.]. Berlin: Ästethik u. Kommunikation 1982. 191 S. B 47564

Kuhlmann, C.: Frieden - kein Thema europäischer Schulgeschichtsbücher? Frankfurt: Lang 1982. 293 S. B 47876

Leder, K.B.: Nie wieder Krieg? Über die Friedensfähigkeit des Menschen. München: Kösel 1982. 253 S. B 46223

Mitchell, C.R.: The Structure of international conflict. London: Macmillan 1981. XII, 355 S. B 45378

Petersen, G.: Om fredens nødvendighed. København: Vindrose 1981. 210 S. B 45892

Rapold, H.: Frieden wagen - Frieden sichern? Zur Diskussion über Sicherheit und Abrüstung. Bern: Verl. SOI 1982. 69 S. Bc 3191

Streithofen, H.B.: Schlüsselwort Frieden. Sehnsucht, Angst und Moral. Zürich: Ed. Interfrom 1982. 93 S. B 47356

Weizsäcker, C.F. von: Möglichkeiten und Probleme auf dem Weg zu einer vernünftigen Weltfriedensordnung. Vortrag... 1. 3. 1982 in d. evang. Akademie Tutzing. 3. Aufl. München, Wien: Hanser 1982. 27 S. Bc 3259

Wenzel, P.: Die Friedenskunst. Mit Clausewitz' Kriegsregeln den Frieden gewinnen. St. Michael: Bläschke 1982. 61 S. Bc 3451

Will, I.: Dem Frieden eine Chance! Appelle an die Vernunft. Berlin 1983. 82 S. D 2662

Friedensbewegung

Bohlinger, R.: Die Illoyalität des Staates auf dem Gebiet der atomaren Kontroverse und das Recht zum Widerstand. Wobbenbüll: Verl. f. ganzheitliche Forschung u. Kultur 1982. 24 S. Bc 3113

Flugblätter zur Versammlung europäischer Christen bei Georges Casalis: Widerstand und Erhebung: Befreiung für den Frieden. Pfingsten 1982 in Paris, 28.-31. Mai. Nr. 1-3. Stuttgart: Theologische Kommission der ESG 1982. 71, 64, 41 S. D 2691

Friedensbroschüre. - Gewerkschaften fordern: Frieden durch Abrüstung u. a. mit e. Beitrag v. C. Götz: Nicht Atomwaffen - nicht Völkermord, sondern Abrüstung und Völkerfrieden. Düsseldorf: WI-Verl. 1982. 64 S. Bc 3221

Aktive Friedenspolitik. Hrsg.: F. W. Rothenpieler [u. a.]. München: Olzog 1982. 309 S. B 47432

Friedenszeichen Lebenszeichen. Hrsg.: H. Donat. Bremerhaven: Ed. "die horen" 1982. 309 S. B 47192

Generale für den Frieden. Interviews v. G. Kade. 2. Aufl. Köln: Pahl-Rugenstein 1982. 409 S. B 47061

Kern, P.; Wittig, H.-G.: Die Friedensbewegung - zu radikal oder gar nicht radikal genug? In: Aus Politik und Zeitgeschichte. 1983. Bd 17. S. 31-45. BZ 05159:1983

Liversage, T.: Den tredje Verdenskrig - kan vi forhindre den? En bog om atomoprustning og fredsbevaegelser. Charlottenlund: Rosinante 1982. 85 S. Bc 3346

Loeser, J.: Gegen den dritten Weltkrieg. Strategie der Freien. Herford: Mittler 1982. 336 S. B 46286

Noch ist Krieg... Arbeitsheft zu Frieden und Entwicklung. Texte und Anstösse zur Diskussion. Hamburg 1982. 56 S. D 02699

Der Rüstungswahnsinn. Argumente u. Materialien zum Wettrüsten und zur Friedensbewegung. Regensburg: Arbeitskreis d. Jugendclubs Courage 1982. 25 S. D 02497

Szankay, Z.: Die neuen Identitätsmomente der Friedensbewegung und was aus ihnen folgt. Beitrag für d. Berliner Konferenz für europäische atomare Abrüstung. Bremen, Berlin 1983. 10 S. D 02623

Tomasevski, K.: The right to peace. In: Current research on peace and violence. Vol. 5, 1982. No. 1. S. 42-69. BZ 05123:5

E 2.33 Sicherheitspolitik

Bahr, E.: Sicherheitspartnerschaft. In: Die neue Gesellschaft. Jg. 29, 1982. No. 11. S. 1041-1054. BZ 4572:29

Brodin, K.; Linder, S.G.; Östling, S.E.: Hot och säkerhet. Stockholm: Centralförb. Folk och Försvar 1981. 141 S. Bc 2986

Carver, M.: A Policy for peace. London: Faber & Faber 1982. 123 S. B 48778

Entspannung am Ende? Chancen und Risiken einer Politik des Modus vivendi. Hrsg.: J. Füllenbach u. E. Schulz. München: Oldenbourg 1980. 381 S. B 45435

Eppler, E.: Die tödliche Utopie der Sicherheit. Reinbek: Rowohlt 1983. 219 S. B 49082

Christliche Ethik und Sicherheitspolitik. Beitr. zur Friedensdiskussion. Hrsg.: E. Wilkens. Frankfurt: Evang. Verl. Werk 1982. 251 S. B 47784

Frei, D.; Ruloff, D.: Entspannungserwartungen und Entspannungsfolgen. In: Zeitschrift für Politik. Jg. 29, 1982. H. 3. S. 295-317. BZ 4473:29

Genscher, H.-D.: Toward an overall western strategy for peace, freedom and progress. In: Foreign affairs. Vol. 61, 1982. No. 1. S. 42-66. BZ 05149:61

Pauls, R.F.: Rettet uns Rüstungspolitik? Sicherheit am Ende eines unsicheren Jahrhunderts. Zürich: Ed. Interfrom 1982. 82 S. Bc 3401

Razrjadka meždunarodnoj naprjažennosti i ideologičeskaja bor'ba. [Die Entspannung d. internationalen angespannten Lage und der ideologische Kampf.] Moskva: Nauka 1981. 390 S. B 46049

Sicherheitspolitik am Scheideweg? Hrsg.: D. S. Lutz.

Baden-Baden: Nomos Verlagsges. 1982. 780 S. B 47212

Steinbruner, J.: The future of détente. In: The Jerusalem journal of international relations. Vol. 5, 1981. No. 3. S. 33-43. BZ 4756:5

Woyke, W.: Von der "Politik der Entspannung" zur "wirklichen Entspannung". In: Aus Politik und Zeitgeschichte. 1982. Bd 41. S. 31-46. BZ 05159:1982

E 2.5 Internationale Organisationen

E 2.52 Völkerbund

Bhuinya, N.: The League of Nations. Failure of an experiment in internationalism. Calcutta: Bagchi 1980. 146 S. B 45813

Hudson, W. J.: Australia and the League of Nations. Sydney: Univ. Pr. 1980. IX, 224 S. B 46175

E. 2.53 Vereinte Nationen

Bailey, S. D.: How wars end. The United Nations and the termination of armed conflict 1946-1964. Vol. 1.2. Oxford: Clarendon Pr. 1982. XXI, 404; XXXII, 715 S. B 47994

Bailey, S. D.: The United Nations and the termination of armed conflict, 1946-64. In: International affairs. Vol. 58, 1982. No. 3. S. 465-475. BZ 4447:58

Bhuinya, N.: United Nations. Problems and prospects. Calcutta: Bagchi 1980. 169 S. B 45817

Bomsdorf, F.: Offensive der Vertrauensbildung in den Vereinten Nationen. In: Aussenpolitik. Jg. 33, 1982. H. 4. S. 385-405. BZ 4457:33

Paths to peace. The UN Security Council and its presidency. Ed.: D. Nicol. New York: Pergamon Pr. 1981. XVII, 401 S. B 46655

Skotnicki, S. Z.: Kompetencje i funksje Zgromadzenia Ogólnego ONZ w dziedzinie regulowania zbrojeń i rozbrojenia. [Kompetenzen u. Funktionen d. UNO-Generalversammlung zur Rüstungs- und Abrüstungsproblematik.] In: Przegląd stosunków międzynarodowych. 1981. Nr. 2/3. S. 213-227. BZ 4777:1981

Wegener, H.: Die zweite Sonder-Generalversammlung der Vereinten Nationen über Abrüstung. In: Europa-Archiv. Jg. 37, 1982. Folge 19. S. 575-584. BZ 4452:37

Die Bundesrepublik Deutschland, Mitglied der Vereinten Nationen. Eine Dokumentation. 4., überarb. Aufl. Sankt Augustin: Siegler 1981. XI, 271 S. B 47657

Haegler, R. P.: Schweizer Universalismus, UNO-Partikularismus. Bern: Lang 1983. 273 S. B 48465

E 2.6 Imperialismus

Internationalismus-Tage. Tübingen 11. Dez. bis 13. Dez. 81. Bonn: Vereinigte Dt. Studentenschaften 1981. 137 S. D 02660

Antiimperialistischer Kampf. Bochum 1983. 51 S. D 2674

Szymanski, A.: The Logic of imperialism. New York: Praeger 1981. XVIII, 598 S. B 46997

E 2.9 Außenpolitische Beziehungen

Change and study of international relations. The evaded dimension. Ed.: B. Buzan. New York: St. Martin's Pr. 1981. 241 S. B 47138

Hare, J. E.; Joynt, C. B.: Ethics and international affairs. New York: St. Martin's Pr. 1982. VII, 208 S. B 48800

Hoffmann, S.: Duties beyond borders. On the limits and possibilities of ethical international politics. Syracuse: Univ. Pr. 1981. XIV, 252 S. B 48185

Martin, P.-M.: Introduction aux relations internationales. Toulouse: Éd. Privat 1982. 221 S. B 47544

Stefanowicz, J.: Równowaga sił jako system stosunków międzynarodowych. [Das Kräftegleichgewicht als System der internationalen Beziehungen.] In: Sprawy Międzynarodowe. Rok 35, 1982. Zeszyt 10. S. 23-42. BZ 4497:35

Teoria e prassi delle relazioni internazionali. A cura di G. Pasquino. Napoli: Liguori 1981. 225 S. B 47696

Weres, L.: Teoria gier w amerykańskiej nauce o stosunkach międzynarodowych. [Die Spieltheorie in der amerikanischen Wissenschaft über die internationalen Beziehungen.] Poznań: Instytut Zachodni 1982. 181 S. B 49214

F Wehrwesen

F 0 Wehrwissenschaft

Alain [d. i. Emile Chartier]: Mars oder die Psychologie des Krieges. Düsseldorf: Erb 1983. 182 S. B 48791

Ball, N.: The Military in the development process. A guide to issues. Claremont: Regina Books 1981. 116 S. B 48139

Čuev, J. V.; Michajlov, J. B.: Forecasting in military affairs. Washington: US Gov. Print. Office 1980. X. 230 S. B 46031

Deutsch, K. W.; Senghaas, D.: Die Schritte zum Krieg. Eine Übersicht über Systemebenen, Entscheidungsstadien und einige Forschungsergebnisse. In: Sicherheitspolitik am Scheideweg? 1982. S. 177-229. B 47212

Geschichte der Kriegskunst. 3. Aufl. Berlin: Militär-Verl. d. DDR 1982. 591 S. B 48093

Herberg-Rothe, A.: Militärgeschichte als Friedensforschung! Einführung in die Dialektik der Wissenschaft von Krieg und Frieden. Frankfurt: Fischer 1981. 172 S. B 46391

Holcr, K.: Vojenská Prognostika. [Militärische Prognosen.] Praha: Naše vojsko 1981. 174 S. B 45941

Howard, M.: The causes of war. London: Temple Smith 1983. 248 S. B 48239

Kainulicky, S.: Der dritte große Weltkrieg. Aus der Sicht des Ostens! Hemdingen: EB-Verl. 1983. 48 S. D 2633

Gegen den Krieg. Hrsg.: K. Bergmann. Bd 1.2. Düsseldorf: Schwann 1982. 264, 237 S. B 47406

Kriege und ihre Ursachen. 2. Aufl. Linz: Kommunistische Jugend Oberösterreichs 1982. 39 S. D 2534

Sowjetische Macht und westliche Verhandlungspolitik im Wandel militärischer Kräfteverhältnisse. Hrsg.: U. Nerlich. Baden-Baden: Nomos Verlagsges. 1982. 632 S. B 48117

Quester, G. H.: Six causes of war. In: The Jerusalem journal of international relations. Vol. 6, 1982. No. 1. S. 1-23. BZ 4756:6

Civil-military Relations. Regional perspectives. Ed.: M. Janowitz. Beverly Hills: Sage 1981. 288 S. B 47486

Soldiers, peasants, and bureaucrats. Civil-military relations in communist and modernizing societies. Ed.: R. Kolkowicz and A. Korbonski. London: Allen and Unwin 1982. 340 S. B 47747

Turney-High, H. H.: The Military. The theory of land warfare as behavioral science. West Hanover: Christopher Publ. House 1981. 336 S. B 46858

Walzer, M.: Gibt es den gerechten Krieg? Stuttgart: Klett-Cotta 1982. 499 S. B 46427

Wiatr, J. J.: Socjologia wojska. [Militärsoziologie.] Wyd. 2. Warszawa: Wyd. Min. Obrony Narod. 1982. 413 S. B 48393

F 0.1 Wehrpolitik/Rüstungspolitik

Brayton, A. A.; Landwehr, S. J.: The Politics of war and peace. A survey of thought. Washington: Univ. Pr. of America 1981. XXIII, 294 S. B 46929

Claude, H.: La troisième Course aux armements. Une nouvelle guerre mondiale est-elle fatale? Paris: Éd. Sociales 1982. 203 S. B 46816

Dainelli, L.: Sicurezza, armamenti e disarmo. In: Rivista di studi politici internazionali. Anno 49, 1982. No. 4. S. 499-527. BZ 4451:49

The Defense Policies of nations. A comparative study. Ed.: D. J. Murray and P. R. Viotti. Baltimore: Johns Hopkins Univ. Pr. 1982. XV, 525 S. 08926

Martin, L.: The two-edged Sword. Armed force in the modern world. London: Weidenfeld & Nicolson 1982. XII, 108 S. B 47750

Strategic Minerals: A resource crisis. New York: National Strategy Information Center 1981. 105 S. Bc 3199

Müller, E.: Vertrauensbildende Maßnahmen. Ein Konzept militärischer Entspannungspolitik. In: Sicherheitspolitik am Scheideweg? 1982. S. 731-743. B 47212

Problemy voennoj razrjadki. [Probleme der militärischen Entspannung.] (Otvet. red. A. D. Nikonov.) Moskva: Nauka 1981. 379 S. B 45788

Protest and survive. Ed.: E. Palmer Thompson and D. Smith. New York: Monthly Review Pr. 1981. XXVIII, 216 S. B 47421

Sicherheit durch Gleichgewicht? Hrsg.: D. Frei. Zürich: Schulthess 1982. 180 S. B 47433

Wettig, G.: Die aktuelle sicherheitspolitische Diskussion. In: Aus Politik und Zeitgeschichte. 1983. Bd 35. S. 19-35. BZ 05159:1983

F 0.11 Abrüstungsfrage und Waffenkontrolle

F 0.111 Abrüstungsfrage

The Arms Race in the 1980s. Ed.: D. Carlton and C. Schaerf. London: Macmillan 1982. XXI, 338 S. B 47972

Barbati, V.: Il problema-chiave dell'equilibrio Est-Ovest. La riduzione delle armi strategiche. Pt. 1. In: Rivista marittima. Anno 116, 1983. No. 1. S. 39-56. BZ 4453:116

Blackaby, F.: SIPRI-Jahrbuch 1982. Die jüngsten Entwicklungen in Rüstung und Abrüstung. In: Beiträge zur Konfliktforschung. Jg. 12, 1982. No. 3. S. 5-26. BZ 4594:12

Borawski, J.: Soviet perspectives on intermediata-range nuclear forces. In: Military review. Vol. 63, 1983. No. 4. S. 2-17. BZ 4468:63

Debate on disarmament. Ed.: M. Clarke and M. Mowlam. London: Routledge and Kegan Paul 1982. 143 S. B 47721

New Directions in disarmament. Ed.: W. Epstein, B. T. Feld. New York: Praeger 1981. XIII, 222 S. B 46942

Towards Disarmament. The 2nd UN special session - and beyond. An essential reference for teachers, students... London: United World Trust 1981. 39 S. Bc 0857

Disarmament Technology. Terminologie der Abrüstung. Comp. by the Language Services Division of the Foreign Office of the Federal Republic of Germany. Berlin: de Gruyter 1982. X, 645 S. B 47043

Efremov, A. E.: Nukleare Abrüstung. Moskau: Verl. Progress 1981. 407 S. B 46510

Ferguson, J.: Disarmament. The unanswerable case. London: Heinemann 1982. 106 S. Bc 3056

Holst, J. J.: Øst-vest forhandlingene om rustningskontroll i 1982: Status og utsikter. In: Norsk utenrikspolitisk årbok. 1982. S. 43-56. BZ 4695:1982

Müller, M.; Rabe, R.: Handbuch Abrüstung. Berlin: Staatsverl. d. DDR 1982. 272 S. B 47077

Der Palme-Bericht. Bericht der Unabhängigen Kommission für Abrüstung und Sicherheit. Berlin: Severin und Siedler 1982. 224 S. B 46078

Payne, K.: Should the ABM treaty be revised? In: Comparative Strategy. Vol. 4, 1983. No. 1. S. 1-20. BZ 4686:4

Ruston, R.: Nuclear Deterrence - right or wrong? A study of the morality of nuclear deterrence. Abbots Langley: Catholic Information Services 1981. 80 S. Bc 3441

Ryle, M. H.: The Politics of nuclear disarmament. London: Pluto Press 1981. 108 S. Bc 3252

Thompson, E. P.: Zero Option. London: The Merlin Pr. 1982. XVIII, 198 S. B 46610

Warum kommt es nicht zu Abrüstung? Ergebnisse e. West-Ost-Konferenz in Stockholm im September 1981. Wien: Sensen-Verl. 1982. 32 S. Bc 3243

Dean, J.: MBFR: from apathy to accord. In: International security. Vol. 7, 1983. No. 4. S. 116-139. BZ 4433:7

Lübkemeier, E.: Zwischenbilanz der INF-Verhandlungen. In: Aus Politik und Zeitgeschichte. 1983. B 28/29. S. 15-31. BZ 05159:1983

Ruehl, L.: Die Wiener Verhandlungen über beiderseitige Truppenreduzierungen. In: Die internationale Politik. 1977/78. 1982. S. 132-141. BZ 4767:1977/78

Wettig, G.: Die sowjetischen INF-Daten kritisch beleuchtet. In: Aussenpolitik. Jg. 34, 1983. H. 1. S. 31-44. BZ 4457:34

Beuter, H.-J.: Von SALT zu START: Ein System antagonistischer Rüstungssteuerung. Baden-Baden: Nomos Verl. Ges. 1982. 336 S. B 47130

Bilgrami, S.J.R.: SALT II. A balance of ambivalences. New Delhi: Indu Chopra 1981. 179 S. B 45830

Hoeber, F.P.: How little is enough? SALT and security in the long run. New York: National Strategy Information Center 1981. 53 S. Bc 3201

Krell, G.: SALT II - Plädoyer für eine verlorene Sache. In: Sicherheitspolitik am Scheideweg? 1982. S. 455-470. B 47212

Lehman, J.F.; Weiss, S.: Beyond the SALT II Failure. New York: Praeger 1981. XXI, 195 S. B 46921

Ruehl, L.: Die amerikanisch-sowjetischen Bemühungen um eine Begrenzung strategischer Nuklearwaffen. In: Die internationale Politik. 1975/76. 1981. S. 145-168. BZ 4767:1975/76

Sharp, J.M.O.: Confidence building measures and SALT. In: Arms control. Vol. 3, 1982. No. 1. S. 37-61. BZ 4716:3

Tatu, M.: Les grandes puissances et le contrôle des armements. Des négociations SALT aux euromissiles. In: Sicherheit durch Gleichgewicht? 1982. S. 63-76. B 47433

F 0.112 Rüstungs- und Waffenkontrolle

Arms Control and defense postures in the 1980s. Ed.: R. Burt. Boulder: Westview 1982. 230 S. B 46116

Barton, J.H.: The Politics of peace. An evaluation of arms control. Stanford: Univ. Pr. 1981. VII, 257 S. B 46849

Goldblat, J.: Agreements for arms control: a critical survey. London: Taylor & Francis 1982. XVI, 387 S. B 46640

Heisenberg, W.: Rüstungskontrolle und nukleare Mittelstreckenwaffen. In: Sicherheitspolitik am Scheideweg? 1982. S. 507-519. B 47212

Herrmann, R.: ABM in den achtziger Jahren. Technische Möglichkeiten und strategische Zwänge. In: Aus Politik und Zeitgeschichte. 1983. Bd 15/16. S. 32-46. BZ 05159:1983

Ist der nukleare Rüstungswettlauf unvermeidbar? Hrsg.: K. Hübotter. 2. Aufl. Fürth: Klaußner 1981. 158 S. B 46503

Krell, G.: Zur Theorie und Praxis der Rüstungskontrolle. In: Europa zwischen Konfrontation und Kooperation. 1982. S. 105-142. B 45705

Mechtersheimer, A.: Hat Rüstungskontrolle noch eine Chance? In: Sicherheitspolitik am Scheideweg? 1982. S. 471-505. B 47212

Meyer, B.: Durch Vertrauensbildung zu Rüstungskontrolle und Abrüstung. In: Europa zwischen Konfrontation und

Kooperation. 1982. S. 143-165. B 45705

P o t t e r, W. C.: Von START zum Ziel. Bedingungen strategischer Rüstungskontrolle. In: Aus Politik und Zeitgeschichte. 1983. Bd 28/29. S. 3-14. BZ 05159:1983

R a n g e r, R.: Arms and politics 1958-1978. Arms control in a changing political context. Toronto: Gage Publ. 1979. VIII, 280 S. B 46961

S c h u l t e, H.: Rüstungskontrolle und Ost-West-Sicherheit. Eine deutsche Betrachtungsweise. In: Internationale Wehrrevue. Jg. 15, 1982. Nr. 10. S. 1369-1377. BZ 05263:15

W e t t i g, G.: Möglichkeiten der Friedenssicherung und der Rüstungsbeschränkung. In: Osteuropa. Jg. 31, 1982. H. 10. S. 821-833. BZ 4459:32

F 0.113 Rüstungsausgaben

F o n t a n e l, J.: La comparaison des dépenses militaires. In: Défense nationale. Année 38, 1982. Novembre. S. 107-121. BZ 4460:38

K a l d o r, M.: The baroque Arsenal. London: Deutsch 1982. 294 S. B 45488

K o e l l n e r, L.; K u h l m a n n, J.; S c h o e n b o r n, M.: Financial Disarmament, developing aid and the stability of the world monetary system. Defense efforts of West Germany as seen through defense expenditures. München: Sozialwiss. Inst. d. Bundeswehr. 1981. 183 S. B 45534

L e g e r Sivard, R.: Entwicklung der Militär- und Sozialausgaben in 140 Ländern der Erde. In: Weltpolitik. Jg. 1, 1981. S. 153-165. BZ 4774:1

L u t z, D. S.: Rüstungswettlauf und Kriegsgefahr. In: Sicherheitspolitik am Scheideweg? 1982. S. 231-256. B 47212

Rüstung und Ökonomie. Hrsg.: P. Sonntag. Frankfurt: Haag und Herchen 1982. 270 S. B 47352

Rüstungsjahrbuch '81/82. Jahrzehnt der Aufrüstung. Waffen im Weltraum. Atomwaffen u. Kriegsgefahr. Chancen d. Abrüstung. Strategische Waffen. Hrsg. v. SIPRI. Reinbek: Rowohlt 1981. 253 S. B 45397

Rüstungssituation und mögliche Auswege. Berlin: Aktion Sühnezeichen/Friedensdienste 1981. 131 S. D 2638

Rüstungswahnsinn. Weiterarbeiten am Modell Deutschland? Nürnberg: SPD-Unterbezirk 1982. 57 S. D 02587

S c h m i d t, M. G.: Bestimmungsfaktoren des Rüstungswettlaufs zwischen Ost und West. In: Sicherheitspolitik am Scheideweg. 1982. S. 161-175. B 47212

W u l f, H.: Rüstungsbeschaffung und Rüstungsproduktion. In: Neutralität - eine Alternative? 1982. S. 197-213. B 46278

F 0.12 Militärbündnisse

East vs. West. The Balance of military power. An illustrated assessment comparing the weapons and capabilities of NATO and the Warsaw Pact. Ed.: R. Bonds. London: Salamander 1981. 208 S. 08689

Close, R.: Das Ungleichgewicht des Schreckens. Führt der Rüstungswettlauf zwischen Ost und West zum Dritten Weltkrieg? Wien: Molden 1981. 351 S. B 46190

Die Integration der beiden deutschen Staaten in die Paktsysteme. Hinderniss oder Voraussetzung für Entspannung u. geregeltes Nebeneinander? Bonn: Verl. Neue Gesellsch. 1980. 59 S. Bc 3069

F 0.121 NATO

Wehrpolitik

Der sicherheits- und gesellschaftspolitische Auftrag der NATO in den 80er Jahren. Bonn, Herford: Verl. Offene Worte 1982. 72 S. Bc 3122

Bull, H.: European self-reliance and the reform of NATO. In: Foreign affairs. Vol. 61, 1983. No. 4. S. 874-892. BZ 05149:61

Cohen, E. A.: The long-term crisis of the alliance. In: Foreign affairs. Vol. 61, 1982. No. 2. S. 325-343. BZ 05149:61

Cohen, E. A.: Die permanente Krise des Atlantischen Bündnisses. In: Europa-Archiv. Jg. 37, 1982. Folge 24. S. 719-736. BZ 4452:37

Critchley, J.: The North Atlantic Alliance and the Soviet Union in the 1980s. London: Macmillan 1982. 210 S. B 47527

Czempiel, E.-O.: Die Zukunft der Atlantischen Gemeinschaft. In: Aus Politik und Zeitgeschichte. 1983. B 13. S. 10-21. BZ 05159:1983

Dunn, K. A.: Die NATO aus sowjetischer Sicht. In: Sicherheitspolitik am Scheideweg? 1982. S. 321-340. B 47212

Freedman, L.: The Atlantic crisis. In: International affairs. Vol. 58, 1982. No. 3. S. 395-412. BZ 4447:58

Heckmann, E.: Wirken in die Tiefe. Das neue Verteidigungskonzept. In: Wehrtechnik. Jg. 15, 1983. No. 2. S. 14-26. BZ 05258:15

Henderson, Sir N.: The Birth of NATO. London: Weidenfeld and Nicolson 1982. XII, 130 S. B 47629

Howard, M.: Reassurance and deterrence. Western defense in the 1980s. In: Foreign affairs. Vol. 61, 1982. No. 2. S. 309-324. BZ 05149:61

Hunt, K.: Military issues within the Atlantic Alliance. In: Naval War College review. Vol. 35, 1982. No. 5. S. 48-57. BZ 4634:35

Kaltefleiter, W.: Zum Problem der Trittbrettfahrer in der Atlantischen Allianz. In: Zeitschrift für Politik. Jg. 30, 1983. H. 2. S. 142-159. BZ 4473:30

Kawka, H.: Nato - bastion niepokoju. [Nato - Bastion des Unfriedens.] Warszawa: Młodzieżowa Agencja Wyd. 1981. 256 S. B 47471

Materialien zur gegenwärtigen und zukünftigen Militärstrategie der USA und der NATO. Kiel: Autonome Gruppe 1983. 22 Bl. D 02652

Mets, D.R.: NATO. Alliance for peace. New York: Messner 1981. 223 S. B 47496

Nunn, S.: NATO: Can the alliance be saved? In: The Atlantic community quarterly. Vol. 20, 1982. No. 2. S. 126-138. BZ 05136:20

NATO's strategic Options. Arms control and defense. Ed.: D. S. Frost. New York: Pergamon Pr. 1981. 258 S. B 45358

La OTAN... a lo claro. 2. ed. Madrid: Ed. Popular 1981. 64 S. Bc 2973

Pauls, R. F.: Die atlantische Allianz. Zukunftsaufgaben, Möglichkeiten, Gefährdungen. Köln: Bachem 1982. 47 S. Bc 3073

Rocca, J. V.: Reflections on the future of NATO in an era of diverging social, military, economic and political attitudes. In: Österreichische Zeitschrift für Außenpolitik. Jg. 22, 1982. H. 3. S. 178-199. BZ 4642:22

Rose, F. de: Perspectives de l'Alliance Atlantique. In: Sicherheit durch Gleichgewicht? 1982. S. 107-117. B 47433

Steger, U.: Gefährden wirtschaftspolitische Konflikte das westliche Bündnis? In: Europa-Archiv. Jg. 37, 1982. Folge 24. S. 737-746. BZ 4452:37

Stützle, W.: Abschreckung und Verteidigung. Für eine politische Strategie der Atlantischen Allianz. In: Europa-Archiv. Jg. 38, 1983. Folge 5. S. 139-148. BZ 4452:38

The Three Per Cent Solution and the future of NATO. Philadelphia: Foreign Policy Research Inst. 1981. XV, 118 S. B 45801

Torre, V.: La strategia NATO ed il principio del "Non primo uso". In: Affari esteri. Anno 14, 1982. No. 55. S. 315-339. BZ 4373:14

Nachrüstungsbeschluss

Bredthauer, K. D.: Reagans "Zwischenlösung" bedeutet Stationierung nach Plan. In: Blätter für deutsche und internationale Politik. Jg. 28, 1983. H. 5. S. 652-676. BZ 4551:28

Rattinger, H.: Strategieinterpretationen und Rüstungskontrollkonzepte. Anmerkungen zum NATO-Doppelbeschluß. In: Sicherheitspolitik am Scheideweg? 1982. S. 425-453. B 47212

Seidel, P.: Die Diskussion um den Doppelbeschluß. Eine Zwischenbilanz. München: Bernard u. Graefe 1982. 184 S. B 46723

Stuby, G.: Der Nachrüstungsbeschluß im Lichte des Völkerrechts. In: Wider die "herrschene Meinung". 1982. S. 120-137. B 47069

Treverton, G. F.: Managing NATO's nuclear dilemma. In: International securtiy. Vol. 7, 1983. No. 4. S. 93-115. BZ 4433:7

Streitkräfte

Baylis, J.: Britain and the Dunkirk Treaty. The origins of NATO. In: The journal of strategic studies. Vol. 5, 1982. No. 2. S. 236-247. BZ 4669:5

Cornell, A. H.: International Collaboration in weapons and equipment development and production by the NATO allies: Ten years later - and beyond. The Hague: Nijhoff 1981. XII, 233 S. B 46945

Glazunov, N. K.; Maslennikov, P. E.: Die Landstreitkräfte kapitalistischer Staaten - NATO -. Berlin: Militärverl. d. DDR. 1982. 318 S. B 48087

Grigoŕev, V.: Ob-edinennye VVS NATO v Central'noj Evrope. [Die alliierten Luftstreitkräfte d. NATO in Zentraleuropa.] In: Zarubežnoe voennoe obozrenie. God 1983. No. 1. S. 51-57. BZ 05399:1983

Tornetta, V.: L'Alleanza Atlantica e le situazioni "fuori area". In: Affari esteri. Anno 15, 1983. No. 57. S. 38-60. B 47582

Yost, D. S.: Ballistic missile defense and the Atlantic Alliance. In: International security. Vol. 7, 1982. No. 2. S. 143-174. BZ 4433:7

Regionen

Archer, C.; Scrivener, D.: Frozen frontiers and resource wrangles. Conflict and cooperation in Northern Waters. In: International affairs. Vol. 59, 1982/83. No. 1. S. 59-76. BZ 4447:59

Brundtland, A. O.: The Nordic balance and its possible relevance for Europe. In: Sicherheit durch Gleichgewicht. 1982. S. 119-138. B 47433

Chaix, B.: Urbanisation et combat aéroterrestre en Europe occidentale. In: Stratégique. 1982. No. 15. S. 37-52. BZ 4694:1982

Huitfeldt, T.: Nordflanken sett fra Brussel. In: Norsk militaert tidsskrift. Årg. 153, 1983. H. 3. S. 99-110. BZ 05232:153

Mikulin, A.: Španělsko - šestnáctý člen NATO. [Spanien - das 16. Mitglied der NATO.] In: Historie a vojenství. Ročn. 31, 1982. Čislo 6. S. 126-141. BZ 4526:31

Mikulin, A.: Severské země v plánech NATO. [Die nordischen Länder in den Plänen der NATO.] In: Historie e vojenství. Ročn. 32, 1983. No. 4. S. 122-134. BZ 4526:32

Posen, B. R.: Inadvertent nuclear war? Escalation and NATO's Northern Flank. In: International security. Vol. 7, 1982. No. 2. S. 28-54. BZ 4433:7

Salas Lopez, F. de: ¿Nos interesa la OTAN? 2. ed., corr. y aum. Madrid 1981. 272 S. B 47651

Vasconcelos, A. de: Die NATO-Mitgliedschaft Spaniens und die Verteidigung Portugals. In: Europa-Archiv. Jg. 37, 1982. Folge 23. S. 705-712. BZ 4452:37

Vejlstrup, L. G.: Spanien i NATO. København: Forsvarets Oplysnings - og Velfaerdstjeneste 1982. 32 S. Bc 3627

Whetten, L. L.: Turkey and NATO's second front. In: Strategic review. Vol. 9, 1981. No. 3. S. 57-64. BZ 05071:9

Zakheim, D. S.: NATO's northern front. Developments and prospects. In: Cooperation and conflict. Vol. 17, 1982. No. 4. S. 193-205. BZ 4605:17

Communist Armies in politics. Ed.: J.R. Adelman. Boulder: Westview 1982. XI, 225 S. B 46932

Breyer, S.; Wetterhahn, A.: Handbuch der Warschauer-Pakt-Flotten. Maritimer Ost/West-Vergleich. Naval balance. [Loseblattsammlung.] Koblenz: Bernard u. Graefe 1983. Getr. Pag. 08996

Chritchley, J.: The North Atlantic Alliance and the Soviet Union in the 1980s. London: Macmillan 1982. 210 S. B 47527

Johnson, A.R.; Dean, R.W.; Alexiev, A.: Die Streitkräfte des Warschauer Pakts in Mitteleuropa: DDR, Polen und CSSR. Stuttgart: Seewald 1982. 231 S. B 48058

Organizacja Układu Warszawskiego. LRB, CSRS, NRD, PRL, SRR, WRL, ZSRR. Dokumenty 1955-1980. [Die Organisation d. Warschauer Paktes. Bulgarien, Tschechoslowakei, DDR, Polen, Rumänien, Ungarn, Sowjetunion. Dokumente 1955-80.] Warszawa: Książka i Wiedza 1981. 344 S. B 46472

The Warsaw Pact: Political purpose and military means. Ed.: R.W. Clawson and L.S. Kaplan. Wilmington: Scholarly Resources 1982. XXV, 297 S. B 46977

Rubin, F.: The theory and concept of national security in the Warsaw pact countries. In: International affairs. Vol. 58, 1982. No. 4. S. 648-657. BZ 4447:58

Schubert, K. von: Sicherheitsvorstellungen und Militärstrategien im Ost-West-Konflikt. In: Sicherheitspolitik am Scheideweg. 1982. S. 111-160. B 47212

Tiedtke, S.: Militärische Bündnisbeziehungen in Osteuropa und die Entspannung. In: Sicherheitspolitik am Scheideweg? 1982. S. 361-379. B 47212

Der Warschauer Vertrag. Bündnis für Frieden und Sozialismus. Berlin: Militärverl. d. DDR 1982. 309 S. B 47592

Volgyes, I.: Military politics of the Warsaw Pact armies. In: Civil-military relations. 1981. S. 183-230. B 47486

Volgyes, I.: The political Reliability of the Warsaw Pact armies. The southern tier. Durham: Duke Univ. Pr. 1982. 115 S. B 48701

F 0.14 Waffenhandel

International Arms Procurement. New directions. Ed.: M. Edmonds. New York: Pergamon Pr. 1981. XI, 227 S. B 46657

Die gesetzlichen Bestimmungen für den Rüstungsexport der Bundesrepublik Deutschland. Widerspruch zwischen Möglichkeiten und tatsächlicher Politik am Beispiel v. konventionell-milit. u. nuklear-milit. Lieferungen an d. Apartheidregime in Südafrika. Eine Dokumentation. Bonn: Anti-Apartheid-Bewegung 1983. 72 S. D 2689

Howe, R.W.: Weapons. The international game of arms, money and diplomacy. London: Abacus 1981. XLII, 798 S. B 46962

Leben und sterben lassen. Rüstungsexport und Dritte Welt. Lehrte: Dokumentationsstätte zu Kriegsgeschehen u. über Friedensarbeit 1981. 24 S. D 2698

Pierre, A. J.: The global Politics of arms sales. Princeton: Princeton Univ. Pr. 1982. XVI, 352 S. B 47670

Rüstungsexport. Hrsg.: Bundeskongreß entwicklungspolitischer Aktionsgruppen. Kiel: Magazin-Verl. 1982. 46 S. D 2577

Stichworte zu Rüstungsproduktion und Waffenexporte [vielmehr: Waffenexporten!]. Kernenergie u. 3. Welt. Chemische u. biol. Kriegsführung. Lucas Aerospace - Alternativplan. Das deutsch-brasilianische Atomprogramm. Rüstungsprogramme u. Ökologie. 2. Aufl. Wien: Forum Alternativ 1982. 67 S. D 2669

F 0.3 Internationale Streitkräfte

Flemming, E. S.; Bladbjerg, G.: FN-styrker. 3. ajourførte udg. København: Forsvarets Oplysnings- og Velfaerdstjeneste 1982. 56 S. Bc 3628

Kozaczuk, W.: Kollektive Friedensoperationen und -mission 1953-1970 unter Beteiligung der Volksrepublik Polen. In: Militärgeschichte. Jg. 21, 1982. No. 4. S. 405-421. BZ 4527:21

Verrier, A.: International Peacekeeping. United Nations forces in a troubled world. Harmondsworth: Penguin Books 1981. XXXI, 172 S. B 45377

F 0.5 Kriegswesen/Kriegsführung

F 0.51 Arten des Krieges

Ärzte warnen vor dem Atomkrieg. Im Ernstfall hilflos. Beiträge u. Materialien zum 2. Medizinischen Kongreß zur Verhinderung eines Atomkrieges, 1982 Berlin. 2. Aufl. Berlin: Ärzteinitiative gegen Atomenergie 1982. 96 S. D 02658

Anand, V. K.: Insurgency and counter-insurgency. A study of modern guerilla warfare. New Delhi: Deep and Deep Publ. 1982. 263 S. B 45812

Anders, G.: Hiroshima ist überall. München: Beck 1982. XXXVI, 394 S. B 46199

Atomtod droht. Die Unmöglichkeit zu überleben. Essen: Dt. Friedensgesellsch./Vereinigte Kriegsdienstverweigerer 1982. 38 S. D 2521

"Bereit zum atomaren Selbstmord?" Protokoll e. Podiumsdiskussion, 2.10.1981 im Penta-Hotel, München. München: Initiativkreis neue Sicherheitspolitik 1982. 80 S. Bc 3231

Buchbender, O.; Schuh, H.: Die Waffe die auf die Seele zielt. Psychologische Kriegführung 1939-1945.

Stuttgart: Motorbuch Verl. 1983. 199 S. 08942

Clark, I.: Limited nuclear War. Political theory and war conventions. Oxford: Robertson 1982. 266 S. B 46513

Dickhut, W.: Über die Gefahr des Atomkriegs und das Verbot von Kernwaffen. Stuttgart: Verl. Neuer Weg 1983. S. 34-55. D 2677

Douglass, J.D., jr.; Hoeber, A.M.: Conventional War and escalation: The Soviet view. New York: National Strategy Information Center 1981. 63 S. Bc 3195

Exterminism and cold war. London: New Left Review 1982. XV, 358 S. B 47673

Frei, D.: Atomkrieg wider Willen? Das Risiko eines Atomkrieges aus Zufall. In: Sicherheit durch Gleichgewicht? 1982. S. 165-180. B 47433

Harris, R.; Paxman, J.: A higher Form of killing. The secret story of gas and germ warfare. London: Chatto and Windus 1982. XII, 274 S. B 46447

Margeride, J.-B.: Le problème de la guerre chimique. (Pt. 1.) In: Stratégique. 1982. No. 14. S. 103-136. BZ 4694:1982

Rogers, P.; Dando, M.; Dungen, P. van den: As lambs to the slaughter. The facts about nuclear war. London: Arrow Books 1981. 289 S. B 46796

Rotblat, J.: Nuclear Radiation in warfare. London: Taylor and Francis 1981. XVII, 149 S. B 46620

Schell, J.: The Fate of the earth. London: Cape 1982. 244 S. B 47713

Schell, J.: Das Schicksal der Erde. Gefahr und Folgen e. Atomkrieges. 3. Aufl. München: Piper 1982. 267 S. B 46761

Seagrave, S.: Yellow Rain. A journey through the terror of chemical warfare. New York: Evans 1981. 316 S. B 47458

Lokal'nye Vojny. Istorija i sovremennost'. [Begrenzte Kriege. Geschichte u. Gegenwart.] Red.: I. E. Šavrov. Moskva: Voenizdat 1981. 302 S. B 45938

Die Wahrheit über den Nuklearkrieg. Zu Wort kommen Wissenschaftler aus aller Welt. Moskau: APN-Verl. 1981. 98 S. Bc 3569

Nuclear War: the aftermath. Ed.: J. Peterson [u. a.]. Oxford: Pergamon Pr. 1982. VIII, 196 S. B 47769

Zuckerman, S.: Nuclear Illusion and reality. London: Collins 1982. 154 S. B 48049

F 0.52 Strategie

Ball, D. J.: The Future of the strategic balance. Canberra: The Strategic and Defence Studies Centre 1980. 28, 2 S. Bc 0920

Caligaris, L.: Aspetti postivi e negativi della "Countervailing Strategy". In: Affari esteri. Anno 15, 1983. No. 58. S. 211-220. BZ 4373:15

Dean, J.: Über den Ersteinsatz hinaus. In: Die Neue Gesellschaft. Jg. 30, 1983. No. 2. S. 114-123. BZ 4572:30

Military Deception and strategic surprise. Ed.: J. Gooch and A. Perlmutter. London: Cass 1982. 192 S. B 46801

Strategic military Deception. Ed.: D. C. Daniel, K. L. Herbig. New York: Pergamon Pr. 1982. XIII, 378 S. B 46438

Freedman, L.: The Evolution of nuclear strategy. London: Macmillan 1981. XVIII, 473 S. B 45376

Gray, C. S.: Strategic Studies. A critical assessment. Westport: Greenwood Pr. 1982. VIII, 213 S. B 46954

Jervis, R.: Deterrence and Perception. In: International security. Vol. 7, 1982/83. No. 3. S. 3-30. BZ 4433:7

Myjer, E. P. J.: Militaire Veiligheid door afschrikking. Verdediging en het geweldverbod in het handvest van de Verenigde Naties. Deventer: Kluwer 1980. XXXI, 311 S. B 45791

Payne, K. B.: Nuclear Deterrence in U. S. -Soviet relations. Boulder: Westview 1982. XVII, 239 S. B 46974

Poirier, L.: Essais de stratégie théorique. Paris: Fond. pour les Études de Défense Nat. 1982. 379 S. B 46264

Rose, F. de: Inflexible response. In: Foreign affairs. Vol. 61, 1982. No. 1. S. 136-150. BZ 05149:61

Strategy and defence. Australian essays. Ed.: D. Ball. Sydney: Allen & Unwin 1982. 402 S. B 48082

Stutz, M.: Raumverteidigung - Utopie oder Alternative? Zürich: Verl. NZZ 1982. 176 S. B 47666

F 0.53 Taktik und Truppenführung/Manöver

Betts, R. K.: Surprise Attack. Lessons for defense planning. Washington: Brookings Inst. 1982. XII, 318 S. B 48700

Chocha, B.: Rozważania o taktyce. [Gedanken über Taktik.] Warszawa: Wyd. Min. Obrony Narod. 1982. 239 S. B 48383

Military Leadership. J. H. Buck and L. J. Korb, ed. Beverly Hills: Sage 1981. 270 S. B 46179

Simonjan, R. G.; Grišin, S. V.: Aufklärung im Gefecht. Berlin: Militärverl. d. DDR 1982. 187 S. B 48085

F 0.55 Geheimer Nachrichtendienst/Spionage/Abwehr

Beker, H.; Piper, F.: Cipher Systems. The protection of communications. London: Northwood Books 1982. 427 S. B 48415

Dolgopolov, J. B.: Vojna bez linii fronta. [Krieg ohne Fronten.] Moskva: Voenizdat 1981. 199 S. B 46050

Faligot, R.: Services secrets en Afrique. Paris: Sycomore 1982. 133 S. B 46462

Hoc, S.: Prawnomiędzynarodowe aspekty szpiegostwa. [Juristische internationale Aspekte der Spionage.] In: Sprawy Międzynarodowe. Rok 36, 1983. Zeszyt 3. S. 135-144. BZ 4497:36

The Intelligence War. Penetrating the secret world of today's advanced technology conflict. London: Salamander 1983. 208 S. 08977

Irnberger, H.: Nelkenstrauß ruft Praterstern. Am Beispiel Österreich: Funktion und Arbeitsweise geheimer Nachrichtendienste in einem neutralen Staat. Wien: Libera Pr. 1981. 242 S. B 46416

Lewin, R.: A signal-intelligence war. In: The second world war. 1982. S. 184-194. B 46632

Russell, F.: Der geheime Krieg. Amsterdam: Time-Life Bücher 1982. 208 S. 08858

Shackley, T.: The third Option. An American view of conterinsurgency operations. New York: Reader's Digest Pr. 1981. XIII, 185 S. B 47604

Straight, M.: After long Silence. London: Collins 1983. 351 S. B 48781

Syrett, D.: The secret war and the historians. In: Armed forces and society. Vol. 9, 1983. No. 2. S. 293-328. BZ 4418:9

F 055.90 Einz. Spione und Fälle

Boyle, A.: The Climate of treason. 2. ed. London: Hutchinson 1980. 574 S. B 45934

Fraser-Smith, C.; MacKnight, C.; Lesberg, S.: The secret War of Charles Fraser-Smith. London: Joseph 1981. 159S. B 45321

Hood, W.: Mole. (Popov.) London: Weidenfeld & Nicolson 1982. 317 S. B 47760

Mann, W. B.: Was there a fifth man? Quintessential recollections. Oxford: Pergamon Pr. 1982. XIV, 170 S. B 46661

Mitchell, A.: La mentalité xénophobe. Le contre-expionnage en France et les racines de l' Affaire Dreyfus. In: Revue d' histoire moderne et contemporaine. Tome 29, 1982. Juillet:Septembre. S. 489-499. BZ 4586:29

---

2. Weltkrieg

Bennett, R.: Ultra and some command decisions. In: The second world war. 1982. S. 218-238. B 46632

Bratzel, J. F.; Rout, L. B.: Abwehr ciphers in Latin America. In: Cryptologia. Vol. 7, 1983. No. 2. S. 132-144. BZ 05403:7

Collier, B.: Hidden weapons. Allied secret or undercover services in worldwar 2. London: Hamilton 1982. XVIII, 386 S. B 46701

Donini, L.: I servizi crittografici delle marine britannica e italiana. Una analisi comparativa della loro attività nel secondo conflitto mondiale. In: Rivista marittima. Anno 116, 1983. No. 1. S. 69-94. BZ 4453:116

Geheimdienste und Widerstandsbewegungen im Zweiten Weltkrieg. Hrsg.: G. Schulz. Göttingen: Vandenhoeck u. Ruprecht 1982. 230 S. B 46189

Goldston, R.: Sinister Touches. The secret war against Hitler.

New York: Dial Pr. 1982. 214 S. B 48154

Hyde, H. M.: Secret Intelligence Agent. London: Constable 1982. XVIII, 281 S. B 47815

Lewin, R.: The other Ultra. London: Hutchinson 1982. XV, 332 S. B 48233

MacLaren, R.: Canadians behind the enemy lines 1939-1945. Vancouver: Univ. of Columbia Pr. 1981. XV, 330 S. B 47614

Orlov, A. S.: Nezrimyj front. ("Vojny v ėfire" na zapadnom fronte v gody vtoroj mirovoj vojny.) [Die unsichtbare Front. "Krieg im Äther" im Westen in d. Jahren d. Zweiten Weltkrieges.] In: Novaja i novejšaja istorija. God 1983. No. 2. S. 173-181. BZ 05334:1983

Walker, D. E.: Operation Amsterdam. St. Albans: Granada Publ. 1980. 174 S. B 46124

Welchman, G.: The Hut Six Story. Breaking the Enigma codes. New York: McGraw-Hill 1982. IX, 326 S. B 46868

Zwehl, E. von: Der Mann in Jalta. Hitlers geheimer Auftrag an Boris von Skossyreff. Leoni: Druffel 1982. 317 S. B 47298

F 1 Landmacht/Heer/Landstreitkräfte

F 1.3 Waffengattungen und Dienste

English, J. A.: A Perspective on infantry. New York: Praeger 1981. XXI, 345 S. B 47015

Giambartolomei, A.: Le truppe corazzate ieri, oggi, e domani riflessioni. In: Rivista militare. Anno 105, 1982. No. 4. S. 23-48. BZ 05151:105

Stark, H.: Kampftruppen von morgen. In: Heere international. Jg. 2, 1983. S. 143-165. BZ 4754:2

Simpkin, R. E.: Antitank. An airmechanized response to armored threats in the 90s. Oxford: Brassey 1982. XV, 320 S. B 45526

Sonderprobleme der Militärorganisation. München: Fachhochschule Betriebswirtschaft 1981. 80 S. Bc 3067

Soroka, S.: Wojska inzynieryjne - ewolucja i współczesność. [Pioniertruppen - Entwicklung u. Gegenwart.] Warszawa: Wyd. Min. Obrony Narod. 1981. 246 S. B 46540

F 1.4 Militärwesen/Soldatentum

Bredow, W. von: Moderner Militarismus. Analyse und Kritik. Stuttgart: Kohlhammer 1983. 132 S. B 48663

Dinter, E.: Held oder Feigling. Die körperlichen u. seelischen Belastungen d. Soldaten im Krieg. Herford: Mittler 1982. 182 S. B 47884

Hooper, A.: The Military and the media. Aldershot: Gower 1982. XV, 247 S. B 47708

Menschenführung im Heer. Mit Beitr. v. J. C. Allmeyer Beck [u. a.]. Herford: Mittler 1982. 264 S. B 46040

Mercks, F.: Auf der Straße des Todes. Berlin: Militärverl. d. DDR 1982. 287 S. B 48094

Pérez-Reverte, A.: Los mercenarios. Del Libano a las Seychelles (1970-82). In: Defensa. Año 5, 1982. No. 56. S. 62-71. BZ 05344:5

Soukup, W.; Thomas, T.: Uniformen und militärische Symbole des 20. Jahrhunderts. Rastatt: Pabel 1982. 174 S. Bc 3147

F 2 Seemacht/Kriegsmarine/Seestreitkräfte

Der Einsatz von Seestreitkräften im Dienst der Auswärtigen Politik. Hrsg. vom Deutschen Marine Institut. Red.: H. Walle. Herford: Mittler 1983. 158 S. B 48540

Gelewski, T. M.: Okręty szpitalne w obu wojnach światowych. [Lazarettschiffe in beiden Weltkriegen.] In: Wojskowy Przegląd Historyczny. Rok 27, 1982. Nr. 3. S. 192- 213. BZ 4490:27

Gibbons, T.: The complete Encyclopedia of battleships and battlecruisers. A technical directory of all the world's capital ships from 1860 to the present day. London: Salamander 1983. 272 S. 08987

Till, G.: Maritime Strategy and the nuclear age. London: Macmillan 1982. X, 274 S. B 47716

Woodward, D.: Sunk! How the great battleships were lost. London: Allen and Unwin 1982. 153 S. B 46624

F 3 Luftmacht/Luftwaffe/Luftstreitkräfte

Andersen, J. A.; Droschin, A. I.; Losik, P. M.: Die Luftabwehr der Streitkräfte. Berlin: Militärverl. d. DDR. 1981. 230 S. B 45674

Böhme, H.: Die Luftkriegstheorie und -praxis imperialistischer Staaten in Vergangenheit und Gegenwart. 1. 2. In: Militärwesen. 1983. H. 7. S. 44-49; H. 8. S. 48-53. BZ 4485:1983

Groehler, O.: Geschichte des Luftkriegs 1910 bis 1980. 3. Aufl. Berlin: Militärverl. d. DDR 1981. 737 S. B 47080

Mead, P.: The Eye in the air. History of air observation and reconnaissance for the army 1785-1945. London: HM Stationery Off. 1983. XIII, 274 S. B 48788

Nevin, D.: Architects of air power. Alexandria: Time-Life Books 1981. 176 S. 08779

Nevin, D.: Der Aufbau der Luftstreitkräfte. Amsterdam: Time-Life Bücher 1982. 176 S. 08872

Robinson, A.: Aerial Warfare. An illustrated history. London: Orbis Publ. 1982. 384 S. 08824

Weeks, J.: The Airborne Soldier. Poole: Blandford 1982. 192 S. 08844

F 4 Zivilverteidigung/Zivilschutz

Goeckel, K.; Besslich, W.: Schutz von Kulturgut. Mannheim: Südwestdt. Verlagsanst. 1982. Getr. Pag. B 45948

Heierli, W.: Überleben im Ernstfall. Physiologische Minimalanforderungen im Schutzraum. Verhalten d. Zivilbevölkerung im Kriege. Solothurn: Vogt-Schild 1982. 127 S. Bc 3187

Pfundtner, R.: Wer nicht fragt kommt um. Wuppertal: Jugenddienst-Verl. 1982. 238 S. B 47135

Der Tag "X" hat schon begonnen... Die Gefahren d. Zivilverteidigung. Hamburg: GAL-Fraktion Hamburg 1983. 51 S. D 02604

F 5 Wehrtechnik/Kriegstechnik

F 5.1 Waffentechnik

Beckett, B.: Weapons of tomorrow. London: Orbis 1982. 160 S. B 47734

Daeniker, G.; Halle, A.; Tiede, H.: Waffen für den Frieden. Sicherheitspolitik und Wehrtechnik. Mit e. Materialsammlung zur wehrtechnischen Industrie im internationalen Vergleich. Stuttgart: Seewald Verl. 1982. 200 S. B 47209

Defence Equipment Catalogue. Bonn: Mönch 1983. 479 S. 09010

Hauck, G.: Der Flug ungelenkter Geschosse und Raketen. Eine Einführung in die äussere Ballistik. Berlin: Militärverl. d. DDR 1982. 155 S. Bc 3127

Lumsden, M.: Perversionen der Waffentechnik. Der SIPRI-Report über besonders grausame nichtnukleare Waffen. Reinbek: Rowohlt 1983. 188 S. Bc 3500

Feuerwaffen

Alladio, M.: Les fusils Mauser. Paris: Guépard 1982. 92 S. B 47550

Berton, P.: Les revolvers Smith [and] Wesson. Des trois premières generations. Paris: Ed. du Guépard 1982. 95 S. B 47555

Braybrook, R.: Automatic weapons for fixed- and rotary-wing aircraft. In: Military technology. Vol. 6, 1982. No. 3. S. 12-21. BZ 05107:6

Cygankov, I. S.; Sosulin, E. A.: Geschütze, Granatwerfer, Geschoßwerfer. Berlin: Militärverl. d. DDR 1981. 175 S. B 45426

Lochner, G. J.: Die neue Generation. Gewehr G 11 mit hülsenloser Munition. In: Heere international. Jg. 2, 1983. S. 166-180. BZ 4754:2

Marchant Smith, C. J.; Haslam, P. R.: Small Arms and cannons. Oxford: Brassey 1982. XVI, 202 S. B 47220

Rankin, J. L.: Walther Pistolen 1908-1983. Dietikon-Zürich:

Stocker-Schmid 1983. 132 S. 08944

Ryan, J.W.: Guns, mortars and rockets. Oxford: Brassey 1982. XIII, 227 S. B 47218

Rychlewski, C.: Haubica kal. 122 mm wz. 1938. [Haubitze kal. 122 mm wz. 1938.] Warszawa: Wyd. Min. Obrony Narod. 1982. 15 S. Bc 3365

Venner, D.: Le Mauser 96. Paris: Éd. du Guépard 1982. 94 S. B 46822

Walczak, Z.: Rewolwer Nagant wz. 1895. [Revolver Nagant wz. 1895.] Warszawa: Wyd. Min. Obrony Narod. 1981. 15 S. Bc 2676

Wojciechowski, I. J.: Karabin Mosin wz. 1891. [Karabiner Mosin.] Warszawa: Wyd. Min. Obrony Narod. 1982. 16 S. Bc 3366

Raketen- und Lenkwaffen

Bonsignore, E.; Friedman, N.: The cruise missiles and their technology. In: Militäry technology. Vol. 7, 1983. No. 4. S. 64-77. BZ 05107:7

Carnesale, S.; Glaser, C.: ICBM vulnerability. The cures are worse than the disease. In: International security. Vol. 7, 1982. No. 1. S. 70-85. BZ 4433:7

Cruise Missiles. Technology, strategy, politics. Ed.: R.K. Beets. Washington: Brookings Inst. 1981. XVI, 612 S. B 47236

Garfinkle, A.M.: Dense pack. A critique and an alternative. In: Parameters. Vol. 12, 1982. No. 4. S. 14-23. BZ 05120:12

Huisken, R.: The Origin of the strategic cruise missile. New York: Praeger 1981. XIV, 202 S. B 46988

Hyman, A.: Bombs and unguided rockets. Low-cost ordnance for aerial warfare. In: Military technology. Vol. 6, 1982. No. 4. S. 55-64. BZ 05107:6

Marschflugkörper und Pershing 2. Die Antwort der NATO auf die sowjetische Raketen-Bedrohung. In: Wehrtechnik. Jg. 15, 1983. No. 2. S. 38-47. BZ 05258:15

Ruehl, L.: La querelle des euromissiles. In: Politique étrangère. Année 48, 1983. No. 1. S. 27-38. BZ 4449:48

Semenov, B.: Protivokorabel' nye rakety. [Seezielraketen.] In: Zarubežnoe voennoe obozrenie. God 1983. No. 4. S. 64-69; 5. S. 65-69. BZ 05399:1983

Stache, P.: Raketen. Eine internationale Umschau. Berlin: Transpress 1980. 176 S. 08793

Taylor, M.J.H.: Missiles. London: Arms and Armour Press 1982. 68 S. Bc 01087

Tritten, J.J.: The Trident system. Submarines, missiles, and strategic doctrine. In: Naval War College review. Vol. 36, 1983. No. 1. S. 61-76. BZ 4634:36

Ullman, R.H.: The Euromissile mire. In: Foreign Policy. No. 50. 1983. S. 39-52. BZ 05131:50

Yost, D.S.: Ballistic missile defense and the Atlantic Alliance. In: International security. Vol. 7, 1982. No. 2. S. 143-174 BZ 4433:7

Clark, R. W.: The greatest Power on earth. The international race for nuclear supremacy. New York: Harper and Row 1980. IX, 342 S. B 45916

Dunn, L. A.: Controlling the bomb. Nuclear proliferation in the 1980s. New Haven: Yale Univ. Pr. 1982. XII, 209 S. B 46612

Durie, S.; Edwards, R.: Fuelling the nuclear arms race. The links between nuclear power and nuclear weapons. London: Pluto Pr. 1982. 129 S. B 47724

Jacobsen, C. G.: The Nuclear Era. Its history, its implications. Cambridge: Oelschlager, Gunn & Hain 1982. XII, 142 S. B 48782

Die UNO-Studie: Kernwaffen. München: Beck 1982. 255 S. B 46389

Kissinger, H. A.: Les armes nucléaires et le mouvement de la paix. In: Commentaire. Vol. 5, 1982/83. No. 20. S. 545-554. BZ 05436:5

Innerkirchlicher Friedensrat, Den Haag. - Lagerung und Transport von Atomwaffen. München: Informationsbüro f. Friedenspolitik 1982. 104 S. D 2625

Leitenberg, M.: The Neutron bomb - Enhanced radiation warheads. heads. In: The journal of strategic studies. Vol. 5, 1982. No. 3. S. 341-369. BZ 4669:5

Lange, D.; Lucas, M.: Atomchronik [1938/81]. In: Weltpolitik. Jg. 1, 1981. S. 172-204. BZ 4774:1

Lange, D.; Lucas, M.: Atomchronik. Atomenergie, Atomwaffen, Unfälle, Widerstandsbewegungen. [1981/82.] In: Weltpolitik. Jg. 2, 1982. S. 141-178. BZ 4774:2

Lange, D.; Lucas, M.: Atomchronik. Von 1938 bis heute. Berlin: Verl. Freunde der Erde 1982. 32 S. D 2339

Mandelbaum, M.: The future of nuclear weapons. In: Naval War College review. Vol. 36, 1982. No. 5. S. 58-79. BZ 4634:35

Menaul, S.: The role of theater nuclear weapons. In: Comparative Strategy. Vol. 4, 1983. No. 1. S. 21-30. BZ 4686:4

The Nuclear Arms Race - control or catastrophe? Ed.: F. Barnaby [u. a.]. London: Pinter 1982. 250 S. B 47986

Richter, W.: Neutronenwaffe - "Perversion des Denkens"? München: Bernard u. Graefe 1982. 320 S. B 47188

Wilker, L.: Die Nichtverbreitung von Nuklearwaffen. Ein politisches und kein technisches Problem. In: Sicherheitspolitik am Scheideweg? 1982. S. 521-531. B 47212

Bartley, R. L.; Kucewicz, W. P.: "Yellow rain" and the future of arms agreements. In: Foreign affairs. Vol. 61, 1983. No. 4. S. 805-826. BZ 05149:61

Brauch, H. G.: Der chemische Alptraum. Oder gibt es einen C-Waffen-Krieg in Europa? Berlin: Dietz 1982. 176 S. B 46789

Giftgas? Nein! Mainz: DGB, Landebezirk Rheinland Pfalz 1983. 22 S. D 02703

Harris, R.; Paxman, J.: Eine höhere Form des Tötens. Die geheime Geschichte der B- und C-Waffen. Düsseldorf: Econ 1983. 299 S. B 48469

Nein zu den chemischen Waffen! Moskau: APN-Verl.1982. 31 S. Bc 3303

Stöhr, R.; Trapp, R.: Chemische Waffen in den Plänen der USA. Historische Aspekte und aktuelle Tendenzen. In: Deutsche Aussenpolitik. Jg. 27, 1982. H. 12. S. 87-96. BZ 4557:27

Der kalte Tod. Chemische Waffen und Massenvernichtungsmittel. Hrsg.: K. Lohs. Köln: Pahl-Rugenstein 1982. 149 S. B 47381

Munition

Germershausen, R.: Von der Sprenggranate zur Endphasenlenkung. Munition der Rohr-Artillerie. In: Heere international. Jg. 2, 1983. S. 181-201. BZ 4754:2

Goad, K. J. W.; Halsey, D. H. J.: Ammunition. Including grenades and mines. Oxford: Brassey 1982. XIX, 289 S. B 47219

Gummigeschosse. Erprobt in Irland und in der Schweiz. Geplant für die BRD. Hamburg: Grün-Alternative Liste 1983. 35 S. B 02618

F 5.2 Fahrzeugtechnik/Militärfahrzeuge

F 5.21 Landfahrzeuge

Clayton, M.: Jeep. Newton Abbot: David and Charles 1982. 125 S. B 47759

Culver, B.: The SdKfz 251 Half-Track. London: Osprey 1983. 40 S. Bc 01088

Schützenpanzer. Berlin: Militärverl. d. DDR 1982. 32 S. Bc 3125

Panzerwagen

Foss, C. F.: Armoured fighting Vehicles of the world. London: Allan 1982. 208 S. B 47821

Simpkin, R.: Tank or tank destroyer? In: Military technology. Vol. 7, 1983. No. 5. S. 14-33. BZ 05107:7

Stark, H.: Panzer - Qualität oder Quantität. Die Mittelwertmethode zur Bewertung der Panzertechnologie der Zukunft. Bd 1. 2. München: Bernard u. Graefe 1982. 175, 176 S. 08770

Stümke, G.: Tanks, Kampfwagen, Kampfpanzer. (1). Die Entwicklung der Kampfwagen bis zum Ende des 1. Weltkrieges. In: Wehrausbildung in Wort und Bild. Jg. 26, 1983. H. 4. S. 127-135. BZ 05174:26

Weck, H. de: Les Blindés des origines à nos jours. Lausanne: EDITA 1982. 159 S. 08767

Barker, A.J.: Leopard. London: Allan 1981. 112 S. B 48237
Dunstan, S.: The Centurion tank in battle. London: Osprey 1981. 40 S. Bc 0904
Gawrych, W.J.: Czołg lekki Stuart. [Leichter Panzer Stuart.] Warszawa: Wyd. Min. Obrony Narod. 1982. 15 S. Bc 3485
Perrett, B.: The PzKpfw V "Panther". London: Osprey 1981. 40 S. Bc 0884
Tillotson, G.: M 48. London: Allan 1981. 112 S. B 46625
Zaloga, S.J.: The Sherman tank in US and allied service. Text and allied service. Text and colour plates. London: Osprey 1982. 40 S. Bc 0927
Zaloga, S.J.: Soviet T-72 tank. In: Jane's defence review. Vol. 4, 1983. No. 5. S. 423-434. BZ 05392:4

F 5.22 Seefahrzeuge/Schiffstechnik

Botting, D.: Die Unterseeboote. Amsterdam: Time-Life Bücher 1981. 176 S. 08870
Howarth, D.: Die Schlachtschiffe. Amsterdam: Time-Life Bücher 1980. 176 S. 08869
Miller, D.: An illustrated Guide to modern submarines. The undersea weapons that rule the oceans today. London: Salamander 1982. 159 S. B 48052

F 5.23 Luftfahrzeuge/Luftfahrtechnik

Flugzeuge

Davis, J.K.; Pfaltzgraff, R.L. jr.: Power projection and the long-range combat aircraft: Missions, capabilities and alternative designs. Special report. Cambridge: Institute for Foreign Policy Analysis 1981. 38 S. Bc 3313
Green, W.; Swanborough, G.: Observer's directory of military Aircraft. London: Warne 1982. 256 S. B 48371
Gunston, B.: Fighters of the fifties. Cambridge: Stephens 1981. 248 S. B 45621
Richardson, D.: Modern Warplanes. A technical survey of the world's most significant combat aircraft in service. London: Salamander Books 1982. 208 S. 08794
Robertson, B.: Aviation enthusiast' Data Book. Cambridge: Stephens 1982. 153 S. B 45730
Smith, P.C.: Dive Bomber! An illustrated history. Ashbourne: Moorland 1982. 223 S. B 47526
Taylor, M.: Jet Fighters. London: Hamlyn 1982. 157 S. 08969
Wagner, W.: Lightning Bugs and other reconnaissance drones. Fallbrooks: Aero Publ. 1982. 222 S. B 48499

The contentious "cobra". In: Air international. Vol. 22, 1982. No. 1. S. 31-37; 44. BZ 05091:22

Cuny, J.: Les chasseurs Dassault: Ouragans, Mysteres et Super-Mysteres. Paris: Lariviere 1980. 511 S. B 46595

Ethell, J.: F-15 Eagle. London: Allan 1981. 128 S. B 46638

Die Giganten. Messerschmitt's Monsters. (Me 323.) In: Air international. Vol. 24, 1983. No. 5. S. 233-241; 256-257. BZ 05091:24

Hardy, M. J.: Avro. Cambridge: Stephens 1982. 89 S. B 45761

Hardy, M. J.: Boeing. Cambridge: Stephens 1982. 86 S. B 45724

Horikoshi, J.: Eagles of Mitsubishi. The story of the Zero fighter. Seattle: Univ. of Washington Pr. 1981. XI, 160 S. B 46952

Jackson, R.: Hawker Hunter. London: Allan 1982. 112 S. B 48232

Kaczkowski, R.: Samolot wielozadaniowy An-2. [Mehrzweckflugzeug An-2.] Warszawa: Wyd. Min. Obrony Narod. 1982. 15 S. Bc 3128

Kempski, B.: Samolot transportowy Ił-14. [Transportflugzeug Il-14.] Warszawa: Wyd. Min. Obrony Narod. 1982. 15 S. Bc 3414

Kinzey, B.: F-4 Phantom II. In detail and scale. Pt. 1. London, Melbourne: Arms and Armour Press 1981. 72 S. Bc 0922

Kinzey, B.: F-16 A and B fighting Falcon in detail and scale. London, Melbourne: Arms and Armour Press 1982. 62 S. Bc 0886

Kinzey, B.: F-111 Aardvark in detail and scale. London, Melbourne: Arms and Armour Pr. 1982. 72 S. Bc 0964

Luranc, Z.: Samolot szkolno-treningowy Jak-11 (C-11). [Das Schul-u. Trainingsflugzeug Jak-11 (C-11).] Warszawa: Wyd. Min. Obrony Narod. 1982. 14 S. Bc 3032

MacDowell, E. R.: P-39 Aircobra in action. Carrollton: Squadron-Signal Publ. 1980. 50 S. Bc 0790

Nieradko, A.: Samolot myśliwski M. S. -406Cl. [Jagdflugzeug M. S. -406Cl.] Warszawa: Wyd. Min. Obrony Narod. 1982. 15 S. Bc 3364

Pelletier, A.: Documents sur le Grumman "Avenger". Rennes: Ouest France 1981. 93 S. B 47761

Pelletier, A.: Mirage. III/5/50. Paris: Ed. Presse Audivisuel 1982. 63 S. 08846

Rausa, R.: Skyraider. The Douglas A-1 "Flying Dump Truck". Cambridge: Stephens 1982. XV, 239 S. B 47790

Reed, A.: Sepecat Jaguar. London: Allan 1982. 111 S. B 48269

Scutts, J.: B-17 Flying Fortress. Cambridge: Stephens 1982. 120 S. B 47745

Spaete, W.: Der streng geheime Vogel. (Me 163.) München: Verl. f. Wehrwissenschaften 1983. 320 S. B 49226

Sweetman, B.; Watanabe, R.: Avro Lancaster. London: Jane's 1982. 56 S. 08929

Szewczyk, W.: Samolot wielozadaniowy Po-2. [Mehrzweckflugzeug Po-2.] Warszawa: Wyd. Min. Obrony Narod. 1981. 14 S. Bc 2913

Vanags-Baginskis, A.; Watanabe, R.: Stuka Ju 87. London: Jane's 1982. 55 S. 08930

Carrel, L. F.: Bewaffnete Helikopter. Einsatz und Bedrohung. In: Allgemeine Schweizerische Militärzeitschrift. Jg. 148, 1982. Nr. 12. S. 671-682. BZ 05139:148

Everett-Heath, E. J.: Hubschraubergefechte. In: Internationale Wehrrevue. Jg. 16, 1983. Nr. 5. S. 601-609. BZ 05263:16

Grzegorzewski, J.: Smigłowiec Mi-4. [Hubschrauber Mi-4.] Warszawa: Wyd. Min. Obrony Narod. 1982. 14 S. Bc 3083

Polmar, N.; Kennedy, F. D.: Military Helicopters of the world. Military rotary-wing aircraft since 1917. Annapolis: Naval Inst. Pr. 1981. X, 370 S. B 45554

F 5.5 Nachrichtentechnik/Elektronik/Kybernetik

Breuer, R.; Lechleitner, H.: Der lautlose Schlag. München: Meyster 1982. 126 S. B 46751

Eliot, C.: Night vision today and tomorrow. Image intensification and thermal imaging. In: NATO's fifteen nations. Vol. 27, 1983. No. 6. S. 44-58. BZ 05266:27

Führungs- und Informationssysteme. Probleme, Erfahrungen und Technologien im militärischen Bereich. Hrsg.: H. W. Hofmann [u. a.]. München: Oldenbourg 1982. 452 S. B 47434

Gisel, H. R.: Wunderstrahl Laser. Geheimnis und Schrecken. Zürich: Schweizer Verlagshaus 1982. 239 S. B 46662

Gordon, D. E.: Electronic Warfare. Element of strategy multiplier of combat power. New York: Pergamon Pr. 1981. VII, 103 S. B 47137

Rohwer, J.: Funkaufklärung und Intelligence in den Entscheidungsprozessen des Zweiten Weltkrieges. In: Festschrift f. Eberhard Kessel zum 75. Geburtstag. 1982. S. 330-364. B 49844

Die Strategy of electromagnetic conflict. Los Altos: Peninsula Publ. 1980. 283 S. B 45800

Ward, J. W. D.; Turner, G. N.: Military Data Processing and microcomputers. Oxford: Brassey 1982. XIII, 221 S. B 47640

F 5.6 Raumfahrttechnik

Aussig, J.; Erdmann, W.: Verhinderung des Wettrüstens im Weltraum - ein Gebot unserer Zeit. In: Deutsche Aussenpolitik. Jg. 28, 1983. H. 3. S. 50-60. BZ 4557:28

La Conquête de l' espace. Paris: Larousse 1983. 160 S. 08963

Gluško, V. P.: Entwicklung des Raketenbaus und der Raumfahrt in der UdSSR. Moskau: APN-Verl. 1982. 55 S. Bc 3386

Kaplan, M. H.: Space Shuttle. America's wings to the future. 2. ed. rev. Fallbrook: Aero Publ. 1983. 216 S. 09370

Oberg, J. E.: Red Star in orbit. New York: Random House 1981. XIII, 272 S. B 45783

International Security dimensions of space. 11th annual conference... Medford, Mass., April 27-29, 1982. A conference report. Cambridge: Institute for Foreign Policy Analysis 1982. 24 S. Bc 3312

Outer Space - A new dimension of the arms race. Ed.: B. Jasani. London: Taylor & Francis 1982. XVIII, 423 S. B 46643

Stine, G. H.: Confrontation in space. Englewood Cliffs: Prentice-Hall 1981. XVI, 209 S. B 47141

Velocci, T.: Space, battleground of the future. In: Military technology. Vol. 7, 1983. No. 3. S. 50-58. BZ 05107:7

G Wirtschaft

G 0. Grundfragen der Wirtschaft / Weltwirtschaft

Ekonomika u opštenarodnom odbrambenom ratu. [Ökonomie im allgemeinen Verteidigungskrieg.] 1. 2. Beograd: Vojnoizdavački zavod 1980-1981. 567, 599 S. B 47224

Kitaj, T.: Den ny økonomiske Verdensorden. U-landene i det internationale system. 3.opl. København: Gyldendal 1981. 137 S. B 46006

Kuczynski, P.-P.: Action steps after Cancún. In: Foreign affairs. Vol. 60, 1982. No. 5. S. 1022-1037. BZ 05149:60

The general Situation. (1919-39.) Nendeln: Kraus 1982. Getr. Pag. B 45555

Wannenmacher, W.: Die zweite Weltwirtschaftskrise. Fakten. und Folgerungen. Stuttgart: Dt. Verlagsanst. 1983. 231 S. B 48673

G 1 Volkswirtschaft

G 1.1 Wirtschaftsordnung/Wirtschaftsformen/Wirtschaftssysteme

Klenner, F.: Die Fiktion der "Sozialen Marktwirtschaft". In: Europäische Rundschau. Jg. 10, 1982. Nr. 4. S. 101-112. BZ 4615:10

Krupp, H. J.: Neokonservative Wirtschaftspolitik. In: Die neue Gesellschaft. Jg. 29, 1982. Nr. 11. S. 1010-1023. BZ 4572:29

Langhammer, R. J.: Industrie- und Entwicklungsländer in der Auseinandersetzung um eine neue Weltwirtschaftsordnung. In: Die internationale Politik. 1975/76. 1981. S. 33-56. BZ 4767:1975/76

Larsen, P.; Holm, L.; Hansen, M.: Krisen, borgerskabet og den økonomiske teori. København: Soc. Inst. 1980. 238 S. B 45987

Mandel, E.: Entstehung und Entwicklung der ökonomischen Lehre von Karl Marx. Reinbek: Rowohlt 1982. 221 S. B 47062

Ortmark, Å.: Skuld och makt - en kapitalistisk historia. Medici, Rothschild, Rockefeller, Wallenberg. Stockholm: Wahlström och Widstrand 1981. 409 S. B 46298

Skambraks, H.: Einführung in Marx' Schrift: "Zur Kritik der politischen Ökonomie". Berlin: Dietz 1982. 48 S. Bc 3324

G 2 Landwirtschaft/Ernährungswesen

Ball, N.: World Hunger. A guide to the economics and political dimensions. Santa Barbara: ABC-Clio 1981. XXIII, 386 S. B 45935

Hager, W.: Der Kampf mit dem Hunger. Probleme der Welternährungspolitik. In: Die internationale Politik. 1975/76. 1981. S. 18-31. BZ 4767:1975/76

G 3 Industrie

Brzoska, M.; Guha, A.-A.; Wellmann, C.: Das Geschäft mit dem Tod. Fakten und Hintergründe der Rüstungsindustrie. Frankfurt: Eichborn 1982. 186 S. B 46226

Militarismus und Rüstung. Beitr. zur ökumenischen Diskussion. Hrsg.: B. Moltmann. Heidelberg. Forschungsstätte der Evang. Studiengemeinschaft 1981. 211 S. B 46329

Rüstungssituation und mögliche Auswege. Berlin: Aktion Sühnezeichen/ Friedensdienste 1981. 131 S. D 2638

War, business and world military-industrial complexes. Ed.: B. F. Cooling. Port Washington: Kennikat 1981. 217 S. B 47000

Wolf, W.; Capron, M.: Spätkapitalismus in den achtziger Jahren. Bilanz der Weltwirtschaftsrezession 1980/81. Die Strukturkrise der Autoindustrie und der Stahlbranche. Frankfurt: isp-Verl. 1982. 155 S. B 46410

Energiepolitik

Arsanjani, M. H.: International Regulation of internal resources. A study of law and policy. Charlottesville: Univ. Pr. of Virginia 1981. 558 S. B 47010

Barnes, W.: Scenario petrolifero. I pericoli dell'ottimismo. In: Affari esteri. Anno 14, 1982. No. 55. S. 340-355. BZ 4373:14

Karlsson, S.; Tompuri, G.: Makten över oljan. En studie av oljans betydelse för internationella konflikter. Lund: Studentlitteratur 1981. 157 S. Bc 2910

Kraje naftowe. Szanse i bariery rozwoju. [Die Erdölländer. Chancen u. Barrieren der Entwicklung.] Red.: Z. Bąblewski. Warszawa: Książka i Wiedza 1981. 370 S. B 46336

Maull, H. W.: OPEC am Ende? Der Welt-Ölmarkt in einer Phase des Umbruchs. In: Europa-Archiv. Jg. 38, 1983. Folge 8. S. 233-242. BZ 4452:38

Maull, H. W.: Von der neuen Weltenergieordnung zur neuen Weltwirtschaftsordnung. In: Die internationale Politik. 1975/76. 1981. S. 57-77. BZ 4767:1975/76

Schubert, A.: Erdöl: Die Macht des Mangels. Berlin: Wagenbach 1982. 190 S. B 46075

Atomexport. Hrsg.: Bundekongreß entwicklungspolitischer Atkionsgruppen. Kiel: Magazin-Verl. 1982. 32 S. D 2574

Häckel, E.: Der Export von Nukleartechnologie. In: Die internationale Politik. 1975/76. 1981. S. 78-89. BZ 4767:1975/76

Kernenergie ohne Atomwaffen. Energieversorgung und Friedenssicherung. Hrsg.: K. Kaiser u. F. J. Klein. Bonn: Europa Union Verl. 1982. XV, 337 S. B 46170

Der gesellschaftliche Konflikt um die Atomkraft. 2., veränd. u. erw. Aufl. Bonn: Arbeitskreis Naturwissensch. u. Technologie 1980. 41 S. D 02473

Lange, D.; Lucas, M.: Atomchronik. Von 1938 bis heute. Berlin: Verl. Freunde der Erde 1982. 32 S. D 2339

G 4 Handel

Amin, S.: After the New International Economic Order. The future of international economic relations. In: Journal of contemporary Asia. Vol. 12, 1982. No. 4. S. 432-450. BZ 4671:12

Bethkenhagen, J.; Machowski, H.: Ost-West-Wirtschaftsbeziehungen: Weiterentwicklung oder Restriktion? In: Aus Politik und Zeitgeschichte. 1983. B 13. S. 42-54. BZ 05159:1983

Gwiazda, A.: Niepewna przyszłość stosunków gospodarczych Wschód-Zachód. [Die ungewisse Zukunft der Wirtschaftsbeziehungen zwischen Ost u. West.] In: Sprawy Międzynarodowe. Rok 36, 1983. Zeszyt 3. S. 81-90. BZ 4497:36

Mal'kevič, V. L.: Ost-West: Ökonomische Zusammenarbeit. Technologieaustausch. Moskau: Akademie d. Wissenschaften d. UdSSR 1982. 123 S. Bc 2968

G 6 Finanzen/Geld- und Bankwesen

Internationalisierung des Kapitals und Klassenkampf. Mterialien e. wissenschaftl. Kolloquiums. Berlin: Akademie f. Gesellschaftswiss. beim ZK d. SED 1982. 150 S. Bc 3556

IWF und Weltbank. Hrsg.: A. Hill [u. a.].Kiel: Magazin-Verl. 1982. 46 S. D 2749

Sovremennyj Kapitalizm: proizvoditel'nost' truda i ėffektivnost'. [Der zeitgenössische Kapitalismus: Produktivität der Arbeit und Effektivität.] Moskva: Nauka 1982. 315 S. B 47855

Köllner, E.-L.: Aufsätze zur politischen Ökonomie. Währungsgeschichte und Finanzpolitik. München: Selbstverl. 1982. 135 S. Bc 3145

H Gesellschaft

H 1 Bevölkerung und Familie

H 1.2 Jugendfrage und Jugendbewegung

Bach, R.; Saemann, H.: Jugend im Friedenskampf. Berlin: Dietz 1982. 171 S. Bc 3389

Dzieci i młodzież w latach drugiej wojny światowej. [Kinder u. Jugendliche in d. Jahren d. Zweiten Weltkrieges.] Warszawa: Państw. Wyd. Nauk. 1982. 611 S. B 47085

Riera, J. M.: Crisis, juventud y eurocomunismo. Barcelona: Laia 1980. 125 S. Bc 2527

H 1.3 Frauenfrage und Frauenbewegung

Arbeiterbewegung und Feminismus. Berichte aus vierzehn Ländern. Hrsg.: E. Bornemann. Frankfurt: Ullstein 1982. 259 S. B 47196

Ås, B.: Kvinner i alle land... Håndbok i frigjøring. Oslo: Aschehoug 1981. 149 S. B 46011

Banks, O.: Faces of feminism. A study of feminism as a social movement. Oxford: Robertson 1981. 285 S. B 45385

Caire, R.: La Femme militaire. Paris: Lavauzelle 1981. 361 S. B 46825

Frauen für den Frieden. Hrsg.: E. Quistorp. Bensheim: päd-extra-Buchverl. 1982. 199 S. B 46766

Hartmann, E.: Frauen für Frieden. Gedichte, Schilderungen, Reflexionen. Berlin: Frauen für den Frieden 1982. 112 S. D 2700

Oakley, A.: Subject Women. New York: Pantheon Books 1982. X, 406 S. B 47158

Gewaltloser Protest als weibliche Friedensstrategie. Zsgest. u. übers. v. C. Strauven. Berlin: Berliner Frauenbund 1982. 54 S. D 02545

Quaranta, G.; Del Conte, R.; Marabotto, M. T.: "...Veniamo da lontano..." Firenza: Nuova Guaraldi 1981. 136 S. B 47163

Sammen er vi staerke - indtryk fra den alternative kvindekonference 1980. [Udg. af] The International Feminist Collective. Red.: E. Buch-Hansen og H. Bloch Kvaale. København: Mellemfolkeligt Samvirke 1981. 136 S. Bc 0793

Sękalska, D.: Kobieta wyzwolona? [Die befreite Frau?] Warszawa: Krajowa Agencja Wyd. 1982. 259 S. B 47840

So kann es nicht weitergehen. Ein Arbeitsdossier mit Erfahrungsberichten, grundsätzl. Überlegungen, Anregungen - um jenen Frauen Mut zu machen, die sich mit Unfrieden, Rüstungswettlauf, Gewalt u. Unrecht nicht abfinden wollen. Hrsg.: M. Bührig. Zürich: Kagas 1982. 109 S. 08814

Eine stumme Generation berichtet. Frauen der dreißiger und vierziger Jahre. Hrsg. u. eingel. v. G. Dischner. Frankfurt: Fischer 1982. 233 S. B 47371

Totgeschwiegen. Hrsg.: S. Schmid u. H. Schnedl. Wien: Österr. Bundesverl. 1982. 221 S. B 47044

C. Randzio-Plath, Hrsg. - Was geht uns Frauen der Krieg an? Reinbek: Rowohlt 1982. 156 S. Bc 3117

Women and world-change. Equity issues in development. Ed.: N. Black and A. B. Cottrell. Beverly Hills: Sage 1981. 288 S. B 47484

H 2 Stand und Arbeit

Arbeiterbewegung und Feminismus. Berichte aus vierzehn Ländern. Hrsg.: E. Bornemann. Frankfurt: Ullstein 1982. 259 S. B 47196

Bonk, H.: Es gibt eine Kraft! Die revolutionäre Arbeiterbewegung i. Kampf um Frieden und Abrüstung. Berlin: Dietz 1981. 229 S. B 45672

Drambo, L.: Spranget mot friheten. En rekonstruktion av vår föreställning om arbete, ekonomi och samhällsförändring. Stockholm: Liber 1982. 386 S. B 46002

Die Gewerkschaften als Massenorganisationen der Arbeiterklasse. Stuttgart: Verl. Neuer Weg 1981. 61 S. Bc 3190

Lundkvist, A.: Kritik af privatarbejdet. 1. Kongerslev: GMT 1981. 344 S. B 45884

Rebhahn, H.: Gewerkschaften im Weltgeschehen. Aufsätze und Reden d. Generalsekretärs d. Internationalen Metallgewerkschaftsbundes. Köln: Bund-Verl. 1982. 144 S. B 46423

Regini, M.: I Dilemmi del sindacato. Bologna: Il Mulino 1981. 210 S. B 48349

H 5 Gesundheitswesen

Global 2000 - ein Hearing. Hrsg.: H. Schuchardt. Baden-Baden: Nomos Verl. Ges. 1982. 253 S. B 46280

Katz, A. M.: Life after nuclear war. The economic and social impacts of nuclear attacks on the United States. Cambridge: Ballinger 1982. XXVII, 422 S. B 47603

Konzept bezirklicher Smog-Alarm. Berlin: Alternative Liste 1983. 66 S. D 02619

J Geistesleben

J 1 Wissenschaft

J 1.0 Wissenschaft

Braillard, P.: L'Imposture du Club de Rome. Paris: PUF 1982. 127 S. B 47334

Lemmerich, J.: Max Born, James Franck. Physiker in ihrer Zeit. Der Luxus des Gewissens. Ausstellung der Staatsbibliothek Berlin, Stiftung Preußischer Kulturbesitz. Berlin: Staatsbibliothek Preuss. Kulturbesitz 1982. XI, 188 S. B 47862

Vagovic, S.: La Filosofia marxista della prassi. Roma: Città nuova ed. 1981. 198 S. B 48028

Die Weltorganisation für geistiges Eigentum. Zsgest. u. eingel. von K. Becher. Berlin: Staatsverl. d. DDR 1982. 494 S. B 45796

J 1.2 Psychologie

Politische Psychologie. Hrsg. v. H. D. Klingemann u. M. Kaase. Opladen: Westdt. Verl. 1981. 469 S. B 45505

Richter, H.-E.: Zur Psychologie des Friedens. Reinbek: Rowohlt 1982. 312 S. B 46769

Watson, P.: Psycho-Krieg. Möglichkeiten, Macht und Mißbrauch der Militärpsychologie. Düsseldorf: Econ 1982. 461 S. B 46788

J 1.5 Medizin

Bastian, T.: "Katastrophenmedizin" oder die Endlösung der Menschenrechtsfrage. Medizinische Folgen des Atomkrieges. Vorw.: G. Bastian. Berlin: Oberbaum Verl. 1982. 99 S. Bc 3173

Bringmann, J.: Problemkreis Schußbruch bei der deutschen Wehrmacht im Zweiten Weltkrieg. Düsseldorf: Droste 1981. 166 S. B 46565

Grundriß der Militärmedizin. Hrsg.: R. Ebert. Berlin: Militärverl. d. DDR. 1982. 432 S. B 48674

Pape, E.: Pazifistische Psychiatrie zwecks Menschenwürde. Sierksdorf: Selbstverl. 1982. 16 S. D 2673

Schneider, J.: Beiträge zur Geschichte der Wehrpharmazie von 1935-1945. Überarb.: W. Deckenbrock, E. Sommer. Düsseldorf: Triltsch 1982. 160 S. Bc 3237

J 6 Kirche und Religion

J 6.1 Christentum

Albrecht, D.: Der H. Stuhl und das Dritte Reich. In: Festschrift f. Eberhard Kessel zum 75. Geburtstag. 1982. S. 283-299. B 49844

Conzemius, V.: Le Saint-Siège et la deuxième guerre mondiale, deux éditions de sources. In: Revue d'histoire de la deuxième guerre mondiale. Année 32, 1982. No. 128. S. 71-94. BZ 4455:32

Deschner, K.: Ein Jahrhundert Heilsgeschichte. Die Politik der Päpste im Zeitalter der Weltkriege. Von Leo XIII. 1878 bis zu Pius XI. 1939. Köln: Kiepenheuer u. Witsch 1982. 658 S. B 47966

Das Evangelium des Friedens. Christen u. Aufrüstung. Hrsg.: P. Eichler. München: Kösel 1982. 207 S. B 47782

Kent, P. C.: The Pope and the Duce. The international impact of the Lateran Agreements. London: Macmilian 1981. IX, 248 S. B 47623

Klein, J.: Les chrétiens, les armes nucléaires et la paix. In: Stratégique. 1983. No. 17. S. 7-34. BZ 4694:1983

Rhodes, A.: Der Papst und die Diktatoren. Der Vatikan zwischen Revolution und Faschismus. Wien: Böhlau 1980. 332 S. B 41550

Voorst, L. B. van: The churches and nuclear deterrence. In: Foreign affairs. Vol. 61, 1983. No. 4. S. 827-852. BZ 05149:61

J 6.2 Islam

Enayat, H.: Modern islamic political Thought. Austin: Univ. of Texas Pr. 1982. XII, 225 S. B 48498

Hanf, T.: Arabismus und Islamismus. In: Nationalismus in der Welt von heute. 1982. S. 157-176. B 46874

L'Islam et l'état dans le monde d'aujourd'hui. Publ. sous la direct. de O. Carré. Paris: PUF 1982. 270 S. B 47325

Kedourie, E.: Islam in the modern world and other studies. New York: Holt, Rinehart and Winston 1980. 332 S. B 47017

Norton, A. R.: Militant protest and political violence under the banner of islam. In: Armed forces and society. Vol. 9, 1982. No. 1. S. 3-19. BZ 4418:9

Scholl-Latour, P.: Allah ist mit den Standhaften. Begegnungen mit der islamischen Revolution. Stuttgart: Dt. Verlagsanst. 1983. 766 S. B 48124

K Geschichte

K 0 Allgemeine Geschichte

K 0.3 Weltgeschichte

Adrian, H.; Hedegaard Jensen, L.: Fra krig til krig. Tiden 1914-45. 6. opl. København: GAD 1980. 318 S. B 45845

Chronik des zwanzigsten Jahrhunderts. Braunschweig: Westermann 1982. 1215 S. 08885

Harbottle, T.B.: Harbottle's Dictionary of battles. Rev.: G. Bruce. 3. ed. New York: Van Nostrand Reinhold 1981. 303 S. B 47140

Jessup, J.E.; Coakley, R.W.: A Guide to the study and use of military history. Washington: US Gov. Print. Office 1982. XV, 507 S. B 47925

Militärgeschichte. Probleme, Thesen, Wege. Ausgew. u. zsgest. von M. Messerschmidt [u. a.]. Stuttgart: Dt. Verlags-Anst. 1982. 497 S. B 46629

Nolte, H.-H.: Die eine Welt. Abriß der Geschichte des internationalen Systems. Hannover: Fackelträger 1982. 167 S. B 46764

Scocozza, B.: Om Historie. En introduktionsbog. København: Reitzel 1982. 131 S. Bc 3345

Weltpolitik. Europagedanke. Regionalismus. Festschrift f. Heinz Gollwitzer zum 65. Geburtstag am 30. Jan. 1982. Münster: Aschendorff 1982. 626 S. B 46511

K 2 Geschichte 1815–1914

Barraclough, G.: From Agadir to Armageddon. Anatomy of a crisis. London: Weidenfeld & Nicolson 1982. VIII, 195 S. B 47753

Bridgman, J.M.: The Revolt of the Hereros. Berkeley: Univ. of Calif. Pr. 1981. 184 S. B 47001

Caivano, T.: Historia de la Guerra de América entre Chile, Perú y Bolivia. T. 1.2. Callao 1979: Impr. de la Marina. 464, 365 S. B 43661

Fabry, P.W.: Ein "unwahrscheinliche Verständigung" wird Wirklichkeit.. Die Triple-Allianz zwischen Grossbritannien, Frankreich und Russland. 1906-1907. In: Damals.

Jg. 15, 1983. H. 5. S. 389-409; H. 6. S. 479-494. BZ 4598:15

Der Berliner Kongress von 1878. Die Politik der Grossmächte und die Probleme der Modernisierung in Südosteuropa in d. zweiten Hälfte des 19. Jahrhunderts. Hrsg.: R. Melville u. H.-J. Schröder. Wiesbaden: Steiner 1982. XVII, 538 S. B 45967

Longford, E.: Jameson's Raid. The prelude to the Boer war. London: Weidenfeld and Nicolson 1982. XVII, 314 S. B 47809

López, J.: Historia de la Guerra del guano y el salitre. [Nachdr.] Vol. 1. 2. Lima: Batres 1979. 261, 246 S. B 43676

Scherff, R.: Kriegs-Tagebuch 1870-71. Richard Scherff, 5. Comp. 18. Rgts. Hrsg.: K. Scherff-Romain. Berlin: Neues Verl. Comptoir 1982. 139 S. Bc 3179

Siebert, F.: Die römische Frage im diplomatischen Vorfeld des Krieges von 1870. In: Festschrift f. Eberhard Kessel zum 75. Geburtstag. 1982. S. 236-254. B 49844

Tombs, R.: The War against Paris. 1871. Cambridge: Univ. Pr. 1981. XII, 256 S. B 45706

Rusko-turska osvoboditelna Vojna 1877-1878. Istoriko bibliografski obzor. Literatura 1977-1978. [Der Russisch-türkische Befreiungskrieg 1877-1878.] Sofija: Bŭlg. Akad. na Nauk 1981. 179 S. Bc 3014

K 3 Geschichte 1914–1918 (Weltkrieg I.)

K 3 c Biographien und Kriegserlebnisse

Congreve, B.: Armageddon Road. A VC's diary, 1914-16. Ed.: T. Norman. London: Kimber 1982. 223 S. B 47824

Frescura, A.: Diario di un imboscato. Milano: Mursia 1981. 335 S. B 46485

Herwig, H. H.; Heyman, N. M.: Biographical Dictionary of world war 1. Westport: Greenwood 1982. XIV, 424 S. 08951

Krzeczunovicz, K.: Wspomnienie o Generale Tadeuszu Rozwadowskim. [Erinnerungen an General Tadeusz Rozwadowski.] Londyn: Przegląd Kawalerii 1983. 17 S. Bc 3667

Marc, F.: Briefe aus dem Feld. Neu hrsg.: K. Lankheit und U. Steffen. München: Piper 1982. 155 S. B 46077

Mathieson, W. D.: My grandfather's War. Canadians remember the first world war, 1914-1918. Toronto: Macmillan of Canada 1981. XII, 338 S. B 48184

Reid, G.: Poor bloody Murder. Personal memoirs of the First World War. Oakville: Mosaic Pr. 1980. 260 S. B 45763

Salsa, C.: Trincee. Milano: Mursia 1982. 258 S. B 47766

Tait, J.: Hull to the Somme. The Diary of... 1oth Battn. East Yorkshire Regt,... Hull: Bell 1982. 51 S. Bc 01121

Wedderburn-Maxwell, J.: Young Contemptible. Croydon: Tek-Art 1982. 38 S. Bc 3529

K 3e Politische Geschichte

Besier, G.: Krieg - Frieden - Abrüstung. Die Haltung der europ. u. amerikan. Kirchen zur Frage der dt. Kriegsschuld 1914-1933. Ein kirchenhistorischer Beitrag zur Friedensforschung u. Friedenserziehung. Göttingen: Vandenhoeck u. Ruprecht 1982. 393 S. B 48120

Bishop, J.: The illustrated London News. Social History of the First World War. London: Angus and Robertson 1982. 144 S. 08851

Fischer, F.: Juli 1914: Wir sind nicht hineingeschlittert. Das Staatsgeheimnis um die Riezler-Tagebücher. Eine Streitschrift. Reinbek: Rowohlt 1983. 125 S. Bc 3387

Hayashima, A.: Die Illusion des Sonderfriedens. Deutsche Verständigungspolitik mit Japan im ersten Weltkrieg. München: Oldenbourg 1982. 215 S. B 46836

Herbert, A. P.: The secret Battle. Oxford: Univ. Pr. 1982. 130 S. B 47820

Klein, F.: Auseinandersetzungen um die "Kriegsschuldfrage" nach 1919. In: Zeitschrift für Geschichtswissenschaft. Jg. 30, 1982. H. 8. S. 675-690. BZ 4510:30

Mobilization for total war. The Canadian, American and British experience 1914-1918, 1939-1945. Ed.: N. F. Dreisziger. Ontario: Laurier 1981. XVI, 115 S. B 46648

Stevenson, D.: French War Aims against Germany 1914-1919. Oxford: Clarendon 1982. XIV, 283 S. B 46519

Stromberg, R. N.: Redemption by war. The intellectuals and 1914. Lawrence: Regents Pr. of Kansas 1982. VII, 250 S. B 48340

Tompkins, S. R.: The secret War. 1914-1918. Victoria: Morriss 1981. 71 S. B 48179

Ullrich, V.: Das deutsche Kalkül in der Julikrise 1914 und die Frage der englischen Neutralität. In: Geschichte in Wissenschaft und Unterricht. Jg. 34, 1983. H. 2. S. 79-97. BZ 4475:34

Vávra, V.: První mírové kroky sovětské zahraniční politiky. [Die ersten Friedensschritte der sowjet. Aussenpolitik. (1917/18).] In: Historie a vojenství. Ročn. 31, 1982. No. 5. S. 3-16. BZ 4526:31

K 3 f Militärische Geschichte

f 10 Allgemeines und Landkrieg

Buchan, J.: A History of the great war. Vol. 1-4. Repr. Annapolis: Nautical and Aviation Publ. 1980. 552, 578, 603, 536 S. B 45655

Jugoslovenski Dobrovol'ci 1914/1918... Zbornik dokumenata. [Jugoslawische Freiwillige 1914/1918.] Beograd: "Izd. Udružeńe Dobrovol'aca 1912-1918" 1980. XVI, 485 S. B 46812

Terraine, J.: White Heat. The new warfare 1914-1918. London: Sidgwick & Jackson 1982. 352 S. B 47775

Toland, J.: Gebe Gott, daß es nicht zu spät ist. 1918, Entscheidungsjahr des Ersten Weltkrieges. München: Bertelsmann 1980. 607 S. B 45721

Davis, G. H.: Deutsche Kriegsgefangene im Ersten Weltkrieg. In: Militärgeschichtliche Mitteilungen. 1982. Nr. 1. S. 37-49. BZ 05241:1982

Koch, R.: Das Kriegsgefangenenlager Sigmundsherberg 1915-1919. Wien: Verband d. wissenschaftl. Gesellschaften Österreichs 1981. VIII, 469 S. B 48303

Luciuk, L. Y.: Internment operations. The role of old Fort Henry in World War I. Ontario: Delta Educational Consultants 1980. 38 S. Bc 3440

f 20 Seekrieg

Philbin, T. R.: Admiral von Hipper. The inconvenient hero. Amsterdam : Grüner 1982. XIII, 231 S. B 46310

Poolman, K.: Periscope Depth. Submarines at war. London: Kimber 1981. 199 S. B 46619

Vat, D. van der: The grand Scuttle. The sinking of the German fleet at Scapa Flow in 1919. London: Hodder and Stoughton 1982. 240 S. B 46797

f 30 Luftkrieg

Castle, H. G.: Fire over England. The German air raids of world war 1. London: Secker and Warburg 1982. 254 S. B 47700

Collyer, D.: Flying. The first world war in Kent. Rochester: North Kent Books 1982. 32 S. Bc 3262

Dudgeon, J. M.: 'Mick'. The story of Major Edward Mannock, VC, DSO, MC, Royal Flying Corps and Royal Air Force. London: Hale 1981. 208 S. B 45524

Vaughn, G. A.: War Flying in France. Ed. and annotated: M. L. Skelton. Manhattan: Military Affairs 1980. 171 S. 08840

Winter, D.: The First of the few. Fighter pilots of the first world war. London: Lane 1982. 223 S. B 46446

K 3 k Kriegsschauplätze

Baericke, M. E.: Naulila. Erinnerungen eines Zeitgenossen. Swakopmund: Gesellschaft f. wissenschaftl. Entwicklung u. Museum 1981. 118 S. B 47229

Berti, A.: 1915-1917. Guerra in Ampezzo e Cadore. Milano: Arcana 1982. 303 S. B 48080

Brown, J. S.: Of battle and disease. The East African campaign of 1914-18. In: Parameters. Vol. 12, 1982. No. 2. S. 16-24. BZ 05120:12

Chambe, R.: Route sans horizon. Les eaux sanglantes du beau Danube bleu. Paris: Plon 1981. 315 S. B 46397

Favier, J.: Verdun et ses champs de bataille. Rennes: Ouest-France 1982. 32 S. Bc 3250

Gammage, B.: The Story of Gallipoli. Screenplay: D. Williamson. Pref.: P. Weir. Ringwood: Penguin Books Australia 1981. 160 S. Bc 3337

Haffner, S.; Venohr, W.: Das Wunder an der Marne. Rekonstruktion der Entscheidungsschlacht des Ersten Weltkriegs. Bergisch-Gladbach: Lübbe 1982. 159 S. B 46373

Idriess, I. L.: The Desert Column. London: Angus and Robertson 1982. 295 S. B 46693

Kuebler, P.; Reider, H.: Kampf um die Drei Zinnen. Das Herzstück der Sextener Dolomiten 1914-17 und heute. 2., überarb. Aufl. Bozen: Athesia 1982. 189 S. B 48073

Lazić, S.: Cerska Bitka (1914). [Die Schlacht im Cer-Gebirge 1914.] Loznica: Dom kulture "Vuk Karağić" 1980. 8 S. Bc 3520

Lichem, H. von: Gebirgskrieg 1915-1918. Bd 1-3. Bozen: Athesia 1980-1982. 343, 380. 383 S. B 48083

Michel, M.: L'Appel à l'Afrique. Contributions et réactions à l'effort de guerre en A. O. F. 1914-1919. Paris: Publ. de la Sorbonne 1982. IX, 533 S. B 46708

Pieropan, G.: 1915 obiettivo Trento. Dal Brenta all'Adige il primo anno della Grande Guerra. Milano: Mursia 1982. 342 S. B 47765

Rochat, G.: Gli Arditi della grande guerra. Origini, battaglie e miti. Milano: Feltrinelli 1981. 184 S. B 45596

Simpson, K.: The Old Contemptibles. A photographic history of the British Expeditionary Force August to December 1914. London: Allen and Unwin 1981. XVI, 143 S. B 45648

Ullrich, V.: Entscheidung im Osten oder Sicherung der Dardanellen. Das Ringen um den Serbienfeldzug 1915. In: Militärgeschichtliche Mitteilungen. 1982. No. 2. S. 45-63. BZ 05241:1982

Viazzi, L.: I Diavoli di Adamello. La guerra a quota tremila 1915-1918. Milano: Mursia 1981. 510 S. B 45589

K 4 Geschichte 1919–1939

K 4 E Politische Geschichte

Hürten, H.: Zwischenkriegszeit und Zweiter Weltkrieg. Stuttgart: Klett-Cotta 1982. 240 S. B 46227

Schober, R.: Die Tiroler Frage auf der Friedenskonferenz von Saint Germain. Innsbruck: Wagner 1982. 606 S. B 46419

Schwengler, W.: Völkerrecht, Versailler Vertrag und Auslieferungsfrage. Die Strafverfolgung wegen Kriegsverbrechen als Problem des Friedensschlusses 1919/20. Stuttgart: Dt. Verl.-Anst. 1982. 402 S. B 46089

Trachtenberg, M.: Versailles after sixty years. In: Journal of contemporary history. Vol. 17, 1982. No. 3. S. 487-506. BZ 4552:17

K 4 F Kriegsgeschichte

Alcofar Nassaes, J. L.: Las lanchas rapidas en la guerra de España. In: Revista general de marina. Tomo 203. Agosto/Sept. S. 135-148. BZ 4619:203

Anécdotas de la Guerra del Chaco. Asunción: Ed. Hoy 1980. Getr. Pag. Bc 2597

Beevor, A.: The Spanish civil War. London: Orbis 1982. 320 S. B 47638

Cruzado Albert, F.: Carros de combate y vehículos blindados de la guerra 1936-1939. Con el cap. "Los Blindados de la Guerra civil española y el maquetismo" por A. Baget. Barcelona: Borras 1980. 121 S. Bc 0583

Mitchell, D.: The Spanish civil War. Based on the television series. London: Granada 1982. XV, 208 S. 08884

Popiołek, K.: Historiografia polska wobec kwestii powstań śląskich. [Die schlesischen Aufstände in der polnischen Geschichtsschreibung.] In: Studia Śląskie. Ser. nowa. Tom 38, 1983. S. 385-400. BZ 4680:38

Przewłocki, J.: Miejsce powstań śląskich w europejskich wydarzeniach politycznach lat 1919-1921. [Der Platz d. schlesischen Aufstände im europäischen politischen Geschehen d. Jahre 1919-1921.] In: Studia Śląskie. Ser. nowa. Tom 38, 1981. S. 61-81. BZ 4680:38

Ruhl, K.-J.: Der Spanische Bürgerkrieg. Bd 1. Literaturbericht u. Bibliographie. München: Bernard u. Graefe 1982. 194 S. B 46551

Vedovato, G.: Il non intervento in Spagna (31 luglio 1936- 19 aprile 1937). In: Rivista di studi politici internazionali. Anno 49, 1982. No. 4. S. 529-554. BZ 4451:49

The Spanish civil War, 1936-39. American hemispheric perspectives. Ed.: M. Falcoff and F. B. Pike. Lincoln: Univ. of Nebraska Pr. 1982. XXIV, 357 S. B 48111

K 5 Geschichte 1939–1945 (Weltkrieg II.)

K 5a Allgemeine Werke

Goodenough, S.: War Maps. London: Macdonald 1982. 192 S. 08976

Roche, M.: La Seconde Guerre Mondiale 1939-1945. Paris: Les Editions d'Organisation 1981. 15 S. Bc 3124

Synchronopse des Zweiten Weltkriegs. Zsgest. v. R. Bolz. Düsseldorf: Econ 1983. 272 S. B 48973

Weinberg, G. L.: World in the balance. Behind the scenes of world war 2. Hanover: Univ. Pr. of New England 1981. XVII, 165 S. B 47796

The second World War. Essays in military and political history. Ed.: W. Laqueur. London: Sage 1982. 407 S. B 46632

Young, P.: La deuxième Guerre mondiale. Paris: Solar 1981. 249 S. 08788

K 5c Biographien/Kriegserlebnisse/Gedächtnisschriften

Biographien militärischer Führer

Geroi Velikoj Otečestvennoj vojny 1941-1945. Stranicy biografij. [Helden d. Grossen Vaterländ. Kriges 1941-1945. Biographien.] Moskva: "Kniga" 1981. 140 S. Bc 3025

Kemp, A.: German Commanders of World War II. London: Osprey 1982. 40 S. Bc 0885

Bradley, D.: Walther Wenck. General der Panzertruppe. 2. verb. Aufl. Osnabrück: Biblio Verl. 1982. 485 S. B 48675

Bücheler, H.: Generaloberst Erich Hoepner. In: Heere international. Jg. 2, 1983. S. 213-225. BZ 4754:2

Hogg, I. V.: The Biography of General George S. Patton. London: Hamlyn 1982. 160 S. 08928

90 Jahre. - Fast ein Jahrhundert. Walther K. Nehring. 15. 8. 1892-15. 8. 1982. Siek: Nehring 1982. 117 S. Bc 3101

Rutherford, W.: The Biography of Field Marshall Erwin Rommel. London: Hamlyn 1981. 165 S. 08823

Warner, P.: Auchinleck. The lonely soldier. London: Buchan and Enright 1981. XII, 288 S. B 46800

Kriegserlebnisse

Arnulf, G.: Un Chirurgien dans la tourmente. Paris: Lavauzelle 1981. XV, 179 S. B 46598

Boissieu, A. de: Pour combattre avec de Gaulle. 1940-1946. Paris: Plon 1981. 357 S. B 46464

Elder, J. F.: The last Heroes. The story of three Victoria Cross winners and their world war 2 exploits. New York: Vantage Pr. 1980. XVI, 278 S. B 47488

Feuersenger, M.: Mein Kriegstagebuch. Zwischen Führerhauptquartier und Berliner Wirklichkeit. Freiburg: Herder 1982. 222 S. Bc 3144

Das andere Gesicht des Krieges. Deutsche Feldpostbriefe 1939-1945. Hrsg.: O. Buchbender u. R. Sterz. München: Beck 1982. 213 S. B 45950

Herndon, J.: Sorrowless Times. A narrative. New York: Simon and Schuster 1981. 185 S. B 47245

Hilgarth, A.-M.: Anika. Ilfracombe: Stockwell 1980. 54 S. B 45701

Hotz, W.: Daß der Geist nicht sterben kann. Gesichte, Berichte und und Gedanken der Kriegsjahre. Lindthorst: Askania 1982. 197 S. B 47620

Jacoby, H.: Davongekommen. 10 Jahre Exil 1936-1946. Prag-Paris - Montauban - New York- Washington. Erlebnisse u. Begegnungen. Frankfurt: Sendler 1982. 149 S. B 48671

Kain, wo ist Dein Bruder? ... Hrsg.: H. Dollinger. München: List 1983. 416 S. B 48917

Meier-Welcker, H.: Aufzeichnungen eines Generalstabsoffiziers 1939-1942. Freiburg: Rombach 1982. 240 S. B 46628

Petty, G. F.: Mad Gerry. Welsh wartime medical officer. A true story by a major in the Royal Army Medical Corps 1939-1945. Gwent: Starling 1982. 143 S. B 46946

Sealey, D. B.; Van de Vyvere, P.: Thomas George Prince. Winnipeg: Peguis Publ. Ltd. 1981. 52 S. Bc 3194

Waters, S.: One man's War. Hamilton: Potlatch 1981. 170 S. B 48182

Woods, R.: A Talent to survive. The wartime exploits of Richard Lowther Broad. London: Kimber 1982. 205 S. B 47697

K 5e Politische Geschichte

Batowski, H.: Rok 1940 w dyplomacji europejskiej. [Das Jahr 1940 in der europäischen Diplomatie.] Poznań: Wyd. Poznańskie 1981. 379 S. B 45939

Dobat, K.-D.: Ein Karthago-Frieden für Deutschland? Der Morgenthau-Plan von 1944 in der amerikanischen Politik. In: Damals. Jg. 15, 1983. H. 9. S. 811-825. BZ 4598:15

Europa unterm Hakenkreuz. Städte und Stationen. Köln: Verlagsges. Fernsehen 1982. 192 S. B 46906

Foschepoth, J.: Britische Deutschlandpolitik zwischen Jalta und Potsdam. In: Vierteljahrshefte für Zeitgeschichte. Jg. 30, 1982. H. 4. S. 675- 714. BZ 4456:30

Gates, E. M.: End of the affair. The collapse of the Anglo-French alliance. 1939-40. London: Allen and Unwin 1981. XVII, 630 S. B 45495

Haglund, D. G.: George C. Marshall and the question of military aid to England, May-June 1940. In: The second world war. 1982. S. 142-157. B 46632

Hillgruber, A.: Der "Cordon Sanitaire" im Zweiten Weltkrieg. In: Militärgeschichte. 1982. S. 281-293. B 46629

King, F.: Allied negotiations and the dismemberment of Germany. In: The second world war. 1982. S. 362-372. B 46632

Klüver, M.: Den Sieg verspielt. Mußte Deutschland den 2. Weltkrieg verlieren? Leoni: Druffel 1981. 352 S. B 47297

Kramer, P.: Nelson Rockefeller and British security coordination. In: The second world war. 1982. S. 202-217. B 46632

Laloy, J.: Von Jalta bis Warschau. In: Europäische Rundschau. Jg. 10, 1982. Nr. 3. S. 75-84. BZ 4615:10

Langer, J. D.: The Harriman-Beaverbrook mission and the debate over unconditional aid for the Soviet Union, 1941. In: The second world war. 1982. S. 300-319. B 46632

Lowenthal, M. M.: Roosevelt and the coming of the war. The search for United States policy 1937-42. In: The second world war. 1982. S. 50-76. B 46632

Mal'kov, V. L.: Sekretnye donesenija voennogo attaše SŠA v Moskve nakanune vtoroj mirovoj vojny. [Geheimberichte d. Militärattachees d. USA (Philip R. Faymonville) am Vorabend d. Zweiten Weltkrieges.] In: Novaja i novejšaja istorija. God 1982. No. 4. S. 101-117. BZ 05334:1982

Malliarakis, J. G.: Yalta et la naissance des blocs. Paris: Ed. Albatros 1982. 252 S. B 46821

Raum, H.: Wer hat den zweiten Weltkrieg wirklich entfesselt? Mein Schriftwechsel mit zwei Bundespräsidenten. München: Ledermüller 1982. 63 S. Bc 3112

Salewski, M.: Staatsräson und Waffenbrüderschaft. Probleme der deutsch-finnischen Politik 1941-1944. In: Revue internationale d'histoire militaire. 1982. No. 53. S. 35-54. BZ 4454:1982

Santis, H. de: In search of Yugoslavia. Anglo-American policy and policy-making 1943-45. In: The second world war. 1982. S. 320-342. B 46632

Schramm, W. von: Hitler und die Franzosen. Die psychologische Vorbereitung des Westkrieges 1933-1939. 2. Aufl. Mainz: v. Hase und Koehler 1980. 208 S. B 46380

Stehle, H.: Deutsche Friedensfühler bei den Westmächten im Februar/März 1945. In: Vierteljahrshefte für Zeitgeschichte. Jg. 30, 1982. H. 3. S. 538-555. BZ 4456:30

Stuby, G.: Hätte der Zweite Weltkrieg verhindert werden können? In: Blätter für deutsche und internationale Politik. Jg. 28, 1983. H. 1. S. 53-68. BZ 4551:28

Trythall, A. J.: The downfall of Leslie Hore-Belisha. In: The second world war. 1982. S. 121-141. B 46632

Zemskov, I. N.: Diplomatičeskaja Istorija vtorogo fronta v Evrope. [Die diplomatische Geschichte der zweiten Front in Europa.] Moskva: Politizdat 1982. 318 S. B 46684

f Militärische Geschichte

f 10 Landkrieg und Allgemeines

f 12 Kriegführung

Aschenauer, R.: Krieg ohne Grenzen. Der Partisanenkampf gegen Deutschland 1939-1945. Leoni: Druffel 1982. 399 S. B 47305

Die Berichte des Oberkommandos der Wehrmacht. 1939-1945. B 1. ff. München: Verl. f. Wehrwissenschaften 1983. Getr. Pag. B 48127

Eisenhower, J. S. D.: Allies: Pearl Harbor to D-day. Garden City: Doubleday 1982. XXV, 500 S. B 48175

Groehler, O.; Schumann, W.: Vom Krieg zum Nachkrieg. Probleme der Militärstrategie u. Politik des faschist. dt. Imperialismus in d. Endphase des zweiten Weltkrieges. In: Jahrbuch für Geschichte. 1982. Bd 26. S. 275-297. BZ 4421:1982

Hampshire, A. C.: Undercover Sailors. Secret operations of world war 2. London: Kimber 1981. 208 S. B 45371

Hillgruber, A.: Hitlers Strategie. Politik und Kriegführung 1940-1941. 2. Aufl. München: Bernard u. Graefe 1982. 734 S. B 46173

Hillgruber, A.: Der Zweite Weltkrieg 1939-1945. Kriegsziele und Strategie der großen Mächte. Stuttgart: Kohlhammer 1982. 197 S. B 46224

Hubatsch, W.: Hitlers Weisungen für die Kriegführung 1939-1945. 2. durchges. u. erg. Aufl. Koblenz: Bernard & Graefe 1983. 332 S. B 49755

Irving, D.: Hitlers Krieg. Die Siege 1939-1942. München: Herbig 1983. 574 S. B 48375

Kriegstagebuch des Oberkommandos der Wehrmacht. (Wehrmachtführungsstab). Geführt v. H. Greiner u. P. E. Schramm. Bd 1-4. Lizenzausg. Herrsching: Pawlak 1982. Getr. Pag. B 46082

"Das Oberkommando der Wehrmacht gibt bekannt..." Der deutsche Wehrmachtbericht. Vollständige Ausg. d. 1939-1945 durch Presse u. Rundfunk veröffentl. Texte. Bd. 1-3. Osnabrück: Biblio Verl. 1982. 760, 637, 868 S. B 47768

O'Neill, R.: Suicide Squads. Axis and allied special attack weapons of world war 2: their development and their missions. London: Salamander 1981. 296 S. B 45492

True Stories of world war 2. Ed.: N. J. Sparks. Pleasantville: Reader's Digest 1980. 447 S. 08953

Burhans, R. D.: The First Special Service Force. A war history of the North Americans 1942-1944. Repr. Nashville: Battery Pr. 1981. XIII, 376 S. B 46515

Grobicki, A.: Żołnierze Sikorskiego. [Soldaten Sikorskis.] Kraków: Wyd. Literackie 1981. 272 S. B 46477

Held, W.: Verbände und Truppen der deutschen Wehrmacht und Waffen-SS im Zweiten Weltkrieg. Eine Bibliographie d. deutschspr. Nachkriegsliteratur. Bd 1-2. Osnabrück: Biblio-Verl. 1978-83. XXIII, 649; XXIV, 1035 S. B 50073

Hillel, M.: Die Invasion der Be-Freier. Die GI's in Europa 1942-1947. Hamburg: Kabel 1983. 251 S. B 48989

Lazzero, R.: Le SS italiane. Milano: Rizzoli 1981. 391 S. B 47075

Schou, S.: De danske Østfront-frivillige. København: Suenson 1981. 203 S. B 45871

Skibiński, F.: Wojska pancerne w II wojnie światowej. [Panzertruppen im Zweiten Weltkrieg.] Warszawa: Wyd. Min. Obrony Narod. 1982. 150 S. Bc 3130

Walki formacji polskich na Zachodzie 1939-1945. Opracowali. [Die Kämpfe der polnischen Formationen im Westen 1939-1945.] Warszawa: Wyd. Min. Obrony Narod 1981. 835 S. B 17530:2

f 20 Seekrieg

Brennecke, J.: Jäger - Gejagte. Deutsche U-Boote 1939-1945. 6. Aufl. Herford: Koehler 1982. XV, 432 S. B 47194

Brooke, G.: Alarm starboard! A remarkable true story of the war at sea. Cambridge: Stephens 1982. 280 S. B 46975

Godson, S. H.: Viking of assault. Washington: Univ. of America 1982. XI, 238 S. B 47161

Hirschfeld, W.: Feindfahrten. Das Logbuch eines U-Boot-Funkers. Wien: P. Neff 1982. 384 S. B 46650

Kurowski, F.: Günther Prien. Der "Wolf" und sein Admiral. Leoni: Druffel 1981. 288 S. B 47296

Michajlovskij, N. G.: Admiral Tribuc. Moskva: Politizdat 1982. 93 S. Bc 3540

Pargeter, C. J.: "Hipper"-class heavy cruisers. London: Allan 1982. 80 S. Bc 01033

Pertek, J.: Korsarze wyruszaja na morza i oceany. [Kaperschiffe fahren über die Meere und Ozeane.] Poznań: Wyd. Poznańskie 1982. 162 S. Bc 3135

Reynolds, C. G.: Die Flugzeugträger. Amsterdam: Time-Life Bücher 1982. 176 S. 08871

Schofield, B. B.: The defeat of the u-boats during world war II. In: The second world war. 1982. S. 172-182. B 46632

f 25 Einzelne Schiffe

Brustat-Naval, F.: Ali Cremer: U 333. Berlin: Ullstein 1982. 303 S. B 46574

Pearce, F.: Last Call for HMS Edinburgh. A story of the Russian convoys. London: Collins 1982. 200 S. B 46445

Sclater, W.: Haida. Markham: Paperjacks 1980. 283 S. B 45762

Snyder, G.S.: Husarenstück in Scapa Flow. (Royal Oak.) München: Heyne 1981. 318 S. B 46270

Spurr, R.: A glorious Way to die. The Kamikaze mission of the battleship Yamato, April 1945. New York: Newmarket 1981. IX, 341 S. B 48497

Wiggan, R.: Hunt the Altmark. London: Hale 1982. 176 S. B 48722

f.30 Luftkrieg

Gunston, B.: British Fighters of World War II. London: Hamlyn/ Aerospace 1982. 80 S. 08965

Harvey, J.D.: Boys, bombers and brussels sprouts. A knees-up, wheels-up chronicle of WW 2. Toronto: McClelland and Stewart 1982. 210 S. B 47404

Lloyd, A.: The Gliders. London: Cooper 1982. 208 S. B 47797

Mrazek, J.E.: Lautlos in den Kampf. Der Luftlandekrieg mit Lasten-, Kampf- und Sturmseglern. Stuttgart: Motorbuch Verl. 1982. 294 S. B 47222

Nolan, B.: Hero. The Buzz Beurling story. Toronto: Lester & Orpen Dennys 1981. XII, 201 S. B 46302

Obermaier, E.; Held, W.; Petzolt-Mölders, L.: Jagdflieger Oberst Werner Mölders. Stuttgart: Motorbuch Verl. 1982. 230 S. 08807

Renaut, M.: Terror by night. A bomber pilot's story. London: Kimber 1982. 192 S. B 47800

f 64 Kriegsgefangene/Internierte/Deportierte

Kriegsgefangene

Abkhazi, P.: The curious Cage. A Shanghai journal. 1941-1945. Ed. and with an introd.: S.W. Jackman. Victoria: Sono Nis 1981. 143 S. B 47689

Arneil, S.F.: One man's War. 3. ed. Sydney: Alternative Publ. 1981. 288 S. B 48267

Beets, N.: Niet meer aan denken. Burma - Thailand 1943. Baarn: Hollandia 1980. 107 S. B 45616

Below, A.L.: Zu Fuß von Minsk nach Dwinsk. St. Michael: Bläschke 1982. 177 S. B 47584

Documents on prisoners of war. Ed with annot.: H. S. Levie. Newport: Naval War Coll. Pr. 1979. XXVII, 853 S. B 46307

Fitzgerald, A. J.: The Italian farming Soldiers. Prisoners of war in Australia 1941-1947. Melbourne: Univ. Pr. 1981. 186 S. B 45691

Fletcher-Cooke, J.: The emperor's Guest. London: Corgi 1982. 380 S. B 47995

Jeńcy wojenni w niewoli Wehrmachtu. [Kriegsgefangene in der Knechtschaft der Wehrmacht.] Opole: Muzeum Martyrologii i Walki Jeńców Wojennych w Łambinowicach 1981. 150 S. Bc 3317

Kleist, E. von: In Pflicht und Verantwortung. Aufzeichnungen in brit. Gefangenschaft nach d. 2. Weltkrieg. T. 1. 2. In: Deutsches Soldatenjahrbuch. Jg. 31, 1983. S. 44-50; 32, 1982. S. 60-65. F 145:31

Krammer, A.: P[risoners of] W[ar]. Gefangen in Amerika. Stuttgart: Motorbuch Verl. 1982. 324 S. B 46245

Lietz, Z.: Obozy jenieckie w Prusach Wschodnich 1939-1945. [Gefangenenlager in Ostpreussen 1939-1945.] Warszawa: Wyd. Min. Obrony Narod. 1982. 219 S. B 48381

Maloire, A.: Colditz le grand refus. Vincennes: Le Condor 1982. 430 S. B 48512

Melady, J.: Escape from Canada! Toronto: Gage 1981. X, 210 S. B 48714

Passmore, R.: Moving tent. London: Harmsworth 1982. VII, 240 S. B 47802

Prouse, A. R.: Ticket to hell via Dieppe. From a prisoner's wartime log 1942-1945. Exeter: Webb and Bower 1982. 192 S. B 46604

Stalag VII A. 1939-1945. Moosburg a. d. Isar. Moosburg: Stadtverwaltung 1982. 30 Bl. Bc 3154

Warner, L.; Sandilands, J.: Women beyond the wire. A story of prisoners of the Japanese. 1942-45. London: Joseph 1982. XIII, 289 S. B 47522

Ziock, H.: Jeder geht seinen Weg allein. Tagebuch e. dt. Kriegsgefangenen. St. Michael: Bläschke 1981. 243 S. B 45603

Deportierte/Internierte

Bron, M.: Nie szukałem przygód... [Wir suchten keine Abenteuer.. (Poln. Spanienkämpfer in franz. Internierungslagern).] Warszawa: "Iskry" 1982. 190 S. B 47105

Elliott, M. R.: Pawns of Yalta. Soviet refugees and America's role in their repatriation. Urbana: Univ. of Illinois Pr. 1982. XIII, 287 S. B 47688

Gardiner, C. H.: Pawns in a triangle of hate. Seattle: Univ. of Washington Pr. 1981. X, 222 S. B 47445

Gillman, P.; Gillman, L.: "Collar the lot". How Britain interned and expelled its wartime refugees. London: Quartet Books 1980. XIV, 334 S. B 48048

Kozlowski, N.: Politische Orientierungsversuche in der Schweiz internierter polnischer Soldaten 1940-1945.

München: Osteuropa-Institut 1981. IV, 43 S. Bc 0851

Lemiesz, W.: Ocalić od zapomnienia. Listy i dokumenty Polaków wywiezionych do Rzeszy. [Der Vergessenheit entrissen. Briefe u. Dokumente von in's Reich verschleppten Polen.] Warszawa: Książka i Wiedza 1981. 354 S. B 46351

Konzentrationslager

Auschwitz. Faschistisches Vernichtungslager. 2., erw. u. verb. Aufl. Warszawa: Verl. Interpress 1981. 221 S. B 45451

Geve, T.: Youth in chains. 2. ed. Jerusalem: Mass 1981. XII, 262 S. B 46083

Gilbert, M.: Auschwitz und die Alliierten. München: Beck 1982. 482 S. B 46197

Glas-Larsson, M.: Ich will reden. Tragik u. Banalität des Überlebens in Theresienstadt u. Auschwitz. Hrsg. u. komm. v. G. Botz. Wien: Molden 1981. 272 S. B 45533

Konieczny, A.: Kobiety w obozie koncentracyjnym Gross-Rosen w latach 1944-1945. [Frauen im Konzentrationslager Gross-Rosen in d. Jahren 1944-1945.] In: Studia Sląskie. Ser. nowa. T. 40, 1982. S. 55-112. BZ 4680:40

Laszlo, C.: Ferien am Waldsee. Erinnerungen e. Überlebenden. 2., erw. Aufl. Bonn: Expanded Media Ed. 1981. 161 S. B 46377

Lenz, H.-F.: "Sagen Sie, Herr Pfarrer, wie kommen Sie zur SS?" Bericht e. Pfarrers d. Bekennenden Kirche über seine Erlebnisse im Kirchenkampf u. als SS-Oberscharführer im Konzentrationslager Hersbruck. Giessen: Brunner Verl. 1982. 165 S. B 47781

Mark, B.: Des Voix dans la nuit. Paris: Plon 1982. V, 362 S. B 48622

Oświęcim. Hitlerowski obóz masowej zagłady. [Auschwitz. Hitlers Massenvernichtungslager.] Wyd. 2, rozszerzone. Warszawa: Interpress 1981. 200 S. B 47843

Otpor u logoru. Stara Gradiška. Iz sjećanja bivših logoraša. [Widerstand im Lager. Stara Gradiška. Aus d. Erinnerungen ehem. Lagerinsassen.] Jasenovac: Spomen-područje 1980. 191 S. B 47921

Sachso. Au coeur du système concentrationnaire nazi. Paris: Plon 1982. 614 S. B 46461

Sobibor. Martyrdom and revolt. Documents and testimonies presented by M. Novitch. New York: Holocaust Library 1980. 168 S. B 47525

Stryj, F.: W Cieniu krematorium. Wspomnienia z dziesięciu hitlerowskich więzień i obozów koncentracyjnych. [Im Schatten des Krematoriums.] Wyd. 4. Katowice: Wyd. "Śląsk" 1982. 307 S. B 48395

Zonik, Z.: Gwałtem i przemocą. Z problematyki pracy w Hitlerowskich obozach koncentracyjnych. [Mit Gewalt u. Übermacht. Zur Problematik d. Arbeit in den Nazi-Konzentrationslagern.] Warszawa: Książka i Wiedza 1981. 217 S. B 47918

K 5 i Geistesgeschichte

Howe, E.: The black Game. British subversive operations against the Germans during the Second World War. London: Jospeh 1982. XII, 276 S. B 47980

Jaeger, C. de: The Linz File. Hitler's plunder of Europe's art. Toronto: Wiley 1981. 192 S. B 45764

Miribel, E. de: La Liberté souffre violence. Paris: Plon 1981. 259 S. B 46460

Wette, W.: Deutschte Kriegspropaganda während des Zweiten Weltkrieges. Die Beeinflussung der südosteuropäischen Satellitenstaaten Ungarn, Rumänien und Bulgarien. In: Militärgeschichte. 1982. S. 311-326. B 46629

K 5 k Kriegsschauplätze und Feldzüge

k. 10 Osteuropa/Ostsee

k 10.2 Seekrieg im Osten

Chořkov, G. I.: Sovetskie nadvodnye Korabli v Velikoj Otečestvennoj vojne. [Sowjetische Überwasserschiffe im Grossen Vaterländ. Krieg.] Moskva: Voenizdat 1982. 272 S. B 45936

Gorškov, S. G.: Černomorskij flot v bitve za Kavkaz. [Die Schwarzmeerflotte in der Schlacht um den Kaukasus.] In: Narodnyj Podvig v bitve za Kavkaz. Moskva 1981. S. 80-98. B 46051

Levčenko, B. P.: V Kil' vater, bez ognej. [Im Kielwasser, ohne Feuer.] Leningrad: Lenizdat 1981. 173 S. B 45789

Orlenko, I. F.: My - "Tallinskie". [Wir - die "Talliner". (51. Minentorpedogeschwader.)] Tallin: Êesti raamat 1981. 163 S. B 46347

k 10.3 Luftkrieg im Osten

Čečneva, M. P.: Der Himmel bleibt unser. Berlin: Militärverl. d. DDR 1982. 198 S. B 47590

Hardesty, von: Red Phoénix. The rise of Soviet Air Power 1941-1945. London: Arms and Armour Pr. 1982. 288 S. 08826

Myles, B.: Night Witches. The untold story of Soviet women in combat. Novato: Presidio Pr. 1981. VIII, 278 S. B 46686

Nowarra, H. J.: Luftwaffeneinsatz "Barbarossa". Friedberg: Podzun-Pallas-Verl. 1982. 159 S. B 47189

Ušakov, S. F.: V Interesach vsech frontov. [Im Interesse aller Fronten.] Moskva: Voenizdat 1982. 174 S. B 46549

k 11.2 Septemberfeldzug 1939

Krawczak, T.; Odziemkowski, J.: Polskie pociągi pancerne w wojnie obronnej Polski 1939 r. [Polnische Panzerzüge im Verteidigungskrieg Polens 1939.] In: Wojskowy Przegląd Historyczny. Rok 27, 1982. Nr. 2. S. 149-179. BZ 4490:27

Pabich, J.: Niezapomniane Karty. Z dziejów 6 Pułku Artylerii Lekkiej. [Unvergessliche Blätter. 6. leichtes Art. Regiment.] Kraków: Wyd. Literackie 1982. 456 S. B 47472

Der Zweite Weltkrieg begann auf Westerplatte. Gdansk: Krajowa Agencja Wydawnicza 1980. Getr. Pag. B 45945

k 11.4 Besatzungszeit und Widerstand 1939–1944

Bednarczyk, T.: Obowiązek silniejszy od śmierci... [Die Pflicht ist stärker als der Tod. Erinnerungen aus d. Jahren 1939-1944 an die poln. Hilfe für die Juden in Warschau.] Warszawa: Krajowa Agencja Wyd. 1982. 160 S. Bc 3198

Fajkowski, J.; Religa, J.: Zbrodnie hitlerowskie na wsi polskiej 1939-1945. [Naziverbrechen im poln. Dorf 1939-1945.] Warszawa: Książka i Wiedza 1981. 636 S. B 45940

Hrabar, R.: Przeciwko światu przemocy. [Gegenüber einer Welt von Gewalt.] Katowice: Wyd. "Śląsk" 1982. 134 S. Bc 3488

Matusak, P.: Sabotaż w przemyśle wojennym okupanta na ziemiach polskich w latach 1939-1945. [Sabotage in der Kriegsindustrie der Okkupanten in Polen.] In: Wojskowy Przegląd Historyczny. Rok 27, 1982. Nr. 2. S. 36-48. BZ 4490:27

Meducki, S.: Przemysł i klasa robotnicza w dystrykcie radomskim w okresie okupacji hitlerowskiej. [Die Industrie u. die Arbeiterklasse im Distrikt von Radom während d. Nazi-Besetzung.] Warszawa: Państw. Wyd. Nauk. 1981. 208 S. B 46539

Nowak, J.: Courier from Warsaw. London: Collins 1982. 477 S. B 47731

Ratyńska, B.: Ludność i gospodarka Warszawy i okręgu pod okupacją hitlerowską. [Bevölkerung u. Wirtschaft in Warschau u. im Warschauer Bezirk unter der Nazibesatzung.] Warszawa: Książka i Wiedza 1982. 426 S. B 47091

Schminck-Gustavus, C. U.: NS-Justiz und Besatzungsterror. In: Wider die "herrschende Meinung". 1982. S. 13-50. B 47069

Sobczak, J.: Abwicklungsstelle - hitlerowska placówka likwidacyjna do spraw polskich w czasie II wojny światowej. [Die "Abwicklungsstelle" - Hitlers Amt zur Abwicklung d. polnischen Angelegenheiten zur Zeit d. Zweiten Weltkrieges.] In: Przegląd Zachodni. Rok 37, 1981. Nr. 3/4. S. 85-98. BZ 4487:37

Walendowska-Garczarczyk, A.: Eksterminacja Polaków w zakładach karnych Rawicza i Wronek w okresie okupacji hitlerowskie 1939-1945. [Die Ausrottung d. Polen in d. Strafanstalten von Rawicz u. Wronki z. Zeit d. Nazibesetzung.] Poznań: Wyd. Nauk. Univ. 1981. 159 S. Bc 2969

War through children's eyes. The Soviet occupation of Poland and the deportations, 1939-1941. Ed. and comp.: I. Grudzińska-Gross. Stanford: Hoover Inst. Pr. 1981. XXVIII, 260 S. B 45927

Za to groziła śmierć. Polacy z pomocą Żydom w czasie okupacji. [Dafür drohte der Tod. Polen aus d. Judenhilfe während der Okkupation.] Warszawa: Inst. Wyd. Pax 1981. 325 S. B 46545

Partisanenkrieg

Borysiuk, B. B.: Lata walki. PPR, GL i AL na pólnocnej Lubelszczyźnie 1942-1944. [Jahre des Kampfes.] Warszawa: Książka i Wiedza 1981. 423 S. B 46349

Dusza, L.: Kryptonim "Nadleśnictwo 14". Z dziejów konspiracji w Gorlickiem. [Deckname "Oberförsterei 14". Zur Geschichte d. Untergrundbewegung im Kreis Gorlice.] Warszawa: Ludowa Spółdzielnia Wyd. 1981. 305 S. B 46149

Dymek, B.; Hillebrandt, B.; Kurek-Dudowa, H.: Trzej Bohaterowie Podlasia. Materiały z sesji popularnonaukowej (Siedlce 1979). [Drei Helden Podlasiens.] Warszawa: Ludowa Spółdzielnia Wyd. 1981. 121 S. Bc 2679

Hanson, J. K. M.: The civilian Population and the Warsaw uprising of 1944. Cambridge: Univ. Pr. 1982. XIII, 345 S. B 47737

Lewandowska, S.: Ruch oporu na Podlasiu 1939-1944. [Die Widerstandsbewegung in Podlasien.] Warszawa: Wyd. Min. Obrony Narod. 1982. 477 S. B 46346

Mallmann, H.-J.: Die Armia Krajowa und die alliierten Mächte. Zum polnischen Widerstand. In: Geheimdienste und Widerstandsbewegungen im Zweiten Weltkrieg. 1982. S. 188-222. B 46189

Mańko, W.: "Wilki" pod Kielcami. ["Wölfe" bei Kielce. (Partisanenabteilung v. Zbigniew Kruszelnicki.)] Warszawa: Czytelnik 1982. 222 S. B 47475

Matusak, P.: Kadra GL i AL na terenie Śląska i Małopolski. [Die Kader d. Volksgarde u. der Volksarmee im Gebiet von Schlesien u. Kleinpolen.] In: Z Pola Walki. Rok 23, 1981. Nr. 1. S. 121-140. BZ 4559:23

Stachiewicz, P.: Akcja Koppe. Krakowska akcja "Parasola". [Aktion Koppe. Krakauer Aktion von "Parasol".] Wyd. 2, popr. i uzup. Warszawa: Wyd. Min. Obrony Narod. 1982. 220 S. B 46535

Stachiewicz, P.: "Parasol". Dzieje oddziału do zadań specjalnych Kierownictwa Dywersji Komendy Głównej Armii Krajowej. ["Parasol". Geschichte der Abteilung für Sonderaufgaben d. Heimatarmee.] Warszawa: Pax 1981. 796 S. B 46532

k 12 Ostfeldzug 1941–1945

k 12.02 Kampfhandlungen 1941–1945

Anfilov, V. A.: Nezabyvaemyj Sorok pervyj. [Das unvergessliche Jahr 1941. Moskva: "Sov. Rossija" 1982. 366 S. B 48400

Der Angriff auf die Sowjetunion. Stuttgart: Dt. Verlagsanst. 1983. XIX, 1172 S. B 37278

Bethell, N.: Der Angriff auf Russland. Amsterdam: Time-Life 1981. 208 S. 08205

Dupuy, T. N.; Martell, P.: Great Battles on Eastern Front. The Soviet-German war, 1941-1945. Indianapolis: Bobbs-Merrill 1982. XVI, 249 S. B 48708

Klapdor, E.: Mit dem Panzerregiment 5 Wiking im Osten. Siek: Selbstverl. 1981. 392 S. B 46966

Kondakova, N. I.: Ideologičeskaja Pobeda nad fašizmom 1941-1945 gg. [Der ideologische Sieg über den Faschismus 1941-1945.] Moskva: Politizdat 1982. 174 S. Bc 3415

Krach blitzkriegu. [Der Zusammenbruch des Blitzkrieges.] Warszawa: Krajowa Agencja Wyd. 1982. 78 S. Bc 0969

Kumanev, G. A.: 1941-1945. Kratkaja istorija, dokumenty, fotografii. [1941-1945. Kurze Geschichte, Dokumente, Fotografien.] Moskva: Politizdat 1982. 233 S. 08749

Noskov, A. M.: The armed struggle on the Soviet-German front and its significance for the north European countries. In: Revue internationale d'histoire militaire. 1982. No. 53. S. 23-33. BZ 4454:1982

Peresypkin, I. T.: Nervenstränge des Sieges. Berlin: Militärverl. d. DDR 1982. 194 S. B 48090

Shaw, J.: Der Russische Gegenschlag. Amsterdam: Time-Life Bücher 1982. 208 S. 08856

Solovev, B. G.: The Turning-point of World War II. The Campaigns of summer and autumn 1943 on the Soviet-German Front. Moscow: Progress Publ. 1982. 207 S. B 47857

Stolfi, R. H. S.: Barbarossa. German grand deception and the achievement of strategic and tactical surprise against the Soviet Union, 1940-1941. In: Strategic military deception. 1982. S. 195-223. B 46438

Ueberschär, G. R.: Koalitionskriegführung im Zweiten Weltkrieg. Probleme der deutsch-finnischen Waffenbrüderschaft im Kampf gegen die Sowjetunion. In: Militärgeschichte. 1982. S. 355-382. B 46629

Zaloga, S. J.; Grandsen, J.: The Eastern Front. Armour camouflage and markings, 1941-1945. London: Arms and Armour Pr. 1983. 96 S. 08970

Ziemke, Earl F.: Der Vormarsch der Roten Armee. Amsterdam: Time-Life Bücher 1982. 208 S. 08861

A zemlja pachla porochom... [Und die Erde wurde mit Pulver umgepflügt. Stalingrad.] Volgograd: Nižne-Volžskoe kn. izd-vo 1981. 413 S. B 46158

Akalovič, N.M.: Oni zaščiščali Minsk. [Sie verteidigten Minsk. (Juni 1941).] Minsk: "Narodnaja asveta" 1982. 285 S. B 47922

Beolchini, A.: La Sforzesca nella prima battaglia difensiva sul Don. Ricordi e riflessioni di un reduce. In: Rivista militare. 1983. No. 1. S. 99-120. BZ 05151:1983

Čejka, E.: Pohraniční bitva. [Die Grenzschlacht (1941).] In: Historie a vojenství. Ročn. 31, 1982. Cislo 5. S. 17-39. BZ 4526:31

Čejka, E.: Před rozhodující bitvou roku 1941. Operace Tajfun. [Vor der entscheidenden Schlacht im Jahre 1941. Operation Taifun.] In: Historie a vojenství. Ročn. 32, 1983. No. 3. S. 16-38. BZ 4526:32

Förster, G.: Einige Fragen der Kriegskunst während der Stalingrader Schlacht. In: Militärgeschichte. Jg. 22, 1983. Nr. 1. S. 5-15. BZ 4527:22

Na Volchovskom Fronte. 1941-1944 gg. [An der Wolchow-Front. 1941-1944.] Moskva: Nauka 1982. 397 S. B 48634

Galdkov, V.F.: Desant na Ėl'tigen. [Landung auf Eltigen (Kertsch).] Izd. 3-e, dop. Moskva: Voenizdat 1981. 222 S. B 45944

González Salinas, E.: Operación "Citadelle" y fracaso. In: Memorial del ejército de Chile. Año 75, 1981. No. 408. S. 94-107. BZ 4470:75

Ibragimbejli, C.M.: Krušenie planov gitlerovskoj Germanii na Kavkaze. [Der Zusammenbruch der Pläne Hitler-Deutschlands im Kaukasus.] In: Voprosy istorii. God 1983. No. 7. S. 48-63. BZ 05317:1983

Sovetskoe voennoe iskusstvo v Velikoj Otečestvennoj vojne. K 40-letiju Kurskoj bitvy. [Die sowjet. Kriegskunst im Grossen Vaterländ. Krieg. Zum 40. Jahrestag der Schlacht von Kursk.] In: Voenno-istoričeskij žurnal. God 1983. No. 6. S. 12-62. BZ 05196:1983

Koltunov, G.A.: Bitva pod Kurskom. [Die Schlacht bei Kursk.] In: Voprosy istorii. God 1983. No. 8. S. 21-34. BZ 05317:1983

Kuznecov, A.I.: Snežnyj Pochod. [Feldzug im Schnee. (8. Garde-Schützen-Division Panfilow, Moskau 1941/42).] Alma-Ata: "Kazachstan" 1981. 84 S. Bc 3416

K 40-letiju Kurskoj bitvy. [Zum 40. Jahrestag der Schlacht von Kursk.] In: Voenno-istoričeskij žurnal. God 1983. No. 7. S. 12-55. BZ 05196:1983

K 40-letiju Stalingradskoj bitvy. [Zum 40. Jahrestag der Schlacht von Stalingrad.] In: Voenno-istoričeskij žurnal. God 1982. No. 10. S. 18-38; No. 11. S. 9-81. BZ 05196:1982

Majorov, J.M.: Magistrali mužestva. [Hauptverkehrslinien der Tapferkeit. (Eisenbahntruppen d. Leningrader Front).] Moskva: Voenizdat 1982. 189 S. B 47473

Malenkov, A.F.: S bojami k Jantarnomu beregu. [Kämpfend zur

Bernsteinküste. (Lettland 1944).] Riga: "Avots" 1982. 158 S. B 46342

Malkin, V. M.: Podvig odinnadcati saperov v Strokovo. [Die Heldentat von 11 Pionieren in Strokowo (1941).] Frunze: "Kyrgyzstan" 1982. 133 S. Bc 3489

Neverov, I. M.: Sevastopol'. Stranicy geroičeskoj zaščity i osvoboždenija goroda-geroja 1941-1944. [Sewastopol. Ereignisse der heroischen Verteidigung u. Befreiung d. Heldenstadt 1941-1944.] Moskva: Politizdat 1983. 204 S. Bc 3672

Pobeda na Kurskoj duge. Dokumenty i materialy. [Der Sieg im Kursker Bogen. Dokumente u. Materialien.] In: Voenno-istoričeskij žurnal. God 1983. No. 7. S. 56-64. BZ 05196:1983

Narodnyj Podvig v bitve za Kavkaz. Sbornik statej. [Die Heldentat d. Volkes in der Schlacht um den Kausasus.] Moskva: Nauka 1981. 407 S. B 46051

Samsonov, A. M.: Vklad sovetskogo tyla v zavoevanie pobedy pod Stalingradom. [Der Beitrag d. sowjet. Hinterlandes zur Erringung d. Sieges bei Stalingrad.] In: Voprosy istorii. God 1983. No. 1. S. 17-27. BZ 05317:1983

Sobczak, K.: Wyzwolenie Warszawy 1945. [Die Befreiung Warschaus 1945.] Warszawa: Wyd. Min. Obrony Narod 1981. 410 S. B 45937

Stalingrad - Mahnung und Verpflichtung. Dokumentation e. Tagung in d. Evang. Akademie Berlin-West. Berlin: Aktion Sühnezeichen-Friedensdienste 1982. 62 S. Bc 3533

Tieke, W.: Im Südabschnitt der Ostfront. Krim-Stalingrad-Kaukasien. T. 1-8. In: Der Freiwillige. Jg. 28, 1982. H. 12. Jg 29, 1983. H. 1-8. Getr. Pag. BZ 05165:28.29.

Wünsche, W.: Der sowjetische Sieg im Kursker Bogen. T. 1. 2. In: Militärwesen. 1983. H. 7. S. 29-35; H. 8. S. 36-42. BZ 4485:1983

Ziemke, Earl F.: Stalingrad and Belorussia. Soviet deception in world war II. In: Strategic military deception. 1982. S. 243-276. B 46438

Truppengeschichten

Chajrutdinov, I. I.: Druźja moi, gvardejcy. [Meine Freunde, die Gardesoldaten. (120. Garde-Schützen-Regiment.)] Kazań: Tatarskoe kn. izd-vo 1982. 95 S. Bc 3171

Djurjagin, G. M.: Skvoź Plamja vojny. [Durch das Feuer des Krieges (Kampfweg d. 352. Schützen-Division).] Kazań: Tatarskoe kn. izd-vo 1982. 143 S. Bc 3132

Geroičeskaja šest' desjat četvertaja. [Die heldenhafte 64. Armee.] Volgograd: Nižne-Volžskoe kn. izd-vo 1981. 318 S. B 45968

Jarošenko, A. A.: V boj šla 41-ja gvardejskaja. [Die 41. Garde zog in den Kampf.] Moskva: Voenizdat 1982. 167 S. B 47107

Kabanov, V. V.: 117-ja (Sto semnadcataja) gvardejskaja. [Die 117. Garde-Schützen-Division.] Joškar-Ola: Marijskoe kn. izd-vo 1982. 180 S. B 47924

Kazakov, P. D.: Glubokij Sled. [Eine tiefe Spur. (Kampfweg der

11. Garde-Panzer-Brigade.)] Moskva: Voenizdat 1982. 158 S. B 47097

Kondratenko, G. F.: Nas vodila molodost'. [Uns führte die Jugend an (5. Garde-Panzer-Brigade).] Moskva: Voenizdat 1982. 156 S. Bc 3539

Malczewski, J. J.: Szesnasty Kołobrzeski. Z dziejów 16 Kołobrzeskiego pułku piechoty 1944-1945. [Aus der Geschichte des 16. Kolberger Infanterieregiments. 1944-1945.] Warszawa: Wyd. Min. Obrony Narod. 1982. 509 S. B 48382

Przytocki, K.: Warszawska Pancerna. Z dziejów 1 Warszawskiej Brygady Pancernej im. Bohaterór Westerplatte 1943-1946. [Die Warschauer Panzerbrigade.] Warszawa: Wyd. Min. Obrony Narod. 1981. 350 S. B 46344

77 Simferopol'skaja. Kratkaja istorija. [Die 77. Simferopol-Schützen-Division. Kurze Geschichte.] 2-e izd., dop. Baku: Azernešr 1981. 131 S. B 47096

Smol'nyj, M. K.: 7000 Kilometrov v bojach i pochodach. Beovoj put' 161-j strelkovoj... divizii 1941-1945 gg. [7000 Kilometer in Kämpfen und Märschen. 161. Schützen-Division.] Izd. 2-e, ispr. i dop. Moskva: Voenizdat 1982. 191 S. B 49209

Sošnev, V. G.: S Veroj v pobedu. [Mit Siegeszuversicht (Kriegserinnerungen e. Politoffiziers der 220. Schützen-Division).] Moskva: Voenizdat 1982. 263 S. B 47095

3-ja gvardejskaja tankovaja. Beovoj put' 3-j gvardejskoj tankovoj armii. [Kampfweg d. 3. Garde-Panzer-Armee.] Moskva: Voenizdat 1982. 287 S. B 47106

Pod gvardejskim Znamenem. Vospominanija, očerki, stichi. ["Unter der Gardefahne (15. Garde-Schützen-Division).] Chaŕkov: "Prapor" 1982. 173 S. B 48914

Wolff, W.: An der Seite der Roten Armee. Zum Wirken des Nationalkomitees "Freies Deutschland" an der sowjetisch-deutschen Front 1943 bis 1945. 3., überarb. Aufl. Berlin: Militärverl. d. DDR 1982. 349 S. B 48249

Kriegserlebnisse

Bojko, V. R.: S Dumoj o Rodine. [Mit dem Gedanken an das Vaterland.] Moskva: Voenizdat 1982. 283 S. B 48632

Chrenov, A. F.: Mosty k pobede. [Brücken zum Sieg (Kriegserinnerungen d. Chefs d. Pionierhauptverwaltung d. Roten Armee).] Moskva: Voenizdat 1982. 352 S. B 47114

D'jačenko, F. T.: Nejtral'naja Polosa. [Neutrale Zone. Leningrad.] 2-e izd., pererab. i dop. Leningrad: Lenizdat 1982. 237 S. B 47098

Dorogami vojny. (Vospominanija.) [Auf den Strassen des Krieges.] Alma-Ata: "Žalyn" 1982. 333 S. B 48913

Goluško, I. M.: Panzer erwachen weider. Berlin: Militärverl. d. DDR 1981. 222 S. B 45422

Gorjačev, S.G.: Ot Volgi do Al'p. [Von der Wolga zu den Alpen. (Erinnerungen d. Kdr. Generals d. 35. Garde-Schützen-Korps.)] Kiev: Politizdat Ukrainy 1982. 165 S. Bc 3519

Kaluckij, N.V.: Ogoń - na sebja! Moskva: Voenizdat 1981. 204 S. B 45444

Kovanov, P.V.: I slovo - oružie. [Und das Wort ist eine Waffe.] Izd-3-e, rasšir. i dop. Moskva: "Sovetskaja Rossija" 1982. 362 S. B 46339

Ogarev, P.K.; Sekirin, M.K.: O Vojne, o tovariščach, o sebe. Velikaja Otečestvennaja vojna v vospominanijach učastnikov boevych dejstvij. [Über den Krieg, über d. Kameraden, über sich selbst.] Vyp. 2. Moskva: Voenizdat 1982. 251 S. B 47104

Petrov, M.I.: V Dni vojny i mira. [In Kriegs- und Friedenstagen.] Moskva: Voenizdat 1982. 191 S. B 48633

Politrabotniki na fronte. Zapiski učastnikov Velikoj Otečestvennoj vojny. [Politoffiziere an der Front.] Moskva: Voenizdat 1982. 220 S. B 47103

Vjazankin, I.A.: Stabschef im Garderegiment. Moskau: Verl. Progress 1982. 284 S. B 48247

k 12.05 Partisanenkrieg

Chalejan, E.M.: Iz Istorii partizanskogo dviženija Kryma i Severnogo Kavkaza (1941-1944). [Aus d. Geschichte d. Partisanenbewegung der Krim u. des Nordkaukasus 1941-1944.] Erevan: Izd-vo AN Armjanskoj SSR 1981. 191 S. B 46481

Lisov, G.P.: Pravo na bessmertie... [Das Recht auf Unsterblichkeit. Bericht über d. Führer d. Untergrundbewegung von Nikolajew in d. Jahren d. Grossen Vaterländ. Krieges...] Leningrad: Lenizdat 1982. 124 S. Bc 3484

Matukovskij, N.E.: Minsk. Dokumental'naja povest'... [Minsk. Dokumentar. Erzählung.] Moskva: Politizdat 1982. 126 S. Bc 3136

Ponomarenko, P.K.: Slovo o partizanach Severnogo Kavkaza. [Ein Wort über die Partisanen des Nordkaukasus.] In: Narodnyj Podvig i bitve za Kavkaz. Moskva 1981. S. 205-222. B 46051

Riwash, J.: Resistance and revenge 1939-1949. Montreal: Presses Elite 1981. 159 S. B 47395

Saburov, A.N.: Partisanenwege. Berlin: Militärverl. d. DDR 1982. 271 S. B 47593

Savickaja, J.M.: Bojcy podpol'nogo fronta. [Kämpfer der Untergrundfront (Minsk).] Minsk: "Belaruś" 1982. 173 S. B 47093

V Tylu vraga. Bor'ba partizan i podpol'ščikov na okkupirovannoj territorii Leningradskoj oblasti. Sbornik dokumentov. [Im Rücken d. Feindes.] Tom 2. Leningrad: Lenizdat 1981. 358 S. B 46159

Varaksov, N.M.: Dymnye Zori. [Morgenrot im Nebel (Kampfweg d. 10. Kalininer Partisanen-Brigade).] Kalinin: "Moskovskij rabočij", Kalinin. otd-nie 1982. 143 S. Bc 3370

Zinčenko, J.I.: Boevoe Vzaimodejstvie partizan s častjami Krasnoj Armii na Ukraine 1941-1944. [Die Kampfgemeinschaft der Partisanen mit d. Verbänden der Roten Armee in der Ukraine 1941-1944.] Kiev: "Naukova dumka" 1982. 184 S. B 47125

Eichholtz, D.: Der "Generalplan Ost". Über eine Ausgeburt imperialistischer Denkart und Politik (mit Dokumenten). In: Jahrbuch für Geschichte. 1982. Bd 26. S. 217-274. BZ 4421:1982

k 12.3 Südosteuropa 1944–45

Kaczmarek, K.: Polacy w walkach o Czechosłowację. [Polen in d. Kämpfen um d. Tschechoslowakei.] Warszawa: Książka i Wiedza 1981. 129 S. Bc 2898

Kostić, U.: Oslobodenje Istre. Trsta i Slovenačkog primorja 1945. godine. [Die Befreiung von Istrien, Triest u. der slowenischen Küste 1945.] In: Vojnoistorijski glasnik. God 32, 1982. Broj 2. S. 61-86. BZ 4531:32

k 12.4 Ost- und Mitteldeutschland 1945

Eine Siebzigjährige aus Wohlau-Niederschlesien erinnert sich. Wiesbaden: Hoppe 1981. 36 S. Bc 3223

Ericksen, J.: The Road to Berlin. London: Weidenfeld and Nicolson 1983. XIII, 877 S. B 25589

Henning, E.: Aus Deutschlands dunklen Tagen. Erlebnisse in Pommern am Ende des Zweiten Weltkrieges. Bad Liebenzell: Verl. d. Liebenzeller Mission 1982. 139 S. B 47557

Kaczmarek, K.: Budziszyn 1945. [Bautzen 1945.] Warszawa: Wyd. Min. Obrony Narod. 1982. 226 S. B 47120

Kaczmarek, K.: Polacy na polach Brandenburgii. [Polen auf den Schlachtfeldern Brandenburgs.] Warszawa: Wyd. Min. Obrony Narod. 1981. 382 S. B 46151

Simons, G.: Die deutsche Kapitulation. (Ostdeutschland 1945.) Amsterdam: Time-Life-Bücher 1982. 208 S. 08857

Sontag, H.W.; Wollenberg, E.: Als der Osten brannte. Die unglaublichen Erlebnisse eines Jungen 1944/45. Friedberg: Podzun-Pallas-Verl. 1982. 159 S. B 46079

Letzte Tage in Ostpreußen. Erinnerung an Flucht und Vertreibung. Hrsg.: H. Reinoß. München: Langen-Müller 1983. 335 S. B 50420

Tomczyk, D.: Bitwa o przyczółek odrzański w rejonie Żelaznej (22-31. 1. 1945 r.) [Die Schlacht um den Oderbrückenkopf Żelazna (22.-31. 1. 45).] In: Studia Śląskie. Ser. nowa. T 40, 1982. S. 113-130. BZ 4680:40

Diem, L.: Fliehen oder bleiben? Dramatisches Kriegsende in Berlin. Freiburg: Herder 1982. 141 S. Bc 3143

Getman, A. L.: Tanki iduet na Berlin. [Die Panzer fahren nach Berlin.] Izd. 2-e, ispr. i dop. Moskva: Voenizdat 1982. 335 S. B 47092

Šatilov, N. I.: Poslednie Šagi k pobede. Dokumental'naja povest'. [Die letzten Schritte zum Sieg. Dokumentarische Erzählung.] Moskva: DOSAAF 1981. 191 S. B 45942

Sawicki, T.: Działania Armii Radzieckiej w operacyjnym obszarze Berlina w świetle źródeł niemieckich. [Die Operationen d. Roten Armee im Einsatzraum Berlin im Lichte d. deutschen Quellen.] In: Wojskowy Przegląd Historyczny. Rok 27, 1982. Nr. 2. S. 15-35. BZ 4490:27

k. 20 Nordeuropa/Nordsee/Nordmeer

Antier, J.-J.: La Bataille des convois de Mourmansk. Paris: Presses de la Cité 1981. 271 S. B 45461

Connell, G. G.: Arctic Destroyers. The 17th Flotilla. London: Kimber 1982. 237 S. B 48011

Irving, D.: Die Vernichtung des Geleitzugs PQ 17. Überarb. u. verm. Fassung. Hamburg: Knaus 1982. 429 S. B 46204

Kolyškin, I. A.: In den Tiefen des Nordmeers. Berlin: Militärverl. d. DDR 1982. 304 S. B 48091

Pertek, J.: Bitwy konwojowe na arktycznej trasie. [Geleitzugschlachten auf der arktischen Route.] Poznań: Wyd. Poznańskie 1982. 197 S. B 47476

Schwerdtfeger, W.; Selinger, F.: Wetterflieger in der Arktis. 1940-1944. Stuttgart: Motorbuch Verl. 1982. 239 S. B 46242

k 22 Nordfeldzug 1940

Boegh Andersen, N.: Krigsdagbog. 2. opl. København: Vindrose 1981. 180 S. B 46068

Feilberg, K.: De flygtede - til kamp. En beretning om 4. regiments overgang til Sverige den 9. april 1940. København: Nationalmuseet 1980. 57 S. Bc 2911

Grieg Smith, S.-E.: "Ingen fiendtlige hensikter". En militaerhistorisk studie av angrepet på Bergen den 9. april 1940. In: Norsk militaert tidsskrift. Årg. 153, 1983. H. 8. S. 331-343. BZ 05232:153

Eichholtz, D.: The "European greater economic sphere" and the Nordic countries after June 22, 1941. In: Revue internationale d'histoire militaire. 1982. No. 53. S. 55-69. BZ 4454:1982

Hartig, M.: Kvinde i modstandskampen. Århus: Historisk Revy 1982. 125 S. Bc 3350

Hillingsø, K. G. H.: The Danish resistance movement and its relations with Great Britain. In: Revue internationale d'histoire militaire. 1982. No. 53. S. 105-112. BZ 4454:1982

Larsen, L.: Borgerliga Partisaner. København: Gyldendal 1982. 217 S. B 45987

Nielsen, B. B.: Jødedeportationen i Danmark og Werner Best. En dokumentarisk skildring. København: ZAC 1981. 194 S. B 2890

Petrick, F.: Das Okkupationsregime des faschistischen deutschen Imperialismus in Norwegen 1940 bis 1945. In: Zeitschrift für Geschichtswissenschaft. Jg. 31, 1983. H. 5. S. 397-413. BZ 4510:31

Revsgård, A. T.: En Studie i rødt, hvidt og blåt. København: ZAC 1981. 203 S. 08704

k. 30 Westeuropa/Atlantik

k 30.2 Seekrieg im Westen

Hoyt, E. P.: U-Boats offshore. New York: Playboy Pr. 1980. 285 S. B 45693

Poolman, K.: The Sea Hunters. Escort carriers vs. U-boats, 1941-1945. London: Arms and Armour Pr. 1982. XII, 195 S. B 47792

k 30.3 Luftkrieg im Westen

Fishman, J.: And the walls came tumbling down. London: Souvenir Pr. 1982. 448 S. B 47816

Franks, N. L. R.: The Battle of the airfields. 1st January 1945. London: Kimber 1982. 224 S. B 47698

Goddard, V.: Skies to Dunkirk. London: Kimber 1982. 269 S. B 48015

Moore, C. H.: WW II: Flying the B-26 Marauder over Europe. Blue Ridge Summit: Tab Books 1980. 176 S. B 46866

Nesbit, R. C.: Woe to the unwary. A memoir of low level bombing operations 1941. London: Kimber 1981. 192 S. B 46521

Cooper, A. W.: The Men who breached the dams. 617 Squad, "The Dambusters". London: Kimber 1982. 223 S. B 48016

Ethell, J.; Price, A.: Angriffsziel Berlin. Auftrag 250: 6. März 1944. Stuttgart: Motorbuch Verl. 1982. 279 S. B 47223

MacKee, A.: Dresden 1945: the devil's tinderbox. London: Souvenir Pr. 1982. 334 S. B 47772

Middlebrook, M.: The Peenemünde Raid. The night of 17-18 August 1943. London: Lane 1982. 265 S. B 47216

Morrison, W.H.: Fortress without a roof. The allied bombing of the Third Reich. London: Allen 1982. IX, 322 S. B 48051

Sweetman, J.: The dams raid: epic or myth. Operation Chastise. London: Jane 1982. XIV, 218 S. B 46440

Blake, L.: Red Alert. South east London 1939-1945. London: Blake 1982. 106 S. Bc 3511

Brode, A.: The Southampton Blitz. Rev. ed. Southampton: Countryside Books 1982. 96 S. Bc 3296

Dike, J.: Bristol Blitz Diary. Bristol: Redcliffe 1982. 96 S. B 48056

Fitzgibbon, C.: London brennt. Rastatt: Moewig 1982. 208 S. B 47348

Knight, D.; Smith, M.: Harvest of Messerschmitts. The chronicle of a village at war 1940. Based on the diary of Mary Smith of Elham. London: Warne 1981. 183 S. B 45654

Król, W.: Polskie Dywizjony lotnicze w Wielkiej Brytanii 1940-1945. [Die polnischen Fliegerabteilungen in Grossbritannien.] Warszawa: Wyd. Min. Obrony Narod. 1982. 374 S. B 47295

Król, W.: Walczyłem pod niebem Londynu. [Wir kämpften unter dem Himmel Londons.] Warszawa: Ludowa Spółdzielnia Wyd. 1982. 266 S. B 48391

Mattesini, F.: La Battaglia d'Inghilterra. Luglio-ottobre 1940. Roma: Ateneo 1982. 121 S. B 47896

k 31 Sitzkrieg 1939/40

Gross, M.: Der Westwall zwischen Niederrhein und Schnee-Eifel. Köln: Rheinland-Verl. 1982. 432 S. B 46872

Shachtman, T.: The Phoney War. 1939-1940. New York: Harper and Row 1982. XII, 289 S. B 47909

k 32 Westfeldzug 1940

Brongers, E.H.: Opmars naar Rotterdam. Deel 1. Baarn: Uitgeverij Hollandia 1982. 283 S. B 48038

Lord, W.: The Miracle of Dunkirk. New York: Viking Pr. 1982. X. 323 S. B 48178

Lord, W.: Das Geheimnis von Dünkirchen. Der faszinierende Bericht über jene dramatische Operation, die dem Zweiten Weltkrieg bereits 1940 e. Wende gab. Bern: Scherz 1982. 319 S. B 47344

Plan, E.; Lefevre, E.: La Bataille des Alpes. 10-25 juin 1940. L'armée invaincue. Paris: Charles-Lavauzelle 1982. 175 S. 08979

Vaillant, A.: Souvenirs et réflexions sur la ligne Maginot. In: Revue historique des armées 1982. No. 2. S. 86-97. BZ 05443:1982

k 33 Besetzter Westen 1940–1944

k 33.4 Besatzungszeit und Widerstand

k 33.41 Niederlande

Hirschfeld, G.: Collaboration and attentism in the Netherlands 1940-41. In: The second world war. 1982. S. 101-120. B 46632

Krasil'nikov, E. P.: Channi Schaft - geroinja dviženija soprotivlenija v Niderlandach. [Hannie Schaft - Heldin d. Widerstandsbewegung in d. Niederlanden.] In: Novaja i novejšaja istorija. God 1982. No. 6. S. 113-124. BZ 05334:1982

Schaepman, A.: Clouds. An episode of Dutch wartime resistance, 1940-1945. Elms Court: Stockwell 1981. 36 S. Bc 3057

Stroom, G. van der: Duitse Strafrechtspleging in Nederland en het lot der veroordeelden. 's-Gravenhage: Staatsuitgeverij 1982. 118 S. B 46556

Volkmann, H.-E.: Autarkie, Großraumwirtschaft und Aggression. Zur ökonomischen Motivation d. Besetzung Luxemburgs, Belgiens, und der Niederlande 1940. In: Militärgeschichte 1982. S. 327-354. B 46629

Zee, H. A. van der: The Hunger Winter. Occupied Holland 1944-45. London: Norman and Hobhouse 1982. 330 S. B 46439

k 33.43 Frankreich

Amouroux, H.: Les Passions et les haines. Avril - cécembre 1942. Paris: Laffont 1981. 549 S. B 46888

Chaigneau, J.-F.: Le dernier Wagon. Paris: Julliard 1982. 250 S. B 46452

Gleize, M.: Odes à la gloire des martyrs de la Résistance. 2. ed. Paris: Ed. des Ternes 1981. 156 S. B 46677

Heller, G.: In einem besetzten Land. NS-Kulturpolitik in Frankreich. Erinnerungen 1940-1944. Köln: Kiepenheuer u. Witsch 1982. 255 S. B 47050

Hunt, A.: Little Resistance. A teenage English girl adventures in occupied France. London: Cooper 1982. VI, 149 S. B 47807

Knipping, F.: "Réseaux" und "Mouvements" in der französischen Résistance, 1940-1945. In: Geheimdienste und Widerstandsbewegungen im Zweiten Weltkrieg. 1982. S. 105-142. B 46189

Miller, R.: Der Widerstand. Amsterdam:

Time-Life Bücher 1981. 208 S. 08859

M o o r e, G.: The Story of Jean Bart, resistance leader. Buckden: Moore 1982. 64 S. Bc 3483

O u z o u l i a s, A.: Die Söhne der Nacht. Berlin: Militärverl. d. DDR 1981. 467 S. B 45424

P r i n g e t, P. de: Die Kollaboration. Untersuchung e. Fehlschlages. Tübingen: Grabert 1981. 199 S. B 46225

P r o u x, G.-M.: La Traversée. La pluie des mangues. 1941. Guéret 1981: Lecante. 134 S. B 46894

W o l f, J.: "Take care of Josette". A memoir in defense of occupied France. New York: Watts 1981. 184 S. B 47518

Z i m m e r m a n n, R. H.: Der Atlantikwall von Dünkirchen bis Cherbourg. Geschichte und Gegenwart mit Reisebeschreibung. München: Schild-Verl. 1982. 192 S. B 46785

Einzelne Gebiete/Orte

B e r o u l, P.: Saint-Malo sous l'occupation. Rennes: Ouest-France 1982. 123 S. B 47763

C h a n a l, M.: La milice française dans l'Isère (Février 1943- août 1944). In: Revue d'histoire de la deuxième guerre mondiale. Année 32, 1982. No. 127. S. 1-42. BZ 4455:32

C r e s s a r d, B.; E u d e s, O.: Nantes sous l'occupation. Rennes: Ouest France 1981. 122 S. B 46900

L e s l i e, P.: The Liberation of the Riviera. The resistance to the Nazis in the South of France and the story of its heroic leader, Ange-Marie Miniconi. London: Dent 1981. 254 S. B 45323

M i c h e l, H.: Paris allemand. Paris: Michel 1981. 374 S. B 46876

R i e d w e g, E.: Mulhouse: ville occupée. 1939-1945. La vie quotidienne dans une ville alsacienni durant la seconde guerre mondiale. Steinbrunn-Le-Haut: L'Orftaie 1982. 138 S. 08812

S i l v e s t r e, S.: Les premiers pas de la résistance dans l'Isère. In: Revue d'histoire de la deuxième guerre mondiale. Année 32, 1982. No. 127. S. 43-75. BZ 4455:32

W o l f a n g e r, D.: Nazification de la Lorraine mosellane. Sarreguemines: Pierron 1982. 229 S. B 47718

W o l f f, P.: Journal d'un resistant mosellan. Metz 15 juin 1940 - 19 novembre 1944. Sarreguemines: Pierron 1981. 127 S. B 47702

k 34 Invasion im Westen 1944

B l u m e n s o n, M.: Die Befreiung. Amsterdam: Time-Life Bücher 1981. 208 S. 08860

B o t t i n g, D.: Die Invasion der Alliierten. Amsterdam: Time-Life-Bücher 1981. 208 S. 08862

C a b o z, R.: La Bataille de la Moselle. 25 août - 15. décembre 1944. Sarreguemines: Pierron 1981. 446 S. B 47705

Gilchrist, D.: Don't cry for me. The commandos: D-Day and after. London: Hale 1982. 192 S. B 46030

Golley, J.: The big Drop. The guns of Merville, June 1944. London: Jane's 1982. 174 S. B 47499

Goolrick, W.K.; Tanner, O.: Die Ardennenoffensive. Amsterdam: Time-Life-Bücher 1981. 208 S. 08864

Irving, D.: Krieg zwischen den Generälen. Das Alliierte Oberkommando u. d. Invasion 1944. Hamburg: Knaus 1983. 496 S. B 48845

Johansson, V.G.: Normandia, o maior dos assaltos. In: Revista maritima Brasileira. Ano 102, 1982. No. 7/8/9. S. 81-93. BZ 4630:102

Keegan, J.: Six Armies in Normandy. From D-day to the liberation of Paris. June 6th - August 25th, 1944. London: Cape 1982. XVIII, 365 S. B 47523

Ose, D.: Entscheidung im Westen 1944. Der Oberbefehlshaber West und die Abwehr der alliierten Invasion. Stuttgart: Dt. Verl.-Anst. 1982. 363 S. B 46090

An eyewitness report of the Fortitude deception. In: Strategic military deception. 1982. S. 224-242. B 46438

Rittgen, F.: La Bataille de Bitche et du Bitcherland. Décembre 1944 - mars 1945. Sarreguemines: Pierron 1982. 183 S. B 47706

Wheldon, Sir H.: Red Berets into Normandy. 6th Airborne Division's assault into Normandy, D. Day 1944. Norwich: Jarrold 1982. 28 S. Bc 3510

k 35 Endkampf um Westdeutschland 1945

Baron, R.W.; Baum, A.J.; Goldhurst, R.: Raid! The untold story of Patton's secret mission. New York: Putnam 1981. 282 S. B 47912

Davis, F.M.: Entscheidung im Westen. Amsterdam: Time-Life-Bücher 1982. 207 S. 008867

Funken, H.-P.: Bilder der Zerstörung Heinsbergs. Zaltbommel: Europ. Bibliothek 1980. Getr. Pag. B 46917

Mennel, R.: Die Schlußphase des Zweiten Weltkrieges im Westen (1944/45). Eine Studie zur politischen Geographie. Osnabrück. Biblio Verl. 1981. 390 S. B 46375

Sax-Demuth, W.: In jenen Tagen... Weiße Fahnen über Bielefeld. Untergang und Neubeginn 1945. Herford: Bussesche Verlagshandlg. 1981. 159 S. B 46417

Schulenburg, T. von der: Was ist aus uns geworden? Skizzen und Notizen vom Kriegsende. Vorw.: H. Böll. Freiburg: Herder 1983. Getr. Pag. Bc 3456

Simons, G.: Die deutsche Kapitalation. Amsterdam: Time-Life Bücher 1982. 208 S. 08857

Wegmann, G.: Das Kriegsende zwischen Ems und Weser 1945. Osnabrück: Wenner 1982. 327 S. B 47867

Whiting, C.: Siegfried. The Nazis last stand. New York: Stein and Day 1982. VIII, 268 S. B 48147

k. 40 Mittelmeerraum

k 41 Balkanfeldzug 1941

Mabire, J.: La Crète. Tombeau des Para allemands. Paris: Pr. de la Cité 1982. 373 S. B 48619

Rawski, T.: Wojna na Bałkanach 1941. Agresja hitlerowska na Jugosławię i Grecję. [Der Krieg auf d. Balkan. 1941. Der Überfall Hitlers auf Jugoslawien u. Griechenland.] Warszawa: Wyd. Min. Obrony Narod. 1981. 456 S. B 46155

k 41.7 Besetzter Balkan 1941–44

k 41.73 Jugoslawien

Bailey, R.H.: Der Partisanenkrieg. Amsterdam: Time-Life Bücher 1980. 208 S. 08866

Einzelne Gebiete/Orte

Banjaluka u radničkom pokretu i NOB. Zbornik sjećanja. [Banjaluka und die Arbeiterbewegung im Volksbefreiungskampf.] 1. Banjaluka: Institut za istoriju 1981. 445 S. B 46350

Branković, S.: Prve ustaničke republike u narodnooslobodilačkom ratu. [Die ersten Rebellenrepubliken im Volksbefreiungskrieg.] In: Vojnoistorijski glasnik. God 33, 1982. Broj 1/2. S. 53-79. BZ 4531:33

Duretić, V.: Narodna Vlast u BiH 1941-1945. (Razvitak i djelatnost NOO.) [Die Volksmacht in Bosnien u. Herzegowina 1941-1945.] Beograd: Narodna Knjiga 1981. 360 S. B 47090

Četvrta Godina narodnooslobodilačkog rata na području Karlovca, Korduna, Like, Pokuplja i Žumberka. [Das 4. Jahr des Volksbefreiungskrieges im Gebiet von Karlovac, Kordun, Lika, Pokuplje u. Zumberak.] Karlovac: Histor. Archiv 1981. 1021 S. B 47129

Janković, M.B.: Zapadna Srbija u ustanku - u zimu 1941/42 godine. [Westserbien im Aufstand - Winter 1941/42.] Val'evo: NRU "Napred" - OOUR novinsko-izd. delatnost 1981. XII, 268 S. B 47126

Jelić, I.: Od ustanka do slobode. Hrvatska u NOB. [Vom Aufstand zur Freiheit. Kroatien im Volksbefreiungskampf.] Zagreb: Globus 1982. 271 S. 08916

Junaki v obroču. Rovt nad Crngrobom 1942. [Helden im Ring. Rovt über Crngrob 1942.] Kranj 1982. 60 S. Bc 2970

The National Liberation War and revolution in Yugoslavia (1941-1945). Selected documents. Beograd: Military History Institute of the Yugoslav People's Army 1982. 792 S. B 46161

Magdić, S.: Ogulin u narodnooslobodilačkoj borbi. [Ogulin im Volksbefreiungskrieg.] Zagreb: "Izdavačka Djelatnost" 1981. 236 S. B 47116

Miljanić, G.: Završne borbe za oslobodenje Crne Gore (septembar-decembar 1944). [Die Abschlusskämpfe um die Befreiung Montenegros, Sept.-Dez. 1944.] In: Vojnoistorijski glasnik. God 32, 1981. Broj 3. S. 69-92. BZ 4531:32

Ostrovška, M.: Kljub vsemu odpor. Maribor v času okupacija in narodnoosbodilnega boja. [Maribor zur Zeit d. Okkupation u. des Volksbefreiungskampfes.] 2. izpopol. izd. Knj. 1-3. Maribor: Založba Obzorja 1981. 490, 418, 428 S. B 47100

Truppengeschichte

Il Contributo italiano alla resistenza in Jugoslavia. Atti del convegno di studio, Lucca 21 giugno 1980. Lucca: Fazzi 1981. 188 S. B 46717

Domankušić, S.; Selić, M.: Organizacija i razvoj službe bezbednosti i obaveštajno-bezbednosnih službi u narodnooslobodilačkom ratu. [Organisation d. Sicherheitsdienstes u. Geheimdienstes im Volksbefreiungskrieg.] In: Vojnoistorijski glasnik. God 32, 1981. Broj 3. S. 123-141. BZ 4531:32

Gestro, S.: La divisione italiana partigiana Garibaldi. Montenegro 1943-1945. Milano: Mursia 1982. 671 S. B 45771

Miljanić, G.: Partizanski štabovi u prvoj godini narodnooslobodilačkog rata. [Das Hauptquartier d. Partisanen im ersten Jahre des Volksbefreiungskrieges.] In: Vojnoistorijski glasnik. God 32, 1981. Broj 2. S. 87-105. BZ 4531:32

Pantelić, M.: Četnici Draže Mihailovića u denima "Sloma" Užičke Republike. [Die Tschetniks des Draha Michailović in den Tagen d. Zusammenbruchs der Užice Republik.] In: Vojnoistorijski glasnik. God 33, 1982. Broj 1/2. S. 215-242. BZ 4531:33

Petrović, R.: Počeci saradnje Jevdevića i Birčanina sa talijanskim okupatorom 1941. godine... [Die Anfänge d. Zusammenarbeit zwischen Jevdević u. Birčanin u. den italien. Okkupanten 1941.] In: Institut za istoriju. Prilozi. God 18, 1982. Broj 19. S. 203-235. BZ 4563:18

Pršić, M.: Savez komunističke omladine Jugoslavije u. oružanom ustanku 1941. [Die Union d. Kommunist. Jugend Jugoslawiens im bewaffneten Aufstand 1941.] In: Vojnoistorijski glasnik. God 32, 1981. Broj 2. S. 121-137. BZ 4531`32

Subotić, V.: Partizanska taktika u narodnooslobodilačkom ratu. [Die Taktik der Partisanen im Volksbefreiungskrieg.] In: Vojnoistorijski glasnik. God 32, 1981. Broj 3. S. 93-122. BZ 4531:32

Trgo, F.: Organizacija i upotreba oružanij snaga narodnooslobodilačkog pokreta Jugoslavije 1941-1945. [Die Organisation u. d. Einsatz d. Streitkräfte d. Nationalen Befreiungsbewegung in Jugoslawien wien.] In: Vojnoistorijski glasnik. God 32, 1981. Broj 2. S. 29-40. BZ 4531:32

k 41.75 Albanien

Hoxha, E.: Anglo-amerikanische Machenschaften in Albanien. Erinnerungen aus dem Nationalen Befreiungskampf. Tirana: Verl. "8 Nentori" 1982. 501 S. B 47920

Rigoni Stern, M.: Quota Albania. Torino: Einaudi 1981. 151 S. B 45593

k 42 Afrika

Audisio, L.: La battaglia di El Alamein. Ricordata 40 anni dopo. In: Rivista militare. Anno 105, 1982. No. 6. S. 81-96. BZ 05151:105

Krautkrämer, E.: Das Ringen um die Erhaltung der französischen Souveränität in Nordafrika im Zusammenhang mit Torch. In: Militärgeschichtliche Mitteilungen. 1982. No.2. S. 79-136. BZ 05241:1982

Lucas, J.: War in the desert. The eighth army at El Alamein. London: Arms and Armour Pr. 1982. 284 S. B 47512

Merritt, M.: Eigth Army Driver. Tunbridge Wells: Midas Books 1981. 181 S. B 46523

Messenger, C.: The Tunisian Campaign. Shepperton: Allan 1982. 127 S. B 48811

Ozimek, S.: W Pustyni i w Tobruku. [In der Wüste und in Tobruk.] Warszawa: Książka i Wiedza 1982. 168 S. Bc 3705

Pitt, B.: The Crucible of war. Vol. 1. 2. London: Cape 1980-82. 506, 478 S. B 40350

Roach, P.: The 8. 15 to war. London: Cooper 1982. 184 S. B 47983

Stock, J. W.: Der Kampf um Tobruk. Rastatt: Moewig 1982. 191 S. B 47346

Vincent, J.-N.: Koufra, 23 décembre 1940 - 1er mai 1941. In: Revue historique des armées. 1982. No. 4. S. 4-19. BZ 05443:1982

Wojna w Afryce Północnej 1940-1943. [Krieg in Nordafrika 1940-43.] Warszawa: Krajowa Agencja Wyd. 1982. 78 S. Bc 01077

Gartzen, W. von: Die Flottille. Außergewöhnlicher Seekrieg. deutscher Mittelmeer-Torpedoboote. Herford: Koehler 1982. 192 S. B 46424

Emiliani, A.; Ghergo, G. F.; Vigna, A.: Aviazione italiana: La guerra in Italia. Parma: Albertelli 1982. 95 S. Bc 3332

Gentilomo, D.: I Giorni di Cefalonia. 9-23 settembre 1943. Reggio Calabria: Ed. Parallelo 1981. 118 S. Bc 3278

Maltese, P.: Lo Sbarco in Sicilia. Milano: Mondadori 1981. 347 S. B 46591

Michelangnoli, A.: Missione Anzio. Milano: Vangelista 1982. 107 S. B 47958

Moscioni Negri, C.: Linea gotica. Cuneo: L'Arciere 1980. 130 S. B 46042

Robichon, J.: Les Français en Italie. Le Corps Expéditionnaire Français de Naples à Sienne 1943-1944. Paris: Presses de la Cité 1981. 445 S. B 45460

Soglia, S.: La Liberazione di Bologna. Milano: Sperling et Kupfer 1981. 240 S. B 46588

Theil, E.: Kampf um Italien. Von Sizilien bis Tirol. 1943-1945. München: Langen-Müller 1983. 349 S. B 49228

Waibel, M.: 1945. Kapitulation in Norditalien. Originalbericht des Vermittlers. 2. Aufl. Basel: Helbing u. Lichtenhahn 1981. 185 S. B 45599

k 44.7 Besatzungszeit und Widerstand

Arbizzani, L.: Habitat e partigiani in Emilia Romagna. 1943-1945. Bologna: Brechtiana 1981. 230 S. B 46048

Daverio, G.: Io, partigiano in Valsesia. 2. ed. Varese: Amministr. Provinciale 1982. IV, 126 S. B 46733

Fangareggi, S.: La lunga Stagione. Diario di un ragazzo in guerra. Pesaro: Panozzo e Pantanelli 1980. 99 S. Bc 3065

Ferrari, B.: Prete e partigiano. Genova: Sagep 1982. 178 S. B 48079

Ferrari, B.: Sulla montagne con i partigiani. Genova: Sagep Ed. 1982. 276 S. B 48081

Galeazzi, A.: Resistenza e contadini nelle carte di un partigiano. 1919-1949. Fronti e documenti. Urbino: Argalia 1980. 282 S. B 46091

Mautino, F.: Guerra di popolo. Storia delle formazioni Garibaldine friulane. Un manoscritto del 1945-1945. Padova: Feltrinelli 1981. 207 S. B 46074

La Resistenza in Lombardia. Firenze: Monnier 1981. XI, 347 S. B 45629

Rossi, A.: La Resistenza italiana. Scritti, documenti e testimonianze. Roma: Lucarini 1981. 422 S. B 48021

Sensoni, R.: Ceccarini, V.: Marzabotto. Un paese, una strage. Milano: Teti 1981. 134 S. B 46321

Spinelli, A.; Rossi, E.: Il Manifesto di Ventotene. Napoli: Guida 1982. 188 S. B 47957

k. 50 Ostasien/Pazifik

k 50.1 Landkrieg

George, J. B.; Shots fired in anger. Rev. and exp. ed. Washington: Nat. Fifle Assoc. 1981. XX, 535 S. B 48518

Hayes, G. P.: The History of the Joint Chiefs of Staff in world war 2. The war against Japan. Annapolis: Naval Inst. Pr. 1982. XXIV, 964 S. B 46972

Moore, J. H.: Over-sexed, over-paid, and over-here. Americans in Australia 1941-1945. St. Lucia: Univ. of Queensland Pr. 1981. X, 303 S. B 47011

Saunders, H. H.: Duell im Pazifik. Von Pearl Harbor bis Hiroshima. Der Zweite Weltkrieg in Ostasien 1941-1945. Leoni: Druffel 1982. 336 S. B 47300

k 50.2 Seekrieg

Calhoun, C. R.: Typhoon: The other enemy. The Third Fleet and the Pacific storm of december 1944. Annapolis: Naval Inst. Pr. 1981. X, 247 S. B 45551

Lundstrom, J. B.: A failure of radio intelligence. An episode in the battle of the Coral Sea. In: Cryptologia. Vol. 7, 1983. No. 2. S. 97-118. BZ 05403:7

Risio, C. de: La guerra navale franco-thailandese del 1940-'41. In: Rivista marittima. Anno 116, 1983. No. 1. S. 57-67. BZ 4453:116

Winslow, W. G.: The Fleet the gods forgot. The U. S. Asiatic fleet in world war 2. Annapolis: Naval Inst. Pr. 1982. XIII, 327 S. B 47914

k 50.3 Luftkrieg

Collier, R.: The Road to Pearl Harbor: 1941. New York: Atheneum 1981. 310 S. B 48195

Cornelius, W.; Short, T.: Ding Hao. America's air war in China 1937-1945. Gretna: Pelican Publ. 1980. X, 502 S. B 46741

Lambert, J. W.: The long Campaign: The history of the 15th Fighter Group in world war 2. Manhattan: Sunflower Univ. Pr. 1982. 186 S. 08891

Lengerer, H.; Kobler-Edamatsu, S.: Pearl Harbor 1941. Der Paukenschlag im Pazifik nach japanischen Dokumenten. Friedberg: Podzun-Pallas Verl. 1982. 159 S. B 45723

MacKay, E. A.: Carrier Strike Force. Pacific air combat in world war 2. New York: Messner 1981. 191 S. B 47233

Pistole, L. M.: The pictorial History of the Flying Tigers. Orange: Moss 1981. 261 S. 08952

Prange, G.W.: At dawn we slept. The untold story of Pearl Harbor. New York: McGraw-Hill 1981. XVI, 873 S. B 46085

Toland, J.: Infamy. Pearl Harbor and its aftermath. Garden City: Doubleday 1982. XVI, 366 S. B 48173

Trefoussé, H.L.: Pearl Harbor: The continuing controversy. Malabar: Krieger 1982. 215 S. B 47519

k 51 Ostasien

Bruin, R. de: Islam en nationalisme in door Japan bezet Indonesie 1942-1945. 's-Gravenhage: Staatuitgeverij 1982. 104 S. B 46555

Forty, G.: XIV Army at war. London: Allan 1982. 144 S. 08849

Hammond, E.: 1941-1943. The war diary. Repr. Edmunds: Ixworth Assoc. 1983. 16 Bl. Bc 01140

Holmes, R.; Kemp, A.: The bitter End. (Singapore.) Stretting - ton: Bird 1982. 212 S. B 46615

Jacobs, G.F.: Prelude to the monsoon. Assignment in Sumatra. Philadelphia: Univ. of Pennsylvania Pr. 1982. XXXIV, 247 S. B 48902

Moser, D.: China - Burma - Indien. Amsterdam: Time-Life Bücher 1980. 208 S. 08865

Nortier, J.J.: Het verlies van Ambon in februari 1942. 1. 2. In: Militaire spectator. Jg. 152, 1983. No. 4. S. 147-177; 5. S. 213-230. BZ 05134:152

Ride, E.: BAAG. Hong Kong Resistance 1942-1945. Hong Kong: Oxford Univ. Pr. 1981. XIV, 347 S. B 48713

Vincent, C.: No reason why. The Canadian Hong Kong tragedy - an examination. Stittsville: Canada's Wings 1981. 281 S. B 47460

Wilson, D.: When tigers fight. The story of the Sino-Japanese war 1937-45. London: Hutchinson 1982. 269 S. B 45725

k 52 Pazifik

Bailey, M.C.: Raid at Los Baños. In: Military review. Vol. 63, 1983. No. 5. S. 51-66. BZ 4468:63

Costello, J.: The Pacific War. New York: Rawson Wade 1981. XIV, 742 S. B 47146

Knox, D.: Death March. The survivors of Bataan. New York: Harcourt Brace Jovanovich 1981. XXV, 482 S. B 48170

Kock, P.P. de: De ongelijke Strijd in de Vogelkop. Franeker: Wever 1981. 173 S. B 46314

Morris, E.: Corregidor. The nightmare in the Philippines. London: Hutchinson 1982. XVII, 528 S. B 46642

Willmott, H.P.: Empires in the balance. London: Orbis 1982. XXIII, 487 S. B 47996

k 53 Offensive der Alliierten

Black, J.: Bataan and Corregidor. Manila: Philippine Tourism Authority 1980. Getr. Pag. Bc 01191

Filho, A. de Brito: Iwo Jima. Uma visão em nível divisionário da mais clássica operação enfíbia. In: Revista maritima brasileira. Ano 102, 1982. Nos. 1-3. S. 81-91. BZ 4630:102

Flisowski, Z.: Między Nową Gwineą i Archipelagiem Bismarcka. [Zwischen Neuguinea u. dem Bismarckarchipel.] Poznań: Wyd. Poznańskie 1982. 223 S. B 48872

Hoyt, E. P.: Guadalcanal. New York: Stein & Day 1982. 322 S. B 48798

Merillat, H. C. L.: Guadalcanel remembered. New York: Dodd, Mead 1982. XI, 332 S. B 48893

Millot, B.: La Bataille aeronavale de Midway. Paris: Lariviere 1979. 357 S. B 47598

Nortier, J. J.: Tarakan 1945. Episode uit de geschiedenis van het vrije KNIL. In: Militaire spectator. Jg. 151, 1982. No. 8. S. 411-424. BZ 05134:151

Simpson, W. P.: Island "X" - Okinawa. Hanover: Christopher Publ. House 1981. 271 S. B 46859

Sledge, E. B.: With the Old Breed at Peleliu and Okinawa. Novato: Presidio Pr. 1981. XVI, 326 S. B 46688

k 55 Japan

Bruin, J.: Hiroshima - Der Preis des Überlebens. Hamburg: Internat. Frauenliga f. Frieden und Freiheit 1982. 26 S. D 2632

Erlinghagen, H.: Hiroshima und wir. Augenzeugenberichte und Perspektiven. Frankfurt: Fischer 1982. 125 S. Bc 3082

Fight. No more Hiroshima! Nie wieder Krieg! Kampf. Tokyo: Unterstützungskomitee f. Sanrizuka u. Doro-Chiba 1982. 43 S. D 02514

Hersey, J.: Hiroshima. 6. August 1945 8 Uhr 15. Mit e. Vorw. von R. Jungk. Unverän. Nachdr. München: Verl. Autoren Ed. 1982. 187 S. B 46782

Hibakusha. (Hiroshima-Nagasaki 1945.) Tokyo: Nihon Hidankyo 1981. 10 Bl. Bc 0924

Tashiro, E.; Tashiro, J. K.: Hiroshima - Menschen nach dem Atomkrieg. Zeugnisse, Berichte, Folgerungen. Vorw.: R. Jungk. München: Deutscher Taschenbuch Verlag 1982. 210 S. Bc 3174

Zylstra, H.: Letters from occupied Japan. September to December, 1945. Orange City: Middleburg Pr. 1982. 126 S. B 47685

K 6 Geschichte seit 1945

K 6 E Politische Geschichte

E 2 Internationale Probleme

Arndt, C.: Entspannungspolitik 1982. In: Politik und Kultur. Jg. 9, 1982. H. 6. S. 46-55. BZ 4638:9

Bonnefous, E.: Le Monde en danger. Paris: Moniteur 1982. 267 S. B 47611

Casadio, F.A.: La conflittualità mondiale nel periodo 1945-1953. In: Rivista militare. Anno 105, 1982. No. 5. S. 10-24. BZ 05151:105

Casadio, F.A.: Conflitti e quadro strategico. La conflittualità mondiale nel periodo 1954-1963. In: Rivista militare. Anno 104, No. 1. S. 13-32. BZ 05151:104.

Close, R.: Encore un effort et nous aufrons définitivement perdu la troisième guerre mondiale. Paris: Belfond 1981. 297 S. B 46884

Entspannung am Ende? Chancen und Risiken einer Politik des Modus vivendi. Hrsg.: J. Füllenbach u. E. Schulz. München: Oldenbourg 1980. 381 S. B 40465

Fontaine, A.: Un Seul lit pour deux rêves. Histoire de la "détente" 1962-1981. Paris: Fayard 1981. XIV, 538 S. B 46879

Fritsch, B.: Wir werden überleben. Orientierungen und Hoffnungen in schwieriger Zeit. München: Olzog 1981. 335 S. B 45472

Gruber, K.: Die Welt im Konflikt. München: Olzog 1982. 200 S. B 46267

Haffner, S.: Zur Zeitgeschichte. 36 Essays. München: Kindler 1982. 225 S. B 46186

Kreisky, B.: Politik braucht Visionen. Aufsätze, Reden und Interviews zu aktuellen weltpolitischen Fragen. Königstein: Athenäum 1982. XII, 240 S. B 47063

Kreslins, J.A.: Chronology 1982. In: Foreign affairs. Vol. 61, 1983. No. 3. S. 714-744. BZ 05149:61

Kuper, L.: Genocide. Its political use in the twentieth century. New Haven: Yale Univ. Pr. 1981. 225 S. B 47159

Mellquist, E.D.; Holmström, A.: Efter 1945. 73 länders efterkrigshistoria. Stockholm: Esselte Studium 1981. 292 S. B 46131

Rona, T.P.: Our changing geopolitical Premises. New Brunswick: Transaction Books 1982. XI, 352 S. B 47609

Global collective Security in the 1980s. Richmond: Foreign Affairs Publ. 1982. X, 142 S. B 47742

Thompson, K.W.: Masters of international thought. Major twentieth-century theorists and the world crisis. Baton Rouge: Louisiana State Univ. Pr. 1980. 249 S. B 48145

Wassmund, H.: Grundzüge der Weltpolitik. Daten und Tendenzen von 1945 bis zur Gegenwart. München: Beck 1982. 302 S. B 46271

Why nations realign: Foreign policy restructuring in the postwar world. London: Allen and Unwin 1982. XI, 225 S. B 48230

E 2.2 Nachkriegsprozesse/Kriegsverbrechen

Lang, J. von; Eichmann, A.; Less, A.W.: Das Eichmann-Protokoll. Tonbandaufzeichnungen der israelischen Verhöre. Berlin: Severin u. Siedler 1982. 276 S. B 46409

Mueller-Tupath, K.: Reichsführers gehorsamster Becher. Eine deutsche Karriere. Hamburg: Konkret Literatur Verl. 1982. 158 S. B 47359

Rückerl, A.: NS-Verbrechen vor Gericht. Versuch e. Vergangenheitsbewältigung. Heidelberg: Müller 1982. 343 S. B 47353

Ryszka, F.: Norymberga. Prehistoria i ciąg dalszy. [Nürnberg Vorgeschichte u. weiterhin.] Warszawa: Czytelnik 1982. 344 S. B 47108

E 2.6 Ost-West-Konflikt

Braunmühl, G. von: Das Verhältnis zwischen West und Ost in Europa im Jahre 1983. In: Europa-Archiv. Jg. 38, 1983. Folge 11. S. 325-334. BZ 4452:38

Chomsky, N.: Towards a new cold War. London: Sinclair Browne 1982. 498 S. B 46637

Fischer, A.: Handlungsspielräume der UdSSR in der Entstehung des Ost-West-Gegensatzes 1945 bis 1950. In: Aus Politik und Zeitgeschichte. 1983. B 25. S. 13-18. BZ 05159:1983

Hulett, L.S.: Western European perspectives on East-West détente in the 1970's. In: The Atlantic Community quarterly. Vol. 20, 1982. No. 3. S. 223-232. BZ 05136:20

Kennan, G.F.: Russland, der Westen und die Atomwaffe. Mit e. Essay von M. Gräfin Dönhoff. Frankfurt, Berlin, Wien: Ullstein 1982. 126 S. Bc 3116

Link, W.: Handlungsspielräume der USA in der Entstehung des Ost-West-Gegensatzes 1945-1950. In: Aus Politik und Zeitgeschichte. 1983. B 25. S. 19-26. BZ 05159:1983

Liska, G.: Russia and the road to appeasement. Cycles of East-West conflict in war and peace. Baltimore: Johns Hopkins Univ. Pr. 1982. XIV, 261 S. B 47686

Lundestad, G.: Handlungsspielräume der USA in der Entstehung des Ost-West-Gegensatzes 1945 bis 1950. In: Aus Politik und Zeitgeschichte. 1983. B 25. S. 27-36. BZ 05159:1983

Marantz, P.: Changing Soviet conceptions of East-West relations. In: International Journal. Vol. 37, 1982. No. 2. S. 220-240. BZ 4458:37

Schubert, K. von: Sicherheitsvorstellungen und Militärstrategien im Ost-West-Konflikt. In: Sicherheitspolitik am Scheideweg? 1982. S. 111-160. B 47212

Stefanowicz, J.: Zimna wojna - ekstrapolacja zwycięstwa? [Der kalte Krieg - Ausweitung des Sieges?] In: Dzieje Najnowsze. Rok 14, 1982. Nr. 1-4. S. 65-76. BZ 4685:14

Stepanova, O. L.: "Cholodnaja Vojna": Istoričeskaja retrospektiva. [Der "Kalte Krieg": Eine historische Retrospektive.] Moskva: "Meždunarodnye otnošenija" 1982. 189 S. Bc 2966

Thompson, K. W.: Cold War Theories. Vol. 1. (1943-53.) Baton Rouge: Louisiana State Univ. Pr. 1981. 216 S. B 48172

Wettig, G.: Konflikt und Kooperation zwischen Ost und West. Entspannung in Theorie u. Praxis. Außen- u. sicherheitspolitische Analyse. Bonn: Osang 1981. 217 S. B 46289

E 2.7 Nord-Süd-Konflikt

Fukai, S. N.: Japan's North-South dialogue at the United Nations. In: World Politics. Vol. 35, 1982. No. 1. S. 73-105. BZ 4464:35

Hilfe in der Weltkrise. Ein Sofortprogramm. Der 2. Bericht der Nord-Süd-Kommission. Hrsg. u. eingel.: W. Brandt. Reinbek: Rowohlt 1983. 171 S. Bc 3498

Noran, T. H.: North-South relations in the 1980s. In: Naval War College review. Vol. 35, 1982. No. 5. S. 23-32. BZ 4634:35

Der Nord-Süd-Dialog zu Beginn der 80er Jahre. North-South Dialogue at the beginning of the 1980s. Baden-Baden: Nomos Verl. Gesellsch. 1982. 99 S. Bc 3104

Sid-Ahmed, A.: Nord-Sud: Les enjeux. Théorie et pratique du nouvel ordre économique international. Paris: Ed. Publisud 1981. 322 S. B 48602

Thompson, H. M.: The Brandt Commission. A programme for survival... for international capitalism. In: Journal of contemporary Asia. Vol. 12, 1982. No. 3. S. 344-354. BZ 4671:12

Towards on World? International responses to the Brandt report. Ed. by the Friedrich Ebert Foundation. London: Temple Smith 1981. 381 S. B 45370

E 3 Ereignisse/Konferenzen

Campus, E.: Conferinţa de pace de la Paris. Încheierea Tratatului de pace cu România (1946-1947). [Die Friedenskonferezn von Paris. Der Abschluss d. Friedensvertrages mit Rumänien (1946-1947).] In: Anale de istorie. Anul 28, 1982. No. 6. S. 124-131. BZ 4536:28

Jackowicz, J.: Traktat pokojowy z Bułgarią 1947. [Der Friedensvertrag mit Bulgarien 1947.] Wrocław: Ossolineum 1981. 308 S. B 46547

Muntjan, M. A.: Mirnoe uregulirovanie s Rumyniej posle vtoroj mirovoj vojny. [Die Friedensregelung mit Rumänien nach dem

Zweiten Weltkrieg.] In: Novaja i novejšaja istorija. God 1982. No. 5. S. 53-72. BZ 05334:1982

Pintev, S.: Bŭlgarskata južna granica i mirnija dogovor s Bŭlgarija (septemvri 1944-fevruari 1947). [Die bulgarische Südgrenze u. der Friedensvertrag mit Bulgarien (Sept. 1944-Febr. 1947).] In: Vekove. God 11, 1982. Kn. 5. S. 45-56. BZ 4633:1982

Žignja, K. L.: Podgotovka i zaključenie mirnych dogovorov s Bolgariej, Vengriej i Rumyniej posle vtoroj mirovoj vojny. [Die Vorbereitung u. der Abschluss d. Friedensverträge mit Bulgarien, Ungarn u. Rumänien nach dem Zweiten Weltkrieg. Diplomatische Geschichte.] Kišinev: "Štiinca" 1981. 222 S. B 46808

Holst, J. J.: Confidence-building measures. A conceptual framework. (CSCE.) In: Survival. Vol. 25, 1983. No. 1. S. 2-15. BZ 4499:25

Kampelman, M.: Armaments and human rights. U. S. statements before the Conference on Security and Cooperation in Europe. In: World affairs. Vol. 144, 1981. No. 2. S. 91-109. BZ 4773:144

Kampelman, M.: Negotiating with the Soviets in Madrid. In: World affairs. Vol. 144, 1982. No. 4. S. 299-512. BZ 4773:144

Kasprzyk, M.: Stany Zjednoczone a Spotkanie Madryckie KBWE. [Die Vereinigten Staaten u. das Madrider Treffen der KSZE.] In: Sprawy Międzynarodowe. Rok 35, 1982. Zeszyt 7. S. 75-84. BZ 4497:35

Meier, C.: Die Auswirkungen der Konferenz von Helsinki im gesamteuropäischen Rahmen. In: Die internationale Politik. 1975/76. 1981. S. 91-115. BZ 4767:1975/76

Nötzold, J.: Die KSZE-Folgekonferenz in Belgrad. Wirtschaftliche Zusammenarbeit und Menschenrechtspolitik. In: Die internationale Politik. 1977/78. 1982. S. 115-131. BZ 4767:1977/78

Yost, D. S.: Arms control prospects at Madrid. In: The World Today. Vol. 38, 1982. No. 10. S. 387-394. BZ 4461:38

Bruns, W.; Lübkemeier, E.: Stand und Probleme der INF-Verhandlungen in Genf. Ein Arbeitspapier. Bonn: Friedrich-Ebert-Stiftung 1982. 36 Bl. Bc 01194

Kościuk, L.: Ruch Pugwash a problematyke rozbrojenia. [Die Pugwash-Bewegung u. die Abrüstungsproblematik.] In: Sprawy Międzynarodowe. Rok 35, 1982. Zeszyt 8/9. S. 127-138. BZ 4497:35

Wünsche, R.: Die Konferenz von Managua. Die Deutsche Aussenpolitik. Jg. 28, 1983. H. 3. S. 22-29. BZ 4557:28

Yueruekoğlu, R.: Überlegungen zur Cancun-Konferenz. London: 1982: Morning Litho Print. 41 S. D 2788

K 6 F Kriegsgeschichte

Bailey, S. D.: How wars end. The United Nations and the termination of armed conflict 1946-1964. Vol. 1. 2. Oxford: Clarendon Pr. 1982. 404, 715 S. B 47994

Casadio, F. A.: La conflittualità mondiale nel periodo 1964-1973. In: Rivista militare. 1983. No. 2. S. 77-98. BZ 05151:1983

Depret, J.: Aujourd'hui la guerre? Le dossier de la Troisième Guerre mondial. Monaco: Rocher 1982. 189 S. B 47027

Hay, A.: Die Tätigkeit des Internationalen Roten Kreuzes im Spannungsfeld internationaler Krisen. In: Europa-Archiv. Jg. 37, 1982. Folge 21. S. 639-646. BZ 4452:37

Insurgency in the modern world. Ed.: B. E. O'Neill [u. a.]. Boulder: Westview 1980. XII, 291 S. B 46122

Internationalismus-Tage. Tübingen 11. Dez. bis 13. Dez. 1981. Bonn: Basisgruppen in d. Verein. Dt. Studentenschaften 1981. 137 S. D 02660

Kainulicky, O.: Der dritte große Weltkrieg. Aus d. Sicht d. Ostens! Hemdingen: EB-Verl. 1983. 48 S. D 2633

Kende, I.; Gantzel, K. J.; Fabig, K.: Die Kriege seit dem Zweiten Weltkrieg. In: Weltpolitik. Jg. 2, 1982. S. 106-118. BZ 4774:2

León Conde, A.: Guerras del siglo XX. Madrid: Salvat 1981. 64 S. Bc 0915

Matthies, V.: Kriege in der Dritten Welt. Analyse u. Materialien. Opladen: Leske Verl. u. Budrich 1982. 131 S. Bc 3121

Seefried, J.: Umstürze und Staatsstreichversuche. Chronologische Darstellung (Berichtszeitraum: September 1979 bis April 1982). In: Weltpolitik. Jg. 1, 1981. S. 123-153; 2, 1982. S. 89-105. BZ 4774:1

F 60.1 Krieg in Indochina

Fleury, G.: Le Para. Paris: Grasset 1982. 393 S. B 46881

Le Page, M.: Cao Bang. Le tragique épopée de la colonne Le Page. Paris: Nouvelles Éd. Latines 1981. 388 S. B 46819

Passing the torch. Boston: Boston Publ. 1981. 207 S. 08839

Pissardy, J.-P.: Paras d'Indochine 1944-1954. 1. 2. Paris: SPL 1982. 245, 225 S. B 47082

Repiton-Preneuf; Turlotte: Leclerc en Indochine. In: Revue historique des armées. 1982. No. 4. S. 30-46. BZ 05443:1982

Sergent, P.: Paras-Légion. Le 2e B. E. P. en Indochine. Paris: Pr. de la Cité 1982. 253 S. B 47028

F 601.2 Krieg in Vietnam 1957–75

e. Politische Geschichte

Anderson, C. R.: Vietnam: The other war. Novato: Presidio Pr. 1982. 218 S. B 48141

Chandler, R. W.: War of ideas. The U. S. propaganda campaign in Vietnam. Boulder: Westview 1981. 301 S. B 45150

Lessons from an unconventional war. Reassessing U. S. strategies for future conflicts. Ed.: R. A. Hunt, R. H. Shultz. New York: Pergamon Pr. 1982. XVII, 236 S. B 46865

Newman, J.: Vietnam War Literature. An annotated bibliography of imaginative workd about Americans fighting in Vietnam. Metuchen: Scarecrow 1982. XII, 117 S. B 47913

Podhoretz, N.: Why we were in Vietnam. New York: Simon and Schuster 1982. 240 S. B 46925

Venanzi, G. S.: Democracy and protracted war. The impact of television. In: Air University review. Vol. 34, 1983. No. 2. S. 58-72. BZ 4544:34

Vietnam. The history and the tactics. Ed.: J. Pimlott. London: Orbis Publ. 1982. 128 S. 08962

f. Militärische Geschichte

Baker, M.: Nam. The Vietnam war in the words of the men and women who fought there. New York: Morrow 1981. 324 S. B 46862

Dunstan, S.: Vietnam Tracks. Armor in battle 1945-1975. London: Osprey 1982. 191 S. 08822

Herrington, S. A.: Silence was a weapon. The Vietnam war in the villages. A personal perspective. Novato: Presidio Pr. 1982. XVII, 222 S. B 47005

Nalty, B. C.; Watson, G. M.; Neufeld, J.: An illustrated Guide to the air war over Vietnam. Aircraft of the Southeast Asia conflict. London: Salamander Books 1981. 159 S. B 45367

Parks, W. H.: Linebacker and the law of war. In: Air University review. Vol. 34, 1983. No. 2. S. 2-30. BZ 4544:34

Regan, D. J.: Mourning Glory. The making of a marine. Old Greenwich: Devin-Adair 1982. 172 S. B 47145

Santoli, A.: Everything we had. An oral history of the Vietnam War by thirty-three American soldiers who fought it. New York: Random House 1981. XVII, 265 S. B 45754

Summers, H. G.: On Strategy: The Vietnam war in context. Carlisle Barracks: Strategic Studies Institute, U. S. Army War College 1981. 137 S. Bc 3523

Towers, E. L.: Operation Thunderhead. Hope for freedom. A true story. La Jolla: Lane 1981. 205 S. B 48099

F 604 Nahostkriege

Banks, L.R.: Torn Country. An oral history of the Israeli war of independence. New York: Watts 1982. XVI, 400 S. B 48703

Ferro, M.: Suez. Naissance d'un tiers monde. Bruxelles: Ed. Complexe 1982. 159 S. Bc 3577

Herzog, C.: The Arab-Israeli Wars. War and peace in the Middle East. London: Arms and Armour Pr. 1982. 368 S. B 46434

Neff, D.: Warriors at Suez. New York: Linden Pr. 1981. 479 S. B 46848

F 604.7 Nahostkrieg 1973

Allen, P.: The Yom Kippur War. New York: Scribner 1982. IX, 310 S. B 48519

Amos, J.: Deception and the 1973 Middle East war. In: Strategic military deception. 1982. S. 317-334. B 46438

Dupuy, T.N.: '73 war. The Arab-Israeli conflict. In: Strategy & tactics. 1982. Nr. 90. S. 39-48; 57. BZ 05311:1982

Maghroori, R.; Gorman, S.M.: The Yom Kippur War. A case study in crisis decision-making in American foreign policy. Washington: Univ. Pr. of America 1981. VI, 89 S. B 46864

Verna, R.: Operazione Badr. Il quarto conflitto arabo-israeliano. 6-24 ottobre 1973. Modena: Mucchi 1979. 699 S. B 46600

F 607 Krieg in Korea 1950 – 1953

Cooling, B.F.: Allied interoperability in the Korean War. In: Military review. Vol. 63, 1983. No. 6. S. 26-52. BZ 4468:63

Delmas, C.: Coree 1950. Paraxysme de la guerre froide. Bruxelles: Ed. Complexe 1982. 191 S. B 46904

Ethell, J.L.: American Warplanes. World War II - Korea. Vol. 1. 2. London, Melbourne, Harrisburg: Arms and Armour Press 1983. 64, 64 S. Bc 01175

Farrar, P.N.: Britain's proposal for a buffer zone south of the Yalu in november 1950. Was it a neglected opportunity to end the fighting in Korea? In: Journal of contemporary history. Vol. 18, 1983. No. 2. S. 327-351. BZ 4552:18

Forty, G.: At War in Korea. London: Allan 1982. 158 S. 08927

Goulden, J.C.: Korea. The untold of the war. New York: Times Books 1982. XXVI, 690 S. B 48361

Harris, W.W.: Puerto Rico's fighting 65th U.S. Infantry. From San Juan to Chorwan. San Rafael: Presidio Pr. 1980. 220 S. B 45498

Thimayya, K.D.: Experiment in neutrality. New Delhi: Vision Books 1981. VI, 222 S. B 45827

F 670 Kriege in Asien

Golfkrieg Iran-Irak

Albrecht, U.: Der langerwartete Krieg Iran-Irak. In: Weltpolitik Jg. 1, 1981. S. 82-99. BZ 4774:1

Aziz, T.: The Iraq-Iran Conflict. Questions and discussions. London: Third World Center 1981. 89 S. B 46609

Chubin, S.: La guerre irano-irakienne: paradoxes et particularités. In: Politique étrangère. Année 47, 1982. No. 2. S. 381-394. BZ 4449:47

Hünseler, P.: Der Irak und sein Konflikt mit Iran. Entwicklung, innenpolit. Bestimmungsfaktoren u. Perspektiven. Bonn: Forschungsinst. d. Dt. Gesellsch. f. Auswärtige Politik 1982. 149 S. Bc 3157

Hünseler, P.: Der irakisch-iranische Krieg im dritten Jahr. Auswirkungen auf die arabischen Golfstaaten und die Grossmächte. In: Europa-Archiv. Jg. 38, 1983. Folge 13. S. 391-398. BZ 4452:38

Staudenmaier, W. O.: Military policy and strategy in the Gulf war. In: Parameters. Vol. 12, 1982. No. 2. S. 25-35. BZ 05120:12

Libanonkrieg

Collins, C.: Chronology of the Israeli war in Lebanon september-december 1982. In: Journal of Palestine studies. Vol. 12, 1983. No. 2. S. 86-159. BZ 4602:12

Danaher, K.: Israel's use of cluster bombs in Lebanon. In: Journal of Palestine studies. Vol. 11/12, 1982. No. 4/1. S. 48-57. BZ 4602:11/12

Dokumente zum Nahost-Konflikt. Der israelische Libanon-Feldzug vom Sommer 1982. In: Europa-Archiv. Jg. 37, 1982. Folge 21. S. D. 543-D 570. BZ 4452:37

Golan, G.: The Soviet Union and the Israeli action in Lebanon. In: International affairs. Vol. 59, 1982/83. No. 1. S. 7-16. BZ 4447:59

Hottinger, A.: Der Bürgerkrieg in Libanon. In: Die internationale Politik. 1975/76. 1981. S. 209-220. BZ 4767:1975/76

Hottinger, A.: Die israelische Kriegsaktion in Libanon. Eine vorläufige Bilanz. In: Europa-Archiv. Jg. 37, 1982. Folge 21. S. 621-628. BZ 4452:37

Israel in Lebanon. Report of the International Commission to enquire into reported violations of international law by Israel during its invasion of the Lebanon. In: Journal of Palestine studies. Vol. 12, 1983. No. 3. S. 117-133. BZ 4602:12

Jansen, M.: The Battle of Beirut. London: Zed 1982. 142 S. B 48789

Der Krieg im Libanon. In: Österreichische militärische Zeitschrift. Jg. 20, 1982. H. 5. S. 375-385. BZ 05214:20

Krieg im Libanon - Frieden in Europa? Warum schweigt die Friedensbewegung? Dokumentation. Hamburg: GAL 1982. 35 S. D 2525

Lanir, Z.: The Lebanon campaign - an Israeli view. In: Norsk militaert tidsskrift. Årg. 153, 1983. H. 2. S. 63-70. BZ 05232:153

Lefevre, E.: Operation Epaulard 1. Beyrouth. 21 août - 13 septembre 1982. Paris: Charles-Lavauzelle 1982. 104 S. 08914

Mead, J.M.: The Lebanon experience. In: Marine Corps Gazette. Vol. 67, 1983. No. 2. S. 30-40. BZ 05286:67

Nachträge zum Libanon-Krieg. Hrsg.: Deutsch-israelischer Arbeitskreis für Frieden im Nahen Osten. T. 1. 2. Edenkoben 1983. 39, 43 S. D 2561

Nahost: Der Libanon-Krieg. In: Weltgeschehen. 1982. Nr. 3. S. 289-347. BZ 4555:1982

Pérez-Reverte, A.: La guerra de los 60 dias. In: Defensa. Año 5, 1982. No. 54. S. 92-101. BZ 05344:5

Piotrowski, J.: Izraelska inwazja na Liban. [Die israelische Invasion im Libanon.] In: Sprawy Międzynarodowe. Rok 35, 1982. Zeszyt 11. S. 39-54. BZ 4497:35

Rubinstein, C.L.: The Lebanon war. Objectives and outcomes. In: Australian outlook. Vol. 37, 1983. No. 1. S. 10-17. BZ 05446:37

Ryan, S.: Israel's invasion of Lebanon. Background to the crisis. In: Journal of Palestine studies. Vol. 11/12, 1982. No. 4/1. S. 23-37. BZ 4602:11/12

Smith, P.A.: The European reaction to Israel's invasion. In: Journal of Palestine studies. Vol. 11/12, 1982. No. 4/1. S. 38-47. BZ 4602:11/12

Woltjer, T.G.: De operatie "vrede voor Galilea". In: Militaire spectator. Jg. 151, 1982. No. 12. S. 548-560. BZ 05134:151

Wright, C.: The turn of the screw. The Lebanon War and American policy. In: Journal of Palestine studies. Vol. 11/12, 1982. No. 4/1. S. 3-22. BZ 4602:11/12

Wright, C.: The Israeli war machine in Lebanon. In: Journal of Palestine studies. Vol. 12, 1983. No. 2. S. 38-53. BZ 4602:12

Andere Kriege

Die chinesische Aggression gegen Vietnam. Prag: Orbis 1980. 23 S. Bc 3385

Khanh, H.K.: Into the third Indochina war. In: Southeast Asian affairs. 1980. S. 327-346. BZ 05354:1980

Nishihara, M.: The Sino-Vietnamese war of 1979. Only the first round? In: Southeast Asian affairs. 1980. S. 66-77. BZ 05354:1980

Schier, P.: Der Krieg um Kambodscha - ein Konflikt ohne Ende? In: Aus Politik und Zeitgeschichte. 1983. B 37. S. 33-46. BZ 05159:1983

Schier, P.: (K)eine Lösung für Kambodscha? In: Jahrbuch Dritte Welt. Jg. 1, 1983. S. 185-203. BZ 4793:1

Scurr, J.: The Malayan Campaign 1948-60. Colour plates: Mike Chappell. London: Osprey 1982. 40 S. Bc 01044

Vertzberger, Y.: India's border conflict with China. A A perceptual analysis. In: Journal of contemporary history. Vol. 17, 1982. No. 4. S. 607-631. BZ 4552:17

F 680 Kriege in Afrika

Otayek, R.: L'intervention du Nigéria dans le conflit Tchadien. Heurs et malheurs "d'un nouveau centre de pouvoir". In: Le mois en Afrique. Année 18, 1983. No. 209-210. S. 51-66. BZ 4748:18

Algerienkrieg

Droz, B.; Lever, E.: Histoire de la guerre d'Algerie. 1954-1962. Paris: Éd. du Seuil 1982. 375 S. B 46706

Duval, L.-E.: Au Nom de la vérité. Algérie: 1954-1962. Paris: Cana 1982. 198 S. B 46886

Flament, M.: Les Hélicos du djebel. Algérie 1955-1962. Paris: Pr. de la Cité 1982. 287 S. B 47026

Heintz, F.: Le Harki des gendarmes rouges. 1954-1962. Les Sables-d'Olonne: Le Cercle d'Or 1982. 262 S. B 46272

LeMire, H.: Histoire militaire de la guerre d'Algerie. Paris: Michel 1982. 402 S. B 46880

Pouget, J.: Bataillon R.A.S. Algérie. Paris: Pr. de la Cité 1981. 381 S. B 47023

Servan-Schreiber, J.-J.: La Guerre d'Algerie. Paris: Paris Match 1982. 239 S. 08769

F 690 Kriege in Amerika

Falklandkonflikt

e. Politische Geschichte

Argentinien -Grossbritannien. Der Krieg um die Falkland-Inseln. In: Weltgeschehen. 1982. H. 2. S. 126-173. BZ 4555:1982

Azcarraga, J.L. de: El conflicto de las Malvinas a la luz del derecho internacional vigente. In: Revista general de marina. 1982. Tomo 203. Octobre. S. 189-202. BZ 4619:1982

Barnett, A.: Iron Britannia. London: Allison and Busby 1982. 160 S. B 47823

Blumenwitz, D.: Falkland oder Malvinas? In: Zeitschrift für Politik. Jg. 29, 1982. H. 3. S. 318-330. BZ 4473:29

Chiti-Batelli, A.: La stampa italiana ed europea e il conflitto anglo-argentino. In: Affari esteri. Anno 14, 1982. No. 56. S. 465-475. BZ 4373:14

Crónica documental de las Malvinas. Ed.: H. Gambini. T. 1, 2. Buenos Aires: Sánchez Teruelo 1982. 840 S. 09035

Deas, M.; Grondona, M.C.: Der Falkland-Konflikt und seine Folgen. Bewertung aus der Sicht beider Seiten. In: Europa-Archiv. Jg. 37, 1982. Folge 23. S. 689-704. BZ 4452:37

Ebel, T.: Abweichende Meinungen zum Falkland-Krieg.

Ein Lehrstück über Kriegsgründe, Kriegsausbruch...
München: Resultate-Verl. 1982. 85 S. Bc 3244

Eliot, C.; Gossler, G. W.: The white paper on the Falklands. In: Naval forces. Vol. 4, 1983. No. 1. S. 40-54. BZ 05382:4

Friedman, N.: The Falklands War: Lessons learned and mislearned. In: Orbis. Vol. 26, 1983. No. 4. S. 907-940. BZ 4440:26

Grossmann, J. E.: Malvinas. El negocio y la pelea. Buenos Aires: Ed. Noticias Ilustradas 1983. 184 S. B 49686

Haffa, A.; Werz, N.: Falkland-Konflikt und interamerikanische Beziehungen. In: Aussenpolitik. Jg. 34, 1983. H. 2. S. 182-198. BZ 4457:34

Lebow, R. N.: Miscalculation in the South Atlantic. The origins of the Falkland War. In: The journal of strategic studies. Vol. 6, 1983. No. 1. S. 5-35. BZ 4669:6

Luttwak, E. N.: Falkland und Libanon. Zur Bedeutung des Sieges. In: Europäische Rundschau. Jg. 11, 1983. Nr. 1. S. 67-77. BZ 4615:11

Michel, F.: Der Malvinenkrieg im Spiegel von La Nación. Die Argentinier wollten in ihren Zeitungen auch von Pferderennen und Fußball lesen. In: Beiträge zur Konfliktforschung. Jg. 12, 1982. Nr. 3. S. 107-143. BZ 4594:12

Olea Guldemont, F.: El conflicto anglo-argentino a la luz de los principos de la guerra. In: Memorial del ejército de Chile. Año 76, 1982. No. 410. S. 76-88. BZ 4470:76

Parsons, S.: The Falklands crisis in the United Nations, 31 March - 14 June 1982. In: International affairs. Vol. 59, 1983. No. 2. S. 169-178. BZ 4447:59

Schoenfeld, M.: La Guerra austral. Artículos publ. en el diario 'La Prensa' de Buenos Aires entre el 10 de enero de 1982 y el 2 de agosto de 1982... 2. ed. Buenos Aires: Desafios Ed. 1982. 381 S. B 49683

Trusso, F. E.: Las Malvinas. El fin de una utopía. Buenos Aires: Ed. Troquel 1982. 45 S. Bc 3686

Vio Valdivieso, F.: El conflicto anglo-argentino en las Malvinas y el diferendo chileno-argentino en la zona austral. In: Memorial del ejército de Chile. Año 76, 1982. No. 410. S. 19-31. BZ 4470:76

f. Militärische Geschichte

Landkrieg

Battle for the Falklands. Vol. 1. -3. London: Osprey 1982. 40, 40, 40 S. Bc 01004-6

Bishop, P.; Witherow, J.: The Winter War. The Falklands. London: Quartet Books 1982. 153 S. B 47722

Bustos, D. M.: El otro Frente de la guerra. Los padres de las Malvinas. Buenos Aires: Ramos Americana 1982. 219 S. B 49687

Arcangelis, M. de: Reflexiones sobre la guerra electronica en las Malvinas. In: Revista general de marina. Tomo 1982. Octobre. S. 203-213. BZ 4619:203

Calvert, P.: The Falklands Crisis. The rights and the wrongs. London: Pinter 1982. 183 S. B 49944

Carlos, L.: El País, que empezó en las Malvinas. Avellaneda: Artes Gráf. del Sur 1982. 30 S. Bc 01176

Deudero Alorda, A.: La crisis del Atlantico Sur. In: Revista general de marina. Tomo 203, 1982. Nov. S. 393-402. BZ 4619:203

Diary of the Falklands campaign 22 April - 16 June 1982. In: The army quarterly. Vol. 112, 1982. No. 3. S. 264-275. BZ 4770:112

Dobson, C.; Miller, J.; Payne, R.: The Falklands Conflict. Sevenoaks: Coronet Books 1982. 213 S. B 46627

Ducci, R.: Considerazioni sulla crisi delle Falkland. In: Affari esteri. Anno 14, 1982. No. 55. S. 261-272. BZ 4373:14

Eddy, P.; Linklater, M.; Gillman, P.: The Falklands War. London: Deutsch 1982. 274 S. B 47213

Fieldhouse, J.: La guerra de las Malvinas. Asi vencimos. In: Defensa. Año 6, 1983. No. 62. S. 46-63. BZ 05344:6

Fowler, W.: Land Forces. London: Osprey 1982. 40 S. Bc 01004

Fox, R.: Eyewitness Falklands. A personal account of the Falklands campaign. London: Methuen 1982. XIII, 337 S. B 49351

Freedman, L.: The war of the Falkland Islands, 1982. In: Foreign affairs. Vol. 61. 1982. No. 1. S. 196-210. BZ 05149:61

Hanrahan, B.; Fox, R.: "I counted them all out and I counted them all back." The Battle for the Falklands. Repr. London: British Broadcasting Corp. 1982. 139 S. Bc 3203

Hastings, M.; Jenkins, S.: The Battle for the Falklands. London: Joseph 1983. IX, 384 S. B 48813

Heidler, E. J.: Falklandskrigen. In: Militaert tidsskrift. Årg. 11, 1982. Nr. 8. S. 277-294. BZ 4385:111

Houbert, J.: The Falklands. A hiccup of decolonisation. In: Current research on peace and violence. Vol. 5, 1982. No. 1. S. 1-25. BZ 05123:5

Karkoszka, A.: Wojna o Falklandy. [Der Falkland-Krieg.] In: Sprawy Międzynarodowe. Rok 35, 1982. Zeszyt 12. S. 71-82. BZ 4497:35

Kasanzew, N.: Malvinas a sangre y fuego. Buenos Aires: Ed. Abril 1983. 195 S. B 50016

Kitson, L.: The Falklands War. A visual diary. London: Beazley 1982. 112 S. 08966

Landeiro, J. A.: Cronología de un despojo. Adrogué: Adrogue Ed. 1982. 63 S. Bc 3676

Mafezzini, A. V.: Diario de un cura soldado. El factor espiritual en la guerra de la guerra de las Malvinas. [o.O.] 1982. 140 S. Bc 3690

Malvinas confidencial. [o.O.]: Publinter 1982. 40 S. Bc 3688

Meoli, P.; Maccono, M.; Pavone, G.: Il conflitto delle Falklands. In: Rivista militare. 1983. No. 2. S. 61-76. BZ 05151:1983

Montenegro, N.J.; Aliverti, E.: Los Nombres de la derrota. Buenos Aires: Nemont 1982. 111 S. Bc 3689

Nielsen, K.V.: Falklandskrisen. In: Militaert tidsskrift. Årg. 111, 1982. Nr. 8. S. 295-309. BZ 4385:111

O'Ballance, E.: The San Carlos Landing. In: Marine corps gazette. Vol. 66, 1982. No. 10. S. 36-45. BZ 05286:66

Outrey, G.: Malouines. De vieilles ou de nouvelles leçons? In: Défense nationale. Année 38, 1982. Oct. S. 43-57. BZ 4460:38

Pérez-Reverte, A.: La guerra del Atlantico sur. Desarrollo y primeras lecciones. In: Defensa. Año 5, 1982. No. 52/53. S. 72-85. BZ 05334:5

Randle, P.H.: La Guerra inconclusa por el Atlántico Sur. Buenos Aires: OIKOS 1982. 182 S. B 49688

Rivas, C.: El Complot internacional contra la patria en la guerre de las Malvinas. Buenos Aires: Ed. Rioplatense 1982. 43 S. Bc 3687

Rotondo, E.A.: Alerta roja. Buenos Aires: Baipress 1982. 171 S. 09034

Sager, P.: Fallbeispiel Falkland. Ein Orientierungsmodell. Vorw.: F.T. Wahlen. Bern: Verl. SOI 1983. 69 S. Bc 3490

Stjernswärd, H.: Falklandskriget 1982. In: Kungliga Krigsvetenskapsakademiens tidskrift. Årg. 187, 1983. H. 3. S. 129-146. BZ 4718:187

Túrolo, C.M.: Así lucharon. 4. ed. Buenos Aires: Ed. Sudamericana 1983. 327 S. B 49685

Villegas, O.: La guerra de las Malvinas. In: Revista de temas militares. Año 1, 1982. No. 3. S. 23-33. BZ 4788:1

Visani, P.: La guerra delle Falklands. In: Rivista militare. 1983. No. 3. S. 21-36. BZ 05151:1983

War in the Falklands. The campeign in pictures. By the Sunday Express Magazine team. London: Weidenfeld and Nicolson 1982. 153 S. 08853

Luft- und Seekrieg

Andrada, B.H.: Guerra aérea en las Malvinas. Buenos Aires: Emecé Ed. 1983. 239 S. B 50014

Båge, E.: Flygkrigföringen under Falklands- och Libanonkriserna. Några erfarenheter av betydelse för svenska förhallanden. In: Kungliga Krigsvetenskapsakademiens handlingar. Årg. 186, 1982. H. 6. S. 265-274. BZ 4384:186

Braybrook, R.: Air Forces. London: Osprey 1982. 40 S. Bc 01006

English, A.; Watts, A.: Naval Forces. London: Osprey 1982. 40 S. Bc 01005

Jackson, P.: Strike force South. The story of No 1 Squadron's Harrier GR Mk 3s in the Falklands conflict. In: Air international.

Vol. 24, 1983. No. 4. S. 163-171; 202. BZ 05091:24

M a f é Huertas, S.: South Atlantic air war. The other side of the coin. In: Air international. Vol. 24, 1983. No. 5. S. 215-224; 242. BZ 05091:24

M a r c o s -Carballo, P.: Dios y los halcones. Buenos Aires: Siete Días 1983. 223 S. B 49689

M a r i o t t, J.: Diary of the Falkland conflict. In: Naval forces. Vol. 3, 1982. No. 4. S. 20-32. BZ 05382:3

P r e s t o n, A.: Sea Combat of the Falklands. London: Willow 1982. 143 S. B 47732

Andere Kriege

A n d e r s o n, T. P.: The War of the dispossessed. Honduras and El Salvador, 1969. Lincoln: Univ. of Nebraska Pr. 1981. XII, 203 S. B 47013

L Länderteil

L 020 Naher und Mittlerer Osten

a./c. Allgemeines

H i r o , D. : Inside the Middle East. London: Routledge and Kegan Paul 1982. XIX, 471 S. B 46647

Religion and politics in the Middle East. Ed. : M. Curtis. Boulder: Westview 1981. X, 406 S. B 46305

d. Land und Volkstum

M r o z , J. E. : Beyond Security. Private perceptions among Arabs and Israelis. New York: Pergamon Pr. 1980. 215 S. B 46941

The lost Peoples of the Middle-East. Ed. and introd. by F. D. Andrews. Salisbury: Doc. Publ. 1982. VI, 171 S. 08832

Z a z a , N. : Ma Vie de Kurde. Ou le cri du peuple kurde. Lausanne: Favre 1982. 266 S. B 46703

Palästinenser

B ü r e n , R. : Ein palästinensischer Teilstaat? Baden-Baden: Nomos Verl. Ges. 1982. 347 S. B 46275

D i n e r , D. : "Keine Zukunft auf den Gräbern der Palästinenser". Eine historisch-politische Bilanz der Palästinafrage. Hamburg: VSA-Verl. 1982. 167 S. B 47047

F r a n g i , A. : PLO und Palästina. Vergangenheit und Gegenwart. Frankfurt: Fischer 1982. 312 S. B 46827

G o l d b e r g , J. : The PLO' s position in the Arab-Israeli conflict in the 1970s. In: Orient. Jg. 23, 1982. H. 1. S. 81-92. BZ 4663:23

K a n a f a n i , G. : Umm Saad. 9 Bilder aus dem Leben einer Palästinenserin. Berlin: Das Arabische Buch 1981. 78 S. B 45390

L ü d e r s , M. : PLO. Geschichte, Strategie, aktuelle Interviews. Hannover: Fackelträger 1982. 168 S. B 46787

M i l l e r , A. D. : The PLO. What next? In: The Washington quarterly. Vol. 6, 1983. No. 1. S. 116-125. BZ 05351:6

Palästina. Kiel: Statt-Zeitung 1981. 43 S. D 02650

Palästina. Ein Alptraum der deutschen Linken. Frankfurt 1982. 63 S. D 02589

Robbe, M.: Die Palästinenser. Ihr Kampf um nationale Identität u. um Eigenstaatlichkeit. 2. überarb. Aufl. Berlin: Dietz 1982. 80 S. Bc 3217

Sheffer, G.: Israelische Einstellungen zum palästinensischen Problem. In: Europa-Archiv. Jg. 38, 1983. Folge 10. S. 305-314. BZ 4452:38

Stewart, D.: The Palestinians: victims of expediency. London: Quartet Books 1982. VIII, 151 S. B 48008

e. Politik

Andersen, R. R.; Seibert, R. F.; Wagner, J. G.: Politics and change in the Middle East: Sources of conflict and accommodation. Englewood Cliffs: Prentice-Hall 1982. X, 307 S. B 47419

Bar-Joseph, U.: The hidden debate. The formation of nuclear doctrines in the Middle East. In: The journal of strategic studies. Vol. 5, 1982. No. 2. S. 205-227. BZ 4669:5

Cherniavsky, B.: Early-warning systems and the American Peace-Keeping Mission. The case of the Sinai II Agreement. In: The Jerusalem journal of international relations. Vol. 6, 1982. No. 1. S. 24-43. BZ 4756:6

Dawiska, K.: The U.S.S.R. in the Middle East. Superpower in eclipse? In: Foreign affairs. Vol. 61, 1982/83. No. 2. S. 438-452. BZ 05149:61

Dinitz, S.: Détente, Israel and the Middle East. In: The Jerusalem journal of international relations. Vol. 5, 1981. No. 4. S. 70-79. BZ 4756:5

Khuri, F. I.: Modernizing societies in the Middle East. In: Civil military relations. 1981. S. 160-182. B 47486

Khuri, F. I.: The study of civil-military relations in modernizing societies in the Middle East. In: Soldiers, peasants, and bureaucrats. 1982. S. 9-27. B 47747

Malik, C. H.: The State of spirit and will of the West: Its impact upon the question of the Middle East. Vortrag. Bonn: Dt. Gesellsch. für auswärtige Politik 1982. 35 S. Bc 3234

The Middle East and the Western Alliance. Ed.: S. L. Spiegel. London: Allen and Unwin 1982. 252 S. B 46606

Nachmani, A.: 'It is a matter of getting the mixture right'. Britain's post-war relations with America in the Middle East. In: Journal of contemporary history. Vol. 18, 1983. No. 1. S. 117-140. BZ 4552:18

Weissman, S.; Krosney, H.: The Islamic Bomb. The nuclear threat to Israel and the Middle East. New York: Times Book 1981. VIII, 339 S. B 47408

k. Geschichte

Crisis and conflicts in the Middle East. The changing strategy: From Iran to Afghanistan. New York: Holmes and Meier 1981. 159 S. B 46676

Konfliktherd Naher und Mittlerer Osten. Berlin: Staatsverl. d. DDR 1982. 80 S. Bc 3126

Valabrega, G.: Medio Oriente. Aspetti e problemi. Milano: Marzorati 1980. 321 S. B 45392

Nah-Ost-Konflikt

Documents on Palestine and the Arab-Israeli conflict. In: Journal of Palestine studies. Vol. 12, 1983. No. 2. S. 199-236. BZ 4602:12

Dokumente zum Nahost-Konflikt. Von der Annexion Ost-Jerusalems zur Annexion der Golan-Höhen. In: Europa-Archiv. Jg. 37, 1982. Folge 20. S. D. 509-D 542. BZ 4452:37

Gazit, M.: Mediation and mediators. In: The Jerusalem journal of international relations. Vol. 5, 1981. No. 4. S. 80-104. BZ 4756:5

Giniewski, P.: Le plan de Fez et l'immobilisme arabe. In: Rivista di studi politici internazionali. Anno 50, 1983. No. 1. S. 18-27. BZ 4451:50

Hacke, C.: Der arabisch-israelische Konflikt. In: Die internationale Politik. 1975/76. 1981. S. 185-208. BZ 4767:1975/76

Hacke, C.: Lösungsansätze im Nahost-Konflikt. Der Friedensprozess von Camp David. In: Die internationale Politik. 1977/78. 1982. S. 81-102. BZ 4767:1977/78

Heradstveit, D.: The Arab-Israeli Conflict. Psychological obstacles to peace. 2. ed. Oslo: Univ.-Forl. 1981. 231 S. B 45994

Kaplowitz, N.: The search for peace in the Middle East. In: International security. Vol. 7, 1982. No. 1. S. 181-207. BZ 4433:7

Palästina in einem Krieg, wo die Masken fallen. Frankfurt: Iran. Studentenorganisation 1982. 20 S. D 2780

Peralta, V. D.: De Camp David a hoy. In: Revista de la escuela superior de guerra. Año 60, 1982. No. 463. S. 35-98. BZ 4631:60

Lerman, E.: The Palestinian Revolution and the Arab-Israeli conflict. A new phase? London: Institute for the Study of Conflict 1982. 19 S. Bc 3436

Robbe, M.: Scheidewege in Nahost. Der Nahostkonflikt in Vergangenheit und Gegenwart. Berlin: Militärverl. d. DDR 1982. 552 S. B 48672

Saunders, H. H.: An Israeli-Palestinian peace. In: Foreign affairs. Vol. 61, 1982. No. 1. S. 100-121. BZ 05149:61

Die Verlängerung von Geschichte. Deutsche, Juden und der Palästinakonflikt. Hrsg.: D. Wetzel. Frankfurt: Verl. Neue Kritik 1983. 134 S. B 48372

Weizman, E.: The Battle for peace. Toronto: Bantam Books 1981. VIII, 395 S. B 48138

L 059.1 Blockfreie Staaten

Baumann, G.: Die Blockfreien-Bewegung. Konzept, Analyse, Ausblick. Melle: Knoth 1982. 335 S. B 46618

Böge, V.; Küchler, W.: Auswahlbibliographie: Die Neutralen in Europa. In: Neutralität - eine Alternative? 1982. S. 257-277. B 46278

Fritsche, K.: Die Bewegung blockfreier Staaten. Bestand d. Dokumentationsstelle Bewegung Blockfreier Staaten. 1. 2. Dortmund: Dokumentationsstelle Bewegung Blockfreier Staaten 1981-82. 87, 50 S. D 02337

Fritsche, K.: Die Bewegung Blockfreier Staaten in sowjetischer Sicht. In: Osteuropa. Jg. 33, 1983. H. 2. S. 125-140. BZ 4459:33

Fritsche, K.: Tendenzwende in Neu-Delhi? Das 7. Gipfeltreffen der Blockfreien. In: Aus Politik und Zeitgeschichte. 1983. B 18. S. 21-37. BZ 05159:1983

García, I.; Adrianzén, A.: No Alineados. ¿Nueva Fuerza internacional? Lima: DESCO 1980. 172 S. Bc 2920

Große-Jütte, A.: Profile neutraler/blockfreier Sicherheits-und Verteidigungspolitik. In: Neutralität - eine Alternative? 1982. S. 215-255. B 46278

Kumar, S.: Nonalignment. International goals and national interests. In: Asian survey. Vol. 23, 1983. No. 4. S. 455-462. BZ 4437:23

Neutralität - eine Alternative? Zur Militär- und Sicherheitspolitik neutraler Staaten in Europa. Hrsg.: D. S. Lutz. Baden-Baden: Nomos Verl. Ges. 1982. 279 S. B 46278

L 059.2 Dritte Welt

Brock, L.: Entspannungspolitik als globales Problem. Zum Ost-West-Konflikt in der Dritten Welt. In: Europa zwischen Konfrontation und Kooperation. 1982. S. 83-102. B 45705

Duffy, J.; Hevelin, J.; Osterreicher, S.: International Directory of scholars and specialists in Third World studies. Waltham: Crossroads Pr. 1981. 563 S. 08920

Esser, K.; Wiemann, J.: Key Countries in the Third World. Berlin: German Development Inst. 1981. XI, 204 S. B 45922

Eastern Europe and the Third World. East vs. South. Ed.: M. Radu. New York: Praeger 1981. XVIII, 356 S. B 45388

Evron, Y.: Strategic developments in the Third World and their impact on the East-West balance of power. In: Sicherheit durch Gleichgewicht? 1982. S. 139-164. B 47433

The Foreign Policy Priorities of Third World States. Ed.: J. J. Stremlau. Boulder: Westview 1982. XII, 174 S. B 46940

Great Power Relations, world order and the Third World. Ed.: M. S. Rajan and S. Ganguly. New Delhi: Vikas 1981. X, 393 S. B 45815

Harboe, J.; Wangel, A.: Faellesskab eller modsaetning. EF og den 3. verden. København: FN-Forbundet 1982. 120 S. Bc 3426

Horowitz, I. L.: Beyond Empire and revolution. Militarization and consolidation in the Third World. New York: Oxford Univ. Pr. 1982. XXVII, 321 S. B 48243

Hubel, H.; Kupper, S.: Sowjetunion und Dritte Welt. Bonn: Europa Union Verl. 1981. 170 S. B 46575

Köhler, V.: Globalordnung - der Westen und die Dritte Welt. In: Aussenpolitik. Jg. 33, 1982. H. 3. S. 272-285. BZ 4457:33

Kulig, J.: Nadzieje Trzeciego Świata. Nowy Międzynarodowy Ład Ekonomiczny. [Hoffnungen der Dritten Welt. Die neue internationale Wirtschaftsordnung.] Warszawa: Książka i Wiedza 1981. 235 S. B 46343

Leben und sterben lassen. Rüstungsexport und Dritte Welt. Lehrte: Dokumentationsstätte Sievershausen 1981. 24 S. D 2698

Mährdel, C.; Robbe, M.: Der historische Beitrag der nationalen und sozialen Befreiungsbewegung in Asien, Afrika und Lateinamerika zur revolutionären Neugestaltung der Welt. In: Zeitschrift für Geschichtswissenschaft. Jg. 30, 1982. H. 10/11. S. 982-995. BZ 4510:30

Menschenrechte und Menschenbild in der Dritten Welt. Vorträge... Frankfurt: Vervuert 1982. 137 S. Bc 3307

Molnar, T.: Tiers-monde. Idéologie, réalité. Paris: PUF 1982. 122 S. B 47332

Mondello, M.: Il Terzo Mondo nella crisi finanziaria e petrolifera. In: Affari esteri. Anno 15, 1983. No. 58. S. 160-176. BZ 4373:15

Mondello, M.: Una politica verso il Terzo Mondo. In: Affari esteri. Anno 14, 1982. No. 56. S. 432-449. BZ 4373:14

Prokopczuk, J.: Konflikty w "trzecim świecie". [Konflikte in der Dritten Welt.] In: Sprawy Międzynarodowe. Rok 35, 1982. Zeszyt 12. S. 7-20. BZ 4497:35

Sims, M.: United States doctoral Dissertations in Third World studies, 1869-1978. Waltham: Crossroads Pr. 1980. 436 S. 08921

Dritte Welt - ganze Welt? Das Bevölkerungswachstum bedroht die Menschheit. Dokumente zum Malenter Symposium 81. Stuttgart: Bonn aktuell 1982. 244 S. B 47048

L 080 Entwicklungsländer

Arbeit im Ausland. Alternative, Abenteuer, Entwicklungshilfe, Irrweg, Neokolonialismus, Gastarbeiter in der 3. Welt. Eine Entscheidungshilfe. 3., völlig überarb. Aufl. Braunschweig: Arbeitskreis Entwicklungspolitik 1982. 104 S. D 2613

Brock, L.: Abrüstung als Entwicklungspolitik. In: Sicherheitspolitik am Scheideweg? 1982. S. 533-545. B 47212

Gamer, R. E.: The developing Nations. A comparative perspective. 2. ed. Boston: Allyn and Bacon 1982. XIII, 422 S. B 46987

IWF - Weltbank. Entwicklungshilfe oder finanzpolitischer Knüppel für die 'Dritte Welt'? Stuttgart: BDKJ 1983. 64 S. D 2707

Kolodziej, E. A.: Implications of security patterns among

developing states. In: Air University review. Vol. 33, 1982. No. 6. S. 2-22. BZ 4544:33

Security Policies of developing countries. Ed.: E. A. Kolodziej, R. E. Harkavy. Lexington: Lexington Books 1982. XI, 393 S. B 47241

Somjee, A. H.: Political Capacity in developing societies. New York: St. Martin's Pr. 1982. XI, 124 S. B 47150

L 100 Europa/Mittel- und Westeuropa

a./d. Allgemeines

Braga, M.: Völker zur Freiheit! Vom Kampf europäischer Volksgruppen um Selbstbestimmung. Kiel: Arndt-Verl. 1982. 286 S. B 45954

Hartmann, J.: Kleine Länder in Westeuropa - Island, Luxemburg, Malta. In: Zeitschrift für Politik. Jg. 30, 1983. H. 1. S. 53-67. BZ 4473:30

Hilberg, R.: Die Vernichtung der europäischen Juden. Die Gesamtgeschichte d. Holocaust. Erw. Ausg. Berlin: Olle u. Wolter 1982. 840 S. 08803

"Nation" and "state" in Europe. Ed.: R. D. Grillo. London: Acad. Pr. 1980. X, 201 S. B 47447

Nations without a state. Ethnic minorities in Western Europe. Ed.: C. R. Forster. New York: Praeger 1980. IX, 214 S. B 45837

Sager, P.: Europa: Ball oder Spieler. Zerstrittene Macht im Fadenkreuz der Weltpolitik. Bern: Verl. SOI 1982. 101 S. Bc 3492

e. Staat/Politik

e. 1 Innenpolitik

La Décentralisation en Europe. Paris: Ed. du Centre Nat. de la Rech. Scie. 1981. 304 S. B 47551

Fiedler, W.: Idee und Realität der Nationen in Europa. In: Beiträge zur Konfliktforschung. Jg. 13, 1983. No. 1. S. 19-33. BZ 4594:13

Regimurile fasciste si totalitare din Europa. [Die faschistischen und totalitären Regime Europas.] Vol. 1. 2. Bucureşti: Editura Militară 1979-1980. 561, 382 S. B 45943

Richards, J.: Politics in small independent communities. Conflict or consensus? In: The journal of Commonwealth & comparative politics. Vol. 20, 1982. No. 2. S. 155-171. BZ 4408:20

Schariati, A.: Zur westlichen Demokratie. Bonn: Botschaft der Islam. Republik Iran 1981. 27 S. Bc 3038

Simón Tobalina, J.L. de: La Unidad de Europa y los nacionalismos. Madrid: Ed. Rioduero 1980. X, 220 S. B 42649

Horchem, H.J.: European terrorism. A German perspective. In: Terrorism. Vol. 6, 1982. No. 1. S. 27-51. BZ 4688:6

Lodge, J.; Freestone, D.: The European community and terrorism. Political and legal aspects. In: Terrorism in Europe. 1982. S. 79-101. B 46636

Pluchinsky, D.: Political terrorism in Western Europe. Some themes and variations. In: Terrorism in Europe 1981. S. 40-78. B 46636

Terrorism in Europe. London: Croom Helm 1982. 216 S. B 46636

Political Violence and civil disobedience in Western Europe 1982. Introductory survey. Challenges to public order. Chronologies of events. London: The Institute for the Studies of Conflict 1983. 31 S. Bc 3542

Europäische Gemeinschaft

Die EG vor der Entscheidung. Fortschritt oder Verfall. Bonn: Europa Union Verl. 1983. 100 S. Bc 3464

Ehrhardt, C.A.: EG-Konfrontation mit Großbritannien. In: Aussenpolitik. Jg. 33, 1982. H. 3. S. 225-242. BZ 4457:33

Eisfeld, R.: Portugals EG-Beitritt. Politische und wirtschaftliche Probleme. In: Aus Politik und Zeitgeschichte. 1983. Bd 27. S. 29-45. BZ 05159:1983

Feld, W.J.: West Germany and the European Community. Changing interests and competing policy objectives. New York: Praeger 1981. X, 151 S. B 46920

Groeben, H. von der: Aufbaujahre der Europäischen Gemeinschaft. Das Ringen um den Gemeinsamen Markt und die politische Union. 1958-1966. Baden-Baden: Nomos Verl. 1982. 404 S. B 47376

Guidotti, G.: La Gran Bretagna e l'Europa. In: Affari esteri. Anno 14, 1982. No. 55. S. 361-368. BZ 4373:14

Gumpel, W.: Griechenland und EG. In: Aus Politik und Zeitgeschichte. 1983. B 27. S. 46-54. BZ 05159:1983

Hartmann, J.: Die institutionelle Entwicklung der EG. Grundlagen und Perspektiven. In: Zeitschrift für Parlamentsfragen. Jg. 13, 1982. H. 2. S. 240-249. BZ 4589:13

Hopkins, M.: Policy Formation in the European communities. A bibliographical guide... London: Mansell 1981. XX, 339 S. B 46441

Jenkins, R.: Britain and Europe. Ten years of Community membership. In: International affairs. Vol. 59, 1983. No. 2. S. 147-153. BZ 4447:59

Kohler, B.: Die EG vor der Süderweiterung. In: Die internationale Politik. 1977/78. 1982. S. 163-177. BZ 4767:1977/78

May, B.: Kosten und Nutzen der deutschen EG-Mitgliedschaft. Bonn: Europa Union Verl. 1982. 318 S. B 46169

Myter om EF og Danmark. Red. af E. Hammerich og F. Slumstrup. Udg. 2. oktober 1981, på 9-årsdagen for folkeafstemningen om Danmarks. tilslutning til EF. København: Vindrose 1981. 158 S. B 45870

Narjes, K.-H.: EG: Zwischen Spannung und Konsens. Vortrag... 15. 3. 1982. Bonn: Dt. Gesellsch. f. auswärt. Politik 1982. 20 S. Bc 3233

Ungerer, W.: Europa-Politik unter deutscher Präsidentschaft. In: Aussenpolitik. Jg. 34, 1983. H. 1. S. 3-16. BZ 4457:34

Volle, A.: Die internen Probleme der Gemeinschaft. In: Die internationale Politik. 1975/76. 1981. S. 233-248. BZ 4767:1975/76

e. 1.3 Parlamentswesen/Wahlwesen

Chiti-Batelli, A.: I "Poteri" del parlamento europeo. Milano: Giuffre 1981. XI, 406 S. B 45710

Hanschmidt, A.: Internationale Verbindungen radikaler und liberaler Parlamentarier und Parteien Europas vor dem Ersten Weltkrieg. Ein Organisierungsversuch in d. Jahren 1910-1914. In: Weltpolitik, Europagedanke, Regionalismus. 1982. S. 427-448. B 46511

Palmer, M.: The European Parliament. What it is, what it does, how it works. Oxford: Pergamon Pr. 1981. VIII, 235 S. B 46660

Wessels, W.: Der Europäische Rat. Stabilisierung statt Integration? Geschichte, Entwicklung und Zukunft der EG-Gipfelkonferenzen. Bonn: Europa Union Verl. 1980. 472 S. B 45479

e. 1.4 Parteiwesen

Cuomo, E.: Profilo del liberalismo europeo. Dalla repubblica dei dotti allo stato. Napoli: Ed. Scientifiche Italiane 1981. VIII, 205 S. B 46818

Kaeselitz, H.: Die wichtigsten Etappen des Kampfes der kommunistischen Parteien kapitalistischer Länder Europas für Frieden und europäische Sicherheit nach 1945. In: Zeitschrift für Geschichtswissenschaft. Jg. 30, 1982. H. 10/11. S. 996-1007. BZ 4510:30

Die Kommunisten Südeuropas und die Europäische Gemeinschaft. Tendenzen, Verhaltensmuster, Divergenzen. Hrsg.: H. Timmermann. Bonn: Europa Union Verl. 1981. 286 S. B 46560

Meier, A.: Eurokommunismus in der Krise. In: Aus Politik und Zeitgeschichte. 1982. B 48. S. 33-46. BZ 05159:1982

Müller-Rommel, F.: "Parteien neuen Typs" in Westeuropa. Eine vergleichende Analyse. In: Zeitschrift für Parlamentsfragen. Jg. 13, 1982. H. 3. S. 369-390. BZ 4589:13

Western European Party Systems. Ed.: H. Daalder [u. a.]. London: Sage Publ. 1983. IV, 465 S. B 48777

Conservative Politics in Western Europe. Ed.: Z. Layton-Henry. New York: St. Martin's Pr. 1982. XI, 352 S. B 48488

Priester, K.: Hat der Eurokommunismus eine Zukunft? Perspektiven u. Grenzen des Systemwandels in Westeuropa. München: Beck 1982. 236 S. B 46233

Seidelmann, R.: Der Bund der Sozialdemokratischen Parteien der EG und die westeuropäische Integration. In: Aus Politik und Zeitgeschichte. 1983. B 12. S. 16. 25. BZ 05159:1983

La Sinistra europea nel secondo dopoguerra 1943-1949. Atti del convegno internazionale 11-13 aprile 1980. A cura di M. Petricioli. Firenze: Sansoni 1981. XXIII, 317 S. B 45714

Socialismo liberale, liberalismo sociale. Esperienze e prospettive in Europa. Milano, 10-11 dicembre 1979. Atti a cura di B. Rangoni Machiavelli. Bologna: Forni 1981. 494 S. B 48084

Steinkühler, M.: Der Eurokommunismus nach der Repression in Polen. In: Aussenpolitik. Jg. 33, 1982. H. 4. S. 346-370. BZ 4457:33

Whetten, L. L.: New international Communism. The foreign and defense policies of the Latin European communist parties. Lexington: Lexington Books 1982. XX, 262 S. B 47907

Zwass, A.: Vom Sozialismus über Realkommunismus zum Eurokommunismus. In: Europäische Rundschau. Jg. 11, 1983. Nr. 2. S. 103-116. BZ 4615:11

e. 2 Außenpolitik

Barber, J.; Blumenfeld, J.; Hill, C. R.: The West and South Africa. London: Routledge and Kegan Paul 1982. 106 S. Bc 3236

Buchała, R.: Neutralność w Europie. [Neutralität in Europa.] In: Sprawy Międzynarodowe. Rok 35,1982. Zeszyt 12.S. 21-34. BZ 4497:35

Die atlantische Gemeinschaft in der Krise. Eine Neudefinition der transatlantischen Beziehungen. Hrsg.: W. F. Hahn und R. L. Pfaltzgraff. Stuttgart: Klett-Cotta 1982. 510 S. B 47057

European political Cooperation: Towards a foreign policy for Western Europe. London: Butterworth Scientific 1982. XIII, 184 S. B 46626

Europa zwischen Konfrontation und Kooperation. Entspannungspolitik für die achtziger Jahre. Hrsg.: Hess. Stiftung Friedens- u. Konfliktforschung. Frankfurt: Campus Verl. 1982. 373 S. B 45705

Joffe, J.: Europe and America. The politics of resentment (cont'd). In: Foreign affairs. Vol. 61, 1983. No. 3. S. 569-590. BZ 05149:61

Łukaszuk, L.: Polityczne e prawne aspekty integracji zachodnioeuropejskiej. [Politische u. rechtliche Aspekte d. westeuropäischen Integration.] In: Przegląd Zachodni. Rok 37, 1981. Nr. 3/4. S. 34-52. BZ 4487:37

Pridham, K.: The Soviet view of current disagreements between the United States and Western Europe. In: International affairs. Vol. 59, 1982/83. No. 1. S. 17-31. BZ 4447:59

Sloan, S. R.: Wege zu einem neuen transatlantischen Übereinkommen. Die europ. polit. Zusammenarbeit (EPZ) als Instrument der Konsensbildung. In: Europa-Archiv. Jg. 38, 1983. F. 7. S. 205-214. BZ 4452:38

f. Wehrwesen

Neue Atomraketen in Europa? 3., überarb. Aufl. Krefeld: DFG-VK 1982. 46 S. D 2529

Bredow, W. von: Prekäre Bemühungen um Sicherheit. - Das vor uns liegende Krisenjahrzehnt. In: Deutsche Studien. Jg. 20, 1982. H. 78. S. 121-136. BZ 4535:20

Burrows, B.; Edwards, G.: The Defence of Western Europe. London: Butterworth 1982. 154 S. B 46639

Caligaris, L.: Il dibattito nucleare in Europa. In: Affari esteri. Anno 15, 1983. No. 57. S. 87-97. B 47582

Disarming Europe. Ed.: M. Kaldor and D. Smith. London: Merlin 1982. XXIV, 196 S. B 46622

Dossier Euromissili. Riarmo e sicurezza europea. Bari: De Donato 1982. 217 S. B 48505

Handbuch. 2. Konferenz für Europäische Atomare Abrüstung Berlin 9.-14. Mai 1983. Berlin: Dt. Sekretariat 1983. 67 S. D 02617

Holst, J. J.: Towards a new political order in Europe? The role of arms control. In: Sicherheit durch Gleichgewicht? 1982. S. 77-92. B 47433

Jørgensen, T.: EF ruster sig. 2. opl. København: Folkebevaegelsen mod EF 1982. 24 S. Bc 3357

Komer, R.: Is conventional defense of Europe feasible? In: Naval War College review. Vol. 35, 1982. No. 5. S. 80-91. BZ 4634:35

Kotow, W. N.: Zum Problem der Kernwaffen mittlerer Reichweite in Europa. Eine Darstellung aus sowjetischer Sicht. In: Osteuropa. Jg. 32, 1982. H. 10. S. 813-820. BZ 4459:32

Krell, G.; Schmidt, H.-J.: Der Rüstungswettlauf in Europa. Mittelstreckensysteme, konventionelle Waffen, Rüstungskontrolle. Frankfurt: Campus Verl. 1982. 202 S. B 47363

Kremer, H.-P.; Maßeling, W.: Zur Verflechtung ökonomischer, politischer und militärischer Interessen in der gegenwärtigen Krise. In: Blätter für deutsche und internationale Politik. Jg. 28, 1983. H. 4. S. 543-555. BZ 4551:28

Manel, M.: L'Europe sans défense? Paris: Berger-Levrault 1982. 296 S. B 47313

Myrdal, A.: Atomare Abrüstung in Europa. Berlin: Arbeitskreis atomwaffenfreies Europa 1982. 44 S. D 2661

Neumann, H. J.: International Institute for Strategic Studies. - Kernwaffen in Europa. NATO-Doppelbeschluss - Rüstungskontrolle - Glossar. Das Handbuch f. aktuelle Debatte. Bonn: Osang 1982. 152 S. Bc 3352

Obrador Serra, F.: Las estrategias globales enfrentadas en Europa. In: Revista general de marina. Tomo 204, 1983. 1. S. 19-31. BZ 4619:204

Perdelwitz, W.; Bremer, H.: Geisel Europa. Berlin: Olle u. Wolter 1981. 352 S. B 45305

Proni, R.: Euromissili: La tua scelta. Guerra o pace in Europa?

Milano: SugarCo 1982. 159 S. B 48077

European Security, nuclear weapons and public confidence. Ed.: W. Gutteridge. London: Macmillan 1982. XIII, 236 S. B 46432

Thomson, J. A.: Nuclear weapons in Europe. Planning for NATO's nuclear deterrent in the 1980s and 1990s. In: Survival. Vol. 25, 1983. No. 3. S. 98-109. BZ 4499:25

Voigt, K. D.: Wie gross ist das Risiko eines begrenzten Nuklearkrieges in Europa? Zur Problematik der "flexible response" und der Genfer Verhandlungen. In: Befreiung. 1982. Nr. 24/25. S. 131-143. BZ 4629:1982

Wege zur Stärkung der konventionellen Abschreckung in Europa. Vorschläge für d. 80er Jahre. Ber. d. Lenkungsgruppe. Baden-Baden: Nomos Verl. Ges. 1983. 56 S. Bc 3708

Winkler, T. H.: Arms control and the politics of European security. London: International Institute for Strategic Studies 1982. 43 S. Bc 0926

Wörner, M.: Rüstung, Nachrüstung und Rüstungskontrolle in Europa. In: Sicherheit durch Gleichgewicht? 1982. S. 93-105. B 47433

Zimmerman, P. D.; Greb, G. A.: The bottom rung of the ladder. Battlefield nuclear weapons in Europe. In: Naval War College review. Vol. 35, 1982. No. 6. S. 35-51. BZ 4634:35

Europäische Sicherheit

Bastian, G.: Atomtod oder europäische Sicherheitsgemeinschaft. Köln: Pahl-Rugenstein 1982. 136 S. B 46272

Coker, C.; Schulte, H.: Strategiekritik und Pazifismus. Zwei Haupttendenzen in den westeuropäischen Friedensbewegungen. In: Europa-Archiv. Jg. 38, 1983. Folge 14. S. 413-420. BZ 4452:38

The Crisis in western security. Ed.: L. S. Hagen. London: Croom Helm 1982. 247 S. B 45792

Die Einhegung sowjetischer Macht. Kontrolliertes militärisches Gleichgewicht als Bedingung europäischer Sicherheit. Hrsg.: U. Nerlich. Baden-Baden: Nomos Verlagsges. 1982. 500 S. B 48118

Engelmann, B.: Der Appell der Schriftsteller Europas. München: Schumacher-Gesellschaft 1983. 19 S. D 2795

Die Europäisierung Europas als Friedenspolitik. Tagung vom 12.-14. Febr. 1982. (Protokoll.) Hofgeismar: Evang. Akademie von Kurhessen-Waldeck 1982. 132 S. Bc 3142

Farwick, D.; Hubatschek, G.: Die strategische Erpressung. Eine sicherheitspolitische Analyse. München: Verl. f. Wehrwissenschaften 1981. 256 S. B 46369

Große-Jütte, A.; Jütte, R.: Neutralität und Blockfreiheit in Europa. Sicherheits- und Verteidigungspolitik im Vergleich. In: Aus Politik und Zeitgeschichte. 1983. B 18. S. 39-53. BZ 05159:1983

Abermals: Kampf dem Atomtod. Europäische Friedenssicherung. Frankfurt: Neue Verlagsges. d. Frankfurter Hefte 1982. 184 S. B 47658

Mechtersheimer, A.: Rüstung und Frieden. Der Widersinn der Sicherheitspolitik. München: Langen-Müller/Herbig 1982. 295 S. B 47377

Morley, J. W.: Comprehensive mutual security interests of the major industrialized democracies. In: The common security interest of Japan, the United States, and NATO. 1981. S. 197-217. B 47448

Rotfeld, A. D.: Plan Rapackiego a strefa organiczenia zbrojeń w Europie. [Der Rapacki-Plan u. die Zone der Rüstungsbegrenzung in Europa.] In: Sprawy Międzynarodowe. Rok 35, 1982. Zeszyt 11. S. 7-20. BZ 4497:35

Symonides, J.: System równowagi sił a bezpieczeństwo Europy. [Das System d. Gleichgewichts d. Kräfte u. die Sicherheit Europas.] In: Sprawy Międzynarodowe. Rok 35, 1982. Zeszyt 7. S. 15-28. BZ 4497:35

g./h. Wirtschaft und Gesellschaft

Gumpel, W.: Die Bestrebungen zur wirtschaftlichen Integration in Europa und die europäische Peripherie. In: Europäische Rundschau. Jg. 10, 1982. Nr. 4. S. 87-100. BZ 4615:10

Weilemann, P.: Die Anfänge der Europäischen Atomgemeinschaft. Zur Gründungsgeschichte von EURATOM 1955-1957. Baden-Baden: Nomos Verlagsges. 1983. 204 S. B 48059

EWG

Küsters, H. J.: Die Gründung der Europäischen Wirtschaftsgemeinschaft. Baden-Baden: Nomos Verl. Ges. 1982. 569 S. B 47783

Küsters, H. J.: Von der EVG zur EWG. Der europäische Wiederaufschwung 1955-1957. In: Aus Politik und Zeitgeschichte. 1983. B 12. S. 3-15. BZ 05159:1983

La Politica mediterranea della CEE. La politique méditerranéenne de la CEE. The Mediterranean policy of the EEC. Atti del Convegno internaz. ... Napoli 28-29 marzo 1980. Napoli: Ed. Scientifica 1981. 522 S. B 47954

Zimny, Z.: 25 lat Europejskiej Wspólnoty Gospodarczej. [25 Jahre EWG.] In: Sprawy Międzynarodowe. Rok 35, 1982. Zeszyt 4. S. 29-46. BZ 4497:35

Feldman, G. D.: Die Demobilmachung und die Sozialordnung der Zwischenkriegszeit in Europa. In: Geschichte und Gesellschaft. Jg. 9, 1983. H. 2. S. 156-177. BZ 4636:9

Lay, A.; Pesante, M. L.: Produttori senza democrazia. Lotte operaie, ideologie corporative e sviluppo economico da Giolitti al fascismo. Bologna: Il Mulino 1981. 306 S. B 46914

Probleme der Gewerkschaften und die Haltung der Kommunisten. Materialien eines internationalen Symposiums. In: Probleme des

Friedens und des Sozialismus. Jg. 25, 1982. Nr. 12.
S. 1643-1666. BZ 4504:25

Turone, S.: Imprenditori e sindacati in Europa. Storia e prospettive della democrazia industriale. Roma: Laterza 1982. 303 S. B 48208

k. Geschichte

Bonfanti, G.: Costruiamo l'Europa. Brescia: La Scuola 1981. 196 S. B 47947

Campus, E.: Planul Briand de uniune europeană (1929-1930). [Briands Plan einer europäischen Union 1929-1930.] In: Revista de istorie. Tom 35, 1982. Nr. 8. S. 924-949. BZ 4578:35

Dell'Omodarme, M.: Europe. Mito e realtà del processo d'integrazione. Milano: Marzorati 1981. 381 S. B 46584

Europa i krise - 30'erne. København: GAD 1981. 306 S. B 45877

Western Europe. (1919-1939.) Nendeln: Kraus 1982. Getr.Pag. B 45557

Fleming, M.: Propaganda by the deed. Terrorism and anarchist theory in late nineteenthcentury Europe. In: Terrorism in Europe. 1982. S. 8-28. B 46636

Lipgens, W.: Der Zusammenschluß Westeuropas. Leitlinien für den historischen Unterricht. In: Geschichte in Wissenschaft und Unterricht. Jg. 34, 1983. H. 6. S. 345-372. BZ 4475:34

Pipes, R.: Modern Europe. Homewood: Dorsey Pr. 1981. XIII, 393 S. B 46998

Risio, C. de: Il secondo Suicido dell'Europa. Milano: Pan Ed. 1982. 206 S. B 48506

Rostow, W. W.: The Division of Europe after world war 2: 1946. Aldershot: Gower 1982. XII, 212 S. B 46700

Silvestri, M.: La Decadenza dell'Europa occidentale. 1-4. Torino: Einaudi 1977-1982. Getr. Pag. B 48435

The Successor Generation. International perspectives of postwar Europeans. Ed.: S. F. Szabo. London: Butterworths 1983. 183 S. B 48783

Vaccarino, G.: Storia della Resistenza in Europa 1938-1945. 1. Milano: Feltrinelli 1981. 566 S. B 45597

L 101 Nordeuropa/Skandinavien

Bjol, E.: Nordic Security. London: The Internat. Institute for Strategic Studies 1983. 50 S. Bc 3528

Bomsdorf, F.: Eine nuklearwaffenfreie Zone im Norden und die UdSSR. In: Aussenpolitik. Jg. 34, 1983. H. 1. S. 45-66. BZ 4457:34

Folkebevegelsens Engasjement i sikkerhetspolitikken. Fra den nordisk nordiske "Folk og forsvars" konferanse 1982. Oslo: Folk og Forsvar 1982. 75 S. Bc 3505

Fryklund, B.; Peterson, T.: Populism och missnöjespartier i Norden. Studier av småborgerlig klassaktivitet. Lund: Arkiv för studier i arbetarrörelsens historia 1981. 470 S. B 45872

Foreign Policies of northern Europe. Ed.: B. Sundelius. Boulder: Westview 1982. XIII, 239 S. B 46934

Turner, B.; Nordquist, G.: The other European Community. Integration and cooperation in Nordic Europe. London: Weidenfeld & Nicolson 1982. VII, 307 S. B 47758

Udenrigs - og sikkerhedspolitik i Norden. København: SOC 1981. 86 S. Bc 3218

L 103 Osteuropa

e. Staat/Politik

Bertsch, G.K.: Power and policy in communist systems. 2. ed. New York: Wiley 1982. X, 192 S. B 47704

Per una Critica del "socialismo reale". Milano: Angeli 1981. 259 S. B 46484

Dahm, H.: Der gescheiterte Ausbruch. Entideologisierung und ideologische Gegenreformation in Osteuropa. 1960-1980. Baden-Baden: Nomos Verlagsges. 1982. 938 S. B 46909

East Central Europe. Yesterday, today, tomorrow. Ed.: M. M. Drachkovitch. Stanford: Hoover Inst. Pr. 1982. XI, 417 S. B 46303

Faivre, M.: Les organisations paramilitaires dans les pays de l'Est. In: Défense nationale. Année 39, 1983. Février. S. 83-94. BZ 4460:39

Glässner, G.-J.: Sozialistische Systeme. Einf. in die Kommunismus- und DDR-Forschung. Opladen: Westdt. Verl. 1982. 315 S. B 45594

Hegedüs, A.: Der Funktionär im heutigen Osteuropa. In: Europäische Rundschau. Jg. 10, 1982. Nr. 4. S. 33-47. BZ 4615:10

Heumann, L.: Kommunistische Bündnispolitik in Europa. In: Aus Politik und Zeitgeschichte. 1982. B 48. S. 19-32. BZ 05159:1982

Klepacki, Z.M.: Organizacje międzynarodowe państw socjalidzycznych. [Die internationalen Organisationen der sozialistischen Staaten.] Warszawa: Państw. Wyd. Nauk 1981. 749 S. B 47111

Nelson, D.N.: Leninists and political inequalities. The nonrevolutionary politics of communist states. In: Comparative politics. Vol. 14, 1982. No. 3. S. 307-328. BZ 4606:14

Oleszczuk, T.: Dissident Marxism in Eastern Europe. In: World Politics. Vol. 34, 1982. No. 4. S. 527-547. BZ 4464:34

Pajetta, G.C.: Le Crisi che ho vissuto. Roma: Ed. Riuniti 1982. 174 S. B 48345

Quilitzsch, S.: Wichtige Initiativen zur Vertiefung der Zusammenarbeit der sozialistischen Länder im Jahre 1982. In:

Deutsche Aussenpolitik. Jg. 28, 1983. H. 1. S. 5-19. BZ 4557:28

Rakowska-Harmstone, T.: Eastern European communism in the seventies. In: The many faces of communism. 1978. S. 194-227. B 45702

The Withering away of the state? Party and state under communism. Ed.: L. Holmes. London: Sage 1981. 291 S. B 47398

g./h. Wirtschaft und Gesellschaft

CMEA [Council for Mutual Economic Aid]: Energy, 1980-1990. Colloquium 8-10 April 1981, Brussels. CAEM: Energie, 1980-1990. Ed.: Economics Directorate, NATO. Newtonville: Oriental Research Partners 1981. 329 S. B 47020

Central and Eastern Europe. (1919-1939.) Vol. 1.-3. Nendeln: Kraus 1982. Getr. Pag. B 45558

Jensen, J.-J.; Nielsen, M.: Hvad er COMECON? Økonomi, samarbejde og handel i Østeuropa. Esbjerg: Sydjysk Univ.-Forl. 1981. 286 S. B 45972

Knirsch, P.: Die Grenzen des Wachstums im Sozialismus. In: Europäische Rundschau. Jg. 10, 1982. Nr. 4. S. 63-75. BZ 4615:10

Seiffert, W.: Kann der Ostblock überleben? Der Comecon und die Krise des sozialistischen Wirtschaftssystems. Bergisch Galdbach: Lübbe 1983. 254 S. B 48941

Uschakow, A.: Integration im RGW (COMECON). Dokumente. 2. Aufl. Baden-Baden: Nomos-Verl. 1983. 1127 S. B 48475

L 104 Südosteuropa/Donauraum/Balkan

Altmann, F.-L.: Auswirkungen der polnischen Krise auf die sozialistischen Staaten Südosteuropas. In: Südost-Europa. Jg. 31, 1982. H. 10. S. 536-544. BZ 4762:31

Dima, N.: Southeast European boundary disputes. In: The journal of social, political and economic studies. Vol. 7, 1982. No. 3. S. 241-256. BZ 4670:7

Hartl, H.: Vielvölkerraum Südosteuropa. In: Südosteuropa-Mitteilungen. Jg. 22, 1982. Nr. 3/4. S. 87-96. BZ 4725:22

Reuter-Hendrichs, I.: Die West-Verschuldung der südosteuropäischen Staaten. In: Südost-Europa. Jg. 31, 1982. H. 10. S. 559-580. BZ 4762:31

Ronneberger, F.: Südosteuropa seit 1945. In: Südosteuropa-Mitteilungen. Jg. 22, 1982. Nr. 3/4. S. 11-20. BZ 4725:22

Schönfeld, R.: Probleme der Außenwirtschaft. In: Südosteuropa-Mitteilungen. Jg. 22, 1982. Nr. 3/4. S. 73-86. BZ 4725:22

Tejchman, M.: Boj o Balkán. Balkánské státy v letech 1939-1941. [Der Kampf um den Balkan. Die Balkanstaaten in d. Jahren 1939-1941.] Praha: Academia 1982. 249 S. B 48010

L 111 Albanien

Biberaj, E.: Albania and the Third World. Ideological, political and economic aspects. In: Eastern Europe and the Third World. In: Eastern Europe and the Third World. 1981. S. 55-76. B 45388

Danylow, P.: Die außenpolitischen Beziehungen Albaniens zu Jugoslawien und zur UdSSR 1944-1961. München: Oldenbourg 1982. 232 S. B 45784

Hildebrandt, W.: Albanien - Geschichte und Gegenwart. In: Deutsche Studien. Jg. 21, 1983. H. 81. S. 36-48. BZ 4535:21

Hoxha, E.: Kur lindi Partia. [Als die Partei geboren wurde. Erinnerungen.] Tiranë: "8 Nentori" 1981. 454 S. B 46546

Mańkovskaja, G.L.: Istorija Albanii v rabotach sovetskich avtorov. [Die Geschichte Albaniens in den Arbeiten sowjetischer Autoren.] In: Voprosy istorii. God 1982. No. 12. S. 108-115. BZ 05317:1982

Maserati, E.: Momenti della questione adriatica (1896-1914). Albania e Montenegro tra Austria ed Italia. Udine: Del Bianco 1981. 171 S. B 48024

Nowak, J.R.: Polityka zagraniczna Albanii. [Die Aussenpolitik Albaniens.] In: Sprawy Międzynarodowe. Rok 35, 1982. Zeszyt 10. S. 69-86. BZ 4497:35

Schaller, H.: Die Albanienreise der Südosteuropa-Gesellschaft. Eindrücke, Begegnungen, wissenschaftliche Gespräche. In: Südosteuropa-Mitteilungen. Jg. 22, 1982. Nr. 2. S. 48-56. BZ 4725:22

Stajka, N.: The last Days of freedom. New York: Vantage Pr. 1980. 371 S. B 47492

Tönnes, B.: Albaniens Führungsgremien. In: Südosteuropa. Jg. 32, 1983. H. 1. S. 1-7. BZ 4762:32

Tönnes, B.: Grundlagen der albanischen Isolationspolitik. 1. 2. In: Südosteuropa. Jg. 31, 1982. H. 9. S. 443-458; 10. S. 545-558. BZ 4762:31

Tönnes, B.: Tauwetter in Albanien. In: Südosteuropa. Jg. 31, 1983. H. 1. S. 17-29. BZ 4762:32

L 119 Benelux – Staaten

Acta. Colloquium over de geschiedenis van de Belgisch-Nederlandse betrekkingen tussen 1815 en 1945. Colloque historique sur les relations belgo-neerlandaises entre 1815-et 1945. Brussels-Bruxelles 10-12/12/1980. Gent 1982. 520 S. B 46086

Derndarsky, M.: Belgium. The Ministry of Foreign Affairs. In: The Times survey of foreign ministries of the world. 1982. S. 75-93. B 47771

Eeman, H.: Clouds over the sun. Memories of a diplomat 1942-1958. London: Hale 1981. 239 S. B 45529

Gontier, W.: Die belgischen Streitkräfte in Deutschland. Ein Bestandteil der der NATO unterstellten Landstreitkräfte. In: Heere international. Jg. 2, 1983. S. 104-113. BZ 4754:2

Marks, S.: Innocent abroad. Belgium at the Paris Peace Conference of 1919. Chapel Hill: Univ. of North Carolina Pr. 1981. XVIII, 461 S. B 43601

Mughan, A.: The failure of conservative politics in Belgium. In: Conservative politics in Western Europe. 1982. S. 160-181. B 48488

Mughan, A.: The Belgian election of 1981. The primacy of the economic. In: West-European politics. Vol. 5, 1982. No. 3. S. 298-304. BZ 4668:5

Vanwelkenhuyzen, J.: Le haut commandement belge et les alliés en 1914-18 et en mai 1940. In: Belgisch tijdschrift voor militaire geschiedenis. 25, 1983. No. 1. S. 1-48. BZ 4562:25

Acta. Colloquium over de geschiedenis van de Belgisch-Nederlandse betrekkingen tussen 1815 en 1945. Colloque historique sur les relations belgo-neerlandaises entre 1815 et 1945. Brussels-Bruxelles 10-12/12/1980. Gent 1982. 520 S. B 46086

Amersfoort, H. van: Immigration and the formation of minority groups. The Dutch experience 1945-1975. Cambridge: Univ. Pr. 1982. VII, 234 S. B 48053

Dalstra, K.: The South Moluccan minority in the Netherlands. In: Contemporary crises. Vol. 7, 1983. No. 2. S. 195-208. BZ 4429:7

Dunk, H. von der: Conservatism in the Netherlands. In: Conservative politics in Western Europe. 1982. S. 182-203. B 48488

Jörg, N.: Organisational change and fundamental rights in the Dutch army, 1966-1976. In: Contemporary crises. Vol. 7, 1983. No. 2. S. 183-193. BZ 4429:7

Moerings, M.: Protest in the Netherlands. Developments in a pillarised society. In: Contemporary crises. Vol. 7, 1983. No. 2. S. 95-112. BZ 4429:7

Nederbragt, J. A.: La Politique économique des Pays-Bas des derniers temps. (1919-1939.) Nachdr. Nendeln 1982. 38 S. B 45557

Die Niederlande und das deutsche Exil 1933-1940. Hrsg.: K. Dittrich u. H. Würzner. Königstein: Athenäum 1982. 251 S. B 46255

Teitler, G.: Some aspects of Dutch naval-strategic thinking, 1945-1955. In: Militärhistorisk tidskrift. Årg. 1982. S. 97-109. BZC 2:1982

Wels, C. B.: Netherlands. The foreign policy institutions in the Dutch Republic and the Kingdom of the Netherlands 1579 to 1980. In: The Times survey of foreign ministries of the world. 1982. S. 363-389. B 47771

Zwitzer, H. L.: The Netherlands as a colonial power and the United States. In: Militaire spectator. Jg. 151, 1982. No. 5. S. 193-201. BZ 05134:151

Als, G.: Le Luxembourg. Situation politique, économique et sociale. Paris: La Documentation Française 1982. 144 S. Bc 3163

Trausch, G.: Luxembourg. The Ministry of Foreign Affairs in the Grand Duchy. In: The Times survey of foreign ministries of the world. 1982. S. 345-361. B 47771

L 123 Bulgarien

Georgi Dimitroff. Leipzig: Urania-Verl. 1982. 206 S. B 46317

Dimitrov, G.: Sŭčinenija. 2. izd. Tom 1-2. Sofija: Partizdat 1981-82. 607, 671 S. B 45947

Grišina, R. P.: Georgij Dimitrov i boŕba kommunistov za mir, protiv vojny i voennoj opasnosti. [Georgi Dimitrov u. der Kampf d. Kommunisten für den Frieden, gegen Krieg u. Kriegsgefahr.] In: Voprosy istorii. God 1982. No. 7. S. 43-54. BZ 05317:1982

Hoffmann, E.: Bulgariens Balkanpolitik nach dem 2. Weltkrieg. Frankfurt: Verl. d. Studien von Zeitfragen 1979. 126 S. B 46331

Istorija na Otečestvenata vojna na Bŭlgarija 1944-1945. [Geschichte d. Vaterländischen Krieges Bulgariens 1944-1945.] V 4 toma. Tom 1. Sofija: Voenno izd-vo 1981. 381 S. B 45665

Kovačev, V.: Rabotničesko Delo 1927/1944. Sistematičen bibliografski ukazatel na sŭdŭržanieto mu. [Zeitung "Rabotničesko Delo" 1927/1944.] Sofija: Partizdat 1980. 723 S. B 46480

Meždunarodni Otnošenija i vŭnšna politika na Bŭlgarija sled vtorata svetovna vojna. Sbornik ot studii i statii. [Internationale Beziehungen u. die Aussenpolitik Bulgariens nach dem Zweiten Weltkrieg.] Sofija: Akad. 1982. 343 S. B 47845

Spravočnik kŭm izbranite sŭčinenija na Todor Zivkov. [Nachschlagewerk zu den ausgewählten Werken v. T. Zivkov.] V 2 časti. Čast 1. 2. Sofija: Partizdat 1981. 460, 534 S. B 47923

Volgyes, I.: The political Reliability of the Warsaw Pact armies. The southern tier. Durham: Duke Univ. Pr. 1982. 115 S. B 48701

L 125 Dänemark

e. Staat/Politik

Andersen, J.: Centraladministrationen og politisk magt i Danmark. Aalborg: Aaalborg-Univ. -Forl. 1981. 153 S. B 45881

Bonde, J. -P.: Danmarks Nedtur. Sådan er det gået danskerne gennem årene med EF. København: Folkbevaegelsen mod EF 1981. 64 S. Bc 2859

Branner, H.: Småstatens Udenrigspolitik. Danmark i den internationale politik. København: Gyldendal 1982. 141 S. Bc 3344

Djursaa, M.: DNSAP. Danske nazister 1930-45. 1. 2. København: Gyldendal 1981. 251, 200 S. B 46025

Faurby, I.; Kristensen, O. P.: Conservatism in Denmark.

A profile of party activists. In: Conservative politics in Western Europe. 1982. S. 83-102. B 48488

Friisberg, G.: Politik i Danmark. 2. opl. København: Samfundsfagnyt 1982. 136 S. B 46072

Gravesen, B.: Socialdemokratiets strategiske Overvejelser 1943-1943-45. Aalborg: Aalborg Univ.-Forl. 1981. 178 S. B 45891

Haastrup, L.: Fem forbandede år. Danmark under den 2. verdenskrig. København: Gyldendal 1981. 79 S. Bc 0992

Mellem håb og forudanelse - venstrefløjen i firserne. En antologi. Red.: S. Beck, O. Eistrup og H.-J. Schanz. Århus: Modtryk 1981. 159 S. B 45906

Hartling, P.: Politisk Udspil. Erindringer 1964-1971. København: Gyldendal 1981. 203 S. B 45980

Kjølsen, K.: Denmark. The Royal Danish Ministry of Foreign Affairs. In: The Times survey of foreign ministries of the world. 1982. S. 163-183. B 47771

Lund, G.: Retning mod målet. Et udvalg af Ugens Debat i Land og Folk 1961-1979. København: Tiden 1981. 202 S. B 45853

Risskov Sørensen, K.: Fredssagen i Danmark 1882-1914. Odense: Odense Univ.-Forl. 1981. 112 S. Bc 2888

Stefański, S.: Socjaldemokracja duńska w latach 1945-1979. [Die dänische Sozialdemokratie in d. Jahren 1945-1979.] In: Z Pola Walki. Rok 23, 1981. Nr. 2. S. 181-196. BZ 4559:23

Vang Hansen, J.: Højreekstremister i Danmark 1922-1945. En bibliografi over "genrejser"-bevaegelsernes blade og tidsskrifter. Odense: Odense Univ.-Forl. 1982. 111 S. Bc 3425

Wenzel, R.: Das Parteisystem Dänemarks. Entwicklung und gegenwärtige Struktur. Neumünster: Wachholtz 1982. 354 S. B 47801

f. Wehrwesen

Den sjaellandske øgruppes landmilitaere domiciler. (Domiciler/ELK). 1. 2. Ringsted: Østre Landsdelkommando 1980-82. Getr. Pag. 08497

Haagerup, N. J.: Danmarks Sikkerhedspolitik. 5., omarb. og udv. opl. København: Forsvarets Oplysnings- og Velfaerdstjeneste 1982. 60 S. Bc 3068

Heurlin, B.: Danish security policy. In: Cooperation and conflict. Vol. 17, 1982. No. 4. S. 237-255. BZ 4605:17

Krig eller fred? Temanummer om sikkerhetspolitik. København: Gyldendal 1981. 132 S. B 45860

Liebe, P.I.; Borgstrøm, E.: Frivillige danske Korps. Danske tropper i udenlandsk tjeneste. Danske kolonitropper. Faner. Militaermusik. København: Det kgl. Garnisonsbibl. 1982. 81 S. Bc 3160

Muusfeldt, H.: Fladens skibe. Minelaeggere. Minestrygere. In: Tidsskrift for sovaesen. Arg. 153, 1982. S. 236-267. BZ 4546:153

Niemann, P.E.: Feltartilleriet i Aarhus 1881-1969. København: ZAC 1981. 433 S. B 46071

g./h. Wirtschaft und Gesellschaft

Arbejdsmarkedet - hvad sker der? København: Fremad 1981. 214 S. B 45851

Fausing, B.: Danmarksbilleder - i massekulturen 1944-1946. København: Gyldendal 1981. 287 S. B 45873

Jensen, J.; Olsen, C. M.: Oversigt over fagforeningsbevaegelsen i Danmark fra 1871 til 1900. Esbjerg: Sydjysk Univ.-Forl. 1981. XX. 329 S. B 46069

Kirk, H.: Hug til højre og venstre. Artikler om nazisme, krig og klassekamp i udvald og med indledning af B. Houmann. København: Vindrose 1981. 139 S. B 45879

Madsen, B.: Sumpen, liberalisterne og de hellige. Christiania - et barn af kapitalismen. København: SocPol. 1981. 214 S. B 45893

Madsen, S. A.: Krise i Danmark. De kriseramte firseres politiske økonomi. Forlaget KT 1982. 43 S. Bc 3381

Nielsen, B.; Rasmussen, J. O.: "Det nye venstres" faglige politikker 1967-1975. Århus: Fagtryk 1981. 256 S. B 45866

Norlund, I.: 70'erne. Rids af dansk arbejderbevaegelses udvikling. København: Tiden 1982. 144 S. Bc 3411

Nu bider krisen. København: Socialistiske Økonomers Forl. 1981. 96 S. Bc 3339

Schultz, M.: Drømmen om et nyt samfund. Alternative samfundse eksperimenter i 70'ernes Danmark. Nimtofte: Indkøbstryk 1982. 139 S. Bc 3348

Uhl, R.: Den alternative bevidsthed. Utopier. København: Tiderne skifter 1981. 127 S. Bc 0794

L 130 Deutschland/Bundesrepublik Deutschland

a. Allgemeines

Conze, W.: Deutsches Selbstbewusstsein heute. In: Politik und Kultur. Jg. 9, 1982. H. 5. S. 3-21. BZ 4638:9

Craig, G. A.: Über die Deutschen. München: Beck 1982. 392 S. B 47581

Bundesrepublik Deutschland und Deutsche Demokratische Republik. Die beiden deutschen Staaten im Vergleich. Hrsg.: E. Jesse. 3., erw. Aufl. Berlin: Colloquium Verl. 1982. 428 S. B 47566

Gröger, F.: Aspekte des politischen Deutschlandbildes in der Schweiz. In: Beiträge zur Konfliktforschung. Jg. 13, 1983. H. 1. S. 5-18. BZ 4594:13

Kahn, H.; Redepennig, M.: Die Zukunft Deuschlands. Niedergang oder neuer Aufstieg der Bundesrepublik. Wien: Molden 1982. 368 S. B 46195

The West-German Model. Perspectives on a stable state.

Ed.: W. E. Paterson and G. Smith. London: Cass 1981. 176 S. B 45320
Sorgenicht, K.: Unser Staat in den achtziger Jahren. Berlin: Dietz 1982. 253 S. B 48089

Schickel, A.: Deutsche Grenzen. Eine historische Betrachtung über ihre Entstehung und Anerkennung. In: Die politische Meinung. Jg. 27, 1982. H. 204. S. 55-63. BZ 4505:27
Wuttke, H.: Współczesne granice niemieckie w świetle stanowiska RFN. (Wybrane zagadnienia prawno-polityczne.) [Die gegenwärtigen deutschen Grenzen in der Sicht der Bundesrepublik. Ausgew. rechtspolitische Fragen.] In: Przegląd stosunków międzynarodowych. 1981. Nr. 2/3. S. 275-284. BZ 4777:1981

c. Biographien

Dahl, P.; Kremer, R.: Lebensgeschichten. Bornheim-Merten: Lamuv-Verl. 1981. 204 S. B 46780
Persönlichkeit und Politik in der Bundesrepublik Deutschland. Politische Porträts. Hrsg.: W. L. Bernecker, V. Dotterweich. Bd 1. 2. Göttingen: Vandenhoeck u. Ruprecht 1982. 237, 256 S. B 47118
Peuschel, H.: Die Männer um Hitler. Braune Biographien. Düsseldorf: Droste 1982. 189 S. B 46762
Deutsche jüdische Soldaten 1914-1945. Im Auftrage d. Bundesminist. d. Verteidigung z. Wanderausstellung. Freiburg: Militärgeschichtl. Forschungsamt 1982. 170 S. Bc 3072
Tetzlaff, W.: 2000 Kurzbiographien bedeutender deutscher Juden des 20. Jahrhunderts. Lindhorst: Askania 1982. 375 S. B 47643

Adenauer

Adenauer, K.: Nachdenken über die Werte. Weihnachtsansprachen. Buxheim: Martin-Verl. 1982. 46 Bl. Bc 3298

Arnold

Der Politiker Karl Arnold. Ministerpräsident u. Sozialreformer. Düsseldorf: Droste 1982. 104 S. B 47306

Arendt

Young-Bruehl, E.: Hannah Arendt. For love of the world. New Haven: Yale Univ. Pr. 1982. XXV, 563 S. B 48712

Bertram

Ein Tedeum für Kardinal Bertram. Adolf Kardinal Bertram. Adolf Kardinal Bertram... während des Kirchenkampfes 1933-1945. Hrsg.: E. Brzoska. Köln: Wienand 1981. 64 S. Bc 3454

Bismarck

Pflanze, O.: Bismarcks Herrschaftstechnik als Problem der gegenwärtigen Historiographie. München: Histor. Kolleg 1982. 39 S. Bc 3268

Böckler

Borsdorf, U.: Hans Böckler. Arbeit und Leben e. Gewerkschafters 1875-1945. Köln: Bund-Verl. 1982. 390 S. B 46783

Brandt

Brandt, W.: Links und frei. Mein Weg 1930-1950. Hamburg: Hoffmann u. Campe 1982. 462 S. B 46789

Duncker

Kirsch, R.: Käte Duncker. Aus ihrem Leben. Berlin: Dietz 1982. 218 S. B 46207

Dutschke

Dutschke, R.: Aufrecht gehen. Eine fragmentarische Autobiographie. Hrsg.: U. Wolter. Berlin: Olle u. Wolter 1981. 203 S. B 45304

Ebert

Friedrich Ebert 1871-1925. Mit e. einf. Aufsatz v. P. Witt. Bonn: Verl. Neue Gesellschaft 1980. 216 S. 08249

Ehrhart

Blinn, H.: Franz Joseph Ehrhart. 1853-1908. Ein Lebensbild des Begründers der pfälzischen SPD. Neustadt: SPD-Bezirk Pfalz 1980. 28 S. Bc 3269

Friedrich III. [Kaiser]

Farago, L.; Sinclair, A.: Royal Web. New York: McGraw-Hill 1982. XII, 350 S. B 46956

Goebbels

Hockerts, H. G.: Die nationalsozialistische Kirchenpolitik im neuen Licht der Goebbels-Tagebücher. In: Aus Politik und Zeitgeschichte. 1983. B 30. S. 23-38. BZ 05159:1983

Heile

Luckemeyer, L.: Wilhelm Heile. 1881-1981. Föderativer liberaler Rebell in DDP u. FDP u. erster liberaler Vorkämpfer Europas in Deutschland. Wiesbaden: Karl-Hermann-Flach-Stiftung 1981. 300 S. B 46250

Herwarth

Herwarth, H. von: Zwischen Hitler und Stalin. Erlebte Zeitgeschichte 1931-1945. Frankfurt: Propyläen Verl. 1982. 367 S. B 47364

Hess

Blanc, J.-P.: Rudolf Hess, le dauphin de Hitler. Paris: La Pensée univ. 1982. 184 S. B 47319

N ederling, R.: Rudolf Hess. Sein Schicksal in Bildern. Leoni: Druffel 1982. 154 S. 08815

Hitler

Bezymenskij, L. A.: Der Tod des Adolf Hitlers. Der sowjetische Beitrag über das Ende des Dritten Reiches und seines Diktators. 2. Aufl. München: Herbig 1982. 387 S. B 47202

Dolan, E. F.: Adolf Hitler. A portrait in tyranny. New York: Dodd, Mead 1981. X, 228 S. B 48112

Niekisch, E.: Hitler - ein deutsches Verhängnis. [Nachdr.] München: N. I. P.-Agentur 1983. 36 S. Bc 3506

Petzold, J.: Großbürgerliche Initiativen für die Berufung Hitlers zum Reichskanzler. In: Zeitschrift für Geschichtswissenschaft. Jg. 31, 1983. H. 1. S. 38-54. BZ 4510:31

Price, B. F.: Adolf Hitler als Maler und Zeichner. E. Werkkatalog

d. Ölgemälde, Aquarelle, Zeichnungen u. Architekturskizzen. Zug: Gallant 1983. 251 S. 09304

Staudinger, H.: The inner Nazi. A critical analysis of Mein Kampf. Ed., with an introd. and a biogr. afterword by P. M. Rutkoff. Baton Rouge: Louisiana State Univ. Pr. 1981. 153 S. B 47152

Steffahn, H.: Adolf Hitler in Selbstzeugnissen und Bilddokumenten. Reinbek: Rowohlt 1983. 170 S. Bc 3402

Hitlers Tagebücher. Fund oder Fälschung. In: Der Spiegel. Jg. 37, 1983. Nr. 18. S. 17-29. BZ 05140:37

Heydrich

Calic, E.: Reinhard Heydrich. Schlüsselfigur des Dritten Reiches. Düsseldorf: Droste 1982. 577 S. B 46790

Wykes, A.: Reinhard Heydrich. Der Mann im Schatten der SS. Rastatt: Moewig 1982. 144 S. B 47347

Höfer

Höfer, W.: Spätlese. Echo der Jahre. Düsseldorf: Econ 1983. 327 S. B 48477

Hugenberg

Wernecke, K.; Heller, P.: Der vergessene Führer. Alfred Hugenberg. Pressemacht und Nationalsozialismus. Hamburg: VSA-Verl. 1982. 231 S. B 47430

Kessel

Festschrift für Eberhard Kessel zum 75. Geburtstag. Hrsg.: H. Duchhardt, M. Schlenke. München: Fink 1982. 367 S. B 49844

Kogon

Kogon, E.: Eugen Kogon - ein politischer Publizist in Hessen. Essays, Aufsätze, Reden zwischen 1946 und 1982. Hrsg.: H. Habicht. Frankfurt: Insel 1982. 450 S. B 47031

Kohl

Knorr, P.; Traxler, H.: Birne. Das Buch zum Kanzler. Eine Fibel für das junge Gemüse und die sauberen Früchtchen in diesem unserem Lande. (H. Kohl.) 4. Aufl. Frankfurt: Zweitausendeins 1983. 39 S. 08903

Langemann

Heigl, F.P.; Saupe, J.: Operation EVA. Die Affäre Langemann. Eine Dokumentation. Hamburg: Konkret Literatur Verl. 1982. 200 S. B 46892

Lemke

Moll, B.: Helmut Lemke. Bibliographie. Kiel: Schleswig-Holsteinischer Landtag 1982. 11 Bl. Bc 3463

Levetzow

Granier, G.: Magnus von Levetzow. Seeoffizier, Monarchist und Wegbereiter Hitlers. Boppard: Boldt 1982. XII, 400 S. B 47170

Luxemburg

Luxemburg, R.: Gesammelte Briefe. Bd. 1.-3. Berlin: Dietz 1982. 720, 454, 334 S. B 48668

Maier

Maier, R.: Die Reden. Eine Auswahl. Bd 1. Stuttgart:

Reinhold-Maier-Stiftung 1982. 318 S. B 46838

Marx

Elleinstein, J.: Marx. Paris: Fayard 1981. 735 S. B 46878

Gemkow, H.: Unser Leben. Berlin: Dietz 1981. 333 S. B 46318

Meinecke

Friedrich Meinecke heute. Bericht über ein Gedenk-Colloquium zu seinem 25. Todestag am 5. u. 6. April 1979. Bearb. u. hrsg.: M. Erbe. Berlin: Colloquium Verl. 1981. XV, 258 S. B 45585

Mende

Mende, E.: Das verdammte Gewissen. Zeuge der Zeit 1921-1945. 2. Aufl. München: Herbig 1983. 399 S. B 48125

Meyers

Meyers, F.: Gez. Dr. Meyers. Summe eines Lebens. Düsseldorf: Droste 1982. 609 S. B 46550

Morell

Katz, O.: Prof. Dr. med. Theo Morell. Hitlers Leibarzt. Bayreuth: Hestia 1982. 397 S. B 46758

Morell, T.; Irving, D.: Die geheimen Tagebücher des Dr. Morell, Leibarzt Adolf Hitlers. München: Goldmann 1983. 381 S. B 49246

Reuter

Ernst Reuter in Filmdokumenten 1948-1953. Berlin: Landesbildstelle 1980. 80 S. Bc 3110

Rossaint

Porträt eines Aufrechten. - J. C. Rossaint. Frankfurt: Röderberg 1982. 68 S. Bc 3256

Schirach

Wortmann, M.: Baldur von Schirach. Hitlers Jugendführer. Köln: Böhlau 1982. 270 S. B 47653

Schlieffen

Schlegel, K.: Generalfeldmarschall Graf Alfred von Schlieffen. Zur 150. Wiederkehr seines Geburtstages. In: Deutsches Soldatenjahrbuch. Jg. 31, 1983. S. 58-68. F 145:31

Schmidt

Ronstein, B.: Schmidt Bestimmung. Rückblick auf eine Ära. Hamburg: VSA-Verl. 1983. 60 Bl. Bc 3277

Schmidt, H.: Freiheit verantworten. Düsseldorf: Econ Verl. 1983. 407 S. B 48473

Schmückle

Schmückle, G.: Ohne Pauken und Trompeten. Erinnerungen an Krieg und Frieden. Stuttgart: Dt. Verl.-Anst. 1982. 366 S. B 46426

Simon

Kloehn, S.: Helene Simon. 1862-1947. Deutsche u. britische Sozialreform u. Sozialgesetzgebung im Spiegel ihrer Schriften u. ihr Wirken als Sozialpolitikerin im Kaiserreich u. in der Weimarer Republik. Frankfurt: Lang 1982. XV, 646 S. B 47882

Stoltenberg

Brügge, B.: Über Gerhard Stoltenberg. Stuttgart: Verl. Bonn aktuell 1982. 79 S. Bc 3091

Strauss

Strauss, F.J.: Einschlägige Worte des Kandidaten Strauss. Gesammelt: G. Mann u. K. Staeck. Hrsg.: K. Staeck. Vorw.: D. Hildebrandt. 14. Aufl. Göttingen: Steidl 1983. 187 S. Bc 3550

Streicher

Varga, W.P.: The Number One Nazi Jew Baiter. (J. Streicher.) New York: Carlton Pr. 1982. 369 S. B 47453

Thälmann

Thälmann, E.: Zur Machtfrage. Reden, Artikel, Briefe 1920-1935. Berlin: Dietz 1982. 463 S. B 48466

Thalheimer

Kaestner, J.: Die politische Theorie August Thalheimers. Frankfurt: Campus Verl. 1982. 300 S. B 47230

Udet

Nowarra, H.: Udet. Vom Fliegen besessen. Friedberg: Podzun-Pallas-Verl. 1982. 153 S. B 45433

Victoria [Kaiserin]

Sinclair, A.: Victoria. Kaiserin für 99 Tage. Frankfurt: Societäts-Verl. 1983. 285 S. B 48516

Vogel

Kaiser, C.-C.: Hans-Jochen Vogel. Bornheim: Zirngibel 1982. 96 S. Bc 3427

Wehner

Frederik, H.: Herbert Wehner. Das Ende seiner Legende. Landshut: vpa 1982. 397 S. B 48526

Weichmann

Weichmann, E.: Zuflucht. Jahre des Exils. Hamburg: Knaus 1983. 208 S. B 48467

Weizsäcker

Weizsäcker, E. Freiherr von: Die Weizsäcker-Papiere 1900-1932. Hrsg. v. L. E. Hill. Berlin: Ullstein 1982. 711 S. B 46784

Wilhelm II. [Kaiser]

Gründer, H.: Die Kaiserfahrt Wilhelms II. ins Heilige Land 1898. Aspekte deutscher Palästinapolitik im Zeitalter des Imperialismus. In: Weltpolitik, Europagedanke, Regionalismus. 1982. S. 363-388. B 46511

Hull, I.V.: The Entourage of Kaiser Wilhelm II. 1888-1918. Cambridge: Univ. Pr. 1982. XII, 413 S. B 48419

Kaiser Wilhelm II. New interpretations. The Corfu papers. Ed.: J.C.G. Röhl. Cambridge: Univ.Pr. 1982. XIII, 319 S. B 47510

Windthorst

Anderson, M.L.: Windthorst. A political biography. Oxford: Clarendon Pr. 1981. XI, 522 S. B 45700

Zetkin

Clara Zetkin. Bilder und Dokumente. Leipzig: Verl. der Frau 1982. 64 S. Bc 3322

d. Land und Volkstum

Seidler, H.; Rett, A.: Das Reichssippenamt entscheidet. Rassenbiologie im Nationalsozialismus. Wien: Jugend und Volk 1982. 295 S. B 46763

Zülch, T.: Sinti und Roma in Deutschland. Geschichte einer verfolgten Minderheit. In: Aus Politik und Zeitgeschichte. 1982. B 43. S. 27-45. BZ 05159:1982

Judentum

Baker, L.: Hirt der Verfolgten. Leo Baeck im Dritten Reich. Stuttgart: Klett-Cotta 1982. 512 S. B 46767

Deportation of the jews to the East. Stettin, 1940. to Hungary, 1944. New York: Garland 1982. 254 S. 08706:8

Deutschkron, I.: Ich trug den gelben Stern. 4. Aufl. Köln: Verl. Wissenschaft u. Politik 1983. 214 S. B 48134

Jewish Emigration 1938-1940. Rublee negotiations and the intergovernmental committee. New York: Garland 1982. 256 S. 08706:6

Fleming, G.: Hitler und die Endlösung. "Es ist des Führers Wunsch..." Wiesbaden: Limes Verl. 1982. 218 S. B 46564

Gross, L.: Versteckt. Wie Juden in Berlin die Nazi-Zeit überlebten. Reinbek: Rowohlt 1983. 379 S. B 47891

Klein, J.: Der deutsche Zionismus und die Araber Palästinas. Frankfurt: Campus-Verl. 1982. 230 S. B 48543

Legalizing the holocaust. The early phase, 1933-1939. New York: Garland 1982. LII, 212 S. 08706:1

Punishing the perpetrators of the Holocaust. The Ohlendorf and Von Waizsaecker cases. New York: Garland 1982. 259 S. 08706:18

The Wannsee-Protocol and a 1944 report on Auschwitz by the Office of Strategic Services. New York: Garland 1982. 278 S. 08706:11

Wistrich, R. S.: Socialism and the jews. The dilemmas of assimilation in Germany and Austria-Hungary. Rutherford: Fairleigh Dickinson Univ. Pr. 1982. 435 S. B 48486

Ausländerfrage

Ausländer. Hrsg.: D. Westermann [u. a.]. Kiel: Magazin-Verl. 1983. 47 S. D 2750

Ausländerfeindlichkeit und Ausländerpolitik. 2., erw. Aufl. Köln 1983. 29 S. D 02708

Barkholdt, B.: Ausländerproblem - eine Zeitbombe? Berg: Vowinckel 1981. 254 S. B 48943

Die Bundesrepublik Deutschland ist (k)ein Einwanderungsland. Dokumentation. Kongress d. sozialdemokr. Wählerinitiative am 14.-15. 11. 1983 in Berlin. Memorandum, Referate, Thesenpapiere.

Berlin: Ararat-Verl. 1982. 93 S. Bc 3297

Decker, F.: Ausländer im politischen Abseits. Möglichkeiten ihrer politischen Beteiligung. Frankfurt: Campus Verl. 1982. 197 S. B 47326

Herborth, H.-J.: Gastarbeiter und ihre Familien in der Bundesrepublik Deutschland. Ein historischer Überblick. In: Geschichte in Wissenschaft und Unterricht. Jg. 34,1983. H. 4. S.221-237. BZ 4475:34

Information für Asylbewerber in der Bundesrepublik Deutschland und West-Berlin. Bonn: amnesty international 1982. 10 S. D 2777

Majer, D.: "Fremdvölkische" im Dritten Reich. Boppard: Boldt 1981. 1034 S. B 42298

Massenbasis mit der Rassenfrage? Ausländerfeindlichkeit u. Rechtsradikalismus. Namen, Daten, Fakten. Lübeck: Antifaschistische Aktion 1983. 50 S. D 02668

Pirkl, F.: Ausländische Arbeitnehmer - eine unbewältigte Aufgabe unserer Gesellschaft. In: Politische Studien. Jg. 33, 1982. Nr. 266. S. 635-656. BZ 4514:33

Rassismus und Ausländerfeindlichkeit. Frankfurt: Interessengemeinschaft d. mit Ausländern verheirateten Frauen 1983. 52 S. D 02755

e. 1 Innenpolitik

e. Staat/Politik

e. 1.1 Staat u. Recht

bis 1945

Eley, G.: Some thoughts on the nationalist pressure groups in imperial Germany. In: Nationalist and racialist movements in Britain and Germany before 1914. 1981. S. 40-67. B 46605

Nationalist and racialist Movements in Britain and Germany before 1914. Ed.: P. Kennedy and A. Nicholls. London: Macmillan 1981. XI, 210 S. B 46605

Müller, K.-J.: Die national-konservative Opposition vor dem Zweiten Weltkrieg. Zum Problem ihrer begrifflichen Erfassung. In: Militärgeschichte. 1982. S. 215-242. B 46629

Zimmermann, M.: A road not taken. Friedrich Naumann's attempt at a modern German nationalism. In: Journal of contemporary history. Vol. 17, 1982. No. 4. S. 689-708. BZ 4552:17

nach 1945

Elm, L.: Konservative Wende in der Bundesrepublik? In: Blätter für deutsche und internationale Politik. Jg. 27, 1982. H. 10. S. 1185-1198. BZ 4551:27

Grewe-Leymarie, C.: Le Fédéralisme coopératif en République Fédérale d'Allemagne. Paris: Economica 1981. 233 S. B 48621

Hannover, H.; Wallraff, G.: Die unheimliche Republik. Politische Verfolgung in der Bundesrepublik. Hamburg: VSA-Verl. 1982. 221 S. B 47056

Die 13 Jahre. Bilanz der sozialliberalen Koalition. Hrsg.: W. Bickerich. Reinbek: Rowohlt 1982. 253 S. B 47357

Ménudier, H.: L'Allemagne fédérale après la victoire d'Helmut Kohl. In: Défense nationale. Année 39, 1983. Juin. S. 89-103. BZ 4460:39

Schmid, K.: Die Verfassungssysteme der Bundesrepublik Deutschland und der DDR. Eine vergleichende Darstellung. Berlin: Berlin-Verl. 1982. 213 S. B 48060

Steinberg, R.: Abrüstungs- und Rüstungskontrollverwaltung in der Bundesrepublik Deutschland. Verfassungsrechtl. u. verwaltungspolit. Fragen... Berlin: Duncker u. Humblot 1982. 128 S. Bc 3306

Wallmann, W.: Der Preis des Fortschritts. Beiträge zur politischen Kultur. Stuttgart: Dt. Verlags-Anst. 1983. 288 S. B 48316

Wehler, H.-U.: Preussen ist wieder chic... Politik u. Polemik in zwanzig Essays. Frankfurt: Suhrkamp 1983. 191 S. Bc 3333

Weidenfeld, W.: Die Bundesrepublik Deutschland: kein Provisorium - aber was sonst? In: Aus Politik und Zeitgeschichte. 1983. B 11. S. 3-13. BZ 05159:1983

Weizsäcker, R. von: Krise und Chance unserer Parteiendemokratie. In: Aus Politik und Zeitgeschichte. 1982. B 42. S. 3-12. BZ 05159:1982

Wider die "herrschende" Meinung. Beitr. f. W. Abendroth. Hrsg.: N. Paech [u. a.]. Frankfurt: Campus Verl. 1982. 227 S. B 47069

Wie sieht der CDU-Staat aus? Rechtsruck von A-Z. Hrsg.: E. Heußen. Reinbek: Rowohlt 1982. 150 S. B 47370

Willms, B.: Die Deutsche Nation. Köln-Lövenich: "Hohenheim"-Verl. 1982. 324 S. B 47785

Wuthe, G.: Zum Problem sozio-ökonomischer Bedingtheit der Nation. In: Aus Politik und Zeitgeschichte. 1983. B 20/21. S. 30-45. BZ 05159:1983

Bergh, H. van: Köln 4713. Geschichte und Geschichten des Bundesamts für Verfassungsschutz. Würzburg: Naumann 1981. 483 S. B 45759

Johnson, N.: The interdependence of law and politics. Judges and constitution in Western Germany. In: West European politics. Vol. 5, 1982. No. 3. S. 236-252. BZ 4668:5

Miltner, K.: Anmerkungen zur Funktionsfähigkeit der Nachrichtendienste der Bundesrepublik Deutschland. In: Beiträge zur Konfliktforschung. Jg. 12, 1982. H. 4. S. 79-91. BZ 4594:12

Der Spruch von Karlsruhe. Bonn ausgezählt. "Ohne Drohgebärde, ohne Angst." In: Der Spiegel. Jg. 37, 1983. Nr. 16. S. 17-27. BZ 05140:37

Volkszähulung: "Lasst 1000 Fragebogen glühen!" (Da ist der Rechtsstaat herausgefordert. Widerstand gegen die Volkszählung.) In: Der Spiegel. Jg. 37, 1983. Nr. 13. S. 28-53. BZ 05140:37

Asylrecht - demokratisches Grundrecht? Kiel: Arbeitskreis zur Ausländerfrage 1982. 28 S. D 02653

Das Bundesrückerstattungsgesetz. München: Beck 1981. XX, 819 S. B 45614

Däubler, W.: Stationierung und Grundgesetz. Was sagen Völkerrecht und Verfassungsrecht zu neuen Massenvernichtungswaffen (ABC-Waffen) in der Bundesrepublik? Reinbek: Rowohlt 1982. 221 S. B 47059

Krohn, M.: Die gesellschaftlichen Auseinandersetzungen um die Notstandsgesetze. Köln: Pahl-Rugenstein 1981. 368 S. B 45793

Schirilla, L.: Wiedergutmachung für Nationalgeschädigte. München: Kaiser 1982. 156 S. B 47887

Wassermann, R.: Ist Bonn doch Weimar? Zur Entwicklung der Justiz nach 1945. Neuwied, Darmstadt: Luchterhand 1983. 73 S. Bc 3478

e. 1.16 Strafrecht

bis 1945

Dimitrov, G.: "Amboss oder Hammer sein..." Der Faschismus auf der Anklagebank: Aus den Dokumenten des Reichstagsbrandprozesses im Jahre 1933. Berlin: Ed. Neue Wege 1982. 53 S. 08827

Drobisch, K.: Zeitgenössische Berichte über Nazikonzentrationslager 1933-1939. In: Jahrbuch für Geschichte. 1982. Bd 26. S. 103-133. BZ 4421:1982

Garbe, B.: Das Ringen der KPD um die Mobilisierung aller antifaschistischen Kräfte für die Rettung Georgi Dimitroffs und der anderen im Reichstagsbrandprozeß angeklagten Kommunisten. In: Jahrbuch für Geschichte. 1982. Bd 26. S. 135-167. BZ 4421:1982

Jaeger, H.: Verbrechen unter totalitärer Herrschaft. Studien zur nationalsozialistischen Gewaltkriminalität. Mit e. Nachwort zur Neuaufl. Frankfurt: Suhrkamp 1982. III, 409 S. B 47888

Majer, D.: "Rechts"-Prinzipien des nationalsozialistischen Staates am Beispiel der Verfolgung Andersdenkender. In: Aus Politik und Zeitgeschichte. 1983. B 20. S. 11-21. BZ 05159:1983

Manvell, R.: Die Herrschaft der Gestapo. Rastatt: Moewig 1982. 239 S. B 47205

Meyer, H.: Wewelsburg. SS-Burg, Konzentrationslager, Mahnmal, Prozess. Paderborn: Meyer 1982. 130 S. Bc 3164

Der Reichstagsbrandprozess und Georgi Dimitroff. Dokumente. Bd 1. Berlin: Dietz 1982. 633 S. B 47595

Richardi, H.-G.: Schule der Gewalt. Die Anfänge des Konzentrationslagers Dachau 1933-1934. Ein dokumentarischer Bericht. München: Beck 1983. XII, 331 S. B 48307

Wagner, J.: Politischer Terrorismus und Strafrecht im Deutschen Kaiserreich von 1871. Heidelberg: Decker 1981. XIII, 448 S. B 45587

Wieland, G.: Die normativen Grundlagen der Schutzhaft in Hitlerdeutschland. In: Jahrbuch für Geschichte. 1982. Bd 26. S. 75-102. BZ 4421:1982

nach 1945

Blasius, D.: Geschichte der politischen Kriminalität in Deutschland land. 1800-1980. Eine Studie zu Justiz und Staatsverbrechen. Frankfurt: Suhrkamp 1983. 159 S. Bc 3573

Hannover, H.: "Das mußt du machen!" Erfahrungen eines Verteidigers in Ermittlungsverfahren gegen Terrorismus-Verdächtige. In: Wider die "herrschende Meinung". 1982. S. 51-65. B 47069

Rückerl, A.: Vergangenheitsbewältigung mit Mitteln der Justiz. In: Aus Politik und Zeitgeschichte. 1982. B 43. S. 11-25. BZ 05159:1982

e. 1.2 Regierung / Verwaltung / Polizei

nach 1945

Baring, A.: Im Anfang war Adenauer. Die Entstehung der Kanzlerdemokratie. 2. Aufl. München: Dt. Taschenbuch Verl. 1982. 583 S. B 47301

Bohnsack, K.: Die Koalitionskrise 1981/82 und der Regierungswechsel 1982. In: Zeitschrift für Parlamentsfragen. Jg. 14, 1983. H. 1. S. 5-33. BZ 4589:14

Fülberth, G.: Bilanz der sozialliberalen Koalition. In: Blätter für deutsche und internationale Politik. Jg. 27, 1982. H. 10. S. 1164-1184. BZ 4551:27

Kellmann, K.: So stürzte Schmidt. Zur Vorgeschichte und Ablauf des Machtwechsels. In: Die politische Meinung. Jg. 28, 1983. Nr. 208. S. 7-16. BZ 4505:28

Kohl, H.: Aussen- und Sicherheitspolitik. Regierungserklärung vor dem Deutschen Bundestag am 25. Nov. 1982. Bonn: Presse- und Informationsamt 1982. 54 S. Bc 3270

Kohl, H.: Für eine Politik der Erneuerung. Regierungserklärung ... Deutschen Bundestag vom 13. Okt. 1982. Bonn: Presse- u. Informationsamt 1982. 56 S. Bc 3111

Schmidt, H.: "Jedermann darf und muss mit unserer Stetigkeit rechnen!" (Reden d. Bundeskanzlers, Sept.-Okt. 1982.) Bonn: Sozialdemokr. Bundestagsfraktion 1982. 80 S. Bc 3151

Zur Archäologie der Demokratie in Deutschland. Analysen politischer Emigranten im amerikanischen Geheimdienst. Hrsg.: A. Söllner. Bd 1. Frankfurt: Europ.-Verl.-Anst. 1982. 292 S. B 46290

Einwag, A.; Schoen, G.-D.: Bundesgrenzschutzgesetz. Kommentar. München: Rehm 1981. Getr. Pag. B 48065

Goessner, R.; Herzog, U.: Der Apparat. Ermittlungen in Sachen Polizei. Köln: Kiepenheuer & Witsch 1982. 365 S. B 46771

Graf, C.: Politische Polizei zwischen Demokratie und Diktatur. Berlin: Colloquium Verl. 1983. XVII, 457 S. B 48527

Ruhe oder Chaos. Technologie politischer Unterdrückung. Hamburg: Gesundheitsladen 1981. 135 S. Bc 3058

Schumann, G.: Schwarzbuch: Die Polizei. Dortmund: Weltkreis-Verl. 1982. 126 S. B 47055

e. 1.3 Parlamentswesen / Wahlwesen

Parlamentswesen

Der Bundesrat als Blockadeinstrument der Union. Kritische Anmerkungen zur Obstruktionspolitik der CDU-CSU im Bundesrat. Hrsg.: R. Seeliger. München: Seeliger 1982. 73 S. Bc 3258

Lutz, D. S.: Krieg und Frieden als Rechtsfrage im Parlamentarischen Rat 1948/49. Wertentscheidung, Auslegungsmethodik, Dokumentation. Baden-Baden: Nomos Verlagsges. 1982. 125 S. B 47206

Berg, H.-J.: Der Verteidigungsausschuß d. Deutschen Bundestages. Kontrollorgan zwischen Macht und Ohnmacht. München: Bernard u. Graefe 1982. X, 310 S. B 46256

Berkhan, K. W.: Der Wehrbeauftragte des Deutschen Bundestages. Eine Darstellung des Amtsinhabers. In: Heere international. Jg. 2, 1983. S. 53-62. BZ 4754:2

Goyke, E.: Parlaments-ABC. Das "Lexibonn". München: Beck 1982. 156 S. B 47333

Güllner, M.: Zwischen Stabilität und Wandel. Das politische System nach dem 6. März 1983. In: Aus Politik und Zeitgeschichte. 1983. B 14. S. 19-30. BZ 05159:1983

Liedtke, R.: Die tun sowieso, was sie wollen. München: Meyster 1983. 208 S. B 48305

Plenarsitzungen des Deutschen Bundestages. Festgabe für Werner Blischke. Hrsg.: H.-A. Roll. Berlin: Duncker u. Humblot 1982. 282 S. B 47073

Bonner Provokationen. Hintergründe und Praxis moderner Politik und Wirtschaft. Hrsg.: H. Commer, B. C. Witte. München: Langen-Müller 1982. 182 S. B 48302

Wahlwesen

bis 1945

Hamilton, R. F.: Who voted for Hitler? Princeton: Univ. Pr. 1982. XV, 664 S. B 47521

Prokasky, H.: Haben die Arbeitslosen Hitler an die Macht gebracht? Wahlstatistiken im Geschichtsunterricht. In: Geschichte in Wissenschaft und Unterricht. Jg. 33, 1982. H. 10. S. 609-637. BZ 4475:33

Schanbacher, E.: Parlamentarische Wahlen und Wahlsystem in der Weimarer Republik. Wahlgesetzgebung u. Wahlreform im Reich u. in den Ländern. Düsseldorf: Droste 1982. 303 S. B 47615

nach 1945

Andersen, U.; Woyke, W.: Wahl '83. Bundestagswahl 1983: Parteien und Wähler, Politische Entwicklung, Wahlen und Wahlverhalten. Opladen: Leske u. Budrich 1983. 112 S. Bc 3353

Kaltefleiter, W.: Eine kritische Wahl. Anmerkungen zur Bundestagswahl 1983. In: Aus Politik und Zeitgeschichte. 1983. B 14. S. 3-17. BZ 05159:1983

Urteil des Bundesverfassungsgerichts vom 16. Febr. 1983 zur Bundestagswahl am 6. März 1983. Vorw.: P. Schiwy. Percha: Schulz 1983. 92 S. Bc 3546

e. 1.4 Parteiwesen

bis 1945

Deppe, F.; Roßmann, W.: Hätte der Faschismus verhindert werden können? Gewerkschaften, SPD und KPD 1929-1933. In: Blätter für deutsche und internationale Politik. Jg. 28, 1983. H. 1. S. 18-29. BZ 4551:28

Döring, D.: Christentum und Faschismus. Die Faschismusdeutung der religiösen Sozialisten. Stuttgart: Kohlhammer 1982. 144 S. B 47345

Kennedy, P.: The pre-war right in Britain and Germany. In: Nationalist and racialist movements in Britain and Germany before 1941. 1981. S. 1-20. B 46605

Lepsius, M. R.: Nation und Nationalismus in Deutschland. In: Nationalismus in der Welt von heute. 1982. S. 12-27. B 46874

Puhle, H.-J.: Vom Programm zum Versatzstück. Zehn Thesen zum deutschen Konservativismus. In: Kursbuch 1983. No. 73. S. 45-60. BZ 4434:73

KPD

Dorpalen, A.: SPD und KPD in der Endphase der Weimarer Republik. In: Vierteljahrshefte für Zeitgeschichte. Jg. 31, 1983. H. 1. S. 77-107. BZ 4456:31

Finker, K.: Geschichte des Roten Frontkämpferbundes. Frankfurt: Verl. Marxist. Blätter 1981. 277 S. B 45425

Pachaly, E.: Herausbildung und Wirken der illegalen Organisation der KPD im KZ Buchenwald bis zum Beginn des zweiten Weltkrieges. In: Jahrbuch für Geschichte. 1982. Bd 26. S. 169-191. BZ 4421:1982

Weber, H.: Die Generallinie der KPD 1929-1933. In: Aus Politik und Zeitgeschichte. 1982. B 48. S. 3-18. BZ 05159:1982

Weber, H.: Hauptfeind Sozialdemokratie. Strategie und Taktik der KPD 1929-1933. Düsseldorf: Droste 1982. 130 S. B 46568

Wimmer, W.: Die KPD und der Untergang der Weimarer Republik. In: Beiträge zur Geschichte der Arbeiterbewegung. Jg. 25, 1983. H. 1. S. 3-16. BZ 4507:25

NSDAP

Baird, J. W.: Goebbels, Horst Wessel, and the myth of resurrection and return. In: Journal of contemporary history. Vol. 17, 1982. No. 4. S. 633-650. BZ 4552:17

Bernadac, C.: L'ordre S. S. Le glaive et les bourreaux 3. Paris: France-Empire 1982. 407 S. B 46820

Blank, A. S.: Tri magistra "Černogo ordena". [3 Magister des "Schwarzen Ordens" (Heinrich Müller, Karl Wolff, Walter Schellenber).] In: Voprosy istorii. God 1982. No. 9. S. 105-117. BZ 05317:1982

Broszat, M.: Zur Struktur der NS-Massenbewegung. In: Vierteljahrshefte für Zeitgeschichte. Jg. 31, 1983. H. 1. S. 52-76. BZ 4456:31

Fischer, C.: The SA of the NSDAP. Social background and ideology of the rank and file in the early 1930s. In: Journal of contemporary history. Vol. 17, 1982. No. 4. S. 651-670. BZ 4552:17

Grimm, G.: Der Nationalsozialismus. Programm und Verwirklichung. München: Olzog 1981. 333 S. B 45307

Hüser, K.: Wewelsburg 1933-1945. Kult- und Terrorstätte der SS. Eine Dokumentation. Paderborn: Verl. Bonifatius-Druckerei 1982. XII, 470 S. B 46491

Kammer, H.; Bartsch, E.: Jugendlexikon Nationalsozialismus. Begriffe aus der Zeit der Gewaltherrschaft 1933-1945. Reinbek: Rowohlt 1982. 277 S. B 47066

Mollo, A.: To the Death's Head True. (The story of the SS.) London: Thames Methuen 1982. 131 S. Bc 3442

Der verpasste Nazi-Stopp. Die NSDAP als staats- u. republikfeindliche, hochverräterische Verbindung. Preussische Denkschrift von 1930. Hrsg.: R. M. W. Kempner. Frankfurt: Ullstein 1983. 144 S. Bc 3455

Pätzold, K.; Weisbecker, M.: Geschichte der NSDAP 1920-1945. Köln: Pahl-Rugenstein 1981. 429 S. B 45605

Petzold, J.: Zwischen Putsch und Legalität. Die taktische

Neuorientierung der NSDAP im Jahre 1924 (mit Dokumenten). In: Jahrbuch für Geschichte. 1982. Bd 26. S. 7-41. BZ 4421:1982

Richard, L.: Deutscher Faschismus und Kultur. Aus d. Sicht e. Franzosen. München: Damnitz 1982. 353 S. B 47660

Sebottendorf, R. von: Bevor Hitler kam. Urkundliches aus der Frühzeit der nationalsozialistischen Bewegung. Nachdr. Bremen: Faksimile-Verl. 1982. 267 S. B 46428

SPD

Antoni, M.: Sozialdemokratisches Verfassungsdenken bis zur Weimarer Republik. In: Zeitschrift für Politik. Jg. 30, 1983. H. 1. S. 18-52. BZ 4473:30

Dorpalen, A.: SPD und KPD in der Endphase der Weimarer Republik. In: Vierteljahrshefte für Zeitgeschichte. Jg. 31, 1983. H. 1. S. 77-107. BZ 4456:31

Fletcher, R.: Revisionism and militarism. War and peace in the pre-1914 thought of Eduard Bernstein. In: Militärgeschichtliche Mitteilungen. 1982. No. 1. S. 23-36. BZ 05241:1982

Glees, A.: Exile Politics during the second world war. The German Social Democrats in Britain. Oxford: Clarendon 1982. 263 S. B 47973

Leonhard-Schmid, E.: Zur Bewußtseinsbildung der frühen Sozialdemokratie (1863-1891). Frankfurt: Lang 1982. 218 S. B 48528

Petersen, U.: Das Prager Manifest der SPD von 1934. Hamburg: Ergebnisse-Verl. 1983. 159 S. BZ 4700:1983

Pore, R.: A Conflict of interest. Women in German Social Democracy, 1919-1933. Westport: Greenwood 1981. XVIII, 129 S. B 47176

Rohlfes, J.: Karl Marx: Kritik des Gothaer Programms. In: Geschichte in Wissenschaft und Unterricht. Jg. 34, 1983. H. 3. S. 143-161. BZ 4475:34

Rüstung, Entrüstung, Abrüstung. SPD 1866-1982. Bornheim: Lamuv 1982. 157 S. B 47531

Ruthmann, D.: Vers une nouvelle Culture social-démocrate. Conditions, objectifs et évolution de l'oeuvre éducative réalisée par la social-démocratie allemande sous la République de Weimar de 1924 à 1933. Frankfurt: Lang 1982. 262 S. B 47875

Steenson, G. P.: "Not one Man! Not one penny!" German social democracy, 1863-1914. Pittsburgh: Univ. Pr. 1981. XVI, 288 S. B 46984

Internationale Stellung und internationale Beziehungen der deutschen Sozialdemokratie 1871-1895/96. Berlin: Dietz 1982. 316 S. B 46208

Uellenberg, W.: Die Auseinandersetzungen sozialdemokratischer Jugendorganisationen mit dem Nationalsozialismus. Bonn: SJD SJD 1981. 292 S. B 46554

Zentrum

Blackbourn, D.: Roman catholics, the centre party and antisemitism in imperial Germany. In: Nationalist and racialist movements in Britain and Germany before 1914. 1981. S. 106-129. B 46605

Evans, E. L.: The German Center Party. 1870, 1933. Carbondale: Southern Ill. Univ. 1981. XI, 433 S. B 46995

Abromeit, H.: Parteiverdrossenheit und Alternativbewegung. Thesen zur Weiterentwicklung d. Parteiensystems d. Bundesrepublik. Antrittsvorlesung. Wuppertal: Gesamthochschule 1982. 36 S. Bc 3158

Hochgeschurz, M.: Braucht linksliberale Politik eine eigene Parteiorganisation? In: Die Neue Gesellschaft. Jg. 30, 1983. Nr. 7. S. 619-626. BZ 4572:30

Opitz, E.: Die sicherheits- und wehrpolitische Diskussion in den politischen Parteien 1949-1955. In: Aus Politik und Zeitgeschichte. 1983. B 35. S. 3-18. BZ 05159:1983

Politische Parteien und öffentlicher Dienst. Bonn: Godesberger Taschenbuch Verl. 1982. 209 S. B 47577

Party Government and political culture in Western Germany. Ed.: H. Döring and G. Smith. New York: St. Martin's Pr. 1982. IX, 227 S. B 48330

Yost, D. S.; Glad, T. C.: West German party politics and theater nuclear modernization since 1977. In: Armed forces and society. Vol. 8, 1982. No. 4. S. 525-560. BZ 4418:8

CDU

Buchhaas, D.: Die Volkspartei. Programmatische Entwicklung der CDU 1950-1973. Düsseldorf: Droste 1981. 366 S. B 44904

Engelmann, B.: Das neue Schwarzbuch Strauß, Kohl und Co. Köln: Kiepenheuer u. Witsch 1983. 223 S. B 48227

Falke, W.: Die Mitglieder der CDU. Eine empirische Studie zum Verhältnis von Mitglieder- u. Organisationsstruktur der CDU 1971-1977. Berlin: Duncker u. Humblot 1982. 272 S. B 47558

Hahn, G.: Bibliographie zur Geschichte der CDU und CSU 1945-1980. Stuttgart: Klett-Cotta 1982. LXVIII, 961 S. B 46653

Mintzel, A.: Conservatism and christian democracy in the Federal Republic of Germany. In: Conservative politics in Western Europe. 1982. S. 131-159. B 48488

Müller, R.: JU: Wenig Hilfe für die CDU. Eine kritische Betrachtung der Jungen Union von innen. In: Sonde. Jg. 15, 1982. Nr. 3. S. 50-59. BZ 05259:15

Stenger, J.: La Schüler-Union. Etude d'un mouvement politique de jeunes lycéens en République Fédérale allemande de 1972 à 1980. Frankfurt: Lang 1982. 273 S. B 47881

Zu wirklichem Frieden gehört auch Deutschland als Ganzes. Parteitag u. Deutschland-Tagung d. Exil-CDU, Fulda 1983. Berlin: Exil-DCU 1983. 96 S. D 2699

FDP

Das liberale Gewissen. H. Schuchardt, G. Verheugen, Hrsg. Reinbek: Rowohlt 1982. 187 S. B 47358

Henning, F.: F. D. P. Die Liberalen. München: Olzog 1982. 174 S. B 47373

Grüne

Die Grünen. Regierungspartner von morgen? Reinbek: Rowohlt 1982. 270 S. B 47868

Hasenclever, W.-D.; Hasenclever, C.: Grüne Zeiten. Politik für eine lebenswerte Zukunft. München: Kösel-Verl. 1982. 235 S. B 46500

Laßt die Republik ergrünen. Bonn: Die Grünen 1983. 19 S. D 2706

Maren-Grisebach, M.: Philosophie der Grünen. München, Wien: Olzog 1982. 134 S. Bc 3395

Programm der Grünen Alternativen Liste (GAL). Münster 1982. 29 S. D 2733

Voigt, K.D.: Friedenspolitik der Grünen. Versuch einer fairen Auseinandersetzung. In: Die Neue Gesellschaft. Jg. 30, 1983. Nr. 4. S. 317-326. BZ 4572:30

Kommunistische Gruppen

Für Frieden, Arbeit, soziale Sicherheit und demokratische Mitentscheidung. 3. Tagung d. Parteivostands d. DKP. Neuss: Plambeck 1981. 32 S. Bc 3087

Grundsatzprogramm der MLPD (Marxistisch-Leninistische Partei Deutschlands). Juni 1982. Stuttgart: Verl. Neuer Weg 1982. 31 S. Bc 3193

Kremzow, H.F.: Theorie und Praxis der DKP im Lichte des KPD-Verbots durch das Bundesverfassungsgericht. München: Minerva-Publ. 1982. XI, 212 S. B 47435

Jugendliche in der DKP. Eine empirische Studie über ihre Politikzugänge. Frankfurt: Institut f. Marxist. Studien u. Forschungen 1982. 99 S. Bc 3140

Kampfprogramm der MLPD (Marxistisch-Leninistische Partei Deutschlands). Beschlossen v. 1. Parteitag, Juni 1982. Stuttgart: Verl. Neuer Weg 1982. 12 S. Bc 3192

Lente, K.; Schroeder, A.; Vogt, M.: Kritik des KABD-Programms. Frankfurt: VTK-Verl. 1982. 53 S. Bc 3388

Die revolutionären Marxisten zur Situation in der BRD. Die politischen Resolutionen auf d. Nationalen Konferenz der GIM, Juni 1982. Dokumente d. Gruppe Internationale Marxisten - Dt. Sektion d. Vierten Internationale. Frankfurt: GIM 1982. 51 S. D 02470

Mies, H.: 4. Tagung d. Parteivorstands d. DKP. - Aktionseinheit für Frieden und Arbeit. Referat. ...Neuss: Plambeck 1982. 32 S. Bc 3088

Schuster, F.: Alternativ sein- Kommunist sein! Ansichten junger DKP-Mitglieder. Frankfurt: Verl. Marxist. Bl. 1981. 108 S. Bc 3213

6. Tagung des Parteivorstands der DKP. Düsseldorf, 13.-14.11.1982. Neuss: Plambeck 1982. 42 S. Bc 0985

7. Tagung des Parteivorstands der DKP. Neuss: Verl. Unsere Zeit 1983. 45 S. Bc 3468

Für die Verwirklichung der Losung des 6. Parteitages der DKP: "Alles für den Frieden. Die sozialen und demokratischen Rechte verteidigen". 2. Tagung des Parteivorstands. Neuss: Plambeck 1982. 32 S. Bc 3086

LD

2.Bundesparteitag. Bonn 15./16. Jan. 1983. Zur Programmdiskussion. Die Beschlüsse d. Arbeitskreise d. 2. Bundesparteitages. - Liberale Demokraten, LD. Bonn 1983. 50 S. D 2660

Neonazismus

Gewalt von rechts. Beiträge aus Wissenschaft u. Publizistik. Bonn: Bundesminist. d. Innern 1982. 304 S. B 46039

Plack, A.: Wie oft wird Hitler noch besiegt? Düsseldorf: Erb Verl. 1982. 393 S. B 46832

Rechtsextremismus. Mainz: Ministerium d. Innern u. f. Sport 1982. 61 S. Bc 3318

Toerne, V. von: Zwischen Geschichte und Zukunft. Aufsätze, Reden, Gedichte. Berlin: Aktion Sühnezeichen/Friedensdienste 1981. 120 S. D 2637

SPD

Glotz, P.: Die Beweglichkeit des Tankers. Die Sozialdemokratie zwischen Staat und neuen sozialen Bewegungen. München: Bertelsmann 1982. 202 S. B 45719

Held, M.: Sozialdemokratie und Keynesianismus. Frankfurt: Campus-Verl. 1982. 310 S. B 48545

Klotzbach, K.: Der Weg zur Staatspartei. Programmatik, praktische Politik u. Organisation der deutschen Sozialdemokratie 1945 bis 1965. Berlin: Dietz 1982. 656 S. B 48839

Plener, U.: SPD. 1945-1949. Konzeption, Praxis, Ergebnisse. Berlin: Dietz 1981. 321 S. B 45963

Das Regierungsprogramm der SPD 1983-1987. Beschlossen vom Wahlparteitag d. SPD am 21. 1. 1983 in Dortmund. Bonn: Vostand der SPD 1983. 64 S. Bc 3428

Schmidt-Urban, K.: Beteiligung und Führung in lokalen Parteieinheiten. Frankfurt: Fischer 1981. 271 S. B 45609

Wollschon, G.: Der Duft der Freiheit und Adenauer. Ein starkes SPD-Stück. Frankfurt: Eichborn 1982. 72 S. Bc 3261

Umweltschutzparteien

Boesshar, K.-P.: Bürgerinitiativen im politischen System der Bundesrepublik Deutschland. Probleme d. polit. Systems u. ihre gesellschaftl. Folgen. Frankfurt, Bern: Lang 1982. 147 S. Bc 3480

Erwe, H.; Uhlenberg, K.-P.; Vietor, G.: Rechtshilfe für Bürgerinitiativen. Ein Handbuch. Reinbek: Rowohlt 1982. 266 S. B 46777

Grün statt Beton. Hrsg.: Arbeitsgruppe Ökologie/Stadtbegrünung der Grüner Alternativen Liste. Münster: GAL 1983. 39 S. D 2731

Kelly, P.K.: Offener Brief an Willy Brandt. Bonn: Die Grünen 1982. 19 S. D 2540

Kofler, L.: Zur Kritik der "Alternativen". Hamburg: VSA-Verl. 1983. 90 S. Bc 3477

Prinzip Leben. Ökopax - die neue Kraft. Hrsg.: P. Kelly, J. Leinen. Berlin: Olle u. Wolter 1982. 159 S. B 46794

Leinen, J.M.: Die Bürgerinitiativen nach der Bundestagswahl. In:

Die Neue Gesellschaft. Jg. 30, 1983. Nr. 4. S. 307-313. BZ 4572:30

Müller, M.: Bürgerinitiativen in der politischen Willensbildung. In: Aus Politik und Zeitgeschichte. 1983. B 11. S. 27-39. BZ 05159:1983

Grünbuch Ökologie. Hrsg.: J. Grumbach. Köln: Pahl-Rugenstein 1982. 243 S. B 47312

Schmidt, R.: Zur alternativen Kultur. Erscheinungsbild und Strukturen. In: Aus Politik und Zeitgeschichte. 1983. B 11. S. 41-54. BZ 05159:1983

Friedensbewegung

Albrecht, U.; Krippendorff, E.; Schmiederer, U.: Friedensbewegung und Bundesrepublik. In: Weltpolitik. Jg. 2, 1982. S. 43-57. BZ 4774:2

Bahro, R.: Wahnsinn mit Methode. Über die Logik der Blockkonfrontation, der Friedensbewegung, die Sowjetunion und die DKP. Berlin: Olle u. Wolter 1982. 144 S. B 46793

Bastian, G.: Frieden schaffen! Gedanken zur Sicherheitspolitik. München: Kindler 1983. 223 S. B 48551

Bothmer, L. von: Ich will nicht Krieg. Erfahrungen und Konsequenzen. Stuttgart: Radius-Verl. 1982. 151 S. B 46216

Boutwell, J.: Politics and the Peace Movement in West Germany. In: International security. Vol. 7, 1983. No. 4. S. 72-92. BZ 4433:7

Bredow, W. von: Die Friedensbewegung in Frankreich und der Bundesrepublik Deutschland. Ein Vergleich. In: Beiträge zur Konfliktforschung. Jg. 12, 1982. Nr. 3. S. 53-67. BZ 4594:12

Bredow, W. von: The peace movement in the Federal Republic of Germany. Composition and objectives. In: Armed forces and society. Vol. 9, 1982. No. 1. S. 33-48. BZ 4418:9

Das tun wir für den Frieden. Zwei Jahre Kampf gegen die NATO-Raketen. Berlin: Ed. Neue Wege 1982. 163 S. 08828

Entrüstet Euch! Diskussionspapiere Friedens-MVV, Freitag 1. Okt. 1982. Berlin: Alternative Liste 1982. 68 S. D 2641

Entrüstet Euch! Für Frieden und Völkerverständigung: Katholiken gegen Faschismus und Krieg. Frankfurt: Röderberg 1982. 64 S. Bc 3254

Entrüstet Euch! Reader-Friedensaktionen. Hintergründe, Dokumente, Aktionsideen. Berlin: Alternative Liste 1982. 52 S. D 02620

Eppler, E.: Die Friedensbewegung. Ein Gespräch. Hrsg.: K. E. Becker, P. Popitz, H.-P. Schreiner. Landau: Pfälz. Verl. Anst. 1982. 68 S. Bc 3473

Frieden - Aufgabe der Deutschen. Stuttgart: Radius-Verl. 1982. 97 S. B 46570

Frieden in Deutschland. Die Friedensbewegung: wie sie wurde, was sie ist, was sie werden kann. Hrsg.: H. A. Pestalozzi [u. a.]. München: Goldmann 1982. 375 S. B 46237

Gustav-Heinemann-Initiative. - Frieden retten - Frieden stiften.

Hrsg.: W. Hähnle, H. Krautter. Stuttgart: Radius-Verl. 1981. 98 S. Bc 3159

Frieden schaffen ohne Waffen. 12. 12. 82. Dokumentation Gewaltfreier Widerstand gegen Atomwaffen. Nürnberg: Koordination 12. 12. 1983. 117 S. D 2604

Friedensbewegung zwischen Gewalt und Gewaltfreiheit. Argumente und Erfahrungen. Sensbachtal: Komitee f. Grundrechte u. Demokratie 1983. 95 S. B 3475

Gewaltfreies Handeln in der Bewährung. Hilfen für Aktive u. Kritiker d. Friedensbewegung zum Verstehen u. Handeln. Bonn: Aktionsgemeinsch. Dienst f. d. Frieden 1983. 79 S. D 2730

Keine neuen Atomwaffen in der Bundesrepublik. Bornheim-Merten: Lamuv-Verl. 1982. 223 S. B 46222

Knorr, L.: Friedensbewegung - Ethik - Völkerrecht. Köln: "Christen in der DFU" 1983. 23 S. D 2683

Knorr, L.: 35 Jahre Kampf für eine Welt ohne Krieg. 2. Aufl. Köln: Dt. Friedens-Union 1983. 31 S. D 2624

Łukasik, I.: Nowy ruch pokojowy w RFN. [Die neue Friedensbewegung in der BRD.] In: Sprawy Międzynarodowe. Rok 35, 1982. Zeszyt 11. S. 117-126. BZ 4497:35

Macht Frieden möglich. 4. Aufl. Köln: Katholische Junge Gemeinde 1981. 123 S. D 02542

Moelter, U.: Medienliste zur Friedensarbeit. T. 2. Bonn: Atkionsgemeinsch. f. d. Frieden 1982. 92 S. D 2739

Oppenheimer, M.: Atnifaschismus und Friedenspolitik. Frankfurt: VVN-Bund d. Antifaschisten 1981. 22 S. D 02479

Richter, H.-E.: Alle redeten vom Frieden. Versuch einer paradoxen Intervention. Reinbek: Rowohlt 1981. 252 S. B 46644

Ruett, U.: Der schwarze Regen. Eine Antiatomwaffennovelle. Essen: Dt. Friedensgesellsch.-Vereinigte Kriegsdienstgegner 1981. 38 S. D 2520

Scheer, F.-K.: Die Deutsche Friedensgesellschaft. 1892-1933. Organisation, Ideologie, politische Ziele. Ein Beitrag z. Geschichte des Pazifismus in Deutschland. Frankfurt: Haag u. Herchen 1981. X, 665 S. B 46386

Schmid, G.: Zur Soziologie der "Friedensbewegung". Strukturmerkmale, Inhalte, Folgewirkungen. In: Sicherheitspolitik am Scheideweg? 1982. S. 745-771. B 47212

Sicherheitspolitik contra Frieden? Ein Forum zur Friedensbewegung. Berlin: Dietz 1981. 222 S. B 45465

Was heißt für mich Frieden? Hrsg. v. W. Filmer u. H. Schwan. Oldenburg: Stalling 1982. 298 S. B 46281

Wettig, G.: Die neue Friedensbewegung in Deutschland. In: Aussenpolitik. Jg. 33, 1982. H. 3. S. 211-224. BZ 4457:33

Wienecke, J.; Krause, F.: Unser Mensch ist eine gute Sache. Ostermärsche... Frankfurt: Verl. Marxist. Bl. 1982. 160 S. B 47471

Zumutungen des Friedens. Kurt Scharf zum 80. Geburtstag. Hrsg.: V. Diele. Reinbek: Rowohlt 1982. 279 S. B 47368

e. 2 Außenpolitik

bis 1945

Doß, K.: Germany. The history of the German Foreign Office. In: The Times survey of foreign ministries of the world. 1982. S. 225-257. B 47771

Herzstein, R. E.: When Nazi dreams come true. The Third Reich's internal struggle over the future of Europe after a German victory. A look at the Nazi mentality 1939-45. London: Abacus 1982. XI, 301 S. B 46623

Aussenpolitische Beziehungen

Avetjan, A. S.: Germano-russkie diplomatičeskie otnošenija 1911-1914 gg. v svete mežimperialističeskoj bor'by. [Die deutsch-russischen diplomatischen Beziehungen 1911-1914 im Lichte d. internationalen imperialistischen Kampfes.] In: Novaja i novejšaja istorija. God 1983. No. 2. S. 42-58. BZ 05334:1983

Fox, J. P.: Germany and the Far Eastern crisis. 1931-1938. A study in diplomacy and ideology. Oxford: Clardendon 1982. 445 S. B 46616

Germany and America: Essays on problems of international relations and immigration. Ed.: H. L. Trefousse. New York: Brooklyn College Pr. 1980. XIV, 247 S. B 46931

Hildebrand, K.: Zwischen Allianz und Antagonismus. Das Problem bilateraler Normalität in den britisch-deutschen Beziehungen des 19. Jahrhunderts (1870-1914). In: Weltpolitik, Europagedanke, Regionalismus. 1982. S. 305-331. B 46511

Kuby, E.: Verrat auf deutsch. Wie das Dritte Reich Italien ruinierte. Hamburg: Hoffman u. Campe 1982. 575 S. B 46773

Leppien, J.-P.: Martin Rade und die deutsch-dänischen Beziehungen 1909-1929. E. Beitrag zur historischen Friedensforschung u. zur Problematik des Nationalismus. Neumünster: Wachholtz 1981. 168 S. B 46413

Oncken, E.: Panthersprung nach Agadir. Die deutsche Politik während der zweiten Marokkokrise 1911. Düsseldorf: Droste 1981. VI, 477 S. B 46393

Schuberth, I.: Schweden und das Deutsche Reich im Ersten Weltkrieg. Die Aktivistenbewegung 1914-1918. Bonn: Röhrscheid 1981. 193 S. B 46412

Schwarz, R.: The Nazi diplomatic offensive against Austria. From agreement to aggression. In: Il politica. Anno 48, 1983. Nr. 1. S. 5-30. BZ 4541:48

Seckendorf, M.: Südosteuropakonzeptionen des deutschen Imperialismus in d. Zeit v. 1918-1933/34 unter besond. Berücksichtigung d. nach dem Scheitern der deutsch-österreichischen Zollunion von 1931 entwickelten Konzeption. Bd 1. 2. Berlin: Humboldt-Univ. 1980. 235, 126 S. 08809

Die Westmächte und das Dritte Reich 1933-1939. Klassische Großmachtrivalität oder Kampf zwischen Demokratie und Diktatur? Hrsg.: K. Rohe. Paderborn: Schöningh 1982. 231 S. B 47038

nach 1945

Bahr, E.: La politique de sécurité de la RFA. In: Politique étrangère. Année 47, 1982. No. 2. S. 457-468. BZ 4449:47

Baudissin, W. Graf von: Sicherheitspolitische Probleme im Entspannungsprozess der 80er Jahre. In: Deutsche Studien. Jg. 20, 1982. H. 78. S. 137-149. BZ 4535:20

Dohnanyi, K. von: Deutsche Friedenspolitik zu Beginn der 80er Jahre. In: Sicherheitspolitik am Scheideweg? 1982. S. 49-70. B 47212

Eisenmann, P.: Aussenpolitik der Bundesrepublik Deutschland. Von der Westintegration zur Verständigung mit dem Osten. Ein Studienbuch. Krefeld: Sinus-Verl. 1982. 232 S. B 47568

Frieden mit anderen Waffen. Fünf Vorschläge zu einer alternativen Sicherheitspolitik. Hrsg. v. Komitee für Grundrechte u. Demokratie. Reinbek: Rowohlt 1981. 249 S. B 45303

Görtemaker, M.: West Germany's new foreign policy. In: The Washington quarterly. Vol. 5, 1982. No. 1. S. 61-69. BZ 05351:5

Die außenpolitische Lage Deutschlands am Beginn der achtziger Jahre. Berlin: Duncker u. Humblot 1982. 212 S. B 47779

Lohausen, H. J. von; Hubatschek, G.; Groepper, H.: Zur Lage der Nation. Krefeld: Sinus-Verl. 1982. 174 S. B 46603

Lutz, D. S.: Nautralität - (k)eine sicherheitspolitische Alternative für die Bundesrepublik Deutschland? In: Neutralität - eine Alternative? 1982. S. 7-42. B 46278

Lutz, D. S.: Sicherheit und Frieden durch Neutralität? In: Sicherheitspolitik am Scheideweg? 1982. S. 717-730. B 47212

Vertrauensbildende Maßnahmen. Zur Theorie u. Praxis einer sicherheitspolitischen Strategie. Hrsg.: D. S. Lutz, E. Müller. Baden-Baden: Nomos Verlagsges. 1982. 239 S. B 46908

Möllemann, J. W.: Politik der Friedenssicherung der sozialliberalen Koalition. In: Sicherheitspolitik am Scheideweg? 1982. S. 79-89. B 47212

Mueller-Roschach, H.: Die deutsche Europapolitik 1949-1977. Eine polit. Chronik. Bonn: Europa Union Verl. 1980. 467 S. B 45470

Nehring, J.: Schwarzbuch Bonn. Grundlagen einer nationalen Politik. 3., erw. Aufl. Freudenstadt 1983. 63 S. D 2737

Schoeneberger, M.: Diplomatie im Dialog. Ein Jahrhundert Informationspolitik d. Auswärt. Amtes. München: Olzog 1982. 323 S. B 45478

Seidelmann, R.: Die Entspannungspolitik der Bundesrepublik Deutschland. Frankfurt: Campus Verl. 1982. 194 S. B 46572

Wagner, W.: Der Regierungswechsel in Bonn. Aussenpolitische Kontinuität nach Kanzlersturz und vorzeitigen Neuwahlen. In: Europa-Archiv. Jg. 38, 1983. Folge 6. S. 157-164. BZ 4452:38

Arndt, C.: Die Verträge von Moskau und Warschau. Politische, verfassungsrechtliche u. völkerrechtliche Aspekte. 2., aktual. Aufl. Bonn: Verl. Neue Gesellschaft 1982. 250 S. B 46198

Auskuenfte A-Z. Zum Stand der innerdeutschen Beziehungen. 9. aktual. Aufl. Bonn: Bundesminister f. innerdt. Beziehungen 1982. 111 S. Bc 3271

Barzel, R.: Zur Deutschlandpolitik der neuen Bundesregierung. Bonn: Bundesminist. f. innerdt. Beziehungen 1982. 15 S. Bc 3227

Baumann, G.: Sechzig Jahre nach Rapallo. In: Politische Studien. Jg. 33, 1982. Nr. 266. S. 608-622. BZ 4514:33

Deutsch-Arabische Beziehungen. Bestimmungsfaktoren u. Probleme einer Neuorientierung. Hrsg.: K. Kaiser u. U. Steinbach. München: Oldenbourg 1981. XVI, 370 S. B 45437

Bingen, D.: Die Bonner Deutschlandpolitik 1969-1979 in der polnischen Publizistik. Frankfurt: Metzner 1982. 118 S. B 46893

Das Bündnis im Bündnis. Deutsch-französische Beziehungen im internationalen Spannungsfeld. Hrsg.: R. Picht. Berlin: Severin u. Siedler 1982. 260 S. B 47906

Cygański, M.: Polityka wschodnia RFN wobec Polski w latach 1978-1980. [Die Ostpolitik der BRD gegenüber Polen in d. Jahren 1978-1980.] In: Przegląd Stosunków Międzynarodowych. 1982. Nr. 6. S. 23-42. BZ 4777:1982

Dokumentation. Deutsch-chilenische Militärbeziehungen. Zum Theater: "Von der Rüstung leben - Deutsch-chilenische Geschichten". Stuttgart: Chile-Komitee 1981. 35 S. D 02532

Die neue deutsche Frage. Bonn: Bonner Friedensforum 1983. 82 S. Bc 3462

Frank, P.: Zwanzig Jahre deutsch-französischer Vertrag. In: Aussenpolitik. Jg. 34, 1983. H. 1. S. 17-30. BZ 4457:34

Gradl, J. B.: Friedenspolitik und deutsche Frage. In: Politik und Kultur. Jg. 10, 1983. H. 2. S. 57-66. BZ 4638:10

Hacke, C.: Soll und Haben des Grundlagenvertrags. In: Deutschland-Archiv. Jg. 15, 1982. Nr. 12. S. 1282-1304. BZ 4567:15

Heisenberg, W.: Sicherheitspolitische Probleme im deutsch-amerikanischen Verhältnis. In: Aus Politik und Zeitgeschichte. 1982. B 41. S. 3-18. BZ 05159:1982

Hofstätter, P. R.: Das Provisorium beenden. Ein Diskussionsbeitrag zur deutschen Frage. In: Die politische Meinung. Jg. 27, 1982. H. 204. S. 46-54. BZ 4505:27

Die Integration der beiden deutschen Staaten in die Paktsysteme. - Hindernis oder Voraussetzung für Entspannung und geregeltes Nebeneinander? Bonn: Verl. Neue Gesellsch. 1980. 59 S. Bc 3069

Löwis of Menar, H. von: Bonn und Namibia. Die Position der Bundestagsparteien in d. Namibia-Frage. Bonn: Dt. Afrika-Stiftung 1981. 60 S. Bc 3235

Lorenz, P.; Franke, E.; Ronneburger, U.: Zum Stand

der Deutschlandpolitik. In: Politik und Kultur. Jg. 9, 1982. H. 6. S. 3-37. BZ 4638:9

Loth, W.: Die deutsche Frage als europäisches Problem. In: Aus Politik und Zeitgeschichte. 1982. B 51/52. S. 3-13. BZ 05159:1982

Noack, P.; Eger, R.: Der Fortgang der deutschen Ostpolitik. Innerdeutsche Beziehungen und die Berlin-Frage. In: Die internationale Politik. 1977/78. 1982. S. 151-161. BZ 4767:1977/78

Ropers, N.: Zwischen Wiedervereinigung, Abgrenzung und Entspannung. Der innerdeutsche Reiseverkehr und die Politik zwischen den beiden deutschen Staaten. In: Europa zwischen Konfrontation und Kooperation. 1982. S. 265-294. B 45705

Schmude, J.: Grundlagen und aktuelle Möglichkeiten der Deutschlandpolitik. In: Politik und Kultur. Jg. 10, 1983. H. 4. S. 9-20 BZ 4638:10

Stiers, W.: Perzeptionen der Entwicklung im südlichen Afrika in der Bundesrepublik Deutschland 1960-1979. Frankfurt: Lang 1983. 605 S. B 49543

Strobel, G. W.: Die Bundesrepublik Deutschland und Polen. In: Die internationale Politik. 1975/76. 1981. S. 169-183. BZ 4767:1975/76

Tomala, M.: Bilans polityki wschodniej koalicji socjalliberalnej RFN. [Die Bilanz d. Ostpolitik d. sozial-liberalen Koalition d. BRD.] In: Sprawy Międzynarodowe. Rok 36, 1983. Zeszyt 3. S. 33-44. BZ 4497:36

Vogel, H.-J.: Zur Deutschlandpolitik. In: Politik und Kultur. Jg. 10, 1983. H. 1. S. 9-21. BZ 4638:10

Europäische Zeitzeichen. Elemente e. deutsch-französischen Dialogs. Bonn: Europa-Union Verl. 1982. 151 S. Bc 3090

Ziebura, G.: Die Krise des transatlantischen Systems und die Zukunft der deutsch-amerikanischen Beziehungen. In: Weltpolitik. Jg. 2, 1982. S. 15-42. BZ 4774:2

20 Jahre deutsch-französische Zusammenarbeit. Bonn: Presse-u. Informationsamt 1983. 109 S. Bc 3396

e. 3 Kolonialpolitik

Godendoff, S.: Die Kaiserliche Landespolizei in Deutsch-Südwestafrika. In: Deutsches Soldatenjahrbuch. Jg. 31, 1983. S. 92-97. F 145:31

Gründer, H.: Christliche Mission und deutscher Imperialismus. E. polit. Geschichte ihrer Beziehungen während der dt. Kolonialzeit (1884-1914) unter bes. Berücksichtigung Afrikas u. Chinas. Paderborn: Schöningh 1982. 444 S. B 47039

Mamozai, M.: Herrenmenschen. Frauen im deutschen Kolonialismus. Reinbek: Rowohlt 1982. 311 S. B 47873

Schulte-Althoff, F. J.: Koloniale Krise u. Reformprojekte. Kurskorrektur in der dt. Kolonialpolitik ... In: Weltpolitik, Europagedanke, Regionalismus. 1982. S. 407-425. B 46511

f. Wehrwesen

f. 0.1 Wehrpolitik

Deutsche Deinststelle (WASt) Berlin. - Arbeitsbericht 1981-82. Berlin: Deutsche Dienststelle (WASt) 1983. 60 S. FF 1237:1981-82

B e r n a u , G.: Wegweiser durch das Deutsche Soldatenjahrbuch. Deutscher Soldatenkalender. 1953-1977. Eine Dokumentation der ersten 25 Jahrgänge. München: Schild-Verl. 1982. 340 S. B 46678

B a l d w i n , P. M.: Clausewitz in Nazi-Germany. In: The second world war. 1982. S. 78-99. B 46632

B o r g e r t , H. -L.; S t u e r m , W.; W i g g e r s h a u s , N.: Dienstgruppen und westdeutscher Verteidigungsbeitrag. Vorüberlegungen zur Bewaffnung der Bundesrepublik Deutschland. Boppard: Boldt 1982. VII, 230 S. B 45956

G u i l l e n , P.: Les chefs militaires français, la réarmement de l'Allemagne et la CED (1950-1954). In: Revue d'histoire de la deuxième guerre mondiale. Année 33, 1983. No. 129. S. 3-33. BZ 4455:33

K ö l l n e r , L.: Militär und Finanzen. Zur Finanzgeschichte u. Finanzsoziologie von Militärausgaben in Deutschland. München: Bernard u. Graefe 1982. 320 S. B 46734

Krieg? Materialien zur Sicherheitspolitik der Bundesrepublik. Berlin: Arbeitskreis atomwaffenfreies Europa 1982. 43 S. D 02605

Kritik der Nato-Sicherheit. Friedenspolitische Vorschläge für die BRD. In: Weltpolitik. Jg. 1, 1981. S. 29-45. BZ 4774:1

L u b e r , B.: Bedrohungsatlas Bundesrepublik Deutschland. Wuppertal: Jugenddienst-Verl. 1982. 141 S. B 47556

L u e b k e m e i e r , E.: PD 59 und LRTNF - Modernisierung: Militärstrategische und sicherheitspolitische Implikationen der erweiterten Abschreckung für die Bundesrepublik Deutschland. Bonn: Friedrich-Ebert Stiftung 1981. XIII, 105 Bl. Bc 0858

M c A r d l e Kelleher, C.: The defense policy of the Federal Republic of Germany. In: The defense policies of nations. 1982. S. 268-296. 08926

Sicherheit durch Rüstung? Tübingen: Verein für Friedenspädagogik 1982. 88 S. Bc 0972

W h a l e y , B.: Covert rearmament in Germany 1919-1939. Deception and misperception, In: Military deception and strategic surprise. 1982. S. 3-39. B 46801

W i g g e r s h a u s , N.: Zum alliierten Pro und Contra eines westdeutschen Militärbeitrages. In: Militärgeschichte. 1982. S. 436-451. B 46629

W ü r z b a c h , P. -K.: Die Bundesrepublik Deutschland und das Nordatlantische Bündnis. In: Aus Politik und Zeitgeschichte. 1983. B 38. S. 3-8. BZ 05159:1983

f.1 Heer

Alte Armee, Reichswehr, Wehrmacht

Deist, W.: Armee und Arbeiterschaft 1905-1918. In: Militärgeschichte. 1982. S. 171-189. B 46629

Durchfall in Zabern. Eine Militärdemontage. Angerichtet 1913... Eingereicht 1982 v. R. Nitsche und G. Fröba. Berlin: Transit-Buchverl. 1982. 130 S. Bc 3205

Ehle, F.: Die wichtigsten Vorschriften über die Seitengewehre der Truppen zu Fuss des Königreichs Bayern. T. 1. -3. Rosenheim: Selbstverl. 1981. 34, 20, 63 S. 08733

Das Lesebuch vom Krieg. Militarismus und Antimilitarismus in Deutschland 1900-1945. Hrsg.: T. Friedrich. Berlin: LitPol. 1982. 351 S. B 47133

Mauch, H.-J.: Nationalistische Wehrorganisationen in der Weimarer Republik. Zur Entwicklung u. Ideologie des "Paramilitarismus". Frankfurt: Lang 1982. 290 S. B 47880

Rangliste der Königlich Bayerischen Armee für das Jahr 1811. Neudr. d. Ausg. 1811. Osnabrück: Biblio Verl. 1982. LXXVI, 212 S. B 47851

Schoenbaum, D.: Zabern 1913. Consensus politics in imperial Germany. London: Allen and Unwin 1982. 197 S. B 47976

Seaton, A.: The German Army 1933-1945. London: Weidenfeld and Nicolson 1982. XXIV, 310 S. B 46608

Ueberschär, G. R.: Die höheren militärischen Dienststellen in Frankfurt /M. von 1815 bis 1945. Frankfurt 1980. S. 125-150. Bc 3266

Bundeswehr

Bagiński, Z.: Bundeswehra. [Die Bundeswehr.] Warszawa: Krajowa Agencja Wyd. 1981. 231 S. Bc 3134

Die Bundeswehr in Staat und Gesellschaft. München: Bayer. Landeszentrale f. politische Bildungsarbeit 1982. 264 S. B 46553

Bung, H.: Bildung, Erziehung und Ausbildung in der Bundeswehr. Regensburg: Walhalla u. Praetoria Verl. 1980. IX, 189 S. B 34694:6

Civic Education in the military. The German case. R. Zoll: Politische Bildung in the Bundeswehr; G. Meyer: Political-ideological education in the NVA of the GDR. München: Sozialwiss. Institut der Bundeswehr 1983. 135 S. Bc 3146

Em, J.; Goldacker, E. von; Portner, D.: Bewaffneter Friede. Die Bundeswehr als Teil der Friedenssicherung. Sicherheitspolitik 2. Herford: Verl. Offene Worte 1982. 109 S. B 47051

Fischer, J.: Militärpolitische Lage und militärische Planung bei

Aufstellungsbeginn der Bundeswehr. In: Militärgeschichte. 1982. S. 452-477. B 46629

J o p p , M. : Militär und Gesellschaft in der Bundesrepublik Deutschland. Das Beispiel der Bildungsreform in der Bundeswehr. Frankfurt: Campus Verl. 1983. 251 S. B 47656

Die Neuordnung von Bildung und Ausbildung in der Bundeswehr. Eine Zwischenbilanz nach zehn Jahren. Hrsg. : K. -E. Schulz. Baden-Baden: Nomos Verlagsges. 1982. 260 S. B 47204

R i c h t e r , M. : Partizipation in der Bundeswehr. Möglichkeiten und Grenzen. Heidelberg: Decker, Schenck 1982. XVIII, 116 S. B 46659

S c h e v e n , W. von: Politische Bildung in der Bundeswehr. In: Heere international. Jg. 2, 1983. S. 42-52. BZ 4754:2

W u l l i c h , P. E. : Die Konzeption der Inneren Führung der Bundeswehr als Grundlage einer allgemeinen Wehrpädagogik. Regensburg: Walhalla u. Praetoria Verl. 1981. IX, 502 S. B 46509

Z u b e r , H. : Innere Führung in Staat, Armee und Gesellschaft. Regensburg: Walhalla u. Prätoria Verl. 1981. XII, 377 S. B 45767

f. 1.30 Waffengattungen und Dienste

Alte Armee und Reichswehr

G r u n w a l d , E. : Studien zum militärärztlichen Ausbildungswesen in Deutschland 1919-1945. Gräfelfing: Demeter 1980. 258 S. B 48001

H o f f m a n n , K. O. : Signal-, Telegraphen-, Nachrichten- und Fernmeldetruppe. T. 3: Erster Weltkrieg. In: Deutsches Soldatenjahrbuch. Jg. 31, 1983. S. 257-263. F 145:31

R e d l i n , R. : Das Königlich Preußische Gardekorps. Freiburg: Militärgeschichtl. Forschungsamt 1982. 158 S. B 47860:1

Wehrmacht

B a r k e r , A. J. : Waffen-SS at war. London: Allan 1982. 151 S. 08850

B a y e r , H. : Kavallerie-Divisionen der Waffen-SS im Bild. Osnabrück: Munin 1982. 223 S. 08909

B l a n k e n h a g e n , W. : Im Zeichen des Schwertes. Erinnerungen an den Weg der 131. Inf. Division. Osterode: Giebel u. Oehlschlegel 1982. 126 S. B 46260

B u r k h a r d t , H. ; E r x l e b e n , G. ; N e t t b a l l , K. : Die mit dem blauen Schein. (999. ID.) Berlin: Militärverl. d. DDR 1982. 371 S. B 47589

H a u p t , W. : Geschichte der 134. Infanterie-Division. Gekürzter Nachdr. Tuttlingen: Goll 1981. 238 S. B 46095

H i n z e , R. : Hitze, Frost und Pulverdampf. Der Schicksalsweg der 20. Panzer-Division. Bochum: Pöppinghaus 1981. 380 S.B 46202

M a m m a c h , K. : Der Volkssturm. Das letzte Aufgebot 1944/45.

Köln: Pahl-Rugenstein 1981. 215 S. B 45608

Meyer, H.: Kriegsgeschichte der 12. SS-Panzerdivision "Hitlerjugend". Bd 1. 2. Osnabrück: Munin 1982. 734 S. 08981

Perrett, B.: German armoured Cars and reconnaissance halftracks, 1939-45. London: Osprey 1982. 40 S. Bc 0853

Radke, H.: Der letzte Reiter-Grossverband der Kriegsgeschichte. Festschrift zum 90. Geburtstag des Generals d. Kavallerie Gustav Harteneck. München: Radke 1982. 104 S. Bc 3272

Ritgen, H.: The 6th Panzer Division 1937-45. London: Osprey 1982. 40 S. Bc 01031

Saenger, H.: Bildband 2 der 79. Infanterie-Division. Tapfer und treu. 1939-1945. Limburg: Starke 1982. 331 S. B 46259

Schütter, F. W.: Männer der Waffen-SS. Der Weg einer Truppe 1935-1945. Preussisch Oldendorf: Schütz 1983. 439 S. B 49229

Schulze-Kossens, R.: Militärischer Führernachwuchs der Waffen-SS. Die Junkerschulen. Osnabrück: Munin Verl. 1982. 216 S. 08908

Wegner, B.: Hitlers politische Soldaten: Die Waffen-SS 1933-1945. Studien zu Leitbild, Struktur u. Funktion einer nationalsozialistischen Elite. Paderborn: Schöningh 1982. 363 S. B 47040

Bundeswehr

Bolt, U. H.: Die Raketenartillerie der Bundeswehr. In: Deutsches Soldatenjahrbuch. Jg. 31, 1983. S. 204-208. F 145:31

Rabe, K.-K.: Atomwaffen in der Bundesrepublik. Heidelberg: Göttingen: Steidl 1983. 24 S. D 02627

Reichert, R. von: Das Heer der Bundeswehr. Über seine Entwicklung im Wandel der Zeit. In: Heere international. Jg. 2, 1983. S. 30-41. BZ 4754:2

Krug, H.-J.: 25 Jahre Artillerie der Bundeswehr. Friedberg: Podzun-Pallas 1982. 238 S. B 47190

f. 1.40 Militärwesen

Albrecht-Heide, A.; Bujewski, U.: Militärdienst für Frauen? Frankfurt: Campus Verl. 1982. 184 S. B 46826

Bakarinow, K.: Mädchen, was willst Du im Militär? Eine Info-Mappe. Köln: Kathol. Studierende Jugend 1982. 86 S. D 2505

Bonnemann, A.: Student an der Hochschule der Bundeswehr Hamburg. München: Minerva 1982. 179 S. B 47426

Fleckenstein, B.: Wehrpflichtige oder Freiwillige? Die Gesellschaft und ihre Verteidiger. In: Beiträge zur Konfliktforschung. Jg. 12, 1982. Nr. 3. S. 91-103. BZ 4594:12

Initiative 'Frauen in die Bundeswehr? Wir sagen nein!' Argumente. Pro und contra. Zur Langzeitplanung der Bundeswehr und des Verteidigungsministeriums im Sommer''82. Düsseldorf 1982. 44 S. D 02757

Grigoleit, G.: Randbemerkungen. Notizen eines evangel. Militärpfarrers. M. Zeichnungen v. J. Wolter. Hannover: Lutherhaus-Verl. 1981. 91 S. Bc 3479

Kutz, M.: Reform und Restauration der Offiziersausbildung der Bundeswehr. Baden-Baden: Nomos Verl. Ges. 1982. 241 S. B 46276

Reimann, S.: Soldat und Gesellschaft in der Bundesrepublik Deutschland. In: Deutsche Studien. Jg. 20, 1982. H. 78. S. 168-183. BZ 4535:20

Das strapazierte Rückgrat. Unteroffiziere der Bundeswehr. Hrsg.: P. Klein. Baden-Baden: Nomos Verl. Ges. 1983. 350 S. B 49093

Seuberlich, H. E.: Frauen als Soldaten. Die Lage bei uns - Blick auf die anderen. In: Heere international. Jg. 2, 1983. S. 63-73. BZ 4754:2

Soldat und Gesellschaft. Die Diskussion d. Bundesminist. d. Verteidigung mit Soldaten u. Vertretern gesellschaftl. Gruppen am 23. u. 24. April in Bonn. Protokoll. Bonn: Bundesminist. d. Verteidigung 1981. 213 S. B 45539

Stumpf, R.: Die Wiederverwendung von Generalen und die Neubildung militärischer Eliten in Deutschland und Österreich nach 1945. In: Militärgeschichte. 1982. S. 478-497. B 46629

Trump, E. H.: Die Beurteilung von Soldaten in der Bundeswehr. Nürnberg: Friedr. Alex. Univers. 1981. 149 , XXII S. 08732

Welcker, I.; Zelinka, F. F.: Qualifikation zum Offizier? Eine Inhaltsanalyse der Einstellungsvoraussetzungen für Offiziere vom Kaiserheer zur Bundeswehr. Frankfurt: Lang 1982. VI,185 S. B 47878

Militaria

Davis, B. L.; MacGregor, M.: Badges and insignia of the Third Reich, 1933-1945. Poole: Blandford 1983. 208 S. 08986

Gay, F.: Il Nero e il bianco, il rosso e l'oro. La complicata storia delle bandiere della Germania. Roma: Rivista Marittima 1982. 15 S. Bc 3267

Gottke, H.: Die Ritterkreuzträger der deutschen Flugabwehrtruppen im 2. Weltkrieg. In d. Reihenfolge d. Verleihung zusammengestellt. In: Deutsches Soldatenjahrbuch. Jg. 31, 1983. S. 406-414. F 145:31

Hübener, F.: Reservistenkrüge und Reservistenpfeifen. München: Callwey 1982. 219 S. B 47662

f. 1.42 Wehrrecht

Dienst am Volk. München: Bucher 1982. 144 S. 08756

Ruedinger, F. C. von: Handausgabe der deutschen Wehrordnung mit ihren Ergänzungen und Änderungen. 2. Aufl. Stuttgart: Kohlhammer 1981. XIII, 440 S. B 47852

Anmerkungen zu den Gesetzentwürfen der Regierungskoalition (Bundestagsdrucksache 9/2114) und der Opposition (Bundestagsdrucksache 6/2064) zur Neuordnung des Rechtes der Kriegsdienstverweigerung und des Zivildienstes. Bremen: Zentralstelle f. Recht u. Schutz d. Kriegsdienstverweigerer 1982. 22 S. D 2530

Bäuerle, D.: Kriegsdienstverweigerer - Ängste, Hilfen Perspektiven. Frankfurt: Fischer 1982. 155 S. Bc 3119

Finckh, U.: Zur Erläuterung des KDV-Rechts. Mit Gesetztext. 2. Aufl. Bremen: Zentralstelle f. Recht u. Schutz d. Kriegsdienstverweigerer 1983. 49 S. D 2718

Gesetzentwurf der Fraktionen der CDU/CSU und FDP. Entwurf eines Gesetzes zur Neuordnung des Rechts der Kriegsdienstverweigerung und d. Zivildienstes (Kriegsdienstverweigerungs-Neuordnungsgesetz - KDVNG). Bonn: Deutscher Bundestag 1982. 16 S. D 2530

Gegen die Inquisition des Gewissens. Abgelehnt in allen Instanzen. 13 Kriegsdienstverweigerer berichten. Bielefeld: Evang. Arbeitsgemeinsch. z. Betreuung d. Kriegsdienstverweigerer 1983. 43 S. D 02602

Kriegsdienst. Das Recht auf Verweigerung darf nicht eingeschränkt werden. Eine Informations- und Aktionsbroschüre zum KDV-"Neu"-Regelungsgesetz. Schwerte 1983. 60 S. D 02677

Zur Kritik der KDV-Neuordnung. Gesetzestexte u. Anmerkungen. Bremen: Zentralstelle f-Recht u. Schutz d. Kriegsdienstverweigerer 1983. 47 S. D 2571

Kurzinformation über die Evangelische Arbeitsgemeinschaft zur Betreuung der Kriegsdienstverweigerer (EAK). Mit e. Liste d. Berater u. Beistände in d. Landeskirchen d. EKD. Stand März 1983. Bremen 1983. 94 S. D 2719

Müller, K. P.: Wo Recht zu Unrecht wird, wird Widerstand zur Pflicht. Dokumentation zur totalen Kriegsdienstverweigerung des "Zivildienstpflichtigen". Delmenhorst 1982. 37 S. D 02596

Oberschachstiek, B.: Beratung von Kriegsdienstverweigerern. Ein Modell für die Praxis. [o. O.] 1983. 158 S. B 47501

Rosenthal, C.: Vielleicht ist der Friede nicht billiger zu haben. Über e. totale Kriegsdienstverweigerung. Göttingen: Verl. Die Werkstatt 1982. 141 S. Bc 3255

Schwamborn M.; Mannhardt, K.: Handbuch für Kriegsdienstverweigerer. 8. völlig neubearb. Aufl. Köln: Pahl-Rugenstein 1982. 209 S. B 46282

Auswirkungen der Gesetzesnovelle auf Kriegsdienstverweigerung und Ausgestaltung des Zivildienstes. Frankfurt: Selbstorganisation der Zivildienstleistenden 1983. 15 S. D 2711

Dokumentation vom Zivi-Streik. 27. 1. 83 Bundesweiter Streik -u. Aktionstag. Frankfurt: Bundeszentrale d. Selbstorganisation der Zivildienstleistenden 1983. 82 S. D 02647

Tobiassen, P.; Klink, E.: Gewissen im Ernstfall. Was passiert, wenn...? 16 Monate Zivildienst - und was dann? Ein Reader zur

Rüstzeit, durchgeführt von 22.-26.11.82. 3., erg. Aufl. Bremen: Landesjugendpfarramt 1982. 50 S. D 02577

Urban, W.; Koch, T.: Grundsatzpapier der Selbstorganisation der Zivildienstleistenden. Entwurf vom Juni 1983. Kriegsdienstverweigerung und Zivildienst - die SOdZDL als politische Organisation. Frankfurt: SOdZDL 1983. 17 S. D 2720

Gewissen gegen Kriegsdienst. - Zivildienst contra Wehrdienst. Neues Gesetz - wichtige Termine 83/84. Merkblatt für Kriegsdienstverweigerer. Witten 1983. 31 S. D 2714

f. 2 Kriegsmarine

Beer, T.; Kludas, A.: Die kaiserliche Marine auf alten Postkarten. Hildesheim: Gerstenberg 1983. 214 S. 08960

Frank, H.: 25 Jahre Schnellbootflottille der Bundesmarine. In: Marine-Rundschau. Jg. 79, 1982. H. 10. S. 528-538. BZ 05138:79

Gröner, E.; Jung, D.; Maass, M.: Die deutschen Kriegsschiffe 1815-1945. Bd 1. München: Bernard u. Graefe 1982. 180 S. 08825

Heye, A.W.: Chronik der 2. Marine-Unteroffiziervorschule. Ansbach: Ansbacher Verlagsges. 1982. 331 S. 08894

Koop, G.: Emden. Ein Name - fünf Schiffe. München: Bernard und Graefe 1983. 176 S. 08895

Deutscher Kriegsschiffbau heute. Forum "Wehrtechnik im Schiffbau", 18. u. 19. Febr. 1982 in Bremen. München: Bernard u. Graefe 1982. 132 S. B 47256

Die deutsche Marine. Historisches Selbstverständnis und Standortbestimmung. Herford: Mittler 1983. 338 S. B 48856

Schneider, G.-D.: Vom Kanal zum Kaukasus. Die 3. R.-Flotille. Feuerwehr an allen Fronten. Herford: Koehler 1982. 293 S. B 48318

Schreiber, G.: Thesen zur ideologischen Kontinuität in den machtpolitischen Zielsetzungen der deutschen Marineführung 1897 bis 1945. In: Militärgeschichte. 1982. S. 260-280. B 46629

Showell, J.P.M.: Das Buch der deutschen Kriegsmarine 1935-1945. Stuttgart: Motorbuch Verl. 1982. 246 S. 08805

Tuleja, T. von: Deutsche Schlachtschiffe und Schwere Kreuzer 1939-1945. Verkürzter Nachdr. Friedberg: Podzun-Pallas-Verl. 1982. 160 S. B 46263

1957-1982. - 25 Jahre Ubootflottille. Kiel: Ubootflottille 1982. 44 S. Bc 3273

20 Jahre 1. Ubootgeschwader. 1962-1982. Koblenz, Bonn: Mönch 1982. 40 S. Bc 3040

f. 3 Luftwaffe

Boehme, M.: Jagdgeschwader 7. Die Chronik eines Me 262-Geschwaders 1944/45. Stuttgart: Motorbuch Verl. 1983. 291 S. B 49015

Boog, H.: Die deutsche Luftwaffenführung. 1935-1945. Führungsprobleme, Spitzengliederung, Generalstabsausbildung. Stuttgart: Dt. Verl.-Anst. 1982. 724 S. B 46178

Fleuret, A.; Smith, J.R.; Gallaspy, J.D.: Luftwaffe Camouflage & markings. Vol. 1-3. Melbourne: Kookaburra Technical Publ. 1976-1981. 143, 164, 163 S. 08461

Koch, H.-A.: Die Geschichte der deutschen Flakartillerie 1935-45. Verkürzter Nachdr. Friedberg: Podzun-Pallas Verl. 1982. 159 S. B 46262

Kosin, R.: Die Entwicklung der deutschen Jagdflugzeuge. Koblenz: Bernard u. Graefe 1983. 226 S. 08941

Masters, D.: German Jet Genesis. London: Jane 1982. 142 S. 08854

Murray, W.: Attrition and the Luftwaffe. In: Air university review. Vol. 34, 1983. No. 3. S. 66-77. BZ 4544:34

Musciano, W.A.: Messerschmitt-Aces. New York: Arco Publ. 1982. XVI, 217 S. 09364

Nicolaisen, H.-D.: Der Einsatz der Luftwaffen- und Marinehelfer im 2. Weltkrieg. Darstellung und Dokumentation. Büsum: Selbstverl. 1981. 667 S. B 46407

Otte, A.: Die weißen Spiegel. Vom Regiment zum Fallschirmpanzerkorps. Friedberg: Podzun-Pallas-Verl. 1982. 175 S. B 46965

Quarrie, B.: German airborne troops 1939-45. London: Osprey 1983. 40 S. Bc 01145

Redemann, H.: Die fliegenden Verbände der Luftwaffe 1956-1982. Mit einem historischen Überblick ab 1911. Stuttgart: Motorbuch Verl. 1983. 184 S. 08943

Smith, J.R.; Creek, E.J.: Jet Planes of the Third Reich. Boylston: Monogram Aviation Publ. 1982. 400 S. 08893

f. 4 Zivilverteidigung/Bevölkerungsschutz

Besslich, W.: Materielle Bedarfsdeckung. 2., wesentl. erw. Aufl. Mannheim: Südwestdt. Verlagsanst. 1982. Getr. Pag. B 46702

Besslich, W.; Scholl, H.: Organisation in Übersichten. 4. überarb. u. erw. Aufl. München: Jüngling 1983. 212 S. B 48923

Die Mobilmachung der Bevölkerung. Und wie wir uns verweigern können. Berlin: Alternative Liste f. Demokratie und Umweltschutz 1983. 28 S. D 02606

Der Tag "X" hat schon begonnen... Die Gefahren d. Zivilverteidigung. Hamburg: GAL-Franktion 1983. 51 S. D 02604

Wer Bunker baut, wirft auch Bomben. Materialien u. Dokumente zum Zivilschutz. Freiburg: Christen f. d. Sozialismus 1982. 42 S. D 2572

g. Wirtschaft

g. 1 Volkswirtschaft

Abelshauser, W.: Ansätze "korporativer Marktwirtschaft" in der Korea-Krise der frühen fünfziger Jahre. In: Vierteljahrshefte für Zeitgeschichte. Jg. 30, 1982. H. 4. S. 715-756. BZ 4456:30

Abelshauser, W.: Wirtschaftsgeschichte der Bundesrepublik Deutschland. 1945-1980. Frankfurt: Suhrkamp 1983. 186 S. Bc 3549

Fricke, D.: Zur Rolle des Bundes der Landwirte zu Beginn der Novemberrevolution 1918/19. In: Zeitschrift für Geschichtswissenschaft. Jg. 31, 1983. H. 6. S. 506-522. BZ 4510:31

Germany. (1919-1939.) Vol. 1. 2. Nendeln: Kraus 1982. Getr. Pag. B 45556

Grube, F.; Richter, G.: Das Wirtschaftswunder. Unser Weg in den Wohlstand. Hamburg: Hoffmann u. Campe 1983. 223 S. 08911

Grübler, M.: Die Spitzenverbände der Wirtschaft und das erste Kabinett Brüning. Vom Ende der Großen Koalition 1929/30 bis zum Vorabend der Bankenkrise 1931. Eine Quellenstudie. Düsseldorf: Droste 1982. 500 S. B 47221

Holmes, K. R.: The forsaken past. Agrarian conservatism and National Socialism in Germany. In: Journal of contemporary history. Vol. 17, 1982. No. 4. S. 671-688. BZ 4552:17

Horbelt, R.; Spindler, S.: Tante Linas Kriegskochbuch. Erlebnisse, Kochrezepte, Dokumente. Rezepte einer ungewöhlichen Frau, in schlechten Zeiten zu überleben. Frankfurt: Eichborn 1982. 199 S. B 46183

Die Interessen der mittelständischen Wirtschaft an der Ausländerbeschäftigung. Bochum 1982. 48 S. D 2608

Strauss, F. J.: Soziale Marktwirtschaft 1949-1969. In: Politische Studien. Jg. 33, 1982. Nr. 265. S. 453-460. BZ 4514:33

g. 3 Industrie

Ahrens, H. D.: Demontage. Nachkriegspolitik der Alliierten. München: Universitas 1982. 295 S. B 46059

Albrecht, U.; Lock, P.; Wulf, H.: Mit Rüstung gegen Arbeitslosigkeit? Reinbek: Rowohlt Verl. 1982. 247 S. B 47375

Deutsche Energiepolitik seit 1945. Vorrang für die Kohle. Köln: Bund-Verl. 1981. 470 S. B 45598

Homze, E. M.: The German MIC. In: War, business and world military-industrial complexes. 1981. S. 51-83. B 47000

Müller, R.-D.: Die Rolle der Industrie in Hitlers Ostimperium. In: Militärgeschichte. 1982. S. 383-406. B 46629

Rüstungsexport. Der Handel mit dem Tod. Materialien. Latein-Lateinamerika-Tage '82. Bundesdeutsche Waffen in Lateinamerika. Berlin 1982. 62 S. D 02727

W e n g s t, U. : Grossindustrie und Machtergreifung. Zu den Beziehungen zwischen industriellen Führungsgruppen u. Nationalsozialismus von 1930 bis 1933. In: Politische Studien. Jg. 34, 1983. H. 267. S. 37-48. BZ 4514:34

W y s o c k i, G. : Zwangsarbeit im Stahlkonzern. Salzgitter und die Reichswerke "Hermann Göring" 1937-1945. Braunschweig: Magni-Buchladen 1982. 223 S. B 47560

Kernenergie

Atomkraft? Nein danke! 1983. Kalender. Göttingen: Gegenwind Verl. 1982. 211 S. D 2736

... Auch keine Zwischenlösung! Probleme u. Risiken d. "Zwischenlagerung" von Atommüll. Atommüllzwischenlager-Hearing in Ahaus. Tagungsbericht d. Atommüllzwischenlager-Hearings in Ahaus am 13./14. 9. 1980. Hannover: Öko-Institut 1981. 119 S. D 2640

K r e m m l e r, J.; S t e l l p f l u g, J. : Atomtransporte. Hannover: Institut f-ökologische Forschung u. Bildung 1982. 109 S. D 2745

N e l k i n, D.; P o l l a k, M. : Tha Atom besieged. Extraparliamentary dissent in France and Germany. Cambridge: MIT Pr. 1981. X. 235 S. B 47730

Der Pleitereaktor: THTR. Thorium-Hochtemperatur-Reaktor in Hamm-Uentrop. 2., erw. Aufl. Hamm 1982. 28 S. D 02696

S c h e d l, O. : Programmierte Energiekrise? München: Olzog 1982. 286 S. B 47429

W u e n s c h m a n n, A. : Unbewußt dagegen. Zur Psychologie der Kernenergiekontroverse. 2., erw. Aufl. Stuttgart: Bonn aktuell 1982. 146 S. B 46835

g. 4 Handel

B e y f u s s, J. : Der deutsche Osthandel. Entwicklung und Perspektiven. Köln: Dt. Instituts-Verl. 1982. 52 S. Bc 3214

Hilfe u. Handel = Frieden? Die Bundesrepublik in der Dritten Welt. Red. : R. Steinweg. Frankfurt: Suhrkamp 1982. 418 S. B 45738

J o p p, M. : Embargo oder Business? Der Osthandel der Bundesrepublik Deutschland und die deutsch-amerikanischen Beziehungen. In: Europa zwischen Konfrontation und Kooperation, 1982. S. 193-220. B 45705

M u e l l e r, H.; R o d e, R. : Osthandel oder Wirtschaftskrieg? Die USA und das Gas-Röhren-Geschäft. Frankfurt: Haag und Herchen 1982. 70 S. Bc 3472

West Germany: A European and global power. Ed. : W. L. Kohl. Lexington: Lexington Books 1980. XV, 224 S. B 48014

W ö r m a n n, C. : Der Osthandel der Bundesrepublik Deutschland. Frankfurt: Campus Verl. 1982. 289 S. B 47349

g. 6 Finanz- und Geldwesen

Habedank, H.: Die Reichsbank in der Weimarer Republik. Zur Rolle der Zentralbank in der Politik des deutschen Imperialismus. 1919-1933. Berlin: Akademie-Verl. 1981. 257 S. B 45427

Die deutsche Inflation. Eine Zwischenbilanz. The German inflation reconsidered. A preliminary balance. Berlin: De Gruyter 1982. XXIV, 431 S. B 47788

Kabisch, T.R.: Deutsches Kapital in den USA. Von der Reichsgründung bis zur Sequestrierung (1917) und Freigabe. Stuttgart: Klett-Cotta 1982. 413 S. B 47071

Specht, A. von: Politische und wirtschaftliche Hintergründe der deutschen Inflation 1918-1923. Frankfurt; Bern: Lang 1982. 157 S. Bc 3405

Zum Frieden beiSteuern. Handbuch für Rüstungssteuerboykott/Protest. Köln: Arbeitskr. Kriegssteuerboykott 1983. 64 S. D 2678

h. Gesellschaft

h. 0 Sozialwissenschaft

Von deutscher Art. Hrsg.: G. Loschütz. Darmstadt: Luchterhand 1982. 159 S. B 47579

Bethlehem, S.: Heimatvertreibung, DDR-Flucht, Gastarbeiterzuwanderung. Wanderungsströme u. Wanderungspolitik in der Bundesrepublik Deutschland. Stuttgart: Klett-Cotta 1982. 256 S. B 45635

Diener, I.; Supp, E.: Ils vivent autrement. L'Allemagne alternative. Paris: Stock 1982. 299 S. B 48254

Drachen mit tausend Köpfen. Spaziergänge durch linkes u. alternatives Milieu. Hrsg.: M. T. Mehr. Darmstadt: Luchterhand 1982. 160 S. B 48664

Betrifft: Eingliederung der Vertriebenen, Flüchtlinge und Kriegsgeschädigten in der Bundesrepublik Deutschland. Bonn: Bundesminist. d. Innern 1982. 171 S. B 48046

Einsteigen in eine andere Republik? Thesen über neue Perspektiven unserer gesellschaftl. Zukunft. Achberg: Achberger Verl. 1982. 64 S. Bc 3496

Kohl, H.: Der Weg zur Wende. Von der Wohlfahrtsgesellschaft zur Leistungsgemeinschaft. Hrsg.: D. Heissler. Husum: Husum Druck- u. Verl. Gesellsch. 1983. 115 S. Bc 3501

Mikosek, J.: Sytuacja w ruchu przesiedleńczym w RFN z początkiem lat osiemdziesiątych na przykładzie działalności "Ziomkostwa Oberschlesierów". [Die Lage der Umsiedler in der BRD am Beginn der 80er Jahre am Beisp. d. Aktivitäten der "Landmannschaft der Oberschlesier".] In: Przegląd Stosunków Międzynarodowych. 1982. Nr. 6. S. 57-67. BZ 4777:1982

Petzold, J.: Die deutsche Großbourgeoisie und die Errichtung der faschistischen Diktatur. In: Zeitschrift für Geschichtswissenschaft. Jg. 31, 1983. H. 3. S. 214-232. BZ 4510:31

Verdatet, verkabelt, verkauft. Nein zu Personalinformationssystemen. Sie wollen nur unser Bestes, aber sie kriegen es nicht. Hamburg: Gruppe Nein zu Personalinformationssystemen 1983. 99 S. D 02743

Weede, E.; Schössler, D.; Jung, M.: West German elite. Views on national security issues. Evidence from a 1980/81 survey of experts. In: The journal of strategic studies. Vol. 6, 1983. No. 1. S. 82-95. BZ 4669:6

Dokumentation des bundesweiten Treffens der Initiativen zum Volkszählungsboykott 1983 in Bochum. Bochum 1983. 38 S. D 02581

Das Volk zählt nicht - es wird gezählt. Hamburg: Basisgruppe Informatik 1983. 46 S. D 02595

Information und Meinung rund um die Volkszählung. Volkszählung '83 ohne uns. Stuttgart: Info-Zentrale c/o SZ 1983. 33 S. D 02572

Volkszählung und Kriegsvorbereitung. Marburg: Bunte Hilfe 1983. 24 S. D 2672

Volkszählungsboykott. Info. Berlin: Info-Büro Volkszählung 1983. 28 S. D 02612

Volkszählungsboykott. Informationsbroschüre. Essen: Essener Initiative 1983. 40 S. D 02570

h. 1 Bevölkerung und Familie

Frauenfrage

Arendt, H.-J.: Zur Frauenpolitik des faschistischen deutschen Imperialismus im zweiten Weltkrieg. In: Jahrbuch für Geschichte. 1982. Bd 26. S. 299-333. BZ 4421:1982

Bessel, R.: "Eine nicht allzu große Beunruhigung des Arbeitsmarktes". Frauenarbeit u. Demobilmachung in Deutschland nach dem Ersten Weltkrieg. In: Geschichte und Gesellschaft. Jg. 9, 1983. H. 2. S. 211-229 BZ 4636:9

Braun, L.: Die Frauen und die Politik. Die Frauen und der Krieg. Die Emanzipation der Kinder. Repr. Düsseldorf: Zwiebelzwerg Comp. 1981. 132 S. Bc 3358

Geschichten von Frauen und Frieden. Hrsg.: E. Schöfthaler. Gelnhausen: Burckhardthaus-Lätare Verl. 1982. 176 S. B 48524

Hartmann, E.: Frauen für Frieden. Gedichte, Schilderungen, Reflexionen. Berlin 1982. 112 S. D 2700

Kater, M.H.: Frauen in der NS-Bewegung. In: Vierteljahrshefte für Zeitgeschichte. Jg. 31, 1983. H. 2. S. 202-241. BZ 4456:31

Kessler, H.: "Die deutsche Frau." Nationalsozialistische Frauenpropaganda im "Völkischen Beobachter". Köln: Pahl-Rugenstein 1981. 127 S. Bc 3305

Kirkpatrick, C.: Nazi Germany. Its Women and family life. Repr. Indianapolis: Bobbs-Merrill 1982. XIII, 353 S. B 47470

Kuhn, A.; Rothe, V.: Frauen im deutschen Faschismus. Bd 1. 2. Düsseldorf: Schwann 1982. 142, 204 S. B 45741

Verena Born (Hrsg.) - Montags biste sowieso geschafft. Frauen am Fliessband erzählen. Hamburg: Junius-Verl. 1982. 167 S. Bc 3276

Ob Kinder oder keine entscheiden wir alleine. Weg mit dem Paragraphen 218! Kiel: Frauenzentrum 1982. 22 S. D 02773

Schwarzer, A.: Mit Leidenschaft. Texte 1968-1982. Reinbek: Rowohlt 1982. 348 S. B 48525

Swiderski, G.: Die Westdeutsche Frauenfriedensbewegung in den 50er Jahren. Hamburg: Ergebnisse Verl. 1983. 112 S. BZ 4700:1983

Thalmann, R.: Etre femme sous le III. Reich. Paris: Laffont 1982. 274 S. B 46887

Jugendfrage

Boberach, H.: Jugend unter Hitler. Düsseldorf: Droste 1982. 173 S. 08819

Dudek, P.; Jaschke, H.-G.: Jugend rechtsaußen. Bensheim: päd—extra Buchverl. 1982. 165 S. B 48537

Dufner, W.: Frühe Wegweisungen. Chronik einer alemannischen Jugend. 1926-1950. Konstanz: Südkurier 1982. 174 S. B 47847

Eisbrecher-Mannschaft. Die wunderbaren Jahre. Hrsg.: H. Fritsch. Heidenheim: Fritsch 1981. 54 S. Bc 01011

Huber, K.-H.: Jugend unterm Hakenkreuz. Berlin: Ullstein 1982. 326 S. B 47865

Jugend, Jugendprobleme, Jugendprotest. Stuttgart: Kohlhammer 1982. 155 S. B 47320

Jugendkriminalität und Jugendopposition im NS-Staat. Ein sozialgeschichtliches Dokument hrsg. u. eingel. v. A. Klönne. Nachdr. Münster: Lit Verl. 1981. 225 S. B 48064

Jugendprotest im demokratischen Staat. Enquete-Kommission des Deutschen Bundestages. Hrsg.: M. Wissmann, R. Hauck. Stuttgart: Ed. Weitbrecht 1983. 476 S. B 48063

Langer, H.: Zur faschistischen Manipulierung der deutschen Jugend während des zweiten Weltkrieges. In: Jahrbuch für Geschichte. 1982. Bd 26. S. 335-365. BZ 4421:1982

Malunat, B. M.: Eigentum und Hausbesetzung. In: Politische Vierteljahresschrift. Jg. 23, 1982. H. 3. S. 257-277. BZ 4501:23

Neonazistische Militanz und Rechtsextremismus unter Jugendlichen. Stuttgart: Kohlhammer 1982. 39 S. Bc 3452

Muth, H.: Jugendopposition im Dritten Reich. In: Vierteljahrshefte für Zeitgeschichte. Jg. 30, 1982. H. 3. S. 369-417. BZ 4456:30

Wissen wofür man lebt. Jugendprotest, Aufbruch in eine veränderte Zukunft. Hrsg.: H.-E. Bahr. München: Kindler 1982. 233 S. B 47318

h. 2 Stand und Arbeit

Arbeiterbewegung

Arbeiterbildung nach dem Fall des Sozialistengesetzes. 1890-1914. Konzeption und Praxis. Hrsg.: J. Olbrich. Braunschweig: Westermann 1982. 410 S. B 47410

Der Arbeitsmann, er stirbt, verdirbt, wann steht er auf? Hrsg.: F. G. Kürbisch. Berlin: Dietz 1982. 199 S. B 48541

The German working Class. 1888-1933. The politics of everyday life. Ed.: R. J. Evans. London: Croom Helm 1982. 259 S. B 46854

Heimann, H.: Marxismus, Revisionismus in der Geschichte der deutschen Arbeiterbewegung. In: Aus Politik und Zeitgeschichte. 1983. B 10. S. 3-24. BZ 05159:1983

Pieck, W.: Zur Bildungspolitik der Arbeiterbewegung. Reden und Schriften. Ausgew. eingel. u. erl. v. R. Schulz. Berlin: Volks und Wissen 1981. 368 S. B 45673

Plener, U.: Reformistische Arbeiterbewegung und Friedenskampf heute. Dargestellt vor allem am Beispiel der BRD (1980-1982). In: Beiträge zur Geschichte der Arbeiterbewegung. Jg. 25, 1983. H. 1. S. 48-61. BZ 4507:25

Ritter, G. A.: Staat, Arbeiterschaft und Arbeiterbewegung in Deutschland. Vom Vormärz bis zum Ende der Weimarer Republik. Berlin, Bonn: Dietz 1980. 146 S. Bc 3024

Haupt, W.: Der Reichsarbeitsdienst. Die Organisationsgeschichte 1920-1939. In: Deutsches Soldatenjahrbuch. Jg. 31, 1983. S. 114-128. F 145:31

Gewerkschaften
bis 1945

Benvenuti, N.: Partito e sindacati in Germania. 1890-1914. Milano: La Pietra 1981. 261 S. B 48344

Bieber, H.-J.: Gewerkschaften in Krieg und Revolution. T. 1. 2. Hamburg: Christians 1981. 1248 S. B 46372

Giersch, R.: Von der "Nationalsozialistischen Betriebszellen-organisation" zur "Deutschen Arbeitsfront" 1932-1934. In: Jahrbuch für Geschichte. 1982. Bd 26. S. 43-73. BZ 4421:1982

Moses, J. A.: Trade Unionism in Germany from Bismarck to Hitler. 1869-1933. Vol. 1. 2. London: Prior 1982. XXI, 560 S. B 46148

Neebe, R.: Unternehmerverbände und Gewerkschaften in d. Jahren der Großen Krise 1929-1933. In: Geschichte und Gesellschaft. Jg. 9, 1983. H. 2. S. 302-330. BZ 4636:9

Protokolle d. Verhandlungen der Kongresse d. Gewerkschaften Deutschlands. Repr. Bd 1-6. Berlin: Dietz 1979-83. Getr. Pag. B 42136

nach 1945

Alexis, M.: Neo-corporatism and industrial relations. The case of German trade unions. In: West European politics. Vol. 6, 1983. No. 1. S. 75-92. BZ 4668:6

Brandt, G.; Jacobi, O.; Mueller-Jentsch, W.: Anpassung an die Krise. Gewerkschaften in den siebziger Jahren. Frankfurt: Campus Verl. 1982. 267 S. B 47351

Das ist 'unsere' Neue Heimat. Gewerkschaften u. Wohnungspolitik. Berlin: GEW 1982. 244 S. D 02502:49

Fichter, M.: Besatzungsmacht und Gewerkschaften. Zur Entwicklung u. Anwendung der US-Gewerkschaftspolitik in Deutschland 1944-1948. Opladen: Westdt. Verl. 1982. 306 S. B 46209

Gewerkschaften und Bundeswehr. Das Verhältnis d. DGB zum Militär und d. Organisierung von Soldaten. Vorw.: H. O. Vetter. Frankfurt: Haag u. Herchen 1981. 119, S. 14 Bl. Bc 3429

Hertle, H.-H.; Jander, M.: Toleranz und Härte. Die Entstehungsgeschichte des DGB-Grundsatzprogramms 1981. Berlin 1982. XI, 491 S. 08808

Juehe, R.; Niedenhoff, R.; Pege, W.: Gewerkschaften in der Bundesrepublik Deutschland. 2. akt. u. erw. Aufl. Köln: Dt. Inst. Verl. 1982. 287 S. B 45399

Klessmann, C.: Betriebsparteigruppen und Einheitsgewerkschaft. In: Vierteljahrshefte für Zeitgeschichte. Jg. 31, 1983. H. 2. S. 272-307. BZ 4456:31

Koepper, E.-D.: Gewerkschaften und Außenpolitik. Die Stellung der westdeutschen Gewerkschaften zur wirtschaftlichen und militär. Integration der Bundesrepublik in die Europäische Gemeinschaft u. in die NATO. Frankfurt: Campus Verl. 1982. VIII, 445 S. B 46494

Lippe, A.: Gewerkschaftliche Frauenarbeit. Parallelität ihrer Probleme i. Frankreich u. i. d. Bundesrepublik Deutschland. Frankfurt: Campus Verl. 1983. 271 S. B 48539

Sozialisierung oder Westintegration. Der Einfluß d. Besatzermächte auf d. westdeutsche Gewerkschaftsbewegung 1945 bis 1950. Göttingen: Autonome u. antiimperial. Gruppen 1982. 42 S. D 2543

Thum, H.: Mitbestimmung in der Montanindustrie. Der Mythos vom Sieg der Gewerkschaften. Stuttgart: DVA 1982. 162 S. B 48553

Warum sie aus Gewerkschaftern Agenten machen wollen. Bremen: Gesellsch. z. Förderung d. Studiums d. Arbeiterbewegung 1983. 11 S. D 02591

Arbeitsprobleme

Leibfried, S.; Tennstedt, F.: Berufsverbote und Sozialpolitik 1933. Die Auswirkungen d. nationalsozialist. Machtergreifung auf d. Krankenkassenverwaltung u. d. Kassenärzte. 3. Aufl. Bremen: Univ. Bremen 1981. 325 S. B 45349

Ohm, W.: Die anerkannte Aussperrung. Spiegelbild des Streiks.

Köln: Dt. Inst. -Verl. 1981. 231 S. B 46388

"... ein bisschen Radau..." Arbeitslose machen Geschichte. Hrsg.: G. Fröba, R. Nitsche. Berlin: Transit 1983. 136 S. Bc 3544

Sinnvoll arbeiten - solidarisch leben. Gegen Arbeitslosigkeit und Sozialabbau. Bonn: Die Grünen 1983. 32 S. D 02693

Webber, D.: Combatting and acquiescing in unemployment? Crisis management in Sweden and West Germany. In: West European politics. Vol. 6, 1983. No. 1. S. 23-43. BZ 4668:6

i. Geistesleben

i. 1 Wissenschaft

Habermas, J.: Die Kulturkritik der Neokonservativen in den USA und in der Bundesrepublik. In: Die neue Gesellschaft. Jg. 29, 1982. Nr. 11. S. 1024-1040. BZ 4572:29

Die Karlspreisträger und ihre europäischen Reden. Hrsg.: H. Kästner. Bonn: Europa Union Verl. 1982. 252 S. B 46573

Krockow, C. Graf von: Scheiterhaufen. Größe und Elend des deutschen Geistes. Köln: Severin u. Siedler 1983. 213 S. B 48793

Ringer, F. K.: Die Gelehrten. Der Niedergang der deutschen Mandarine 1890-1933. Stuttgart: Klett-Cotta 1983. 452 S. B 48374

Scholder, K.: Die Mittwochs-Gesellschaft. Protokolle aus dem geistigen Deutschland 1932 bis 1944. Berlin: Severin u. Siedler 1982. 383 S. B 46076

Vom Bruch, R.: Weltpolitik als Kulturmission. Auswärtige Kulturpolitik u. Bildungsbürgertum in Deutschland am Vorabend des Ersten Weltkrieges. Paderborn: Schöningh 1982. 232 S. B 47578

i. 2 Kunst

Barkhausen, H.: Filmpropaganda für Deutschland im Ersten und Zweiten Weltkrieg. Hildesheim: Olms 1982. 290 S. B 48123

Bodensieck, H.: Erarbeitung eines Tonfilmberichts. Die Übergabe der "Frankfurter Dokumente" 1948 in der bizonalen Besatzungswochenschau "Welt im Film". In: Geschichte in Wissenschaft und Unterricht. Jg. 34, 1983. H. 8. S. 473-500. BZ 4475:34

Bucher, P.: Die Bedeutung des Films als historische Quelle: "Der ewige Jude" (1940). In: Festschrift für Eberhard Kessel zum 75. Geburtstag. 1982. S. 300-329. B 49844

Friemert, C.: Produktionsästhetik im Faschismus. Das Amt "Schönheit der Arbeit" von 1933-1939. München: Damnitz 1980. 315 S. B 47661

Holocaust. Briefe and den WDR. Hrsg.: H. Lichtenstein u. M. Schmid-Ospach. Wuppertal: Hammer 1982. 127 S. B 47572

Schoenberger, A.: Die neue Reichskanzlei von Albert Speer. Zum Zusammenhang von nationalsozialistischer Ideologie und Architektur. Berlin: Mann 1981. 282 S. B 46238

Wolbert, K.: Die Nackten und die Toten des "Dritten Reiches". Folgen einer politischen Geschichte des Körpers in der Plastik des deutschen Faschismus. Giessen: Anabas 1982. 269 S. B 47335

Haitzinger, H.: Politische Karikaturen. München: Bruckmann 1982. Getr. Pag. B 46916

Laukefeld, P.; Hanitzsch, D.: Links verbrandt und rechts verkohlt. Politische Witze und Cartoons. München: Droemer 1983. 46 S. Bc 3308

Ruge, P.: Die Grünen. Ein Bewegungs-Comic. Hamburg: VSA-Verl. 1983. 62 gez. Bl. Bc 3476

Stell dir vor es ist Wahltag und alles wird schwarz. Hrsg.: K. Staeck. Vorw.: D. Hildebrandt. Göttingen: Steidl 1983. 190 S. Bc 3418

i. 3 Literatur

bis 1945

Die Bücherverbrennung. Zum 10. Mai 1933. Hrsg.: G. Sander. München: Hanser 1983. 339 S. B 49047

Dort wo man Bücher verbrennt. Stimmen der Betroffenen. Hrsg.: K. Schöffling. Frankfurt: Suhrkamp 1983. 483 S. B 48969

10. Mai 1933. Bücherverbrennung in Deutschland und die Folgen. Hrsg.: U. Walberer. Frankfurt: Fischer 1983. 317 S. B 48982

In jenen Tagen... Schriftsteller zwischen Reichstagsbrand und Bücherverbrennung. Eine Dokumentation. Leipzig: Kiepenheuer 1983. 590 S. B 49048

Das Vorspiel. Die Bücherverbrennung am 10. Mai 1933: Verlauf, Folgen, Nachwirkungen. Eine Dokumentation. Hrsg.: T. Friedrich. Berlin: LitPol 1983. 158 S. B 49049

Wulf, J.: Literatur und Dichtung im Dritten Reich. Eine Dokumentation. Frankfurt: Ullstein 1983. 535 S. B 49050

nach 1945

Berliner Begegnung zur Friedensförderung. Protokolle d. Schriftstellertreffens am 13./14. Dez. 1981. Der vollständ. Text aller Beiträge aus Ost und West. Darmstadt: Luchterhand 1982. 176 S. B 46194

Friedensfibel. 2. Aufl. Frankfurt: Eichborn 1982. 192 S. 08718

Gedichte über Frieden und Friedlosigkeit. München: Rind und Schlegel 1982. 35 S. D 02590

Rittendorf, M.; Schaefer, J.; Weiss, H.: Angesagt: Scenedeutsch. Ein Wörterbuch. Frankfurt: Extrabuch-Verl. 1983. 69 S. D 2670

Roeder, M.: Für jeden Tag. Deutscher Jahrweiser. 1982. Sprüche u. Gedichte, Ermahnungen u. Gedenktage. 1-4. Schwarzenborn 1982. 104, 79, 84, 88 S. D 2354

Streiff, K.: Gorwärts. Ein Stück. Bremen: Bürgerinitiative gegen Atomkraftwerke 1981. 92 S. D 02649

Walendy, U.: Behörden contra Historiker. Vlotho: Verl. f. Volkstum u. Zeitgeschichtsforschung 1982. 40 S. Bc 0805

i. 4 Presse und Propaganda

Ferber, C.: Berliner illustrirte Zeitung. Zeitbild, Chronik, Moritat für jedermann. 1892-1945. Berlin: Ullstein 1982. 399 S. B 47618

Friedlaender, E.: Klärung für Deutschland. Leitartikel in der ZEIT 1946-1950. Hrsg.: N. Frei u. F. Friedlaender. München: Olzog 1982. 277 S. B 47569

Marckwardt, W.: Die Illustrierten der Weimarer Zeit. München: Minerva 1982. XIV, 185 S. B 48470

Parole der Woche. Eine Wandzeitung im Dritten Reich, 1936-1943. Hrsg.: F.-J. Heyen. München: Dt. Taschenb. Verl. 1983. 141 S. Bc 3574

Vor den Toren der Wirklichkeit. Deutschland 1946-47 im Spiegel der Nordwestdeutschen Hefte. Ausgew. u. eingel.: C. Schüddekopf. Berlin: Dietz 1980. 385 S. B 47052

Riesengrosses Verzeichnis aller Alternativzeitungen. Extraausg. 1982. Auf 530 Adressen erw. -vollst. überarb. -aktualisiert u. einzig gültig. 3. Aufl. Bonn: Arbeitsgr. Alternativpresse 1982. 35 S. D 02547

An alle! Lesen! Weitergeben. Flugblätter der Arbeiterbewegung von 1848 bis 1933. Hrsg.: U. Achten, S. Krupke. Berlin: Dietz Nachf. 1982. 248 S. 08910

Kirwin, G.: Waiting for retaliation. A study in Nazi propaganda behaviour and German civilian morale. In: The second world war. 1982. S. 344-361. B 46632

Zwischen Kaltem Krieg und Wirtschaftswunder. Deutsche u. europ. Plakate 1945-1959. E. Ausst.... Münchner Stadtmuseum 22. Okt. 1982 bis 9. Jan. 1983. München: Stadtmuseum 1982. 349 S. B 47988

Repgen, K.: Vom Fortleben nationalsozialistischer Propaganda in der Gegenwart. Der Münchener Nuntius und Hitler 1933. In: Geschichte in Wissenschaft und Unterricht. Jg. 34, 1983. H. 1. S. 29-49. BZ 4475:34

i. 5 Schule und Erziehung

Appelle der Friedensbewegung im Unterricht. Siegen: GEW 1982. 42 S. D 02534

Bandini, B.; Pizzolini, M.: Scuola e pedagogia nella Germania nazista. Torino: Loescher 1981. 322 S. B 45955

Krause, C.; Lehnert, D.; Scherer, K.-J.: Zwischen Revolution und Resignation. Alternativkultur, politische Grundströmungen u. Hochschulaktivitäten in der Studentenschaft. Bonn: Verl. Neue Gesellschaft 1980. 320 S. B 46498

Messerschmidt, M.: Bildung und Erziehung im 'zivilen' und militärischen System des NS-Staates. In: Militärgeschichte. 1982. S. 190-214. B 46629

Otto, B.: Die Aufarbeitung der Epoche des Nationalsozialismus im fiktionalen Jugendbuch der Bundesrepublik Deutschland von 1945 bis 1980. E. politikwissenschaftl. Beitrag zur Jugendbuchforschung. Frankfurt: Lang 1981. 224 S. B 47877

Meine Schulzeit im Dritten Reich. Hrsg.: M. Reich - Ranicki. Köln: Kiepenheuer & Witsch 1982. 214 S. B 47131

20 Jahre SHB - 10 Jahre gewerkschaftliche Orientierung. Dokumente d. Kongresses vom 17./18. Mai 1980 in Marburg. Bonn: Sozialist. Hochschulbund 1980. 115 S. D 02551

Steinhaus, H.: Hitlers pädagogische Maximen. "Mein Kampf" und die Destruktion der Erziehung im Nationalsozialismus. Frankfurt: Lang 1981. X, 311 S. B 47885

i. 6 Kirche und Religion

Günther, W.: Zur Geschichte der Russisch-orthodoxen Kirche in Deutschland in d. Jahren 1920-1950. Sigmaringen: Liehner 1982. 72 S. Bc 3185

Kaiser, J.-C.: Das Frauenwerk der Deutschen Evangelischen Kirche. Zum Problem des Verbandsprotestantismus im Dritten Reich. In: Weltpolitik, Europagedanke, Regionalismus. 1982. S. 483-508. B 46511

Zwischen Kanzel und Kerker. Augenzeugen berichten vom Kirchenkampf im Dritten Reich. Hrsg.: H. Winter. München: Claudius-Verl. 1982. 127 S. Bc 3023

Katholische Kirche im demokratischen Staat. Hirtenworte d. deutschen Bischöfe zu wichtigen Fragen d. Zeit u. zu den Bundestagswahlen 1945 bis 1980. Hrsg. u. eingel. v. A. Fitzek. Würzburg: Naumann 1981. 264 S. B 48002

Katholische Kirche und NS-Staat. Aus der Vergangenheit lernen? Hrsg.: M. Kringels-Kemen u. L. Lemhöfer. Frankfurt: Knecht 1981. 120 S. B 46187

Nowak, K.: Evangelische Kirche und Weimarer Republik. Zum politischen Weg des deutschen Protestantismus zwischen 1918 und 1932.

Göttingen: Vandenhoeck u. Ruprecht 1981. 358 S. B 46492
Padinger, F.: Die Kirchen und das Dritte Reich. Literaturbericht. In: Zeitgeschichte. Jg. 10, 1982. H. 1. S. 35-41. BZ 4617:10
Schoelen, G.: Bibliographisch-historisches Handbuch des Volksvereins für das Katholische Deutschland. Mainz: Matthias-Grünewald Verl. 1982. 624 S. 08771
Die Schuld der Kirche. Dokumente und Reflexionen der Stuttgarter Schulderklärung vom 18./19. Oktober 1945. Hrsg.: M. Greschat. München: Kaiser 1982. 317 S. B 46756
Siegele-Wenschkewitz, L.: Les églises entre l'adaptation et la résistance sous le III. Reich. In: Revue d'histoire de la deuxième guerre mondiale. Année 32, 1982. No. 128. S. 53-69. BZ 4455:32
Work-Camps 1983 im Christlichen Friedensdienst. Frankfurt: Christl. Friedensdienst 1983. 12 S. D 2615
Zimmermann-Buhr, B.: Die katholische Kirche und der Nationalsozialismus in d. Jahren 1930-1933. Frankfurt: Campus Verl. 1982. 178 S. B 47360

k. Geschichte

k. 0 Allgemeine Geschichte

Craig, G. A.: The Germans. New York: Putnam 1982. 350 S. B 46990
Heuer, G.: Deutsche Geschichte in Stichworten. Rastatt: Pabel 1981. 175 S. B 47228
Schulz, E.: Die deutsche Nation in Europa. Internationale und historische Dimensionen. Bonn: Europa Verl. 1982. 272 S. B 45957
Deutscher Sonderweg. - Mythos oder Realität? München, Wien: Oldenbourg 1982. 87 S. Bc 3103
Tellenbach, G.: Aus erinnerter Zeitgeschichte. Freiburg: Verl. d. Wagnerschen Universitätsbuchh. 1981. 153 S. B 45613

k. 3 Kaiserreich 1871–1918

Baumgart, W.: Deutschland im Zeitalter des Imperialismus 1890-1914. Grundkräfte, Thesen und Strukturen. 4., erg. Aufl. Stuttgart: Kohlhammer 1982. 242 S. B 46497
Carsten, F. L.: War against war. British and German radical movements in the first world war. London: Batsford Academic and Educational 1982. 285 S. B 46634
Deutschland im Ersten Weltkrieg. Texte u. Dokumente 1914-1918. Hrsg.: U. Cartarius. München: Dt. Taschenb. Verl. 1982. 371 S. B 47303
Rürup, R.: Demokratische Revolution und "dritter Weg". Die deutsche Revolution von 1918/19 in der neueren wissenschaftlichen

Diskussion. In: Geschichte und Gesellschaft. Jg. 9, 1983. H. 2. S. 278-301. BZ 4636:9

Unter Wilhelm II. 1890-1918. Hrsg.: H. Fenske. Darmstadt: Wiss. Buchgesell. 1982. XXXI, 555 S. B 46110

k. 4 Weimarer Republik 1919–1933

Dornberg, J.: The Putsch that failed. Munich 1923: Hitler's rehearsal for power. London: Weidenfeld and Nicolson 1982. VI, 385 S. B 47217

Morris, W. B.: The Weimar Republic and Nazi Germany. Chicago: Nelson-Hall 1982. VIII, 392 S. B 47234

Müller, R.: Geschichte der deutschen Revolution. Nachdr. Bd 1.-3. Berlin: Olle u. Wolter 1979. 255, 295, 244 S. B 46425

Schildt, A.: Wer hat die Weimarer Republik zerstört? In: Blätter für deutsche und internationale Politik. Jg. 28, 1983. H. 1. S. 7-18. BZ 4551:28

Schulz, G.: Deutschland seit dem Ersten Weltkrieg 1918-1945. 2. durchges. u. bibliogr. erw. Aufl. Göttingen: Vandenhoeck u. Ruprecht 1982. 265 S. B 48522

Schulze, H.: Weimar. Deutschland 1917-1933. Berlin: Severin u. Siedler 1982. 462 S. B 46415

Stadtmüller, G.: Die Weimarer Republik unter dem Doppelangriff von Kommunisten und National-Sozialisten. In: Politische Studien. Jg. 34, 1983. H. 267. S. 23-36. BZ 4514:34

Stürmer, M.: Das zerbrochene Haus von Weimar. Erinnerungen an den 30. März 1930. Teil 1-2. In: Damals. Jg. 14, 1982. H. 10. S. 844-861; H. 11. S. 922-940. BZ 4598:14

k. 5 Drittes Reich 1933–1945

Alltag im Nationalsozialismus 1933 bis 1939. Jahrbuch zum Schülerwettbewerb Deutsche Geschichte um den Preis des Bundespräsidenten. Braunschweig: Agentur Pedersen 1982. 316 S. B 47413

Als Hitler kam... 50 Jahre nach dem 30. Januar 1933. Erinnerungen prominenter Augenzeugen. Freiburg: Herder 1982. 174 S. Bc 3432

Brüdigam, H.: Faschismus an der Macht. Berichte, Bilder, Dokumente über das Jahr 1933. 50 Jahre danach. Frankfurt: Röderberg 1982. 280 S. B 47072

Carlebach, E.: Hitler war kein Betriebsunfall. 2. erw. u. verb. Aufl. Frankfurt: Röderberg 1982. 151 S. B 47825

Nationalsozialistische Diktatur 1933-1945. Eine Bilanz. Düsseldorf: Droste 1983. 840 S. B 48552

Engelmann, B.: Bis alles in Scherben fällt. Wie wir die Nazizeit erlebten 1939-1945. Köln: Kiepenheuer und Witsch 1983. 446 S. B 48376

Engelmann, B.: Im Gleichschritt marsch. Wie wir die Nazizeit erlebten 1933-1939. Köln: Kiepenheuer u. Witsch 1982. 370 S. B 46239

Franz-Willing, G.: 1933. Die nationale Erhebung. Leoni: Druffel 1982. 325 S. B 47304

Frei, N,: "Machtergreifung". Anmerkungen zu einem historischen Begriff. In: Vierteljahrshefte für Zeitgeschichte. Jg. 31, 1983. H. 1. S. 136-145. BZ 4456:31

Geschichte mahnt. 30. Januar 1933-30. Januar 1983. Reden auf der Feierstunde... 30. 1. 1983 im Reichstagsgebäude in Berlin. Bonn: Presse- u. Informationsamt 1983. 95 S. Bc 3459

Goriely, G.: Hitler prend le pouvoir. Bruxelles: Ed. Complexe 1982. 217 S. B 46903

Gray, R.: Hitler and the Germans. Cambridge: Univ. Pr. 1981. 32 S. Bc 0989

Grube, F.; Richter, G.: Alltag im Dritten Reich. So lebten die Deutschen 1933-1945. Hamburg: Hoffmann & Campe 1982. 152 S. 08889

Hillgruber, A.: Endlich genug über Nationalsozialismus und Zweiten Weltkrieg? Forschungsstand und Literatur. Düsseldorf: Droste Verl. 1982. 90 S. B 46184

Janssen, K.-H.: Der 30. Januar. Ein Tag, der die Welt veränderte. Frankfurt: Robinson Verl. Ges. 1983. 190 S. B 48367

Der 30. Januar 1933 in der Erinnerung von Augenzeugen. In: Politische Studien. Jg. 34, 1983. H. 267. S. 6-17. BZ 4514:34

Karsai, E.: A berchtesgadeni sasfészektöl a berlini bunkerig. [Vom Berchtesgadener Adlerhorst zum Berliner Bunker.] 5., teljesen átdolgozott, bövített kiadás. Budapest: Kossuth 1981. 681 S. B 46531

Kehr, H.; Langmaid, J.: The Nazi Era 1919-1945. A select bibliography of published works from the early roots to 1980. London: Mansell 1982. XVI, 621 S. B 46944

Knopp, G.; Wiegmann, B.: Warum habt ihr Hitler nicht verhindert. Fragen an Mächtige und Ohnmächtige. Frankfurt: Fischer 1983. 158 S. Bc 3310

Die "Machtergreifung". Tagebuch einer Wende nach Presseberichten vom 1. Januar bis 6. März 1933. Hrsg.: W. Eschenhagen. Darmstadt: Luchterhand 1982. 232 S. B 47561

Maser, W.: Das Regime. Alltag in Deutschland 1933-1945. München: Bertelsmann 1983. 445 S. B 48115

Meissner, H. O.: Die Machtergreifung. 30. Januar 1933. München: Herbig 1983. 453 S. B 48114

Möller, H.: Die nationalsozialistische Machtergreifung. Konterrevolution oder Revolution? In: Vierteljahrshefte für Zeitgeschichte. Jg. 31, 1983. H. 1. S. 25-51. BZ 4456:31

Nazis und Nachbarn. Schüler erforschen den Alltag im Nationalsozialismus. Reinbek: Rowohlt 1982. 328 S. B 47064

1933. Wie die Republik der Diktatur erlag. Hrsg.: V. Rittberger. Stuttgart: Kohlhammer 1983. 222 S. B 48669

1933- Wege zur Diktatur. Berlin: Staatl. Kunsthalle 1983. 415 S. 08946

1933 - Zerstörung der Demokratie. Machtübergabe und Widerstand. Ausstellungen u. Veranstaltungen. Programm 1983. Berlin: Berliner Kulturrat 1983. 132 S. Bc 3532

Niess, W.: Machtergreifung 33. Beginn einer Katastrophe. Stuttgart: Poller 1982. 175 S. 08829

Pätzold, K.: Der historische Platz des antijüdischen Pogroms von 1938. Zu einer Kontroverse. In: Jahrbuch für Geschichte. 1982. Bd 26. S. 193-216. BZ 4421:1982

Peukert, D.: Volksgenossen und Gemeinschaftsfremde. Anpassung, Ausmerze u. Aufbegehren unter dem Nationalsozialismus. Köln: Bund-Verl. 1982. 332 S. B 46759

Plädoyer für die Republik. Zum 50. Jahrestag der "Machtergreifung". Hrsg.: H. P. Bleuel. München: Pressedienst demokr. Initiative 1983. 79 S. Bc 3430

Schumacher, M.: Der Umschwung in Deutschland 1933. Eine unbekannte Artikelfolge des preußischen Staatsministers Otto Klepper. In: Vierteljahrshefte für Zeitgeschichte. Jg. 31, 1983. H. 1. S. 146-177. BZ 4456:31

Siegreich bis zum Untergang. Anfang und Ende des Dritten Reiches in Augenzeugenberichten. Einf.: H. Glaser. Freiburg: Herder 1983. 367 S. B 48057

Smith, H. K.: Feind schreibt mit. Ein amerikan. Korrespondent erlebt Nazi-Deutschland. Berlin: Rotbuch Verl. 1982. 309 S. B 46765

Weckert, I.: Feuerzeichen. Die "Reichskristallnacht". Anstifter u. Brandstifter - Opfer und Nutznießer. Tübingen: Grabert 1981. 301 S. B 47302

Wehler, H.-U.: 30. Januar 1933, ein halbes Jahrhundert danach. In: Aus Politik und Zeitgeschichte. 1983. B 4-5. S. 43-54. BZ 05159:1983

Williamson, D. G.: The Third Reich. Harlow: Longman 1982. 108 S. Bc 3433

Winkler, H. A.: Wie konnte es zum 30. Januar 1933 kommen? In: Aus Politik und Zeitgeschichte. 1983. B 4-5. S. 3-15. BZ 05159:1983

k. 5.1 Widerstandbewegung 1933–1945

Amstler, O.: Die Liebe ist stärker als der Tod. Letzte Worte von Opfern des Faschismus vor der Hinrichtung. Wien: Sensen-Verl. 1982. 19 S. Bc 3242

Galante, P.; Silianoff, E.: Hitler lives - and the generals die. London: Sidgwick and Jackson 1982. X, 274 S. B 45561

Grebing, H.: Flucht vor Hitler? In: Aus Politik und Zeitgeschichte. 1983. B 4-5. S. 26-42. BZ 05159:1983

Herlemann, B.: Die Emigration als Kampfposten. Die Anleitung d. kommunist. Widerstandes in Deutschland aus Frankreich, Belgien u. den Niederlanden. Königstein: Hain 1982. 238 S. B 47863

Kraushaar, L.: Berliner Kommunisten im Kampf gegen den

Faschismus 1936 bis 1942. Robert Uhrig u. Genossen. Berlin: Dietz 1981. 352 S. B 45421

Lacina, E.: Emigration 1933-1945. Sozialhistorische Darstellung der deutschsprachigen Emigration u. einiger ihrer Asylländer aufgrund ausgew. zeitgenöss. Selbstzeugnisse. Stuttgart: Klett-Cotta 1982. 693 S. B 46651

Maur, H.: Neuere Forschungen zur Regionalgeschichte der deutschen antifaschistischen Widerstandsbewegung. In: Jahrbuch für Geschichte. 1982. Bd 26. S. 367-392. BZ 4421:1982

Mausbach Bromberger, B.: Wer leistete Widerstand gegen Faschismus und Krieg? In: Blätter für deutsche und internationale Politik. Jg. 28, 1983. H. 1. S. 30-40. BZ 4551:28

Neisinger, O.: Flugblätter. Katholische Jugend im Widerstand gegen den Nationalsozialismus. Würzburg: Echter 1982. 111 S. Bc 3499

Scholl, I.: Die Weiße Rose. Erw. Neuausg. Frankfurt: Fischer 1982. 252 S. B 46776

Sie flohen vor dem Hakenkreuz. Selbst-Zeugnisse der Emigranten. Ein Lesebuch für Deutsche. Hrsg.: W. Zadek. Reinbek: Rowohlt 1981. 248 S. B 45299

Thun-Hohenstein, R. G. Graf von: Landesverrat als Pflicht: General Hans Oster. In: Damals. Jg. 15, 1983. H. 5. S. 441-456. BZ 4598:15

Verhoeven, M.; Krebs, M.: Die Weiße Rose. Der Widerstand Münchner Studenten gegen Hitler. Informationen zum Film. Frankfurt: Fischer 1982. 214 S. B 47046

Ziefle, H. W.: One Woman against the Reich. Minneapolis: Bethany House Publ. 1981. 159 S. Bc 3184

k. 6 Geschichte seit 1945

Bahr, E.: Was wird aus den Deutschen? Fragen und Antworten. Reinbek: Rowohlt 1982. 236 S. B 46191

Balfour, M.: West Germany. A contemporary history. London: Croom Helm 1982. 307 S. B 46431

Berghahn, V. R.: Modern Germany. Society, economy and politics in the twentieth century. Cambridge: Univ. Pr. 1982. XI, 314 S. B 47813

Geschichte der Bundesrepublik Deutschland in Quellen und Dokumenten. Hrsg.: G. Fülberth. Köln: Pahl-Rugenstein 1982. 449 S. B 47350

Grube, F.; Richter, G.: Flucht und Vertreibung. Deutschland zwischen 1944 und 1947. Hamburg: Hoffmann u. Campe 1980. 234 S. 08266

Heintzeler, W.: Der rote Faden. Fünf Jahrzehnte: Staatsdienst, Wehrmacht, Chem. Industrie, Nürnberg, Marktwirtschaft, Mitbestimmung, Kirche. Stuttgart: Seewald 1983. 292 S. B 48304

Henke, K.-D.: Politik der Widersprüche. In: Vierteljahrshefte für Zeitgeschichte. Jg. 30, 1982. H. 3. S. 500-537. BZ 4456:30

In Deutschland unterwegs. Reportagen, Skizzen, Berichte 1945-1948.

Hrsg.: K.R. Scherpe. Stuttgart: Reclam 1982. 424 S. B 47380

Janicki, L.: Republika Federalna Niemiec wobec terytorialno-politycznych następstw klęski i upadku Rzeszy. Zagadnienia prawne. [Die Bundesrepublik Deutschland u. d. territorial-polit. Folgen der Niederlage u. des Zusammenbruchs d. Reiches. Rechtsprobleme.] Poznań: Wyd. Podnańskie 1982. 489 S. B 46811

Kromschröder, G.: Ansichten von innen. Als Nazi, Rocker, Ladendieb und strammer Katholik unterwegs. 2. Aufl. Frankfurt: Eichborn 1982. 175 S. B 47310

Die Legende von der verpaßten Gelegenheit. Die Stalin-Note vom 10. März 1952. Hrsg.: H.-P. Schwarz. Stuttgart: Belser 1982. 112 S. B 48947

Lehrstücke in Solidarität. Briefe und Biographien deutscher Sozialisten. 1945-1949. Hrsg.: H. Grebing. Stuttgart: Deutsche Verlags-anst. 1983. 404 S. B 48670

Moersch, K.: Sind wir denn eine Nation? Die Deutschen und ihr Vaterland. Stuttgart: Bonn aktuell 1982. 126 S. B 46833

Niclauss, K.: "Restauration" oder Renaissance der Demokratie? Die Entstehung der Bundesrepublik Deutschland 1945-1949. Berlin: Colloquim Verl. 1982. 107 S. B 46831

Rupp, H.K.: Politische Geschichte der Bundesrepublik Deutschland. Entstehung u. Entwicklung. Eine Einführung. 2., u. verb. Aufl. Stuttgart: Kohlhammer 1982. 242 S. B 48061

Schneider, U.: Zur Deutschland- und Besatzungspolitik Großbritanniens im Rahmen der Vier-Mächte-Kontrolle Deutschlands von Kriegsende bis Herbst 1945. In: Militärgeschichtliche Mitteilungen. 1982. Bd 1. S. 77-112. BZ 05241:1982

Schulte, H.: Die britische Militärpolitik im besetzten Deutschland, 1945-1949. In: Militärgeschichtliche Mitteilungen. 1982. Bd 1. S. 51-75. BZ 05241:1982

Schwarz, H.-P.: Die Ära Adenauer. Epochenwechsel. 1957-1963. Mit e. einl. Essay von J. Gross. Stuttgart: Dt. Verl. Anst. 1983. 461 S. 08533:3

Toerne, V. von: Zwischen Geschichte und Zukunft. Aufsätze, Reden, Gedichte. Berlin: Aktion Sühnezeichen-Friedensdienste 1981. 120 S. D 2637

Von der Kapitulation bis zum Pleven-Plan. München: Oldenbourg 1982. XXV, 940 S. B 46172:1

Walczak, A.W.: Dylematy i obsesje jedności i podziału rzeszy XIX-XX w. Polityka ogólnoniemiecka FRN 1949-1969. [Dilemma u. Besessenheit von der Idee der Einheit und Teilung des Reiches im 19. u. 20. Jahrhundert. Die gesamtdeutsche Politik der BRD 1949-1969.] Poznań: Instytut Zachodni 1982. 402 S. B 49217

Weidenfeld, W.: Die Frage nach der Einheit der deutschen Nation. München: Olzog 1981. 154 S. B 46291

Zwerenz, G.: Antwort an einen Friedensfreund oder Längere Epistel für Stephan Hermlin und meinen Hund. Ein Diarium. Köln: Bund-Verl. 1982. 207 S. B 47369

I. Länder

L 130.1 Westdeutsche Länder und Orte

Baden-Württemberg

Allgeier, R.: Grenzland in der Krise. Die badische Wirtschaft 1928-1933. In: Die Machtergreifung in Südwestdeutschland. 1982. S. 150-183. B 47582

Bräunche, E. O.: Die NSDAP in Baden 1928-1933. Der Weg zur Macht. In: Die Machtergreifung in Südwestdeutschland. 1982. S. 15-48. B 47582

Chronik der Stadt Stuttgart. 1933-1945. Stuttgart: Klett-Cotta 1982. XIX, 1145 S. B 48502

Eberle, E.; Grohmann, P.: Die schlaflosen Nächte des Eugen E. Erinnerungen e. neuen schwäbischen Jacobiners. Stuttgart: Cordeliers 1982. 281 S. B 47201

Forstner, B.; Gienger, J.; Würthwein, V.: Weil der Stadt in der Zeit des Nationalsozialismus. Ein lokales Beispiel. Stuttgart: Landeszentrale f. polit. Bildung 1982. 115 S. Bc 3156

Freiburg in Trümmern. Hrsg.: W. Vetter. Freiburg: Rombach 1982. 191 S. B 48554

Gemeinsam gegen Atomraketen. Friedenscamp. Schwäbisch Gmünd vom 6. 8. bis 4. 9. 1983. Training in Gewaltfreier Aktion, Workshops, Aktionen, Blockade... Handbuch. Schwäbisch Gmünd: Gewaltfreie Atkion Aalen 1983. 64 S. D 2791

Genuneit, J.: Ausstellungsreihe Stuttgart im Dritten Reich. Völkische Radikale in Stuttgart. Zur Vorgeschichte u. Frühphase der NSDAP 1890-1925. Eine Ausstellung. Stuttgart: Projekt Zeitgeschichte 1982. 227 S. B 47644

Rechte Grüne? Zwischenbericht d. Kommission "Rechtsextreme Unterwanderung der Grünen und nahestehender Vereinigungen" der Grünen Baden-Württemberg. Stuttgart: Die Grünen 1982. 15, 69 S. D 02657

Köhler, J.: Die katholische Kirche in Baden und Württemberg in der Endphase der Weimarer Republik und zu Beginn des Dritten Reiches. In: Die Machtergreifung in Südwestdeutschland. 1982. S. 257-294. B 47582

Die Machtergreifung in Südwestdeutschland. Hrsg.: T. Schnabel. Stuttgart: Kohlhammer 1982. 343 S. B 47582

Mayer-Katz, L.: Sie haben zwei Minuten Zeit! Nachkriegsimpulse aus Baden. Freiburg: Herder 1981. 191 S. B 46231

Raketen vor der Tür. Die Stationierung von atomaren Mittelstreckenraketen am Beispiel Schwäbisch Gmünd. Schwäbisch Gmünd: Gmünder Friedensinitiative 1983. 35 S. D 02721

Schanbacher, E.: Das Wählervotum und die "Machtergreifung" im deutschen Südwesten. In: Die Machtergreifung in Südwestdeutschland. 1982. S. 295-325. B 47582

Schnabel, T.: Die NSDAP in Württemberg 1928-1933. Die Schwäche einer regionalen Parteiorganisation. In: Die Machtergreifung in Südwestdeutschland. 1982. S. 49-81. B 47582

Schnabel, T.: "Warum geht es in Schwaben besser?" Württemberg in der Weltwirtschaftskrise 1928-1933. In: Die Machtergreifung in Südwestdeutschland. 1982. S. 184-218. B 47582

Schönhagen, B.: Zwischen Verweigerung und Agitation. Landtagspolitik der NSDAP in Württemberg 1928/29-1933. In: Die Machtergreifung in Südwestdeutschland. 1982. S. 113-149. B 47582

Schondelmaier, H.-W.: Die NSDAP im Badischen Landtag 1929-1933. In: Die Machtergreifung in Südwestdeutschland. 1982. S. 82-112. B 47582

Auf der historischen Strecke des Mössinger Generalstreiks. Dokumentation. Stuttgart: VVN 1983. 32 S. D 02697

Stuttgart im Dritten Reich. Prolog. Politische Plakate der späten Weimarer Republik. Hrsg.: Projekt Zeitgeschichte. Stuttgart: Kulturamt 1982. 263 S. B 46557

Thierfelder, J.; Röhm, E.: Die evangelischen Landeskirchen von Baden und Württemberg in der Spätphase der Weimarer Republik und zu Beginn des Dritten Reiches. In: Die Machtergreifung in Südwestdeutschland. 1982. S. 219-256. B 47582

Treffz-Eichhöfer, F.: Graswurzel-Demokratie. Stuttgart: Belser 1982. 351 S. B 47193

Weinacht, P.-L.; Mayer, T.: Ursprung und Entfaltung christlicher Demokratie in Südbaden. Eine Chronik 1945-1981. Sigmaringen: Thorbecke 1982. 394 S. B 47197

Bayern

Bauer, F.J.: Flüchtlinge und Flüchtlingspolitik in Bayern 1945-1950. Stuttgart: Klett-Cotta 1982. 444 S. B 46779

Bayern - ein totaler CSU-Staat oder ein Staat der Bürger? Sozialdemokraten in d. Auseinandersetzung mit d. CSU u. ihrer Politik im Freistaat. Hrsg.: R. Seeliger. München: Seeliger 1982. 85 S. Bc 3257

Ehrig, H.-J.; Kempf, E.; Maeffert, U.: Der Nürnberger KOMM-Prozeß. Hamburg: Konkret Lit. Verl. 1982. 190 S. B 46760

Falter, J.W.: Die bayerische Landtagswahl vom 10. Oktober 1982. Im Süden - beinahe - alles beim Alten. In: Zeitschrift für Parlamentsfragen. Jg. 14, 1983. H. 1. S. 82-95. BZ 4589:14

Bayerische Freiheit. Wie im Strauß-Land verdächtigt ist, wer den Frieden will. T. 1. 2. Essen: DFG-VK 1979-82. 84, 53 S. D 1536

Fritzsch, R.: Nürnberg unterm Hakenkreuz. Im Dritten Reich 1933-1939. Düsseldorf: Droste Verl. 1983. 109 S. 08918

Kershaw, I.: Popular Opinion and political dissent in the 'Third Reich' Bavaria 1933-1945. Oxford: Clarendon Pr. 1983. XII, 425 S. B 48683

Kirchner, K.: Bayern und der Frieden. Kriegsflugblätter in Bayern. Erlangen: Verl. D u. C 1983. 127 S. B 47861

Kornrumpf, M.: 46 Protokolle 1946 bis 1950. Flüchtlingsausschuss d. Bayer. Landtags. Gräfelfing: Selbstverl. 1981. 126 S. Bc 3264

Neuhaeusser-Wespy, U.: Die KPD in Nordbayern 1919-1933. Ein Beitr. zur Regional- u. Lokalgeschichte d. deutschen Kommunismus. Nürnberg: Stadtarchiv 1981. 347 S. B 46330

Niethammer, L.: Die Mitläuferfabrik. Die Entnazifizierung am Beispiel Bayerns. Berlin: Dietz 1982. XI, 710 S. B 46493

Rockenmaier, D. W.: Aus den Akten der Würzburger Gestapo. - Buchführung des Todes. Die "Endlösung der Judenfrage" im damaligen Gau Mainfranken. Würzburg: Bezirk Unterfranken 1981. 32 S. Bc 3041

Stelzle, W.: Föderalismus und Eigenstaatlichkeit. Aspekte der bayerischen Innen- u. Aussenpolitik 1945-1947. Ein Beitrag zur Staatsideologie. München 1980: Salzer. 295 S. B 47832

Tenfelde, K.: Proletarische Provinz. Radikalisierung u. Widerstand in Penzberg/Oberbayern 1900-1945. Durchges. u. erw. Aufl. München: Oldenbourg 1982. XVII, 409 S. B 46828

Woller, H.: Zur Demokratiebereitschaft in der Provinz des amerikanischen Besatzungsgebiets. (Ansbach.) In: Vierteljahrshefte für Zeitgeschichte. Jg. 31, 1983. H. 2. S. 335-364. BZ 4456:31

Bremen

Meyer-Braun, R.: Die Bremer SPD 1949-1959. Eine lokal- u. parteigeschichtliche Studie. Frankfurt: Campus Verl. 1982. 317 S. B 48007

Hamburg

Büttner, U.: Hamburg in der Staats- und Wirtschaftskrise 1928-1931. Hamburg: Christians 1982. 748 S. B 47585

Schwarzbuch Hamburg - Dritte Welt. Hamburg 1983. 148 S. D 2755

Heede, M.: Die Entstehung des Volksschulwesens in Hamburg. Hamburg: Ergebnisse-Verl. 1982. VIII, 85 S. BZ 4700:1982

Jueres, E. A.; Kuehl, H.: Gewerkschaftspolitik der KPD nach dem Krieg. Der Hamburger Werftarbeiterstreik 1955. Hamburg: Junius 1981. 248 S. B 45454

Müller-Rommel, F.: Die Wahl zur Hamburger Bürgerschaft vom 19. Dez. 1982. Die neue Alte Mehrheit. In: Zeitschrift für Parlamentsfragen. Jg. 14, 1983. H. 1. S. 96-109. BZ 4589:14

Schülerzeitungszensur in Hamburg. 1979-82. Eine Dokumentation d. DJPH. Hamburg 1982. 64 S. D 02512

Ullrich, V.: Kriegsalltag. Hamburg im Ersten Weltkrieg. Köln: Prometh Verl. 1982. 175 S. B 46508

Warnke, H.: Der verratene Traum. Langenhorn. Das kurze Leben e. Hamburger Arbeitersiedlung. Hamburg: VSA-Verl. 1983. 160 S. Bc 3570

Was ist los am Spritzenplatz? Hrsg.: Hungrige Herzen und PAF (Punx against Fascism). 1. 2. Hamburg: 1982. 38, 26 S. D 02603

Hessen

"... durch polizeiliches Einschreiten wurde dem Unfug ein Ende gemacht." Geheime Berichte der polit. Polizei Hessen über Linke und Rechte in Offenbach 1923-1930. Hrsg.: B. Klemm. Frankfurt: Campus Verl. 1982. 430 S. B 46506

Felsch, M.: Aus der Chef-Etage des Römers. Begegnungen mit den Frankfurter Oberbürgermeistern. Frankfurt: Kramer 1981. 191 S. B 46394

Frontstadt Frankfurt. Frankfurt: Unabhängiges Friedensplenum 1983. 23 S. D 02758

Franz, G.; Danziger, R.; Wiegand, J.: Die hessische Landtagswahl vom 26. September 1982. Unberechenbarkeit der Wählerpsyche oder neue Mehrheiten? In: Zeitschrift für Parlamentsfragen. Jg. 14, 1983. H. 1. S. 62-82. BZ 4589:14

Giessen. Stützpfeiler d. weltweiten Unterdrückung der Menschen. Gießen: Anti-NATO-Gruppe Gießen 1982. 75 S. D 02478

Hessen vor 50 Jahren - 1933. Naziterror u. antifaschistischer Widerstand zwischen Kassel u. Bergstraße 1932/33. Hrsg.: U. Schneider. Frankfurt: Röderberg 1983. 214 S. B 47778

Möller, T.: Die Funktion und Struktur der Freien Wählergemeinschaften am Beispiel der Christlichen Wählereinheit des Landkreises Fulda. Eine empirische Studie. München: Minerva 1982. XIX, 281 S. B 48476

Schwark, M.: Möglichkeiten und Bedingungen des gewaltfreien Widerstands. Eine Untersuchung am Beispiel des Konflikts um die "Startbahn West" in Frankfurt am Main. Hamburg 1982. 79 S. D 2535

Warum ausgerechnet Hessen? Hanau, Gelnhausen, Fulda, Giessen. Neue US-Militär-Strategien am Beispiel Ost-Hessen. Hanau: Osthessische Friedensinitiative 1983. 60 S. D 02733

Testfall Startbahn West. Erfahrungen und Perspektiven im Widerstand. Hrsg.: G. Orth u. A. Podlech. Wuppertal: Jugenddienst-Verl. 1982. 158 S. Bc 3260

Die Würde einer Uniform ist antastbar. Eine Dokumentation. Frankfurt: Die Grünen 1983. 66 S. D 02753

Niedersachsen

Anpassung und Widerspruch. Vortragsreihe zur Geschichte des Helmstedter Landes. Hrsg.: M. Künne. Braunschweig: Magni-Buchladen 1981. 191 S. B 47574

Czerwick, E.: Die niedersächsische Landtagswahl vom 21. März 1982. Erfolg der CDU im Bundestrend. In: Zeitschrift für Parlamentsfragen. Jg. 14, 1983. H. 1. S. 53-62. BZ 4589:14

Rostami-Rabet, B.; Wollenzin, U.: Lieber blockieren als krepieren! Photos u. Texte zur Blockade d. Atomwaffenlagers in Kellinghusen Ostern 1983. Hamburg 1983. 71 S. D 2767

Wabner, R.: Lernen aus verpaßten Chancen. Zur Geschichte der hannoverschen Arbeiterbewegung 1815-1933. Köln: Bund-Verl. 1982. 271 S. B 47655

Nordrhein-Westfalen

Bielefeld - atomwaffenfreie Zone. Eine Dokumentation. Bielefeld: Jungsozialisten in d. SPD 1983. 76 S. D 02705

Frohn, R.: Köln 1945 bis 1981. Vom Trümmerhaufen zur Millionenstadt. Erlebte Geschichte. Köln: Bachem 1982. 296 S. B 48535

Greis, E.: Die Stollwerck-Story. Die Geschichte der Besetzung und ihre politischen Hintergründe. Köln: Rheinau-Verl. 1981. 64 S. Bc 3050

Günter, J.: Mündliche Geschichtsschreibung. Alte Menschen im Ruhrgebiet erzählen erlebte Geschichte. Mülheim: Westarp 1982. 142 S. Bc 3215

Kösters, H. G.: Essen Stunde Null. Die letzten Tage März/April 1945. Düsseldorf: Droste 1982. 117 S. 08796

Krabbe, W.: Westfälischer Regionalismus in der Diskussion um die territoriale Neuordnung der britischen Besatzungszone (1946). In: Weltpolitik, Europagedanke, Regionalismus. 1982. S. 547-560. B 46511

Krüger, W.: Entnazifiziert! Zur Praxis der politischen Säuberung in Nordrhein-Westfalen. Wuppertal: Hammer 1982. 196 S. B 47203

Land und Bund. Hrsg.: W. Först. Köln: Kohlhammer 1981. 259 S. B 47570

Lange, E. H. M.: Vom Wehlrechtsstreit zur Regierungskrise. Die Wahlrechtsentwicklung Nordrhein-Westfalens bis 1956. Köln: Kohlhammer-Grote 1980. 199 S. B 45467

Lokalpartei und vorpolitischer Raum. H. Kühr: Lokalpartei u. Kirche. K. Simon: Lokale Partei u. lokaler Verein. Melle: Knoth 1982. 348 S. B 47225

Morsey, R.: Zwischen Verwaltung und Parteipolitik. Hermann Pünder und die Gründung der CDU in Münster 1945. In: Weltpolitik, Europagedanke, Regionalismus. 1982. S. 529-545. B 46511

Murphy, R. C.: Gastarbeiter im Deutschen Reich. Polen in Bottrop 1891-1933. Wuppertal: Hammer 1982. 203 S. B 45604

Zwischen Ruhrkohle und Mitbestimmung. Hrsg.: W. Först. Köln: Kohlhammer-Grote 1982. 227 S. B 48531

Sons, H.-U.: Gesundheitspolitik während der Besatzungszeit. Das öffentliche Gesundheitswesen in Nordrhein-Westfalen 1945-1949. Wuppertal: Hammer 1983. 207 S. B 48480

Terror, Verfolgung, Kirchenkampf. Zur Geschichte Hildens im Dritten Reich. Hrsg.: E. Huckenbeck. Hilden: Verl. Stadtarchiv 1981. 233 S. B 46429

Theissen, R.; Walter, P.; Wilhelms, J.: Der anarcho-syndikalistische Widerstand an Rhein und Ruhr. Meppen: Ems-Kopp Verl. 1980. Getr. Pag. B 46656

Waffeneifel. 2., erw. Aufl. Trier: Eifler Friedensgruppen 1981. 32 S. D 02709

Wisotzky, K.: Der Ruhrbergbau am Vorabend des Zweiten Weltkriegs. In: Vierteljahrshefte für Zeitgeschichte. Jg. 10, 1982. H. 3. S. 418-461. BZ 4456:30

Rheinland-Pfalz

Bers, G.: Eine Regionalgliederung der KPD. Der Bezirk Mittelrhein und seine Parteitage in den Jahren 1927/1929. Reinbek: Einhorn Presse Verl. 1981. 247 S. B 45633

Region Kaiserslautern. Größtes atomares Machtzentrum der USA u. der NATO in Europa. 2., erw. Aufl. Kaiserslautern: Komitee f. Frieden, Abrüstung u. Zusammenarbeit 1982. 33 S. D 02548

Klopp, E.: Ein Rückblick auf die Geschichte der Arbeiterbewegung und der frühen Sozialdemokratie in Trier. Trier-Stadt: SPD-Kreisverband 1980. 98 S. B 47641

Rheinland-Pfalz - Waffenkammer der NATO. Bedrohungskarte für jeden Kreis. Mainz: DKP 1983. 42 S. D 02702

Weitzel, K.: Von der CSVP zur CDU. Die Gründung der CDU in Rheinhessen 1945-1947. Frankfurt: Lang 1982. 340 S. B 48533

Saargebiet

Mallmann, K.-M.: Die Anfänge der Bergarbeiterbewegung an der Saar. 1848-1904. Saarbrücken: Minerva-Verl. Thinnes u. Nolte 1981. 370 S. B 48000

Schleswig-Holstein

Rietzler, R.: "Kampf in der Nordmark". Das Aufkommen des Nationalsozialismus in Schleswig-Holstein. 1919-1928. Neumünster: Wachholtz 1982. 500 S. B 47199

L 130.0 Berlin

Gewerkschaftsjugend im Weimarer Staat. Eine Dokumentation üb. die Arbeit der Gewerkschaftsjugend des ADGB in Berlin. Hrsg.: D. Prinz, M. Rexin. Köln: Bund-Verl. 1983. 264 S. B 47889

Handbuch. Ostern '83. Berlin 1983. 38 S. D 2658

Hildebrandt, R.; Schumm, H.: Grenzen durch Berlin und durch Deutschland. Berlin: Arbeitsgemeinschaft 13. August 1983. 31 S. D 02707

Landy, P.: Que sais-je? - Berlin et son statut. Paris: Presses Univers. de France 1983. 127 S. Bc 3578

Mander, J.: Berlin. Hostage for the West. Repr. Westport: Greenwood 1979. 124 S. B 46181

Das Mauerbuch. Texte und Bilder aus Deutschland von 1945 bis heute. Hrsg.: M. Hammer [u.a.]. Berlin: Oberbaumverl. 1981. 299 S. B 46213

Oltmann, J.: Das Paradepferd der Totalitarismustheorie. Der Streik der Berliner Verkehrsarbeiter im November 1932. In: Blätter für deutsche und internationale Politik. Jg. 27, 1982. H. 11. S. 1374-1390. BZ 4551:27

Riebschläger, K.: Vor Ort. Blicke in die Berliner Politik. Berlin: Berlin Verl. 1983. 239 S. B 47045

Sakson, A.: Berlin Zachodni jako swoista enklawa. [West-Berlin als eingenartige Enklave.] In: Przegląd stosunków międzynarodowych. 1981. Nr. 6. S. 99-115. BZ 4777:1981

Scheer, J.; Espert, J.: Deutschland, Deutschland, alles ist vorbei! Alternatives Leben oder Anarchie? Die neue Jugendrevolte am Beispiel der Berliner "Scene". München: Bernard u. Graefe 1982. 167 S. Bc 0928

Schmollinter, H. W.: Die Wahl der Berliner Abgeordnetenhaus v. 10. Mai 1981. Einbruch d. Sozialliberalen. In: Zeitschrift für Parlamentsfragen. Jg. 14, 1983. H. 1. S. 38-53. BZ 4589:14

Spass-Guerrilla. Berlin: Freunde der Erde. 1983. 223 S. D 2567
Stadtfront. Berlin West Berlin. Berlin: Elefanten Pr. 1982. 223 S. 08797
"Berliner Linie" gegen Instandbesetzer. - Die "Vernunft" schlägt immer wieder zu! Dokumentation d. Ereignisse vom 3. 2. 79 bis zum 11. 8. 81. 2. Aufl. erg. bis zum 28. 8. 81. Berlin 1981. 59 S. D 02439
Wetzlaugk, U.: Die alliierten Schutzmächte in Berlin. Berlin: Landeszentrale f. polit. Bildungsarbeit 1981. 76 S. Bc 3042
Zerges, K.; Dunger, H.; Sontag, H.: Sammlungen zur Alltags- und Industriekultur. Ein Standortverzeichnis. Bd 1. 2. Berlin: Technische Univ. 1983. XXV, 1056 S. D 2663

L 130.2 Deutsche Demokratische Republik/DDR

a. Allgemeines

Childs, D.: The GDR: Moscow's German ally. London: Allen and Unwin 1983. XI, 346 S. B 48425
Bundesrepublik Deutschland und Deutsche Demokratische Republik. Die beiden deutschen Staaten im Vergleich. Hrsg.: E. Jesse. 3., erw. Aufl. Berlin: Colloquium Verl. 1982. 428 S. B 47566
Glaessner, G.-J.: Sozialistische Systeme. Einf. in d. Kommunismus- u. DDR-Forschung. Opladen: Westdt. Verl. 1982. 315 S. B 45594
Hildebrandt, R.; Schumm, H.: Grenzen durch Berlin und durch Deutschland. Berlin: Arbeitsgemeinschaft 13. August 1983. 31 S. D 02707
Meyer, G.: Die DDR. Ein Literaturüberblick. In: Der Bürger im Staat. Jg. 33, 1983. H. 2. S. 127-139. BZ 05147:33
Schenk, F.: Mein doppeltes Vaterland. Erfahrungen und Erkenntnisse eines geborenen Sozialdemokraten. Würzburg: Naumann 1981. 179 S. B 46791

c. Biographien

Abusch, A.: Memoiren. [1.] Berlin: Dietz 1981. 599 S. B 45669
Buch, G.: Namen und Daten wichtiger Personen der DDR. 3., überarb. u. erw. Aufl. Berlin: Dietz 1982. XV, 384 S. B 47586
Dahlem, F.: Jugendjahre. Vom katholischen Arbeiterjungen zum proletarischen Revolutionär. Berlin: Dietz 1982. 841 S. B 45966
Eisler, G.: Auf der Hauptstraße der Weltgeschichte. Artikel, Reden u. Kommentare. 1956-1968. Berlin: Dietz 1981. 414 S. B 45961

e. Staat/Politik

e. 1 Innenpolitik

Einschränkung der Meinungsfreiheit in der Deutschen Demokratischen Republik. Bonn: amnesty international 1983. 39 S. D 2757

Fricke, K.W.: Die DDR-Staatssicherheit. Köln: Verl. Wiss. u. Politik 1982. 263 S. B 47067

Glaeßner, G.-J.: Staat und Recht im "realen Sozialismus" am Beispiel der DDR. In: Aus Politik und Zeitgeschichte. 1983. B 20/21. S. 17-30. BZ 05159:1983

Lapp, P.J.: Der Ministerrat der DDR. Aufgaben, Arbeitsweise und Struktur der anderen deutschen Regierung. Opladen: Wesdt. Verl. 1982. 292 S. B 45798

Menschenrechtsverletzungen in Ostdeutschland. Königswinter: Schlesische Jugend 1983. 18 ungez. Bl. D 2756

Müller, W.: Ein "besonderer deutscher Weg" zur Volksdemokratie. In: Politische Vierteljahresschrift. Jg. 23, 1982. H. 3. S. 278-303. BZ 4501:23

Riege, G.: Die Staatsbürgerschaft der DDR. Berlin: Staatsverl. d. DDR 1982. 329 S. B 48464

Von Cottbus, Bautzen, Hoheneck - nach Giessen und Berlin: Für öffentliche Informationen u. Kampagnen zur Verteidigung politischer Häftlinge in d. DDR. Köln: Arbeitskreis zur Verteidigung politischer Häftlinge in der DDR 1982. 39 S. D 2600

Ehring, K.; Dallwitz, M.: Schwerter zu Pflugscharen. Friedensbewegung in der DDR. Reinbek: Rowohlt 1982. 279 S. B 47874

Friedensbewegung in der DDR. Texte 1978-1982. Hattingen: Scandica-Verl. 1982. 329 S. B 46501

Wensierski, P.: Friedensbewegung in der DDR. In: Aus Politik und Zeitgeschichte. 1983. B 17. S. 3-15. BZ 05159:1983

e. 1.4 Parteiwesen

Benser, G.: SED und sozialistische Staatsmacht. In: Zeitschrift für Geschichtswissenschaft. Jg. 30, 1982. H. 10/11. S. 869-883. BZ 4510:30

Dokumente zur Geschichte der SED. Bd 1. Berlin: Dietz 1981. 412 S. B 45670

Dokumente und Materialien der Zusammenarbeit zwischen der Sozialistischen Einheitspartei Deutschlands und der Kommunistischen Partei der Tschechoslowakei 1976-1981. Berlin: Dietz 1982. 274 S. B 48092

Foitzik, J.: Kadertransfer. Der organisierte Einsatz sudetendt. Kommunisten in der SBZ 1945/46. In: Vierteljahrshefte für

Zeitgeschichte. Jg. 31, 1983. H. 2. S. 308-334. BZ 4456:31

Erfolgreiche Jahre. Den Beitrag der SED zu Theorie und Politik der entwickelten sozialistischen Gesellschaft. Berlin: Dietz 1982. 230 S. B 48462

Kaiser, M.; Klose, C.; Münch, U.: Zur Blockpolitik der Sozialistischen Einheitspartei Deutschlands von 1955 bis 1961. In: Zeitschrift für Geschichtswissenschaft. Jg. 30, 1982. H. 12. S. 1059-1071. BZ 4510:30

Honeckers Parteiprogramm. Bonn: Verl. Neue Gesellschaft 1980. 69 S. Bc 3109

Der X. Parteitag der SED. 35 Jahre SED-Politik. Versuch e. Bilanz, Vierzehnte Tagung zum Stand d. DDR-Forschung in der Bundesrepublik Deutschland 9. bis 12. Juni 1981. Köln: Deutschland Archiv 1980. 184 S. B 45921

Die SED von A bis Z. Bonn: Verl. Neue Gesellschaft 1982. 52 S. Bc 3161

Spanger, H.-J.: Die SED und der Sozialdemokratismus. Ideologische Abgrenzung in der DDR. Köln: Verl. Wiss. u. Politik 1982. 255 S. B 46576

Zur Strategie und Taktik der KPD-SED. Aktionseinheit, Einheitsfront, Volksfront, Bündnispolitik. Bonn: Verl. Neue Gesellschaft 1982. 45 S. Bc 3421

4. Tagung der ZK der SED, 23.-24. Juni 1982. Aus den Diskussionsreden. Berlin: Dietz 1982. 64 S. Bc 3390

Verner, P.: 4. Tagung d. ZK d. SED 23.-24. 6. 1982. - Aus dem Bericht des Politbüros... Aus d. Schlusswort... Erich Honecker. Berlin: Dietz 1982. 108 S. Bc 3391

Geschichte der Freien Deutschen Jugend. Autorenkoll. 2. durchges. Aufl. Berlin: Verl. Neues Leben 1983. 682 S. B 48760

e. 2 Außenpolitik

Ammer, T.: Die Nahost-Reise Honeckers im Oktober 1982. In: Deutschland-Archiv. Jg. 15, 1982. H. 12. S. 1313-1321. BZ 4567:15

Beistands- und Kooperationsverträge der DDR. Hrsg. u. eingel. v. H.-H. Mahnke. Köln: Verl. Wissensch. u. Politik 1982. 167 S. B 48004

Buss, H.; Hahn, G.: Sozialistische Außenpolitik - Karl Marx verpflichtet. In: Deutsche Aussenpolitik. Jg. 28, 1983. H. 3. S. 5-14. BZ 4557:28

Drei Jahrzehnte Außenpolitik der DDR. Bestimmungsfaktoren, Instrumente, Aktionsfelder. 2. Aufl. München: Oldenbourg 1980. 949 S. B 45436

Oldenburg, F.: Die DDR und die polnische Krise. In: Osteuropa. Jg. 32, 1982. H. 12. S. 1004-1011. BZ 4459:32

Sodaro, M.: The GDR and the Third World. Supplicant and surrogate. In: Eastern Europe and the Third World. 1981. S. 106-141. B 45388

Spanger, H.-J.: Offensive Abgrenzung - ein neuer Kurs der DDR-Außenpolitik? In: Europa zwischen Konfrontation und Kooperation. 1982. S. 295-310. B 45705

Tuk Chu Chon: Die Beziehungen zwischen der DDR und der Koreanischen Demokratischen Volksrepublik (1949-1978). München: Minerva-Publ. 1982. 263 S. B 48474

Valenta, J.; Butler, S.: East German security policies in Africa. In: Eastern Europe and the Third World. 1981. S. 142-168. B 45388

Wiecek, W.: NRD a pokojowe współistnienie z RFN (na przełomie lat sześćdziesiątych i siedemdziesiątych). [Die DDR und d. friedliche Koexistenz mit der BRD (Ende der 60-er u. Anfang der 70-er Jahre).] In: Przegląd Stosunków Międzynarodowych. 1982. Nr. 6. S. 155-169. BZ 4777:1982

f. Wehrwesen

Civic Education in the military. The German case. Zoll, R.: Politische Bildung in the Bundeswehr; Meyer, G.-M.: Political-ideological education in the NVA of the GDR. München: Sozialwiss. Institut der Bundeswehr 1983. 135 S. Bc 3146

Huebner, W.; Effenberger, W.: Wehrpolitische Massenarbeit unter Führung der Partei. Probleme - Erfahrungen - Aufgaben. Berlin: Dietz 1982. 96 S. Bc 3323

Johnson, A.R.; Dean, R.W.; Alexiev, A.: Die Streitkräfte d. Warschauer Pakts in Mitteleuropa: DDR, Polen und CSSR. Stuttgart: Seewald 1982. 231 S. B 48058

Mutz, R.: "Sozialistische Landesverteidigung" und Abrüstung. Fragen zur Militärdoktrin der DDR. In: Sicherheitspolitik am Scheideweg? 1982. S. 381-413. B 47212

Rühmland, U.: Die neuen wehrrechtlichen Bestimmungen der DDR. In: Deutsche Studien. Jg. 20, 1982. H. 80. S. 433-443. BZ 4535:20

Schenk, W.: Friedenskinder? DDR - Wehrkunde. Ein Beispiel, das nicht Schule machen darf. Dokumentation. 2., erw. Aufl. Berlin: GEW 1982. 115 S. D 02608

Willmann, L.; Kopatz, O.: Gefechtsbereit! Die Luftstreitkräfte, Luftverteidigung der Nationalen Volksarmee. Berlin: Militärverl. d. DDR 1982. 156 S. 08888

g./h. Wirtschaft und Gesellschaft

Buck, H.F.: DDR-Staatsfinanzen unter Kostendruck. In: Deutschland-Archiv. Jg. 15, 1982. H. 12. S. 1321-1331. BZ 4567:15

Erbe, G.: Arbeiterklasse und Intelligenz in der DDR. Opladen: Westdt. Verl. 1982. 224 S. B 45611

Suckut, S.: Der Konflikt um die Bodenreformpolitik in der Ost-CDU 1945. In: Deutschland Archiv.

Jg. 15, 1982. H. 10. S. 1080-1095. BZ 4567:15

Urban, R.: Die sorbische Volksgruppe in der Lausitz 1949-1977. Ein dokumentar. Bericht. Marburg: J. G. Herder-Inst. 1980. 348 S. B 45473

Winkler, K.: "Wir wollen euren Friedhofsfrieden nicht!" Jugendprotest in Ostdeutschland. In: Der Spiegel. Jg. 37, 1983. Nr. 11. S. 93-104; 12. S. 92-102. BZ 05140:37

i. Geistesleben

Dähn, H.: Konfrontation oder Kooperation? Das Verhältnis von Staat und Kirche in d. SBZ/DDR 1945-1980. Opladen: Westdt. Verl. 1982. 295 S. B 47786

Heise, J.; Leonhardt, R.: Das Ringen der SED um die Einbeziehung von Gläubigen in den Aufbau des Sozialismus und den Friedenskampf (1949/50). In: Zeitschrift für Geschichtswissenschaft. Jg. 31, 1983. H. 6. S. 483-493. BZ 4510:31

Henrich, W.: Das unverzichtbare Feindbild. Hasserziehung in der DDR. Bonn: Hohwacht 1981. 111 S. Bc 3048

Holzweissig, G.: Diplomatie im Trainingsanzug. Sport als politisches Instrument der DDR in den innerdeutschen u. internationalen Beziehungen. Mit e. Exkurs üb. die Olymp. Spiele in Montreal u. Moskau. München: Oldenbourg 1981. IX, 210 S. B 45438

Jäger, M.: Kultur und Politik in der DDR. Ein historischer Abriß. Köln: Verl. Wissenschaft u. Politik 1982. 204 S. B 48044

Schelz, S.: Probleme der Christen in der DDR. In: Politik und Kultur. Jg. 10, 1983. H. 3. S. 40-46. BZ 4638:10

k. Geschichte

Baring, A.: Der 17. Juni 1953. Stuttgart: Deutsche Verlagsanst. 1983. 199 S. B 48956

Fricke, K. W.: Der Staatssicherheitsdienst und der 17. Juni 1953. In: Deutschland-Archiv. Jg. 16, 1983. H. 6. S. 594-602. BZ 4567:16

Güstrow, D.: In jenen Jahren. Aufz. e. "befreiten" Deutschen. Köln: Severin u. Siedler 1983. 383 S. B 48790

Guhl, D.; Lerch, R.; Spindeldreier, U.: Aktionshandbuch zum 17. Juni 1983. Bonn: Bonner Friedensforum 1983. 71 S. D 2701

Jeismann, K.-E.: Die Einheit der Nation im Geschichtsbild der DDR. In: Aus Politik und Zeitgeschichte. 1983. B 32/33.. S. 3-16. BZ 05159:1983

Kellmann, K.: Der 17. Juni 1953. Das Ereignis und die Probleme seiner zeitgeschichtlichen Einordnung und Wertung. In: Geschichte in Wissenschaft u. Unterricht. Jg. 34, 1983. H. 6. S. 373-387. BZ 4475:34

Schmidt, W.: Die Geschichtswissenschaft der DDR in den fünfziger Jahren. In: Zeitschrift für Geschichtswissenschaft. Jg. 31, 1983. H. 4. S. 291-312. BZ 4510:31

Sonnet, P.: Heimat und Sozialismus. Zur Regionalgeschichtsschreibung in der DDR. In: Historische Zeitschrift. Bd 235, 1982. H. 1. S. 121-135. BZ 4444:235

Vejs, G.: Am Morgen nach dem Kriege. Erinnerungen e. sowjetischen Kulturoffiziers. Berlin: Verl. d. Nation 1981. 251 S. B 46206

Weber, H.: Die sowjetische Militäradministration in Deutschland und das Parteiensystem der SBZ/DDR. In: Deutschland-Archiv. Jg. 15, 1982. H. 10. S. 1064-1079. BZ 4567:15

Wichard, R.: Der 17. Juni 1953 im Spiegel der DDR-Literatur. In: Aus Politik und Zeitgeschichte. 1983. B 20/21. S. 3-16. BZ 05159:1983

L 130.3 Ostdeutsche Länder bis 1945

Nawratil, H.: Vertreibungsverbrechen an Deutschen. Tatbestand, Motive, Bewältigung. München: Univ. Verl. 1982. 288 S. B 48122

Die deutschen Ostgrenzen. (1920.) Leer: Wicker Kreis 1981. 36 S. Bc 3398

Andrzejewski, M.: Socjaldemokratyczna Partia Wolnego Miasta Gdańska 1920-1936. [Die Sozialdemokratische Partei der Freien Stadt Danzig.] Gdańsk 1980. 243 S. B 46542

Cygański, M.: Niemieckie mieszczańskie partie polityczne na Górnym Śląsku wobec polskiego ruchu narodowego w latach powstań ślaskich i plebiscytu 1919-1921. [Die deutschen bürgerlichen Parteien in Oberschlesien u. die polnische Volksbewegung i. d. Zeit d. Aufstände u. des Plebiszits 1919-1921.] In: Studia Śląskie. Ser. nowa. Tom 39, 1981. S. 11-60. BZ 4680:39

Gawlik, S.: Problemy polskiej oświaty na Górnym Śląsku w okresie powstań i plebiscytu. [Probleme d. polnischen Volksbildung in Oberschlesien in d. Aufstands-u. Plebiszitzeit.] In: Studia Śląskie. Ser. nowa. Tom 39. 1981. S. 61-86. BZ 4680:39

Glensk, J.: Polska i niemiecka prasa plebiscytowa i powstańcza na Śląsku. [Die polnische u. deutsche Plebiszit-u. Aufständischenpresse in Schlesien.] In: Studia Śląskie. Ser. nowa. Tom 39, 1981. S. 87-148. BZ 4680:39

Graefe, H.: Abschied von Schlesien. Heidenheim: Jerratsch 1981. 256 S. B 47587

Jonca, K.: "Noc kryształowa" na Śląsku Opolskim na tle polityki antyżydowskiej Trzeciej Rzeszy. [Die "Kristallnacht" in Oberschlesien im Rahmen d. Politik d. Antisemitismus d. Dritten Reichs.] In: Studia Śląskie. Ser. nowa. Tom 37, 1980. S. 87-121. BZ 4680:37

Konieczny, A.: Aresztowania opolskiego gestapo w świetle statystyk Głównego Urzędu Bezpieczeństwa Rzeszy z lat 1941-1943.

[Die Verhaftungen d. Gestapo in Oppeln in der Statistik d. Reichssicherheitshauptamtes 1941-1943.] In: Studia Śląskie, Ser. nowa. Tom 37, 1980. S. 123-144. BZ 4680:37

Kühn, K.: Flucht und Vertreibung aus Wohlau-Niederschlesien 1945. Bericht. Wiesbaden: Hoppe 1982. 21 S. Bc 3141

Problematyka Prus wczoraj i dzis. Materiały z konferencji... [Die Problematik Preussens gestern u. heute. Materialien e. populärwissenschaftl. Konferenz... 7.-8. Mai 1981.] Poznań: Wielkopolskie Wyd. Prasowe 1981. 104 S. Bc 3541

Vosske, H.: Geschichte der Gedenkstätte der Sozialisten in Berlin-Friedrichsfelde. Berlin: Dietz 1982. 171 S. B 45962

L 135 Finnland

Faelt, O. K.: Eksotismista realismiin. Perinteinen japanin-kuva. suomessa 1930-luvun murroksessa. [Von Exostismus zu Realismus. Das traditionelle Japanbild in Finnland...] Rovaniemi: Pohjoissuomen historiallinen yhdistys 1982. 363 S. B 46607

Jokipii, M.: Finland's entrance into the continuation war. In: Revue internationale d'histoire militaire. 1982. No. 53. S. 85-103. BZ 4454:1982

Jussila, O.: Nationalismi ja vallankumous venäläis-suomalaisissa suhteissa 1899-1914. [Nationalismus und Revolution in d. russisch-finnischen Beziehungen 1800-1914.] Helsinki: Finnish Hist. Soc. 1979. 325 S. B 46099

Kapitalismen i Finland. En undersökning om den samhälleliga utvecklingen och dess motsättningar i det efterkrigstida Finland. Red.: P. Kosonen. Aalborg: Nordisk Sommaruniv. 1981. 239 S. B 46073

Michel, H.: L'opinion publique en France et la guerre d'hiver de Finlande. In: Revue internationale d'histoire militaire. 1982. No. 53. S. 5-21. BZ 4454:1982

Möttölä, K.: The politics of neutrality and defence. Finnish security policy since the early 1970s. In: Cooperation and conflict. Vol. 17, 1982. No. 4. S. 287-313. BZ 4605:17

Nevakivi, J.: Finland. The Finnish foreign service. In: The Times survey of foreign ministries of the world. 1982. S. 185-201. B 47771

Kommunističeskaja Partija Finljandii. Dokumenty i materialy 1970-1981. [Die Kommunistische Partei Finnlands.] Moskva: Politizdat 1982. 311 S. B 48398

Polvinen, T.: Suomi kansainvälisessä politiikassa. 1. 2. Porvo: WSOY 1979-80. 368, 233 S. B 46102

Rasku, T.: Yrjö Kallinen. Legenda jo eläessään. [Yrjö Kallinen. Eine Legende schon zu seiner Lebenszeit.] Porvo: WSOY 1979. 306 S. B 46100

Vöyrynen, R.: Die finnische Verteidigungspolitik u. ihre militärische Infrastruktur. In: Neutralität - eine Alternative? 1982. S. 141-166. B 46278

c. Biographien

Bérard, A.: Un Ambassadeur se souvient. T. 1-4. Paris: Plon Plon 1976-1980. 553, 615, 412, 331 S. B 27218

Bloch-Morhange, J.: La Grenouille et le scorpion. Paris: France-Empire 1982. 334 S. B 47715:1

Dreyfus, F.-G.: De Gaulle et le Gaullisme. Essai d'interprétation. Paris: Pr. Univ. de France 1982. 319 S. B 46455

Estier, C.: Mitterrand Président. Journal d'une victoire. Paris: Stock 1981. XXI, 219 S. B 45410

Ledwidge, B.: De Gaulle. London: Weidenfeld and Nicolson 1982. XIII, 418 S. B 47513

Malafeev, K. A.: Stranicy žizni i dejatel'nosti Lui Bartu. [Über d. Leben u. die Tätigkeit Louis Barthous.] In: Novaja i novejšaja istorija. God 1982. No. 4. S. 118-136. BZ 05334:1982

Mons, J.: Sur les Routes de l'histoire. Paris: Ed. Albatros 1981. 359 S. B 46316

Montaldo, J.: 850 Jours pour abattre René Lucet. Paris: Michel 1982. 326 S. B 47756

Mossuz-Lavau, J.: André Malraux et le gaullisme. 2. ed. Paris: Pr. de la Fondation nationale des Sciences politiques 1982. 321 S. B 47265

Moulin, C.: Mitterand intime. Paris: Michel 1982. 313 S. B 47748

Pompidou, G.: Pour rétablir une vérité. Paris: Flammarion 1982. 292 S. B 47606

Roche, E.: Avec Joseph Caillaux. Mémoires, souvenirs et documents. Paris: Publ. de la Sorbonne 1980. XII, 221 S. B 46596

Terrenoire, L.: De Gaulle 1947-1954. Pourquoi l'Échec? Du R. P. F. à la traversée du désert. Paris: Plon 1981. 326 S. B 46458

Winock, M.: Édouard Drumont et Cie. Antisémitisme et fascisme en France. Paris: Éd. du Seuil 1982. 218 S. B 47252

e. Staat/Politik

e. 1 Innenpolitik

Administration et politique sous la cinquième République. Janvier 1959 - Mai 1981. Paris: Pr. de la Fondation nationale des Sciences politiques 1981. 365 S. B 46399

Barre, R.: Une Politique pour l'avenir. Paris: Plon 1981. 244 S. B 46451

Hoffmann, S.: La France vue de Harvard. Première année de la présidence Mitterrand. T. 1. In: Commentaire.

Vol. 5, 1982/83. No. 20. S. 615-629. BZ 05436:5

McCormick, J.: Thorns among the roses. A year of the socialist experiment in France. In: West European politics. Vol. 6, 1983. No. 1. S. 44-62. BZ 4668:6

Mitterand, F.: Politique.2. 1977-1981. Paris: Fayard 1981. 368 S. B 46885

Rasch, D.: "Changement", Kontinuität trotz Wandel im sozialistischen Frankreich. In: Aus Politik und Zeitgeschichte. 1982. B 49. S. 23-35. BZ 05159:1982

Textes et documents relatifs à l'élection présidentielle des 25 avril et 10 mai 1981. Paris: La Documentation française 1981. 236 S. B 47254

Vié, J.-E.: La Décentralisation sans illusion. Paris: PUF 1982. 138 S. B 47331

Willis, F.R.: The French Paradox. Understanding contemporary France. Stanford: Hoover Inst. Pr. 1982. XI, 151 S. B 46861

Moxon-Browne, E.: Terrorism in France. London: Institute for the Study of Conflict 1983. 26 S. Bc 3527

Raufer, X.: Terrorisme: maintenant, la France? La guerre des partis communistes combattants. Paris: Garnier Frères 1982. 336 S. B 47743

e. 1.4 Parteiwesen

Aviv, I.: The French Communist Party under the fifth republic. A political party or an ideological community? In: In search of eurocommunism. 1981. S. 80-104. B 45317

Baier, L.: La force tranquille. Konservativismus in Frankreich. In: Kursbuch. 1983. No. 73. S. 19-35. BZ 4434:73

Brunet, J.-P.: Histoire du Parti Communiste Français. 1920-1982. Paris: PUF 1982. 127 S. B 47321

Colliard, J.-C.: The Giscardians. In: Conservative politics in Western Europe. 1982. S. 204-235. B 48488

Construire le socialisme aux couleurs de la France. 24. congres du Parti Communiste Français. Saint Ouen, 3-7 fevrier 1982. Paris: Éd. Sociales 1982. 229 S. B 47549

Drozdov, E.A.: Sojuz levych sil vo Francii i značenie ego opyta. [Der Bund der linken Kräfte in Frankreich u. die Bedeutung seiner Erfahrungen.] In: Novaja i novejšaja istorija. God 1982. No. 5. S. 32-52. BZ 05334:1982

DuRoy, A.; Schneider, R.: Le Roman de la rose. D'Épinay à l'Élysée, l'aventure des socialistes. Paris: Éd. du Seuil 1982. 297 S. B 47251

Elleinstein, J.: Eurocommunism and the French Communist Party. In: In search of eurocommunism. 1981. S. 66-79. B 45317

Fritsch-Bournazel, R.: Die französische KP und das Europa-Parlament. Konzeptionen und Aktivitäten. In: Die Kommunisten Südeuropas und die Europäische Gemeinschaft. 1981. S. 13-50. B 46560

Kahn, J.-F.: La Guerre civile. Essais sur les stalinismes de droite et de gauche. Paris: Ed. du Seuil 1982. 285 S. B 48511

Lecomte, P.: The political forces of French conservatism. Chirac's rassemblement and the president's party. In: Conservative politics in Western Europe. 1982. S. 236-263. B 48488

LeRoyLadurie, E.: Paris - Montpellier. P.C.-P.S.U. 1945-1963. Paris: Gallimard 1982. 261 S. B 47539

Marchais, G.: XXIV. Parteitag der Französischen Kommunistischen Partei. 3.-7.2.1982. Bericht d. Zentralkomitees. Berlin: Dietz 1982. 104 S. Bc 3309

Nugent, N.; Lowe, D.: The Left in France. New York: St. Martin's Pr. 1982. XI, 275 S. B 48335

Le Parti communiste français pendant l'entre-deux-guerres. Ed.: N. Racine, L. Bodin. Paris: Pr. de la Fondation nationale des Sciences politiques 1982. 310 S. B 47260

Contemporary French political Parties. Ed.: D. S. Bell. London: Croom Helm 1982. VI, 199 S. B 47710

Rémond, R.: Les Droites en France. Paris: Montaigne 1982. 544 S. B 47548

Rutkoff, P. M.: Revanche and revision. The Ligue des Patriotes and the origins of the radical right in France, 1882-1900. Athens: Ohio Univ. Pr. 1981. 182 S. B 47409

Sadoun, M.: Les Socialistes sous l'occupation. Résistance et collaboration. Paris: Presses dela Fondation nationale des Sciences politiques 1982. XX, 323 S. B 46257

Tartakowsky, D.: Une Histoire du P.C.F. Paris: Presses univ. de France 1982. 126 S. B 46459

e. 2 Außenpolitik

Becker, J. M.: Die französische Außenpolitik François Mitterrand. In: Blätter für deutsche und internationale Politik. Jg. 28, 1983. H. 4. S. 586-602. BZ 4551:28

Bérard, A.: Cinq Années au Palais Farnèse. Paris: Plon 1982. 237 S. B 47546

Čerkasov, P. P.: Kolonial'naja politika Francii v gody vtoroj mirovoj vojny. [Die Kolonialpolitik Frankreichs in d. Jahren des Zweiten Weltkriegs.] In: Voprosy istorii. God 1983. No. 7. S. 81-95. BZ 05317:1983

Czapliński, W.: Francja a "Ostpolitik" i problem niemiecki. (Opinie literatury francuskiej lat siedemdziesiatych.) [Frankreich u. die Ostpolitik u. das Deutschlandsproblem.] In: Przegląd stosunków międzynarodowych. 1981. Nr. 6. S. 75-98. BZ 4777:1981

Dethan, G.: France. The Ministry of Foreign Affairs since the nineteenth century. In: The Times survey of foreign ministries of the world. 1982. S. 203-223. B 47771

Leggewie, C.: Frankreichs Außenpolitik nach 1981. Neogaullismus oder "sozialistische" Neuorientierung? In: Politische Vierteljahresschrift. Jg. 23, 1982. H. 4. S. 396-417. BZ 4501:23

Makinsky, M.: Politique étrangère ou relations internationales. Les structures sont-elles le vrai problème? In: Stratégique. 1982. No. 14. S. 53-83. BZ 4694:1982

Schütze, W.: Frankreichs Aussen- und Sicherheitspolitik unter François Mitterrand. In: Europa-Archiv. Jg. 37, 1982. Folge 20. S. 591-602. BZ 4452:37

Slavenov, V.P.: Vnešnjaja Politika Francii. 1974-1981. [Die Aussenpolitik Frankreichs. 1974-1981.] Moskva: "Meždunarodnye otnošenija" 1981. 238 S. B 46529

Smouts, M.-C.: The external policy of François Mitterrand. In: International affairs. Vol. 59, 1983. No. 2. S. 155-167. BZ 4447:59

Young, R.J.: French foreign Policy. 1918-1945. Wilmington: Scholarly Resources 1981. XV, 242 S. B 46959

Aussenpolitische Beziehungen

Das Bündnis im Bündnis. Deutsch-französische Beziehungen im internationalen Spannungsfeld. Hrsg.: R. Picht. Berlin: Severin u. Siedler 1982. 260 S. B 47906

Campbell, A.: Anglo-French relations a decade ago. A new assessment. In: International affairs. Vol. 58, 1982. No. 3. S. 429-446. BZ 4447:58

Chatillon, G.: La France et le Tiers monde. Problèmes d'armements. In: Défense nationale. Année 39, 1983. Juillet. S. 73-96. BZ 4460:39

Deininger, H.: Frankreich - Rußland - Deutschland. 1871-1891. Die Interdependenz von Außenpolitik, Wirtschaftsinteressen u. Kulturbeziehungen im Vorfeld des russisch-franz. Bündnisses. München: Oldenbourg 1983. XVIII, 340 S. B 48371

Frank, P.: Zwanzig Jahre deutsch-französischer Vertrag. In: Aussenpolitik. Jg. 34, 1983. H. 1. S. 17-30. BZ 4457:34

Kuźniar, R.: Stosunki francusko-amerykańskie w okresie V Republiki. [Die französisch-amerikan. Beziehungen in d. Zeit der V. Republik.] In: Sprawy Międzynarodowe. Rok 36, 1983. Zeszyt 3. S. 61-80. BZ 4497:36

Parzymies, S.: Wojskowe aspekty stosunków Francji z RFN. [Militärische Aspekte d. Beziehungen Frankreichs zur BRD.] In: Sprawy Międzynarodowe. Rok 36, 1983. Zeszyt 4. S. 47-60. BZ 4497:36

Europäische Zeitzeichen. Elemente eines deutsch-französischen Dialogs. Bonn: Europa Union Verl. 1982. 151 S. Bc 3090

f. Wehrwesen

f. 01 Wehrpolitik

Auton, G. P.: Nuclear deterrence and the medium power. A proposal for doctrinal change in the British and French cases. In: The defense policies of nations. 1982. S. 342-355. 08926

Forget, P.: La politique de défense française à travers les déclarations de François Mitterrand. In: Défense nationale. Année 38, 1982. Décembre. S. 125-143. BZ 4460:38

Frankenstein, R.: Le Prix du réarmement français. 1935-1939. Paris: Publ. de la Sorbonne 1982. 382 S. B 47316

Geyer, M.: Ein Vorbote des Wohlfahrtsstaates. Die Kriegsopferversorgung in Frankreich, Deutschland u. Großbritannien nach dem Ersten Weltkrieg. In: Geschichte und Gesellschaft. Jg. 9, 1983. H. 2. S. 230-277. BZ 4636:9

Hamon, L.: Le Sanctuaire désenclavé? Proposition pour une stratégie française dans une conjoncture internationale donnée. Paris: Fondation pour les etudes de defense nationale 1982. 419 S. B 46873

Hertle, W.: Larzac. 1971-1981. Der gewaltfreie Widerstand gegen d. Erweiterung eines Truppenübungsplatzes in Süd-Frankreich. Kassel: Weber, Zucht 1982. 275 S. B 47780

Krumeich, G.: A propos de la politique d' armement de la France avant la première guerre mondiale. In: Revue d' histoire moderne et contemporaine. Tome 29, 1982. Oct. -Déc. S. 662-672. BZ 4586:29

Prost, A.: Die Demobilmachung, der Staat und die Kriegsteilnehmer in Frankreich. In: Geschichte und Gesellschaft. Jg. 9, 1983. H. 2. S. 178-194. BZ 4636:9

Sabrosky, A. N.: The defense policy of France. In: The defense policies of nations. 1982. S. 230-266. 08926

Vaisse, M.: Sécurité d' abord. La politique française en matière désarmement. 9 decembre 1930 - 17 avril 1934. Paris: Pedone 1981. XV, 653 S. B 47703

f. 1 Heer

Bergot, E.: La Coloniale du Rif au Tchad 1925-1980. Paris: Pr. de la Cité 1982. 262 S. B 47025

Brunon, J.; Manue, G.-R.; Carles, P.: Le Livre d'or de la Légion Étrangère. Éd. du cent-cinquantième anniversaire. 1831-1981. Paris: Charles-Lavauzelle 1981. 518 S. 08922

Camus, M.: Histoire des Saint Cyriens. 1802-1980. Paris: Charles-Lavauzelle 1980. 479 S. 08923

Destrem, M.: Les Commandos de France. Paris: Fayard 1982. 454 S. B 46877

Ferrard, S.: Les Materiels de l' armee de terre française 1940.

Tome 1. Paris: Charles-Lavauzelle 1982. 177 S. 08915

Hoff, P.: Les Programmes d'armement de 1919 à 1939. Vincennes: Service historique de l'Armée de Terre 1982. 479 S. 08795

Quentin, P.: L'informatique de commandement dans l'armée de terre. In: Stratégique. 1982. No. 14. S. 7-34. BZ 4694:1982

Tebib, R.: L'Armée de la France. Sa philosophie et ses traditions. Artigues-près-Bordeaux: Bonneton 1982. 303 S. B 47081

f. 2 Kriegsmarine/Luftwaffe

Bertrand, M.: Le Marine française au combat. 1939-1945. T. 1. Paris: Lavauzelle 1982. 233 S. 08761

Blois, H. de: La Guerre des mines dans la marine française. Brest: Ed. de la Cité 1982. 224 S. 08882

Pasquelot, M.: Les Sous-marine de la France libre. 1939-1945. Paris: Presses de la Cité 1981. 285 S. B 45679

Sers, J.-F.: Alerte rouge en Méditerranée. Paris: Grasset 1982. 285 S. B 48258

Barthélemy, R.: L'aviation de transport militaire française de 1945 à 1949. In: Revue historique des armées. 1982. No. 3. S. 70-81. BZ 05443:1982

Chadeau, E.: Volume et emploi des dépenses aéronautiques 1945-1950. In: Revue historique des armées. 1982. No. 3. S. 28-38. BZ 05443:1982

Hodeir, M.: Doctrine d' emploi et mission de l'armée de l'air, 1946-1948. In: Revue historique des armées. 1982. No. 3. S. 60-69. BZ 05443:1982

Personne, P.: Les effectifs de l'armée de l'air de 1946 à 1949. Une approche critique. In: Revue historique des armées. 1982. No. 3. S. 16-27. BZ 05443:1982

g./h. Wirtschaft und Gesellschaft

Andreasi, A.: L'Anarcho-sindacalismo in Francia, Italia e Spagna. T. 1. 2. Milano: La Pietra 1981. 628 S. B 46046

Clarke, J.: Land armament in France. The tradition of "etatism". In: War, business and world military-industrial complexes. 1981. S. 33-50. B 47000

Harmel, C.: La Confédération génerale du Travail. 1947-1981. Paris: PUF 1982. 127 S. B 47322

Lange, P.: Ross, G.; Vannicelli, M.: Unions, change and crisis: French and Italian union strategy and the political economy, 1945-1980. London: Allen and Unwin 1982. VIII, 295 S. B 47749

Martin, R.: Idéologie et action syndicale. Les Instituteurs de l'entre-deux guerres. Lyon: Presses Univ. 1982. 448 S. B 47538

Mouriaux, R.: La CGT. Paris: Ed. du Seuil 1982. 245 S. B 47258

Moynot, J.-L.: Au Milieur du gué. CGT, syndicalisme et démocratie de masse. Paris: PUF 1982. 319 S. B 47327

Ross, G.: Workers and communists in France. From popular front to Eurocommunism. Berkeley: Univ. of Calif. Pr. 1982. XVI, 357 S. B 46999

Tovias, A.: Franco-German trade cooperation after 1945. Lessons for former Middle East belligerent. In: The Jerusalem journal of international relations. Vol. 6, 1982. No. 1. S. 59-72. BZ 4756:6

h. 1 Bevölkerung und Familie

Black, N.: Social feminism in France. A case study. In: Women and world change. 1981. S. 217-238. B 47484

New French Feminisms. Ed. and with an introd.: E. Marks. New York: Schocken 1981. XIII, 279 S. B 47452

Les Femmes en France dans une société d'inégalités. Rapport au ministre des droits de la femme. Paris: La Documentation française 1982. 188 S. B 47263

Fourcaut, A.: Femmes à l'usine. Ouvrières et surintendantes dans les entreprises françaises de l'entre-deux-guerres. Paris: Maspero 1982. 268 S. B 47541

Leger, D.: Le Feminisme en France. Paris: Sycomore 1982. 125 S. B 48037

Charpentier, P.: Les immigrés maghrébins de France. In: L'Afrique et l'Asie modernes. 1982. No. 135. S. 33-48. BZ 4689:1982

Rajsfus, M.: Sois juif et tais-toi! 1930-1940. Les français "israélites" face au nazisme. Paris: Études et Documentation internat. 1981. 317 S. B 45549

i. Geistesleben

Cruickshank, J.: Variations on catastrophe. Some French responses to the Great War. Oxford: Clarendon Pr. 1982. 219 S. B 47997

Dioudonnat, P.-M.: L'Argent nazi à la conquête de la presse française (1940-1944). Paris: Picollec 1981. 309 S. B 46312

Fremontier, J.: Pied de guerre. Paris: Fayard 1982. 359 S. B 47083

Lottman, H. R.: The left Bank. Writers, artists, and politics from the Popular Front to the Cold War. Boston: Houghton Mifflin 1982. XIV, 319 S. B 47461

Marrus, M. R.: Die französischen Kirchen und die Verfolgung der Juden in Frankreich 1940-1944. In: Vierteljahrshefte für Zeitgeschichte. Jg. 31. H. 3. S. 483-505. BZ 4456:31

k. Geschichte

Danos, J.; Gibelin, M.: Die Volksfront in Frankreich. Generalstreik,u. Linksregierung im Juni '36. Hamburg: Junius 1982. XVI, 224 S. B 47567

Faveton, P.: Les Annes 20. Paris: Temps actuels 1982. 310 S.08924

Genebrier, R.: Septembre 1939. La France entre en guerre. Quelques révélations sur ce qui s'est passé dans les derniers jours de la paix. Paris: Alta/Philippine 1982. 98 S. B 46896

Guéna, Y.: Le Temps des certitudes. 1940-1969. Paris: Flammarion 1982. 360 S. B 46823

Marrus, M.R.; Paxton, R.O.: Vichy France and the Jews. New York: Basic Books Publ. 1981. 432 S. B 47144

Livian, M.: La Parti socialiste et l'immigration. Le gouvernement Léon Blum, la main-d'oeuvre immigrée et les réfugiés politiques. 1920-1940. Paris: Éd. Anthropos 1982. XVIII, 265 S. B 47256

Maschkin, M.: Die Pariser Kommune 1871. Chronik einer Revolution. Berlin: Dietz 1982. 244 S. B 45965

Paxton, R.O.: Vichy France. Old guard and new order. 1940-1944. Repr. New York: Columbia Univ. Pr. 1982. XVI, 399 S. B 47680

Slater, C.: Defeatists and their enemies. Political invective in France 1914-1918. Oxford: Univ. Pr. 1981. VIII, 206 S. B 45496

Tournoux, R.: Le Royaume d'Otto. Paris: Flammarion 1982. 405 S. B 47600

Vagliano-Eloy, S.: Les demoiselles de Gaulle. 1943-1945. Paris: Plon 1982. 262 S. B 47024

l. Länderteil

La Lorraine mosellane. 1918-1946. Nord-Est-Mosellan. Notes et documents. Sarreguemines: Pierron 1981. 110 S. Bc 3249

Panicacci, J.-L.: Le comité départemental de libération des Alpes-Maritimes (1944-1947). In: Revue d'histoire de la deuxième guerre mondiale. Année 32, 1982. No. 127. S. 77-107. BZ 4455:32

Plogoff. Eine Einführung in d. Guerillataktik d. bretonischen Dorfes Plogoff im Widerstand gegen den Atomwahn. Hamburg 1981. 43 S. D 02626

Ramsay, R.: The Corsican Time-bomb. Manchester: Univ. Pr. 1983. XIII, 245 S. B 48422

Renucci, J.: La Corse. Paris: PUF 1982. 127 S. B 47323

Streicher, J.-C.: Impossible Alsace. Histoire des idées autonomistes. Paris: Ed. Entente 1982. 175 S. B 47165

L 139 Griechenland

Alexander, G. M.: The Prelude to the Truman Doctrine. British policy in Greece 1944-1947. Oxford: Clarendon Pr. 1982. VII, 299 S. B 47754

Baerentzen, L.; Noergaard, L.; Smith, O. L.: Mens vi venter. Studier i det moderne Graekenlands historie. København: Museum Tusculanums Forl. 1980. 155, XI S. B 48284

Borbite v Makedonija i Odrinsko 1878-1912. Spomeni. [Die Kämpfe in Mazedonien u. Thrazien 1878-1912.] Sofija: Bŭlgarski pisatel 1981. 877 S. B 45677

Dontas, D.: Greece. The Greek Foreign Ministry. In: The Times survey of foreign ministries of the world. 1982. S. 259-273. B 47771

Fleischer, H.; Bowman, S.: Greece in the 1940s. A bibliographic companion. Hanover: Univ. Pr. of New England 1981. 94 S. B 47214

Gołembski, F.: Polityka bałkańska Grecji. [Die Balkanpolitik Griechenlands.] In: Sprawy Międzynarodowe. Rok 35, 1982. Zeszyt 6. S. 59-72. BZ 4497:35

Greece in the 1940s. A nation in crisis. Ed.: J. O. Iatrides. Hanover: Univ. Pr. of New England 1981. XVI, 440 S. B 47143

Loulis, J. C.: The Greek Communist Party, 1940-1944. London: Croom Helm 1982. 224 S. B 45560

Lyrintzis, C.: The rise of Pasok. The Greek election of 1981. In: West European politics. Vol. 5, 1982. No. 3. S. 308-313. BZ 4668:5

Manousakis, G. M.: Die Panhellenische Sozialistische Bewegung (PASOK). In: Zeitschrift für Politik. Jg. 30, 1983. H. 1. S. 68-77. BZ 4473:30

Popovski, J.; Vafijadis, M.: General Markos: Zašto me Staljin nije streljao? [General Markos: Warum mich Stalin nicht erschiessen liess?] Ljubljana: "Partizanska Knjige" 1982. 133 S. B 49045

Retboell, T.: Graekenland 1940-82. Herning: Systime 1982. 160 S. Bc 3338

Richter, H.: Griechenlands Kommunisten und die Europäische Gemeinschaft. In: Die Kommunisten Südeuropas und die Europäische Gemeinschaft. 1981. S. 105-145. B 46560

Schlegel, D.: Papandreou, ein Mehr an Berechenbarkeit. In: Aussenpolitik. Jg. 33, 1982. H. 4. S. 406-422. BZ 4457:33

Smith, O. L.: Den graeske Fagbevaegelse. En oversigt over dens organisation og forhold til statsmagten. København: Museum Tusculanums Forl. 1982. 32 S. Bc 3342

Tzermias, P.: Die USA-Militärpräsenz in Griechenland. In: Europäische Rundschau. Jg. 11, 1983. Nr. 4. S. 71-80. BZ 4615:11

Wittner, L. S.: American Intervention in Greece, 1943-1949. New York: Columbia Univ. Pr. 1982. XII, 445 S. B 48143

Woodhouse, C. M.: Karamanlis. The restorer of Greek democracy. Oxford: Clarendon Pr. 1982. VI, 297 S. B 47511

L 141 Großbritannien

c. Biographien

Beckett, I. F. W.: Edward Stanhope at the War Office 1887-1892. In: The journal of strategic studies. Vol. 5, 1982. No. 2. S. 278-307. BZ 4669:5

Bloch, M.: The Duke of Windsor's war. London: Weidenfeld & Nicolson 1982. XVII, 397 S. B 47757

Busch, B. C.: Hardinge of Penshurst. A study in the old diplomacy. Hamden: Archon Books 1980. 381 S. B 45625

Carlton, D.: Anthony Eden. A biography. London: Lane 1981. 528 S. B 45372

Chalfin, N. A.: Lord Kerzon - ideolog i politik britanskogo imperializma. [Lord Curzon - Ideologe u Politiker d. britischen Imperialismus.] In: Novaja i novejšaja istorija. God 1983. No. 1. S. 120-140. BZ 05334:1983

Fisher, N.: Harold Macmillan. London: Weidenfeld and Nicolson 1982. XI, 404 S. B 47811

Gilbert, M.: Winston Churchill. The wilderness years. London: Macmillan 1981. 269 S. B 45327

Harris, K.: Attlee. London: Weidenfeld and Nicolson 1982. 630 S. B 47803

Holmes, R.: The little Field-Marshal. Sir John French. London: J. Cape 1981. XIII, 427 S. B 47469

Mock, W.: The function of 'race'' in imperialist ideologies. The example of Joseph Chamberlain. In: Nationalist and racialist movements in Britain and Germany before 1914. 1981. S. 190-203. B 46605

Mosley, N.: Rules of the game. Sir Oswald and Lady Cynthia Mosley 1896-1933. London: Secker & Warburg 1982. X, 274 S. B 47755

Parker, W. H.: Mackinder. Geography as an aid to statecraft. Oxford: Clarendon 1982. VI, 295 S. B 46630

Schwinge, E.: Churchill und Roosevelt aus kontinental-europäischer Sicht. Marburg: Elwert 1982. 106 S. B 47053

Seldon, A.: Churchill's indian Summer. The conservative government, 1951-55. London: Hodder and Stoughton 1981. 667 S. B 45365

Velden, G. W. van der: Liddell Hart, inspirator van Blitz- of Sitzkrieg? In: Militaire spectator. Jg. 151, 1982. Nr. 7. S. 312-322. BZ 05134:151

Vernon, B. D.: Ellen Wilkinson. 1891-1947. London: Croom Helm 1982. 254 S. B 48234

Woodhouse, C. M.: Something ventured. London: Granada 1982. 208 S. B 47789

Woodroffe, M.: Racial theories of history and politics. The example of Houston Stewart Chamberlain. In: Nationalist and racialist movements in Britain and Germany before 1914. 1981. S. 143-153. B 46605

e. Staat/Politik

e. 1 Innenpolitik

Britain at the polls, 1979. A study of the general election. Ed.: H. R. Penniman. Washington: American Enterprise Inst. f. Public Policy Research 1981. 345 S. B 46845

Dürr, K.: Die "Britische Krankheit". Krisenphänomene und Lösungsstrategien. In: Aus Politik und Zeitgeschichte. 1982. B 49. S. 3-21. BZ 05159:1982

Fest, W.: Jingoism and Xenophobia in the electioneering strategies of British ruling elites before 1914. In: Nationalist and racialist movements in Britain and Germany before 1914. 1981. S. 171-189. B 46605

Fry, G. K.: The administrative 'Revolution' in Whitehall. A study of the politics of administrative change in British central government since the 1950s. London: Croom Helms1981. 217 S. B 45322

Instabile Hegemonie in Großbritannien. In: Sozialismus. 1982. H. 6. S. 82-92. BZ 05393:1982

Kettle, M.; Hodges, L.: Uprising! The police, the people and the riots in Britain's cities. London: Pan Books 1982. 271 S.B 47985

Mosley, O.: A national Policy. An account of the emergency programme. Nachdr. Nendeln 1982. 62 S. B 45557

Rush, M.: Parliamentary Government in Britain. New York: Holmes and Meier 1981. VII, 288 S. B 46738

Rush, M.: Parliamentary committees and parliamentary government. The British and Canadian experience. In: The journal of Commonwealth & comparative politics. Vol. 20, 1982. No. 2. S. 138-154. BZ 4408:20

Schwarz, J. E.: Attempting to assert the Commons' power. Labour members in the House of Commons, 1974-1979. In: Comparative politics. Vol. 14, 1981. No. 1. S. 17-29. BZ 4606:1981

Steed, M.: The formation of governments in the United Kingdom. In: The political Quarterly. Vol. 54, 1983. No. 1. S. 54-65. BZ 4611:54

Das politische System Großbritanniens. Von der englischen bürgerlichen Revolution bis zur Gegenwart. Hrsg.: K.-H. Röder. Köln: Pahl-Rugenstein 1982. 472 S. B 48252

Scott, G.: How to get rid of the bomb. A peace action handbook. London: Fontana 1982. 189 S. B 47636

Bogdanor, V.: The People and the party system. The referendum and electoral reform in British politics. Cambridge: Cambridge Univ. Pr. 1981. IX, 285 S. B 47185

Bradley, I.: Breaking the mould? The birth and prospects of the Social Democratic Party. Oxford: Robertson 1981. XIV, 172 S. B 46611

Jupp, J.: The radical Left in Britain. 1931-1941. London: Cass 1982. VIII, 261 S. B 47383

Lebzelter, G. O.: Anti-semitism - a focal point for the British radical right. In: Nationalist and racialist movements in Britain and Germany before 1914. 1981. S. 88-105. B 46605

Marris, R.: The politics of nationalism: Reflexions on the economics of the SDP. In: The political Quarterly. Vol. 54, 1983. No. 1. S. 16-31. BZ 4611:54

Peele, G.: The character of modern British conservatism. In: Conservative politics in Western Europe. 1982. S. 21-46. B 48488

The Politics of the Labour Party. Ed.: D. Kavanagh. London: Allen and Unwin 1982. 228 S. B 47798

The Rebirth of Britain. Ed.: W. Kennet. London: Weidenfeld & Nicolson 1982. IX, 275 S. B 47752

Searle, G.: The 'revolt from the right' in Edwardian Britain. In: Nationalist and racialist movements in Britain and Germany before 1914. 1981. S. 21-39. B 46605

Summers, A.: The character of Edwardian nationalism. Three popular leagues. In: Nationalist and racialist movements in Britain and Germany before 1914. 1981. S. 68-87. B 46605

Taylor, S.: The National Front in English politics. London: Macmillan 1982. XVII, 212 S. B 47524

Warde, A.: Consensus and beyond. The development of Labour Party strategy since the second world war. Manchester: Univ. Pr. 1982. 243 S. B 47635

Wittig, P.: Der englische Weg zum Sozialismus. Die Fabier und ihre Bedeutung für die Labour Party und die englische Politik. Berlin: Duncker u. Humblot 1982. 378 S. B 47648

e. 2 Außenpolitik

Anglo-Japanese Alienation 1919-1952. Papers of the Anglo-Japanese conference on the history of the second world war. Ed.: I. Nish. Cambridge: Univ. Pr. 1982. IX, 305 S. B 46520

Barnett, C.: The Soviet Empire and the British Empire: A strategic comparison. Zürich: Schweizerr. Winston Churchill Stiftung 1982. 14 S. Bc 3232

Cromwell, V.: United Kingdom. The Foreign and Commonwealth Office. In: The Times survey of foreign ministries of the world. 1982. S. 541-573. B 47771

Evans, S. F.: The slow Rapprochement. Britain and Turkey in the age of Kemal Atatürk, 1919-38. London: Eothen Press 1982. 123 S. Bc 3443

Gajda, P. A.: Postscript to victory. British policy and the German-Polish borderlands, 1919-1925. Washington: Univ. Pr. of America 1982. XIII, 232 S. B 48333

Hathaway, R. M.: Ambiguous Partnership. Britain and America, 1944-1947. New York: Columbia Univ. Pr. 1981. X, 410 S. B 45527

Hauser, O.: England und das Dritte Reich. Eine dokumentarische Geschichte d. englisch-deutschen Beziehungen von 1933 bis 1939 auf Grund unveröffentl. Akten aus d. britischen Staatsarchiv. Bd 1. 2. Göttingen: Musterschmidt; Stuttgart: Seewald 1972-82. 317, 415 S. B 5994

Höbelt, L.: Die britische Appeasement-Politik am Vorabend des Zweiten Weltkrieges. In: Österreichische militärische Zeitschrift. Jg. 20, 1982. H. 5. S. 389-404. BZ 05214:20

Kissinger, H. A.: Gran Bretagna e Stati Uniti nel dopoguerra. In: Affari esteri. Anno 15, 1983. No. 58. S. 129-159. BZ 4373:15

Kissinger, H. A.: Reflections on a partnership. British and American attitudes to postwar foreign policy. In: International affairs. Vol. 58, 1982. No. 4. S. 571-587. BZ 4447:58

Ludlow, P.: Britain and Northern Europe, 1940-1945. In: Revue internationale d'histoire militaire. 1982. No. 53. S. 149-180. BZ 4454:1982

Olson, W. J.: Britain's elusive Empire in the Middle East, 1900-1921. An annotated bibliography. New York: Garland 1982. XV, 404 S. B 48702

Ovendale, R.: The South African policy of the British Labour government, 1947-51. In: International affairs. Vol. 59, 1982/83. No. 1. S. 41-58. BZ 4447:59

Ross, G.: Foreign office attitudes to the Soviet Union 1941-45. In: The second world war. 1982. S. 255-274. B 46632

Rothwell, V.: Britain and the Cold War. 1941-1947. London: Cape 1982. VII, 551 S. B 46617

Washington Despatches. 1941-1945. Weekly political reports from the British embassy. Ed.: H. G. Nicholas. London: Weidenfeld & Nicolson 1981. XVIII, 700 S. B 47812

Wolf, D. C.: 'To secure a convenience'. Britain recognizes China - 1950. In: Journal of contemporary history. Vol. 18, 1983. No. 2. S. 299-326. BZ 4552:18

f. Wehrwesen

f. 01 Wehrpolitik

Auton, G. P.: Nuclear deterrence and the medium power. A proposal for doctrinal change in the British and French cases. In: The defense policies of nations. 1982. S. 342-355. 08926

Barker, R.: Conscience, government and war. Conscientious objection in Great Britain 1939-45. London: Routledge and Kegan Paul 1982. X, 174 S. B 46443

Greenwood, D.: The defense policy of the United Kingdom. In: The defense policies of nations. 1982. S. 197-225. 08926

Higham, R.: The military Intellectuals in Britain: 1918-1939. Repr. Westport: Greenwood 1981. XI, 267 S. B 46980

Pearson, F. S.: The question of control in British defence sales policy. In: International affairs. Vol. 59, 1983. No. 2. S. 211-238. BZ 4447:59

Taylor, P. M.: 'If war should come'. Preparing the fifth arm for total war 1935-1939. In: The second world war. 1982. S. 6-30. B 46632

f. 1 Heer

Bidwell, S.; Graham, D.: Fire-power. British army weapons and theories of war 1904-1945. London: Allen and Unwin 1982. XVI, 327 S. B 46633

Dinter, E.: The professionales. Heer und Gesellschaft im Vereinigten Königreich. In: Heere international. Jg. 2, 1983. S. 114-126. BZ 4754:2

Englander, D.: Die Demobilmachung in Großbritannien nach dem Ersten Weltkrieg. In: Geschichte und Gesellschaft. Jg. 9, 1983. H. 2. S. 195-210. BZ 4636:9

Messenger, C.: Terriers in the trenches. The Post Office Rifles at war 1914-18. Chippenham: Picton Publ. 1982. XII, 170 S. B 47998

Sheil-Small, D.: Green Shadows: a Gurkha story. London: Kimber 1982. 198 S. B 47990

Travers, T.: The hidden army. Structural problems in the British officer corps, 1900-1918. In: Journal of contemporary history. Vol. 17, 1982. No. 3. S. 523-544. BZ 4552:17

Warner, P.: Phantom. London: Kimber 1982. 218 S. B 47982

Wilkinson, F.: Badges of the British army 1820-1960. An illustrated reference guide for collectors. 5. ed. London: Arms and Armour Pr. 1982. Getr. Pag. B 46448

Faligot, R.: Les Services speciaux de Sa Majeste. Paris: Temps actuels 1982. 322 S. B 46815

Foot, M. R. D.: Was SOE any good? In: The second world war. 1982. S. 239-253. B 46632

Geraghty, T.: This is the SAS. A pictorial history of the Special Air Service regiment. London: Arms and Armour Pr. 1982. 156 S. 08843

Macintosh, C.: From cloak to dagger. An SOE agent in Italy, 1943-1945. London: Kimber 1982. 189 S. B 48012

Schulz, G.: Englische Geheimdienste und europäische Widerstandsbewegungen. In: Geheimdienste und Widerstandsbewegungen im Zweiten Weltkrieg. 1982. S. 19-78. B 46189

f. 2 Kriegsmarine

Beaver, P.: The British Aircraft Carrier. Cambridge: Stephens 1982. 224 S. B 45731

Beaver, P.: Encyclopaedia of the modern Royal Navy. Incl. the Fleet Air Arm & Royal Marines. Cambridge: Stephens 1982. 327 S. B 48013

Beesly, P.: Room 40. British naval intelligence 1914-18. London: Hamilton 1982. XI, 338 S. B 47505

Burt, R. A.; Trotter, W. P.: Battleships of the Grand Fleet. A pictorial review of the Royal Navy's capital ships in world war one. London: Arms and Armour Pr. 1982. 96 S. 08848

Clark, G.: Britain's naval Heritage. London: HMSO 1981. 131 S. B 47729

Dear, I.: Marines at war. London: Allan 1982. 128 S. 08845

Gueritz, E. F.: Nelson's flood. Attitudes and actions of the Royal Navy 1939-1945. In: The second world war. 1982. S. 159-171. B 46632

Hill-Norton, P.; Dekker, J.: Sea Power. London: Faber and Faber 1982. 192 S. B 46804

Ladd, J. D.: Royal Marine Commando. 3. impr. London: Hamlyn 1983. 176 S. 08925

MacDougall, P.: Royal Dockyards. Newton Abbot: David and Charles 1982. 216 S. B 47509

Perrett, B.; Lord, A.: The Czar's British Squadron. London: Kimber 1981. 192 S. B 48366

Ransome-Wallis, P.: The Royal naval Reviews 1935-1977. London: Allan 1982. 144 S. 08883

Raven, A.; Roberts, J.: Die britischen Schlachtschiffe des 2. Weltkrieges. Entwicklung u. technische Geschichte der Schlachtschiffe u. Schlachtkreuzer der Royal Navy von 1911-1946. B 1-3. München: Bernard u. Graefe 1980-81. 175, 144, 185 S. B 40450

Smith, P. C.; Dominy, J. R.: Cruisers in action. 1939-1945. London: Kimber 1981. 320 S. B 45489

Wark, W. K.: Baltic myths and submarine bogeys. British naval intelligence and Nazi Germany 1933-1939. In: The journal of strategie studies. Vol. 6, 1983. No. 1. S. 60-81. BZ 4669:6

Wettern, D.: The Decline of British seapower. London: Jane 1982. 452 S. B 46450

f. 3 Luftwaffe

Ashworth, C.: Military Airfields of the South-West. Cambridge: Stephens 1982. 233 S. B 47633

Barker, R.: Die R.A.F. im Krieg. Amsterdam: Time-Life Bücher 1982. 176 S. 08868

Bruce, J.M.: The Aeroplanes of the Royal Flying Corps (Military Wing). London: Putnam 1982. 642 S. B 47984

Halpenny, B.B.: Military Airfields of Yorkshire. Cambridge: Stephens 1982. 216 S. B 45729

Haslam, E.B.: The history of Royal Air Force. Cranwell. London: HMSO 1981. XI, 184 S. B 47804

Mason, R.A.: The Royal Air Force. Today and tomorrow. London: Allan 1982. 144 S. 08852

Smith, D.J.: Military Airfields of Wales and the North-West. Cambridge: Stephens 1981. 217 S. B 45622

Vicary, A.: British Jet Aircraft. Cambridge: Stephens 1982. 113 S. B 47791

Campbell, D.: War Plan UK. The truth about civil defence in Britain. London: Burnett Books 1982. 488 S. B 47741

Parkhowell, R.: Community based civil defence in Britain. In: Civil defence and Australia's security. 1982. 32 S. 08842

g./h. Wirtschaft und Gesellschaft

Birke, A.M.: Die englische Krankheit. Tarifautonomie als Verfassungsproblem in Geschichte und Gegenwart. In: Vierteljahrshefte für Zeitgeschichte. Jg. 30, 1982. H. 4. S. 621-645. BZ 4456:30

Burk, K.: The mobilization of Anglo-American finance during world war I. In: Mobilization for total war. 1981. S. 23-42. B 46648

Crouch, C.: Trade Unions: the logic of collective action. Glasgow: Fontana Paperbacks 1982. 251 S. B 48776

Florey, R.A.: The general Strike of 1926. The economic, political and social causes of that class war. London: Calder 1981. 222 S. B 48689

French, D.: British economic and strategic Planning 1905-1915. London: Allen & Unwin 1982. 190 S. B 47677

Higham, R.: Complex skills and skeletons in the military-industrial relationship in Great Britain. In: War, business and world military-industrial complexes. 1981. S. 8-32. B 47000

Holmes, M.: Political Pressure and economic policy: British government 1970-1974. London: Butterworth 1982. 164 S. B 48242

Jordan, B.: Mass Unemployment and the future of Britain. Oxford: Blackwell 1982. 250 S. B 48235

Keynes, J. M.: The economic Consequences of Mr. Churchill. Nachdr. Nendeln 1982. 32 S. B 45557

Marrocu, L.: Laburismo e trade unions. Bari: De Donata 1981. 183 S. B 47166

Meacher, M.: Socialism with a human face. The political economy of Britain in the 1980s. London: Allen and Unwin 1982. XVI, 295 S. B 48236

Prochaska, A.: History of the General Federation of Trade Unions 1899-1980. London: Allen and Unwin 1982. XIV, 274 S. B 47806

Prynn, D.: The woodcraft folk and the Labour movement 1925-70. In: Journal of contemporary history. Vol. 18, 1983. No. 1. S. 79-95. BZ 4552:18

Ritter, G. A.: Die britische Arbeiterbewegung und die II. Internationale 1889-1914. In: Weltpolitik, Europagedanke, Regionalismus. 1982. S. 333-362. B 46511

Salmon, P.: British plans for economic warfare against Germany 1937-1939. The problem of Swedish iron ore. In: The second world war. 1982. S. 31-49. B 46632

Trade Unions in British politics. Ed.: B. Pimlott [u. a.]. London: Longman 1982. 302 S. B 47814

Barrow, M.: Women 1870-1928. A select guide to printed and archival sources in the United Kingdom. London: Mansell 1981. XV, 249 S. B 45711

Coote, A.; Campbell, B.: Sweet Freedom. The struggle for women's liberation. Oxford: Blackwell 1982. 257 S. B 47822

i. Geistesleben

Andrew, C. M.: The mobilization of British intelligence for the two world wars. In: Mobilization for total war. 1981. S. 87-110. B 46648

Bell, P. M. H.: War, foreign policy and public opinion. Britain and the Darlan affair, November-December 1942. In: The journal of strategic studies. Vol. 5, 1982. No. 3. S. 393-415. BZ 4669:5

Foster, A.: The Times and appeasement. The seond phase. In: The second world war. 1982. S. 275-299. B 46632

McEwen, J. M.: The national press during the First World War. Ownership and circulation. In: Journal of contemporary history. Vol. 17, 1982. No. 3. S. 459-486. BZ 4552:17

Osborn, G. C.; Martin, R.: The Role of the British press in the 1976 American presidential election. Smithtown: Exposition Pr. 1981. 187 S. B 47613

Taylor, P. M.: The Projection of Britain. British overseas publicity and propaganda 1919-1939. Cambridge: Univ. Pr. 1981. XV, 363 S. B 45709

Willcox, T.: Projection or publicity? Rival concepts in the pre-war planning of the British Ministry of Information. In: Journal of contemporary history. Vol. 18, 1983. No. 1. S. 97-116. BZ 4552:18

k. Geschichte

Charlot, M.: L'Angleterre. 1945-1980. Le temps des incertitudes. Paris: Impr. nationale 1981. 435 S. B 46398

Gamble, A.: Britain in decline. Boston: Beacon 1983. XXIX, 279 S. B 48362

Gould, J.: State and society in Britain. In: Survey. Vol. 26, 1982. No. 1. S. 74-80. BZ 4515:26

Schissler, H.: Englische und deutsche Schulgeschichtsbücher im Vergleich. In: Aus Politik und Zeitgeschichte. 1983. B 32/33. S. 39-46. BZ 05159:1983

War and the state. The transformation of British government, 1914-1919. Ed.: K. Burk. London: Allen and Unwin 1982. 189 S. B 47728

Willis, D.: Eggshells and tea-leaves. Memories of an ordinary man. Oxford: Dugdale 1981. 220 S. B 47773

l. Länder/Gebiete

Brand, J.: The rise and fall of Scottish nationalism. In: Nations without a state. 1980. S. 29-43. B 45837

London after the bomb. What a nuclear attack really means. Oxford: Univ. Pr. 1982. X, 142 S. B 47978

Money, W.J.: Some causes and consequences of the failure of Scottish conservatism. In: Conservative politics in Western Europe. 1982. S. 47-68. B 48488

Osmond, J.: Wales in the 1980s. In: Nations without a state. 1980. S. 44-74. B 45837

Sturm, R.: Nationalismus in Schottland und Wales. 1966-1980. Eine Analyse seiner Ursachen und Konsequenzen. Bochum: Studienverl. Brockmeyer 1981. XVIII, 426 S. B 45468

Young, J.D.: Marxism and the Scottish national question. In: Journal of contemporary history. Vol. 18, 1983. No. 1. S. 141-163. BZ 4552:18

Clarke, A.F.N.: Contact. London: Secker & Warburg 1983. XIV XIV, 159 S. B 48723

Edge, P.; Manhart, A.: Prisoners of war. Hungerstreik 1981 in d. H-Blocks von Long Kesh u. Armagh. Aufsätze. Berlin 1982. 46 S. D 2643

Gallagher, E.; Worrall, S.: Christians in Ulster. 1968-1980. Oxford: Univ. Pr. 1982. 241 S. B 47799

I.R.S.P. Irische Republikanische Sozialistische Partei. Für nationale

Befreiung u. Sozialismus. Wir kämpfen weder für König noch Kaiser, wir kämpfen für Irland. Frankfurt: Anti-H-Block-Komitee 1982. 31 S. D 02505

Kelley, K.: The longest War. Northern Ireland and the IRA. Dingle: Brandon 1982. 364 S. B 47727

Lippman, M.: The abrogation of domestic human rights. Northern Ireland and the rule of British law. In: Terrorism in Europe. 1982. S. 179-208. B 46636

Longford, Lord; MacHardy, A.: Ulster. London: Weidenfeld & Nicolson 1981. VIII, 260 S. B 45319

MacCafferty, N.: Belagert, eingesperrt und nicht mehr aufzuhalten. Republikanische Frauen in Nordirland. München: Frauenbuchverl. 1982. 142 S. B 48317

Mansfield, D.: The Irish Republican Army and Northern Ireland. In: Insurgency in the modern world. 1980. S. 45-85. B 46122

Schaffmann, C.: Nordirland. Probleme, Fakten, Hintergründe. Berlin: Dietz 1982. 77 S. Bc 3328

Wallace, M.: British Government in Northern Ireland. Newton Abbot: David & Charles 1982. 192 S. B 48718

L 143 Irland (Eire)

Adams, T. A.: Irish Naval service. Kendal: The World Ship Society 1982. 72 S. Bc 3336

Alter, P.: Wandel und Kontinuität des Nationalismus in Irland. In: Nationalismus in der Welt von heute. 1982. S. 28-50. B 46874

Bowman, J.: De Valera and the Ulster question 1919-1973. Oxford: Clarendon Pr. 1982. XIV, 369 S. B 47770

Boyce, D. G.: Nationalism in Ireland. Baltimore: Johns Hopkins Univ. Pr. 1982. 441 S. B 48098

Kee, R.: Ireland. A history. Boston: Little, Brown 1982. 256 S. B 47151

Keogh, D.: Ireland. The Department of Foreign Affairs. In: The Times survey of foreign ministries of the world. 1982. S. 275-296. B 47771

Maguire, M.: A Bibliography of published works on Irish foreign relations, 1921-1978. Dublin: Royal Irish Academy 1981. 136 S. Bc 3114

Murphy, D.: Die Entwicklung der politischen Parteien in Irland. Nationalismus, Katholizismus und agrarischer Konservatismus als Determinanten der irischen Politik von 1823 bis 1977. Opladen: Leske u. Budrich 1982. 545 S. B 48062

Shannon, M. O.: Modern Ireland. A bibliography on politics, planning, research, and development. Westport: Greenwood 1981. XXVI, 733 S. B 48156

c. Biographien

Andreotti, G.: Diari 1976-1979. Gli anni della solidarietà. 2. ed. Milano: Rizzoli 1981. 366 S. B 45591

Barneschi, R.: Frau von Weber. Vita e morte di Mafalda di Savoia a Buchenwald. 7. ed. Milano: Rusconi 1982. 197 S. B 48436

Lelio Basso nel socialismo italiano. Milano: Angeli 1981. 316 S. B 48032

Bosio, G.: Il trattore ad Acquanegra. Bari: De Donato 1981. LII, 281 S. B 47987

Umberto Calosso. Antifascista e socialista. Atti del convegno storico-commemorativo di Asti, 13-14 ottobre 1979. A cura di M. Brunazzi. Venezia: Marsilio 1981. 269 S. B 45544

Colombo, A.: Gobetti and Matteotti. In: Il politico. Anno 46, 1981. No. 1/2. S. 167-207. BZ 4541:46

Contini, G.: La Valigia di Mussolini. I documenti segreti dell' ultima fuga del duce. Milano: Mondadori 1982. 185 S. B 47946

De Gasperi, A.: Scritti di politica internazionale. 1933-1938. T. 1. 2. Città del Vaticano: Libr. ed. Vaticana 1981. 751 S. B 46732

Felice, R. de: Prezzolini, la guerra e il fascismo. In: Storia contemporanea. Anno 13, 1982. No. 3. S. 361-426. BZ 4590:13

Ghirelli, A.: L'effetto Craxi. Milano: Rizzoli 1982. 247 S. B 48078

Kaminski, F.; Karuscheit, H.; Winter, K.: Antonio Gramsci: Philosophie und Praxis. Grundlagen und Wirkungen der Gramsci-Debatte. Frankfurt: Sendler 1982. 313 S. B 47200

Lacasta Zabalda, J. I.: Revolución socialista e idealismo en Gramsci. Madrid: Ed. Revolución 1981. 126 S. Bc 3077

LaTorre, P.: Le Ragioni di una vita. Scritti. Bari: De Donato 1982. 233 S. B 48509

Nenni, P.: Gli Anni del centro sinistra. Diari 1957-1966. Milano: SugarCo 1982. XIII, 736 S. B 48071

Nenni, P.: Tempo di guerra fredda. Diari 1943-1956. Milano: SugarCo 1981. VIII, 790 S. B 46593

Ruffilli, R.: Religione, diritto e politica negli anni quaranta: Aldo Moro. In: Il politico. Anno 46, 1981. No. 1/2. S. 5-40. BZ 4541:46

Silvestri, C.: Matteotti, Mussolini e il dramma italiano. Repr. Milano: Cavallotti 1981. XL, 319 S. B 48075

Smith, D. M.: Mussolini. London: Weidenfeld and Nicolson 1982. XIV, 429 S. B 46524

Spadolini, G.: Il mio debito con Gobetti. 1948-1981. Firenze: Le Monnier 1981. 101 S. Bc 3279

Spinosa, A.: Starace: Milano: Rizzoli 1981. 312 S. B 47948

Venditti, R.: Il manuale Cencelli. Roma: Riuniti 1981. 163 S. B 48030

Vettori, V.: Diario apocrifo di Aldo Moro prigioniero. Palermo: Mazzone 1982. 147 S. B 47034

e. Staat/Politik

e. 1 Innenpolitik

e. 1.1 Verfassung und Recht

Addario, N.: Una Crisi di sistema. Economica, classi sociali e politica in Italia 1960-1976. Bari: De Donato 1982. 205 S. B 48210

Bartoli, D.: Gli Anni della tempesta. Alle radici del malessere italiano. Milano: Ed. Nuova 1981. 230 S. B 46590

Bartolini, S.: The politics of institutional reform in Italy. In: West European politics. Vol. 5, 1982. No. 3. S. 203-221. BZ 4668:5

Bianchi, G.: L'Italia dei ministeri: lo sfascio guidato. Roma: Riuniti 1981. 206 S. B 45395

Bianco, G.: The political crisis of the Italian state. In: Survey. Vol. 26, 1982. No. 1. S. 65-73. BZ 4515:26

Damato, F.: Le Colle piu' alto. Fatti e misfatti dei presidenti della Repubblica. Milano: Sugarco Ed. 1982. 204 S. B 48074

Fontana, S.: Moro e il sistema politico italiano. In: Il politico. Anno 46, 1981. No. 1/2. S. 41-106. BZ 4541:46

Gentile, E.: Il Mito dello stato muovo dall' antigiollitismo al fascismo. Roma: Laterza 1982. IX, 277 S. B 47553

Jemolo, A. C.: Questa Repubblica. Dal '68 alla crisi morale. 2. ed. acresciuta. Firenze: Le Monnier 1981. XXXI, 397 S. B 47336

Lupi, G.: Il Crollo della grande coalizione. La strategia delle élites dei partiti 1976-1979. Milano: SugarCo 1982. 133 S. B 47720

Bocca, G.: Il Terrorismo italiano 1970-1980. Milano: BUR 1981. 166 S. B 46589

Buccellato, P. F.; Iaccio, M.: Gli Anarchici nell'Italia meridionale. La stampa. 1869-1893. Roma: Bulzoni 1982. 350 S. B 47899

Codrini, G.: Io, un ex brigatista. Napoli: Ed. Fiorentino 1981. 81 S. Bc 3016

Dissing, K.: Terrorismen. Et iteliensk laerestykke i politik og bedrag. København: Gyldendal 1982. 215 S. B 48288

Drake, R.: The Red Brigades and the Italian political tradition. In: Terrorism in Europe. 1982. S. 102-140. B 46636

Ferrarotti, F.: Terrorism and the tradition of intellectual elitism in Italy. In: Praxis international. Vol. 1, 1981/82. No. 2. S. 140-159. BZ 4783:1

Folter in Italien. Hrsg.: Westdeutsches Irland-Solidaritätskomitee. Oberursel: Verl. Internationale Kritik 1982. 156 S. Bc 3517

Mancini, F.: Terroristi e riformisti. Bologna: Il Mulino 1981. 168 S. B 46045

Rapporto sul terrorismo. A cura di M. Galleni. Milano: Rizzoli 1981. 552 S. B 45590

e. 1.4 Parteiwesen

Alf, S.G.: Die italienische KP und das Europa-Parlament. Konzeptionen und Aktivitäten. In: Die Kommunisten Südeuropas und die Europäische Gemeinschaft. 1981. S. 51-103. B 46560

Alosco, A.: Il Partito Socialista Rivoluzionario Italiano. Alle origini dei gruppe extra-parlamentari neel' Italia liberata (1943-44). In: Storia contemporanea. Anno 13, 1982. No. 3. S. 489-506. BZ 4590:13

Amato, G.; Cafagna, L.: Duello a sinistra. Socialisti e comunisti nei lunghi anni 70. Bologna: Il Mulino 1982. 239 S. B 48590

Angelo, L. de: Ceti medi e ricostruzione. Il Partito Democratico del Lavoro (1943-1948). Milano: Giuffrè 1981. 287 S. B 48206

Biondi, G.; Imberciadori, F.: ... Voi siete la primavera d' Italia... L' ideologia fascista nel mondo della scuola, 1925-1943. Torino: Paravia 1982. 220 S. B 48022

Bordone, S.: La normalizzazione dei rapporti tra PCC e PCI. In: Il politico. Anno 48, 1983. No. 1. S. 115-158. BZ 4541:48

Bordone, S.: Il PCI e la crisi cinese (1969-1977). In: Il politico. Anno 47, 1983. No. 1. S. 561-600. BZ 4541:47

I Comunisti e la cooperazione. Storia documentaria 1945-1980. Bari: De Donato 1981. 333 S. B 45712

Del Noce, A.: Il Cattolico comunista. Milano: Rusconi 1981. 418 S. B 45592

La Democrazia cristiana degli anni 80 tra crisi dei partiti e domande della società civile. Roma: Ed. Cinque Lune 1981. 297 S. B 47893

The "eurocommunist" perspective. The contribution of the Italian Communist Party. In: In search of eurocommunism. 1981. S. 105-146. B 45317

Evangelisti, V.; Emanuela, Z.: Storia del Partito Socialista Rivoluzionario 1881/1893. Bologna: Cappelli 1981. 300 S. B 46581

Il Fascismo. Politica e vita sociale. A cura di S. Fedele e G. Restifo. Milano: Teti 1980. 248 S. B 45540

Ferrarotti, F.: The Italian communist party and eurocommunism. In: The many faces of communism. 1978. S. 30-71. B 45702

Fisichella, D.: La Giostra del potere. Partiti e istituzioni nel vortice della crisi. Milano: Ed. Nuova 1981. 125 S. B 46592

Giovagnoli, G.: Storia del partito comunista nel riminese. 1921/1940. Origini, lotte e iniziative politiche. Rimini: Maggioli 1981. XIV, 406 S. B 48033

Labriola, A.: Scritti liberali. A cura di N. Siciliani de Cumis. Bari: De Donato 1981. 236 S. B 48205

Leone de Castris, A.: Egemonia e fascismo. Il problema degli intellettuali negli anni trenta. Bologna: Il Mulino 1981. 195 S. B 46044

Lucifero. Un giornale della democrazia repubblicana. A cura di G. Castagnari e. N. Lipparoni. Ancona: Bagaloni 1981. 391 S. B 47950

Lyttelton, A.: Fascismo e violenza. Conflitto sociale e azione politica in Italia nel primo dopoguerra. In: Storia contemporanea. Anno 13, 1982. No. 6. S. 965-983. BZ 4590:13

Margiocco, M.: Stati Uniti e PCI. 1943-1980. Roma-Bari: Laterza 1981. XII, 327 S. B 45481

Merkel, W.: Das Parteiensystem Italiens. Stabilität, Instabilität und Dynamik. In: Aus Politik und Zeitgeschichte. 1983. B 27. S. 3-14. BZ 05159:1983

Merli, A.: Il "Partito nuovo" di Lelio Basso. 1945-1946. Venezia: Marsilio 1981. 97 S. Bc 3354

Natoli, C.: Il PCI e lo stato dalla stalinizzazione alla "democrazia progressiva". In: Storia contemporanea. Anno 13, 1982. No. 3. S. 473-488. BZ 4590:13

Nello, P.: La violenza fascista ovvero dello squadrismo nazional-rivoluzionario. In: Storia contemporanea. Anno 13, 1982. No. 6. S. 1009-1025. BZ 4590:13

Orsi, A. de.: I Nazionalisti. Milano: Feltrinelli 1981. 346 S. B 46488

Osnocki, K.: Lenin, Gramsci i "Eurokomunizm". [Lenin, Gramsci und der "Eurokommunismus".] In: Z Pola Walki, Rok 25, 1982. Nr. 1-2. S. 3-25. BZ 4559:25

Pansa, G.: Ottobre, addio. Viaggio fra i comunisti italiani. Milano: Mondadori 1982. 303 S. B 47949

Partiti sindacato e sistema politica italiano. Milano: Angeli 1981. 134 S. B 48027

Pasquino, G.: Sources of stability and instability in the Italian party system. In: West European politics. Vol. 6, 1983. No. 1. S. 93-110. BZ 4668:6

Perotti, D.: Il mito cinese nella nuova sinistra italiana (1960-1970). In: Il politico. Anno 46, 1981. No. 1/2. S. 223-280. BZ 4541:46

Pillitteri, P.: Maglio rossi che morti? Milano: SugarCo 1982. 140 S. B 47037

Pillitteri, P.: Nero su bianco. 1980-1981. Milano: SugarCo 1981. 138 S. B 46583

Schoch, B.: Krise der Entspannung als Krise des Bipolarismus. Zur Europa-Konzeption der Kommunistischen Partei Italiens. In: Europa zwischen Konfrontation und Kooperation. 1982. S. 62-82. B 45705

Seton-Watson, C.: The PCI's taste of power. In: In search of eurocommunism. 1981. S. 147-156. B 45317

Il Socialismo italiano. Da Filippo Turati a Pietro Nenni. 1892-1972. A cura di F. Livorsi. Torino: Paravia 1981. 223 S. B 48020

Spini, V.: I Socialisti e la politica di piano. 1945-1964. Firenze: Sansoni 1982. XX, 220 S. B 48429

Struebel, M.: Neue Wege der italienischen Kommunisten. Zur Außen- u. Sicherheitspolitik der KPI. 1973-1981. Baden-Baden: Nomos Verlagsges. 1982. 424 S. B 46907

Varsori, A.: Gli Alleati e l'emigrazione democratica antifascista. 1940-1943. Firenze: Sansoni 1982. XIV, 355 S. B 48430

Vené, G. F.: Pirandello fascista. La coscienza borghese tra ribellione e rivoluzione. Venezia Marsilio 1981. 147 S. B 48212

Vigezzi, B.: Il PSI, le riforme e la rivoluzione. Filippo Turati e

Anna Kuliscioff dai fatti del 1898 alla prima guerra mondiale. Firenze: Sansoni 1981. X, 208 S. B 48428

e. 2 Außenpolitik

Cassels, A.: Italian foreign Policy. 1918-1945. Wilmington: Scholarly Resources 1981. XI, 271 S. B 46958

Goglia, L.; Grassi, F.: Il Colonialismo italiano da Adua all' impero. Roma: Laterza 1981. VI, 423 S. B 48218

L' Imperialismo italiano e la Jugoslavia. Atti del convegno italo-jugoslavo, Ancona 14-16 ottobre 1977. A cura di M. Pacetti. Urbino: Argalia Ed. 1981. 617 S. B 47894

Italia e Stati Uniti. Concordanze e dissonanze. Roma: Il Veltro Editrice 1981. 295 S. B 47695

Melchionni, M. G.: La Vittoria mutilata. Problemi ed incertezze della politica estera italiana sul finire della grande guerra. Ottobre 1918 - gennaio 1919. Roma: Ed. de Storia e Letteratura 1981. 253 S. B 46578

Petracchi, G.: La Russia rivoluzionaria nella politica italiana. Le relazioni italo-sovietiche 1917-25. Roma: Laterza 1982. XXIII, 359 S. B 46719

Quartararo, R.: L' altra faccia della crisi mediterranea (1935-1936). In: Storia contemporanea. Anno 13, 1982. No. 4/5. S. 759-820. BZ 4590:13

Serra, E.: Italy. The Ministry for Foreign Affairs. In: The Times survey of foreign ministries of the world. 1982. S. 297-323. B 47771

Tasso, A.; Tasso Marcocchia, M.: Italia e Croazia. Vol. 1-3. Macerata: Tim. "S. Giuseppe" 1967-1982. 366, 214, 454 S. 97543

f. Wehrwesen

Arcella, S.: Enciclopedia dei diritti del soldato. Milano: Teti 1981. 218 S. B 47649

Bova, S.: Il Controllo politica delle forze armate. L' organizzazione della difesa nello Stato repubblicano. Torino: Einaudi 1982. VI, 146 S. Bc 3253

Cronache del Genio Alpino 1935-1980. A cura del Comitato Promotore per la storia del Genio Alpino. Milano: Mursia 1981. 510 S. B 46582

Duma, A.: Quelli del cavallino rampante. Storia del 4. Stormo Caccia. Parte 1. Roma: Ed. dell' Ateneo 1981. 397 S. 08837

Italian military Efficiency. A debate. In: The journal of strategic studies. Vol. 5, 1982. No. 2. S. 248-277. BZ 4669:5

Ferrante, E.: Il Potere marittimo. Evoluzione ideologica in Italia. 1861-1939. Roma: Rivista Marittima 1982. 80 S. Bc 3148

Giambartolomei, A.: I servizi segreti militari italiani. In: Rivista militare. 1983. No. 3. S. 57-71. BZ 05151:1983

I Giovani e le istituzioni militari. Atti del convegno promosso dall' Assessorato agli affari istituzionali del Comune di Venezia, 1.11.1980. Venezia: Marsilio 1981. 125 S. Bc 3102

M a r z e t t i, P.: Uniformi e distintivi dell' esercito italiano 1933-1945. Parma: Albertelli 1981. 224 S. B 46401

R a s e r o, A.: Tridentina avanti! Storia di una divisione alpina. Milano: Mursia 1982. 749 S. B 46586

R u b i n i, G. A.: C. S. I. R. e ARMIR. Posta militare. In: Rivista militare. 1983. No. 3. S. 130-143. BZ 05151:1983

T u r r i n i, A.: I sommergibili classi "balilla" e "calvi". In: Rivista marittima. Anno 115, 1982. No. 12. S. 65-80. BZ 4453:115

g./h. Wirtschaft und Gesellschaft

A voi cari compagni. A cura di S. Tatò. Bari: De Donato 1981. 151 S. B 47169

A m m a s s a r i, G. P.; M a t t i o l i, F.: I Sindacalisti. Inchiesta sui dirigenti delle Confederazioni italiane. Bari: De Donato 1982. 155 S. B 48204

B o n n i, P.: I Socialisti e l' unita sindacale. Venezia: Marsilio 1981. 222 S. B 46913

Libri bianchi sulla condizione operaia negli anni cinquanta. Una ricerca promosa dal Centro ricerche e studi sindacali della FIOM-Cgil di Milano. A cura di V. Rieser e L. Ganapini. Bari: De Donato 1981. XXXIX, 284 S. B 48214

M a t t i n a, E.: FIAT e sindacati negli anni '80. Milano: Rizzoli 1981. 182 S. B 47692

I Metalmeccanici. Documenti per una storia della FIOM. A cura di G. Bianchi e G. Lauzi. Bari: De Donato 1981. 516 S. B 48216

R a p o n e, L.: Il sindacalismo fascista. Temi e problemi della ricerca storica. In: Storia contemporanea. Anno 13, 1982. No. 4/5. S. 635-696. BZ 4590:13

R o b b i a t i, A.: La Confederazione italiana dei Lavoratori. 1918-26. Atti e documenti ufficiali. Milano: Angeli 1981. 865 S. B 48019

R o m a g n o l i, U.; T r e u, T.: I Sindacati in Italia dal '45 a oggi. Storia di una strategia. Nuova ed. Bologna: Il Mulino 1981. 340 S. B 48585

Il Sindacato nuovo. A cura di S. Zaninelli. Milano: Angeli 1981. 835 S. B 45656

Sindacati e organizzazione d' impresa in Italia. Testo e casi. A cura di R. C. D. Nacamulli. Milano: Angeli 1982. 670 S. B 48025

T r e n t i n, B.; U g o l i n i, B.: Die andere Gewerkschaft. Vom traditionellen Syndikalismus zur politischen Bewegung. Hamburg: VSA-Verl. 1982. 216 S. B 45463

V e n t u r a, D.: Sindacato e riconstruzione a Bologna, 1945-1948. Pref.: R. Scheda. Roma: Ed. Sindacala Italiana 1981. 142 S. Bc 3372

Le Vertenze di zona. Roma: Ed. Sindicale Italiana 1981. 159 S. Bc 3379

Cambria, A.: Il Lenin delle donne. Dalla castrazione amorosa alla violenza terrorista. Padova: Mastrogiacomo 1981. 67 S. Bc 3053

Detragiache, D.: Il fascismo femminile de San Sepolcro all' affare Matteotti (1919-1925). In: Storia contemporanea. Anno 14, 1983. No. 2. S. 211-251. BZ 4590:14

Ergas, Y.: 1968-79, feminism and the Italian party system. Women's politics in a decade of turmoil. In: Comparative politics. Vol. 14, 1982. No. 3. S. 253-279. BZ 4606:14

Zapponi, N.: Il partito della gioventù. Le organizzazioni giovanili del fascismo 1926-1943. In: Storia contemporanea. Anno 13, 1982. No. 4/5. S. 569-633. BZ 4590:13

k. Geschichte

Addario, N.: Una Crisi di sistema. Economica, classi sociali e politica in Italia 1960-1976. Bari: De Donato 1982. 205 S. B 48210

Bartoli, D.: Italien. Die Jahre des Sturms. Zürich: Orell Füssli 1982. 264 S. B 46232

Bocca, G.: Storia della Repubblica italiana dalla caduta del fascismo a oggi. 2. ed. Milano: Rizzoli 1982. 259 S. B 49289

Bolla, L.: Perché a Salò. Diario dalla Repubblica Sociale Italiana. Milano: Bompiani 1982. 237 S. B 46579

Bottai, G.: Diario 1935-1944. A cura die G. B. Guerri. 2. ed. Milano: Rizzoli 1983. 578 S. B 49288

Capone, A.: Destra e sinistra da Cavour a Crispi. Torino: UTET 1981. XII, 667 S. B 48213

Catalano, F.: Storia d'Italia 1918-1960. Fascismo, guerra, repubblica. Bergamo: Walkover 1981. 735 S. B 46716

Chiellino, C.; Marchio, F.; Rongoni, G.: Italien. Bd 1. 2. München: Beck 1981-83. 265, 253 S. B 44307

Historical Dictionary of Fascist Italy. Ed.: P. V. Cannistraro. Westport: Greenwood 1982. XXIX, 657 S. B 49159

Gallo, M.: L'Italie de Mussolini. Vingt ans d'ère fasciste. Paris: Perrin 1982. 424 S. B 47953

Garibaldi, G.: La Bataglia del Volturno. (1860). Roma: Uff. Storico SME 1981. 231 S. B 48217

Giuriati, G.: La Parabola di Mussolini nei ricordi di un gerarca. Roma: Laterza 1981. XLIII, 309 S. B 46714

Gonella, G.: Il punto sul concordato. In: Affari esteri. Anno 15, 1983. No. 57. S. 6-18. BZ 4373:15

Toorenvliet, H.: Modern Italie. Vallen en opstaan... In: Militaire spectator. Jg. 161, 1982. No. 10. S. 443-454. BZ 05134:151

Veneruso, D.: L'Italia fascista.(1922-45.) Bologna: Soc. ed. Il Mulino 1981. 574 S. B 47074

l. Einzelne Gebiete/Orte

Alcock, A. E.: Geschichte der Südtirolerfrage. Südtirol seit dem Paket 1970-1980. Wien: Braumüller 1982. XV, 291 S. B 47418

Arvati, P.; Rugafiori, P.: Storia della camera del lavoro di Genova. Dalla resistenza al luglio '60. Roma: Ed. Sindacale Italiana 1981. 372 S. B 48587

Aspetti del Movimento cattolico nell' Anconetano. 1892-1945. Ancona: Studi Nuove Ricerche 1982. 262 S. B 47898

Basso, P.: Disoccupati e stato. Il movimento dei disoccupati i Napoli (1975-1981). Milano: Angeli 1981. 223 S. B 48017

Bianchi, A.: Lotte sociali e dittatura in Lunigiana storica e Versilia. 1919-1930. Firenze: Olschki 1981. XII, 309 S. B 47694

Bosio, G.: Il Trattore ad Acquanegra. Bari: De Donato 1981. LII, 281 S. B 47987:1

Caciagli, M.: The mass clientelism party and conservative politics. Christian democracy in Southern Italy. In: Conservative politics in Western Europe. 1982. S. 264-291. B 48488

Le Campagne emiliane in periodo fascista. Materiali e ricerche sulla battaglia del grano. Bologna: CLUEB 1982. 633 S. B 47968

Carnier, P. A.: Lo Sterminio mancato. La dominazione nazista nel Veneto orientale 1943-1945. Milano: Mursia 1982. 418 S. B 46483

Castro, D. de: La Questione di Trieste. L'azione politica e diplomatica italiana dal 1953 al 1954. Vol. 1. 2. Trieste: Lint 1982. XVI, 956, VII, 1111 S. B 47647

Chiodo, M. G.: Lotte per la terra e movimento cooperativo in Cosenza. Napoli: Guida Ed. 1981. 254 S. B 47955

Ciconte, E.: All'Assalto delle terre del latifondo. Milano: Angeli 1981. 288 S. B 48018

Del Bue, M.: Il Partito socialista a Reggio Emilia. Problemi e avvenimenti dalla ricostruzione alla scissione. Venezia: Marsilio 1981. 199 S. B 48076

Democrazia al lavoro. I verbali del CLN Lombardo. 1945-1946. T. 1. 2. A cura di G. Grassi e P. Lombardi. Firenza: Le Monnier 1981. 497, 452 S. B 48346

Donno, C. G.: Classe operaia, sindacato e partito socialista in Terra d'Otranto 1901-1915. Lecce: Milella 1982. 496 S. B 46487

Fogar, G.: L'Antifascismo operaio monfalconese tra le due guerre. Milano: Vangelista 1982. 360 S. B 47168

La Formazione del Partitio Comunista in Toscana. 1919-1923. Elementi di una ricerca. Firenze: Ist. Gramsci 1982. XXI, 254 S. B 46730

Ghezzi Ganazzoli, E.: Le Agitazioni antimilitariste in Sicilia e i socialisti dalle guerra di Libia alla settimana rossa. Palermo: Mazzone 1981. 182 S. Bc 3052

Granata, I.: La Nascita del sindacato fascista. L'esperienza di Milano: Bari: De Donato 1981. 277 S. B 45393

Massagrande, D. L.: Italia e Fiume 1921-1924. Dal

"Natale di sangue" all annessiome. Milano: Cisalpino-Gioliardica 1982. XII, 227 S. B 47035

Pompejano, D.; Raffaele, G.: Nel Vento del sud... La Federazione Messinese del PCI nella crisi e nel dibattito del 1943-1945. Storia e documenti. Roma: Savelli 1981. 202 S. B 48026

Pristinger, F.: Ethnic conflict and modernization in the South Tyrol. In: Nations without a state. 1980. S. 153-188. B 45837

Ragazzi, F.: Movimento operaio nel Tigullio. Il partito comunista 1921-1943. Genova: Sagep 1981. 77 S. B 45632

Resistenza e ricostruzione in Liguria. Verbali del CLN ligure 1944/1946. Milano: Feltrinelli 1981. 769 S. B 45588

Il Socialismo riformista a Milano agli inizi del secolo. A cura di A. Riosa. Milano: Angeli 1981. 435 S. B 46486

Szczepanik, K.; Wilamowski, J.: Międzynarodowy spór o Triest i jego rozstrzygnięcie. [Der internationale Streit um Triest u. sein Ergebnis.] In: Sprawy Międzynarodowe. Rok 35, 1982. Zeszyt 12. S. 105-118. BZ 4497:35

Tartaglia, D.: La Piaggio di Pontedera 1944/1978. Firenze: La Nuova Italia 1981. 190 S. B 47956

L 147 Jugoslawien

e. Staat/Politik

Sentić, M.: Bibliografija knjiga i brošura o Josipu Brozu Titu 1941-1980. [Bibliographie d. Bücher u. Broschüren üb. Josip Broz Tito 1941-1980.] Rijeka: Izd. centar Rijeka 1981. 79 S. Bc 3669

Josip Broz Tito u našoj i stranoj literaturi. [Josip Broz Tito in der eigenen u. fremden Literatur.] In: Časopis za suvremenu povijest. God 14, 1982. Broj 2. S. 7-94. BZ 4582:14

At the Brink of war and peace: the Tito-Stalin split in a historic perspective. Ed.: W. S. Vucinich. New York: Columbia Univ. Pr. 1982. XI, 341 S. B 48705

Carter, A.: Democratic Reform in Yugoslavia. The changing role of the party. Princeton: Univ. Pr. 1982. VI, 285 S. B 46926

Djeković, L.: Jugoslawien zwischen EG und RGW. In: Südosteuropa-Mitteilungen. Jg. 22, 1982. Nr. 2. S. 3-12. BZ 4725:22

Djilas, M.: Idee und System. Politische Essays. Wien: Molden 1982. 296 S. B 45532

Herbert, G.: Das Einfache, das schwer zu machen ist. Selbstverwaltung in Jugoslawien. E. Beispiel f. d. Probleme von Übergangsgesellschaften. Frankfurt: Verl. Neue Kritik 1982. 131 S. Bc 3181

Höpken, W.: Jugoslawien - Von der Wirtschaftskrise zur Systemkrise? In: Südosteuropa. Jg. 31, 1982. H. 11-12. S. 607-625. BZ 4762:31

Mićunović, V.: Moskauer Tagebücher 1956-1958. Stuttgart: Klett-Cotta 1982. 550 S. B 46781

Milenkovitch, M.M.: Yugoslavia and the Third World. In: Eastern Europe and the Third World. 1981. S. 273-300. B 45388

Ognik, H.: Jugosławia wobec problemów regionalnego bezpieczeństwa i współpracy. [Jugoslawien und die Probleme d. regionalen Sicherheit u. Zusammenarbeit.] In: Sprawy Międzynarodowe. Rok 36, 1983. Zeszyt 4. S. 61-76. BZ 4497:36

Ognik, H.: Doktryna jugosłowiańskiej polityki nieza-angażowanie. [Die Doktrin d. jugoslowakischen blockfreien Politik.] In: Sprawy Międzynarodowe. Rok 35, 1982. Zeszyt 12. S. 35-54. BZ 4497:35

Stankovic, S.: Titos Erbe. Die Hypothek der alten Richtungskämpfe ideologischer und nationaler Fraktionen. München: Oldenbourg 1981. 226 S. B 46112

Tito, J.B.: Partei der Revolution. 5. Konferenz der KPJ 1940. Belgrad: Sozialistische Theorie u. Praxis 1981. 196 S. B 47836

Reuter, J.: Jugoslawisch-sowjetische Wirtschaftsbeziehungen. In: Südost-Europa. Jg. 31, 1982. H. 9. S. 486-500. BZ 4762:31

Varga, W.: Die jugoslawischen Aussenwirtschaftsbeziehungen vor dem Hintergrund ihrer weiteren Finanzierbarkeit, 1981-1985. In: Österreichische Osthefte. Jg. 24, 1982. H. 2. S. 191-212. BZ 4492:24

f. Wehrwesen

Bebler, A.: Die Militärdoktrin Jugoslawiens. Konzept und Doktrin der allgemeinen Volksverteidigung. In: Neutralität - eine Alternative? 1982. S. 167-195. B 46278

Dean, R.W.: The Yugoslav army. In: Communist armies in politics. 1982. S. 83-101. B 46932

Johnson, A.R.: The role of the military in Yugoslavia. An historical sketch. In: Soldiers, peasants, and bureaucrats. 1982. S. 181-198. B 47747

Nouzille, J.: La politique de défense de la Yougoslavie. In: Stratégique. 1982. No. 14. S. 85-102. BZ 4694:1982

l. Einzelne Gebiete/Orte

Čepo, Z.: Dva decenija Instituta za historiju radničkog pokreta Hrvatske. [Zwei Jahrzehnte Institut zur Geschichte der Arbeiterbewegung Kroatiens.] In: Časopis za suvremenu povijest. God 14, 1982. Broj 1. S. 7-58. BZ 4582:14

Janko, S.: Weg und Ende der deutschen Volksgruppe in Jugoslawien. Graz: Stocker 1982. 346 S. B 46834

Jarić, D.-D.: Tromeda. [Tromeda. (Geschichte 1875-1945.)] Bosansko Grahovo: Opštiski odbor SUBNOR-a 1981. 360 S. B 46332

Ninow, N.: Zur Mazedonien-Frage. Geschichte und Gegenwart. In: Europäische Rundschau. Jg. 10,1982. Nr.3. S. 97-105. BZ 4615:10

Prunk, J.: Die slovenischen christlichen Sozialisten im alten Jugoslawien. In: Österreichische Osthefte. Jg. 24, 1982. H. 2. S. 155-190. BZ 4492:24

Reuter, J.: Die Albaner in Jugoslawien. München: Oldenbourg 1982. 140 S. B 46113

Who incites hostility amongst the peoples of Yugoslavia? Tirana: The "8 Nentori" Publ. House 1981. 29 S. Bc 3031

L 165 Norwegen

c. Biographien

Anderson, G.: Halvard Lange. Portrett av en nordmann. Oslo: Gyldendal Norsk Forl. 1981. 232 S. B 46016

Haddal, I.: Statsministeren vi ikke fikk. Kjell Bondevik. En biografi. Oslo: Gyldendal Norsk Forl. 1981. 183 S. B 46021

Heradstveit, P.O.: Einar Gerhardsen og hans menn. 4. oppl. Oslo: Cappelen 1981. 277 S. B 45976

Johanssen, K.C.; Brunvand, P.: Gro. Norges første kvinnelige statsminister. 2. oppl. Oslo: Tiden Norsk Forl. 1981. 152 S. B 45986

Kyllingmark, H.: Lagspill - i krig og fred. Fortalt til P. Norvik. 2. oppl. Oslo: Gyldendal Norsk Forl. 1981. 207 S. B 45974

Vatne, P.E.: Jeg var russisk spion. Historien om Selmer Nilsen. Oslo: Aschehoug 1981. 115 S. B 46000

e. Staat/Politik

Det Norske arbeiderparti i fortid og nåtid. Utg. av Det norske Arbeiderpartis Forlag og Arbeidernes Opplysningsforbund. Oslo: Tiden Norsk Forl. 1981. 117 S. Bc 2868

Berg, J.: Atomstrategi og fredsbevegelsen i Norge. Oslo: Dreyer 1981. 202 S. B 45998

Dahl, H.F.; Hagtvet, B.; Hjeltnes, G.: Den norske Nasjonalsosialismen. Nasjonal Samling 1933-1945 i tekst og bilder. Oslo: Pax Forl. 1982. 223 S. 08707

Foerde, E.: Vi er alle sosialdemokratar. Oslo: Tiden Norsk Forl. 1981. 157 S. B 45999

Galtung, J.; Poleszynski, D.; Rudeng, E.: Norge i 1980-årene. 2. oppl. Oslo: Gyldendal Norsk Forl. 1981. 197 S. B 46027

German, R.K.: Norway and the bear. Soviet coercive diplomacy and Norwegian security policy. In: International security. Vol. 7, 1982. No. 2. S. 55-82. BZ 4433:7

Haugan, A.: Perspektiv i atomdebatten. Oslo: Nå Forl. 1981. 145 S. Bc 2872

Helset, P.: Hemmelighold og demokrati i norsk utenriks- og sikkerhetspolitikk. Oslo: Universitetsforl. 1981. 256 S. B 46064

Heradstveit, D.: Norsk politikk i Midt-Austen. In: Norsk utenrikspolitisk årbok. 1982. S. 24-42. BZ 4695:1982

Holst, J.J.: Norwegian security policy for the 1980s. In: Cooperation and conflict. Vol. 17, 1982. No. 4. S. 207-236. BZ 4605:17

Høyrebølgen - epokeskifte i norsk politikk. Høyres velgerframgang og Arbeiderpartiets 80-årsdilemmaer i sosial, økonomisk og politisk belysning. Oslo: Aschehoug 1981. 456 S. B 46026

Kristiansen, B.; Svåsand, L.: The conservative party in Norway. From opposition to alternative government. In: Conservative politics in Western Europe. 1982. S. 103-130. B 48488

Madeley, J.T.S.: The 1981. Norwegian election and the resurgence of Scandinavian conservatism. In: West European politics. Vol. 5, 1982. No. 3. S. 314-317. BZ 4668:5

Nordland, E.; Elster, T.: Fredsrøtter. En håndbok i fredsarbeid. Oslo: Aschehoug 1982. 125 S. Bc 3349

Norman, E.-W.: Norway. The Royal Norwegian Ministry of Foreign Affairs. In: The Times survey of foreign ministries of the world. 1982. S. 391-408. B 47771

Partner Norwegen. Bonn: Europa Union Verl. 1981. 43 S. Bc 3047

Nyhamar, J.: Kjerringer mot strømmen og andre tanker i tiden. Oslo: Tiden Norsk Forl. 1981. 184 S. B 45993

Riste, O.: Norway and the great powers. Perspectives for the postwar world. In: Revue internationale d'histoire militaire. 1982. No. 53. S. 113-123. BZ 4454:1982

Norway'a security and European foreign policy in the 1980's. Report by the European Movement in Norway. Oslo: Universitetsforl. 1981. 80 S. Bc 3444

Selle, P.: The Norwegian Communist Party in the immediate postwar period. In: Scandinavian political studies. Vol. 5, 1982. No. 3. S. 189-216. BZ 4659:5

Skard, T.: Hverdag på Løvebakken. Personlige erfaringer. Oslo: Gyldendal Norsk Forl. 1981. 288 S. B 46009

Stray, S.: Norsk udenrikspolitikk i en urolig tid. Foredrag i Oslo Militaere Samfund, 11. oktober 1982. In: Norsk militaert tidsskrift. Årg. 153, 1983. S. 13-28. BZ 05232:153

Vekterstaten. Om kontrollpolitiken i det moderne samfunnet. Red.: S. Falck og T. Mathiesen. Oslo: Pax Forl. 1981. 185 S. B 45869

f. Wehrwesen

Atomvåpen og usikkerhetspolitikk. Bidrag fra 27 forfattere. 3. oppl. Oslo: Tiden Norsk Forl. 1981. 395 S. B 46004

Blindheim, S.: Offiser i krig og fred. Oslo: Det Norske Samlaget 1981. 259 S. B 45982

Breivik, R. P.: Die Königlich Norwegische Marine. Aufgaben und Probleme in den 80er Jahren. In: Marine-Rundschau. Jg. 79, 1982. H. 12. S. 626-634. BZ 05138:79

Breivik, R. P.: The royal Norwegian navy. In: Naval forces. Vol. 4, 1983. No. 2. S. 18-27. BZ 05382:4

Diesen, S.: Om landforsvaret. In: Norsk militaert tidsskrift. Årg. 153, 1983. H. 2. S. 71-88. BZ 05232:153

Gabrielsen, P. G.: Gerilja-krigforing i Norge. Oslo: Oktober 1981. 179 S. Bc 2877

Gabrielsen, P. G.: Et sterkt, uavhengig Forsvar! 2. oppl. Oslo: Forl. Oktober 1981. 95 S. Bc 3445

Galtung, J.: Forsvar uten militaervesen. Et pasifistisk grunnsyn. Ny og endret utg. Oslo: Folkereisning mot krig 1982. 96 S. Bc 3165

Hoegetveit, E.: Hvor hemmelig? Offentlighetsprinsippet i Norge og USA, saerlig med hanblikk på militaerpolitiske spørsmål. Oslo: Pax Forl. 1981. 425 S. B 45900

Holmestrand, O.: Haerens fremtidige befalsutdanning. In: Norsk militaert tidsskrift. Årg. 153, 1983. H. 3. S. 111-119. BZ 05232:153

Oestreng, W.: Sovjet i nordlige farvann. Atomstrategien, Nordflåten og norsk sikkerhet. Oslo: Gyldendal Norsk Forl. 1982. 112 S. B 46019

Sjaastad, A. C.: Forsvaret i en sikkerhetspolitisk brytningstid. In: Norsk militaert tidsskrift. Årg. 153, 1983. H. 2. S. 51-62. BZ 05232:153

Wilkes, O.; Gleditsch, N. P.: Onkel Sams Kaniner. Teknisk etterretning i Norge. 3. oppl. Oslo: Pax Forl. 1981. 213 S. B 45843

g./h. Wirtschaft und Gesellschaft

Bergesen, H. O.: Norge mellom rik og fattig. Norges rolle og ansvar i konflikten mellom u-land og i-land. Oslo: Cappelen 1981. 162 S. B 45977

Bjørgum, J.: Arbeidsløshet og fascisme. Et perspektiv pa Quisling og Nasjonal Samlings politikk i begynnelsen ab 1930-arene. In: Tidsskrift for arbeiderbevegelsens historie. 1983. Nr. 1. S. 107-153. BZ 4660:1983

Arbeiderbevegelsens håndbok. Red. av W. Martinsen. Oslo: Tiden Norsk Forl. 1981. 271 S. B 46023

Kokkvoll, A.: Av og for det arbeidende Folk. Streif i arbeiderbevegelsens historie. Utg. i samband med Arbeidernes Opplysningsforbunds 50-års jubil... Oslo: Tiden Norsk Forl. 1981. 320 S. B 45991

Faglig kvinnepolitik. Hvor går LO? Oslo: Pax Forl. 1982. 187 S. Bc 3347

Mathiesen, T.: Civil disobedience at 70° north. In: Contemporary crises. Vol. 7, 1983. No. 1. S. 1-11. BZ 4429:7

Michael, I.: Snedronningen. Beretningen om Alta - et nulpunkt i Sameland. København: Tiderne Skifter 1981. 155 S. B 45895

Samisk mot - norsk hovmod. Red.: G. H. Gjengset. Oslo: Pax Forl. 1981. 141 S. B 45904

Vetlesen, L.: Reis ingen monumenter. Kampen om Nortraships hemmelige fond. Oslo: Gyldendal Norsk Forl. 1981. 237 S. B 46014

L 171 Österreich

c. Biographien

Botz, G.: Theodor Körner, 1873 bis 1957. In: Die österreichischen Bundespräsidenten. 1982. S. 162-206. B 47436

Die österreichischen Bundespräsidenten. Hrsg.: F. Weissensteiner. Wien: Österr. Bundesverl. 1982. 339 S. B 47436

Feigl, E.: Kaiserin Zita. Von Österreich nach Österreich. Wien: Amalthea Verl. 1982. 559 S. B 48794

Kreisky, B.: Reden. Bd 1.2. Wien: Verl. d. Österr. Staatsdr. 1981. X, 826, 915 S. B 45612

Leser, N.: Karl Renner, 1870 bis 1950. In: Die österreichischen Bundespräsidenten. 1982. S. 122-160. B 47436

Miksch, H.: General der Infanterie Edmund Glaise von Horstenau. Soldat, Historiker, Politiker. T. 1. 2. In: Deutsches Soldatenjahrbuch. Bd 30, 1982. S. 99-107; 31, 1983. S. 389-393. F 145:30,31

Neck, R.: Karl Seitz, 1869 bis 1950. In: Die österreichischen Bundespräsidenten. 1982. S. 24-44. B 47436

Schausberger, N.: Franz Jonas, 1899 bis 1974. In: Die österreichischen Bundespräsidenten. 1982. S. 258-312. B 47436

Stadler, K. R.: Adolf Schärf. Mensch, Politiker, Staatsmann. Wien: Europaverl. 1982. 567 S. B 47892

Tschol, H.: Otto Neururer. Priester und Blutzeuge. Innsbruck. Tyrolia-Verl. 1982. 104 S. B 48319

Vasari, E.: Ein Kämpfer für Europa. Otto Habsburg im Europa-Parlament. München: Herold 1982. 240 S. B 47054

Verosta, S.: Rudolf Kirchschläger. In: Die österreichischen Bundespräsidenten. 1982. S. 314-325. B 47436

Weissensteiner, F.: Die rote Erzherzogin. Das ungewöhnliche Leben der Tochter des Kronprinzen Rudolf. Versuch e. Biographie. Wien: Österr. Bundesverl. 1982. 227 S. B 47065

e. Staat/Politik

Faschismus in Österreich und international. Wien: Löcker 1982. 206 S. BZ 4672:1980/81

Kicker, R.: Möglichkeiten und Grenzen verstärkter Partizipation an der österreichischen Außenpolitik. In: Österreichische Zeitschrift für Außenpolitik. Jg. 22, 1982. H. 2. S. 73-93. BZ 4642:22

Koja, F.: Die Stellung des Bundespräsidenten in der Verfassung. Seine politische Funktion. In: Die österreichischen Bundespräsidenten. 1982. S. 9-22. B 47436

Die Ära Kreisky. Schwerpunkte der österreichischen Außenpolitik. Wien: Europaverl. 1983. 351 S. B 47870

Raberger, R.: Die österreichische Friedensbewegung, ihre Stellung zu Frieden und Landesverteidigung. In: Österreichische militärische Zeitschrift. Jg. 21, 1983. H. 3. S. 197-203. BZ 05214:21

Rechtsextremismus in Österreich nach 1945. 5. überarb. u. erg. Aufl. Wien: Österr. Bundesverl. 1981. 448 S. B 46505

Rumpler, H.: Austria. The Foreign Ministry of Austria and Austria-Hungary 1848 to 1918. In: The Times survey of foreign ministries of the world. 1982. S. 49-73. B 47771

Spann, G.: Rechtsextremismus und Jugendliche. In: Zeitgeschichte. Jg. 10, 1983. H. 5. S. 194-208. BZ 4617:10

Spira, L.: Feindbild "Jud". 100 Jahre politischer Antisemitismus in Österreich. Wien: Löcker 1981. 183 S. B 45953

Steger, G.: Der Brückenschlag. Katholische Kirche und Sozialdemokratie in Österreich. Wien: Jugend u. Volk 1982. 368 S. B 46911

Sully, M. A.: Continzity and change in Austrian socialism. The eternal quest for the third way. New York: Columbia Univ. Pr. 1982. XIV, 288 S. B 48180

f. Wehrwesen

Brósch Fohraheim, L.: Die militärische Landesverteidigung. Der österr. Weg und seine Entwicklung. In: Österreichische militärische Zeitschrift. Jg. 21, 1983. H. 2. S. 101-108. BZ 05214:21

Hummer, W.; Girkinger, W.: Rechtsfragen der wirtschaftlichen Landesverteidigung im Hinblick auf eine krisenorientierte Versorgungs- und Bevorratungspolitik in Österreich. Wien: Österr. Gesellsch. zur Förderung d. Landesverteidigung 1982. 100 S. Bc 3225

Kuntner, W.: Militär- und Sicherheitspolitik neutraler Staaten. Ein österreichischer Beitrag. In: Neutralität - eine Alternative? 1982. S. 73-105. B 46278

Raschauer, B.: Verfassungsfragen des Zivildienstes. Wien: Österr. Gesellsch. zur Förderung d. Landesverteidigung 1982. 48 S. Bc 3226

Schupita, P.: Die k. u. k. Seeflieger. Chronik und Dokumentation der Österreichisch-ungarischen Marineluftwaffe 1911-1918.

Koblenz: Bernard u. Graefe 1983. 264 S. 08998

Die "Tegetthoff"-Klasse. Österreich-Ungarns größte Schlachtschiffe. München: Bernard u. Graefe 1981. 103 S. 08801

Zeller, J.R.: Wirtschaftliche Kriegs- und Krisenvorsorge. Ein dringendes Gebot der Zeit. Wien: Österreichische Gesellschaft zur Förderung d. Landesverteidigung 1981. 32 S. Bc 3230

k. Geschichte

Attentate, die Österreich erschütterten. Hrsg.: L. Spira. Wien: Löcker 1981. 135 S. B 45640

Aufbruch und Untergang. Österreichische Kultur zwischen 1918 und 1938. Hrsg.: F. Kadrnoska. Wien: Europaverl. 1981. 640 S. B 45398

Flotow, L. Frhr. von: November 1918 auf dem Ballhausplatz. Erinnerungen... bearb. v. E. Matsch. Wien: Böhlau 1982. 422 S. B 47665

Hinteregger, G.: Il cammino dell'Austria dal 1945. In: Affari esteri. Anno 14, 1982. No. 56. S. 397-412. BZ 4373:14

Jagschitz, G.: Zeitaufnahmen. Österreich im Bild von 1945 bis heute. Wien: Österr. Bundesverl. 1982. 351 S. 08938

Das grössere Österreich. Geistiges und soziales Leben von 1880 bis zur Gegenwart. Hrsg.: K. Sotriffer. Wien: Ed. Tusch 1982. 550 S. 08821

Österreich 1918 - 1938. Geschichte der Ersten Republik. Hrsg.: E. Weinzierl u. K. Skalnik. Bd 1. 2. Graz: Styria 1983. 1131 S. B 48992

Patzelt, J.: Österreichs Wirtschaft 1919/1935. Nachdr. Nendeln 1982. 42 S. B 45558:3

Politik und Gesellschaft im alten und neuen Österreich. Festschrift für Rudolf Neck z. 60. Geb. Hrsg.: I. Ackerl. Bd 1. 2. München: Oldenbourg 1981. 448, 400 S. B 46754

Rausch, K.: Der Wiederaufbau der Staatswirtschaft Österreichs. (1919-38.) Nendeln 1982. 47 S. B 45558:1

Seton-Watson, H.; Seton-Watson, C.: The Making of a new Europe. R. W. Seton-Watson and the last years of Austria-Hungary. London: Methuen 1981. X, 458 S. B 46444

Tschuppik, K.: Von Franz Joseph zu Adolf Hitler. Polemiken, Essays u. Feuilletons. Hrsg. u. eingel. K. Amann. Wien: Böhlau 1982. 288 S. B 47563

l. Länderteil u. Orte

Feldner, J.: Grenzland Kärnten. Kärntner Weissbuch. 2. Teil. Klagenfurt: Heyn 1982. 360 S. B 46720

Heidrich, C.: Burgenländische Politik in der Ersten Republik. Deutschnationale Parteien u. Verbände im Burgenland vom Zerfall d. Habsburgermonarchie bis zum Beginn d. autoritären Regimes.

1918-1933. München: Oldenbourg 1982. 204 S. B 47307

Kein einig Volk von Brüdern. Studien zum Mehrheiten-/Minderheitenproblem am Beispiel Kärntens. Arbeitsgemeinsch. Volksgruppenfrage. Wien: Verl. f. Gesellschaftskritik 1982. 443 S. B 47309

Platzer, R.: Bürgerinitiativen in Salzburg. München: Minerva-Publ. 1983. 293 S. B 48472

Am Rande Österreichs. Wien: Braumüller 1982. 126 S. B 48666

Schönherr, M.: Vorarlberg 1938. Die Eingliederung Vorarlbergs in das Deutsche Reich 1938/39. Dornbirn: Vorarlberger Verlagsanst. 1981. 208 S. B 45682

Schott, E.: La Passione di Trieste. Ottobre 1914 - maggio 1915. Roma: Ed. di Storia e Letteratura 1981. XIII, 193 S. B 46577

Tončić-Sorinj, L.: Erfüllte Träume. Kroatien - Österreich - Europa. Wien: Amalthea 1982. 479 S. B 47379

L 174 Polen

c. Biographien

Borkowski, J.: Piłsudczykowska koncepcja państwa. [Die Staatskonzeption Pilsudskis.] In: Dzieje Najnowsze. Rok 14, 1982. Nr. 1-4. S. 93-124. BZ 4685:14

Bucharin, N.I.; Jažborovskaja, I.S.: Ljudvik Varyńskij - osnovatel' i rukovoditel' pervoj partii pol'skogo proletariata. [Ludwik Waryński, Begründer u. Führer d. ersten Partei d. polnischen Proletariats.] In: Novaja i novejšaja istorija. God 1982. No. 4. S. 74-100. BZ 05334:1982

Conti, I.: A colloquio con Lech Walesa. Intervista-reportage su Solidarnosc e la Polonia. Bari: De Donato 1981. 152 S. Bc 3137

Korzec, P.: General Sikorski und seine Exilregierung zur Judenfrage in Polen im Lichte von Dokumenten d. Jahres 1940. In: Zeitschrift für Ostforschung. Jg. 30, 1981. H. 2. S. 229-261. BZ 4469:30

Offredo, J.: Lech Walesa ou l'été polonais. Paris: Ed. Cana 1982. 191 S. B 47712

Rakowski, M.F.: Partnerstwo. [Partnerschaft.] Warszawa: Książka i Wiedza 1982. 206 S. B 47119

Rhode, G.: Probleme einer Biographie von Józef Pilsudski. In: Festschrift für Eberhard Kessel zum 75. Geburtstag. 1982. S. 269-282. B 49844

Strumph Wojtkiewicz, S.: General Władysław Sikorski. Warszawa: Iskry 1981. 156 S. Bc 2967

Terlecki, O.: General Sikorski. Cz. 1. Kraków: Wyd. Literackie 1981. 460 S. B 46395

Wspomnienia o Stefanie Starzyńskim. [Erinnerungen an Stefan Starzyński. (Stadtpräsident von Warschau).] Warszawa: Państw. Wyd. Nauk 1982. 427 S. B 47087

e. Staat/Politik

e. 1 Innenpolitik

Borkowski, J.: Ruch robotniczy i ludowy w Polsce. Uwagi i refleksje. [Die Arbeiter- u. Bauernbewegung in Polen. Anmerkungen u. Gedanken.] In: Z Pola Walki. Rok 25, 1982. Nr 3-4. S. 57-75. BZ 4559:25

Checinski, M.: Poland. Communism, nationalism, antisemitism. New York: Karz-Cohl 1982. VIII, 289 S. B 48710

Dokumente und Materialien. 9. ausserordentl. Parteitag der polnischen Vereinigten Arbeiterpartei 14.-20. Juli 1981. Warschau: Polska Agencja Interpr. 1981. 648 S. B 46156

Durko, J.: Historiografia Wielkiego Proletariatu. [Historiographie des Grossen Proletariats.] In: Z Pola Walki. Rok 25, 1982. Nr 3-4. S. 125-148. BZ 4559:25

Rechtliche und politische Institutionen der Volksrepublik Polen unter besonderer Berücksichtigung aktueller Entwicklungen. Hrsg.: T. Pusylewitsch. Kiel 1982. 161 S. B 47187

Iwańska, A.: Exiled Governments: Spanish and Polish. An essay in political sociology. Cambridge: Schenkman 1981. 130 S. B 47497

Kowalczyk, J.: Sie haben mein Auge mit Gift im Tee vernichtet. Anklageschrift gegen den polnischen Sicherheitsdienst und gegen Politiker in Polen. Rosbach: Selbstverl. 1982. 244 S. B 46396

Kozłowski, E.: Polityka wojskowa PPR w latach 1942-1944. [Die Militärpolitik d. Polnischen Arbeiterpartei in d. Jahren 1942-1944.] In: Wojskowy Przegląd Historyczny. Rok 27, 1982. Nr. 2. S. 3-14. BZ 4490:27

Łuczak, C.: Polska klasa robotnicza w latach wojny i okupacji. [Die polnische Arbeiterklasse in d. Jahren d. Krieges und der Okkupation.] In: Z Pola Walki. Rok 25, 1982. Nr. 1-2. S. 43-61. S. 43-61. BZ 4559:25

Plenum KC PZPR II. Il sierpnia 1981 r. Podstawowe dokumenty i materialy. [Das II. Plenum d. Zentralkomitees d. Polnischen Vereinigten Arbeiterpartei vom 11. August 1981.] Warszawa: Książka i Wiedza 1981. 157 S. Bc 3371

Poland under Jaruzelski. Pt. 1. 2. New York: Institute for European Defence and strategic studies 1982. 213, 204 S. BZ 4515:26

Potel, J.-Y.: Scènes de grèves en Pologne. Paris: Stock 1981. 288 S. B 45548

Przemówienia Stanisława Kani. Wojciecha Jaruzelskiegoo... na V posiedzeniu Sejmu PRL. 11-12 lutego 1981 r. [Ansprachen von Stanislaw Kani, Wojciech Jaruzelski... auf d. 5. Sitzung d. Sejms d. Volksrepublik Polen vom 11. bis 12. Febr. 1981.] Warszawa: Książka i Wiedza 1981. 54 S. Bc 3369

Royen, C.: Polens Lage nach der Suspendierung des Kriegsrechts. In: Aussenpolitik. Jg. 34, 1983. H. 2. S. 154-168. BZ 4457:34

Sierocki, T.: Badania nad historią polityczną ruchu robotniczego Poslki Ludowej. [Studien zur politischen Geschichte d. Arbeiterbewegung d. Volksrepublik Polen.] In: Z Pola Walki. Rok 25, 1982. Nr 3-4. S. 191-219. BZ 4559:25

Sliwa, M.: Bolesław Drobner. Szkic biografii politycznej. [Boleslaw Drobner. Entwurf e. politischen Biographie.] In: Z Pola Walki. Rok 23, 1981. Nr. 2. S. 137-156. BZ 4559:23

e. 2 Außenpolitik

Dokumenty i materiały do historii stosunków polsko-bułgarskich. [Dokumente und Materialien zur Geschichte der poln.-bulgarischen Beziehungen.] Tom 1. Wrocław: Ossolineum 1982. XVI, 746 S. B 47128

Faryś, J.: Koncepcje polskiej polityki zagranicznej 1918-1939. [Konzepte der polnischen Aussenpolitik 1918-1939.] Warszawa: Książka i Wiedza 1981. 415 S. B 48397

Frost, H.: Poland and the Third World. The primacy of economic relations. In: Eastern Europe and the Third World 1981. S. 200-234. B 45388

Gati, C.: Polish futures, western options. In: Foreign affairs. Vol. 61, 1982. No. 2. S. 292-308. BZ 05149:61

Kojło, S.: Stosunki polsko-wietnamskie. [Die polnisch-vietnamesischen Beziehungen.] In: Sprawy Międzynarodowe. Rok 35, 1982. Zeszyt 6. S. 73-84. BZ 4497:35

Kuropieska, J.: Misja w Londynie. [Mission in London.] Warszawa: Czytelnik 1981. 386 S. B 46154

Mayrzedt, H.: Plädoyer für eine Neuorientierung der westlichen Polenpolitik. In: Österreichische Zeitschrift für Außenpolitik. Jg. 22, 1982. H. 3. S. 165-177. BZ 4642:22

Moreton, E.: The Soviet Union and Poland's struggle for self-control. In: International security. Vol. 7, 1982. No. 1. S. 86-104. BZ 4433:7

Polska Polityka zagraniczna w warunkach stanu wojennego. Dyskusje. [Die polnische Aussenpolitik unter den Verhältnissen des Kriegsrechts. Diskussionen.] In: Sprawy Międzynarodowe. Rok 35, 1982. Zeszyt 6. S. 119-136. BZ 4497:35

Skrzypek, A.: Kronika koegzystencji. Zarys stosunków polsko-radzieckich w latach 1921-1939. [Chronik der Koexistenz. Abriss der polnisch-sowjetischen Beziehungen in den Jahren 1921-1939.] Warszawa: Państw. Wyd. Nauk. 1982. 273 S. B 47110

Slusarczyk, J.: Zagadnienie sojuszu polsko-radzieckiego w programach i działności lewicy polskiej w latach 1941-1945. [Das Problem d. polnisch-sowjet. Allianz in den Programmen und der Tätigkeit der poln. Linken 1941-1945.] Wrocław: Ossolineum 1981. 189 S. B 46468

f. Wehrwesen

Borkowski, M.: L'armée populaire polonaise après la deuxième guerre mondiale - caractéristique de l'historiographie. In: Revue intern. d'histoire militaire. 1982. No. 52. S. 300-314. BZ 4454:1982

Dzipanow, R.: Faits d'armes polonais pendant la II. guerre mondiale. (Essai de bilan). In: Revue internationale d'histoire militaire. 1982. No. 52. S. 174-199. BZ 4454:1982

Gondek, L.: Polskie Misje wojskowe 1945-1949. Polityczno-prawne, ekonomiczne i wojskowe problemy likwidacji skutków wojny na obszarze okupowanych Niemiec. [Die polnischen Militärmissionen 1945-1949.] Warszawa: Wyd. Min. Obrony Narod. 1981. 329 S. B 46471

Johnson, A.R.; Dean, R.W.; Alexiev, A.: East European military Establishments: The Warsaw Pacts northern tier. New York: Crane Russak 1982. XIII, 182 S. B 48192

Kaczmarski, F.; Soroka, S.: Wojska inżynieryjne LWP 1945-1979. [Pioniertruppen der Polnischen Volksarmee.] Warszawa: Wyd. Min. Obrony Narod. 1982. 378 S. B 47086

Konstankiewicz, A.: Broń piechoty polskiej 1918-1939. [Die Waffe der polnischen Infanterie 1918-1939.] In: Wojskowy Przegląd Historyczny. Rok 27, 1982. Nr 3. S. 57-85. BZ 4490:27

Korbonski, A.: The Polish army. In: Communist armies in politics. 1982. S. 103-127. B 46932

Korbonski, A.; Terry, S.M.: The military as a political actor in Poland. In: Soldiers, peasants, and bureaucrats. 1982. S. 159-180. B 47747

Królikiewicz, T.: Polski Samolot i barwa. [Das polnische Flugzeug und seine Bemalung.] Warszawa: Wyd. Min. Obrony Narod. 1981. 198 S. B 46538

Nowak, T.M.: Revue des oeuvres sur l'histoire militaire jusqu'en 1914, publiées en Pologne durant les années 1969-1980. In: Revue internationale d'histoire militaire. 1982. No. 52. S. 200-238. BZ 4454:1982

Posadas, J.: Die Armee und der Prozeß der politischen Revolution in Polen. Frankfurt: Posadistische IV. Internationale 1981. 15 S. D 2785

Rzepniewski, A.; Zielińska, B.: L'historiographie militaire de la période 1914-1945 en république populaire de Pologne. Travaus publiés 1969 et 1980. In: Revue internationale d'histoire militaire. 1982. No. 52. S. 239-299. BZ 4454:1982

Slawiński, K.: Spod Znaku szachownicy. Reportaże o ludowym lotnictwie polskim 1943-1945. [Unter dem Zeichen des Schachbretts. Reportagen üb. d. polnische Volks-Luftwaffe 1943-1945.] Warszawa: Wyd. Min. Obrony Narod. 1982. 246 S. B 48387

Stachula, A.: Szósta Pomorska. Z dziejów Szóstej Pomorskiej Dywizji Piechoty 1944-1948. [Die 6. Pommern-Division. Aus d. Geschichte d. 6. Infanterie-Division 1944-1948.] Warszawa: Wyd. Min. Obrony Narod. 1981. 319 S. B 46337

Wielecki, H.: Umundurowanie i wyposażenie Wojska Polskiego w czasie wojny 1939 r. [Bekleidung u. Ausrüstung d. polnischen Heeres während d. Krieges 1939.] In: Wojskowy Przegląd Historyczny. Rok 27, 1982. Nr. 3. S. 86-109. BZ 4490:27

Wojdalski, Z.: Wojsko społeczeństwu 1944-1948. [Armee u. Gesellschaft 1944-1948. (Beitrag d. Armee zum Aufbau Polens).] Warszawa: Wyd. Min. Obrony Narod. 1982. 247 S. B 47292

g./h. Wirtschaft und Gesellschaft

Damus, R.: Die polnische Wirtschafts- und Gesellschaftskrise. Folge des Ost-West-Handels, sowjetischen Raubhandels oder verfehlter wirtschaftlicher Entwicklungsstrategie? In: Prokla. Jg. 12, 1982. Nr. 3. S. 19-66. BZ 4613:12

Dobroczýnski, M.: Die Wirtschaft Polens - Krise und Chancen. In: Europa-Archiv. Jg. 38, 1983. Folge 11. S. 335-344. BZ 4452:38

Floryan, J. J.: Polske Arbejdere - holdninger og adfaerd 1956-1981. København: Samfundsvidenskabeligt Forl. 1982. 157 S. Bc 3343

Koenen, G.; Koenen, K.; Kuhn, H.: "Freiheit, Unabhängigkeit und Brot". Zur Geschichte und den Kampfzielen der Arbeiterbewegung in Polen. 3., erw. Aufl. Frankfurt: Sendler 1982. VIII, 326 S. B 46376

Malecka, T.: Kredyty i pożyczki Stanów Zjednoczonych Ameryki dla rządu polskiego w latach 1919-1939. [Kredite u. Darlehen der USA für die polnische Regierung in d. Jahren 1919-1939.] Warszawa: Państw. Wyd. Nauk. 1982. 208 S. B 47094

Modzelewski, W.: Non-violence and the strike movements in Poland. In: Journal of peace research. Vol. 19, 1982. No. 2. S. 107-116. BZ 4372:19

Nemeth, M.: Pologne: L'effondrement de la bureaucratie? Lausanne: Parti Socialiste Ouvrier 1981. 48 S. Bc 3248

Sawicki, C.: Das Verhältnis von Markt und Plan als theoretisches Problem der politischen Ökonomie des Sozialismus. Die polnische Debatte in d. Jahren 1956-1968. Frankfurt: Lang 1982. 193 S. B 47879

Staniszkis, J.: Dynamik des Arbeiterbewußtseins. In: Prokla. Jg. 12, 1982. Nr. 3. S. 67-89. BZ 4613:12

"Wir bauen ihnen ein Denkmal". Dokumente, Materialien, Tonbandprotokolle Lenin-Werft, Danzig, Polen. Stuttgart: ed. co edition Cordeliers 1982. 116 S. Bc 3530

Das KOR und der "polnische Sommer". Analysen, Dokumente, Artikel u. Interviews 1976-1981. Hrsg.: W. Mackenbach. Hamburg: Junius Verl. 1982. 249 S. B 47890

Kuron, J.; Modzelewski, K.: Solidarnoŝĉ. The missing link? A new edition of Poland's classis revolutionary socialist manifesto. Kuron and Modzelewski's open letter to the party. London: Bookmarks 1982. 88 S. B 47725

Oschlies, W.: Polens Jugend - Kinder der Solidarność? Köln: Böhlau 1982. XIII, 308 S. B 47207

Persky, S.: At the Lenin Shipyard. Poland and the rise of the Solidarity Trade Union. Vancouver: New Star Books 1981. XVIII, 253 S. B 47441

Potel, J.-Y.: Gdansk. La mémoire ouvrière 1970-1980. Paris: Maspero 1982. 249 S. B 47547

Gesellschaftliche Selbstverteidigung. 1977-1982. Aufsätze angeklagter KOR-Mitglieder. Köln: "Solidarität mit Solicarność 1982. 80 S. D 2612

The first Solidarity congress. In: World affairs. Vol. 145, 1982. No. 1. S. 20-61. BZ 4773:145

Solidarność. Gdansk August 1980. København: Hekla 1981. 126 S. Bc 0796

Staniszkis, J.: Polish peaceful revolution. An anatomy of polarization. In: Journal of peace research. Vol. 19, 1982. No. 2. S. 181-196. BZ 4372:19

Taylor, J.: Five Months with Solidarity. A firsthand report from inside Hotel Morski, Gdansk. London: Wildwood House 1981. 123 S. B 46613

i. Geistesleben

Gaweda, S.: Die Jagiellonische Universität in der Zeit der faschistischen Okkupation 1939-1945. Jena: Friedrich-Schiller-Univ. 1981. 117 S. B 48463

Mynarek, H.: Zwischen Gott und Genossen. Als Priester in Polen. Berlin: Ullstein 1981. 312 S. B 46645

Stehle, H.: Die Papstkirche im polnischen Dilemma. In: Europa-Archiv. Jg. 38, 1983. Folge 6. S. 173-182. BZ 4452:38

k. Geschichte

Ascherson, N.: The Polish August. The self-limiting revolution. New York: Viking Pr. 1982. 320 S. B 46919

Bowers, S. R.: An assessment of the Polish crisis. The East European view. In: The journal of social, political and economic studies. Vol. 7, 1982. No. 3. S. 257-268. BZ 4670:7

Dokumente zur Krise in Polen. Von der Verhängung des Kriegszustands bis zu seiner Aussetzung. (19. 1. -13. 12. 1982.) In: Europa-Archiv. Jg. 38, 1983. Folge 6. S. D 163-202. BZ 4452:38

Garlicki, A.: Od maja do Brześcia. [Vom Mai bis Brest.] Warszawa: Czytelnik 1981. 405 S. B 46087

Gatter, P.: Der weiss-rote Traum. Polens Weg zwischen Freiheit und Fremdherrschaft. Düsseldorf: Econ Verl. 1983. 232 S. B 48471

Gdańsk - sierpień 1980. Rozmowy Komisji Rządowej z Międzyzakładowym Komitetem Strajkowym w Stoczni Gdańskiej (23-31 sierpnia 1980 r.). [Danzig - August 1980. Gespräche der Regierungskommission mit dem Zwischenbetrieblichen Streikkomitee in der Danziger Werft, 23.-31. August 1980.] Warszawa: Inst. Wyd. Zwiazków Zawodowych 1981. 172 S. B 46683

Grela, M.: Bezpieczeństwo Europy a wydarzenia w Polsce. [Die Sicherheit Europas u. die Ereignisse in Polen.] In: Sprawy Międzynarodowe. Rok 35, 1982. Zeszyt 10. S. 7-22. BZ 4497:35

Held, K.: Abweichende Meinungen zu Polen. München: Resultate-Verl. 1982. 313 S. B 47667

Heller, M.: Sous le Regard de Moscou: Pologne. 1980-1982. Paris: Calmann-Lévy 1982. 210 S. B 47262

Johansen, J. O.: Det polske Drama. Ølstykke: Lindeløvs Forl. 1981. 171 S. B 45864

Johansson, S.; Borowska, M.: Polens Sak är vår. Om övergangen till demokrati under kommunismen. Stockholm: Tiden 1981. 72 S. Bc 3212

Karpiński, J.: Countdown. The Polish upheavals of 1956, 1968, 1976, 1979, 1980. New York: Karz-Cohl 1982. VI, 214 S. B 47482

Kößler, R.: Zwischen Systemveränderung und Intervention. Polen im Sommer 1981. In: Weltpolitik. Bd 1, 1981. S. 63-81. BZ 4774:1

Krise in Polen. Vom Sommer 80 zum Winter 81. In: Beiträgen u. Dokumenten aus d. Europa-Archiv. Hrsg.: H. Volle u. W. Wagner. Bonn: Verl. f. Internationale Politik 1982. XII, 336 S. B 47642

Polens krise. Økonomiske og internationale aspekter. Esbjerg: Sydjysk Univ.-Forl. 1982. 94 S. Bc 3170

Lamentowicz, W.: Adaptation through political crisis in post-war Poland. In: Journal of peace research. Vol. 19, 1982. No. 2. S. 117-131. BZ 4372:19

Löser, E.: Polen und die Fälschungen seiner Geschichte. Kaiserslautern: Löser 1982. 50 S. Bc 3186

Nasarski, G.: Noch ist Polen nicht verloren. Die Tragödie einer stolzen Nation. Wien: Molden 1982. 367 S. B 47374

Noergaard, O.: Polens Krise. Et udviklingsperspektiv. Esbjerg: Sydjysk Univ.-Forl. 1982. 109 S. Bc 2854

Poland today. The state of the republic. Comp. by... with an introd. by J. Bielasiak. Armonk: Sharpe 1981. 231 S. B 47450

Polen - Das Ende der Erneuerung? Gesellschaft, Wirtschaft und Kultur im Wandel. Hrsg.: A. Uschakow. München: Beck 1982. 275 S. B 46192

Polen 1980: Umbruch im "Realen Sozialismus"? Analysen - Dokumente - Interviews. Berlin: Wolf 1981. 152 S. D 2639

Polska Odrodzona 1918-1939. Państwo, społeczeństwo, kultura. [Das wiederstandene Polen 1918-1939. Staat, Gesellschaft, Kultur.] Warszawa: Wiedza Powszechna 1982. 679 S. B 47477

Powstanie II Rzeczypospolitej. Wybór dokumentów 1866-1925. [Die Entstehung der Zweiten Republik. Dokumentenauswahl 1866-1925.] Warszawa: Ludowa Spółdzielnia Wyd. 1981. 786 S. B 47088

Pradetto, A.: Polen, Herbst 1982. Erfahrungen einer Reise. In: Osteuropa. Jg. 33, 1983. H. 1. S. 3-14. BZ 4459:33

Reinalter, H.: Das polnische Drama. Landshut: Verl. Polit. Archiv 1982. 134 S. Bc 3406

Schaff, A.: Polnische Lektion. T. 2. In: Europäische Rundschau. Jg. 10, 1982. Nr. 4. S. 3-31. BZ 4615:10

Schramm, G.: Zur Lage in Polen. - Ein Fazit. In: Politik und Kultur. Jg. 9, 1982. H. 4. S. 22-33. BZ 4638:9

Verantwortlich für Polen. Hrsg.: H. Böll [u. a.].Reinbek: Rowohlt 1982. 212 S. B 46768

Yuerukoğlu, R.: Die Konterrevolution in Polen muß zerschlagen werden! London 1982: Morning Litho Print. 32 S. D 2787

l. Länderteil

Mendelsohn, E.: Zionism in Poland. The formative years, 1915-1926. New Haven: Yale Univ. Pr. 1981. XI, 373 S. B 47156

Munier, D.: Reise in besetztes Land. Eine deutsche Jugendgruppe fährt über die Oder. Kiel: Arndt 1981. 94 S. Bc 3545

Prekerowa, T.: Konspiracyjna Rada Pomocy Żydom w Warszawie 1942-1945. [Der im Untergrund arbeitende Rat für Judenhilfe in Warschau 1942-1945.] Warszawa: Państw. Inst. Wyd 1982. 483 S. B 47839

Richthofen, B. Frhr. von; Oheim, R. R.: Die polnische Legende. Kiel: Arndt 1982. 286 S. B 47132

L 175 Portugal

Dez Anos de política externa. 1936-1947. A nação portuguesa e a Segunda Guerra Mindial. Vol. 1-11. Lisboa 1964-80: Impr. Nacional de Lisboa. Getr. Pag. B 44256

Gallagher, T.: Portugal. A twentieth-century interpretation. Manchester: Univ. Pr. 1983. XII, 278 S. B 48421

Georgel, J.: Le Salazarisme. Histoire et bilan 1926-1974. Paris: Cujas 1981. 310 S. B 47699

Heimer, F.-W.: Die Beendigung der portugiesischen Kolonialherrschaft. In: Die internationale Politik. 1975/76. 1981. S. 249-274. BZ 4767:1975/76

Kohler, B.: Politischer Umbruch in Südeuropa. Portugal, Griechenland, Spanien auf dem Weg zur Demokratie. Bonn: Europa Union Verl. 1981. 460 S. B 46563

Magarelli, C.: Crisis of convergence. Washington: Univ. Pr. of America 1981. VIII, 323 S. B 47455

Mujal-León, E. M.: Portuguese and Spanish communism in comparative perspective. In: The many faces of communism. 1978. S. 122-145. B 45702

Nogueira, F.: Portugal. The Ministry for Foreign Affairs. In: The Times survey of foreign ministries of the world. 1982. S. 409-422. B 47771

Portugal no ano 2000. Coord.: J. Nogueira Pinto. Lisboa: Intervenção 1980. 282 S. B 44260

Wendorf, G.: Innenpolitische Entwicklungstendenzen in Portugal zu Beginn der 80er Jahre. In: Deutsche Aussenpolitik. Jg. 28, 1983. H. 3. S. 61-76. BZ 4557:28

Wheeler, D. L.: In the service of order. The Portuguese political police and the British, German and Spanish intelligence, 1932-1945. In: Journal of contemporary history. Vol. 18, 1983. No. 1. S. 1-25. BZ 4552:18

L 177 Rumänien

e. Staat/Politik

Beer, K. P.: Zur Entwicklung des Parteien- und Parlamentssystems in Rumänien 1928-1933. Die Zeit der national-bäuerlichen Regierungen. Bd 1. 2. Frankfurt: Lang 1983. XXXV, 1037 S. B 49545

Buzatu, G.: N. Titulescu et les États-Unis d' Amérique. In: Revue roumaine d' histoire. Tom 21, 1982. No. 3/4. S. 339-350. BZ 4577:21

Caroli, G.: La Romania e il conflitto italo-etiopico (1935-1936). In: Rivista di studi politici internazionali. Anno 49, 1982. No. 2. S. 243-270. BZ 4451:49

Ceauşescu, N.: Opere alese. [Ausgewählte Werke.] Vol. 1. 2. Bucureşti: Editura Politică 1982. 789, 709 S. B 46530

Cotoţiu, C.; Horja, G.: Vasile Lucaciu, tribun al luptei pentru drepturile şi unitatea românilor. [Vasile Lucaciu, Tribun des Kampfes für die Rechte und die Einheit der Rumänen.] In: Revista de istorie. Tom 35, 1982. Nr. 7. S. 793-806. BZ 4578:35

Du Bois, P.: La politique étrangère roumaine de 1944 à 1947. In: Revue d' histoire moderne et contemporaine. Tome 29, 1982. Juillet/Septembre. S. 411-441. BZ 4586:29

Förster, J.: Zur Büdnispolitik Rumäniens vor und während des Zweiten Weltkrieges. In: Militärgeschichte. 1982. S. 294-310. B 46629

Gheorghiu, M.: Le centenaire d' un grand diplomat européen. [Nicolae Titulesco.] In: Revue roumaine d' histoire. Tome 21, 1982. No. 3/4. S. 331-337. BZ 4577:21

Ghermani, D.: Die rumänisch-amerikanischen Beziehungen in der Ära Ceauşescu. In: Südost-Europa. Jg. 31, 1982. H. 9. S. 459-473. BZ 4762:31

Ghermani, D.: Rumäniens Probleme mit der kommunistischen Weltbewegung. In: Südosteuropa. Jg. 31, 1982. H. 11-12. S. 626-634. BZ 4762:31

Mason, D. S.: Romanian autonomy and arms control policies. In: Arms control. Vol. 3, 1982. No. 1. S. 13-36. BZ 4716:3

Matichescu, O.: Nicolae Titulescu - diplomat patriot, luptător împotriva fascismului, pentru apărarea independenței și suveranității naționale (opinii externe). [Nicolae Titulescu - Diplomat-Patriot, Kämpfer gegen den Faschismus, für die Verteidigung d. Unabhängigkeit u. die nationale Souveränität.] In: Revista de istorie. Tom 35, 1982. Nr. 3. S. 420-432. BZ 4578:35

Nastovici, E.: Relațiile româno-turce în ajunul și în timpul primului război mondial. [Die rumänisch-türkischen Beziehungen am Vorabend u. während des Ersten Weltkriegs.] In: Revista de istorie. Tom 35, 1982. Nr. 5-6. S. 707-734. BZ 4578:35

Radu, M.: Romania and the Third World. The dilemmas of a "free rider". In: Eastern Europe and the Third World. 1981. S. 235-272. B 45388

Udrea, T.: Activitatea guvernului dr. Petru Groza în perioada decembrie 1946-decembrie 1947. [Die Tätigkeit der Regierung von Dr. Petru Groza in d. Zeit v. Dezember 1946 bis Dezember 1947.] In: Revista de istorie. Tom 35, 1982. Nr. 8. S. 880-902. BZ 4578:35

f. Wehrwesen

Alexiev, A.: The Romanian army. In: Communist armies in politics. 1982. S. 149-166. B 46932

Alexiev, A.: Party-military relations in Eastern Europe. The case of Romania. In: Soldiers, peasants, and bureaucrats. 1982. S. 199-227. B 47747

Apărarea națională în conceptia Partidului Comunist Român. [Die Landesverteidigung in d. Vorstellung d. Kommunistischen Rumänischen Partei.] București: Editura Militara 1982. 333 S. B 46964

Burke, D. P.: The defense policy of Romania. In: The defense policies of nations. 1982. S. 323-341. 08926

k. Geschichte

Bobocescu, V.; Sultan, D.: Lupta comuniștilor in cadrul mișcării de rezistanță din nord-vestul României... [Der Kampf der Kommunisten im Rahmen der Widerstandsbewegung im Nordwesten Rumäniens...] In: Anale de istorie. Anul 28, 1982. No. 3. S. 58-80. BZ 4536:28

Dima, N.: Bessarabia and Bukovina. The Soviet-Romanian territorial dispute. New York: Columbia Univ. Pr. 1982. 173 S. B 48521

Graham, L. S.: Romania. A developing socialist state. Boulder: Westview 1982. XVII, 136 S. B 47388

Illyés, E.: Nationale Minderheiten in Rumänien. Siebenbürger im Wandel. Wien: Braumüller 1981. XVI, 322 S. B 47479

Kiškilova, P.: Fašistkata diktatura v Rumŭnija (sentemvri 1940 - avgust 1944 g.). [Die faschistische Diktatur in Rumänien Sept. 1940-Aug. 1944.] In: Vekove. God 11, 1982. Kn. 6. S. 42-52. BZ 4633:11

Marin, W.: Kurze Geschichte der Banater Deutschen. Mit bes. Berücksichtigung ihrer Beziehungen zur rumän. Bevölkerung u. ihrer Einstellung zur Vereinigung von 1918. Temeswar: Facla Verl. 1980. 245 S. B 46038

Storia del popolo romeno. 3. ed. Roma: Riuniti 1981. X, 506 S. B 45716

L 179 Rußland/Sowjetunion/UdSSR

a./d. Allgemeines

Füllberg-Stolberg, K.: Die Darstellung der UdSSR nach 1945 in den Geschichtsbüchern der BRD. Göttingen: Musterschmidt 1981. 245 S. B 45209

Heller, A.; Fehér, F.; Markus, G.: Der sowjetische Weg. Bedürfnisdiktatur und entfremdeter Alltag. Hamburg: VSA-Verl. 1983. 344 S. B 48309

Hiller, M. P.: Politische Landeskunde der Sowjetunion. Berlin: Colloquium-Verl. 1982. 102 S. Bc 3304

Lorrain, P.: L'Évangile selon Saint Marx. La pression idéologique dans la vie quotidienne en URSS. Paris: Belfond 1982. 250 S. B 48256

Niedhart, G.: Westliche UdSSR-Bilder nach 1945. In: Aus Politik und Zeitgeschichte. 1983. B 32/33. S. 17-29. BZ 05159:1983

Rees, D.: Soviet border problems: China and Japan. London: Institute for the Study of Conflict 1982. 30 S. Bc 3434

L'U.R.S.S. vue de gauche. Publ. sous la direction de L. Marcou. Paris: PUF 1982. 296 S. B 47329

Volkstum/Nationalitäten

Bennigsen, A.; Broxup, M.: The Islamic Threat to the Soviet state. London: Croom Helm 1982. 170 S. B 48241

Guide to the study of the Soviet nationalities. Non-Russian peoples of the USSR. Ed.: S. M. Horak. Littleton: Libraries Unltd. 1982. 265 S. B 48136

Politische Kultur, Nationalitäten und Dissidenten in der Sowjetunion. Ausgew. Beiträge zum 2. Weltkongress f. Sowjet- u. Osteuropastudien. Hrsg.: G. Brunner u. H. Herlemann. Berlin: Berlin-Verl. 1982. 157 S. Bc 3081

Lewytzkyj, B.: "Sovetkij Narod" - "Das Sowjetvolk". Hamburg: Hoffmann & Campe 1983. 191 S. B 48547

Ponomarev, B. N.: Die Leninsche Nationalitätenpolitik der KPdSU in der Etappe des entwickelten Sozialismus und ihre internationale

Bedeutung. Rede... Riga, 28. 6. 1982. Berlin: Dietz 1982. 45 S. Bc 3327

Redlich, S.: Propaganda and nationalism in wartime Russia. The Jewish Antifascist Committee in the USSR, 1941-1948. New York: Columbia Univ. Pr. 1982. XV, 236 S. B 48148

Schäfer, M.: Nationalitätenpolitik der KPdSU in Geschichte und Gegenwart. Berlin: Dietz 1982. 284 S. B 48468

Simon, G.: Nationalismus in der Sowjetunion. In: Nationalismus in der Welt von heute. 1982. S. 82-103. B 46874

c. Biographien

The Kremlin's Age of Andropov. [By] Steven Strasser [u. a.]. In: Newsweek. Vol. 100, 1982. No. 21. S. 8-17. BZ 05142:100

Amalrik, A.: Aufzeichnungen eines Revolutionärs. Berlin: Ullstein 1983. 416 S. B 48792

Amalrik, A.: Notes of a revolutionary. London: Weidenfeld and Nicolson 1982. XVII, 343 S. B 47624

Arndt, A.: Lenin - Politik und Philosophie. Zur Entwicklung einer Konzeption materialistischer Dialektik. Bochum: Germinal Verl. 1982. 766 S. B 47562

Bažanov, B.: Vospominanija byvšego sekretarja Stalina. Paris: Izd-vo "Tret'ja Volna" 1980. 320 S. B 46473

Boffa, G.: Il Fenomeno Stalin nella storia del XX secolo. Le interpretazioni dello stalinismo. Roma: Laterza 1982. 272 S. B 48209

Brežnev, L. I.: Celina. Moskva: Politizdat 1981. 78 S. Bc 3368

Brežnev, L. I.: Vospominanija... [Erinnerungen...] Moskva: Politizdat 1982. 221 S. B 47293

Bucharin tra rivoluzione e riforme. A cura di S. Bertolissi. Roma: Ed. Riuniti 1982. 215 S. B 48347

Černenko, K.: Selected Speeches and writings. Oxford: Pergamon Pr. 1982. X, 296 S. B 48121

Jacobsen, K.: Stalin og revolutionen. En politisk biografi. Århus: Historisk Revy 1981. 239 S. B 45854

W. I. Lenin und die sowjetischen Streitkräfte. Berlin: Militärverl. d. DDR 1982. 491 S. B 48088

Lubitz, W.: Trotsky. Bibliography. List of separately publ. titles, periodical articles and titles in collections treating L. D. Trotsky and Trotskyism. München: Saur 1982. 458 S. B 48042

Massie, R. K.: Der letzte Zar. Zürich: Orell Füssli 1983. 127 S. 08949

Schneider, E.: Jurij Wladimirowitsch Andropow. In: Osteuropa. Jg. 33, 1983. H. 3-4. S. 194-200. BZ 4459:33

Stranicy bol'šoj žizni. Sbornik vospominanij o Maršale Sovetskogo Sojuza S. M. Budennom. [Seiten eines grossen Lebens. Samml. v. Erinnerungen an Marschall d. Sowjetunion S. M. Budennyj.] Moskva: Voenizdat 1981. 255 S. B 46548

Ustinov, D. F.: Ausgewählte Reden und Aufsätze. Berlin: Militärverl. d. DDR 1981. 545 S. B 45418

e. Staat/Politik

e. 1 Innenpolitik

e.1.1 Staat und Recht

Barry, D. D.; Barner-Barry, C.: Contemporary Soviet Politics. An introd. 2. ed. Englewood Cliffs: Prentice-Hall 1982. XI, 420 S. B 47420

Carrère d'Encausse, H.: L'URSS après Brejnev: quelques hypothèses. In: Politiuqe étrangère. Année 47, 1982. No. 4. S. 855-866. BZ 4449:47

Ejvegård, R.: Sovjetunionens Konstitution. En analys. Stockholm: Esselte Studium 1981. 107 S. Bc 2909

Gustafson, T.: Reform in Soviet politics. Lessons of recent policies on land and water. Cambridge: Univ. Pr. 1981. XII, 218 S. B 47622

Knorr, G.: Wandel und Kontinuität in der sowjetischen Staatsrechtslehre. Die Entwicklung von 1917 bis 1977. Bonn: Dt. Bundes-Verl. 1981. 163 S. Bc 3241

Konstitucija SSSR. Politiko-pravovoj kommentarij. [Die Verfassung der UdSSR. Politisch-juristischer Kommentar.] Moskva: Politizdat 1982. 397 S. B 46152

Laqueur, W.: Was kann man von Veränderungen in der Sowjetunion erwarten? In: Europäische Rundschau. Jg. 11, 1983. Nr. 2. S. 19-35. BZ 4615:11

Liebing, K.: Socialisme og Sovjetunionen. København: Samfundsfagsnyt 1981. 144 S. Bc 3167

Maccotta, G. W.: I problemi interni dell'URSS. In: Affari esteri. Anno 15, 1983. No. 57. S. 61-75. B 47582

Meissner, B.: Breshnews Erbe in der Sowjetpolitik. In: Aussenpolitik. Jg. 34, 1983. H. 2. S. 107-120. BZ 4457:34

Mitchell, R. J.: Ideology of a superpower. Stanford: Hoover Inst. Pr. 1982. XI, 159 S. B 48113

Bukowski, W.: Pazifisten gegen den Frieden. Friedensbewegung und Sowjetunion. Bern: Verl. SOI 1983. 52 S. Bc 3493

Vermaat, J. A. E.: De Sovjet-Unie en de Vredesbeweging. In: Militaire spectator. Jg. 152, 1983. No. 3. S. 101-114. BZ 05134:152

Below, Y. S.: Die Sytschewka. Meine 1640 Tage in e. psychiatrischen Sonderhaftanstalt d. UdSSR. Hrsg.: Volkshochschule Landkreis Ludwigshafen. Lingenfeld 1982: Maierdruck. 127 S. Bc 3311

Dokumentation über die Internationale Anhörung über Zwangsarbeit - Sibirische Erdgasleitung. 18.-19. November 1982, Stadthalle Bonn-Bad Godesberg. Frankfurt: Internat. Gesellschaft für Menschenrechte 1983. 62 S. D 02688

An End to silence. Uncensored opinion in the Soviet Union. Ed.: S. F. Cohen. New York: Norton 1982. 375 S. B 47139

Fasten für Sacharow. Vom 1.-3. Juni 1983 vor der Berliner Gedächtniskirche. Berlin: Arbeitsgemeinschaft 13. August, 1983. 47 S. D 02706

Friedenskämpfer in der UdSSR im GULAG. Frankfurt: Internat. Gesellschaft für Menschenrechte 1982. 44 S. D 2685

Goldacker, E.: Der Holzkoffer, Leben und Überleben einer Frau in sowjetischen Lagern. Hameln: Sponholz 1982. 159 S. B 48523

Nedava, Y.: Some aspects of individual terrorism. A case study of the Schwartzbard affair. In: Terrorism in Europe. 1982. S. 29-39. B 46636

Spechler, D. R.: Permitted Dissent in the USSR. Novy mir and the Soviet system. New York: Praeger 1982. XXIII, 491 S. B 48353

Urwich-Ferry, J.: Ohne Paß durch die U. d. S. S. R. Bd 1. 2. München: Vereinigung der Freien Rumänen in Deutschland 1982. 398, 396 S. B 47227

e. 1.2 Regierung / Verwaltung / Polizei

Breslauer, G. W.: Khrushchev and Brezhnew as leaders: Building authority in Soviet politics. London: Allen and Unwin 1982. XIII, 318 S. B 47805

Graždanin i apparat upravlenija v SSSR. [Der Staatsbürger u. der Verwaltungsapparat in der UdSSR.] Moskva: Nauka 1982. 268 S. B 46055

Leonhard, W.: Das Ende einer Ära. In: Osteuropa. Jg. 33, 1983. H. 3-4. S. 183-193. BZ 4459:33

Meissner, B.: Bilanz der "Breschnew-Ära". In: Aus Politik und Zeitgeschichte. 1983. B 7. S. 3-19. BZ 05159:1983

Meissner, B.: Der Führungswechsel im Kreml. In: Osteuropa. Jg. 33, 1983. H. 3-4. S. 169-182. BZ 4459:33

Ober, R. F., jr.: Power and position in the Kremlin. In: Orbis. Vol. 26, 1983. No. 4. S. 849-868. BZ 4440:26

Schulz, E.; Wettig, G.: Chancen für einen Wandel in Osteuropa? Generationswechsel im Kreml als Herausforderung des Westens. Bonn: Forschungsinstitut d. Dt. Gesellsch. f. Auswärtige Politik 1982. 52 S. Bc 3093

Tatu, M.: Youri Andropov aux prises avec la direction collégiale. In: Politique étrangère. Année 48, 1983. No. 1. S. 113-124. BZ 4449:48

Deriabin, P.; Bagley, T.H.: Fedorchuk, the KGB, and the Soviet succession. In: Orbis. Vol. 26, 1982. No. 3. S. 611-636. BZ 4440:26

Freemantle, B.: K[omitet] G[osudarstvennoj] B[ezopastnosti]. New York: Holt, Rinehart and Winston 1982. 192 S. B 48101

Rositzke, H.: The KGB: The eyes of Russia. Garden City: Doubleday 1981. XIII, 295 S. B 46968

e. 1.4. Parteiwesen

Breżnev, L.I.: XXVI. Parteitag der KPdSU. - Rechenschaftsbericht des Zentralkomitees d. Kommunistischen Partei d. Sowjetunion u. d. nächsten Aufgaben d. Partei in d. Innen- u. Aussenpolitik. 5. Aufl. Berlin: Dietz 1982. 112 S. Bc 2957

Brežnev, L.I.: Reč' na Plenume Central'nogo Komiteta KPSS, 16 nojabrja 1981 goda. Postanovlenie Plenuma CK KPSS. [Rede vor dem Plenum d. Zentralkomitees d. KPdSU vom 16. Nov. 1981.] Moskva: Politizdat 1981. 14 S. Bc 3457

Edelman, R.: Gentry Politics on the eve of the Russian revolution. The Nationalist Party 1907-1917. New Brunswick: Rutgers Univ. Pr. 1980. XVII, 252 S. B 45688

Farber, S.: Economism and the Russian Social Democratic Movement. (1880-1905.) In: The journal of social, political and economic studies. Vol. 7, 1982. No. 1/2. S. 95-114. BZ 4670:7

Kaplan, C.: The Communist Party of the Soviet Union and local policy implementation. In: The Journal of Politics. Vol. 45, 1983. No. 1. S. 2-27. BZ 4441:45

Soviet Marxism and nuclear war. An international debate. From the Proceedings of the Special Colloquium of the XVth World Congress of Philosophy. Ed. with and introd. by J. Somerville. London: Aldwych Pr. 1981. XII, 166 S. B 48240

Russia at the crossroads. The 26th congress of the CPSU. Ed.: S. Bialer and T. Gustafson. London: Allen and Unwin 1982. 223 S. B 47507

Schmirber, G.: Die Strategie der kommunistischen Bewegung der zwanziger und dreissiger Jahre. Die Verbindung der sowjetrussischen Entwicklung mit der internationalen Strategie. München: Hofbauer 1981. 224 S. B 47831

Ustav Kommunističeskoj partii Sovetskogo Sojuza. [Das Statut der Kommunistischen Partei der Sowjetunion.] Moskva: Politizdat 1982. 61 S. Bc 3458

e. 2 Außenpolitik

Adomeit, H.: Sowjetische Aussen- und Sicherheitspolitik. In: Osteuropa. Jg. 33, 1983. H. 6. S. 437-448. BZ 4459:33

Adomeit, H.: Soviet Risk-taking and crisis behavior. A theoretical and empirical analysis. London: Allen and Unwin 1982. VIII, 377 S. B 46442

Braune-Steininger, F.: Die Bedeutung des XX. Parteitages der KPdSU für die sowjetische Aussenpolitik. München: Minerva 1981. 131 S. Bc 3049

Deutscher, I.: Zwischen den Blöcken. Der Westen und die UdSSR. nach Stalin. Hamburg: Junius 1982. 300 S. B 47866

Erickson, J.: The Soviet view of deterrence. A general survey. In: Survival. Vol. 24, 1982. No. 6. S. 242-251. BZ 4499:24

Ginsburgs, G.; Slusser, R. M.: A Calendar of Soviet treaties. 1958-1973. Alphen aan den Rijn: Sijthoff en Noordhoff 1981. XX, 908 S. B 47714

Griffith, W. E.: The Superpowers and regional tensions. The USSR, the United States, and Europe. Lexington: Lexington Books 1982. VII, 135 S. B 46973

Halliday, F.: Soviet Policy in the arc of crisis. Washington: Inst. for Policy Studies 1981. 143 S. B 47008

Halliday, F.: Threat from the East? Soviet policy from Afghanistan and Iran to the Horn of Africa. Rev. ed. Middlesex: Penguin Books 1982. 149 S. Bc 3263

Lüders, C. H.: Ideologie und Machtdenken in der sowjetischen Außenpolitik. In: Sicherheitspolitik am Scheideweg? 1982. S. 257-319. B 47212

Nygren, B.; Lavery, D.: Cooperation between the Soviet Union and three Western great powers 1950-1975. Stockholm: Swedish Inst. of Internat. Affairs 1981. 124 S. Bc 2954

Papp, D. S.: From the crest all directions are down. The Soviet Union views the 1980s. In: Naval War College review. Vol. 35, 1982. No. 4. S. 50-68. BZ 4634:35

Rubinstein, A. Z.: Soviet foreign Policy since world war 2: Imperial and global. Cambridge: Winthrop 1981. VIII, 295 S. B 45708

Schmiederer, U.: Die "ewigen" Ziele Rußlands. Hintergründe der gegenwärtigen sowjet. Außenpolitik. In: Weltpolitik. Jg. 1, 1981. S. 46-62. BZ 4774:1

Sicherheitspolitik und internationale Beziehungen der Sowjetunion. Ausgew. Beiträge... Hrsg.: G. Brunner u. H. Herlemann. Berlin: Berlin-Verl. 1982. 87 S. Bc 3080

Uldricks, T. J.: Union of Soviet Socialist Republics. The Tsarist and Soviet Ministry of Foreign Affairs. In: The Times survey of foreign ministries of the world. 1982. S. 513-539. B 47771

L'Union soviétique dans les relations internationales. Paris: Economica 1982. 546 S. B 48624

Wettig, G.: Sowjetische Sicherheitspolitik im Zeichen des Kampfes gegen die Nachrüstung. In: Sicherheitspolitik am Scheideweg? 1982. S. 341-360. B 47212

Wettig, G.: UdSSR - Westpolitik beim Wechsel zu Andropow. In: Aussenpolitik. Jg. 34, 1983. H. 2. S. 121-133. BZ 4457:34

Aussenpolitische Beziehungen

Dritte Welt

Donaldson, R. H.: The Soviet Union in the Third World. In: Current History. Vol. 81, 1982. No. 477. S. 313-317, 339. BZ 05166:8

Fritsche, K.: Das sowjetische Verhältnis zur Dritten Welt. Einige Thesen zur Diskussion. In: Blätter des iz3w. 1983. Nr. 110. S. 19-29. BZ 05130:1983

Gottemoeller, R. E.: The potential for conflict between Soviet and Cuban policies in the Third World. In: Conflict. Vol. 3, 1982. No. 4. S. 245-265. BZ 4687:3

Hubel, H.; Kupper, S.: Sowjetunion und Dritte Welt. Bonn: Europa Union Verl. 1981. 170 S. B 46575

Kodačenko, A. S.: SSSR i razvivajuščiesja strany: opyt ėkonomičeskogo sotrudničestva. [Die UdSSR u. die Entwicklungsländer: Versuch e. wirtschaftlichen Zusammenarbeit.] Moskva: "Meždunarodnye otnošenija" 1982. 124 S. Bc 3026

Lévesque, J.: L'URSS et l'activité militaire de ses alliés dans le Tiers-Monde: des années 70 aux années 80. In: International Journal. Vol. 37, 1982. No. 2. S. 285-306. BZ 4458:37

The Soviet-Union and the Third World. Ed.: E. J. Feuchtwanger and P. Nailor. London: Macmillan 1981. 229 S. B 45487

Afrika

Lawson, C. W.: The Soviet Union and Eastern Europe in Southern Africa. Is there a conflict of interest? In: International affairs. Vol. 59, 1982/83. No. 1. S. 32-40. BZ 4447:59

Skak, M.: Sovjetunionen og tropisk Afrika. Udviklingsteori og bistandspolitik. Århus: Selskabet for Østeuropastudier 1981. 185 S. B 45903

SSSR i strany Afriki. Dokumenty i materialy. [Die UdSSR u. die Länder Afrikas. Dokumente u. Materialien.] Čast' 1. 2. Moskva: Politizdat 1982. 415, 303 S. B 46810

Amerika

Dunn, K. A.: Soviet challenges for the 1980s. Implications for the United States. In: World affairs. Vol. 145, 1982. No. 2. S. 123-151. BZ 4773:145

Egorova, N. I.: Sovetsko-amerikanskie Otnošenija poslevoennogo perioda v buržuaznoj istogriografii SŠA. [Die sowjetisch-amerikanischen Beziehungen d. Nachkriegszeit in d. bürgerlichen Historiographie d. USA.] Moskva: Nauka 1981. 187 S. Bc 3620

Tatu, M.: U. S. - Soviet relations. A turning point? In: Foreign affairs. Vol. 61, 1983. No. 3. S. 591-610. BZ 05149:61

Cagnat, R.: L'URSS en Iran. Vers la percée... In: Défense nationale. Année 38, 1982. Novembre. S. 69-83. BZ 4460:38

China, the Soviet Union and the West. Strategic and political dimensions in the 1980s. Ed.: D. T. Stuart and W. T. Tow. Boulder: Westview 1982. XXV, 309 S. B 45755

The "China card": Ace or deuce? Taipei: Kuang Lu Publ. Service 1983. 22 S. Bc 3509

Garrity, P. J.: Soviet policy in the Far East. Search for strategic unity. In: Military review. Vol. 62, 1982. No. 12. S. 26-38. BZ 4468:62

Heinzig, D.: Starre Fronten zwischen der Sowjetunion und der Volksrepublik China. In: Die internationale Politik. 1977/78. 1982. S. 44-54. BZ 4767:1977/78

Kimura, H.: Failure of Soviet policies toward Japan. In: Asia Pacific Community. No. 16, 1982. S. 1-16. Bc 05343:16

Low, A. D.: The Sino-Soviet confrontation since Mao. Marxism-Leninism, hegemony, and nationalism. In: Canadian review of studies in nationalism. Vol. 9, 1982. No. 2. S. 183-199. BZ 4627:9

Maprayil, C.: The Soviets and Afghanistan. London: Cosmic Pr. 1982. XII, 165 S. B 47631

Ro'i, Y.: Soviet Decision making in practice. The USSR and Israel 1947-1954. New Brunswick: Transaction Books 1980. 540 S. B 45374

Segal, G.: The Soviet "Threat" at China's gates. London: Institute for the Study of Conflict 1983. 22 S. Bc 3438

Sigur, G. J.: Soviet policy in East Asia. In: The common security interest of Japan, the United States, and NATO. 1981. S. 165-183. B 47448

Sovetskij Sojuz - V'etnam. 30 let otnošenij 1950-1980. [Sowjetunion - Vietnam. 30 Jahre Beziehungen 1950-1980.] Dokumenty i materialy. Moskva: Politizdat 1982. 654 S. B 48392

The Soviet Union in the Middle East. Policies and perspectives. London: Heinemann 1982. 172 S. B 47991

SSSR - MNR. Sotrudničestvo i sbliženie. (K 60-letiju Mongol'skoj narodnoj revoljucii.) [UdSSR-Mongolische Volksrepublik.] Moskva: "Meždunarodnye otnošenija"; Ulan-Bator: Gosizdat MNR 1981. 196 S. B 48878

SSSR i Turcija. 1917-1979. [UdSSR und Türkei.] Moskva: Glavnaja red. vostočnoj lit. 1981. 318 S. B 46334

Teplinskij, L. B.: SSSR i Afganistan. 1919-1981. [Die UdSSR und Afghanistan.] Moskva: Glavnaja red. vostočnoj lit. izd-vo Nauka 1982. 293 S. B 46536

Thornton, T. P.: The USSR and Asia in 1982. The end of the Brezhnew era. In: Asian survey. Vol. 23, 1983. No. 1. S. 11-25. BZ 4437:23

Zagoria, D. S.: The Moscow-Beijing détente. In: Foreign affairs. Vol. 61, 1983. No. 4. S. 853-873. BZ 05149:61

Europa

Alekseev, R. F.: Sovetsko-zapadnogermanskie otnošenija na rubeže 80-ch godov. [Sowjetisch-westdeutsche Beziehungen an der Wende d. 80iger Jahre.] In: Novaja i novejšaja istorija. God 1982, No. 4. S. 15-30. BZ 05334:1982

Barnett, C.: The Soviet Empire and the British Empire: A strategic comparison. Zürich: Schweizer. Winston Churchill Stiftung 1982. 14 S. Bc 3232

Duhamel, L.: Les Sovietiques et les voies de la revolution en Europe occidentale de Lénine à Brejnev. Paris: Éd. Anthropos 1981. 289 S. B 47261

Jones, C. D.: Soviet Influence in Eastern Europe. Political autonomy and the Warsaw Pact. New York: Praeger 1981. X, 322 S. B 46922

Kellmann, K.: Die UdSSR und Hitlers Aufstieg zur Macht. In: Geschichte in Wissenschaft und Unterricht. Jg. 34, 1983. H. 1. S. 50-65. BZ 4475:34

Kettenacker, L.: The Anglo-Soviet alliance and the problem of Germany, 1941-1945. In: Journal of contemporary history. Vol. 17, 1982. No. 3. S. 435-457. BZ 4552:17

Letopiś važnejšich sobytij sovetskovengerskich otnošenij družby i sotrudničestva 1945-1980. [Chronik wichtiger Ereignisse d. sowjet.-ungarischen Beziehungen d. Freundschaft u. Zusammenarbeit.] Kiev: "Naukova dumka" 1981. 184 S. B 46340

Oldberg, I.: En liten nyttig kapitaliststat. Sverige i aktuell sovjetisk utrikespolitik. In: Kungliga Krigsvetenskapsakademiens tidskrift. Årg. 186, 1982. H. 4. S. 217-241. BZ 4718:186

Parsadanova, V. S.: Sovetsko-pol'skie Otnošenija v gody Velikoj Otečestvennoj vojny. 1941-1945. [Die sowjetisch-polnischen Beziehungen in d. Jahren d. Grossen Vaterländ. Krieges. 1941-1945.] Moskva: Nauka 1982. 278 S. B 46533

Ramet, P.: Soviet-Yugoslav relations since 1976. In: Survey. Vol. 26, 1982. No. 2. S. 66-82. BZ 4515:26

Ševjakov, A. A.: Sovetskij Sojuz i suverenitet Rumynii (1944-1955 gg). [Die Sowjetunion u. die Souveränität Rumäniens.] In: Voprosy istorii. God 1983. No. 6. S. 48-65. BZ 05317:1983

Vanin, A.: Sovetsko-ital'janskie Otnošenija. Problemy, tendencii, perspektivy. [Die sowjetisch-italienischen Beziehungen.] Moskva: "Meždunarodnye otnošenija" 1982. 181 S. B 46348

Vizit v Sovetskij Sojuz partijno-gosudarstvennoj delegacii Pol'skoj Narodnoj Respubliki 1-2 marta 1982 goda. Dokumenty i materialy. [Besuch d. parteiamtlichen Delegation d. Polnischen Volksrepublik in d. Sowjetunion vom 1. bis 2. März 1982.] Moskva: Politizdat 1982. 31 S. Bc 3487

Willetts, H. T.: The USSR and eurocommunism. In: In search of eurocommunism. 1981. S. 1-22. B 45317

f. Wehrwesen

f 0.1 Wehrpolitik

Alexander, A. J.: Decision making in Soviet weapons procurement. In: The defense policies of nations. 1982. S. 153-194. 08926

The Soviet Art of war. Doctrine, strategy, and tactics. Ed.: H. Fast Scott and W. F. Scott. Boulder: Westview 1982. X, 323 S. B 46996

Backerra, M.: Zur sowjetischen Militärdoktrin seit 1945. In: Beiträge zur Konfliktforschung. Jg. 13, 1983. No. 1. S. 35-55. BZ 4594:13

Douglass, J. D.: The theater nuclear threat. In: Parameters. Vol. 12, 1982. No. 4. S. 71-81. BZ 05120:12

Dziak, J. J.: Soviet Perceptions of military power: The interaction of theory and practice. New York: National Strategy Information Center 1981. 72 S. Bc 3245

Garthoff, R. L.: The Soviet SS-20 decision. In: Survival. Vol. 25, 1983. No. 3. S. 110-119. BZ 4499:25

Gormley, D. M.: The direction and pace of Soviet force projection capabilities. In: Survival. Vol. 24, 1982. No. 6. S. 266-276. BZ 4499:24

Hanson, D. W.: Is Soviet strategic doctrine superior? In: International security. Vol. 7, 1982/83. No. 3. S. 61-83. BZ 4433:7

Holloway, D.: The Soviet Union and the arms race. New Haven: Yale Univ. Pr. 1983. X, 211 S. B 49329

Katz, M. N.: The Third World in Soviet military thought. London: Croom Helm 1982. 188 S. B 46646

Kolkowicz, R.: Military intervention in the Soviet Union. Scenario for post-hegemonial synthesis. In: Soldiers, peasants, and bureaucrats. 1982. S. 109-138. B 47747

Lambeth, B. S.: Uncertainties for the Soviet war planner. In: International security. Vol. 7, 1982/83. No. 3. S. 139-166. BZ 4433:7

Lider, J.: Die sowjetische Militärwissenschaft. Beschreibung und kritische Bestandsaufnahme. In: Österreichische militärische Zeitschrift. Jg. 21, 1983. H. 2. S. 143-153. BZ 05214:21

Mihalka, M.: Soviet strategic deception, 1955-1981. In: Military deception and strategic surprise. 1982. S. 40-93. B 46801

Miller, M. E.: Soviet strategic Power and doctrine: The quest for superiority. Washington: Advanced Internat. Studies Inst. 1982. XXIV, 298 S. B 48699

Russkaja voennaja Mysl'. Konec XIX - načalo XX v. [Die russische Militärtheorie. Ende d. 19. bis Anfang d. 20. Jahrhunderts.] Pod red. P. A. Žilina. Moskva: Nauka 1982. 250 S. B 47101

Pilster, H.-C.: Die sowjetische Militärdoktrin. In: Heere international. Bd 2, 1983. S. 14-29. BZ 4754:2

Piper, R.: Why the Soviet Union thinks it could fight and win a nuclear war. In: The defense policies of nations. 1982. S. 134-146. 08926

Prados, J.: The Soviet Estimate. U.S. intelligence analysis and Russian military strength. New York: Dial Pr. 1982. XV, 367 S. B 46856

Militärmacht UdSSR - im Westen überschätzt. In: Der Spiegel. Jg. 37, 1983. Nr 15. S. 154-171. BZ 05140:37

Ustinov, D. F.: Serving the country and the communist cause. Oxford: Pergamon Pr. 1983. 114 S. B 48770

Warner, E. L.: The defense policy of the Soviet Union. In: The defense policies of nations. 1982. S. 81-111. 08926

f. 0. 2 Wehrorganisation

f. 1 Heer

Adelman, J. R.: The Soviet army. In: Communist armies in politics. 1982. S. 15-29. B 46932

Bellamy, C.: Soviet artillery and rocket forces 1940-80. In: Jane's defence review. Vol. 4, 1983. No. 3. S. 269-280. BZ 05392:4

Berman, R. P.; Baker, J. C.: Soviet strategic Forces: requirements and responses. Washington: The Brooking Inst. 1982. IX, 171 S. B 48716

Cockburn, A.: Die sowjetische Herausforderung. Macht und Ohnmacht des militärischen Giganten. Wie stark ist die Sowjet-Armee. Bern: Scherz 1983. 382 S. B 49807

Čugunov, A. I.: Na Straže sovetskich rubežej. 1929-1938. Pograničnye vojska na straže sovetskich rubežej. [Auf Wache an den sowjetischen Grenzen. 1929-1938. Grenztruppen auf Wache an den sowjetischen Grenzen.] Moskva: Voenizdat 1981. 272 S. B 48915

Donnelly, C. N.: Die sowjetische operative Manövergruppe. Eine neue Herausforderung für die NATO. In: Internationale Wehrrevue. Jg. 15, 1982. Nr. 9. S. 1177-1186. BZ 05263:15

Evangelista, M. A.: Stalin's postwar army reappraised. In: International security. Vol. 7, 1982/83. No. 3. S. 110-138. BZ 4433:7

An illustrated Guide to weapons of the modern Soviet ground forces. Ed.: R. Bonds. London: Salamander 1981. 158 S. B 45652

Hemsley, J.: Soviet Troop Control. The role of command technology in the Soviet military system. Oxford: Brassey 1982. XXVI, 276 S. B 46430

Jakovlev, N. D.: Ob Artillerii i nemnogo o sebe. [Über die Artillerie u. ein wenig über mich.] Moskva: Voenizdat 1981. 174 S. B 46534

Jones, E.: Manning the Soviet military. In: International security. Vol. 7, 1982. No. 1. S. 105-131. BZ 4433:7

Krasnoznamennyj Prikarpatskij. Istorija Krasnoznamennogo Prikarpatskogo voennogo okruga. [Geschichte d. mit dem Rotbannerorden ausgezeichneten Karpaten-Militärbezirks.] Izd. 2-e. Moskva: Voenizdat 1982. 284 S. B 48909

Morozow, M.: Die Falken des Kreml. Die sowjetische Militärmacht von 1917 bis heute. München: Langen Müller 1982. 573 S. B 47529

Ogarkow, N. V.: Die sowjetischen Streitkräfte - Aufgaben und Doktrin. In: Sicherheitspolitik am Scheideweg? 1982. S. 415-424. B 47212

Scott, H. F.; Scott, W. F.: The armed Forces of the USSR. 2. ed., rev. and updat. Boulder: Westveiw 1981. XXIV, 447 S. B 46927

Serych, V. D.: Voinskie Ritualy. [Militärische Rituale.] Moskva: Voenizdat 1981. 159 S. B 46528

Štemenko, S. M.: General'nyj Štab v gody vojny. [Der Generalstab in den Kriegsjahren.] Kn. 1. 2. Moskva: Voenizdat 1981. 479, 502 S. B 47109

Suvorov, V.: Inside the Soviet Army. London: Hamilton 1982. VIII, 296 S. B 46699

f. 2 Kriegsmarine

Andreev, V. A.: Morja i gody. Rasskazy o bylom. [Meere u. Jahre. Erzählungen über Vergangenes.] Moskva: Voenizdat 1982. 284 S. B 46544

Berg, K.: Ubåter i svenske farvann. Tildragelser etter U 137. In: Norsk militaert tidsskrift. Årg. 153, 1983. S. 29-39. BZ 05232:153

Chipman, D.: Admiral Gorshkov and the Soviet navy. In: Air University review. Vol. 33, 1982. No. 5. S. 28-47. BZ 4544:33

Soviet naval Developments. 2. ed. Annapolis: The Nautical and Aviation Publ. Comp.of America 1981. 138 S. 08782

Krasnoznamennyj Tichookeanskij Flot. [Die Rotbanner-Flotte des Pazifischen Ozeans.] Izd-3-e, ispr. i dop. Moskva: Voenizdat 1981. 317 S. B 46541

Makovskij, A. A.; Radčenko, B. M.: Kaspijskaja Krasnoznamennaja. [Die Kaspische Rotbanner-Flottille.] Izd. 2-e, ispr. i dop. Moskva: Voenizdat 1982. 170 S. B 47099

Podkopaev, P. S.: Ideologičeskaja Rabota KPSS v Sovetskom Voenno-Morskom Flote v gody Velikoj Otečestvennoj vojny. [Die ideologische Arbeit d. KPdSU in der sowjetischen Kriegsmarine in d. Jahren d. Grossen Vaterländ. Krieges.] Leningrad: Izd-vo Leningradskogo universiteta 1983. 136 S. Bc 3538

Schulz-Torge, U.-J.: Die sowjetische Seekriegsflotte. Ihre Gliederung und personelle Besetzung. In: Jahrbuch der Marine. Folge 16, 1982/83. S. 106-117. BZ 05110:16

Vego, M.: Submarines in Soviet ASW doctrine and tactics. In: Naval War College review. Vol. 36, 1982. No. 2. S. 2-16. BZ 4634:36

Watson, B. W.: Red Navy at sea: Soviet naval operations on the High Seas, 1956-1980. Boulder: Westview 1982. XXI, 245 S. B 47794

f. 3 Luftwaffe

Gunston, B.: An illustrated Guide to the modern Soviet air force. London: Salamander 1982. 159 S. B 47974

Lippert, G.: Luftlandetruppen. Die strategischen Eingreifverbände der Sowjetarmee. In: Soldat und Technik. Jg. 26, 1983. Nr. 3. S. 116-127. BZ 05175

Ordena Lenina Moskovskij Okrug PVO. Istorija Ordena Lenina Moskovskogo okruga Protivovozdušnoj Oborony. [Der mit dem Lenin-Orden ausgezeichnete Moskauer Bezirk der Luftverteidigung.] Moskva: Voenizdat 1981. 318 S. B 46537

Sobik, E.: Luftlandetruppen, Hubschrauber und Luftbeweglichkeit. Neue Komponenten sowjetischer Gefechtsführung. In: Osteuropa. Jg. 33, 1983. H. 1. S. 15-24. BZ 4459:33

Jukes, G.: Recent developments in Soviet civil defence. In: Civil defence and Australia's security. 1982. 17 S. 08842

Magenheimer, H.: Die Landesverteidigung der Sowjetunion - Zivilverteidigung. In: Zivilverteidigung. Jg. 4, 1982. Nr. 4. S. 5-13. BZ 05269:4

Moiseev, V. V.: Graždanskaja oborona v 1941-1945 godach. [Die Zivilverteidigung in d. Jahren 1941-1945.] In: Voprosy istorii. God 1982. No. 10. S. 76-85. BZ 05317:1982

g. Wirtschaft

Audigier, P.: Le poids des dépenses de défense sur l'économie soviétique. In: Défense nationale. Année 39, 1983. Février. S. 65-81. BZ 4460:39

Burks, R. V.: Die nahende Krise in der Sowjetunion. 1. 2. In: Osteuropa. Jg. 33, 1983. H. 6. S. 449-462; H. 7. S. 555-568. BZ 4459:33

Dirksen, E.: Economische en militaire hulp van de Sovjetunie aan de Derde Wereld. In: Internationale spectator. Jg. 37, 1983. Nr. 7. S. 441-449. BZ 05223:37

Grilli, L.: Amadeo Bordiga: Capitalismo sovietico e comunismo. Con una bibliografia completa degli scritti di Bordiga dal 1945 al 1970. Milano: La Pietra 1982. 295 S. B 48348

Höhmann, H.-H.: "Weiterwursteln" oder konzeptionelle Neuorientierung? Probleme u. Tendenzen d. sowjet. Wirtschaft nach dem Machtantritt Andropows. In: Osteuropa. Jg. 33, 1983. H. 5. S. 365-381. BZ 4459:33

Komissarow, A. W.: Rola handlu zagranicznego w gospodarce ZSRR. [Die Rolle d. Aussenhandels in der Wirtschaft d. UdSSR.] In: Sprawy Międzynarodowe. Rok 36, 1983. Z. 3. S. 19-32. BZ 4497:36

Pfeiler, W.: Die sowjetische Rüstungswirtschaft. Ihre ökonomischen Grenzen und Möglichkeiten. In: Europäische Wehrkunde.

Jg. 31, 1982. H. 12. S. 542-547. BZ 05144:31

Prodovol'stvennaja Programma SSSR na period do 1990 goda i mery po ee realizacii. Materialy majskogo plenuma CK KPSS 1982 goda. [Das Ernährungsprogramm d. UdSSR in d. Periode bis 1990 u. die Massnahmen zu seiner Realisierung. Materialien d. Mai-Plenums d. ZK d. KPdSU 1982.] Moskva: "Krasnaja zvezda" 1982. 78 S. Bc 1218

Rush, M.: Guns over growth in Soviet policy. In: International security. Vol. 7, 1982/83. No. 3. S. 167-179. BZ 4433:7

Švedov, V. N.: KPSS - organizator voennogo proizvodstva v 1941-1942 gg. Dostiženija nauki i techniki - frontu. [Die KPdSU - Organisator d. Rüstungsproduktion 1941-1942. Erfolge d. Wissenschaft u. der Technik für die Front.] Leningrad: Izd-vo Leningr. univ. 1982. 143 S. Bc 3413

Sovjetunionens økonomiske system. Red.: P. Neersø. København: Socialist. Økon. Forl. 1981. 267 S. B 45844

Wädekin, K.-E.: Sowjetische Landwirtschaft in der Stagnation. In: Osteuropa. Jg. 33, 1983. H. 2. S. 89-100. BZ 4459:33

Zelenin, I. E.: Sovchozy SSSR v gody dovoennych pjatiletok 1928-1941. [Die Sowchosen d. UdSSR in d. Jahren d. Fünfjahrespläne d. Vorkriegszeit 1928-1941.] Moskva: Nauka 1982. 237 S. B 47122

h. Gesellschaft

Arutjunjan, J. V.; Drobiževa, L. M.: Social'naja struktura sovetskich nacij na sovremennom ètape. [Die Gesellschaftsstruktur der sowjetischen Nationen heute.] In: Voprosy istorii. God 1982. No. 7. S. 3-14. BZ 05317:1982

Belov, J.: Stimmen der Behinderten aus der UdSSR. Frankfurt: Internat. Gesellschaft f. Menschenrechte 1981. 38 S. D 02722

Evans Clements, B.: Working-class and peasant women in the Russian revolution, 1917-1923. In: Signs. Vol. 8, 1982/83. S. 215-235. BZ 4416:8

Ruban, M. E.: Wandel der Arbeits- und Lebensbedingungen in der Sowjetunion 1955-1980. In: Aus Politik und Zeitgeschichte. 1983. B 7. S. 21-33. BZ 05159:1983

Ruble, B. A.: Soviet Trade Unions. Their development in the 1970s. Cambridge: Univ. Pr. 1981. XII, 190 S. B 46436

Schaller, K.: Der sozialistische Aufbau in der Sowjetunion während des ersten Fünfjahrplans und die politische Massenarbeit d. KPD. In: Beiträge zur Geschichte der Arbeiterbewegung. Jg. 24, 1982. Nr. 5. S. 710-719. BZ 4507:24

Die ersten Schritte. Erinnerungen an Lenins Wirken beim sozialistischen Aufbau. Berlin: Dietz 1982. 327 S. B 47078

Stalinismus. Probleme der Sowjetgesellschaft zwischen Kollektivierung und Weltkrieg. Hrsg.: G. Erler u. W. Süß. Frankfurt: Campus Verl. 1982. 675 S. B 46284

Ustav Vsesojuznogo Leninskogo Kommunističeskogo Sojuza Molodeži.

[Statut d. Leninschen Kommunistischen Jugendverbandes.] Moskva: "Molodaja gvardija" 1982. 31 S. Bc 3172

The Soviet Worker. Illusions and realities. Ed.: L. Schapiro and J. Godson. New York: St. Martin's Pr. 1981. XII, 291 S. B 45628

Zaslavsky, V.: In geschlossener Gesellschaft. Gleichgewicht und Widerspruch im sowjetischen Alltag. Berlin: Wagenbach 1982. 177 S. B 47117

i. Geistesleben

Ciećwierz, M.: Radzieckie gazety frontowe dla ludnosci Polski. [Sowjetische Frontzeitungen für die Bevölkerung Polens.] In: Wojskowy Przegląd Historyczny. Rok 27, 1982. Nr. 3. S. 137-147. BZ 4490:27

Dokumentation über den Mißbrauch der Psychiatrie zu politischen Zwecken in der UdSSR. Frankfurt: Internationale Gesellschaft für Menschenrechte 1983. 60 S. D 02852

Hazan, B.: Soviet impregnational Propaganda. Ann Arbor: Ardis 1982. 179 S. B 47500

Hejfetz, M.: Wassyl Stus - ein Dichter hinter Stacheldraht. Bern: Kuratorium Geistige Freiheit 1983. 40 S. Bc 3507

Kelley, D. R.: The Solzhenitsyn-Sakharov Dialogue. Politics, society, and the future. Westport: Greenwood 1982. XI, 175 S. B 46953

Kowalewski, D.: A comparison of religious and nonreligious protest in the Soviet Union. In: Conflict. Vol. 3, 1982. No. 4. S. 267-282. BZ 4687:3

Imprisoned Leaders of the unregistered Baptist church in the USSR. London: Amnesty international 1982. 9 S. D 02496

Olcott, M. B.: Soviet Islam and world revolution. In: World Politics. Vol. 34, 1982. No. 4. S. 487-504. BZ 4464:34

Revuz, C.: Ivan Ivanovitch écrit à "la pravda". Paris: Éd. Sociales 1980. 293 S. B 45620

Roth, P.: Die kommandierte öffentliche Meinung. Sowjetische Medienpolitik. Stuttgart: Seewald 1982. 268 S. B 47583

Roth, P.: 70 Jahre "Prawda". Wahrheit, Legende und Unwahrheiten. In: Beiträge zur Konfliktforschung. Jg. 12, 1982. Nr. 4. S. 61-77. BZ 4594:12

Roth, P.: Die Propaganda in der UdSSR. Die Schaffung eines neuen Bewußtseins. In: Europäische Rundschau. Jg. 10, 1982. Nr. 4. S. 77-86. BZ 4615:10

k. Geschichte

k. 1 Geschichte bis 1917

Linke, H. G.: Rußlands Weg in den Ersten Weltkrieg und seine Kriegsziele 1914-1917. In: Militärgeschichtliche Mitteilungen. 1982. Nr. 2. S. 9-34. BZ 05241:1982

Markussen, O.; Akjaer, S.: Karakteren af det russiske-sovjetiske samfund. Del 1. 2. Roskilde: Universitetscenter 1980. 308 S. Bc 3274

Tjutjukin, S. V.: Pervaja rossijskaja Revoljucija i G. V. Plechanov. [Die 1. russische Revolution u. G. V. Plechanow.] Iz istorii idejnoj bor'by v rabočem dviženii Rossii v 1905-1907 gg. Moskva: Nauka 1981. 332 S. B 46053

k. 2 Revolution 1917

Abraham, H.: Weltenwende 1917. Der Kampf der Bolschewiki um die Gewinnung der Massen vor und während der Großen Sozialistischen Oktoberrevolution. Berlin: Dietz 1982. 234 S. B 45960

Bryant, L.: Eine Amerikanerin in Russland. Reportagen aus dem Roten Oktober. Hrsg.: P. Brollik. Köln: Prometh Verl. 1982. 144 S. B 47565

Carroll, W. H.: 1917. Red banners, white mantle. Front Royal: Christendom Publ. 1981. 163 S. Bc 3524

Fitzpatrick, S.: The Russian Revolution. Oxford: Univ. Pr. 1982. VI, 181 S. B 47738

Gorodeckij, E. N.: Istoriografičeskie i istočnikovedčeskie Problemy Velikogo Oktjabrja. 1930-1960-e gg. Očerki. [Historiographische u. quellenkundliche Probleme d. Oktoberrevolution. 1930-1960. Studien.] Moskva: Nauka 1982. 383 S. B 47917

Die Große Sozialistische Oktoberrevolution und der Kampf um den Frieden 1917-1939. In: Zeitschrift für Geschichtswissenschaft. Jg. 30, 1982. H. 10/11. S. 971-981. BZ 4510:30

Puškareva, I. M.: Fevral'skaja buržuazno-demokratičeskaja Revoljucija 1917 g. v Rossii. [Die bürgerlich-demokratische Februarrevolution 1917 in Russland.] Moskva: Nauka 1982. 318 S. B 46682

Sal'm, N.: Rasskaz o žizni. [Lebensbericht.] Tallin: "Eesti raamat" 1982. 220 S. B 47919

Shlyapnikov, A.: On the Eve of 1917. London: Allison and Busby 1982. XII, 237 S. B 46114

Thompson, J. M.: Revolutionary Russia, 1917. New York: Scribner 1981. XVI, 206 S. B 48491

Zaščita Velikogo Oktjabrja. [Die Verteidigung der Oktoberrevolution.] Moskva: Nauka 1982. 383 S. B 48394

k. 3 Geschichte seit 1917

Dumova, N. G.: Kadetskaja Kontrrevoljucija i ee razgrom (oktjabŕ 1917-1920 gg). [Die Gegenrevolution d. Kadetten (Konstitutionelle Demokratische Partei) u. ihr Zusammenbruch (Okt. 1917-1920).] Moskva: Nauka 1982. 414 S. B 47838

Gogolevskij, A. V.: Petrogradskij Sovet v gody graždanskoj vojny. [Der Petrograder Sowjet in den Jahren des Bürgerkriegs.] Leningrad: Nauka 1982. 196 S. Bc 3486

Golinkov, D. L.: Fiasko einer Konterrevolution. Berlin: Dietz 1982. 853 S. B 47594

Hahn, W. G.: Postwar Soviet Politics. The fall of Zhdanov and the defeat of modernization, 1946-53. Ithaca: Cornell Univ. Pr. 1982. 243 S. B 47481

Heller, M.; Nekrich, A.: Geschichte der Sowjetunion. Bd 1. 2. Königstein: Athenäum 1981-82. 348, 453 S. B 45216

Kazakov, V. G.: Krasnyj Kombrig. (O G. I. Kotovskom.) [Der rote Brigadekommandeur. (Über Grigori Ivanovič Kotovskij).] Moskva: Politizdat 1981. 95 S. Bc 3029

Kronstadt. Texte von W. I. Lenin, L. Trotzki u. V. Serge. Frankfurt: ISP-Verl. 1981. 126 S. Bc 3009

Kuźmin, N. P.: Meč i plug. Povest' o Grigorii Kotovskom. [Schwert und Pflug. Erz. über Grigorij Kotovskij (Brigadekommandeur d. Bürgerkriegs).] 2-e izd. Moskva: Politizdat 1981. 397 S. B 45949

MacCauley, M.: The Soviet Union since 1917. London: Longman 1981. XIV, 290 S. B 45326

Makarova, G.: Das Scheitern der nationalistischen Konterrevolution in Rußland 1917-1921. In: Zeitschrift für Geschichtswissenschaft. Jg. 30, 1982. H. 9. S. 788-798. BZ 4510:30

Minc, I. I.: God 1918 j. [Das Jahr 1918.] Moskva: Nauka 1982. 576 S. B 47842

Mooney, P. J.: The Soviet Superpower. The Soviet Union 1945-80. London: Heinemann 1982. 210 S. B 45651

Osipova, T. V.: Das Ringen der Bolschewiki um das Bündnis von Arbeitern und Bauern 1918-1920. In: Zeitschrift für Geschichtswissenschaft. Jg. 30, 1982. H. 9. S. 777-787. BZ 4510:30

Boevoe Sodruženstvo sovetskich respublik. 1919-1922 gg. [Die Kampfgemeinschaft d. sowjetischen Republiken. 1919-1922.] Moskva: Nauka 1982. 247 S. B 47846

SSSR v gody Velikoj Otečestvennoj vojny (ijuń 1941-centjabŕ 1945 g.). Geroi fronta i tyla. Ukazatel' sovetskoj literatury za 1941-1967 gg. [Die UdSSR in d. Jahren d. Grossen Vaterländ. Krieges. (Juni 1941-Sept. 1945). Helden d. Front u. der Etappe. Verzeichnis d. sowjet. Literatur 1941-1967.] Moskva: Nauka 1981. 213 S. 08713

Tolstoy, N.: Stalin's secret War. London: Cape 1981. XVI, 463 S. B 45383

Graždanskaja Vojna i voennaja intervencija v SSSR. Ėnciklopedija. [Der Bürgerkrieg u. die militärische Intervention in der UdSSR. Enzyklopädie.] Glavnyj red. S. S. Chromov. Moskva: "Sovetskaja enciklopedija" 1983. 702 S. 08955

l. Einzelne Gebiete/Orte

Bruchis, M.: One Step back, two steps forward: On the language policy of the communist party of the Soviet Union in the national republics. (Moldavian: A look back, a survey, and perspectives, 1924-1980.) New York: Columbia Univ. Pr. 1982. IV, 371 S. B 48144

Hoheisel, W.: Wandervogel und Jugendbewegung im Baltikum 1916-1934. Frankfurt: dipa-Verl. 1982. 568 S. B 47575

The Human Rights Movement in Ukraine. Documents of The Ukrainian Helsinki Group 1976-1980. Ed.: L. Verba. Baltimore: Smoloskyp Publ. 1980. 277 S. B 47678

Konstitucija (Osnovnoj Zakon) Ukrainskoj Sovetskoj Socialističeskoj Respubliki. [Die Verfassung (Grundgesetz) der Ukrainischen Sozialistischen Sowjetrepublik vom 20. April 1978.] Kiev: Politizdat Ukrainy 1982. 47 S. Bc 3622

Olechnovič, G. I.: Ėkonomika Belorussii v uslovijach Velikoj Otečestvennoj vojny (1941-1945). [Die Wirtschaftsstruktur Weissrusslands unter den Bedingungen des Grossen Vaterländ. Krieges 1941-1945.] Minsk: Izd-vo BGU im V. I. Lenina 1982. 172 S. B 47123

Rywkin, M.: Moscow's muslim Challenge. Soviet Central Asia. New York: Sharpe 1982. X, 186 S. B 48338

L 183 Schweden

e. Staat/Politik

e. 1 Innenpolitik

Berglund, S.; Lindström, U.: The conservative dilemma. Ideology and vote maximisation in Sweden. In: Conservative politics in Western Europe. 1982. S. 69-82. B 48488

Brunsson, N.: Politik och administration. Utveckling och drivkrafter i en politiskt sammansatt organisation. Stockholm: Liber 1981. 180 S. Bc 2863

Fredriksson, G.: Den svenska högerns Ideer och politik. Stockholm: Tiden 1981. 78 S. Bc 2651

Gustafsson, L.: För Liberalismen. En stridsskrift. Stockholm: Norstedt 1981. 74 S. Bc 2938

Jonasson, G.: I Väntan på uppbrott? Bondeförbundet/Centerpartiet i regeringskoalitionens slutskede 1956-1957. Uppsala: Almqvist och Wiksell 1981. 115 S. Bc 2899

Kilander, S.: Censur och propaganda. Svensk informationspolitik under 1900-talets första decennier. Stockholm: Almqvist och Wiksell 1981. 219 S. B 46135

Lindstroem, E.: Riksdag och regering. Ansvarsfördelning - arbetsformer - beslutsprocesser. Sockholm: Liber 1981. 93 S. Bc 2871

Monoe, R.: Vi har ett alternativ! Idéer om ett annorlunda samhälle. Stockholm: Liber 1982. 127 S. Bc 2864

Samhällsguiden. Vilka regler gäller? Vart vänder man sig? En vägledning genom samhället utarb. inom kommundepartementet. 2. omarb. uppl. Stockholm: Liber 1981. 300 S. B 46017

Scase, R.: Why Sweden has elected a radical government. In: The political Quarterly. Vol. 54, 1983. No. 1. S. 43-53. BZ 4611:54

e. 2 Außenpolitik

Att möta ubåtshotet. Ubåtskränkningarna och svensk säkerhetspolitik. Betänkande av ubåtsskyddskommissionen. Stockholm: Liber/ Allmänna Förl. 1983. 89 S. Bc 3512

Carlgren, W. M.: Mellan Hitler och Stalin. Förslag och försök till försvars- och utrikespolitisk samverkan mellan Sveriga och Finland under krigsåren. Stockholm: Militärhistoriska Förl. 1981. 101 S. Bc 3107

Carlgren, W.: Sweden. The Ministry for Foreign Affairs. In: The Times survey of foreign ministries of the world. 1982. S. 455-469. B 47771

Carlgren, W.: Sweden and the great powers 1941-1945. In: Revue internationale d'histoire militaire. 1982. No. 53. S. 71-84. BZ 4454:1982

Hagelin, B.: Grenzen der Sicherheit - Politik und Wirtschaft in Schweden. In: Neutralität - eine Alternative? 1982. S. 107-139. B 46278

Har freden en chans? Efter U-båt 137 och Polen. Stockholm: Askelin och Hägglund 1982. 104 S. Bc 3169

Heinrich, J.: Schweden und die "Nordflanke" der NATO. In: Blätter für deutsche und internationale Politik. Jg. 27, 1982. H. 11. S. 1341-1358. BZ 4551:27

Hoejer, S.: Mellan två Världskrig. Stockholm: LTs Förl. 1981. 202 S. B 46128

Nilsson, T.: Åter Vietnam. Memoarer och reportage. Stockholm: Tiden 1981. 300 S. B 45886

Bierman, J.: Righteous Gentile. The story of Raoul Wallenberg, missing hero of the holocaust. New York: Viking Pr. 1981. XII, 218 S. B 46938

Lichtenstein, H.: Raoul Wallenberg, Retter von hunderttausend Juden. Köln: Bund-Verl. 1982. 171 S. B 46774

Marton, K.: Wallenberg. New York: Random House 1982. XII, 243 S. B 48167

Werbell, F.R.; Clarke, T.: Lost Hero. The mystery of Raoul Wallenberg. New York: McGraw-Hill 1982. XIX, 284 S. B 46937

f. Wehrwesen

Cronenberg, A.: Neutralitetsvakt eller självständighetsforsvar? Till frågan om den säkerhetspolitiska och strategiska föreställningar som knöts till 1925 ars härordningsbeslut. In: Militärhistorisk tidskrift. Årg. 1982. S. 75-95. BZC 2:1982

Dörfer, I.: Nordic security today. Sweden. In: Cooperation and conflict. Vol. 17, 1982. No. 4. S. 273-285. BZ 4605:17

Framtida militär flygindustri i Sverige. Principbetänkande avgivet av 1979 års militära flygindustrikommitté. Stockholm: Liber 1982. 135 S. Bc 3168

Häggman, B.: Communist subversion in the Swedish armed forces. In: Armed forces and society. Vol. 9, 1982. No. 1. S. 135-148. BZ 4418:9

Svensk krigsmaterielexport. Betänkande avgivet av 1979 års krigsmaterielexportkommitté. Stockholm: Liber 1981. 96 S. Bc 2866

Nelsson, B.; Risling, A.: Armén vid skiljevägen. Kan stora byråkratier förnya sig själva? Stockholm: Liber 1982. 130 S. B 46022

Taylor, W.J.: The defense policy of Sweden. In: The defense policies of nations. 1982. S. 299-322. 08926

Totalförsvaret 1982/1987. Slutbetänkande från 1978 års försvarskommitté. Stockholm: Liber 1981. 259 S. Bc 2861

Utvecklingen av försvarets fredsorganisation under 1980-talet. Slutrapport från 1978 års försvarskommittés arbetsutskott för fredsorganisationsfragor. Stockholm: Liber 1981. 140 S. Bc 2862

g./h. Wirtschaft und Gesellschaft

Bohme, K.R.; Olsson, U.: The Swedish aircraft industry. In: War, business and world military-industrial complexes. 1981. S. 146-170. B 47000

Grassman, S.: Det tysta Riket. Skildringar från falsifikatens och jubileumsfondernas tidevarv. 2. tr. Stockholm: Ordfront 1981. 201 S. B 46063

Gustafsson, B.; Kihlberg, M.; Sundberg, G.: Ambassadör med tjänstecykel? Tankar om Sveriges roll i den ekonomiska världsordningen. Stockholm: Liber 1981. 178 S. Bc 2865

K å g e s o n, P.: Den fjärde Valsedeln. En bok om löntagarfonder och ekonomisk demokrati. Stockholm: Prisma 1982. 143 S. Bc 3412

K o r p i, W.: Från undersate till medborgare. Om fonder och ekonomisk demokrati. Stockholm: Tidens Förl. 1982. 72 S. Bc 3383

M e i d n e r, R.: Om Löntagarfonder. Stockholm: Tidens Förl. 1981. 76 S. Bc 3382

M i c h é l s e n, T.: Massmaten. Svenskt jordbruk i kemiåldern. Stockholm: Rabén och Sjögren 1981. 169 S. B 46061

S k å r, J.: Kooperative Företag. En studie av det kooperative företaget och dess särart utförd på uppdrag ab kooperationsutredningen. Stockholm: Liber/Allmänna Förl. 1981. 258 S. B 46008

Bevara din historia. Handbok för föreningsfolk. Red.: B. Heurling. Stockholm: Liber 1981. 176 S. Bc 2869

J a e r h u l t, R.: Nu eller aldrig. En bok om "den nya strejkrörelsen". Stockholm: Liber 1982. 276 S. B 45862

L i e d m a n, S.-E.: Frihetens Herrar, frihetens knektar. Ideologier på 1980-talet. Stockholm: Arbetarkultur 1982. 149 S. Bc 3334

L i l j e s t r o e m, R.; D a h l s t r o e m, E.: Arbetarkvinnor i hemarbets- och samhällsliv. Stockholm: Tidens Förl. 1981. 366 S B 46010

N o r d i n, R.: Fackföreningsrörelsen i Sverige. Stockholm: Prisma 1981. 438 S. B 45878

S o l b e r g, G.: En Bibliografi över folkrörelsforskning 1930-1978. Utg. av Delegationen för Folkrörelseforskning. Stockholm: Liber 1981. 266 S. B 46003

Storkonflikten 1980. Red.: A. Broström. Stockholm: Arbetslivscentrum 1981. 260 S. B 46101

T h e r b o r n, G.: Klasstrukturen i Sverige 1930-1980. Arbete, kapital, stat och patriarkat. Lund: Zenit 1981. 178 S. Bc 2645

En fri tidning. Arbetaren - syndikalistisk pressröst 60 år. Stockholm: Federativs 1981. 213 S. 08708

T ö r n q u i s t, L.: Kvinnornas Uppbåd 1914-1921 - en samverkansorganisation i frivilligförsvarets tidigare år. In: Militärhistorisk tidskrift. Årg. 1982. S. 45-74. BZC 2:1982

L 185 Schweiz

e. Staat/Politik

Politische Aktivierung in der Schweiz. 1945-1978. Diessenhofen: Rüegger 1981. XXIV, 661 S. B 46381

Bader, M.: Extremisten im öffentlichen Dienst. Juristische und politische Aspekte. Bern: Verl. SOI 1981. 96 S. Bc 3491

Baumann, F.: Sozialdemokratie der Schweiz, wohin des Wegs? Ein Beitrag zur Parteiprogrammrevision. Aarau: Druckereigenossenschaft 1982. 31 S. Bc 3018

Chevallaz, G.-A.: Chances et risques du petit état dans un monde d'instabilité. In: Sicherheit durch Gleichgewicht? 1982. S. 9-22. B 47433

Freymond, B.: Au service du Département fédéral suisse des affaires étrangères. In: International Journal. Vol. 37, 1982. No. 3. S. 413-440. BZ 4458:37

Freymond, B.: Switzerland. The Federal Department of External Affairs. In: The Times survey of foreign ministries of the world. 1982. S. 471-491. B 47771

Friedensdebatte in der Schweiz. Bern: Komitee für Frieden und Abrüstung 1982. 126 S. Bc 3229

Koller, W.: Die Demokratie der Schweiz. Aarau: Sauerländer 1981. V, 172 S. B 48008

Luetkens, W.L.: Schweiz - Hase oder Igel? In: Europäische Rundschau. Jg. 10, 1982. Nr. 3. S. 45-55. BZ 4615:10

Mark, W.: Die Sicherheitspolitik der Schweiz. In: Neutralität - eine Alternative? 1982. S. 43-71. B 46278

Mehr Demokratie im Föderalismus. Basel: Reinhardt 1982. 126 S. B 47669

Ruffieux, R.; Schatz, L.: L'Enjeu du centre. Le cas du Parti Démocratie-Chrétien. Fribourg: La Sarine 1981. 226 S. B 46707

Schmid, G.: Politische Parteien, Verfassung und Gesetz. Basel: Helbig & Lichtenhahn 1981. XXIX, 177 S. B 45600

Sieber, M.: Die Abhängigkeit der Schweiz von der internationalen Umwelt. Frauenfeld: Huber 1981. 545 S. B 46370

f. Wehrwesen

Bosson, C.: Die Waffen der Schweizer Soldaten. Zug: Bucheli 1982. 200 S. B 46829

Brun, E.: Menschen führen im militärischen Alltag. Frauenfeld: Huber 1982. 199 S. B 47431

Fischer, D.: Invulnerability without threat. The Swiss concept of general defense. In: Journal of peace research. Vol. 19, 1982. No. 3. S. 205-225. BZ 4372:19

Hauser, P.: Disziplinarstrafordnung. Das militärische Disziplinarstrafrecht. Frauenfeld: Huber 1981. 191 S. B 45606

Perren, C.: EMD (Eidgenöss. Militärdepartment) verhindert Friedensforschung. Nachw.: R. Tobler. Zürich: Schweizerr. Friedensrat 1980. 31 S. Bc 3175

Pittet, O.: Du pousse-cailloux au commandant de corps. Souvenirs et réflexions. Lausanne: Éd. Heures 1982. 115 S. B 47709

Sallaz, K.; Riklin, P.: Panzer und Panzerabwehr. Dietikon-Zürich: Stocker-Schmid 1982. 261 S. 08876

Schild, H.: Fliegerabwehr. Leichte und mittlere Fliegerabwehr, Fliegerabwehr-Lenkwaffen. Dietikon: Stocker-Schmid 1982. 215 S. 08830

Senn, H.: Die Entwicklung der Führungsstruktur im Eidgenössischen Militärdepartement. Frauenfeld: Huber 1982. 180 S. B 47428

g./h. Wirtschaft und Gesellschaft

Andrzejewski, M.: Zarys dziejów ruchu robotniczego w Szwajcarii. [Abriss d. Geschichte der Arbeiterbewegung in der Schweiz.] In: Z Pola Walki. Rok 25, 1982. Nr. 3-4. S. 77-101. BZ 4559:25

Die Bührle Saga. Festschrift zum 75-jährigen Jubiläum einer weltberühmten Waffenschmiede mit einem Zwischenwort an die Haupterbin. Zürich: Limmat Verl. 1981. 173 S. B 47299

Caloz-Tschopp, M.-C.: Le Tamis helvétique. Des réfugiés politiques aux "nouveaux réfugiés". Lausanne: Éd. d'en bas 1982. 155 S. B 47717

Gebert, A.: Jungliberale Bewegung der Schweiz 1928-1938. Bern: Bantelli 1981. IX, 291 S. B 46418

Hildebrandt, I.: In der Fremde zu Hause? Begegnungen mit Emigranten und Flüchtlingen in der Schweiz. Freiburg: Herder 1982. 125 S. Bc 3180

Winkler, T.: Kernenergie und Außenpolitik. Die internat. Bemühungen um eine Nichtverbreitung von Kernwaffen u. die friedliche Nutzung der Kernenergie in der Schweiz. Berlin: Berlin Verl. 1981. 491 S. B 46392

k. Geschichte

Baumann, W.: Zürcher Schlagzeilen. Zürich: Orell Füssli 1981. 144 S. B 46915

Mayer, K.: Ethnic tensions in Switzerland. The Jura conflict. In: Nations without a state. 1980. S. 189-208. B 45837

"Nur tote Fische schwimmen mit dem Strom". 12 bewegte Porträts... Zürich. Zus. gest. v. N. Lindt. Zürich: eco-Verl. 1981. 286 S. B 45607

Schwarz, U.: Vom Sturm umbrandet. Wie die Schweiz den Zweiten Weltkrieg überlebte. Frauenfeld: Huber 1981. 304 S. B 46383

Die Zürcher Unruhe. 1.: Texte; 2.: Analysen, Reportagen, Berichte. Hrsg.: Gruppe Olten. 3. erw. Aufl. Zürich: Neue Bücher AG [um 1982]. 95, 144 S. Bc 3359

Die neuen Verweigerer. Unruhe in Zürich und anderen Städten. Hrsg.: H. Bütler u. T. Häberling. Zürich: Verl. Neue Zürcher Zeitung 1981. 296 S. B 46374

L 193 Spanien

e. Staat/Politik

Avni, H.: Spain, the jews, and Franco. Philadelphia: Jewish Publ. Society of America 1982. XI, 268 S. B 46949

Buse, M.: Spanien nach den Wahlen von 1982/83. Die Entwicklung von Parteiensystemen und Wählerverhalten in der neuen spanischen Demokratie. In: Aus Politik und Zeitgeschichte. 1983. B 27. S. 15-28. BZ 05159:1983

Crisis de los partidos políticos? Madrid: Dedalo Ed. 1980. 206 S. B 44315

Deubner, C.: Spanien und Portugal. Der unsichere "Europäische Konsens". Der Beitritt zur EG als soziales und innenpolitisches Problem. Baden-Baden: Nomos Verlagsges. 1982. 182 S. B 47058

Eaton, S. D.: The Forces of Freedom in Spain, 1974-1979. A personal account. Stanford: Hoover Inst. Pr. 1981. XX, 169 S. B 45928

Fernández Ordoñez, F.: La España necesaria. 2. ed. Madrid: Taurus Ed. 1980. 270 S. B 43183

Fishman, R. M.: The labor movement in Spain. From authoritarianism to democracy. In: Comparative politics. Vol. 14, 1982. No. 3. S. 281-305. BZ 4606:14

Fusi, J. P.: Spain, the fragile democracy. In: West European politics. Vol. 5, 1982. No. 3. S. 222-235. BZ 4668:5

Isenberg, V.: Die Kommunisten Spaniens und Portugals und die Europäische Gemeinschaft. In: Die Kommunisten Südeuropas und die Europäische Gemeinschaft. 1981. S. 147-218. B 46560

Iwańska, A.: Exiled Governments: Spanish and Polish. An essay in political sociology. Cambridge, Mass.: Schenkman 1981. 130 S. 130 S. B 47497

Kohler, B.: Political Forces in Spain, Greece and Portugal. London: Butterworth 1982. 281 S. B 47818

Medhurst, K.: Spanish conservative politics. In: Conservative politics in Western Europe. 1982. S. 292-317. B 48488

Preston, P.: The PCE's long road to democracy 1954-77. In: In search of eurocommunism. 1981. S. 36-65. B 45317

Rossanda, R.: Vergebliche Reise oder Politik als Education sentimentale. Frankfurt: Europ. Verlagsanst. 1982. 127 S. B 47362

Smyth, D.: Spain. Spain's First Secretariat of State, Ministry of State and Ministry of Foreign Affairs. In: The Times survey of foreign ministries of the world. 1982. S. 423-453. B 47771

Spanien und die Europäischen Gemeinschaften. Bern: Haupt 1982. 315 S. B 46841

Winston, C. M.: The proletarian Carlist road to fascism. Sindicalismo Libre. In: Journal of contemporary history. Vol. 17, 1982. No. 4. S. 557-585. BZ 4552:17

k. Geschichte

Biescas Ferrer, J. A.; Tuñón de Lara, M.: España bajo la dictadura franquista. 1939-1975. Barcelona: Ed. Labor 1980. 605 S. B 44277

Bosch-Martínez, A.: Colectivistas. 1936-1939. Valencia: Almudin 1980. 133 S. Bc 2554

Chenkin, S. M.: Likvidacija frankistskoj diktatury v Ispanii. [Die Liquidation der Franco-Diktatur in Spanien.] In: Voprosy istorii. God 1983. No. 4. S. 48-61. BZ 05317:1983

Costa, J.: Crisis política de España. Barcelona: Prod. Ed. 1980. 194 S. B 43186

Die geheime Dynamik autoritärer Diktaturen. Vier Studien über sozialen Wandel in der Franco-Ära. München: Vögel 1982. XVII, 404 S. B 47777

Rojas, C.: Memorias inéditas de José Antonio Primo de Rivera. 4. ed. Barcelona: Ed. Planeta 1982. 309 S. B 46807

Santa-Cruz, M. de: Apuntes y documentos para la historia del tradicionalismo español. 1939-1966. T. 1-11. Madrid 1979-81: Gonther; Tres A; Sevilla: ECESA. Getr. Pag. B 38805

Tamames, R.: España. 1931-1975. Una antología histórica. Barcelona: Ed. Planeta 1980. 434 S. B 44279

l. Einzelne Gebiete/Orte

Clark, R. P.: Euzkaidi, Basque nationalism in Spain since the civil war. In: Nations without a state. 1980. S. 75-100. B 45837

Dossier. Adnalucía 1982. 7. Internationaler Gewaltloser Marsch für Entmilitarisierung vom 5.-19. August 1982 in Adalusien/Gibraltar. Barcelona: Equipo Internacional 1982. 48 S. D 2550

Elfaleh Salah'Eddyn, A.: Gibraltar, microcosme geopolitique en Méditerranée occidentale. In: Stratégique. 1982. No. 15. S. 53-66. BZ 4694:1982

Gil Robles y Quinones, J. M.: La Aventura de las autonomías. Madrid: Ed. Rialp 1980. 258 S. B 44327

Ibarz, M.: Breu Història d'ETA. 1959-1979. 2. ed. Barcelona: Ed. de la Magrana 1981. 157 S. Bc 2530

Núñez Delgado, F. J.: La Destrucción del campo de Gibraltar. Aproximación a la problemática ecologista de esta comarca del Sur, con apunte sobre Andalucía. Algeciras: Comisión de Defensa de la Naturaleza del Campo de Gibraltar 1980. 91 S. Bc 2524

Pi-Sunyer, O.: Dimensions of Catalan nationalism. In: Nations without a state. 1980. S. 101-115. B 45837

Puhle, H.-J.: Baskischer Nationalismus im spanischen Kontext. In: Nationalismus in der Welt von heute. 1982. S. 51-81. B 46874

Schuetz, R.: Die Autonomiebewegung des Landes Valencia. Eine Analyse ihrer Hintergründe und ihres Verlaufes bis zur Gegenwart. Bochum: Brockmeyer 1982. II, 270 S. B 47576

Seidman, M.: Work and revolution. Workers' control in Barcelona in the Spanish Civil War, 1936-38. In: Journal of contemporary history. Vol. 17, 1982. No. 3. S. 409-433. BZ 4552:17

Trevino, J. A.: Spains internal security. The Basque autonomous police force. In: Terrorism in Europe. 1982. S. 141-153. B 46636

L 195 Tschechoslowakei

e. Staat/Politik

Bowers, S. R.; Port, T. D.: The normalization of Czechoslovakia. In: The journal of social, political and economic studies. Vol. 7, 1982. No. 4. S. 323-336. BZ 4670:7

Grundriss der Geschichte der KPTsch. Prag: Orbis 1980. 410 S. B 45786

Kantůrkova, E.: Verbotene Bürger. Die Frauen der Charta 77. München: Langen 1982. 247 S. B 47195

Rupnik, J.: Histoire du Parti Communiste tschécoslovaque. Paris: Pr. de la Fond. Nat. des Scie. Pol. 1981. 288 S. B 45657

Šmeral, B.: Výbor z díla. [Auswahl aus dem Werk.] 1. 2. Praha: Svoboda 1981. 493, 467 S. B 46482

Smoleja, F.: Vojenskopolitická linie XI. sjezdu KSČ. [Die militärpolitische Linie des 11. Parteitages d. Kommunist. Partei der Tschechoslowakei.] In: Historie a vojenství. Rok 31, 1982. Čislo 5. S. 40-55. BZ 4526:31

Veliký, M.: Základné Otázky politického systému ČSSR. [Grundlegende Fragen des politischen Systems der Tschechoslowakischen Sozialist. Republik.] Bratislava: VEDA 1981. 337 S. B 46476

Verfassungs- und Regierungssystem der CSSR. München: Oldenbourg 1982. 355 S. B 47208

Zjazd Komunistickej strany Slovenska. 20.-22. marca 1981. [Der Parteitag der Kommunistischen Partei der Slowakei. 20.-22. März 1981.] Bratislava: Nakl. Pravda 1981. 229 S. B 46474

Pechota, V.: Czechoslovakia and the Third World. In: Eastern Europe and the Third World. 1981. S. 77-105. B 45388

O československej zahraničnej Politike 1918-1948. [Über die tschechoslowakische Aussenpolitik 1918-1948.] Bratislava: Vyd. Slovenskej Akad. Vied 1982. 127 S. Bc 3367

Prasolov, S. I.: Sekretnye čechoslovacko-germanskie peregovory 1936-1937 gg. [Geheime tschechoslowakisch-deutsche Verhandlungen 1936-1937.] In: Novaja i novejšaja istorija. God 1982. No. 5. S. 119-138; No. 6. S. 139-160. BZ 05334:1982

f. Wehrwesen

Kalivoda, J.: Naši Letci. [Unsere Flieger.] Praha: Naše vojsko 1981. 103 S. Bc 3467

Spielberger, W. J.: Die Panzer-Kampfwagen 35(t) und 38(t) und ihre Abarten einschließlich der tschechoslowakischen Heeresmotorisierung 1920-1945. Stuttgart: Motorbuch Verl. 1980. 397 S. 08783

Valenta, J.; Rice, C.: The Czechoslovak army. In: Communist armies in politics. 1982. S. 129-148. B 46932

k. Geschichte

Bauerová, M.: Škodovy závody Plzeň v období boje dělnické třídy o znárodnění. [Die Skoda-Werke Pilsen in d. Zeit d. Kampfes der Arbeiterklasse um die Verstaatlichung.] In: Československý časopis hitorický. Ročn. 30, 1982. Čislo 6. S. 816-837. BZ 4466:30

Kárný, M.: Die "Judenfrage" in der nazistischen Okkupationspolitik. In: Historica. Les sciences historiques en Tchécoslovaquie. Vol. 21, 1982. S. 137-192. F 1174:21

Kultur und Gesellschaft in der Ersten Tschechoslowakischen Republik. Vortr. d. Tagungen d. Coll. Carolinum i. Bad Wiessee... 1979 u. ... 1980. München: Oldenbourg 1982. 351 S. B 45601

Noel, L.: La Tchécoslovaquie d'avant Munich. Paris: Publ. La Sorbonne 1982. 207 S. B 47317

Pejskar, J.: Poslední Pocta. Památník na zemřelé československé exulanty v letech 1948-1981. [Die letzte Ehre. Gedenkbuch für die verstorbenen tschechischen Exulanten in d. Jahren 1948-1981.] Zürich: Konfrontace 1982. 323 S. 08956

Schröder, S.: Der Februar 1948 in der Tschechoslowakei. Berlin: Dietz 1982. 143 S. B 48086

Schröder, S.: Die Rolle der Nationalausschüsse bei der Gründung des tschechoslowakischen Staates im Jahre 1918. In: Jahrbuch für Geschichte der sozialistischen Länder Europas. Jg. 26, 1982. Nr. 2. S. 57-73. BZ 4398:26

Schröter, W.: Der SDS nach dem 21. August 1968. "Amis raus aus Vietnam - Russen raus aus Prag". In:

Osteuropa-Info. 1983. Nr. 51. S. 81-93. BZ 4778:1983

Sejna, J.: We will bury you. London: Sidgwick and Jackson 1982. 205 S. B 47736

Skála, J.: CSSR 1968. Krise und Krisenbewältigung im System des realen Sozialismus. In: Osteuropa-Info. 1983. Nr. 51. S. 25-41. BZ 4778:1983

Taborsky, E.: President Edvard Beneš. Between East and West 1938-1948. Stanford: Hoover Inst. Pr. 1981. XI, 299 S. B 45930

Valenta, J.: Soviet views of deception and strategic surprise. The invasions of Czechoslovakia and Afghanistan. In: Strategic military deception. 1982. S. 335-351. B 46438

l. Einzelne Gebiete/Orte

Aulach, H.: Britain and the Sudeten Issue, 1938. The evolution of a policy. In: Journal of contemporary history. Vol. 18, 1983. No. 2. S. 233-259. BZ 4552:18

Janics, K.: Czechoslovak Policy and the Hungarian minority, 1945-1948. New York: Columbia Univ. Pr. 1982. 240 S. B 48140

Lidice. Ein böhmisches Dorf. Frankfurt: Röderberg 1983. 160 S. B 48320

Moldoveanu, M.: Statul "independent" slovac. [Der "unabhängige" slowakische Staat.] In: Anale de istorie. Anul 28, 1982. No. 3. S. 119-149. BZ 4536:28

Štaigl, J.: Uloha odbojových svazů na Slovensku v období vrcholícího zápasu o politickou moc v zemi (řijen 1947-únor 1948). [Die Rolle d. Widerstandsverbände in d. Slowakei auf dem Gipfel des Kampfes um d. politische Macht im Lande. Oktober 1947-Februar 1948.] In: Historie a vojenství. Rok 31, 1982. No. 2. S. 82-94. BZ 4526:31

L 198 Ungarn

e. Staat/Politik

Aczél, G.: Sozialismus - die Freiheit der Kultur. Budapest: Corvina Kiadó 1981. 500 S. B 45684

Blau, S.: Hungary and the Third World. An analysis of East-South trade. In: Eastern Europe and the Third World. 1981. S. 169-199. B 45388

Borchardt, W.; Dietsch, U.; Bolz, K.: Wirtschaftsbeziehungen und Entspannungspolitik am Beispiel der ungarischen Westwirtschaftsbeziehungen. Bonn: Dt. Ges. f. Friedens- und Konfliktforschung 1980. 28 S. Bc 0817

Puškaš, A.I.: Venešnjaja Politika Vengrii. Nojabŕ 1918-aprel' 1927 g. [Die Aussenpolitik Ungarns. Nov. 1918-April 1927.] Moskva: Nauka 1981. 367 S. B 45790

Szenes, I.: A Kommunista Párt Ujjászervezése Magyarországon 1956-1957. [Reorganisation der Kommunistischen Partei in Ungarn 1956-1957.] 2. kiadás. Budapest: Kossuth 1981. 251 S. B 47294

Volgyes, I.: Sozialer Wandel im kommunistischen Osteuropa: Ungarn in vergleichender Perspektive. In: Südosteuropa. Jg. 32, 1983. H. 5. S. 254-267. BZ 4762:32

Želicki, B.J.: Rabočij klass socialističeskoj Vengrii 60-70-ch godov. [Die Arbeiterklasse d. sozialistischen Ungarns in den 60- 70iger Jahren.] In: Voprosy istorii. God 1982. No. 9. S. 3-16. BZ 05317:1982

Ehring, K.: "Wie Schafe unter Wölfen". Unabhängige Friedensinitiativen in Ungarn. In: Osteuropa. Jg. 33, 1983. H. 8. S. 597-612. BZ 4459:33

Köszegi, F.: Die Entstehung der neuen Friedensbewegung in Ungarn. In: Befreiung. 1982. Nr. 26. S. 69-81. BZ 4629:1982

Köszegi, F.; Szent-Invanyi, I.: Die Skepsis der Ungarn gegenüber den Friedensbewegungen in Ost und West. In: Befreiung. 1982. Nr. 26. S. 59-68. BZ 4629:1982

Thompson, E.P.: Eine Rede in Budapest. In: Befreiung. 1982. Nr. 26. S. 82-96. BZ 4629:1982

k. Geschichte

Fischer, H.: Politik und Geschichtswissenschaft in Ungarn. Die ungarische Geschichte von 1918 bis zur Gegenwart in der Historiographie seit 1956. München: Oldenbourg 1982. 179 S. B 48116

Gosztony, P.: Ungarns militärische Rolle im Zweiten Weltkrieg T. 1-4. Herford: Bonn: Mittler 1977-82. Getr. Pag. Bc 01163

Haraszti, M.: Miracles en Hongrie? In: Commentaire. Vol. 5, 1982-83. No. 20. S. 605-613. BZ 05436:5

The Holocaust in Hungary. An anthology of Jewish response. Ed. and transl., with introd. and notes: A. Handler. Alabama: Univ. of of Alabama Pr. 1982. XIII, 162 S. B 46969

Janos, A.C.: The Politics of backwardness in Hungary. 1825-1945. Princeton: Univ. Pr. 1982. XXXVI, 370 S. B 46930

Magyarország történeti Kronológiája. A kezdetektöl 1970-ig. [Historische Chronologie Ungarns. Von d. Anfängen bis 1970.] Negy kötetben. Kötet 1-4. Budapest: Akad. Kiadó 1982-82. 1258 S. B 45686

Mucs, S.; Zágoni, E.: Geschichte der ungarischen Volksarmee. Berlin: Militärverl. d. DDR 1982. 346 S. B 47079

Seewann, G.; Sitzler, K.: Ungarische Nationalbewusstsein heute. Zur historisch-politischen Selbstinterpretation... In: Osteuropa. Jg. 32, 1983. H. 2. S. 90-106. BZ 4762:32

L 200 Asien

Amin, S.: Der Marxismus in Asien und Afrika. In: Kommune. Jg. 1, 1983. Nr. 4. S. 33-52. BZ 05452:1

Berg, H.W.: Gesichter Asiens. Dreißig Jahre Augenzeuge der Geschichte. Hamburg: Hoffmann u. Campe 1983. 351 S. B 48308

Diokno, J.W.: Militarisierung in Asien. Polch: Atkionsgruppe Philippinen 1982. 21 S. D 2687

Gordon, B.K.: The United States and Asia in 1982. Year of tenterhooks. In: Asian survey. Vol. 23, 1983. No. 1. S. 1-10. BZ 4437:23

Kim, C.I.E.: Asian military regimes. Political systems and styles. In: Civil military relations. 1981. S. 26-63. B 47486

Koessler, R.: Dritte Internationale und Bauernrevolution. Die Herausbildung des sowjet. Marxismus in der Debatte um die "asiatische" Produktionsweise. Frankfurt: Campus Verl. 1982. 395 S. B 45952

Mejcher, H.: Die Reaktionen auf die Krise in Westasien und Nordafrika. In: Die Peripherie in der Weltwirtschaftskrise: Afrika, Asien und Lateinamerika 1929-1939. 1982. S. 81-126. B 48373

Risio, C. de: La guerra non dichiarata. In: Rivista militare. 1983. No. 2. S. 126-138. BZ 05151:1983

Sneider, R.L.: U.S. interests and policies in Asia and the Western Pacific in the 1980s. In: The common security interest of Japan, the United States, and NATO. 1981. S. 63-85. B 47448

Tokei, F.: Some contentious issues in the interpretation of the Asiatic mode of production. In: Journal of contemporary Asia. Vol. 12, 1982. No. 3. S. 294-303. BZ 4671:12

L 203 Ostasien

Clough, R.N.: The balance of power in East Asia and the Western Pacific during the 1980s. An American perspective. In: The common security interest of Japan, the United States, and NATO. 1981. S. 27-42. B 47448

Keatley, R.: East Asia. The recession arrives. In: Foreign affairs. Vol. 61, 1983. No. 3. S. 692-713. BZ 05149:61

Radtke, K.W.: Noordoost Azie in de wereldpolitiek. In: Internationale spectator. Jg. 37, 1983. Nr. 5. S. 262-271. BZ 05223:37

Senese, D. J.: The defense of East Asia. In: The journal of social, political and economic studies. Vol. 7, 1982. Nos. 1/2. S. 66-94. BZ 4670:7

Thomson, J. C.; Stanley, P. W.; Perry, J. C.: Sentimental Imperialists. The American experience in East Asia. New York: Harper & Row 1981. XIV, 323 S. B 47186

l. Länderteil

Bangladesh

Bertocci, P. J.: Bangladesh in the early 1980s. Praetorian politics in an intermediate regime. In: Asian survey. Vol. 22, 1982. No. 10. S. 988-1008. BZ 4437:22

Khatib, A. L.: Who killed Mujib? New Delhi: Vikas Publ. 1981. 216 S. B 45811

Rahman, M. A.: Bangladesh in 1982. Beginnings of the second decade. In: Asian survey. Vol. 23,1983. No.2. S. 149-157. BZ 4437:23

Bhutan

Holsti, K. J.: From isolation to dependence. Bhutan, 1958-62. In: Why nations realign. Foreign policy restructuring in the postwar world. 1982. S. 21-46. B 48230

Burma

Holsti, K. J.: From diversification to isolation. Burma, 1963-1967. In: Why nations realign. Foreign policy restructuring in the postwar world. 1982. S. 105-133. B 48230

Kin, A.: Burma in 1979. Socialism with foreign aid and strict neutrality. In: Southeast Asian affairs. 1980. S. 93-117. BZ 05354:1980

Kin, A.: Burma in 1980. Pouring balm on sore spots. In: Southeast Asian affairs. 1981. S. 103-125. BZ 05354:1981

Steinberg, D. I.: Burma. A socialist nation of Southeast Asia. Boulder: Westview 1982. XIV, 150 S. B 48102

Laos

Gunn, G. C.: Resistance coalitions in Laos. In: Asian survey. Vol. 23, 1983. No. 3. S. 316-340. BZ 4437:23

Hiebert, M.: Laos in 1980. Review of developments. In: Southeast Asian affairs. 1981. S. 183-197. BZ 05354:1981

Keomanichanh, V.: India and Laos. A study in early cultural contacts. New Delhi: Books today 1981. XII, 189 S. B 45832

Thayer, C. A.: Laos in 1982. The third congress of the Lao People's Revolutionary Party. In: Asian survey. Vol. 23, 1983. No. 1. S. 84-93. BZ 4437:23

Mongolische Volksrepublik

Rupen, R. A.: The Mongolian army. In: Communist armies in politics. 1982. S. 167-185. B 46932

Die mongolische Volksrepublik. Historischer Wandel in Zentralasien. Berlin: Dietz 1982. 291 S. B 48248

Nepal

Kumar, D.P.: Nepal. Year of decision. New Delhi: Vikas 1980. VI, 222 S. B 45814

Pakistan

Cheema, P.I.: The Afghanistan crisis and Pakistan's security dilemma. In: Asian survey. Vol. 23, 1983. No. 3. S. 227-243. BZ 4437:23

Hauner, M.: One man against the empire. The Faqir of Ipi and the British in Central Asia on the eve of and during the second world war. In: The second world war. 1982. S. 374-403. B 46632

Weinbaum, M.G.; Cohen, S.P.: Pakistan in 1982. Holding on. In: Asian survey. Vol. 23, 1982. No. 2. S. 123-132. BZ 4437:23

Zingel, W.-P.: Some economic and social problem of Pakistan in the 1980s. In: Orient. Jg. 23, 1982. H. 2. S. 260-280. BZ 4663:23

Sri Lanka

Roth, H.-D.: Präsidentschaftswahlen und Volksentscheid in Sri Lanka. In: Asien. 1983. Nr. 7. S. 43-56. BZ 4760:1983

Samarasinghe, S.W.R. de A.: Sri Lanka in 1982. A year of elections. In: Asian survey. Vol. 23, 1983. No. 2. S. 158-164. BZ 4437:23

Wolff, J.: Die Spannungen in Sri Lanka zwischen Singhalesen und Tamilen. In: Aus Politik und Zeitgeschichte. 1983. B 26. S. 28-39. BZ 05159:1983

L 204 Südostasien

Ayoob, M.: Zwischen Khomeiny und Begin: Das arabische Dilemma. In: Europa-Archiv. Jg. 38, 1983. Folge 16. S. 469-478. BZ 4452:38

Braun, D.: Die Staaten des Indischen Subkontinents im Wandel ihrer Binnen- und Außenbeziehungen. In: Aus Politik und Zeitgeschichte. 1983. B 26. S. 3-13. BZ 05159:1983

Chaldin, M.A.: ASEAN bez illjuzij. [ASEAN ohne Illusionen.] Moskva: "Meždunarodnye otnošenija" 1983. 174 S. Bc 3671

Chandran, J.M.: Southeast Asia in 1980. A diplomatic and strategic overview. In: Southeast Asian affairs. 1981. S. 17-29. BZ 05354:1981

Cheok, C.K.: Review of Southeast Asian economics, 1979. In: Southeast Asian affairs. 1980. S. 17-36. BZ 05354:1980

Gregory, A.; Ellinwood, De Witt C.: Ethnic management and military recruitment in South and Southeast Asia. In: Civil-military relations. 1981. S. 64-119.

Hamann, K.: Die ASEAN-Staaten Anfang der 80er Jahre. In: Deutsche Aussenpolitik. Jg. 28, 1983. H. 3. S. 30-40. BZ 4557:28

Histoire de l'Asie du Sud-est. Révoltes, réformes, révolutions. Textes réunis par P. Brocheux. Lille: Presses univ. 1981. 276 S. B 46594

Jorgensen-Dahl, A.: Regional Organization and order in South-East-Asia. London: Macmillan 1982. XVII, 278 S. B 48784

Kozicki, R. J.: International Relations in South Asia, 1947-80. A guide to information sourves. Detroit: Gale 1981. XIV, 166 S. B 47675

Mackie, J. A. C.: Southeast Asia in 1979. A political overview. In: Southeast Asian affairs. 1980. S. 3-16. BZ 05354:1980

Ovendale, R.: Britain, the United States, and the cold war in South-East Asia, 1949-1950. In: International affairs. Vol. 58, 1982. No. 3. S. 447-464. BZ 4447:58

Overholt, W. H.: Progress and politics in Pacific Asia. In: International security. Vol. 7, 1983. No. 4. S. 180-194. BZ 4433:7

Rothermund, D.: Probleme der nationalen Integration in Südasien. In: Nationalismus in der Welt von heute. 1982. S. 140-156. B 46874

Samojlenko, V. V.: ASEAN. Politika i ekonomika. [ASEAN. Politik und Ökonomie.] Moskva: Nauka 1982. 190 S. B 46052

Siddique, S.: Contemporary islamic developments in ASEAN. In: Southeast Asian affairs. 1980. S. 78-90. BZ 05354:1980

Simon, S. W.: Davids and Goliaths. Small power-great power security relations in Southeast Asia. In: Asian survey. Vol. 23, 1983. No. 3. S. 302-315. BZ 4437:23

Solidum, E. D.; Morales, N. M.: A comparative Study of collective security plans for Southeast Asia. In: Asia Pacific Community. Vol. 1982. No. 18. S. 26-41. BZ 05343:1982

Subramanian, R. R.: South Asia of the 1980s: Implications of nuclear proliferation. Canberra: The Strategic and Defence Studies Centre 1981. 14 Bl. Bc 0919

Weggel, O.: Südostasien nach dem Sieg der kommunistischen Regimes in den drei Ländern Indochinas. In: Die internationale Politik. 1975/76. 1981. S. 315-334. BZ 4767:1975/76

Wolpert, S.: Roots of confrontation in South Asia. Afghanistan, Pakistan, India and the superpowers. New York: Oxford Univ. Pr. 1982. 222 S. B 47392

Zingel, W.-P.: Südasien auf dem Wege zu einer wirtschaftlichen Kooperation? In: Aus Politik und Zeitgeschichte. 1983. B 26. S. 14-27. BZ 05159:1983

L 211 Afghanistan

Ambri, M.: Come perdere l'indipendenza. In: Affari esteri. Anno 14, 1982. No. 56. S. 450-464. BZ 4373:14

Griffiths, J. C.: Afghanistan. Key to a continent. Boulder: Westview 1981. 225 S. B 45918

Gurevič, N. M.: Social'no-ekonomičeskie predposylki revoljucii 1978 g. v Afganistane. [Die sozial-ökonomischen Vorbedingungen d. Revolution von 1978 in Afghanistan.] In: Voprosy istorii. God 1982. No. 7. S. 55-70. BZ 05317:1982

Male, B.: Revolutionary Afghanistan. A reappraisal. London: Croom Helm 1982. 229 S. B 46435

Maprayil, C.: The Soviets and Afghanistan. London: Cosmic Pr. 1982. XII, 165 S. B 47631

Mehta, J.S.: Afghanistan: A neutral solution. In: Foreign Policy. No. 47, 1982. S. 139-153. BZ 05131:47

Nayar, K.: Report on Afghanistan. New Delhi: Allied Publ. 1981. IX, 212 S. B 45816

Ratnam, P.: Afghanistan's uncertain Future. New Delhi: Tulsi Publ. House 1981. 100 S. B 45834

Révész, L.: UdSSR über Afghanistan. Afghanistan im Spiegel der Sowjetpresse. Bern: Schweizerr. Ost-Inst. 1981. 109 S. 08741

Shams, R.: Die interne politische Entwicklung in Afghanistan. Zur Genesis einer gescheiterten Revolution. In: Die Dritte Welt. Jg. 9, 1981. Nr. 1/2. S. 123-149. BZ 4601:9

Shrar, S.A.: Afghanistan. Bericht eines Augenzeugen. Hamburg: Verl. Hanseatische Ed. 1981. 217 S. B 45302

Die Wahrheit über Afghanistan. Dokumente, Tatsachen, Zeugnisse. Moskau: APN-Verl. 1980. 223 S. Bc 3384

Russische Intervention

Afghanistan. Selbstverwaltungsprojekte d. Widerstands. Hamburg: Solidaritätskomitee f. d. Afghanische Volk 1982. 20 S. D 2653

Afghanistan ockuperat. Dokument och vittnesmål från Afghanistan-tribunalen i Stockholm 1-3 maj 1981. Stockholm: Ordfront 1982. 175 S. Bc 2892

Arnold, S.: Afghanistan. The Soviet invasion in perspective. Stanford: Hoover Inst. Pr. 1981. 126 S. B 45926

Dürste, H.; Fenner, M.: Afghanistan: Widerstand und soziale Strukturen. In: Internationales Asienforum. Jg. 13, 1982. No. 1/2. S. 5-18. BZ 4583:13

Dupree, L.: Afghanistan in 1982. Still no solution. In: Asian survey. Vol. 23, 1983. No. 2. S. 133-142. BZ 4437:23

Franceschi, P.: Ils ont choisi la liberté. Paris: Arthaud 1981. 267 S. B 45659

Grevemeyer, J.-H.: Afghanistan. Widerstand im Wandel. In: Blätter des iz3w. 1983. Nr. 108. S. 13-24. BZ 05130:1983

Gupta, B.S.: The Afghan Syndrome. How to live with Soviet power. London: Croom Helm 1982. X, 296 S. B 47503

Heugten, J. van: Afghanistan. Hoe de Russen er kwamen. In: Internationale spectator. Jg. 37, 1983. Nr. 4. S. 206-215. BZ 05223:37

Hovland, T.: Det sovjetiske felttog i Afganistan. In: Norsk militaert tidsskrift. Årg. 153, 1983. H. 7. S. 283-294. BZ 05232:153

Hyman, A.: Afghanistan under Soviet domination, 1964-81. New York: St. Martin's Pr. 1982. XI, 223 S. B 48096

Mohn, A.H.: Afghanistan kjemper. Oslo: Cappelens Forl. 1981. 124 S. Bc 2870

L 213 Arabische Staaten

Dietl, W.: Heiliger Krieg für Allah. Als Augenzeuge bei den geheimen Kommandos des Islam. München: Kindler 1983. 431 S. B 48306
Gysling, E.: Arabiens Uhren gehen anders. Zürich: Ed. Interfrom 1982. 115 S. B 48662
Ibrahim, S. E.: The new Arab social order. A study of the social impacts of oil wealth. Boulder: Westview Pr. 1982. XIV, 208 S. B 47401
Narayan, B. :K.: Leaders of the Arab world. Unity in diversity New Delhi: Lancers Publ. 1981. 115 S. B 45822
Rubin, B.: The Arab States and the Palestine conflict. Syracuse: Univ. Pr. 1981. XVII, 298 S. B 46857
Szymborski, W.: "Bron naftowa" w polityce krajów arabskich. [Die "Erdölwaffe" in der Politik der arabischen Länder.] In: Sprawy Międzynarodowe. Rok 35, 1982. Zeszyt 10. S. 57-68. BZ 4497:35

1. Länderteil

Brunei

Crosbie, A. J.: Brunei in transition. In: Southeast Asian affairs. 1981. S. 75-92. BZ 05354:1981
Weatherbee, D. E.: Brunei, the ASEAN Connection. In: Asian survey. Vol. 23, 1983. No. 6. S. 723-735. BZ 4437:23

Jemen

Peterson, J. E.: Yemen. The search for a modern state. Baltimore: The John Hopkins Univ. Pr. 1982. 221 S. B 48103
Saidi, A. K. al-: Die Oppositionsbewegung im Jemen zur Zeit Imam Yahyas und der Putsch von 1948. Berlin: Baalbek Verl. 1981. 276 S. B 47654

Jordanien

Cohen, A.: Political Parties in the West Bank under the Jordanian regime, 1949-1967. Ithaca: Cornell Univ. Pr. 1982. 278 S. B 48193
Duclos, L. -J.: Le discours politique Jordanien. Idéologies rivales. In: L'Afrique et l'Asie modernes. 1983. No. 136. S. 3-26. BZ 4689:1983
Woolfson, M.: Bassam Shak'a. Portrait of a Palestinian. London: Third World Centre 1981. 142 S. B 45697

Oman

Oman and the Persian Gulf. Ed. and introd.: J. D. Porter. Salisbury: Doc. Publ. 1982. V, 90 S. 08833
O'Neill, B. E.: Revolutionary war in Oman. In: Insurgency in the modern world. 1980. S. 213-233. B 46122

Saudi-Arabien

Bahry, L.: The new Saudi women: Modernizing in an Islamic framework. In: The Middle East Journal. Vol. 36, 1982. No. 4. S. 502-515. BZ 4463:36

Bouteillier, G. de: L'Arabie saoudite. Cité de Dieu, cité des affaires puissance internationale. Paris: Presses univ. de France 1981. 218 S. B 46456

Farsy, F. al-: Saudi Arabia. A case study in development. London: Kegan Paul 1982. 224 S. B 46799

Kopf, W.: Saudiarabien. Insel der Araber. Stuttgart: Seewald 1982. 231 S. B 47367

Lacey, R.: The Kingdom. London: Hutchinson 1981. XV, 630 XV, 630 S. B 45369

Holden, D.; Johns, R.: The House of Saud. The rise and rule of the most powerful dynasty in the Arab world. New York: Holt, Rinehart and Winston 1981. XIV, 569 S. B 48151

Nollet, R.: La famille royale. In: L'Afrique et l'Asie modernes. 1982. No. 134. S. 22-52. BZ 4689:1982

Quandt, W. B.: Saudi Arabia in the 1980s. Foreign policy, security, and oil. Washington: Brookings Inst. 1981. X, 190 S. B 47237

Syrien

Drysdale, A.: The Syrian armed forces in national politics. The role of the geographic and ethnic periphery. In: Soldiers, peasants, and bureaucrats. 1982. S. 52-76. B 47747

Hottinger, A.: Syrien im Widerstand gegen einen "amerikanischen" Frieden. In: Europa-Archiv. Jg. 38, 1983. Folge 3. S. 65-72. BZ 4452:38

Der Schock von Hamah. 2. 2. 1982. Wie ihn andere sehen. Assads Armee gegen d. syrische Volk. [o. O.] 1983. 119 S. D 2654

L 221 China

c. Biographien

Bauchau, H.: Essai sur la vie de Mao Zedong. Paris: Flammarion 1982. 1078 S. B 47545

Gregor, A. J.; Chang, M. H.: Marxism, Sun Yat-sen, and the concept of "imperialism". In: Pacific affairs. Vol. 55, 1982. No. 1. S. 54-79. BZ 4450:55

Kolpas, N.: Mao. New York: McGraw-Hill 1981. 69 S. B 46936

Pékin: Un procès peut en cacher un autre. Les minutes du procès de Jiang Quing, la veuve de Mao. Paris: Bourgois 1982. 379 S. B 47542

Sun Yat-sen: founder and symbol of China revolutionary nation-building. Hrsg.: G.-K. Kindermann. München: Olzog 1982. 332 S. B 47437

Tschou En-lai: Selected Works of Zhou Enlai. Vol. 1. Beijing: Foreign Languages Pr. 1981. 486 S. B 47910

Wang Shu-shin: Hu Yaobang. New chairman of the Chinese communist party. In: Asian survey. Vol. 22, 1982. No. 9. S. 801-822. BZ 4437:22

Womack, B.: The Foundations of Mao Zedong's political thought 1917-1935. Honolulu: Univ. Pr. of Hawaii 1982. XVIII, 238 S. B 47232

e. Staat/Politik

e. 1 Innenpolitik

Glaubitz, J.: China am Ende der Ära Mao Zedongs. In: Die internationale Politik. 1975/76. 1981. S. 335-353. BZ 4767:1975/76

Grimm, T.: Probleme des Nationalismus in China. In: Nationalismus in der Welt von heute. 1982. S. 125-139. B 46874

Harding, H.: Organizing China. The problem of bureaucracy 1949-1976. Stanford: Univ. Pr. 1981. XI, 418 S. B 47399

Näth, M.-L.: Nationalismus und Kommunismus in der Volksrepublik China. In: Nationalismus in der Welt von heute. 1982. S. 104-124. B 46874

Posadas, J.: China. The origins of the present counter-revolutionary leadership of the Chinese workers state. London: Scientific, cultural and political editions 1981. 128 S. Bc 2860

Pye, L.: The Dynamics of Chinese politics. Cambridge: Oelgeschlager, Gunn and Hain 1981. XXV, 307 S. B 47608

Senger, H. von: Partei und Staat. Parteinormen u. staatliches Gesetzesrecht in d. Volksrepublik China. Basel: Soziol. Seminar d. Universität 1981. 77 S. Bc 3020

Wang Sze-cheng: Why do we spurn the Chinese communist regime's peace overtures? Taipei: Kuang Lu 1982. 143 S. Bc 3301

e. 1.4 Parteiwesen

Advising the Chines communists to abandon communism. Taipei: Kuang Lu Publ. Service 1983. 113 S. Bc 3508

The 12th CCP Congress and the future of Teng's line. Taipei: World Anti-Communist League 1982. 66 S. Bc 3302

Heberer, T.: Nationalitätenpolitik der KP China. Frankfurt: Sendler 1982. 92 S. Bc 3017

Lee, H. Y.: China's 12th central committee. Rehabilitated cadres and technocrates. In: Asian survey. Vol. 23, 1983. No. 6. S. 673-691. BZ 4437:23

Mackerras, C.: Chinese marxism sinde 1978. In: Journal of contemporary Asia. Vol. 12, 1982. No. 4. S. 387-414. BZ 4671:12

Tan-Eng-Bok, G.: Le communisme chinois après Mao Zedong. Changements internes et répercussions sur la politique. extérieure. In: Stratégique. 1982. No. 14. S. 35-52. BZ 4694:1982

e. 2 Außenpolitik

Choudhury, G.W.: China in world affairs: The foreign policy of the PRC since 1970. Boulder: Westview 1982. X, 310 S. B 48106

Ginneken, J. van: China en Indochina sinds de oorlog van 1979. In: Internationale spectator. Jg. 37, 1983. Nr. 5. S. 272-280. BZ 05223:37

Glaubitz, J.: Akzentverschiebungen in der Aussenpolitik Chinas. In: Europa-Archiv. Jg. 38, 1983. Folge 17. S. 527-536. BZ 4452:38

Hsü, I. C. Y.: China. The development of the Chinese Foreign Office in the Ch'ing Period. In: The Times survey of foreign ministries of the world. 1982. S. 119-133. B 47771

Kapur, H.: The awakening Giant. China's ascension in world politics. Alphen aan den Rijn: Sijthoff and Noordhoff 1981. X, 314 S. B 47911

Kreutzer, R.: China benut grotere speelruimte in buitenlandse politiek. In: Internationale spectator. Jg. 37, 1983. Nr. 5. S. 253-261. BZ 05223:37

Pong, D.: China. The Ministry of Foreign Affairs during the republican period 1912 to 1949. In: The Times survey of foreign ministries of the world. 1982. S. 135-151. B 47771

China's foreign Relations. New perspectives. Ed.: Chün-tu Hsüeh. New York: Praeger 1982. XI, 148 S. B 48326

Robinson, T.W.: Restructuring Chinese foreign policy, 1959-76. Three episodes. In: Why nations realign. Foreign policy restructuring in the postwar world. 1982. S. 134-171. B 48230

Segal, G.: The great Power Triangle. London: Macmillan 1982. VIII, 195 S. B 46433

Tsou, T.: China and the world in the Mao and post-Mao eras. In: The many faces of communism. 1978. S. 333-352. B 45702

Weggel, O.: Die Wiederannäherung an Afrika. Zhao Ziyang besucht elf afrikanische Staaten. In: China aktuell. Jg. 12, 1983. Januar. S. 40-48. BZ 05327:12

Whiting, A. S.: Assertive nationalism in Chinese foreign policy. In: Asian survey. Vol. 23, 1983. No. 8. S. 913-933. BZ 4437:23

Worden, R. L.: China's balancing act. Cancun, the third world, Latin America. In: Asian survey. Vol. 23, 1983. No. 5. S. 619-636. BZ 4437:23

Yahuda, M. B.: China. The Ministry of Foreign Affairs of the People's Republic of China. In: The Times survey of foreign ministries of the world. 1982. S. 153-161. B 47771

Yee, H. S.: The Three World theory and post-Mao China's global strategy. In: International affairs. Vol. 59, 1983. No. 2. S. 239-249. B 4447:59

Yin Ching-yao: Communist China's foreign Policy after the "12th Party Congress" - continuity and changes. Taipei: World Anti-Communist League 1982. 33, XV S. Bc 3329

Agressija Pekina protiv V'etnama. [Die Aggression Pekings gegen Vietnam.] Moskva: "Juridičeskaja literatura" 1982. 102 S. Bc 3030

Behbehani, H.S.H.: China's foreign Policy in the Arab world, 1955-75. Three case studies. London: Kegan Paul 1981. XIV, 426 S. B 45571

Chang Pao-min: Beijing versus Hanoi. The diplomacy over Kampuchea. In: Asian survey. Vol. 23, 1983. No. 5. S. 598-617. BZ 4437:23

China among the nations of the Pacific. Ed.: H. Brown. Boulder: Westview 1982. XI, 135 S. B 46933

The China Factor. Sino-American relations and the global scene. Ed.: R.H. Solomon. Englewood Cliffs: Prentice-Hall 1981. VIII, 323 S. B 46960

The Sino-Soviet Conflict. A global perspective. Ed.: H.J. Ellison. Seattle: Univ. of Washington Pr. 1982. XXII, 408 S. B 46939

Copper, J.F.: Sino-American relations: on Track or off Track? In: Asia Pacific Community. No. 19, 1983. S. 13-24. BZ 05343:19

Godement, F.: Chine - Etats-Unis: la carte chinoise était-elle un leurre? In: Politique étrangère. Année 48, 1983. No. 1. S. 75-86. BZ 4449:48

Heaton, W.R.: China and Southeast Asian communist movements. The decline of dual track diplomacy. In: Asian survey. Vol. 22, 1982. No. 8. S. 779-800. BZ 4437:22

Heinzig, D.: Starre Fronten zwischen der Sowjetunion und der Volksrepublik China. In: Die internationale Politik. 1977/78. 1982. S. 44-54. BZ 4767:1977/78

Jain, R.K.: China and Japan. 1949-1980. Thoroughly rev. and exp. 2. ed. Oxford: Robertson 1981. XXII, 339 S. B 45491

Low, A.D.: The Sino-Soviet confrontation since Mao. Marxism-Leninism, hegemony, and nationalism. In: Canadian review of studies in nationalism. Vol. 9, 1982. No. 2. S. 183-199. BZ 4627:9

Nakajima, M.: An outlook on China in the 1980s. A political turnabout at home and improvement of relations with the USSR. In: The common security interest of Japan, the United States, and NATO. 1981. S. 185-196. B 47448

Oksenberg, M.: A decade of Sino-American relations. In: Foreign affairs. Vol. 61, 1982. No. 1. S. 175-195. BZ 05149:61

Ono, Y.: Sino-Soviet "reconciliation" and its impact on Asia. In: Asia Pacific Community. No. 19, 1983. S. 1-12. BZ 05343:19

Opitz, P.J.: China und Indochina. Strategie und Perspektive. In: Asien. 1983. Nr. 7. S. 25-42. BZ 4760:1983

Opitz, P.J.: Normalisierung zwischen den Vereinigten Staaten und der Volksrepublik China. In: Die internationale Politik. 1977/78. 1982. S. 30-43. BZ 4767:1977/78

Petrov, V.: China goes it alone. In: Asian survey. Vol. 23, 1983. No. 5. S. 580-597. BZ 4437:23

Vertzberger, Y.: The political economy of Sino-Pakistani relations. Trade and aid 1963-82. In: Asian survey. Vol. 23, 1983. No. 5. S. 637-652. BZ 4437:23

Weggel, O.: China und die Dritte Welt. Der längst überfällige Abschied von einer außenpolitischen Fiktion. In: China aktuell. Jg. 11, 1982. Oktober. S. 583-595; 601. BZ 05327:11

Whiting, A. S.: Sino-American relations: The decade ahead. In: Orbis. Vol. 26, 1982. No. 3. S. 697-720. BZ 4440:26

Wolf, D. C.: 'To secure a convenience'. Britain recognizes China - 1950. In: Journal of contemporary history. Vol. 18, 1983. No. 2. S. 299-326. BZ 4552:18

f. Wehrwesen

Breyer, S.; Meister, J.: Die Marine der Volksrepublik China. München: Bernard & Graefe 1982. 343 S. B 49182

Dreyer, J. T.: The Chinese militia. Citizen-soldiers and civil-military relations in the People's Republic of China. In: Armed forces and society. Vol. 9, 1982. No. 1. S. 63-82. BZ 4418:9

Fung, E. S. K.: The military Dimension of the Chinese revolution. Canberra: Australian Nat. Univ. Pr. 1981. VIII, 349 S. B 46311

Guarghias, A. G.: Die geopolitisch-strategische Lage und die Militärregionen Chinas. In: Österreichische militärische Zeitschrift. Jg. 20, 1982. H. 5. S. 404-416. BZ 05214:20

Heaton, W. R.: The defense policy of the People's Republic of China. In: The defense policies of nations. 1982. S. 419-440. 08926

Jencks, H. W.: China's civil-military relations, 1949-1980. In: Civil-military relations. 1981. S. 120-159. B 47486

Joffe, E.: The military as a political actor in China. In: Soldiers, peasants, and bureaucrats. 1982. S. 139-158. B 47747

Jur̕ev, M. F.: Vooružennye Sily KPK v osvoboditel'noj bor̕be kitajskogo naroda. 20-40-e gody. [Die Streitkräfte der Kommunistischen Partei Chinas im Befreiungskampf d. chinesischen Volkes. 20-40er Jahre.] Moskva: Nauka 1983. 333 S. B 49648

McMillen, D. H.: China's political battlefront: Den Xiaping and the military. In: Asia Pacific Community. Vol. 1982. No. 18. S. 129-142. BZ 05343:1982

McMillen, D. H.: Civil defence in the People's Republic of China. In: Civil defence and Australia's security. 1982. 29 S. 08842

McMillen, D. H.: The Urumqi military region. Defense and security in China's west. In: Asian survey. Vol. 22, 1982. No. 8. S. 705-731. BZ 4437:22

Nethercut, R. D.: Deng and the gun. Party-military relations in the People's Republic of China. In: Asian survey. Vol. 22, 1982. No. 8. S. 691-704. BZ 4437:22

Puddu, F.: La marina dell' "oriente rosso". In: Rivista maritima. Anno 115, 1982. No. 12. S. 29-44. BZ 4453:115

Rybecký, V.: Některé stránky vojenské doktríny Ciny. [Einige Seiten der Militärdoktrin Chinas.] In: Historie a vojenství. Ročn. 31, 1982. Čislo 6. S. 142-159. BZ 4526:31

Stuart, D. T.; Tow, W. T.: The theory and practice of Chinese military deception. In: Strategic military deception. 1982. S. 292-316. B 46438

Swanson, B.: Eighth Voyage of the dragon. A history of China's quest for sea power. Annapolis: Naval Inst. Pr. 1982. XIV, 348 S. 08937

Ting, W. P.: The Chinese army. In: Communist armies in politics. 1982. S. 31-43. B 46932

Weggel, O.: Die "militärische Modernisierung": Ortsbestimmung. Auswirkungen und politische Zerreißproben. In: China aktuell. Jg. 11, 1983. März. S. 184-196. BZ 05327:11

Yee, H. S.: China's strategic retreat. In: Asia Pacific Community. No. 19, 1983. S. 25-40. BZ 05343:19

g./h. Wirtschaft und Gesellschaft

Bauer, R.: China lacht. Zeitgenössische Karikaturen. Wien: Europa-Verl. 1983. 285 S. B 48529

Brodsgaard, K. E.: Paradigmatic change. Readjustment and reform in the Chinese economy, 1953-1981. Pt. 1. 2. In: Modern China. Vol. 9, 1983. No. 1. S. 37-83; No. 2. S. 253-272. BZ 4697:9

Ness, P. van; Raichur, S.: Dilemmas of socialist development. An analysis of strategic lines in China, 1949-1981. In: Bulletin of concerned Asia scholars. Vol. 15, 1983. No. 1. S. 2-15. BZ 05386:15

Opletal, H.: Die Informationspolitik der Volksrepublik China. Von der "Kulturrevolution" bis zum Sturz der "Viererbande" 1965 bis 1976. Bochum: Studienverlag Brockmeyer 1981. 211 S. B 45466

Rothermund, D.: Chinas verspätete Krise, 1933-1935. In: Die Peripherie in der Weltwirtschaftskrise: Afrika, Asien und Lateinamerika 1929-1939. 1982. S. 225-244. B 48373

Siu, B.: Women of China. Imperialism and women's resistance 1900-1949. London: Zed Pr. 1982. XIV, 208 S. B 46094

Vermeer, E. B.: Rural economic change and the role of the state in China, 1962-78. In: Asian survey. Vol. 22, 1982. No. 9. S. 823-842. BZ 4437:22

Vetter, H. F.: Chinas neue Wirklichkeit. Gesellschaft, Politik und Wirtschaft nach Mao. Frankfurt: Campus Verl. 1983. 223 S. B 47652

Xue Muqiao: Sozialismus in China. Erfolge, Fehlschläge, Reformperspektiven. Hamburg: Verl. Weltarchiv 1982. 319 S. B 47659

k. Geschichte

Bloodworth, D.: The Messiah and the mandarins. The paradox of Mao's China. London: Weidenfeld and Nicolson 1982. XVI, 331 S. B 47733

Broyelle, C.; Broyelle, J.: Mao ohne Maske. China nach dem Tod des großen Vorsitzenden. Wien: Europaverl. 1982. 303 S. B 46219

Ch'i Hsi-sheng: Nationalist China at war. Military defeats and political collapse, 1937-45. Ann Arbor: Univ. of Michigan Pr. 1982. 309 S. B 48189

China: The post-Mao view. Ed.: V. P. Dutt. New Delhi: Allied Publ. 1981. VI, 196 S. B 46108

Felber, R.: Charakter und Bedeutung der Xinhai-Revolution 1911 in China. In: Zeitschrift für Geschichtswissenschaft. Jg. 31, 1983. H. 3. S. 233-242. BZ 4510:31

Glaubitz, J.: China nach dem Tode Mao Zedongs. In: Die internationale Politik. 1977/78. 1982. S. 287-302. BZ 4767:1977/78

Jencks, H. W.: Strategic deception in the Chinese civil war. In: Strategic military deception. 1982. S. 277-291. B 46438

Lieberthal, K.: China in 1982. A middling course for the middle kingdom. In: Asian survey. Vol. 23, 1983. No. 1. S. 26-37. BZ 4437:23

Myers, R. H.: The contest between two Chinese states. In: Asian survey. Vol. 23, 1983. No. 4. S. 536-552. BZ 4437:23

Short, P.: The Dragon and the bear. Inside China and Russia today. London: Hodder and Stoughton 1982. XI, 519 S. B 48054

Spence, J. D.: The Gate of Heavenly Peace. The Chinese and their revolution, 1895-1980. London: Faber and Faber 1982. XXII, 465 S. B 46516

Thornton, R. C.: China: A political history, 1917-1980. Boulder: Westview 1982. XVI, 518 S. B 46032

l. Länderteil

Bennett, G.: Huadong people's commune, 1980. A second look after seven years. In: Asian survey. Vol. 22, 1982. No. 8. S. 745-756. BZ 4437:22

Cheng, J. Y. S.: The future of Hong Kong. A Hong Kong 'belonger's' view. In: International affairs. Vol. 58, 1982. No. 3. S. 476-488. BZ 4447:58

Klatt, W.: Hong Kong, China and Britain. In: Asien. 1983. Nr. 8. S. 5-18. BZ 4760:1983

Lau Siu-kaj; Ho Kam-fai: Social accommodation of politics. The case of young Hong Kong workers. In: The journal of Commonwealth & comparative politics. Vol. 20, 1982. No. 2. S. 172-188. BZ 4408:20

Rosen, S.: Red Guard Factionalism and the cultural revolution in Guangzhou (Canton). Boulder: Westview 1982. XV, 320 S. B 47389

Yoshihashi, T.: Conspiracy at Mukden. The rise of the Japanese military. Repr. Westport: Greenwood 1980. XVI, 274 S. B 46123

L 225 Indien

c. Biographien

Bhargava, M. L.: Architects of Indian freedom struggle. New Delhi: Deep and Deep Publ. 1981. 268 S. B 45836

Bose, M.: The lost Hero. (S. C. Bose.) London: Quartet Books 1982. XVII, 318 S. B 47810

Bose, S. C.: Netaji collected Works. Vol. 1-3. Calcutta: Netaji Res. Bureau 1980-81. XI, 280; XII, 418; XIII, 360 S. B 48618

Deol, D.: Charisma and commitment. The mind and political thinking of Indira Gandhi. New Delhi: Sterling Publ. 1981. 136 S. B 45819

Gandhi, I.: Peoples and problems. London: Hodder and Stoughton 1982. 200 S. B 47506

Gandhi, I.: My Truth. New Delhi: Vision Books 1981. 200 S. B 45820

Nanda, B. R.: Mahatma Gandhi. A biography. Delhi: Oxford Univ. Pr. 1958. 542 S. B 45768

Nehru, P. S. S.: Mahatma Gandhi. 3. Aufl. Bergisch-Galdbach: Lübbe 1983. 143 S. Bc 3548

Sahgal, N.: Indira Gandhi: Her road to power. New York: Ungar 1982. XV, 260 S. B 48489

e. Staat/Politik

e. 1 Innenpolitik

Bayley, D. H.: The police and political order in India. In: Asian survey. Vol. 23, 1983. No. 4. S. 484-496. BZ 4437:23

Graff, V.: L'Inde au fil des élections. In: Défense nationale. Année 39, 1983. Février. S. 95-114. BZ 4460:39

Karkhanis, S.: Indian Politics and the role of the press. New Delhi: Vikas Publ. House 1981. VIII, 216 S. B 45835

Lal, S.: The two leftist Parties of India. New Delhi: Election Archives 1981. III, 200 S. B 45810

Mehta, V.: A Family Affair. India under three prime ministers. New York: Oxford Univ. Pr. 1982. 166 S. B 48418

Minault, G.: The Khilafat Movement. Religious symbolism and political mobilization in India. New York: Columbia Univ. Pr. 1982. 294 S. B 47240

Mukhopadhyay, S. K.: Evolution of historiography in modern

India: 1900-1960. A study of the writing of Indian history by her own historians. Calcutta: Bagchi 1981. XIII, 192 S. B 45826

Ostergaard, G.: The ambiguous strategy of JP's last phase. In: Internationales Asienforum. Jg. 13, 1982. No. 1/2. S. 19-44. BZ 4583:13

Rani, A.: Gandhian Non-violence and India's freedom struggle. Delhi: Shree Publ. House 1981. XI, 347 S. B 45831

e. 2 Außenpolitik

Andersen, W.K.: India in 1982. Domestic challenges and foreign policy successes. In: Asian survey. Vol. 23, 1983. No. 2. S. 111-122. BZ 4437:23

Appadorai, A.: The domestic Roots of India's foreign policy. 1947-1972. Delhi: Oxford Univ. Pr. 1981. VIII, 244 S. B 48341

Banerjee, J.: Hot and cold diplomacy in Indo-Pakistani relations. In: Asian survey. Vol. 23, 1983. No. 3. S. 280-301. BZ 4437:23

Ghosh, P.S.; Panda, R.: Domestic support for Mrs. Gandhi's Afghan policy. The Soviet factor in Indian politics. In: Asian survey. Vol. 23, 1983. No. 3. S. 261-279. BZ 4437:23

Horn, R.C.: Afghanistan and the Soviet-Indian influence relationship. In: Asian survey. Vol. 23, 1983. No. 3. S. 244-260. BZ 4437:23

Horn, R.C.: Soviet-Indian Relations. Issues and influence. New York: Praeger 1982. XVIII, 231 S. B 48336

India and the Western India ocean states. Towards regional cooperation in development. Ed.: S. S. Ali, R. R. Ramchandani. New Delhi: Allied Publ. 1981. XIX, 310 S. B 46890

Keenleyside, T.A.: Nationalist Indian attitudes towards Asia. A troublesome legacy for post-independence Indian foreign policy. In: Pacific affairs. Vol. 55, 1982. No. 2. S. 210-230. BZ 4450:55

Moore, R.J.: Escape from Empire. The Attlee government and the Indian problem. Oxford: Clarendon Pr. 1983. X, 376 S. B 48761

Riencourt, A. de: India and Pakistan in the shadow of Afghanistan. In: Foreign affairs. Vol. 61, 1982/83. No. 2. S. 416-437. BZ 05149:61

f. Wehrwesen

Habibullah, E.: The Sinews of Indian defence. New Delhi: Lancers Publ. 1981. XII, 231 S. B 45829

Raina, A.: Inside RAW. The story of India's secret service. New Delhi: Vikas 1981. 111 S. B 45821

Sojka, G.L.: The missions of the Indian navy. In: Naval War College review. Vol. 36, 1983. No. 1. S. 2-15. BZ 4634:36

Terhal, P.: Foreign exchange costs of the Indian military 1950-1972. In: Journal of peace research. Vol. 19, 1982. No. 3. S. 251-259. BZ 4372:19

Vertzberger, Y.: India's strategic posture and the border war defeat of 1962. A case study in miscalculation. In: The journal of strategic studies. Vol. 5, 1982. No. 3. S. 370-392. BZ 4669:5

g./h. Wirtschaft und Gesellschaft

Leue, H.-J.: Die indische Baumwolltextilindustrie, 1929-1939. Wachstum trotz Krise. In: Die Peripherie in der Weltwirtschaftskrise: Afrika, Asien und Lateinamerika 1929-1939. 1982. S. 145-169. B 48373

Mukherji, S.: Das restriktive Krisenmanagement der indischen Juteindustrie. In: Die Peripherie in der Weltwirtschaftskrise: Afrika, Asien und Lateinamerika 1929-1939. 1982. S. 171-196. B 48373

Ramusack, B. N.: Women's organizations and social change. The age-of-marriage issue in India. In: Women and world change. 1981. S. 198-216. B 47484

Rothermund, D.: Die Interferenz von Agrarpreissturz und Freiheitskampf in Indien. In: Die Peripherie in der Weltwirtschaftskrise: Afrika, Asien und Lateinamerika 1929-1939. 1982. S. 127-143. B 48373

Thomas, R. G. C.: Energy politics and Indian security. In: Pacific affairs. Vol. 55, 1982. No. 1. S. 32-53. BZ 4450:55

Waterman, P.: Seeing the straws; riding the whirlwind. Reflections on unions and popular movements in India. In: Journal of contemporary Asia. Vol. 12, 1982. No. 4. S. 464-483. BZ 4671:12

L 231 Irak

Amin, S.: Irak et Syrie. 1960-1980. Du projet national a la transnationalisation. Paris: Éd. de Minuit 1982. 148 S. B 47250

Bishara, G.: The political repercussions of the Israeli raid on the Iraqi nuclear reactor. In: Journal of Palestine studies. Vol. 11, 1982. No. 3. S. 58-76. BZ 4609:11

Farouk-Sluglett, M.: "Socialist" Iraq 1963-1978. Towards a reappraisal. In: Orient. Jg. 23, 1982. H. 2. S. 206-219. BZ 4663:23

Feldman, S.: The bombing of Osiraq. Revisited. In: International security. Vol. 7, 1982. No. 2. S. 114-142. BZ 4433:7

Hünseler, P.: Der irakisch-iranische Konflikt. In: Die internationale Politik. 1975/76. 1981. S. 221-232. BZ 4767:1975/76

Iraq: The contemporary state. Ed.: T. Niblock. London: Croom Helm 1982. 283 S. B 46449

Viotti, P. R.: Iraq, the Kurdish rebellion. In: Insurgency in the modern World. 1980. S. 191-210. B 46122

Wimmer, N.: Irak - Eine revolutionäre Demokratie. Innsbruck: Sundt 1981. 72 S. Bc 3089

L 233 Iran

e. Staat/Politik

Cagnat, R.: L'URSS en Iran. Vers la percée. In: Défense nationale. Année 38, 1982. Novembre. S. 69-83. BZ 4460:38

Chubin, S.: The Soviet Union and Iran. In: Foreign affairs. Vol. 61, 1983. No. 4. S. 921-949. BZ 05149:61

Dehghani, A.: Folter und Widerstand im Iran. Das Zeugnis des Kampfes e. führenden Volksfedayie Guerillera vom Iran. Frankfurt: Iran.-Studentenorganisation 1983. 283 S. D 2781

Franz, E.: Minderheiten im Iran. Hamburg: Dok.-Leitstelle Moderner Orient 1981. 234 S. Bc 01007

Hetherington, N.S.: Industrialization and revolution in Iran: Forced progress or unmet expectation? In: The Middle East Journal. Vol. 36, 1982. No. 3. S. 362-373. BZ 4663:36

Hickman, W.F.: Did it really matter? In: Naval War College review. Vol. 36, 1983. No. 2. S. 17-30. BZ 4634:36

Iran. 1981. Unterdrückung u. Widerstand. Frankfurt: Iran. Initiative 1981. 74 S. D 02480

Linke im Iran. Berlin: Iran.-Arbeitsgruppe 1981. 132, III S. D 2512

MacManus, D.: Free at last! New York: New American Library 1981. 263 S. B 47495

Massoud Rajavi. A people's mojahed. [o. O.]: Union of Moslem Iranian Students Societies 1982. 202 S. B 48461

Ravasani, S.: Sowjetrepublik Gilan. Die sozialistische Bewegung im Iran seit Ende des 19. Jh. bis 1922. Berlin: Basis-Verl. 1982. 638 S. B 46695

Recht auf Leben? Iran. Bonn: amnesty international 1983. 37 S. D 2582

Sullivan, W.H.: Mission to Iran. New York: Norton 1981. 296 S. B 47142

Weder Osten noch Westen. Islamische Republik. Bonn: Botschaft der Islam. Republik Iran 1981. 72 S. Bc 3033

g./h. Wirtschaft und Gesellschaft

Fitna. Frankfurt: Internat. Komitee 1983. 46 S. D 02767

Frauenfrage und islamische Moral, islamisches Gesetz. Frankfurt: Autonome Iran. Frauenbewegung 1981. 22 S. D 2782

Hegland, M.E.: "Traditional" Iranian women: How they cope. In: The Middle East Journal. Vol. 36, 1982. S. 483-501. BZ 4463:36

Motahari Ayatollah, M.: Stellung der Frau im Islam. Bonn: Botschaft der Islam. Republik. Iran 1982. 116 S. Bc 3039

Razi, G.H.: Democratic-authoritarian attitudes and social background in a non-western society. In: Comparative politics. Vol. 14, 1981. No. 1. S. 53-74. BZ 4606:14

k. Geschichte

Bayat, M.: The Iranian revolution of 1978-79: Fundamentalist or modern? In: The Middle East Journal. Vol. 37, 1983. No. 1. S. 30-42. BZ 4463:37

Continuity and change in modern Iran. Ed.: M. E. Bonine and N. R. Keddie. Albany: State Univ. of New York Pr. 1981. X, 359 S. B 47242

Cottam, R.W.: Nationalism and the Islamic revolution in Iran. In: Canadian review of studies in nationalism. Vol. 9, 1982. No. 2. S. 263-277. BZ 4627:9

Keddie, N.R.; Richard, Y.: Roots of revolution. New Haven: Yale Univ. Pr. 1981. XII, 321 S. B 47175

Matthee, R.: Iran: From divine monarchy to divine republic. In: Orient. Jg. 23, 1982. H. 4. S. 540-556. BZ 4663:23

Nyberg, E.: Iran i kamp med det förflutna. Stockholm: Ordfront 1981. 246 S. B 46066

Vier Jahre islamische "Republik" im Iran. Dokumente, Berichte, Analysen. Berlin: Iran-Arbeitsgruppe 1983. 84 S. D 02583

Rezun, M.: The Iranian Crisis of 1941. The actors: Britain, Germany and the Soviet Union. Köln; Wien: Böhlau 1982. 108 S. Bc 3453

Sciolino, E.: Iran's durable revolution. In: Foreign affairs. Vol. 61, 1983. No. 4. S. 893-920. BZ 05149:61

Stempel, J.D.: Inside the Iranian Revolution. Bloomington: Indiana Univ. Pr. 1981. XII, 336 S. B 46947

Zabih, S.: Iran since the revolution. London: Croom Helm 1982. 247 S. B 46694

Zabih, S.: The Mossadegh Era. Roots of the Iranian revolution. Chicago: Lake View Pr. 1982. 182 S. B 48198

Ziring, L.: Iran, Turkey, and Afghanistan. A political chronology. New York: Praeger 1981. IX, 230 S. B 46924

L 235 Israel

c. Biographien

Berlin, I.: Personal Impressions. London: Hogarth Pr. 1981. XXX, 219 S. B 45626

Golan, M.: Shimon Peres. A biography. London: Weidenfeld and Nicolson 1982. IX, 275 S. B 47746

Reinharz, J.: Chaim Weizmann. The shaping of a zionist leader before the first world war. In: Journal of contemporary history. Vol. 18, 1983. No. 2. S. 205-331. BZ 4552:18

Weizmann, C.: The essential Chaim Weizmann. The man, the statesman, the scientist. Comp. and ed.: B. Litvinoff. London: Weidenfeld and Nicolson 1982. XI, 291 S. B 48229

e. Staat/Politik

Afferi, S. de: I rapporti tra Egitto ed Israele e il problema palestinese. In: Affari esteri. Anno 14, 1982. No. 55. S. 284-300. BZ 4373:14

Bartkowski, T.: Konflikt izraelsko-syryjski. [Der israelisch-syrische Konflikt.] In: Sprawy Międzynarodowe. Rok 35, 1982. Zeszyt 8/9. S. 7-24. BZ 4497:35

Bradley, C. P.: Electoral Politics in Israel. The Knesset election of 1981. Grantham: Tompson and Rutter 1981. 78 S. Bc 3495

Evans, M.: Israel - America's key to survival. Plainfield: Logos International 1981. XV, 252 S. B 47411

Gerini, R.: Israele ed Egitto dopo lo sgombero del Sinai. In: Affari esteri. Anno 14, 1982. No. 55. S. 301-314. BZ 4373:14

Kenen, I. L.: Israel's Defense Line. Her friends and foes in Washington. Buffalo: Prometheus Books 1982. XI, 345 S. B 47498

Lustick, I. S.: Israeli politics and American foreign policy. In: Foreign affairs. Vol. 61, 1982. No. 2. S. 379-399. BZ 05149:61

Rondot, P.: Le Proche-Orient à la recherche de la paix. 1973-1982. Paris: PUF 1982. 212 S. B 46898

Sachar, H. M.: Egypt and Israel. New York: Marek 1981. 384 S. B 46850

Shlaim, A.: Conflicting approaches to Israel's relations with the Arabs: Ben Gruion and Sharett, 1953-1956. In: The Middle East Journal. Vol. 37, 1983. No. 2. S. 180-201. BZ 4463:37

Thomas, G.: L'O.U.A. Institution lacunaire et stratigraphique. In: Le mois en Afrique. Année 17, 1982. No. 201/202. S. 35-57. BZ 4748:17

Wolffsohn, M.: Politik in Israel. Entwicklung und Struktur des politischen Systems. Opladen: Leske & Budrich 1983. 776 S. B 47787

Yaacobi, G.: The Government of Israel. New York: Praeger 1982. XII, 329 S. B 48416

Yehoshua, A. B.: Between Right and right. New York: Doubleday 1981. IX, 177 S. B 47180

f. Wehrwesen

Chen, O.: Reflections on Israel deterrence. In: The Jerusalem Quarterly. No. 24, 1982. S. 26-40. BZ 05114:24

Feldman, S.: Israeli nuclear Deterrence. A strategy for the 1980s. New York: Columbia Univ. Pr. 1982. XVIII, 310 S. B 48423

Horowitz, D.: The Israel defense forces. A civilianized military in a partially militarized society. In: Soldiers, peasants, and bureaucrats. 1982. S. 77-106. B 47747

Inbar, E.: Israel's new military doctrine. In: Naval War College review. Vol. 36, 1983. No. 1. S. 26-40. BZ 4634:36

Inbar, E.: Israeli strategic thinking after 1973. In: The journal of strategic studies. Vol. 6, 1983. No. 1. S. 36-59. BZ 4669:6

O'Neill, B. E.: The defense policy of Israel. In: The defense policies of nations. 1982. S. 371-402. 08926

Peri, Y.: Between Battles and ballots. Israeli military in politics. Cambridge: Univ. Pr. 1983. VIII, 344 S. B 48424

Perlmutter, A.; Handel, M.; Bar-Joseph, U.: Two Minutes over Baghdad. London: Vallentine, Mitchell 1982. 191 S. B 46621

Seligmann, R.: Israels Sicherheitspolitik. Zwischen Selbstbehauptung und Präventivschlag. Eine Fallstudie üb. Grundlagen u. Motive. München: Bernard u. Graefe 1982. 240 S. B 46251

Stein, J. G.: Military deception, strategic surprise, and conventional deterrence. A political analysis of Egypt and Israel, 1971-1973. In: Military deception and strategic surprise. 1982. S. 94-121. B 46801

k. Geschichte

Alpher, J.: Why Begin should invite Arafat to Jerusalem. In: Foreign affairs. Vol. 60, 1982. No. 5. S. 1110-1123. BZ 05149:60

Barnavi, E.: Israel au XX. siècle. Paris: PUF 1982. 319 S. B 47315

Ben-Ami, Y.: Years of wrath, days of glory. Memoirs from the Irgun. New York: Speller 1982. 601 S. B 47491

Ben-Meir, D.: Histadrut. Die israelische Gewerkschaft. Bonn: Verl. Neue Gesellschaft 1982. 310 S. B 46502

Duyker, E.: The evolution of Israel's defence industries. In: Defence force journal. 1983. No. 38. S. 44-61. BZ 4438:1983

Palestine and Israel in the 19th and 20th centuries. Ed.: E. Kedourie and S. G. Haim. London: Cass 1982. VIII, 278 S. B 47384

Psychological Warfare and propaganda. Irgun documentation. Ed.: E. Tavin and Y. Alexander. Wilmington: Scholarly Resources 1982. XLIV, 265 S. B 47002

Will, D. S.: Zionist settlement ideology and its ramifications for the Palestinian people. In: Journal of Palestine studies. Vol. 11, 1982. No. 3. S. 37-57. BZ 4609:11

Zionism and Arabism in Palestine and Israel. Ed.: E. Kedourie and S. G. Haim. London: Cass 1982. X, 255 S. B 48684

l. Einzelne Gebiete/Orte

Les Arabes dans les territoires occupés par Israel. Bruxelles: Vie Ouvrière 1982. 307 S. B 47543

Fabian, L. L.: Red light. West Bank. In: Foreign Policy. No. 50, 1983. S. 53-72. BZ 05131:50

Judea, Samaria, and Gaza: Views on the present and future. Ed. by D. J. Elazar. Washington: American Enterprise Inst. for Public Policy Research 1982. X, 222 S. B 47247

Litani, J.; Rubinstein, D.: Okkupanten und Annexionisten.

Hebräische Texte zur neuen israelischen Landnahme. Freiburg: Holograph Ed. 1981. 40 S. Bc 3064

Mansour, A. S.: Monetary dualism. The case of the West Bank under occupation. In: Journal of Palestine studies. Vol. 11, 1982. No. 3. S. 103-116. BZ 4609:11

Mishal, S.; Diskin, A.: Palestinian voting in The West Bank: Electoral behavior in a traditional community without sovereignty. In: The Journal of Politics. Vol. 44, 1982. No. 2. S. 538-559. BZ 4441:44

Prittie, T.: Whose Jerusalem? London: Muller 1981. X, 246 S. B 45566

Prittie, T.: Wem gehört Jerusalem? Stuttgart: Klett-Cotta 1982. 285 S. B 46830

L 237 Japan

e. Staat/Politik

e. 1 Innenpolitik

Crump, J.: The Origins of Socialist thought in Japan. London: Croom Holm 1983. 374 S. B 48351

Foster, J. J.: Ghost-hunting. Local party organization in Japan. In: Asian survey. Vol. 22, 1982. No. 9. S. 843-857. BZ 4437:22

Fukui, H.: The Japanese communist party. The Miyamoto line and its problems. In: The many faces of communism. 1978. S. 279-332. B 45702

Haasch, G.: Japan. Eine politische Landeskunde. Bearb. Neuaufl. Berlin: Colloquium Verl. 1982. 209 S. B 48549

Kōichi, K.: Politics in modern Japan. Development and organization. 2nd. ed. Tokyo: Japan Echo Inc. 1982. 126 S. Bc 0925

Pempel, T. J.: Policy and politics in Japan. Philadelphia: Temple Univ. Pr. 1982. XI, 330 S. B 47674

Pohl, M.: Das Kabinett Nakasone. Szenario eines Führungswechsels in Japan. In: Asien. 1983. Nr. 8. S. 28-41. BZ 4760:1983

Senatorov, A. I.: Sėn Katajama: stranicy žizni i dejatel'nosti. [Sen Katayama: Leben und Werk.] In: Novaja i novejšaja istorija. God 1983. No. 1. S. 70-91; No. 2. S. 72-92. BZ 05334:1983

Tsurutani, T.: Political Change in Japan. Response to postindustrial challenge. New York: Longman 1977. XII, 275 S. B 45567

e. 2 Außenpolitik

Boyd, C.: The extraordinary Envoy. General Hiroshi Oshima and diplomacy in the Third Reich, 1934-1939. Washington: Univ. Pr. of America 1982. VIII, 245 S. B 47382

Buckley, R.: Occupation Diplomacy. Britain, the United States and Japan 1945-1952. Cambridge: Univ. Pr. 1982. X, 294 S. B 47627

Elsbree, W. H.: Japan and ASEAN in the 1980s. Problems and prospects. In: Southeast Asian affairs. 1981. S. 49-61. BZ 05354:1981

Emmerson, J.K.; Okimoto, D.I.: The U.S.-Japan alliance. Overview and outlook. In: The common security interest of Japan, the United States, and NATO. 1981. S. 87-129. B 47448

Japan and the Far East. Nendeln: Kraus 1982. Getr. Pag. B 45559

Nish, I.: Japan. The Foreign Ministry. In: The Times survey of foreign ministries of the world. 1982. S. 327-344. B 47771

Ochi, H.: Der außenpolitische Entscheidungsprozeß Japans. München: Saur 1982. 314 S. B 46567

Sato, S.: Japan's foreign policy and areas of common interest, possible cooperation, and potential friction among Japan, the United States, and other Western countries. In: The common security interest of Japan, the United States, and NATO. 1981. S. 51-62. B 47448

Takubo, T.: Perception gap between Tokyo and Washington: In: Asia Pacific Community. 1982. No. 17, S. 14-25. BZ 05343:1982

Toorenvliet, H.: Opkomst en ondergang van het Japanse imperialisme. In: Militaire spectator. Jg. 151, 1982. No. 8. S. 340-356. BZ 05134:151

f. Wehrwesen

Cioglia, S.: La marina giapponese. In: Rivista marittima. Anno 116, 1983. No. 5. S. 51-68. BZ 4453:116

Deacon, R.: A History of the Japanese secret service. London: Muller 1982. 306 S. B 47989

Endicott, J. E.: The defense policy of Japan. In: The defense policies of nations. 1982. S. 446-466. 08926

Esmein, J.: 1/2 + Un Demi plus. Paris: Fondation pour les études de defense nationale 1983. 367 S. B 48420

Ferris, J.: A British 'unofficial' aviation mission and Japanese naval developments, 1919-1929. In: The journal of strategic studies. Vol. 5, 1982. No. 3. S. 416-439. BZ 4669:5

Ito, S.: The international situation and Japan's defense. In: Asia Pacific Community. 1982. No. 17. S. 1-13. BZ 05343:1982

Onishi, S.: Japan's self-defense requirements and capabilities. In: The common security interest of Japan, the United States, and NATO. 1981. S. 143-163. B 47448

Pinaev, L. P.: Ėvoljucija voennoj politiki Japonii 1951-1980 gg.

[Die Entwicklung d. Militärpolitik Japans.] Moskva: Nauka 1982. 166 S. B 47124

Whiting, A. S.: Prospects for Japanese defense policy. In: Asian survey. Vol. 22, 1982. No. 11. S. 1135-1145. BZ 4437:22

g./h. Wirtschaft und Gesellschaft

Braw, M.; Gunnarsson, H.: Frauen in Japan. Zwischen Tradition und Aufbruch. Frankfurt: Fischer 1982. 316 S. B 47049

Calder, K. E.: The Rise of Japan's military-industrial base. In: Asia Pacific Community. 1982. No. 17. S. 26-41. BZ 05343:1982

Hartmann, J.: Politik und Gesellschaft in Japan, USA, Westeuropa. Ein einführender Vergleich. Frankfurt: Campus Verl. 1983. 221 S. B 48667

Langdon, F.: Japan-United States trade friction. The reciprocity issue. In: Asian survey. Vol. 23, 1983. No. 5. S. 653-66. BZ 4437:23

Large, S. S.: Organized Workers and socialist politics in interwar Japan. Cambridge: Cambridege Univ. Pr. 1981. VIII, 326 S. B 47183

Martin, B.: Wirtschaftliche Konzentration und soziale Konflikte in Japan. In: Die Peripherie in der Weltwirtschaftskrise: Afrika, Asien und Lateinamerika 1929-1939. 1982. S. 197-223. B 48373

Nakazawa, K.: Barfuß durch Hiroshima. Eine Bildergeschichte gegen den Krieg. Reinbek: Rowohlt 1982. 284 S. B 46218

Nishi, T.: Unconditional Democracy. Education and politics in occupied Japan 1945-1952. Stanford: Hoover Inst-Pr. 1982. XXXVIII, 367 S. B 45929

L 243 Khmer/Kambodscha

Burchett, W. G.: The China-Cambodia-Vietnam Triangle. Chicago: Vanguard Books 1981. 235 S. B 47485

Carney, T.: Kampuchea in 1982. Political and military escalation. In: Asian survey. Vol. 23, 1983. No. 1. S. 73-83. BZ 4437:23

Dassé, M.: Cambodge. La tutelle vietnamienne. In: Défense nationale. Année 39, 1983. Avril. S. 95-106. BZ 4460:39

Figaj, W.: Międzynarodowe aspekty sytuacji w Kampuczy. [Internationale Aspekte der Situation in Kambodscha.] In: Sprawy Międzynarodowe. Rok 35, 1982. Zeszyt 6. S. 85–98. BZ 4497:35

Kershaw, R.: Multipolarity and Cambodia's crisis of survival. A preliminary perspective on 1979. In: Southeast Asian affairs. 1980. S. 161-188. BZ 05354:1980

Kiernan, B.: Origins of Khmer communism. In: Southeast Asian affairs. 1981. S. 161-180. BZ 05354:1981

Kroef, J. M. van der: Kampuchea, the diplomatic labyrinth. In: Asian survey. Vol. 22, 1982. No. 10. S. 1009-1033. BZ 4437:22

Kroef, J. M. van der: Kampuchea. Patterns of factional conflict and international confrontation. In: Asien. 1982. Nr. 5. S. 50-74. BZ 4760:1982

Peasants and politics in Kampuchea, 1942-1981. London: Zed Pr. 1982. VIII, 401 S. B 47650

Phandara, Y.: Retour a Phnom Penh. Le Cambodge du génocide à la colonisation. Paris: Métailié 1982. 276 S. B 46882

Weggel, O.: Die Besetzung Kambodschas durch Vietnam. In: Die internationale Politik. 1977/78. 1982. S. 303-313. BZ 4767:1977/78

L 245 Korea

Jacobs, G.: The armed forces of the Asia-Pacific region. 3. North Korea, strong enough to attempt a military solution. In: Pacific defence reporter. Vol. 9, 1983. No. 11. S. 31-40. BZ 05133:9

Kho, D.: The political economy of the DPRK in the post-1958 period. In: Journal of contemporary Asia. Vol. 12, 1982. No. 3. S. 304-323. BZ 4671:12

Kindermann, G.-K.: Die Teilstaaten Koreas im Weltgeschehen des letzten Jahrzehnts. In: Aus Politik und Zeitgeschichte. 1983. B 37. S. 3-19. BZ 05159:1983

McCormack, G.: North Korea: Kimilsungism - path to socialism? In: Bulletin of concerned Asian scholars. Vol. 13, 1981. No. 4. S. 50-61. BZ 05386:13

McCormack, G.: The reunification of Korea. Problems and prospects. In: Pacific affairs. Vol. 55, 1982. No. 1. S. 5-31. BZ 4450:55

Suh, D.-S.: South Korea in 1982. A centennial year. In: Asian survey. Vol. 23, 1983. No. 1. S. 94-101. BZ 4437:23

L 249 Libanon

Aba, N.: Un chant d'épreuve. - C'était hier Sabra et Chatila. Paris: Ed. L'Harmattan 1983. 31 S. Bc 3576

Genet, J.: Four hours in Shatila. In: Journal of Palestine studies. Vol. 12, 1983. No. 3. S. 3-22. BZ 4602:12

Kapeliouk, A.: Sabra et Chatila. Enquête sur un massacre. Paris: Seuil 1982. 115 S. Bc 3400

Krieg im Libanon - Frieden in Europa? Warum schweigt die Friedensbewegung? Dokumentation e. Diskussionsveranstaltung. Hamburg: GAL 1982. 35 S. D 2525

Libanon. Opfer des Befreiers Israel? In: Blätter des iz3w. 1983. Nr. 109. S. 28-42. BZ 05130:1983

NATO, Napalm, Naher Osten. Der Nahost-Konflikt nach d. Libanonkrieg. Köln: Palästina-Komitee 1983. 47. S. D 2792

Raburn, T.: Under the Guns in Beirut. Springfield: Gospel Publ. House 1980. 160 S. Bc 2371

Final Report of the Israeli Commission of inquiry into the events at the refugee camps in Beirut. In: Journal of Palestine studies. Vol. 12, 1983. No. 3. S. 89-116. BZ 4602:12

Rubenberg, C.A.: The civilian infrastructure of the Palestine Liberation Organization. An analysis of the PLO in Lebanon until June 1982. In: Journal of Palestine studies. Vol. 12, 1983. No. 3. S. 54-78. BZ 4602:12

Schiff, Z.: Green Light, Lebanon. In: Foreign Policy. No. 50, 1983. S. 73-85. BZ 05131:50

Tuéni, G.: Lebanon, a new republic? In: Foreign affairs. Vol. 61, 1982. No. 1. S. 84-99. BZ 05149:61

Zamir, M.: Politics and violence in Lebanon. In: The Jerusalem Quarterly. No. 25, 1982. S. 3-26. BZ 05114:25

L 251 Malaysia

Ahmad, Z.H.: Malaysia in 1980. A year of political consolidation and economic development. In: Southeast Asian affairs. 1981. S. 201-216. BZ 05354:1981

Bass, J.: Malaysia in 1982. A new frontier? In: Asian survey. Vol. 23, 1983. No. 2. S. 191-200. BZ 4437:23

Chin Kin Wah: The Defence of Malaysia and Singapore. The transformation of a security system 1957-1971. Cambridge: Univ. Pr. 1983. XII, 219 S. B 47795

Halim, F.: Capital, labour and the state. The West Malaysian case. In: Journal of contemporary Asia. Vol. 12, 1982. No. 3. S. 259-280. BZ 4671:12

Mauzy, D.K.: The 1982 general elections in Malaysia. In: Asian survey. Vol. 23, 1983. No. 4. S. 497-517. BZ 4437:23

Mukerjee, D.: Elections and politics in Malaysia. In: Asien. 1983. Nr. 6. S. 32-49. BZ 4760:1983

Nom, M.J.: Fifty years of the Malaysian army. In: Military technology. Vol. 7, 1983. No. 4. S. 16-30. BZ 05107:7

Siaw, L.K.L.: Malaysia in 1979. Restructuring the economy, realigning political forces. In: Southeast Asian affairs. 1980. S. 213-227. BZ 05354:1980

Chee, C.H.: Singapore in 1982. Gradual transition to a new order. In: Asian survey. Vol. 23, 1983. No. 2. S. 201-207. BZ 4437:23

Joo-Jock, L.: Singapore. Bold internal decisions, emphatic external outlook. In: Southeast Asian affairs. 1980. S. 273-291. BZ 05354:1980

Joo-Jock, L.: Singapore in 1980. Management of foreign relations and industrial progress. In:

Southeast Asian affairs. 1981. S. 273-289. BZ 05354:1981

Salaff, J.: Singapore women. Work and the family. In: Women and world change. 1981. S. 57-82. B 47484

L 268 Taiwan

Chen Guuying : The reform movement among intellectuals in Taiwan since 1970. In: Bulletin of concerned Asian scholars. Vol. 14, 1982. No. 3. S. 32-47. BZ 05386:14

Furuya, K.: Chiang Kai-shek. His life and times. New York: St. John' Univ. 1981. LXI, 978 S. B 45923

Kuo Xing-hu: Freies China. Asiatisches Wirtschaftswunder. Stuttgart: Seewald 1982. 221 S. B 47311

Solženicyn, A.: Solzhenitsyn speaks: "To Free China" and "Choices for modern Japan". Speech in Taipei, Oct. 23, 1982. Taipei: Kuang Lu 1982. 17 S. Bc 3330

Contemporary Republic of China.–The Taiwan Experience. 1950-1980. Ed.: J. C. Hsiung. New York: Praeger 1981. XXI, 518 S. B 48191

L 269 Thailand

Baumann, M.: Die Entwicklung der Gewerkschaftsbewegung in Thailand. In: Asien. 1983. Nr. 6. S. 50-66. BZ 4760:1983

Buszynski, L.: Thailand, the erosion of a balanced foreign policy. In: Asian survey. Vol. 22, 1982. No. 11. S. 1037-1055. BZ 4437:22

Fedorov, V. A.: Armija i političeskij režim v Tailande (1945-1980). [Die Armee u. das politische Regime in Thailand.] Moskva: Nauka 1982. 149 S. Bc 3284

Forbes, A. D. W.: Thailand's Muslim minorities. Assimilation, secession, or coexistence? In: Asian survey. Vol. 22, 1982. No. 11. S. 1056-1073. BZ 4437:22

Girling, J. L. S.: Thailand. Society and politics. Ithaca: Cornell Univ. Pr. 1981. 306 S. B 47400

Heaton, W. R.; Mac Leod, R.: People's war in Thailand. In: Insurgency in the modern world. 1980. S. 87-107. B 46122

Jayanama, D.: Siam and world war 2. Engl. ed. Bangkok: Watana Panich Pr. 1982. XVIII, 358 S. B 46028

Morell, D.; Samudavanija, C.: Political Conflict in Thailand. Reform, reaction, revolution. Cambridge: Oelgeschlager, Gunn and Hain 1981. XVIII, 362 S. B 47607

Morell, D.; Samudavanija, C.: Thailand. Meeting the challenges of the 1980s. In: Southeast Asian affairs. 1981. S. 309-324. BZ 05354:1981

Ordonnaud, G.: La Thailande à la fin de l'année du bicentenaire

(1982). "Pas si mauvaise, pour une mauvaise année!" In: L'Afrique et l'Asie modernes. 1983. No. 136. S. 45-63. BZ 4689:1983

Pombhejara, V.: Thailand in 1979. A year of relative stability. In: Southeast Asian affairs. 1980. S. 311-324. BZ 05354:1980

Sirikrai, S.: General Prem survives on a conservative line. In: Asian survey. Vol. 22, 1982. No. 11. S. 1093-1104. BZ 4437:22

Wedel, Y.: The communist party of Thailand and Thai radical thought. In: Southeast Asian affairs. 1981. S. 325-339. BZ 05354:1981

L 275 Türkei

e. Staat/Politik

Anarchy and terrorism in Turkey. [o. O.:] Matbaacihk 1981. 77 S. Bc 3092

Towards a sound Democracy. Ankara: Directorate General of Press and Information 1982. 20 Bl. Bc 3228

Folter in der Türkei. Bielefeld: Alternative Türkenhilfe 1983. 32 S. D 2686

Friedenskomitee vor Militärtribunal. Düsseldorf: FIDEF 1983. 23 S. D 02763

Kuneralp, S.: Turkey. The Ministry of Foreign Affairs under the Ottoman Empire and the Turkish Republic. In: The Times survey of foreign ministries of the world. 1982. S. 493-511. B 47771

Landau, J. M.: Pan-Turkism in Turkey. Hamden: Archon Books 1981. 219 S. B 47451

Massenprozesse in der Türkei. Komplette Dokumentation d. Presseberichte vom 12. 9. 80-30. 9. 82. Bielefeld: Alternative Türkeihilfe 1982. 36 S. D 2618

Orlow, D.: Political violence in pre-coup Turkey. In: Terrorism. Vol. 6, 1982. No. 1. S. 53-71. BZ 4688:6

12 September in Turkey. Before and after. Ankara: Kardesler 1982. XII, 383 S. B 46839

Şimşir, B. N.: Mustafa Kemal Atatürk, homme de guerre - homme de paix (Septembre 1922). In: Revue international d'histoire militaire. 1981. No. 50. S. 41-95. BZ 4544:1981

SSSR i Turcija. 1917-1979. [UdSSR und Türkei. 1917-1979.] Moskva: Glavnaja red. vostočnoj lit. 1981. 318 S. B 46334

Die Türkei und die Türken in Deutschland. Stuttgart: Kohlhammer 1982. 124 S. B 47324

Die Türkei auf dem Weg zur Demokratie? Hannover: Rot-Grün Dr. u. Verl. 1983. 81 S. D 2679

Verfassungsentwurf der Militärjunta in der Türkei. Nein zur Verfassung d. Junta. Düsseldorf: FIDEF 1982. 42 S. D 02467

Verfolgung der bürgerlichen Opposition in der Türkei. Bielefeld: Alternative Türkeihilfe 1982. 25 S. D 2516

k. Geschichte

Casola, M. A. di : Turchia neutrale. 1943-1945. La difesa degli interessi nazionale dalle pressioni alleate. Vol. 1. Milano: Giuffrè 1981. 315 S. B 46709

Second economic Congress of Turkey. 2-7 Nov. 1981, Izmir. Opening-closing sessions and committee reports. Ankara 1983: Prime Ministry's print. Office. 147 S. Bc 3461

Höhfeld, V.: Die Türkei. Ein wirtschafts- und sozialgeographischer Überblick. In: Der Bürger im Staat. Jg. 32, 1982. H. 3. S. 167-172. BZ 05147:32

Ronneberger, F.: Von Atatürk bis zum 12. September 1980. Entwicklungen d. nachkemalischen Ära. In: Südosteuropa-Mitteilungen. Jg. 22, 1982. Nr. 2. S. 28-38. BZ 4725:22

Schöning-Kalender, C.: Türkinnen. In: Der Bürger in Staat. Jg. 32, 1982. H. 3. S. 187-191. BZ 05147:32

Atatürk. Founder of a modern state. Ed.: A. Kazancigil and E. Özbudun. London: Hurst 1981. 243 S. B 46795

Enginsoy, C.: Atatürk as a soldier and statesman. In: Revue international d'histoire militaire. 1981. No. 50. S. 11-40. BZ 4544:1981

Erikan, C.: Atatürk et la guerre totale. In: Revue international d'histoire militaire. 1981. No. 50. S. 145-165. BZ 4544:1981

Grothusen, K.-D.: Kemal Atatürk. Person, Werk, Erbe. In: Südosteuropa-Mitteilungen. Jg. 22, 1982. Nr. 2. S. 13-28. BZ 4725:22

Inan, M. R.: Atatürk as a teacher and leader. In: Revue international d'histoire militaire. 1981. No. 50. S. 207-224. BZ 4544:1981

Ozankaya, Ö.: Atatürk: the architect of Turkish renaissance. In: Revue international d'histoire militaire. 1981. No. 50. S. 225-232. BZ 4544:1981

l. Länderteil

Blumen Kurdistans. Kindheit zwischen Stacheldraht u. Bajonetten. Frankfurt: KOMKAR. 1982. 39 S. D 02536

Bozarslan, E.: Über die Unterdrückung der kurdischen Sprache und Literatur. Vortrag vom Internationalen Schriftstellertreffen Lahti/Finnland 15.-19. Juni 1981. Bonn: VAK 1981. 18 S. D 02635

Documents. (Armenia.) Ankara: Prime Ministry, Directorate general of Press and Information 1982. 296 S. B 48503

Fatsa. Selbstverwaltung in e. Schwellenland. Ein Modell wird angeklagt. Bielefeld: Alternative Türkeihilfe 1983. 33 S. D 2694

Der Prozess gegen die Bürger von Fatsa. Basel: CEDRI 1983. 31 S. D 2760

"A la Turquía". Türkei u. Türkisch-Kurdistan nach Art der Generäle. Frankfurt: KOMKAR 1983. 72 S. D 2758

Der kulturelle Völkermord an den Kurden in der Türkei. Bonn: Gesellschaft f. bedrohte Völker 1982. 24 S. D 02481

L 277 Vietnam

e. Staat/Politik

Au Duong The: Der V. Parteitag der Kommunistischen Partei Vietnams im Zeichen der Spaltung innerhalb der Führung. In: Asien. 1982. Nr. 5. S. 27-49. BZ 4760:1982

Dê Van Nguyên: Das Land der vielen Abschiede. Hannover: Lutherhaus-Verl. 1982. 131 S. Bc 3404

Elliott, D. W. P.: Vietnam in Asia: strategy and diplomacy in a new context. In: International Journal. Vol. 38, 1983. No. 2. S. 287-315. BZ 4458:38

Frost, F.: Vietnam, ASEAN and the Indochina refugee crisis. In: Southeast Asian affairs. 1980. S. 347-367. BZ 05354:1980

Indorf, H. H.; Suhrke, A.: Indochina. The nemesis of ASEAN? In: Southeast Asian affairs. 1981. S. 62-72. BZ 05354:1981

Soon, L. T.: The Soviet-Vietnamese treaty. A giant step forward. In: Southeast Asian affairs. 1980. S. 54-65. BZ 05354:1980

Turley, W.: The Vietnamese army. In: Communist armies in politics. 1982. S. 63-82. B 46932

k. Geschichte

Harrison, J. P.: The endless War. Fifty years of struggle in Vietnam. New York: Free Press 1982. XII, 372 S. B 47403

The third Indochina Conflict. Ed.: D. W. P. Elliott. Boulder: Westview 1982. XII, 247 S. B 46970

Long, N.; Kendall, H. H.: After Saigon fell. Daily life under the Vietnamese communists. Berkeley: Univ. of California 1981. XVIII, 164 S. B 48110

McWilliams, E.: Vietnam in 1982. Onward into the quagmire. In: Asian survey. Vol. 23, 1983. No. 1. S. 62-72. BZ 4437:23

Meng, N. S.: Vietnam in 1980. The challenge of isolation. In: Southeast Asian affairs. 1981. S. 343-361. BZ 05354:1981

Neudeck, R.: Die letzte Fahrt der CAP ANAMUR I. Rettungsfahrten 1979 bis 1982. Freiburg: Herder 1983. 159 S. Bc 3474

Nguyen, N. N.; Richey, E. E.: The Will of heaven. A story of one Vietnamese and the end of his world. New York: Dutton 1982. 341 S. B 47394

Simonnet, C.: Les Enfants du Fleuve Rouge. Paris: Ed. S. O. S. 1982. 331 S. B 48745

Szeponik, H.: Ho Chi Minh. Ein Leben für Vietnam. Berlin: Verl. Neues Leben 1981. 286 S. B 45668

Weggel, O.: Vietnam: Die historische Chance vertan? In: Aus Politik und Zeitgeschichte. 1983. B 37. S. 20-32. BZ 05159:1983

L 279 Zypern

Coufoudakis, V.: Cyprus and the European Convention on Human Rights. The law and politics of Cyprus v. Turkey, applications 6780/74 and 6950/75. In: Human Rights quarterly. Vol. 4, 1982. No. 4. S. 450-473. BZ 4753:4

Denktash, R. R.: The Cyprus Triangle. London: Allen and Unwin 1982. 222 S. B 46514

Loizos, P.: The Heart grown bitter. A chronicle of Cypriot war refugees. Cambridge: Univ. Pr. 1981. XII, 219 S. B 47178

Oberling, P.: The Raod to Bellapais. The Turkish Cypriot exodus to Northern Cyprus. New York: Columbia Univ. Pr. 1982. XII, 256 S. B 48176

Papalekas, J. C.: Geteiltes Zypern. Eine Herausforderung für den Westen. In: Südosteuropa-Mitteilungen. Jg. 22, 1982. Nr. 3/4. S. 105-121. BZ 4725:22

Rusinow, D. I.: Eine neue Chance auf Zypern? In: Europäische Rundschau. Jg. 9, 1981. Nr. 3. S. 43-56. BZ 4615:9

Smarov, V. A.: Kiprskij vopros. [Die Zypernfrage.] In: Voprosy istorii. God 1983. No. 1. S. 58-68. BZ 05317:1983

L 300 Afrika

e. Staat/Politik

Duhamel, B.: La Coopération trilatérale. Les relations entre l'Europe, l'Afrique et le monde arabe. Paris: Sycomore 1982. 108 S. B 46454

Gonidec, P.-F.: Un espoir pour l'homme et les peuples africains? La charte africaine des droits de l'homme et des droits des peuples. In: Le mois en Afrique. Année 18, 1983. No. 209-210. S. 22-40. BZ 4748:18

Grohs, G.: Bemerkungen zur afrikanischen Menschenrechts-Charta der OAU. In: Internationales Afrikaforum. Jg. 19, 1983. H. 2. S. 173-180. BZ 05239:19

Illy, H. F.: Nation und Nationalismus in Afrika. In: Nationalismus in der Welt von heute. 1982. S. 177-207. B 46874

Jackson, R. H.; Rosberg, C. G.: Personal Rule in black Africa. Prince, autocrat, prophet, tyrant. Berkeley: Univ. of Calif. Pr. 1982. XI, 316 S. B 47387

Jaster, R. S.: A regional Security Role for Africa's Front-Line States: experience and prospects. London: The Int. Inst. for Strat. Studies 1983. 45 S. Bc 01048

Lilley, R. J.: Constraints on superpower intervention in Sub-saharan Africa. In: Parameters. Vol. 12, 1982. No. 3. S. 63-75. BZ 05120:12

Mazrui, A. A.: Africa between nationalism and nationhood. In: Journal of Black Studies. Vol. 13, 1982. No. 1. S. 23-44. BZ 4607:23

M'buyinga, E.: Pan-Africanism or neo-colonialism? The bankruptcy of the O. A. U. Rev. and exp. ed. London: Zed Pr. 1982 236 S. B 47774

Odetola, T. O.: Military Regimes and development. A comparative analysis of African states. London: Allen and Unwin 1982. 200 S. B 47817

Communist Powers and Sub-Saharan Africa. Stanford: Hoover Inst. Pr. 1981. XII, 137 S. B 45932

Smith, A. D.: State and nation in the Third World. The Western state and African nationalism. Brighton: Wheatsheaf Books 1983. 171 S. B 48513

St. Jorre, J. de: Africa. Crisis of confidence. In: Foreign affairs. Vol. 61, 1983. No. 3. S. 675-691. BZ 05149:61

Thomas, G.: L'O.U.A. Institution lacunaire et strategraphique. In: Le mois en Afrique. Année 17, 1982. 201/202. S. 35-57. BZ 4748:17

Varela Barraza, H.: Africa: Crisis del poder político. Dictaduras y procesos populares. México: CEESTEM, Ed. Nueva Imagen 1981. 234 S. B 47291

Young, C.: Ideology and development in Africa. New Haven: Yale Univ. Pr. 1982. XVII, 376 S. B 47391

k. Geschichte

Bobo, B. F.: Multinational corporations in the economic development of black Africa. In: Asien. 1982. Nr. 5. S. 13-21. BZ 05368:9

Davidson, B.: The people's Cause. A history of guerrillas in Africa. Harlow: Longman 1981. XI, 210 S. B 47762

La Décolonisation de l'Afrique: Afrique australe et Corne de l'Afrique. Paris: Les Pr. de l'UNESCO 1981. 180 S. B 48036

Dogbé, Y.-E.: Lettre ouvert aux pauvres d'Afrique. Paris: Ed. Akpagnon 1981. 77 S. Bc 3247

Gaudier, M.: Afrique 2000. Une bibliographie analytique sur les propositions africaines pour le XXI. siècle. Africa 2000. An analytical bibliography on African proposals for the XXI century. Genève: Inst. internat. d'Études Sociales 1982. XIII, 313 S. B 47540

Gavshon, A.: Crisis in Africa. Battleground of East and West. Harmondsworth: Penguin Books 1981. 320 S. B 47639

Der bewaffnete Kampf der Völker Afrikas für Freiheit und Unabhängigkeit. Berlin: Militärverl. d. DDR 1981. 523 S. B 45419

The African Liberation Reader: Ed.: A. de Bragança and I. Wallerstein. Vol. 1.-3. London: Zed Pr. 1982. 202, 196, 219 S. B 47628

Miller, J. C.: The homeless of Africa. In: Africa today. Vol. 29, 1982. No. 2. S. 5-30. BZ 4407:29

Die Peripherie in der Weltwirtschaftskrise: Afrika, Asien und Lateinamerika 1929-1939. Hrsg.: D. Rothermund. Paderborn: Schöningh 1983. 295 S. B 48373

Schütze, W.: Krisenherde in Zentral- und Westafrika. In: Die internationale Politik. 1977/78. 1982. S. 243-255. BZ 4767:1977/78

The Transfer of power in Africa. Decolonization 1940-1960. New Haven: Yale Univ. Pr. 1982. XI, 654 S. B 48771

L 301 Nordafrika

Political Elites in Arab North Africa. Morocco, Algeria, Tunisia, Libya, and Egypt. New York: Longman 1982. XII, 273 S. B 47490

Parzymies, S.: Afryka Północna w polityce i strategii USA. [Nordafrika in der Politik u. Strategie der USA.] In: Sprawy Międzynarodowe. Rok 35, 1982. Zeszyt 10. S. 43-56. BZ 4497:35

1. Länderteil

Marokko

Caballero Poveda, F.: Marruecos. La campaña del 21 cifras reales. In: Ejército. Año 44, 1983. No. 522. S. 81-94. BZ 05173:44

Fleming, S.E.: Spanish Marocco and the alzamiento nacional, 1936-1939. The military, economic and political mobilization of a protectorate. In: Journal of contemporary history. Vol. 18, 1983. No. 1. S. 27-42. BZ 4552:18

Ruf, W.: Die innenpolitische und gesellschaftliche Entwicklung Marokkos. In: Afrika spectrum. Jg. 17, 1982. H. 2. S. 117-128. BZ 4614:17

Tzschaschel, J.: Wege und Wirkungen der Aussenpolitik Marokkos. In: Europa-Archiv. Jg. 38, 1983. Folge 15. S. 453-460. BZ 4452:38

Tunesien

Rondot, P.: Tunisie et Grand Maghreb arabe. In: Défense nationale. Année 39, 1983. Juin. S. 105-121. BZ 4460:39

L 303 Ostafrika

Steinbach, U.: Machtverschiebungen am Horn von Afrika. In: Die internationale Politik. 1977/78. 1982. S. 229-242. BZ 4767:1977/78

1. Länderteil

Dschibuti

Laudouze, A.: Djibouti. Nation - carrefour. Paris: Karthala 1982. 231 S. B 47328

Kenia

Berg-Schlosser, D.: Kenya nach dem Putschversuch. Hintergründe und Perspektiven. In: Internationales Afrikaforum. Jg. 18, 1982. H. 4. S. 367-376. BZ 05239:18

Somalia

Aden, A.H.H.: Somalia. Nahtstelle von Konflikten oder Kooperation? In: Internationales Afrikaforum. Jg. 18, 1982. H. 3. S. 253-266. BZ 05239:18

Gorman, R.F.: Political Conflict on the Horn of Africa. New York: Praeger 1981. XII, 243 S. B 46989

Pillitteri, P.: Somalia '81. Intervista con Siad Barre, Pref.: B. Craxi. Milano: SugarCo. 1981. 132 S. Bc 3051

The Transfer of power in Somalia. In: Horn of Africa. Vol. 5, 1982. No. 1. S. 36-61. BZ 05380:5

Uganda

Akinsanya, A.A.: The Entebbe Rescue Mission. A case of aggres- aggression? In: Journal of African studies.

Vol. 9, 1982. No. 2. S. 46-57. BZ 05368:9

Mamdani, M.: Imperialism and fascism in Uganda. Nairobi, Ibadan, London: Heinemann 1983. X, 115 S. Bc 3521

Richardson, M. L.: After Amin. The bloddy pearl. Atlanta: Majestic Books 1980. VI, 214 S. B 45380

Weyel, V.: Uganda: Macht und Lehen. Präkoloniale u. koloniale Bestimmungsfaktoren d. Innen- u. Aussenpolitik. In: Europa-Archiv. Jg. 38, 1983. Folge 14. S. 421-430. BZ 4452:38

L 305 Südafrika

Halbach, A. J.: Entwicklungspoobleme im südlichen Afrika. (Südafrika, Namibia, Zimbabwe.) München, London: Weltforum-Verl. 1982. 99 S. Bc 3176

l. Länderteil

Angola

Alberts, D. J.: Armed struggle in Angola. In: Insurgency in the modern world. 1980. S. 235-267. B 46122

Meyns, P.: Angola und Mosambik. Zwei sozialistische Staaten im südlichen Afrika. In: Die internationale Politik. 1977/78. 1982. S. 256-268. BZ 4767:1977/78

Sambia

Kaunda, K. D.: Kaunda on violence. London: Collins 1980. 184 S. B 45564

Zimbabwe

Caute, D.: Under the Skin. The death of white Rhodesia. London: Lane 1982. 446 S. B 48769

Davidow, J.: Zimbabwe is a success. In: Foreign Policy. No. 49. 1983. S. 93-106. BZ 05131:49

Mungazi, D. A.: The Cross between Rhodesia and Zimbabwe. Racial conflict in Rhodesia, 1962-1979. New York: Vantage Pr. 1981. XIII, 338 S. B 47464

Wiseman, H.; Taylor, A. M.: From Rhodesia to Zimbabwe. The politics of transition. New York: Pergamon Pr. 1981. XXI, 170 S. B 46654

L 307 Westafrika

Elfenbeinküste

État et bourgeoisie en Côte-D'Ivoire. Paris: Karthala 1982. 270 S. B 47155

Gabun

Maganga-Moussavou, P.C.: L'Aide publique de la France au développement du Gabon depuis l'indépendance. 1960-1978. Paris: Publ. da la Sorbonne 1982. 303 S. B 47253

Guinea

Owona, J.: La Guinée equatoriale et la démocratisation. L'astucieux recours à un "constitutionnalisme rédhibitoire" de 1982. In: Le mois en Afrique. Année 18, 1983. Nos. 207-208. S. 52-68. BZ 4748:18

"Verschwunden" in Guinea. Ein Bericht über "verschwundene" Gefangene in d. Revolutionären Volksrepublik Guinea. Bonn: amnesty international 1982. 47 S. D 2513

Guinea-Bissau

Der Putsch in Guinea-Bissau und seine ersten Folgen. Dokumente. Bochum: Amilcar-Cabral-Gesellschaft 1981. 76 S. D 2504

Kamerun

Oyono, D.: Introduction à la politique africaine du Cameroun. In: Le mois en Afrique. Année 18, 1983. Nos. 207-208. S. 21-30. BZ 4748:18

Liberia

Kappel, R.: Ökonomische Krise und Herrschaft in Liberia nach dem Militärputsch 1980. In: Afrika-spectrum. Jg. 17, 1982. H. 3. S. 277-296. BZ 4614:17

Mauretanien

Mercer, J.: Die Haratin, Mauretaniens Sklaven. Göttingen: Geselllsch. f. bedrohte Völker 1982. 110 S. Bc 3099

Senegal

Gellar, S.: An African Nation between Islam and the West. Boulder: Westview 1982. XIII, 145 S. B 48772

Martens, G.: Révolution ou participation. Syndicats et partis politiques au Sénégal. Pt. 1. In: Le mois en Afrique. Année 18, 1983. No. 205/206. S. 72-79; 97-113. BZ 4748:18

L 311 Abessinien / Äthiopien

Blatch, G.S.: Im Horn von Afrika ist die Zukunft nie gewiß. Anmerkungen zur Ogaden-Frage. In: Beiträge zur Konfliktforschung. Jg. 12, 1982. Nr. 3. S. 69-90. BZ 4594:12

Halliday, F.; Molyneux, M.: The Ethiopian Revolution. London: Verso Ed. 1981. 304 S. B 47630

Erklärung der EPLF (Eritrean peoples Liberation Front). Die Lage in und um Eritrea. 6. Militär-Offensive d. äthiopischen Junta u. d. Rolle d. UdSSR. [o. O.] 1982. 22 S. D 2539

Frauen und Revolution in Eritrea. Nationale Vereinigung Eritreischer Frauen - Massenorganisation der EPLF - . Rom 1982. 32 S. D 2538

Laitin, D. D.; Harker, D. A.: Military rule and national secession. Nigeria and Ethiopia. In: Civil-military relations. 1981. S. 258-286. B 47486

Eritrea Hilfswerk in Deutschland e. V. - Mein Eritrea - unser Eritrea! Katalog zu e. Ausstellung im Bremer Übersee-Museum. Bremen: Verl. Roter Funke 1982. 96 S. Bc 3150

Moffa, C.: La Rivoluzione etiopica. Urbino: Argalia Ed. 1980. 487 S. B 47033

Noggo, Y.: Agrarreform und Klassenkampf in Äthiopien. Giessen: Initiative f. e. Sozial. Zentrum 1982. 72 S. D 2650

L 313 Ägypten

Cooper, M. N.: The Transformation of Egypt. London: Croom Helm 1982. 278 S. B 46437

Dekmejian, R. H.: Egypt and Turkey. The military in the background. In: Soldiers, peasants, and bureaucrats. 1982. S. 28-51. B 47747

Desjardins, T.: Sadate, pharaon d'Egypte. Paris: Valtard 1981. 515 S. B 45405

Fernández-Armesto, F.: Sadat and his statecraft. London: Kensal Pr. 1982. 196 S. B 47793

Hirst, D.; Beeson, I.: Sadat. London: Faber and Faber 1981. 384 S. B 48495

Hussain, A.: Islamic Movements in Egypt, Pakistan and Iran. An annot. bibliography. London: Mansell 1983. XIV, 168 S. B 48719

Kosman, W. Y.: Sadat's realistic Peace Initiative. New York: Vantage Pr. 1981. 109 S. B 47487

Menschenrechte in Ägypten. Willkürliche Festnahmen, Folter, politische Haft, Todesstrafe. Bonn: amnesty international 1983. 71 S. D 2570

Nasser, G. A.: La Vision nassérienne. Textes choisis et présentés par P. Balta et C. Rulleau. Paris: Sindbad 1982. 279 S. B 47314

Schulze, H. R.: Sadat der Ägypter. München: Tigris Verl. 1982. 335 S. 08838

Shoukri, G.: Egypt: Portrait of a president, 1971-1981. The counter-revolution in Egypt. Sadat's road to Jerusalem. London: Zed. Pr. 1981. V, 465 S. B 47739

Spehl, H.: Nahostinitiativen. Die Aufopferung d. Präsidenten Sadat u. andere Erdöl-Manöver. Freiburg: Holograph Ed. 1981. 31 S. D 2508

Terry, J. J.: The Wafd. 1919-1952. Cornerstone of Egyptioan political power. London: Third World Centre 1982. 331 S. B 48688

Tibi, B.: Ägypten und seine arabische Umwelt. In: Beiträge zur Konfliktforschung. Jg. 12, 1982. Nr. 4. S. 33-60. BZ 4594:12

Tibi, B.: Ein zweiter Iran im Nahen Osten? Ägypten und die krisenhafte Entwicklung seiner Binnenstrukturen. In: Aus Politik und Zeitgeschichte. 1983. B 49. S. 49-62. BZ 05159:1983

L 315 Algerien

Baumann, H.: Staatsmacht, Demokratie und Revolution in der DVR Algerien. Berlin: Staatsverl. d. DDR 1980. 187 S. B 45420

Farès, A.: La cruelle Vérité. L'Algerie de 1945 à l'indépendance. Paris: Plon 1982. 251 S. B 46465

Lauff, R. J.: Die Außenpolitik Algeriens 1962-1978. Phasen und Bezugsfelder. München: Weltforum Verl. 1981. IX, 227 S. B 46569

Tzschaschel, J.: Algeriens Aussenpolitik der Blockfreiheit. Neue Akzente zwischen Ost und West. In: Europa-Archiv. Jg. 38, 1983. Folge 3. S. 93-100. BZ 4452:38

Die Werkschulen in Algerien. Berlin: Werkschule 1982. 38 S. D 2645

Yefsah, A.: Le Processus de légitimation du pouvoir militaire et la construction de l'état en Algérie. Paris: Éd. Anthropos 1982. 204 S. B 47259

L 329 Ghana

Adamafio, T.: By Nkrumah's Side. The labour and the wounds. Accra: Westcoast Publ. House 1982. IX, 144 S. B 48514

Amonoo, B.: Ghana 1957-1966. The politics of institutional dualism. London: Allen and Unwin 1981. X, 242 S. B 45368

Bening, R. B.: The Ghana-Togo boundary, 1914-1982. In: Afrika spectrum. Jg. 18, 1983. H. 2. S. 191-210. BZ 4614:18

Kneer, J.: Ghana: Eine makroökonomische Analyse. In: Afrika spectrum. Jg. 18, 1983. H. 2. S. 139-156. BZ 4614:18

Ramphal, S. S.: Nkrumahs Erbe im Spiegel der 80er Jahre. Brazzaville, Heidelberg: Kvouvou 1982. 46 S. Bc 3202

Rothchild, D.; Gyimah-Boadi, E.: Ghana's return to civilian rule. In: Africa today. Vol. 28, 1981. No. 1. S. 3-16. BZ 4407:28

L 343 Libyen

Anderson, L.: Libya and American foreign policy. In: The Middle East Journal. Vol. 36, 1982. No. 4. S. 516-534. BZ 4463:36

Cooley, J. K.: Libyan Sandstorm. New York: Holt, Rinehart and Winston 1982. XIV, 320 S. B 47908

Lanne, B.: Tchad-Libye. La querelle des frontières. Paris: Karthala 1982. 245 S. B 46705

Mason, J. P.: Quadhdhafi's "Revolution" and change in a Libyan oasis community. In: The Middle East Journal. Vol. 36, 1982. No. 3. S. 319-335. BZ 4663:36

Mattes, H.: Die Volksrevolution in der sozialistischen libyschen arabischen Volksgamahiriyya. Die Entwicklung d. polit. Systems nach dem al-fatih u. d. Bedeutung Mucammar al-Qaddafi's f. den gesellschaftl. Transformationsprozeß. Brazzaville: Kiyouvou 1982. VIII, 982 S. B 47502

Rondot, P.: Le Colonel Kadhafi. Mythe et réalité. In: Le mois en Afrique. Année 18, 1983. Nos. 207-208. S. 9-20. BZ 4748:18

Roumani, J.: From Republic to Jamahiriya: Libya's search for political community. In: The Middle East Journal. Vol. 37, 1983. No. 2. S. 151-168. BZ 4463:37

Vignolo, M.: Gheddafi. Milano: Rizzoli 1982. 198 S. B 47693

L 353 Moçambique

Kiracofe, C. A.: The communist takeover of Mozambique. An overview. In: The journal of social, political and economic studies. Vol. 7, 1982. Nos. 1/2. S. 115-128. BZ 4670:7

Lay, M. van: Kirche im Entkolonisierungskonflikt. Eine Fallstudie zum Krieg um die Entkolonisierung Mosambiks 1964-1974. München: Kaiser 1981. 399 S. B 47872

Mosambik. Bewaffnete Banditen oder Widerstandskämpfer? Fakten, Hintergründe u. Analysen zur MNR (Mozambique National Resistance). Bielefeld: AKAFRIK 1983. 44 S. D 2762

Rebelos, J.: Mosambik. Die aktuelle Lage im Land. Gekürzter Abdruck e. Rede Jorge Rebelos... Frankfurt: Koordinierungskreis Mosambik 1983. 16 S. D 2761

Spaceck, P.: Kämpfendes Moçambique. Berlin: Solidaritätskomitee d. DDR 1982. 47 S. Bc 3563

L 354 Namibia

Balicki, J.: Problematyka Namibii w świetle prawa międzynarodowego. [Die Namibia-Frage aus der Sicht des Völkerrechts.] In: Przeglad stosunków międzynarodowych. 1981. No. 2/3. S. 25-40. BZ 4777:1981

Brinkman, A.: Südwestafrika. Vorposten d. wahren Europas. Hrsg.: Hilfskomitee Südliches Afrika. Coburg: Nation Europa Verl. 1981. 8 S. D 2595

Dedial, J.: Die Namibia-Frage vor der Entscheidung. Führt der Weg in die Unabhängigkeit über Angola? In: Europa Archiv. Jg. 38, 1983. Folge 4. S. 119-128. BZ 4452:38

Germani, H.: Rettet Südwest! München: Herbig 1982. 187 S. B 47580

Koenig, B.: Namibia. The ravages of war. South Africa's onslaught on the Namibian people. London: International Defence and

Aid Fund for Southern Africa 1983. 60 S. Bc 3315

Mégevand, B.: La Questione della Namibia. Africa di Sud Ovest. Milano: Giuffre 1982. VIII, 268 S. B 47554

Menschenrechtsverletzungen in Namibia. Bonn: amnesty international 1982. 34 S. D 2533

Namibia. Kolonialismus und Widerstand. Hrsg.: H. Melber. Bonn: Informationsstelle Südl. Afrika 1981. 320 S. B 46901

Namibia in the 1980s. London: The Catholic Institute for Internat. Relations 1981. 84 S. Bc 3399

Shepherd, G.W.: Breaking the Namibia impasse. In: Africa today. Vol. 29, 1982. No. 1. S. 21-35. BZ 4407:29

Sosnowski, L.: Rozmowy w sprawie niepodległości Namibii. [Verhandlungen über Namibias Unabhängigkeit.] In: Przegląd stosunków międzynarodowych. 1981. Nr. 4. S. 109-123. BZ 4777:1981

To be born a nation. The liberation struggle for Namibia. Dept. of Information and Publicity, SWAPO of Namibia. London: Zed Pr. 1981. V, 357 S. B 47634

Uranabbau in Namibia. Gestohlenes Uran für d. strahlende Zukunft d. Bundesrepublik. Bremen: Anti-Apartheid-Bewegung 1982. 114 S. D 2623

Weber, O. von: Geschichte des Schutzgebietes Deutsch-Südwest-Afrika. 2. Aufl. Windhoek: Verl. d. S.W.A. wissenschaftl. Gesellsch. 1979. 308 S. B 47127

Ya-Otto, J.; Gjerstad, O.; Mercer, M.: Battlefront Namibia. London: Heinemann 1982. 151 S. B 46635

L 357 Nigeria

Bley, H.: Die koloniale Dauerkrise in Westafrika. Das Beispiel Nigeria. In: Die Peripherie in der Weltwirtschaftskrise: Afrika, Asien und Lateinamerika 1929-1939. 1982. S. 37-58. B 48373

Dudley, B.: An Introduction to Nigerian government and politics. Bloomington, Ind.: Indiana Univ. Pr. 1982. IX, 367 S. B 48707

The Nigerian 1979 Elections. Ed.: O. Oyediran. London: Macmillan 1981. XI, 182 S. B 46867

Fasehun, O.: Nigeria and the Ethiopia-Somalia conflict. A case study of continuity in Nigerian foreign policy. In: Afrika spectrum. Jg. 17, 1982. H. 2. S. 183-194. BZ 4614:17

Laitin, D.D.; Harker, D.A.: Military rule and national secession. Nigeria and Ethiopia. In: Civil-military relations. 1981. S. 258-286. B 47486

Nwosu, N.N.: The political policies of Nigeria. In: The journal of social, political and economic studies. Vol. 8, 1983. No. 1. S. 101-113. BZ 4670:8

Williams, D.: President and power in Nigeria. The life of Shehu Shagari. London: Cass 1982. XXVI, 276 S. B 48768

L 364 Rio de Oro/Dem. Arab. Rep. Sahara

Barbier, M.: Le Conflit du Sahara Occidental. Paris: L'Harmattan 1982. 419 S. B 46724

Barbier, M.: Le problème du Sahara occidental et la crise de l'O.U.A. In: Le mois en Afrique. Année 18, 1983. Nos. 207-208. S. 31-51. BZ 4748:18

Damis, J.: The Western Sahara conflict: Myths and realities. In: The Middle East Journal. Vol. 37, 1983. No. 2. S. 169-179. BZ 4463:37

Le Borgne, C.: Le conflit du Sahara occidental. In: Défense nationale. Année 39, 1983. Mai. S. 111-131. BZ 4460:39

L 375 Südafrikanische Republik

a./d. Allgemeines

Harrison, D.: The white Tribe of Africa. South Africa in perspective. Berkeley: Univ. of Calif. Pr. 1981. VII, 307 S. B 48704

Jorissen, W.: L'Afrique du Sud: un bouc émissaire? Un bilan positif. Bruxelles: Vander 1982. 236 S. B 47264

Südafrika-Handbuch. Südafrika, Namibia und Zimbabwe. Polit. Lexikon. Wuppertal: Jugenddienst-Verl. 1982. 436 S. B 47355

Weiss, W.: Südafrika. Wels: Welsermühl 1982. 231 S. 08789

Apartheid

Apartheid - nein danke! Südliches Afrika. 1982 - UNO-Jahr d. Mobilisierung für Sanktionen gegen Südafrika. Kiel: Magazin-Verl. 1982. 48 S. D 2578

Brade, K.: Südafrika. Berlin: Dietz 1982. 80 S. Bc 3481

Özgür, O. A.: Apartheid. The United Nations and peaceful change in South Africa. Dobbs Ferry: Transnational Publ. 1982. XX, 220 S. B 48494

Ramsamy, S.: Apartheid. The real hurdle. Sport in South Africa and the international boycott. London: International Defence and Aid Fund for Southern Africa 1982. 107 S. B 46902

Sjollema, B.: Isolation der Apartheid. Die Zusammenarbeit des Westens mit Südafrika. Richtlinienentscheidungen d-Ökumen. Rates d. Kirchen u. d. Antworten d. Kirchen. Frankfurt: Lembeck 1983. 174 S. Bc 3543

Südafrika - Land der Apartheid. Bremen: Anti-Apartheid-Bewegung 1982. 48 S. D 2680

Unterdrückung in Südafrika - wie lange noch? Frankfurt: Evang. Frauenarbeit in Deutschland 1983. 55 S. D 02585

Western, J.: Outcast Cape Town. Minneapolis: Univ. of Minnesota Pr. 1981. XVI, 372 S. B 47397

e. Staat/Politik

Cook, A.: Akin to slavery. Prison labour in South Africa. London: International Defence and Aid Fund 1982. 81 S. Bc 3316

Dadoo, Y.: Die Krise des Rassistenregimes in Südafrika. In: Probleme des Friedens und des Sozialismus. Jg. 25, 1982. Nr. 12. S. 1614-1623. BZ 4504:25

Friedland, E.A.: The South African freedom movement: Factors influencing its ideological development, 1912-1980s. In: Journal of Black Studies. Vol. 13, 1983. No. 3. S. 337-354. BZ 4607:13

Geldenhuys, D.: The Destabilisation controversy: An analysis of a high-risk foreign policy for South Africa. In: Politikon. Vol. 9, 1982. No. 2. S. 16-31. BZ 4371:9

Kotzé, D.J.: Communism and South Africa. 2. rev. ed. Cape Town: Tafelberg Publ. 1982. 252 S. B 46742

Malinowski, M.J.: Ekspansja RPA na Czarnym Lądzie. [Die Expansion der Südafrikanischen Republik in den Schwarzen Kontinent.] In: Sprawy Międzynarodowe. Rok 35, 1982. Zeszyt 10. S. 87-100. BZ 4497:35

Mayer, H.; Wahl, P.: Sanktionen gegen Südafrika. Tatsachen u. Argumente. Frankfurt: Antiimperialistisches Solidaritätskomitee 1982. 11 S. D 2601

Moorcraft, P.L.: The MIC under siege. The white redoubt in Africa. In: War, business and world military-industrial complexes. 1981. S. 194-208. B 47000

Ropp, K. Frhr. von der: Konflikte im Umfeld der Republik Südafrika. In: Aussenpolitik. Jg. 34, 1983. H. 1. S. 80-92. BZ 4457:34

Ropp, K. Frhr. von der : Südafrika zwischen friedlichem Ausgleich und Gewalt. In: Die internationale Politik. 1975/76. 1981. S. 296-313. BZ 4767:1975/76

Ropp, K. Frhr. von der: Die Tragik radikaler Postulate in Südafrika. In: Aussenpolitik. Jg. 33, 1982. H. 3. S. 186-296. BZ 4457:33

Sinclair, M.: In Search of the political middleground in South-Africa. In: Politikon. Vol. 9, 1982. No. 1. S. 30-39. BZ 4371:9

Tennyson, B.D.: Canadian policy towards South Africa. In: Africa today. Vol. 29, 1982. No. 1. S. 3-20. BZ 4407:29

f. Wehrwesen

Coker, C.: South Africa. A new military role in Southern Africa 1969-82. In: Suvival. Vol. 25, 1983. No. 2. S. 59-67. BZ 4499:25

Dodd, N.L.: The South African army. In: The army quarterly and defence journal. Vol. 113, 1983. No. 2. S. 135-146. BZ 4770:2

Skawran, P.R.: Die südafrikanische Wehrmacht. In: Deutsches Soldatenjahrbuch. Jg. 31, 1983. S. 229-239. F 145:31

Steenkamp, W.; Potgieter, H.: Aircraft of the South African air force. 2. ed. Cape Town: Struik 1981. 180 S. 08887

k. Geschichte

Babing, A.; Braeuer, H.-D.: Fanal am Kap. Berlin: Verl. der Nation 1982. 400 S. B 47591

Brehme, G.: Der Süden Afrikas im Aufbruch. Berlin: Staatsverl. d. DDR 1982. 91 S. Bc 3216

Gann, L.H.; Duignan, P.: Südafrika geht seinen Weg. Stuttgart: Seewald Verl. 1982. 388 S. B 46214

Rupert, A.: Einheit in der Vielfalt. Südafrikas Verantwortung und Herausforderung - Visionen eines Unternehmers. Stuttgart: Seewald 1982. 136 S. B 47361

L 381 Tansania

Biermann, W.: Regionalpolitische Auswirkungen des tanzanisch-ugandischen Krieges 1978-1979. In: Internationales Afrikaforum. Jg. 19, 1983. H. 1. S. 77-82. BZ 05239:19

Clayton, A.: The Zanzibar Revolution and its aftermath. Hamden: Archon Books 1981. XVI, 166 S. B 46928

Joinet, B.: Tanzanie. Manger d'abord. Paris: Éd. Karthala 1981. 261 S. B 46404

Mittelman, J.H.: Underdevelopment and the transition to socialism. Mozambique and Tanzania. New York: Academic Pr. 1981. XIII, 277 S. B 47446

Shaw, T.M.; Msabaha, I.S.R.: From dependence to diversification. Tanzania, 1967-77. In: Why nations realign. Foreign policy restructuring in the postwar world. 1982. S. 47-72. B 48230

Tanzania under colonial rule. Ed.: M.H.Y. Kaniki. London: Langman 1980. VIII, 391 S. B 45562

Yeager, R.: Tanzania. An African experiment. Boulder: Westview 1982. XII, 136 S. B 47819

L 385 Tschad

Bouquet, C.: Tchad. Genèse d'un conflit. Paris: L'Harmattan 1982. 251 S. B 46726

Owona, J.: Tchad. L'état, le droit et la politique. L'échec de la charte fondamentale du 25 août 1977. In: Le mois en Afrique. Année 17, 1982. No. 200. S. 16-37. BZ 4748:17

Thompson, V.; Adloff, R.: Conflict in Chad. London: Hurst 1981. VII, 180 S. B 47632

Yost, D.S.: French policy in Chad and the Libyan challenge. In: Orbis. Vol. 26, 1983. No. 4. S. 965-998. BZ 4440:26

L 391 Zaire

C a m a r a , S. : Le Zaire et la puissance. 1. 2. In: Le mois en Afrique. Année 18, 1983. 203/104. S. 17-38. 205/206. S. 38-61. BZ 4748:18

H a k i m , N. J. ; S t e v e n s , R. P. : Zaire and Israel. An American connection. In: Journal of Palestine studies. Vol. 12, 1983. No. 3. S. 41-53. BZ 4602:12

K a n z a , T. : The Rise and fall of Patrice Lumumba. Conflict in the Congo. Boston: Hall 1979. 386 S. B 46943

S c h m i t z , E. : Stabilisierende und destabilisierende Faktoren eines Systems im wirtschaftlichen Niedergang: Der Fall Zaire. In: Afrika spectrum. Jg. 18, 1983. H. 1. S. 49-70. BZ 4614:18

W i r z , A. : Die Entwicklung der kolonialen Zwangswirtschaft in Belgisch-Kongo. In: Die Peripherie in der Weltwirtschaftskrise. Afrika, Asien und Lateinamerika 1929-1939. 1982. S. 59-79. B 48373

L 400 Amerika

L 402 Lateinamerika

e. Staat/Politik

Abugattas, J.: The perception of the Palestinian question in Latin America. In: Journal of Palestine studies. Vol. 11, 1982. No. 3. S. 117-128. BZ 4609:11

Brown, R. C.: Liberation theology in Latin America. Its challenge to the United States. In: Conflict. Vol. 4, 1983. No. 1. S. 21-58. BZ 4687:4

Democrazia in America latina negli anni '80. Milano: Angeli 1982. 200 S. B 48034

Drekonja-Kornat, G.: Lateinamerika - Europa: Verstörungen. In: Europäische Rundschau. Jg. 11, 1983. Nr. 2. S. 37-47.BZ 4615:11

Ferris, E. G.: The Andean Pact and the Amazon Treaty. Reflection of changing Latin American relations. In: Journal of Interamerican studies and world affairs. Vol. 23, 1981. No. 2.S. 147-175. BZ 4608:23

Finan, J. J.; Child, J.: Latin America: International relations. A guide to information sources. Detroit: Gale 1981. XVII, 236 S. B 47249

Grabendorff, W.: Veränderungen im Verhältnis zwischen den Vereinigten Staaten und Lateinamerika. In: Die internationale Politik. 1977/78. 1982. S. 209-228. BZ 4767:1977/78

Herman, E. S.: The real Terror Network. Terrorism in fact and propaganda. Boston: South End Pr. 1982. IX, 252 S. B 48109

Kaufman Purcell, S.: War and debt in South America. In: Foreign affairs. Vol. 61, 1983. No. 3. S. 660-674. BZ 05149:61

Lateinamerika. Herrschaft, Gewalt und internationale Abhängigkeit. Hrsg.: K. Lindenberg. Bonn: Verl. Neue Gesellschaft 1982. 358 S. B 46240

Politisches Lexikon Lateinamerika. Hrsg.: P. Waldmann. 2. neubearb. Aufl. München: Beck 1982. 431 S. B 48119

Levy, D.: Comparing authoritarian regimes in Latin America. Insights from higher education policy. In: Comparative politics. Vol. 14, 1981. No. 1. S. 31-52. BZ 4606:14

Kommunističeskie Partii Latinskoj Ameriki. [Die kommunistischen Parteien Lateinamerikas.] Moskva: Nauka 1982. 363 S. B 46543

Latin American foreign Policies: Global and regional dimensions. Ed.: E.G. Ferris and J.K. Lincoln. Boulder: Westview 1981. XVII, 300 S. B 47414

Latin American Populism in comparative perspective. Ed.: M.L. Conniff. Albuquerque: Univ. of New Mexico Pr. 1982. XIII, 248 S. B 48352

Human Rights and U.S. human rights policy. Theoretical approaches and some perspectives on Latin America. Ed.: H.J. Wiarda. Washington, London: American Enterprise Institute for Public Policy Research 1982. 96 S. Bc 3470

Schoultz, L.: Human Rights and United States policy toward Latin America. Princeton: Univ. Pr. 1981. XVII, 421 S. B 46860

Sozialdemokratie und Lateinamerika. Berlin: Forschungs- u. Dokumentationszentrum Chile-Lateinamerika 1982. 416 S. B 46696

Kaufman Purcell, S.: War and debt in South America. In: Foreign affairs. Vol. 61, 1983. No. 3. S. 660-674. BZ 05149:61

f. Wehrwesen

Baeza, M.F.: Nationale Sicherheit in Lateinamerika. Ihre ideologische und legitimierende Funktion bei der Errichtung von Militärregimen seit 1964. Heidelberg: Esprint-Verl. 1981. 261 S. B 46561

Bauder, I.: Militarismen i Latinamerika. In: Militärhistorisk tidskrift. Årg. 1982. S. 111-168. BZC 2:1982

Colomar Albajar, M.A.: Catálogo de uniformes. Sección de mapas y planos. Madrid: Min. de Cultura 1981. 99 S. Bc 3078

Goldberg, G.W.: La funcion política de las fuerzas armadas en America latina. In: Memorial del ejército de Chile. Año 76, 1982. No. 410. S. 44-55. BZ 4470:76

Moyano, M.A.: Armas modernas para América Latina. Buenos Aires: Nemont 1981. IV, 60 S. Bc 2981

Ocana, V.: Las fuerzas aéreas latinoamericanas. In: Tecnologia militar. Año 5, 1983. No. 3. S. 12-26. BZ 05350:5

Wolpin, M.D.: Military radicalism in Latin America. In: Journal of Interamerican studies. Vol. 23, 1981. No. 4. S. 395-428. BZ 4608:23

g./h. Wirtschaft und Gesellschaft

Braeucker, S.: Frauenwiderstand in Lateinamerika. Hamburg: Libertäre Assoz. 1982. 304 S. B 47663

Class, state, and power in the Third World. With case studies on class conflict in Latin America. Montclair: Allanheld, Osmun 1981. XV, 285 S. B 45522

Kuczynski, P.-P.: Latin American debt. In: Foreign affairs. Vol. 61, 1982. No. 2. S. 344-364. BZ 05149:61

Philip, G.: Oil and politics in Latin America. Nationalist

movements and state companies. Cambridge: Univ. Pr. 1982. XVII, 577 S. B 48327

Politics and social change in Latin America. The distinct tradition. Ed.: H. J. Wiarda. 2. rev. ed. Amherst: Univ. of Massachusetts Pr. 1982. XI, 368 S. B 46869

Tigner, J. L.: Japanese immigration into Latin America. A survey. In: Journal of Interamerican studies. Vol. 23, 1981. No. 4. S. 457-482. BZ 4608:23

k. Geschichte

Albonico, A.: America latina. Tra nazionalismo, socialismo e imperialismo. Milano: Marzorati 1982. 292 S. B 47076

Conta, M. von: Reportagen aus Lateinamerika. Zürich: Diogenes 1982. 536 S. B 46185

Humphreys, R. A.: Latin America and the second world war. Vol. 1. 2. London: Athlone Pr. 1981-82. 232, 296 S. B 46951

Der lange Kampf Lateinamerikas. Texte u. Dokumente von José Martí bis Salvador Allende. Hrsg.: A. Rama. Frankfurt: Suhrkamp 1982. 423 S. B 47366

Lateinamerika. Der sichtbare Aufstand. Texte, Filme, Hintergrund. Köln: Souterrain Arbeitskreis Lateinamerika 1981. 30 S. D 2510

l. Länderteil

Ekuador

Cueva, A.: The Process of political domination in Ecuador. New Brunswick: Transaction Books 1982. 106 S. B 46847

Guayana

Kroes, R.: The small-town coup. The NCO political intervention in Surinam. In: Armed forces and society. Vol. 9, 1982. No. 1. S. 115-134. BZ 4418:9

Premdas, R. R.: Guyana, changes in ideology and foreign policy. In: World affairs. Vol. 145, 1982. No. 2. S. 177-202. BZ 4773:145

Kolumbien

Dumont, R.: Le Mal-développement en Amérique latine. Mexique, Colombie, Brésil. Paris: Éd. du Seuil 1981. 281 S. B 46453

König, H.-J.: Lateinamerika in der Krise. Das Beispiel Kolumbien. In: Der Peripherie in der Weltwirtschaftskrise: Afrika, Asien und Lateinamerika 1929-1939. 1982. S. 245-284. B 48373

Krumwiede, H.-W.: Politik und katholische Kirche im gesellschaftlichen Modernisierungsprozeß. Tradition u. Entwicklung in Kolumbien. Hamburg: Hoffmann u. Campe 1980. 308 S. B 46269

Ruhl, J. M.: Civil-military relations in Colombia. A societal explanation. In: Journal of Interamerican studies and world affairs. Vol. 23, 1981. No. 2. S. 123-146. BZ 4608:23

Paraguay

Paraguay. Bundeskongress entwicklungspolitischer Aktionsgruppen. Kiel: Magazin-Verl. 1982. 46 S. D 2575

Uruguay

Fasano Mertens, F.: Después de la derrota. Un eslabón débil llamado Uruguay. México: Ed. Nueva Imagen 1980. 353 S. B 44332

Handelman, H.: Labor-industrial conflict and the collapse of Uruguayan democracy. In: Journal of Interamerican studies. Vol. 23, 1981. No. 4. S. 371-394. BZ 4608:23

Venezuela

Alexander, R. J.: Rómulo Betancourt and the transformation of Venezuela. New Brunswick: Transaction Books 1982. VIII, 737 S. B 47393

Ewell, J.: The Indictment of a dictator. The extradition and trial of Marcos Pérez Jiménez. College Station: Texas A and M Univ. Pr. 1981. VIII, 203 S. B 47528

Gil Yepes, J. A.: The Challenge of Venezuelan democracy. New Brunswick: Transaction Books 1981. 280 S. B 46955

L 409 Mittelamerika

Anderson, T. P.: Politics in Central America. Guatemala, El Salvador, Honduras, and Nicaragua. New York: Praeger 1982. XIII, 221 S. B 48328

Granjon, M.-C.: Les interventions des Etats-Unis en Amérique centrale (1885-1980): le poids du passé. In: Politique étrangère. Année 47, 1982. No. 2. S. 297-308. BZ 4449:47

Louis, A.: Mittelamerika im Umbruch. Die demokratischen Kräfte formieren sich. München: Internat. Arbeitsgemeinschaft "Freiheit u. Demokratie" 1983. 72 S. D 2583

Mittelamerika. Flüchtlingspolitik - Politik mit menschlichem Elend. Bonn: Informationsstelle Lateinamerika 1982. 72 S. D 02573

Paolucci, G.: Bibliografia su religioni e società nel Centro America (1976-1981). Pisa: Giardini 1983. 121 S. B 49443

Riding, A.: The Central American quagmire. In: Foreign affairs. Vol. 61, 1983. No. 3. S. 641-659. BZ 05149:61

Schori, P.: I orkanens öga. Om den kommande revolutionen i Centralamerika. Stockholm: Tiden 1981. 135 S. B 45890

Thesing, J.: Zentralamerika im Umbruch. In: Aus Politik und Zeitgeschichte. 1982. B 46. S. 3-20. BZ 05159:1982

Honduras

Honduras. Frankfurt: Antiimperial. Solidaritätskomitee 1983. 13 S. D 02717

Honduras - am Rande des Krieges. Duisburg: Lateinamerika-Komitee 1983. 65 S. D 2703

L 421 Argentinien

Anarchismus in Argentinien. Elmstein: Die Schwarze Kunst 1981. 32 S. D 2622

Bittner, W.: Gewerkschaften in Argentinien. Vom Anarchismus zum Peronismus. Berlin: Schelzky u. Jeep 1982. 517 S. B 46420

El Derecho a la libertad. Buenos Aires: Ejército Argentino 1980. 187 S. B 50013

García, M. A.: Peronismo. Desarrollo economico y lucha de clases en Argentina. Espluges de Llobregat: Acosta 1980. 137 S. Bc 2374

Gillespie, R.: Soldiers of Peron. Argentina's Montoneros. Oxford: Clarendon Pr. 1982. XVI, 310 S. B 47979

Holt Maldonado, E. A.: Argentina. Unica solución. Modificar el patrón ético-político. Buenos Aires: Marymar 1980. 112 S. Bc 2236

Lebend wurden sie verschleppt - lebend wollen wir sie zurück. Eine Dokumentation z. Repression in Argentinien u. d. deutsch-argentinischen Beziehungen. Berlin: Ökumenisch-Missionarisches Institut 1983. 91 S. D 2667

Timerman, J.: Wir brüllten nach innen. Frankfurt: Fischer 1982. 170 S. B 45667

Villemarest, P. F. de: Strategen der Angst. 20 Jahre Revolutionskrieg in Argentinien. Genf: Ed. Voxmundi 1981. 221 S. B 46698

Volberg, H.: Auslandsdeutschtum und Drittes Reich. Der Fall Argentinien. Köln: Böhlau 1981. XIV, 219 S. B 45573

Waldmann, P.: Der Zweite Weltkrieg und die Entstehung des Peronismus. Eine Interpretation aus dependenztheoretischer Perspektive. In: Vierteljahrshefte für Zeitgeschichte. Jg. 31, 1983. H. 2. S. 181-201. BZ 4456:31

L 423 Bolivien

Ché Guevara und die Revolution in Mittelamerika. Schafft zwei, drei, ... viele Nicaragua! Aachen: Sozialist. Zentrum 1982. 41 S. D 02469

Kelley, J.; Klein, H. S.: Revolution and the rebirth of inequality. Berkeley: Univ. of Cal. Pr. 1981. IX, 279 S. B 47136

Klein, H. S.: Bolivia. The evolution of a multi-ethnic society. New York: Oxford Univ. Pr. 1982. XI, 318 S. B 48334

Lora, G.: Los Electores sirven a la burguesía y al golpismo. Inviabilidad de la democracia. 2. ed. La Paz: Masas 1980. 67 S. Bc 2576

Lora, G.: El Proletariado en el proceso político. 1952-1980. La Paz: Ed. Masas 1980. 564 S. B 44328

Valencia Vega, A.: Geopolítica en Bolivia. La Paz: Ed. "Juventud" 1979. 379 S. B 44268

L 425 Brasilien

Castro-Martínez, P. F.: Fronteras abiertas. Expansionismo y geopolítica... México: Siglo XXI 1980. 205 S. B 47965

Culkin, D.: Destiny deferred. Brazil's path to power status. In: Defense and foreign affairs. Vol. 11, 1983. No. 10. S. 18-21; 29; 40. BZ 05097:11

Dumont, R.: Le Mal-developpement en Amérique latine. Méxique, Colombie, Brésil. Paris: Éd. du Seuil 1981. 281 S. B 46453

Faucher, P.: Le Brésil des militaires. Montreal: Les Presses de l'Univ. 1981. 367 S. B 45690

Fleischer, D. V.: Political party reform in Brazil. Within the context of "abertura". In: Il politica. Anno 47, 1983. No. 1. S. 281-316. BZ 4541:47

Gabeira, F.: Die Guerilleros sind müde. Frankfurt: Suhrkamp 1982. 201 S. B 47378

Kalmykov, N. P.: Diktatura Vargasa i brazil'skij rabočij klass. Rabočaja politika brazil'skogo pravitel'stva v 1930-1945 godach. [Die Diktatur von Vargas u. d. brasilianische Arbeiterklasse.] Moskva: Nauka 1981. 228 S. B 45787

Krane, D.: Opposition strategy and survival in praetorian Brazil, 1964-79. In: The Journal of Politics. Vol. 45, 1983. No. 1. S. 28-63. BZ 4441:45

Kuźmin, I.: Vooružennye sily Brazilii. [Die Streitkräfte Brasiliens.] In: Zarubežnoe voennoe obozrenie. God 1983. No. 12. S. 12-17. BZ 05399:1983

McCann, F. D.: The Brazilian army and the pursuit of arms independence 1899-1979. In: War, business and world military-industrial complexes. 1981. S. 171-193. B 47000

MacDonough, P.: Power and ideology in Brazil. Princeton: Univ. Pr. 1981. XXXIV, 326 S. B 46986

Marighela, C.: Handbuch des Stadtguerillero. 6. Aufl. [o. O.] Verl. Von der Revolte zur Revolution 1983. 48 S. D 2634

Sangmeister, H.: Brasilien: Internationale Integration und nationale Desintegration. In: Aus Politik und Zeitgeschichte. 1982. B 46. S. 21-32. BZ 05159:1982

L 427 Chile

Branch, T.; Propper, E. M.: Labyrinth. New York: The Viking Pr. 1982. XXI, 623 S. B 47177

Calderón, H.; Ensignia, J.; Rivera, E.: Chile. Der Monetarismus an der Macht. Hamburg: Junius 1981. 164 S. B 45453

Chile. 10 Jahre Militärdiktatur. Bonn: ila-info 1983. 33 S. D 02734

¿Donde estan? T. 1-7. Santiago: Arzobispado de Santiago-Vicaría de la Solidaridad 1978-79. 1895 S. B 44333

Zehn Jahre Folter in Chile. Bonn: amnesty international 1983. 135 S. D 2740

Huneeus, C.: Der Zusammenbruch der Demokratie in Chile. Eine vergleichende Analyse. Heidelberg: Esprint-Verl. 1981. XI, 348 S. B 46562

Pinochet Ugarte, A.: El Día decisivo. 11 de septiembre de 1973. 4. ed. Santiago: A. Bello 1980. 279 S. B 44318

Situation und Kampf der politischen Gefangenen in Chile. Bochum: Komitee f. polit. Gefangene 1981. 33 S. D 02531

Smith, B. H.: The Church and politics in Chile. Challenges to modern catholicism. Princeton: Univ. Pr. 1982. XIII, 383 S. B 48137

Wright, T. C.: Landowners and reform in Chile. The Sociedad Nacional de Agricultura, 1919-40. Urbana: Univ. of Illinois Pr. 1982. XIX, 249 S. B 47415

Zylberberg, J.; Monterichard, M.: An abortive attempt to change foreign policy. Chile, 1970-73. In: Why nations realign. Foreign policy restructuring in the postwar world. 1982. S. 172-197. B 48230

L 433 El Salvador

Broenner, W.; Nieth, H.-J.: Der Kampf um El Salvador. Volkserhebung und Intervention. Darstellung und Dokumentation. Köln: Pahl-Rugenstein 1982. 260 S. B 47532

Cayetano-Carpio, S.: Chalatenango, El Salvador. Aus dem Tagebuch Salvador Cayetano Carpios "Marcial". Bis zum endgültigen Sieg! Bonn: Casa Farabundo Martí 1981. 46 S. D 2569

Dobrzycki, W.: Kryzys salwadorski. [Die Krise von El Salvador.] In: Sprawy Międzynarodowe. Rok 36, 1983. Zeszyt 1. S. 53-70. BZ 4497:36

El Salvador. Ein Volk im Widerstand. 4., überarb. u. erg. Aufl. - Münster: El Salvador-Solidaritätsgruppe 1982. 40 S. D 2589

El Salvador: Central America in the new cold war. New York: Grove Pr. 1982. XIII, 397 S. B 46851

Acht Fragen zu El Salvador. Hamburg:

El Salvador Komitee 1982. 48 S. D 2558

Frauen in El Salvador. Ihre Geschichte, ihr revolutionärer Kampf, ihre Hoffnungen. Kiel: Magazin-Verl. 1983. 77 S. D 2722

Frauen in El Salvador. Information über AMES (Frauenvereinigung El Salvadors). Bochum: Centro Latinoamericano 1981. 18 S. D 02662

Gilly, A.: Guerra y política en El Salvador. Incluye el ensayo El Salvador, el eslabón más pequeño; de Rafael Menjívar Larín. 2. ed. México: Ed. Nueva Imagen 1981. 196 S. B 47288

Guidos Véjar, R.: El Ascenso del militarismo en El Salvador. San Salvador: UCA Ed. 1980. 156 S. Bc 2978

150 Jahre Kampf. Die Gewerkschaftsbewegung in El Salvador. Kiel: Magazin-Verl. 1983. 72 S. D 2665

Der Konflikt um El Salvador. Münster: Christl. Initiative 1982. 76 S. D 2602

Lenz, C. O.: Die Wahlen vom 28. März 1982 in El Salvador. In: Zeitschrift für Parlamentsfragen. Jg. 13, 1982. H. 3. S. 359-368. BZ 4589:13

Moser, E.; Weigelt, K.; Koch, J.: El Salvador zwischen linkem und rechtem Terror. München: Internat. Arbeitsgemeinschaft schaft "Freiheit u. Demokratie" 1983. 107 S. D 2587

Niebling, U.; Richter, E.: El Salvador 1983. Kämpfen und verhandeln? Kiel: Magazin-Verl. 1983. 62 S. D 2723

North, L.: Bitter Grounds: Roots of revolt in El Salvador. Toronto: Between the Lines 1981. 110, XXXIV S. Bc 3251

Prosterman, R. L.; Riedinger, J. M.; Temple, M. N.: Land reform in El Salvador. The democratic alternative. In: World affairs. Vol. 144, 1981. No. 1. S. 36-54. BZ 4773:144

Zu den Wahlen in El Salvador. Köln: Informationsstelle El Salvador 1982. 69 S. D 02530

L 435 Guatemala

Esquivel, J.: Guatemala. Die Kirche der Armen, ihr Glaube und ihre Kämpfe. Essen: Forum f. Internat. Friedensarbeit 1982. 48 S. D 2606

Guatemala. Un futuro próximo. Madrid: IEPALA 1980. 242 S. B 42634

Guatemala. Der lange Weg zur Freiheit. Hrsg. v. d. Informationsstelle Guatemala. Wuppertal: Hammer 1982. 255 S. B 47060

Immerman, R. H.: The CIA in Guatemala. The foreign policy of intervention. Austin: Univ. of Texas Pr. 1982. X, 291 S. B 48706

Staatlicher Massenmord in Guatemala. Politischer Mord als Regierungsprogramm. Bonn: amnesty international 1982. 70 S. D 2532

Premo, D. L.: Political assassination in Guatemala. A case of institutionalized terror. In: Journal of Interamerican studies. Vol. 23, 1981. No. 4. S. 429-457. BZ 4608:23

L 441 Kanada

e. Staat/Politik

Barrett, J.R.; Beaumont, J.: A Bibliography of works on Canadian foreign relations. 1976-1980. Toronto: Canadian Inst. of Internat. Affairs 1982. XII, 306 S. 08831

Canada at the polls, 1979 and 1980. A study of the general elections. Ed.: H.R. Penniman. Washington: American Enterprise Inst. for Public Policy Research 1982. XIV, 426 S. B 47412

Canada and the United States. Cambridge: Ballinger 1982. XIV, 331 S. B 48517

Canada's Royal Commission on conditions of foreign service. In: International Journal. Vol. 37, 1982. No. 3. S. 378-412. BZ 4458:37

Eayrs, J.: Canada. The Department of External Affairs. In: The Times survey of foreign ministries of the world. 1982. S. 95-117. B 47771

Holmes, J.W.: Life with uncle. The Canadian-American relationship. Toronto: Univ. of Toronto Pr. 1981. 144 S. B 47390

Holsti, K.J.: From dependence to diversification. Canada, 1972-78. In: Why nations realign. Foreign policy restructuring in the postwar world. 1982. S. 73-104. B 48230

MacWhinney, E.: Canada and the constitution 1979-1982. Patriation and the charter of rights. Toronto: Univ. of Toronto Pr. 1982. XII, 227 S. B 48496

Ross, D.A.: Middlepowers as extra-regional balancer powers. Canada, India, and Indochina. 1954-62. In: Pacific affairs. Vol. 55, 1982. No. 2. S. 185-209. BZ 4450:55

Weinrich, P.: Social Protest from the left in Canada 1870-1970. Toronto: Univ. Pr. 1982. XXIII, 627 S. B 47679

Clift, D.: Quebec Nationalism in crisis. Kingston: McGill-Queen's Univ. Pr. 1982. VIII, 155 S. B 47687

Lambert, R.D.: The Sociology of contemporary Quebec nationalism. An annot. bibliography and review. New York: Garland 1981. LXVI, 148 S. B 48105

f. Wehrwesen

Bliss, M.: War business as usual. Canadian munitions production, 1914-18. In: Mobilization for total war. 1981. S. 43-55. B 46648

Bothwell, R.: Defense and industry in Canada 1935-1970. In: War, business and world military-industrial complexes. 1981. S. 106-119. B 47000

Bothwell, R.: "Who's paying for anything these days?" War production in Canada, 1939-45. In: Mobilization for total war. 1981. S. 67-69. B 46648

Brock, J. V.: Memoirs of a sailor. The dark broad Seas. Vol. 1. Toronto: McClelland and Stewart 1981. 275 S. B 46034

Cameron, J. M.: Murray. The martyred admiral. Hantsport: Lancelot Pr. 1981. 343 S. B 47681

Galloway, S.: The General who never was. Belleville, Ontario: Mika Publ. 1981. 295 S. B 45766

Macpherson, K.; Burgess, J.: The Ships of Canada's naval forces 1910-1981. A complete pictorial history of Canadian warships. Toronto: Collins 1982. 240 S. 02422

MacVicar, D.: Ferry Command. Shrewsbury: Airlife Publ. 1981. 213 S. B 46614

Molson, K. M.; Taylor, H. A.: Canadian Aircraft since 1909. London: Putnam 1982. 530 S. B 47744

Surrey, D. S.: Choice of conscience. Vietnam era and draft resisters in Canada. New York: Praeger 1982. XI, 207 S. B 48356

Tripp, F. R.: Canada's Army in world war II. Badges and histories of the corps and regiments. St. Catharines: Manning Press Ltd. 1980. 93 S. Bc 3525

L 445 Mexiko

Abajo el gringo! Anti-American sentiment during the Mexican revolution. Ed.: G. Z. Hanrahan. Salisbury: Documentary Publ. 1982. IX, 227 S. 07647:6

Blood below the border. American-eyewitness accounts of the Mexican revolution. Ed. and introd.: G. Z. Hanrahan. Salisbury: Documentary Publ. 1982. 227 S. 07647:5

Dumont, R.: Le Mal-développement en Amérique latine. Méxique, Colombie, Brésil. Paris: Éd. du Seuil 1981. 281 S. B 46453

Frey, H.: Weltmarkt und Unterentwicklung am Beispiel Mexikos. Phasen der Dependenz im Kontext des Wandels des internationalen Systemzusammenhangs. In: Zeitgeschichte. Jg. 10, 1982. H. 3. S. 93-116. BZ 4617:10

Joseph, G. M.: Revolution from without. Yucatán, Mexico and the United States. 1880-1924. Cambridge: Univ. Pr. 1982. XVIII, 405 S. B 48337

Macías, A.: Against all Odds. The feminist movement in Mexico to 1940. Westport: Greenwood Pr. 1982. XV, 195 S. B 48155

Mols, M.: Mexiko im 20. Jahrhundert. Politisches System, Regierungsprozeß u. politische Partizipation. Paderborn: Schöningh 1981. 464 S. B 45391

Mora, J. M. de: Y en 1982... ¿Quien? La sucesión presidencial. México: Ed. Asoc. Mexicanos 1980. 172 S. Bc 2594

Shafer, R. J.; Mabry, D.: Neighbors. Mexico and the United States. Wetbacks and oil. Chicago: Nelson-Hall 1981. X, 241 S. B 46870

L 447 Nicaragua

Ausrottung der Indianer in Nicaragua. Frankfurt: Internat. Gesellsch. für Menschenrechte. 1983. 25 S. D 02723

Sandinos Barn. Det nye Nicaragua i opprørets Mellom-Amerika. Red.: E. Sandved og F. Skårderud. Oslo: Pax 1981. 204 S. B 46001

Black, G.: Triumph of the people. The Sandinista revolution in Nicaragua. London: Zed Pr. 1981. XV, 368 S. B 47504

Booth, J.A.: The End and the beginning: The Nicaraguan revolution. Boulder: Westview Pr. 1982. XV, 279 S. B 47520

Grigulevič, I.R.: Karlos Fonseka - rukovoditel' sandinistskoj revoljucii. [Carlos Fonseca - Führer der sandinistischen Revolution.] In: Novaja i novejšaja istorija. God 1983. No. 1. S. 100-119. BZ 05334:1983

Menschenrechte in Nicaragua. Frankfurt: Internationale Gesellschaft f. Menschenrechte 1983. 49 S. D 02724

Nicaragua. Ein Volk braucht Frieden. Wuppertal: Informationsbüro Nicaragua 1983. 23 S. D 02680

Nicaragua in revolution. Ed.: T.W. Walker. New York: Praeger 1982. V, 410 S. B 47006

Nicaragua - vor uns die Mühen der Ebene. Hrsg.: C. Rincón und K. Tebbe. Wuppertal: Hammer 1982. 224 S. 08847

O'Ballance, E.: The Nicaraguan domino. In: Military review. Vol. 63, 1983. No. 10. S. 3-10. BZ 4468:63

Pisani, F.: Muchachos. Tagebuch der sandinistischen Revolution in Nicaragua. Zürich: Rotpunktverl. 1981. 373 S. B 46378

Randall, M.: Sandino's Daughters. Vancouver: New Star Books 1981. IX, 220 S. B 47440

Roscheisen, R.: Nicaragua. Die Revolution geht weiter. Augsburg: Maro Verl. 1981. VI, 179 S. B 46229

Rueger-Kagelmann, S.: Die Kinder Sandinos brauchen Frieden. Reiseeindrücke aus Nicaragua. Kiel: Magazin-Verl. 1983. 46 S. D 2666

Unsere Sache: Nicaragua: Eine Arbeitshilfe d. VCP. Hannover: VCP 1983. 124 S. D 02648

Schlumberger, H.: Kreuzweg Mittelamerika. Hella Schlumberger in El Salvador, Honduras, Nicaragua und Guatemala. München: Autoren-Edition 1983. 296 S. B 48836

Selser, G.: Apuntes sobre Nicaragua. México: CEESTEM, Ed. Nueva Imagen 1981. 319 S. B 47289

Selser, G.: Sandino. New York: Monthly Review 1981. 250 S. B 46982

Ullman, R.H.: At war with Nicaragua. In: Foreign affairs. Vol. 62, 1983/84. No. 1. S. 39-58. BZ 05149:62

Walker, T.W.: Nicaragua. The land of Sandino. 2.pr. Boulder: Westview 1982. XVI, 136 S. B 47174

A secret War for Nicaragua. In: Newsweek. Vol. 100, 1982. No. 19. S. 8-17. BZ 05142:100

L 453 Peru

Balbi, C. R.: El Partido Comunista y el APRA. En la crisis revolucionaria de los años treinta. Lima: Herrera 1980. 154 S. Bc 0741

Bourque, S. C.; Warren, K. B.: Rural women and development planning in Peru. In: Women and world change. 1981. S. 183-197. B 47484

Cotler, J.: Democracia e integración nacional. Lima: Inst. de Estudios Peruanos 1980. 103 S. Bc 2376

Palmer, D. S.: Peru. The authoritarian tradition. New York: Praeger 1980. XVI, 134 S. B 48039

Post-revolutionary Peru. The politics of transformation. Ed.: S. M. Gorman. Boulder: Westview 1982. XIX, 252 S. B 47396

Sánchez, L. A.: Víctor Raúl Haya de la Torre o el polítoco. Crónica de una vida sin tregua. 3. ed. Lima: Delgado Valenzuela 1979. 241 S. B 43675

Torres Franco, M.: Breve Antología del pensamiento anarquista en el Perú. La Molina 1980. V, 171 S. 08512

L 460 Vereinigte Staaten (USA)

a./d. Allgemeines

Volkstum/Nationalitäten

Adams, S.: Mitt Amerika. En svart avhoppares memoarer. 2. uppl. Stockholm: Prisma 1981. 327 S. B 45989

Aftandilian, G. L.: Armenia, vision of a republic. The independence lobby in America 1918-1927. Boston: River Books 1981. 79 S. B 46035

Belafonte, H.: Was mich bewegt. Gespräche mit Günter Amendt. Hamburg: Konkret Literatur Verl. 1982. 142 S. Bc 3403

Bent, D.: Partisan elections and public policy: Response to black demands in large American cities. In: Journal of black studies. Vol. 12, 1982. No. 3. S. 291-314. BZ 4607:12

The new Black-politics. The search for political power. New York: Longman 1982. XX, 263 S. B 48228

Blacks in the military. Essential documents. Ed.: B. C. Nalty and M. J. MacGregor. Wilmington: Scholarly Resources 1981. XI, 367 S. 08798

Davis, D. S.: Behind barbed Wire. The imprisonment of Japanese Americans during world war 2. New York: Dutton 1982. 166 S. B 46991

Dinnerstein, L.: America and the survivors of the holocaust. New York: Columbia Univ. Pr. 1982. XIV, 409 S. B 47690

Finch, M.: The NAACP: Its fight for justice. Metuchen: Scarecrow Pr. 1982. VIII, 275 S. B 47682

MacClory, R.J.: Racism in America. Chicago: Fides/Claretian 1981. X, 147 S. B 47457

Mullen, R.W.: Blacks and Vietnam. Washington: Univ. Pr. of America 1981. X, 99 S. B 47691

Der Völkermord geht weiter. Indianer vor dem IV. Russell-Tribunal. Hrsg. von der Arbeitsgruppe Indianer der "Gesellschaft für bedrohte Völker". Reinbek: Rowohlt 1982. 380 S. B 47886

c. Biographien

Alsop, J.: F[ranklin] D[elano] R[oosevelt] 1882-1945. A centenary remembrance. London: Thames and Hudson 1982. 256 S. 08900

Anderson, J.I.: William Howard Taft. An intimate history. New York: Norton 1981. 277 S. B 47184

Ball, G.W.: The Past has another pattern. Memoirs. New York: Norton 1982. XII, 527 S. B 48342

Bayley, E.R.: Joe McCarthy and the press. Madison: Univ. of Wisconsin Pr. 1981. X, 270 S. B 47231

Carter, J.: Keeping Faith. Memoirs of a president. London: Collins 1982. XIV, 622 S. B 48786

Coffey, T.M.: HAP. The story of the U.S. air force and the man who built it. General Henry H. "Hap" Arnold. New York: Viking Pr. 1982. 416 S. B 48177

Dugger, R.: The Politician. The life and times of Lyndon Johnson. The drive for power, from the frontier to master of the Senate. New York: Norton 1982. 514 S. B 48332

Dulles, E.L.: "Hier ist Eleanor". Meine Karriere als Wirtschaftsexpertin und Diplomatin. Freiburg: Herder 1982. 239 S. B 47372

Exloring the Johnson years. Ed.: R.A. Divine. Austin: Univ. of Texas Pr. 1981. VIII, 280 S. B 47459

Galbraith, J.K.: Leben in entscheidender Zeit. Memoiren. München: Bertelsmann 1981. 574 S. B 46422

Goodchild, P.: J. Robert Oppenheimer. Shatterer of worlds. Boston: Houghton Mifflin 1981. 301 S. B 48152

Goodchild, P.: J. Robert Oppenheimer. Eine Bildbiographie. Basel: Birkhäuser 1982. 306 S. 08820

Gosnell, H.F.: Truman's Crises. A political biography of Harry S. Truman. Westport: Greenwood Pr. 1980. XV, 656 S. B 46802

George F. Kennan. Ansprachen aus Anlass d. Verleihung d. Friedenspreises d. Deutschen Buchhandels. Frankfurt: Börsenverein d. Dt. Buchhandels 1982. 48 S. Bc 3547

Kissinger, H.: Years of upheaval. London: Weidenfeld and Nicolson 1982. XXI, 1283 S. B 47516

Kleinfeld, G.R.: Die geistigen Wurzeln für den Sieg der Republikaner unter Ronald Reagan. In: Beiträge zur

Konfliktforschung. Jg. 12, 1982. H. 4. S. 5-31. BZ 4594:12

Krieger, W.: Was General Clay a revisionist? Strategic aspects of the United States occupation of Germany. In: Journal of contemporary history. Vol. 18, 1983. No. 2. S. 165-184. BZ 4552:18

Lee, R. A.: Dwight D. Eisenhower. Soldier and statesmen. Chicago: Nelson-Hall 1981. XII, 379 S. B 47244

Leutze, J.: A different Kind of victory. A biography of Admiral Thomas C. Hart. Annapolis: Naval Inst. Pr. 1983. 362 S. B 45552

Morris, R.: Haig: The general's progress. New York: Playboy Pr. 1982. 450 S. B 47530

Mosley, L.: Marshall. Organizer of victory. London: Methuen 1982. XXI, 570 S. B 47735

Polmar, N.; Allen, T. B.: Rickover. New York: Simon and Schuster 1982. 744 S. B 47417

Pruessen, R. W.: John Foster Dulles. The road to power. New York: The Free Pr. 1982. XIV, 575 S. B 48360

Reagan, R.: Woher ich komme. Erinnerungen. München: Langen Müller 1982. 371 S. B 46210

Reeves, T. C.: The Life and times of Joe McCarthy. A biography. New York: Stein and Day 1982. XV, 819 S. B 47148

Roosevelt, E.; Roosevelt, A.: Mother and daughter. The letters of Eleanor and Anna Roosevelt. Ed.: B. Asbell. New York: Coward, McCann and Geoghegan 1982. 366 S. B 48487

Rulon, P. R.: The compassionate Samaritan: The life of Lyndon Baines Johnson. Chicago: Nelson-Hall 1981. XV, 348 S. B 46983

Truman, H. S.: Strictly personal and confidential. The letters... never mailed. Ed.: M. M. Poen. Boston: Little, Brown 1982. XIII, 210 S. B 48359

Underhill, R.: The Truman Persuasions. Ames: The Iowa State Univ. Pr. 1981. X, 372 S. B 47173

Wykes, A.: The Biography of general Dwight D. Eisenhower. Greenwich: Bison Books 1982. 159 S. 08945

e. Staat/Politik

e. 1 Innenpolitik

e. 1.1 Staat und Recht

Aseevskij, A. I.: Kto organizuet i napravljaet meždunarodnyj terrorizm? Iz poslužnogo spiska CRU. [Wer organisiert u. lenkt den internationalen Terrorismus? Aus d. Dienstliste des FBI (der USA).] Moskva: Politizdat 1982. 110 S. Bc 3131

Bandow, D.: The United States versus the law of the sea. In: The journal of social, political and economic studies.

Vol. 7, 1982. No. 3. S. 195-205. BZ 4670:7

Cummings, M. C.; Wise, D.: Democracy under pressure. An introd. to the American political system. 4. ed. New York: HBJ 1981. 689 S. 08811

Fedele, M.: La Deriva del potere. Trasformazioni e tendenze del sistema politico americano. Bari: De Donato 1981. 173 S. B 48207

Garza, H.: The Watergate Investigation Index. Senate select commitee hearings and reports on presidential campaign activities. Wilmington: Scholarly Resources 1982. XVII, 325 S. 08890

Hegge, P. E.: USA - høyre om? Oslo: Cappelen 1981. 141 S. B 45969

Jackson, B.: The black Flag. A look back at the strange case of Nicola Sacco and Bartolomeo Vanzetti. Boston: Routledge and Kegan Paul 1981. XIV, 208 S. B 45328

Johnston, M.: Political Corruption and public policy in America. Monterey: Brooks/Cole 1982. XIV, 199 S. B 47444

Kirkpatrick, J. J.: Dictatorships and double standards. Rationalism and reason in politics. New York: Simon and Schuster 1982. 270 S. B 47849

Muzzio, D.: Watergate Games. Strategies, choices, outcomes. New York: Univ. Pr. 1982. X, 205 S. B 48324

We shall overcome. Die amerikanische Friedensbewegung in Selbstzeugnissen. Eingel. u. hrsg.: H. W. Ahlemeyer u. B. Greiner. Köln: Pahl-Rugenstein 1983. 315 S. B 48315

e. 1.2 Regierung /Verwaltung /Polizei

Carter, J.: A Government as good as its people. New York: Simon and Schuster 1977. 262 S. B 47850

Evans, R.; Novak, R.: The Reagan Revolution. New York: Dutton 1981. 257 S. B 47467

Farrell, W. R.: The U. S. Government Response to terrorism: In search of an effective strategy. Boulder: Westview 1982. X, 142 S. B 48187

Grinter, L. E.: Avoiding the burden. The Carter Doctrine in perspective. In: Air University review. Vol. 34, 1983. No. 2. S. 73-82. BZ 4544:34

Lekachman, R.: Die Reichen reicher machen. Reaganomics oder Wie Roland Reagan den Sozialstaat abbaut. Reinbek: Rowohlt 1982. 204 S. B 47365

Light, P. C.: The president's Agenda: Domestic policy choice from Kennedy to Carter. With notes on Ronald Reagan. Baltimore: Johns Hopkins Univ. Pr. 1982. IX, 246 S. B 47684

Der Reagan-Report. Weltmacht USA in Nöten. Hrsg.: H. van Ooyen. Dortmund: Weltkreis-Verl. 1982. 205 S. B 47573

Santis, H. de: United States of America. The Deportment of State and American Foreign Policy. In: The Times survey of foreign ministries of the world. 1982. S. 575-604. B 47771

Sargent, J.E.: Roosevelt and the hundred days. Struggle for the early New Deal. New York: Garland Publ. 1981. XI, 355 S. B 47157

Welch, W.: The Art of political Thinking. Government and common sense. Ed.: K.S. Welch. Totowa: Rowman and Littlefield 1981. VIII, 225 S. B 47246

e. 1.3 Parlamentswesen / Wahlwesen

Baker, B.: National defense and the congressional role. In: Naval War College review. Vol. 35, 1982. No. 4. S. 4-15. BZ 4634:35

Breckenridge, A.C.: Electing the president. Washington: Univ. Pr. of America 1982. V, 157 S. B 47454

The Campaign for president. 1980 in retrospect. Ed.: J. Moore. Cambridge: Ballinger 1981. XXIII, 304 S. B 47449

Chagall, D.: The new Kingmakers. New York: Harcourt Brace Jovanovich 1981. 419 S. B 47407

Congress and American foreign policy. Ed.: G. Rystad. Lund: Studentlitteratur 1981. 155 S. Bc 2955

Drew, E.: Portrait of an election. The 1980 presidential campaign. New York: Simon and Schuster 1981. 459 S. B 47386

Gerlach, H.: Wahlkampf in USA. Wahlkampfthemen und politische Kommunikation im amerikanischen Präsidentschaftswahlkampf 1976. Frankfurt: Haag u. Herchen 1981. IV, 271 S. B 46385

Ivanov, J.A.: Kongress SŠA i vnešnjaja politika. Vozmožnosti i metody vlijanija (1970-1980 gg.). [Der Kongress d. USA u. die Aussenpolitik. Möglichkeiten u. Methoden d. Einflussnahme.] Moskva: Nauka 1982. 212 S. Bc 3133

Schweigler, G.: Die Rolle des Kongresses in der amerikanischen Aussenpolitik. Die Lage nach den Wahlen zum Kongress. In: Europa-Archiv. Jg. 38, 1983. Folge 1. S. 15-24. BZ 4452:38

Wilson, G.K.: Interest Groups in the United States. Oxford: Clarendon Pr. 1981. IX, 161 S. B 47683

e. 1.4 Parteiwesen

Breines, W.: Community and organization in the New Left: 1962-1968. The great refusal. New York: Praeger 1982. XV, 187 S. B 48331

Dyson, L.K.: Red Harvest. The communist party and the American farmers. Lincoln: Univ. of Nebraska Pr. 1982. XII, 259 S. B 47442

Gottlieb, M.R.: American anti-nazi Resisteance, 1933-1941. New York: KTAV Publ. House. 1982. XXI, 426 S. B 47671

Isserman, M.: Which side were You on? The American communist party during the second world war. Middleton: Wesleyan Univ. Pr. 1982. XX, 305 S. B 47153

Der Neo-Konservativismus in der Vereinigten Staaten und seine

Auswirkungen auf die Atlantische Allianz. Melle: Knoth 1982. 401 S. B 46171

Taylor, L. B.: The new Right. New York: Watts 1981. 88 S. B 48194

Viguerie, R. A.: The new Right: We're ready to lead. Falls Church: Viguerie Comp. 1981. 191 S. B 47489

e. 2 Außenpolitik

Bavendamm, D.: Roosevelts Weg zum Krieg. Amerikanische Politik 1914-1939. München: Herbig 1983. 639 S. B 49884

Bobrow, D. B.: Avoiding war and avoiding peace. The dubious internal legitimacy of selfrestraint. In: The Jerusalem journal of international relations. Vol. 5, 1981. No. 3. S. 44-72. BZ 4756:5

Bradley, C. P.: The Camp David peace process. A study of Carter administration policies. 1977-1980. Grantham: Tompson and Rutter 1981. 79 S. Bc 3196

Chace, J.: Solvency: the price of survival. An essay on American foreign policy. New York: Random House 1981. 115 S. B 45756

Christopher, W.: Ceasefire between the brances. A compact in foreign affairs. In: Foreign affairs. Vol. 60, 1982. No. 5. S. 989-1005. BZ 05149:60

Conant, M. A.: The Oil Factor in U. S. foreign policy, 1980-1990. Lexington: Lexington Books 1982. XVI, 119 S. B 47239

Gaddis, J. L.: Strategies of containment. New York: Oxford Univ. Pr. 1982. XI, 432 S. B 47462

Guinsburg, T. N.: The Pursuit of isolationism in the United States senate from Versailles to Pearl Harbor. New York: Garland 1982. 325 S. B 48168

Handlin, O.: The Distortion of America. Boston: Little, Brown 1981. XI, 152 S. B 47181

Herz, J. H.: Carl-von-Ossietzky-Vorlesung: - Amerikanische Aussenpolitik im Wandel. Bonn-Bad Godesberg: Dt. Gesellschaft Friedens- u. Konfliktforschung 1982. 24 S. Bc 3222

Jordan, A. A.; Taylor, W. J.: American national Security. Policy and progress. Baltimore: Johns Hopkins Univ. Pr. 1981. XIV, 604 S. B 46522

Kennan, G. F.: Im Schatten der Atombombe. Köln: Kiepenheuer u. Witsch 1982. 299 S. B 47030

Kissinger, H.: Les fondements de la politique étrangère des Etats-Unis. In: Politique étrangère. Année 47, 1982. No. 4. S. 915-932. BZ 4449:47

Klare, M. T.: Jederzeit, überall, mit allen Waffen... Die Entwicklung d. neuen Interventionspolitik d. USA. Frankfurt: Haag u. Herchen 1982. 99 S. Bc 3299

Knight, A.: Ronald Reagan's watershed year? In: Foreign affairs. Vol. 61, 1983. No. 3. S. 511-540. BZ 05149:61

Masyk, E.-M.: Die Guam-Doktrin. Grundlegung u. Strategie der

Asienpolitik der Nixon-Regierung. München: Hochschule der Bundeswehr 1981. XIII, 200 S. Bc 0923

Matthews, G.: Robert A. Taft, the constitution and American foreign policy, 1939-53. In: Journal of contemporary history. Vol. 17, 1982. No. 3. S. 507-522. BZ 4552:17

Melandri, P.: La Politique extérieure des Etats-Unis de 1945 à nos jours. Paris: Presses univ. de France 1982. 256 S. B 46463

Nye, J.S., jr.: U.S. power and Reagan policy. In: Orbis. Vol. 26, 1982. No. 2. S. 391-412. BZ 4440:26

Olsen, L.: Frygten for freden. Amerikansk strategi - fra nederlaget i Vietnam til ny konfrontation. København: Tiden 1981. 256 S. B 45868

Olson, R.K.: U.S. foreign Policy and the New Internationel Economic Order: negotiating global problems, 1974-1981. Boulder: Westview Pr. 1982. XVIII, 168 S. B 47172

Oneal, J.R.: Foreign Policy Making in times of crisis. Columbus: Ohio State Univ. Pr. 1982. 358 S. B 48153

Poole, P.A.: Profiles in American foreign policy. Washington: Univ. of America Pr. 1981. V, 148 S. B 47456

Ratiner, L.S.: The law of the sea. A crossroads for American foreign policy. In: Foreign affairs. Vol. 60, 1982. No. 5. S. 1006-1021. BZ 05149:60

Rosenfeld, S.S.: Testing the hard line. In: Foreign affairs. Vol. 61, 1983. No. 3. S. 489-510. BZ 05149:61

Salinger, P.: America held hostage. The secret negotiations. Garden City: Doubleday 1981. X, 349 S. B 47171

Schissler, J.: Die Menschenrechts- und Entspannungspolitik der USA. In: Europa zwischen Konfrontation und Kooperation. 1982. S. 243-264. B 45705

Spanier, J.: American foreign Policy since world war 2. 8. ed. New York: Holt, Rinehart and Winston 1982. XI, 273 S. B 48041

Stoessinger, J.G.: Nations in darkness: China, Russia and America. 3. ed., rev. New York: Random House 1981. XI, 263 S. B 46853

Tucker, R.W.: The Purposes of American power. An essay on national security. New York: Praeger 1981. 190 S. B 46948

Unconventional warfare. A legitimate tool of foreign policy. In: Conflict. Vol. 4, 1983. No. 1. S. 59-81. BZ 4687:4

Weilemann, P.: Weltmacht in der Krise. Isolationistische Impulse in der amerikanischen Außenpolitik der siebziger Jahre. Stuttgart: Dt. Verlags-Anst. 1982. 329 S. B 46652

Aussenpolitische Beziehungen

Dritte Welt

Goheen, R.F.: Problems of proliferation: U.S. policy and the Third World. In: World Politics. Vol. 35, 1983. No. 2. S. 194-215. BZ 4464:35

U.S. foreign Policy and the Third World. Agenda 1982. Ed.: R.D.Hansen. New York: Praeger 1982. XV, 249 S. B 47009

Rothstein, R.L.: The Third World and U.S. foreign policy: Cooperation and conflict in the 1980s. Boulder: Westview 1981. XVI, 271 S. B 47610

Afrika

Bunzl, J.: Die Vereinigten Staaten, Israel und Südafrika: Eine Untersuchung ihrer Beziehungen. Wien: Braumüller 1981. 68 S. Bc 3046

The American People and South Africa. Publics, elites and policy-making processes. Ed.: A.O. Hero and J. Barratt. Lexington: Lexington Books 1981. IX, 229 S. B 47154

Ropp, K. Frhr. von der: Konfliktherde im südlichen Afrika. Rhodesien, Namibia, Südafrika. In: Die internationale Politik. 1977/78. 1982. S. 269-285. BZ 4767:1977/78

Schümer, M.: Die Politik der Vereinigten Staaten gegenüber dem südlichen Afrika. In: Die internationale Politik. 1975/76. 1981. S. 275-295. BZ 4767:1975/76

Wright, C.: Journey to Marrakesh. U.S. - Moroccan security relations. In: International security. Vol. 7, 1983. No. 4. S. 163-179. BZ 4433:7

Amerika

Canada and the United States. Cambridge: Ballinger 1982. XIV, 331 S. B 48517

Forum: U.S. policy toward Central America. In: Orbis. Vol. 26, 1982. No. 2. S. 305-326. BZ 4440:26

Grabendorff, W.: Veränderungen im Verhältnis zwischen den Vereinigten Staaten und Lateinamerika. In: Die internationale Politik. 1977/78. 1982. S. 209-228. BZ 4767:1977/78

Grow, M.: The Good Neighbor Policy and authoritarianism in Paraguay. United States economic expansion and great-power-rivalry in Latin America during world war 2. Lawrence: Regents Pr. of Kansas 1981. XI, 163 S. B 47007

Klette, I.J.: U.S. assistance to Venezuela and Chile in combatting insurgency 1963-1964. Two cases. In: Conflict. Vol. 3, 1982. No. 4. S. 227-244. BZ 4687:3

Perkins, W.T.: Constraint of Empire. The United States and Caribbean interventions. Oxford: Clio Pr. 1981. XV, 282 S. B 48231

Riding, A.: The Central American quagmire. In: Foreign affairs. Vol. 61, 1983. No. 3. S. 641-659. BZ 05149:61

Salkin, Y.: La quatrième frontière nord-américaine. In: Défense nationale. Année 39, 1983. Juillet. S. 97-110. BZ 4460:39

Asien

Aruri, N.H.; Moughrabi, F.M.: The Reagan Middle East initiative. In: Journal of Palestine studies. Vol. 12, 1983. No. 2. S. 10-30. BZ 4602:12

Assersohn, R.: The biggest Deal. London: Methuen 1982. VII, 368 S. B 47711

American's attitudes toward the Middle East. In: Journal of Palestine studies. Vol. 12, 1983. No. 3. S. 134-146. BZ 4602:12

Bergsten, C. F.: What to do about the U.S. - Japan economic conflict. In: Foreign affairs. Vol. 60, 1982. No. 5. S. 1059-1075. BZ 05149:60

Bertini, M.: Il Medio Oriente nella strategia delle due superpotenze. In: Rivista marittima. 1982. No. 8/9. S. 73-86. BZ 4453:115

Buhite, R. D.: Soviet-American Relations in Asia, 1945-1954. Norman: Univ. of Oklahoma Pr. 1981. XIII, 254 S. B 47004

Buss, C. A.: The United States and the Republic of Korea. Background for policy. Stanford: Hoover Inst. Pr. 1982. XIII, 184 S. B 45931

Chi Su: U.S. - China relations. In: Asian survey. Vol. 23, 1983. No. 5. S. 555-579. BZ 4437:23

Emmerson, J. K.; Okimoto, D. I.: The U.S. - Japan alliance. Overview and outlook. In: The common security interest of Japan, the United States, and NATO. 1981. S. 87-129. B 47448

Eveland, W. C.: Ropes of sand. America's failure in the Middle East. London: Norton 1980. 382 S. B 46846

Evenhuis, J. R.: Amerika's dilemma met de Arabieren. In: Militaire spectator. Jg. 151, 1982. No. 5. S. 202-212. BZ 05134:151

Fairbank, J. K.: Chinabound. A fifty-year memoir. New York: Harper and Row 1982. XIV, 480 S. B 47405

Glick, E. B.: The trinangular Connection. America, Israel, and the American Jews. London: Allen and Unwin 1982. 174 S. B 48787

Gordon, B. K.: The United States and Asia in 1982. Year of tenterhooks. In: Asian survey. Vol. 23, 1983. No. 1. S. 1-10. BZ 4437:23

Hubel, H.: Die USA im Nahost-Konflikt. Bonn: Forschungsinstitut d. Dt. Gesellsch. f. Ausw. Politik 1983. II, 91 S. Bc 3504

Kamiya, F.: U.S. - Japan relations in retrospect and future challenges. In: The common security interest of Japan, the United States, and NATO. 1981. S. 131-142. B 47448

Keatley, R.: East Asia. The recession arrives. In: Foreign affairs. Vol. 61, 1983. No. 3. S. 692-713. BZ 05149:61

Lee, C.-J.; Sato, H.: U.S. Policy toward Japan and Korea. New York: Praeger 1982. 208 S. B 48363

MacEachron, D.: The United States and Japan. The bilateral potential. In: Foreign affairs. Vol. 61, 1982. No. 2. S. 400-415. BZ 05149:61

MacManus, D.: Free at last! New York: New American Library 1981. 263 S. B 47495

Naidu, A. G.: US Policy towards the Arab-Israeli conflict. New Delhi: Tulsi Publ. House 1981. 216 S. B 45818

Opitz, P. J.: Normalisierung zwischen den Vereinigten Staaten und der Volksrepublik China. In: Die internationale Politik. 1977/78. 1982. S. 30-43. BZ 4767:1977/78

U.S. foreign Policy and Asian-Pacific security. A transregional approach. Ed.: W. T. Tow and W. R. Feeney.

Boulder: Westview 1982. XIV, 264 S. B 46976
Rondot, P.: Difficultés de la politique des Etats-Unis au Levant. In: Défense nationale. Année 39, 1983. Mai. S. 89-102. BZ 4460:39
Saunders, H. H.: Conversations with Harold H. Saunders. - U. S. Policy for the Middle East in the 1980s. Washington; London: American Enterprise Institute for Public Policy Research 1982. 101 S. Bc 3471
Seabury, P.: America's Stake in the Pacific. Washington: Ethics and Public Policy Center 1981. 82 S. Bc 3246
The common Security-Interests of Japan, the United States and NATO. Cambridge: Ballinger 1981. XXIV, 232 S. B 47448
Sisco, J. J.: Middle East. Progress or lost opportunity? In: Foreign affairs. Vol. 61, 1983. No. 3. S. 611-640. BZ 05149:61
Sneider, R. L.: U. S. interests and policies in Asia and the Western Pacific in the 1980s. In: The common security interest of Japan, the United States, and NATO. 1981. S. 63-85. B 47448
Solarz, S. J.: America and Japan. A search for balance. In: Foreign Policy. No. 49, 1983. S. 75-92. BZ 05131:49
Tahir-Kheli, S.: The United States and Pakistan. New York: Praeger 1982. XX, 169 S. B 48364
Takubo, T.: Perception gap between Tokyo and Washington. In: Asia Pacific Community. 1982. No. 17. S. 14-25. BZ 05343:1982
Thornton, T. P.: Between the stools? U. S. policy towards Pakistan during the Carter administration. In: Asian survey. Vol. 22, 1982. No. 10. S. 959-977. BZ 4437:22
Tillman, S. P.: The United States in the Middle East. Interests and obstacles. Bloomington: Indiana Univ. Pr. 1982. XI, 333 S. B 48158
Tsurutani, T.: Old habits, new times. Challenges to Japanese-American security relations. In: International security. Vol. 7, 1982. No. 2. S. 175-187. BZ 4433:7
Vasold, M.: Versäumte Gelegenheiten? Die amerikanische Chinapolitik im Jahr 1949. In: Vierteljahrshefte für Zeitgeschichte. Jg. 31, 1983. H. 2. S. 242-271. BZ 4456:31
Watts, W.: The United States and Asia. Changing attitudes and policies. Lexington: Lexington Books 1982. XIX, 121 S. B 47243
Wirsing, R. G.; Roberty, J. M.: The United States and Pakistan. In: International affairs. Vol. 58, 1982. No. 4. S. 588-609. BZ 4447:58
Wright, C.: Shadow on sand. Strategy and deception in Reagan's policy towards the Arabs. In: Journal of Palestine studies. Vol. 11, 1982. No. 3. S. 3-36. BZ 4609:11

Europa

Baylis, J.: Anglo-American Defence Relations 1939-1980. London: Macmillan 1981. XXII, 259 S. B 45381
Bialer, S.; Afferica, J.: Reagan and Russia. In: Foreign affairs. Vol. 61, 1982. No. 2. S. 249-271. BZ 05149:61
Caldwell, D.: American-Soviet Relations from 1947 to the Nixon-Kissinger grand design. Westport: Greenwood Pr. 1981. XIV, 283 S. B 46979

Clemens, W.C.: National security and US-Soviet relations. In: Australian outlook. Vol. 36, 1982. No. 2. S. 1-11. BZ 05446:36

Daniel, U.: Dollardiplomatie in Europa. Marshallplan, kalter Krieg und US-Außenwirtschaftspolitik 1945-52. Düsseldorf: Droste 1982. 215 S. B 46571

Fenzi, S.; Polesella, F.: Europa e Stati Uniti negli anni '80. In: Affari esteri. Anno 15, 1983. No. 57. S. 25-37. BZ 4373:15

Firestone, B.J.: The Quest for nuclear stability. John F. Kennedy and the Soviet Union. Westport: Greenwood 1982. X, 176 S. B 48157

Gerbore, P.: L'America di fronte all'Europa. Roma: Volpe 1981. 110 S. Bc 3355

Gilbert, R.E.: Television debates and presidential elections. The United States and France. In: The journal of social, political and economic studies. Vol. 7, 1982. No. 4. S. 411-429. BZ 4670:7

Görtemaker, M.: Amerikanisch-sowjetische Beziehungen am Scheideweg. Eine Zwischenbilanz zur Halbzeit der Reagan-Administration. In: Osteuropa. Jg. 32, 1982. H. 12. S. 969-982. BZ 4459:32

Goldsborough, J.O.: Rebel Europe. How America can live with a changing continent. New York: Macmillan 1982. XIII, 187 S. B 47014

Grabendorff, W.: The United States and Western Europe. Competition or co-operation in Latin America. In: International affairs. Vol. 58, 1982. No. 4. S. 625-637. BZ 4447:58

Heydt, P. von der: Blick übers Meer. Anmerkungen zu den deutsch-amerikanischen Beziehungen. Pfullingen: Neske 1981. 90 S. B 46193

Hyland, W.G.: Vor einer neuen Phase der amerikanisch-sowjetischen Beziehungen. Die Notwendigkeit e. Konzepts. In: Europa-Archiv. Jg. 38, 1983. Folge 1. S. 25-36. BZ 4452:38

Joffe, J.: Europe and America. The politics of resentment (cont'd). In: Foreign affairs. Vol. 61, 1983. No. 3. S. 569-590. BZ 05149:61

Kirkpatrick, J.J.: East/West relations. Toward a new definition of a dialogue. In: World affairs. Vol. 144, 1981. No. 1. S. 14-30. BZ 4773:144

Kissinger, H.A.: Reflections on a partnership. British and American attitudes to postwar foreign policy. In: International affairs. Vol. 58, 1982. No. 4. S. 571-587. BZ 4447:58

Krippendorff, E.; Lucas, M.: "Eines Tages werden wir Amerikaner über die Zerstörung Europas nachdenken müssen". Die USA und Westeuropa. In: Weltpolitik. Jg. 1, 1982. S. 10-28. BZ 4774:1

Krosby, H.P.: The United States and the Nordic countries, 1940-1945. In: Revue internationale d'histoire militaire. 1982. No. 53. S. 125-148. BZ 4454:1982

Kuźniar, R.: Stosunki francusko-amerykańskie w okresie V Republiki. [Die französisch-amerikanischen Beziehungen in der Zeit der V. Republik.] In: Sprawy Międzynarodowe. Rok 36, 1983. Zeszyt 3. S. 61-80. BZ 4497:36

Link, W.: Die Konkurrenz der beiden Weltmächte im Zeichen stagnierender Entspannung. In: Die internationale

Politik. 1977/78. 1982. S. 1-29. BZ 4767:1977/78

Lock, P.: USA-UdSSR. Supermächte zwischen Intervention und Selbstüberschätzung. Dokumentation d. inneramerikanischen Diskussion. Frankfurt: Haag u. Herchen 1982. 145 S. Bc 3045

Lucas, M.: Die Vereinigten Staaten von Amerika und die Krise des Kalten-Kriegs-Systems. In: Prokla. Jg. 12, 1982. Nr. 3. S. 119-155. BZ 4613:12

Mazur, Z.: Henry A. Kissingera koncepcja stosunków między Wschodem a Zachodem. [Henry A. Kissingers Konzeption d. Beziehungen zwischen Ost und West.] In: Przegląd Zachodni. Rok 37, 1981. Nr. 3/4. S. 1-33. BZ 4487:37

Reporting U.S. European relations. New York: Pergamon Pr. 1982. XXXII, 120 S. B 47668

Seaborg, G.T.; Loeb, B.S.: Kennedy, Khrushchev, and the test ban. Berkeley: Univ. of Calif. Pr. 1981. XVI, 320 S. B 48100

Sonnenfeldt, H.: US-Soviet relations. From the seventies to the eighties. In: The Jerusalem journal of international relations. Vol. 5, 1981. No. 3. S. 20-32. BZ 4756:5

Tatu, M.: U.S.-Soviet relations. A turning point? In: Foreign affairs. Vol. 61, 1983. No. 3. S. 591-610. BZ 05149:61

Taubman, W.: Stalin's American Policy. From entente to détente to cold war. New York: Norton 1982. XII, 291 S. B 46844

Walters, V.A.: Westliche Sicherheitspolitik. Amerikas Standpunkt. In: Sicherheit durch Gleichgewicht? 1982. S. 23-34. B 47433

Williams, P.: The United States' commitment to Western Europe. Strategic ambiguity and political disintegration? In: International affairs. Vol. 59, 1983. No. 2. S. 195-209. B 4447:59

Wuestefeld, E.-M.: Die atlantischen Beziehungen 1969-1973. Konzeption, Strategie u. Praxis der Beziehungen zwischen den Vereinigten Staaten u. Westeuropa aus amerikanischer Perspektive. Ebenhausen 1981. 193 S. B 47833

Ziebura, G.: Die Krise des transatlantischen Systems und die Zukunft der deutsch-amerikanischen Beziehungen. In: Weltpolitik. Jg. 2, 1982. S. 15-42. BZ 4774:2

f. Wehrwesen

f. 0.10 Wehrpolitik

Bundy, W.P.: The national security process. Plus ça change...? In: International security. Vol. 7, 1982/83. No. 3. S. 94-109. BZ 4433:7

Cuff, R.: American mobilization for war 1917-45. Political culture vs bureaucratic administration. In: Mobilization for total war. 1981. S. 71-86. B 46648

Ege, K.: Das Aufrüstungsprogramm des Pentagon 1983-1985. In: Blätter für deutsche und internationale Politik.

Jg. 28, 1983. H. 3. S. 469-481. BZ 4551:28

Etzold, T. H.: Defense of delusion? America's military in the 1980s. New York: Harper and Row 1982. X, 259 S. B 47617

Fritz, N. H.: Clausewitz and U. S. nuclear weapons policy. In: Air University review. Vol. 34, 1982/83. No. 1. S. 18-28. BZ 4544:34

Gray, C. S.: The MX ICBM and national security. New York: Praeger 1981. XI, 173 S. B 46923

Greiner, C.: "Operational History (German) Section" und "Naval Historical Team". Deutsches militär-strategisches Denken im Dienst der amerikanischen Streitkräfte von 1946 bis 1950. In: Militärgeschichte. 1982. S. 409-435. B 46629

A Guide to the sources of United States military history. Ed.: R. Higham and D. J. Mrozek. Suppl. 1. Hamden: Archon Books 1981. 300 S. B 47853

Johnson, R. H.: Periods of peril. The window of vulnerability and other myths. In: Foreign affairs. Vol. 61, 1983. No. 4. S. 950-970. BZ 05149:61

Kaufmann, W. W.: Defense in the 1980s. Washington: The Brookins Institut 1981. 51 S. Bc 3162

Kojm, C. A.: The ABC's of defense: America's military in the 1980s. New York: Foreign Policy Association 1981. 79 S. Bc 3115

Moneta, J.; Schulz, H.-J.: Wer den Frieden bedroht. 2. Aufl. Frankfurt: ISP-Verl. 1981. 69 S. Bc 3022

Planning U. S. security. Defense policy in the eighties. Ed.: P. S. Kronenberg. New York: Pergamon Pr. 1981. XIV, 214 S. B 46863

Record, J.; Hanks, R. J.: U. S. Strategy at the crossroads. Two views. Foreign policy report. Cambridge: Institute for Foreign Policy Analysis 1982. 72 S. Bc 3314

Sage niemand, er habe es nicht wissen können. Auf welche Weise und wozu die USA den nuklearen Erstschlag vorbereiten, welche Rolle die 'Nachrüstung' in Wirklichkeit spielt und warum die Deutschen die Hauptbetroffenen sind. In: Blätter für deutsche und internationale Politik. Jg. 28, 1983. H. 3. S. 401-458. BZ 4551:28

Scheer, R.: Und brennend stürzen Vögel vom Himmel. Reagan und der "begrenzte" Atomkrieg. München: Kindler 1983. 255 S. B 48301

Weinberger, C. W.: Schwerpunkte des amerikanischen Verteidigungsprogramms. Jahresbericht. 1. 2. 1983. Auszüge. In: Europa-Archiv. Jg. 38, 1983. Folge 16. S. D. 437-D 464. BZ 4452:38

f. 0.20 Wehrorganisation

Bell, W. G.: Secretaries of War and Secretaris of the Army. Portraits and biographical sketches. Washington: U. S. Gov. Print Office 1981. IX, 176 S. 08892

Gillet, J.-P.: Les Bérets verts. Les commandos de la CIA. Paris: Michel 1981. 241 S. B 45407

Intelligence Policy and national security.

Hamden: Archon Books 1981. X, 318 S. B 46918

Koch, T.: Der amerikanische Geheimdienst OSS (Office of Strategic Services) und die Widerstandsbewegungen. In: Geheimdienste und Widerstandsbewegungen im Zweiten Weltkrieg. 1982. S. 79-104. B 46189

Kumar, S.: CIA and the Third World. A study in crypto-diplomacy. New Delhi: Vikas 1981. VI, 200 S. B 45825

Lynn, L.E.; Smith, R.I.: Can the secretary of defense make a difference? In: International security. Vol. 7, 1982. No. 1. S. 45-69. BZ 4433:7

National Security Policy Organization in perspective. Ed.: L.J. Korb and K.D. Hahn. Washington: American Enterprise Institute for Public Policy Research 1981. 42 S. Bc 0788

Neuberger, G.; Opperskalski, M.: CIA in Westeuropa. Bornheim: Lamuv Verl. 1982. 224 S. B 47552

White Paper White Wash. Interviews with Philip Agee on the CIA and El Salvador. Ed.: W. Poelchau. New York: Deep Cover Books 1981. Getr. Pag. B 47676

f. 1 Heer

Ball, D.: U.S. strategic forces. How would they be used? In: International security. Vol. 7, 1982/83. No. 3. S. 31-60. BZ 4433:7

Griffith, R.K.: Men wanted for the U.S. army. America's experience with an all-volunteer army between the world wars. Westport: Greenwood 1982. XVII, 259 S. B 46842

Kaufmann, W.W.: Planning conventional forces, 1950-80. Washington: The Brookings Institution 1982. 25 S. Bc 3580

MacGregor, M.J.: Integration of the armed forces 1940-1965. Washington: US Gov. Print. Office 1981. XX, 647 S. B 45692

f. 1.30 Waffengattungen und Dienste

Armstrong, D.A.: Bullets and bureaucrats. The machine gun and the United States army, 1861-1916. Westport: Greenwood 1982. XV, 239 S. B 47494

Bowden, J.A.: The RDJTF and doctrine. In: Military review. Vol. 62, 1982. No. 11. S. 50-64. BZ 4468:62

Hanks, R.J.: The U.S. military Presence in the Middle East: Problems and prospects. Cambridge, Washington: Institute for Foreign Policy Analysis 1982. VII, 80 S. Bc 3439

Nyquist, G.: Bataljon 99. Oslo: Aschehoug 1981. 218 S. B 45973

O'Donnell, M.J.; Sylvia, S.W.: Uniforms, weapons and equipment of the world war 2 G.I. Orange: Moss 1982. 223 S. 08968

Patton, G.W.: War and race. The black officer in the American military, 1915-1941. Westport: Greenwood 1981. X, 214 S. B 46992

Sawicki, J. A.: Infantry Regiments of the US army. Dumfries: Wyvern 1981. III, 682 S. B 48146

Military Service in the United States. Ed.: B. Scowcroft. Englewood Cliffs: Prentice-Hall 1982. VIII, 226 S. B 48426

f. 2 Kriegsmarine

Allison, D. K.: New Eye for the navy: The origin of radar at the Naval Research Laboratory. Washington: Gov. Print. Office 1981. XI, 228 S. 08933

Alsmeyer, M. B.: The Way of the waves. Women in the navy. Conway: Hamba Books 1981. V, 186 S. B 47443

Barrow, J. C.: WW II: Marine fighting Squadron nine (VF-9M). Blue Ridge Summit: Tab Books 1981. 239 S. B 46843

Delear, F. J.: Airplanes and helicopters of the U. S. navy. New York: Dood, Mead 1982. 143 S. B 47416

Downey, B.: Uncle Sam must be losing the war. Black Marines of the 51 st. San Francisco: Strawberry Hill Pr. 1982. 217 S. B 48104

Friedman, N.: U. S. Destroyers. Annapolis: Naval Inst. Pr. 1982. 489 S. 08901

Knott, R. C.: The black Cats. Cambridge: Stephens 1981. X, 198 S. B 45699

Komer, R. W.: Maritime strategy vs. coalition defense. In: Foreign affairs. Vol. 60, 1982. No. 5. S. 1124-1144. BZ 05149:60

Lehman, J. F.: Rebirth of a U. S. naval strategy. In: Strategic review. Vol. 9, 1981. No. 3. S. 9-15. BZ 05071:9

Millett, A. R.: The U. S. marine corps. Adaptation in the post-Vietnam era. In: Armed forces and society. Vol. 9, 1983. No. 3. S. 363-392. BZ 4418:9

Nelson, D. D.: The Integration of the negro into the U. S. navy. Repr. of the 1951 ed. New York: Octagon Books 1982. XV, 238 S. B 46978

Polmar, N.: The Ships and aircraft of the U. S. fleet. 12. ed. Annapolis: Naval Inst. 1981. 420 S. B 45553

Roberts, J.: The aircraft carrier Intrepid. London: Conway Maritime Pr. 1982. 96 S. B 48055

Still, W. N.: American Sea Power in the Old World. The United States Navy in European and Near Eastern waters, 1865-1917. Westport: Greenwood 1980. XI, 291 S. B 45780

Terzibaschitsch, S.: USS Ticonderoga in service. In: Military technology. Vol. 7, 1983. No. 2. S. 12-23. BZ 05107:7

Turner, S.; Thibault, G.: Preparing for the unexpected. The need for a new military strategy. In: Foreign affairs. Vol. 61, 1982. No. 1. S. 122-135. BZ 05149:61

Williams, R. H.: The old Corps. A portrait of the U. S. Marine Corps between the wars. Annapolis: Naval Inst. 1982. IX, 140 S. 08781

f. 3 Luftwaffe

Anderton, D. A.: Modern American Combat Aircraft. London: Hamlyn/Aerospace 1982. 80 S. 08964

Anderton, D. A.: The History of the U. S. Air Force. New York: Crescent Books 1981. 255 S. 08878

Borowski, H. R.: A hollow Threat. Strategic air power and containment before Korea. Westport: Greenwood 1982. XII, 242 S. B 46950

Bowman, M. W.: The Encyclopedia of US military aircraft. London: Arms and Armour Pr. 1982. 224 S. 08836

Critchell, L.: Four Stars of hell. Nashville: The Battery Pr. 1982. 353 S. B 47993

Gunston, B.: An illustrated Guide to USAF. The modern US air force. London: Salamander 1982. 159 S. B 47975

Ivie, T. G.: Aerial Reconnaissance. The 10th photo group in world war 2. Fallbrook: Aero Publ. 1981. VIII, 200 S. B 46033

Johnson, H. A.: Seeds of separation. The general staff corps and military aviation before world war I. In: Air University review. Vol. 34, 1982/83. No. 1. S. 29-45. BZ 4544:34

Munson, K. G.: American Aircraft of world war 2 in colour. Poole: Blandford Pr. 1982. 160 S. 08786

Puryear, E. F.: Stars in flight. A study in air force character and leadership. Novato: Presidio Pr. 1981. XII, 295 S. B 47235

Robinson, D. H.; Keller, C. L.: "Up ship!" A history of the U. S. navy's rigid airships 1919-1935. Annapolis: Md.: Naval Inst. Pr. 1982. XIII, 236 S. 08931

Wagner, R.: American Combat Planes. 3., enlarged ed. Garden City: Doubleday 1982. VIII, 565 S. 08802

Wolk, H. S.: The establishment of the United States Air Force. In: Air force. Vol. 65, 1982. No. 9. S. 76-87. BZ 05349:65

g./h. Wirtschaft und Gesellschaft

Bucknell, H.: Energy and the national defense. Lexington: Univ. Pr. of Kentucky 1981. XVIII, 235 S. B 48108

Bundy, M.: Early thoughts on controlling the nuclear arms race. In: International security. Vol. 7, 1982. No. 2. S. 3-27. BZ 4433:7

Economic Coercion and U. S. foreign policy. Ed.: S. Weintraub. Boulder: Westview Pr. 1982. XVII, 234 S. B 47160

Edwards, P. K.: Strikes in the United States. 1881-1974. Oxford: Blackwell 1981. XVI, 336 S. B 45521

Johnson, C. W.; Jackson, C. O.: City behind a fence. Oak Ridge, Tennessee, 1942-1946. Knoxville, Tenn.: Univ. of Tennessee Pr. 1981. XXIII, 248 S. B 45779

Kennedy, E. M.; Hatfield, M. O.: Stoppt die Atomrüstung. Reinbek: Rowohlt 1982. 207 S. B 46236

Kubbig, B.W.: Nuklearenergie und nukleare Proliferation. Die inneramerikanischen Auseinandersetzungen um die Grundsätze der US-Nonproliferationspolitik 1974-1980. Frankfurt: Haag und Herchen 1981. X, 626 S. B 46379

Kurth, J.R.: Military power and industrial competitiveness. The industrial dimension of military strategy. In: Naval War College review. Vol. 35, 1982. No. 5. S. 33-47. BZ 4634:35

Pordzik, W.: Amerikanische Rüstungspolitik im Widerstreit. In: Europa-Archiv. Jg. 38, 1983. Folge 13. S. 381-390. BZ 4452:38

Porro, J.D.: Die Rüstungskontrollpolitik in Reagans erstem Jahr. In: Beiträge zur Konfliktforschung. Jg. 12, 1982. No. 3. S. 27-52. BZ 4594:12

Rabe, S.G.: The Road to OPEC! United States relations with Venezuela, 1919-1976. Austin: Univ. of Texas Pr. 1982. IX, 262 S. B 48355

Rode, R.: Die Ostwirtschaftspolitik der USA. Der Umgang mit "Zuckerbrot und Peitsche". In: Europa zwischen Konfrontation und Kooperation. 1982. S. 169-192. B 45705

Schaal, P.: Die Wirtschaftsbeziehungen zwischen den USA und der Bundesrepublik Deutschland. In: Aus Politik und Zeitgeschichte. 1983. B 13. S. 22-41. BZ 05159:1983

Schlesinger, S.C.; Kinzer, S.: Bitter Fruit. Garden City: Doubleday 1982. XV, 320 S. B 47182

Voss, J.: Die Gewerkschaftsbewegung in den USA. Köln: Bund-Verl. 1980. 188 S. B 46566

Baxter, S.; Lansing, M.: Women and politics. The invisible majority. Ann Arbor: Univ. of Michigan Pr. 1980. IX, 221 S. B 46985

Boles, J.K.: Systemic factors underlying legislative responses to woman suffrage and the Equal Rights Amendment. In: Women & politics. Vol. 2, 1982. Nos. 1/2. S. 5-22. BZ 4763:2

Cottrell, A.B.: The contemporary American women's movement. In: Women and world change. 1981. S. 239-261. B 47484

Deutchman, I.E.; Prince-Embury, S.: Political ideology of pro- and anti-era women. In: Women & politics. Vol. 2, 1982. Nos. 1/2. S. 39-55. BZ 4763:2

Ferber, M.A.: Women and work: issues of the 1980s. In: Signs. Vol. 8, 1982/83. S. 273-295. BZ 4416:8

Joyner, N.D.: Coalition politics. A case study of an organization's approach to a single issue. In: Women & politics. Vol. 2, 1982. Nos. 1/2. S. 57-70. BZ 4763:2

Lilie, J.R.; Handberg, R.; Lowrey, W.: Women state legislators and the era. Dimensions of support and opposition. In: Women & politics. Vol. 2, 1982. Nos. 1/2. S. 23-38. BZ 4763:2

Mezey, S.G.: Current research on women and politics. Journal articles. In: Women & politics. Vol. 2, 1982. Nos. 1/2. S. 87-113. BZ 4763:2

Rogan, H.: Mixed Company. Women in the modern army.

New York: Putnam 1981. 333 S. B 46852
Women, power and policy. Ed.: E. Boneparth. New York: Pergamon Pr. 1982. XII, 319 S. B 47515

i. Geistesleben

Cornebise, A. E.: The Amaroc News. The daily newspaper of the American forces in Germany, 1919-1923. Carbondale: Southern Illinois Univ. Pr. 1981. XXII, 248 S. B 46993
Economides, S.: Der Nationalsozialismus und die deutschsprachige Presse in New York 1933-1941. Frankfurt: Lang 1982. 316 S. B 47883
Muscio, G.: Hexenjage in Hollywood. Die Zeit der Schwarzen Listen. Frankfurt: Verl. Neue Kritik 1982. 212 S. B 45636

k. Geschichte

Nash, G. D.: The Great Depression and world war 2: Organizing America, 1933-1945. New York: St. Martin's Pr. 1979. XVI, 176 S. B 47003
Phillips, K. P.: Post-conservative America. People, politics and ideology in a time of crisis. New York: Random House 1982. XXIV, 261 S. B 48711
Satterfield, A.: The Home Front. An oral history of the war years in America: 1941-45. New York: Playboy Pr. 1981. 381 S. B 47602

L 490 Westindien / Antillen

Abbott, G. C.: The associated states and independence. In: Journal of Interamerican studies. Vol. 23, 1981. No. 1. S. 69-94. BZ 4608:23
Bolles, A. L.: Household economic strategies in Kingston Jamaica. In: Women and world change. 1981. S. 83-96. B 47484
Gouedard, Y.: Le processus de destabilisation en zone caraibe. In: Stratégique. 1983. No. 17. S. 35-80. BZ 4694:1983
Grenada. Die große Revolution auf einer kleinen Insel. Hamburg: Karibik Informationszentrum 1983. 20 S. DZ 623:4
Johnson, R. A.: Puerto Rico. Commonwealth or colony? New York: Praeger 1980. XV, 199 S. B 46306
Mattos Cintrón, W.: La Política y lo político en Puerto Rico. México: Ed. Era 1980. 207 S. B 43662
Oxaal, I.: Black Intellectuals and the dilemmas of race and class in Trinidad. Cambridge: Schenkman 1982. X, 317 S. B 47468
Pastor, R.: Sinking in the Caribbean Basin. In: Foreign affairs.

Vol. 60, 1982. No. 5. S. 1038-1057. BZ 05149:60

Pearce, J.: Under the Eagle. U. S. intervention in Central America and the Caribbean. London: Latin American Bureau 1981. XI, 295 S. B 46803

Post, K.: Strike the iron. A colony at war: Jamaica 1939-1945. Vol. 1. 2. Atlantic Highlands: Humanities Pr. 1981. 567 S. B 46971

Revolution in der Karibik. Grenada. Eine Dokumentation. Hamburg: Guyana-Komitee 1982. 105 S. D 02509

Wiarda, H. J.; Kryzanek, M. J.: The Dominican Republic. A Caribbean crucible. Boulder: Westview 1982. XV, 153 S. B 47605

Wöhlcke, M.: Die Karibik im Konflikt entwicklungspolitischer und hegemonialer Interessen. Sozio-ökonomische Struktur, politischer Wandel u. Stabilitätsprobleme. Baden-Baden: Nomos Verlagsges. 1982. 197 S. B 46910

L 494 Kuba

Castro, F.: Cuba's internationalist foreign policy 1975-80. Fidel Castro speeches. New York: Pathfinder Pr. 1981. 391 S. B 46981

Castro, F.: Rede auf der 68. Interparlamentarischen Konferenz. Havanna, 15. Sept. 1981. Berlin: Dietz 1981. 59 S. B 46205

Delmas, C.: Il y a vingt ans. La crise de Cuba. In: Défense nationale. Année 38, 1982. Octobre. S. 127-142. BZ 4460:38

Domínguez, J. I.: The Cuban army. In: Communist armies in politics. 1982. S. 45-61. B 46932

Fernández, G. A.: The freedom flotilla. A legitimacy crisis of Cuban socialism? In: Journal of Interamerican studies. Vol. 24, 1982. No. 2. S. 183-209. BZ 4608:24

Pérez, L. A.: Historiography in the revolution. A bibliography of Cuban scholarship, 1959-1979. New York: Garland 1982. XXIV, 318 S. B 48190

Pollard, R. A.: The Cuban missile crisis. Legacies and lessons. In: Military review. Vol. 62, 1982. No. 12. S. 45-55. BZ 4468:62

Scherer, J. L.: Reinterpreting Soviet behavior during the Cuban missile crisis. In: World affairs. Vol. 144, 1981. No. 2. S. 110-125. BZ 4773:144

L 500 Australien und Ozeanien

L 510 Australien

e. Staat/Politik

Albinski, H. S.: The Australian-American Security Relationship. A regional and international perspective. New York: St. Martin's Pr. 1981. X, 257 S. B 48490

Cresciani, G.: Fascism, anti-fascism and Italians in Australia. 1922-1945. Canberra: ANU Pr. 1980. XVII, 261 S. B 46177

Hocking, B.: Reform to what purpose? The Australian Federal Parliament and traditions of reform. In: The journal of Commonwealth & comparative politics. Vol. 20, 1982. No. 2. S. 123-137. BZ 4408:20

Lim, R. J.: Current Australian-ASEAN relations. In: Southeast Asian affairs. 1980. S. 37-53. BZ 05354:1980

Merrett, D. T.; Schedvin, C. B.: Australia. Dependence at the periphery. In: War, business and world military-industrial complexes. 1981. S. 120-145. B 47000

Sexton, M.: War for the asking. Australia's Vietnam secrets. Ringwood: Penguin Books 1981. 212 S. Bc 3061

Watt, A.: Australia. The Department of Foreign Affairs. In: The Times survey of foreign ministries of the world. 1982. S. 33-47. B 47771

f. Wehrwesen

Civil Defence and Australia's security. Conference. 19-22 april 1982. Canberra: Australian National Univ. 1982. Getr. Pag. 08842

Australian Defence Policy for the 1980s. Ed.: R. O'Neill and D. M. Horner. St. Lucia: Univ. of Queensland Pr. 1982. XII, 308 S. B 47952

Australia's armed Forces. Ed.: R. Gillett. Sydney: Nautical Pr. and Publ. 1981. 332 S. 08902

Gammage, B.: The broken Years. Australian soldiers in the Great War. Ringwood: Penguin Books Australia 1981. XVII, 301 S. B 45726

Gower, S. N.: Guns of the regiment. Canberra: Australian War Memorial 1981. 249 S. B 46687

Hall, T.: HMAS Melbourne. Sydney: Allen and Unwin 1982. 223 S. B 48050

Hamilton, I.: To buy abroad or build our own agelong question. In: Pacific defence reporter. Vol. 10, 1983. No. 4.S. 63-67. S. 63-67. BZ 05133:10

Hepburn, A.: True Australian War Tales. Adelaide: Rigby 1983. 188 S. 09323

Laffin, J.: The Australian Army at war 1899-1975. Colour plates: Mike Chappell. London: Osprey 1982. 40 S. Bc 0854

Lewis, B. B.: Our War. Australia during world war 1. Melbourne: Univ. Pr. 1980. 328 S. B 46084

Loney, J.: The Price of admiralty. Ships of the R. A. N. lost, 1914-1974. Geelong: Marine History Publ. 1980. 35 S. Bc 3060

MacNicoll, R.: The Royal Australian Engineers. Vol. 2. 3. Netley: Griffin Pr. 1979-82. 232. 432 S. B 44664

Mathams, R. H.: Sub rosa. Memoirs of an Australian Intelligence analyst. Sydney: Allen and Unwin 1982. 127 S. B 49318

Mediansky, F. A.: Australia's security and the American alliance. In: Australian outlook. Vol. 37, 1983. No. 1. S. 22-25. BZ 05446:37

Meredith, J.: The Coo-ee March. Gilgandra - Sydney 1915. Dubbo: Macquarie 1981. 100 S. 08904

Munster, G.; Walsh, R.: Secrets of state. Sydney: Angus and Robertson 1982. XX, 168 S. B 48268

Robertson, J.: Australia at war 1939-1945. Melbourne: Heinemann 1981. VIII, 269 S. B 47179

L 530 Ozeanien

Alley, R.: New Zealand foreign policy. In: Asien. 1983. Nr. 7. S. 16-24. BZ 4760:1983

Delius, U.: Tahiti - Französisch-Polynesien. Südseeparadies unter dem Atompilz. Göttingen: Gesellschaft für bedrohte Völker 1982. 173 S. B 46899

Hegarty, D.; King, P.: Papua New Guinea in 1982. The election brings change. In: Asian survey. Vol. 23, 1983. No. 2. S. 217-226. BZ 4437:23

Howard, G.: The Navy in New Zealand. An illustrated history. London: Jane 1982. 170 S. B 46517

Policy Making in a new state. Papua New Guinea 1972-1977. Ed.: J. Addison Ballard. St. Lucia: Univ. of Queensland Pr. 1981. 331 S. B 46313

Schwarzbeck, F.: Frankreichs Überseeterritorien im Südpazifik. In: Asien. 1983. Nr. 8. S. 42-56. BZ 4760:1983

L 531 Indonesien

Hein, G. R.: Indonesia in 1982. Electoral victory and economic adjustment for the new order. In: Asian survey. Vol. 23, 1983. No. 2. S. 178-190. BZ 4437:23

Kaam, B. van: The South Moluccans. Background to the train hijackings. London: Hurst 1980. VIII, 151 S. B 45624

MacDonald, H.: Suharto's Indonesia. Honolulu: Univ. Pr. of Hawaii 1981. 277 S. B 47612

MacMahon, R. J.: Colonialism and cold war. The United States and the struggle for Indonesian independence, 1945-49. Ithaca: Cornell Univ. Pr. 1981. 338 S. B 47726

Speed, F. W.: Indonesian armed forces. In: The army quarterly. Vol. 112, 1982. No. 3. S. 311-319. BZ 4770:112

Suryadinata, L.: Indonesia in 1979. Controlled discontent. In: Southeast Asian affairs. 1980. S. 121-144. BZ 05354:1980

Suryadinata, L.: Indonesia in 1980. Continuity rather than change. In: Southeast Asian affairs. 1981. S. 129-145. BZ 05354:1981

L 532 Philippinen

Corsino, M. F.: The Philippines in 1980. At the crossroads. In: Southeast Asian affairs. 1981. S. 236-257. BZ 05354:1981

Corsino, M. F.: Prospects for normalization in the Philippines. In: Southeast Asian affairs. 1980. S. 259-269. BZ 05354:1980

Phillippinen. Menschenrechte im Abseits. Bonn: amnesty international 1982. 63 S. D 2514

Die Philippinen zwischen Unterdrückung und Befreiung. Polch: Aktionsgruppe Philippinen 1982. 151 S. D 2611

Quirino, C.: Filipinos at war. [o. O.:] Vera-Reyes 1981. 284 S. 08787

Rajaretnam, M.: The Philippines in 1979. Towards political change. In: Southeast Asian affairs. 1980. S. 241-258. BZ 05354:1980

Roth, R.: Muddy Glory. America's 'Indian wars' in the Philippines 1899-1935. W. Hanover: Christopher Publ. House 1981. 281 S. B 47493

L 600 Polargebiet

Bach, H.C.; Taagholt, J.: Grønland og polarområdet - ressourcer og sikkerhedspolitik. 3. opl. København: Forsvarets Oplysnings- og Velfaerdstjeneste 1982. 78 S. Bc 2905

Grønland på vej. Red. af B. Hjorth Christiansen og F. Bønnelykke. København: Folkebevaegelsen mod EF 1981. 96 S. Bc 3166

Gunnarsson, G.: Icelandic security policy. Context and trends. In: Cooperation and conflict. Vol. 17, 1982. No. 4. S. 257-272. BZ 4605:17

Moneta, C.J.: Antarctica, Latin America, and the international system in the 1980s. Toward a new antarctic order? In: Journal of Interamerican studies. Vol. 23, 1981. No. 1. S. 29-68. BZ 4608:23

Soerensen, A.; Juul Jensen, J.: Grønland - menneskenes land? En analyse af kapitalismens udvikling i Grønland. København: Soc. Inst. 1980. 186 S. B 45990

L 700 Weltmeere und Inseln

L 710 Europäische Randmeere

Alexandersson, G.: The Baltic Straits. The Hague: Nijhoff 1982. XI, 132 S. B 48780

Espersen, M.: The Baltic - balance and security. Copenhagen: Forsvarets Oplysnings- og Velfaerdstjeneste 1982. 70 S. Bc 3526

Sergienko, O.A.: Bor'ba za neft' i gaz Severnogo morja. [Der Kampf um das Öl und Gas der Nordsee.] Moskva: "Meždunarodnye otnošenija" 1981. 141 S. Bc 2680

Truver, S.C.: The Strait of Gibraltar and the Mediterranean. Aalphen a. d. Rijn: Sijthoff & Noordhoff 1980. XIII, 271 S. B 45658

Drakidis, P.: La démilitarisation du Dodécanèse. In: Défense nationale. Année 39, 1983. Avril. S. 123-136. BZ 4460:39

Geiss, H.: Innerer Wandel in Westeuropa und im westlichen Mittelmeer-Raum. In: Die internationale Politik. 1975/76. 1981. S. 116-144. BZ 4767:1975/76

Kedros, M.: Das Mittelmeer in der Ost-West-Auseinandersetzung. In: Beiträge zur Konfliktforschung. Jg. 13, 1983. No. 1. S. 67-85. BZ 4594:13

Krämer, H. R.: Die Mittelmeerpolitik der Europäischen Gemeinschaft. Auf der Suche nach einem Globalkonzept. In: Europa-Archiv. Jg. 37, 1982. Folge 22. S. 673-680. BZ 4452:37

Sozialistische Perspektiven im Mittelmeerraum und ihre internationale Implikationen. Materialien e. Tagung an der Univ. Bremen 3.-5. 6. 1978. Hrsg.: M. O. Hinz, H. Patemann. Bremen: Univ. 1982. 596 S. B 46697

Rosenthal, G. G.: The Mediterranean Basin. Its political economy and changing international relations. London: Butterworth Scientific 1982. 146 S. B 48417

Tanty, M. / Bosfor i Dardanele w polityce mocarstw. [Bosporus und Dardanellen in der Politik der Mächte.] Warszawa: Państw. Wyd. Nauk. 1982. 390 S. B 48009

L 740 Indischer Ozean

Alves, D.: A strategy for the Indian and Pacific oceans. In: Pacific Defence Reporter. Vol. 10, 1983. No. 4. S. 10-16. BZ 05133:10

Bhasin, V. K.: Super Power Rivalry in the Indian Ocean. New Delhi: S. Chand 1981. VII, 229 S. B 46107

Braun, D.: Indian Ocean. The "Peace Zone" paradox and changes for areas of peace. In: Asien. 1982. Nr. 5. S. 13-26. BZ 4760:1982

Braun, D.: Der Indische Ozean: Konfliktregion oder Zone des Friedens? Baden-Baden: Nomos Verl. Ges. 1982. 250 S. B 46277

Chaigneau, P.: Océan Indien. Les velléités d' une zone de paix. In: Défense nationale. Année 39, 1983. Avril. S. 107-122. BZ 4460:39

Franda, M.: The Seychelles. Unquiet islands. Boulder: Westview Pr. 1982. XIII, 140 S. B 47701

Lapidoth-Eschelbacher, R.: The Red Sea and the Gulf of Aden. Den Haag: Nijhoff 1982. XIV, 265 S. B 48779

Leymarie, P.: Océan Indien. Le nouveau coeur du monde. Paris: Éd. Karthala 1981. 365 S. B 46400

Mishra, B. R.: U. S. Strategy in the Indian Ocean: India's perception and response. In: Asia Pacific Community. Vol. 1982. No. 18. S. 64-79. BZ 05343:1982

Samuels, M. S.: Contest for the South China Sea. New York: Methuen 1982. XIII, 203 S. B 46631

L 730 Atlantischer Ozean

Cordier, S. S.: The air and sea Lanes of the North Atlantic: their security in the 1980s. Washington: University Press of America 1981. 84 S. Bc 3108

Hurrell, A.: The politics of South Atlantic security. A survey of proposals for a South Atlantic Treaty organization. In: International affairs. Vol. 59, 1983. No. 2. S. 179-193. B 4447:59

L 739 Insel im Atlantik

Siedentopf, M.: Die britischen Pläne zur Besetzung der spanischen und portugiesischen Atlantikinseln während des Zweiten Weltkrieges. Münster: Aschendorff 1982. VII, 152 S. B 46837

Bologna, A. B.: Conflicto Reino Unido de Gran Bretana y Republica Argentina. Islas Malvinas. In: Rivista di studi politici internazionali. Anno 49, 1982. No. 2. S. 271-281. BZ 4451:49

Calvi, M. J.: Malvinas. El mito destruido. 2. ed. [o. O.]: Ed. Devoto 1982. 137 S. B 49690

Daus, F. A.; Rey-Balmaceda, R. C.: Islas Malvinas. Reseña geogr. Bibliografia (1955-1982). Buenos Aires: OIKOS 1982. 242 S. B 49681

Del Carril, B.: La Cuestión de las Malvinas. Buenos Aires: Emecé Ed. 1982. 124 S. Bc 3675

Foulkes, H.: Las Malvinas. Una causa nacional. 2. ed., act. Buenos Aires: Ed. Corregidor 1982. 165 S. B 49682

The disputed Islands. The Falkland crisis: A history and background. London: Her Majesty's Stationery Office 1982. 36 S. Bc 3522

Libro azul y blanco de las Islas Malvinas. 20 documentos fundamentales sobre los derechos argentinos en el archipiélago. Buenos Aires: Ed. AP 1982. 76 S. Bc 3691

Malvinas. Los debates en la OEA. Versión oficial de los discursos pron. en la 20. Reunión de Consulta de Ministros de Relaciones Exteriores, en Washington, el 26 y 27 de abril de 1982. Buenos Aires: Ed. AP 1982. Bc 3692

Pandis, J.: Islas Malvinas. La reivindicación del derecho. Buenos Aires: Ed. Lex 1982. 165, III S. B 49692

Roth, R.: Después de Malvinas, qué...? 2. ed. Buenos Aires: Ed. La Campaña 1982. 165 S. B 49684

Tello, A.: L'Argentine et les îles Malouines. In: Politique étrangère. Année 47, 1982. No. 4. S. 1005-1020. BZ 4449:47

Traba, J.: Las Malvinas. Pasado, presente, porvenir. Rosario 1982. 170 S. B 49691

L 743 Persischer Golf

Amin, S.H.: International and legal Problems of the Gulf. London: Middle East and North African Studies Pr. 1981. 235 S. B 47637

Chubin, S.; Litwak, R.; Plascov, A.: Security in the Gulf. Aldershot: Gower 1982. XIV, 180 S. B 48686

Maurizi, R.: Il consiglio di cooperazione del Golfo. In: Affari esteri. Anno 15, 1983. No. 58. S. 177-190. BZ 4373:15

Plascov, A.: Modernization, political development and stability. Aldershot: Gower 1982. VIII, 183 S. B 48687

Thompson, W.S.: The Persian Gulf and the correlation of forces. In: International security. Vol. 7, 1982. No. 1. S. 157-180. BZ 4433:7

L 750 Pazifischer Ozean

Auh, S.Y.: The security of the Western Pacific: A Korean perspective. In: Asia Pacific Community. No. 16, 1982. S. 17-24. BZ 05343:16

Hinton, H.C.: The China sea: The American stake in its future. New York: National Strategy Inform. Center 1980. 44 S. Bc 3139

Jacobs, G.: Soviet forces and the Pacific Basin. In: Jane's defence review. Vol. 4, 1983. No. 2. S. 131-137; 141. BZ 05392:4

Keesing, R.M.; Corris, P.: Lightning meets the west wind. The Malaita massacre. Melbourne: Oxford Univ. Pr. 1980. XV, 219 S. B 45565

Vertzberger, Y.: The Malacca-Singapore Straits: The Suez of South-East Asia. London: Institute for the Study of Conflict 1982. 28 S. Bc 3435

II
FORSCHUNGS- UND LITERATURBERICHTE

DOKUMENTATIONSSTELLE FÜR UNKONVENTIONELLE LITERATUR DER BIBLIOTHEK FÜR ZEITGESCHICHTE

von Anita Molnar

Die 'Dokumentationsstelle für unkonventionelle Literatur' wurde 1972 auf Grund einer Initiative einiger Historiker gegründet.

Aufgabe: Sammlung, Archivierung und Erschließung unkonventioneller oder 'grauer' Literatur nichtwissenschaftlichen Charakters.

Unkonventionelle Literatur: Materialien, die nicht von Verlagen herausgegeben werden und dadurch kaum im traditionellen Buchhandel erhältlich und kaum in Literaturverzeichnissen nachgewiesen sind.

Art der Materialien: Flugblätter, Broschüren, Plakate und Wandzeitungen, Aufkleber.

Herausgeber der Materialien: Studentenverbände, Exilgruppen, Bürgerinitiativen, kleinere politische Gruppierungen, den Kirchen nahestehende Organisationen, Einzelpersonen.

Sammelgebiete: Politische Stellungnahmen zu internationalen und nationalen Konflikten und zwischenstaatlichen Beziehungen, die in der Bundesrepublik Deutschland publiziert und verteilt werden.

Unterhaltsträger: Deutsche Forschungsgemeinschaft (DFG).

Literaturetat: DM 12.000.- für jeweils 2 Jahre (2-Jahres-Etat).

Bestand: Ca. 6000 Monographien, ca. 650 Zeitschriften und Zeitungen, Einzelnummern von ca. 1300 Zeitschriften und Zeitungen, ca. 2300 Plakate, ca. 60000 Flugblätter.

Personal: 1 hauptamtliche Kraft, 1 Hilfskraft (8 Stunden pro Woche).

Sammeln der Literatur: Schriftliche Kontakte und Reisen.

Archivierung: Broschüren nach Signaturen (fortlaufende Nummer) geordnet in Kapseln, Flugblätter nach Herkunftsprinzip geordnet in Stahlschränken, Plakate und Aufkleber nach Sachgebieten geordnet in Plakatschränken bzw. Plastikschüben.

Erschließung: Alphabetischer, systematischer (Sachgebiete) und Provenienzkatalog (Alphabet der herausgebenden Organisationen) für die Broschüren; geplant: Schlagwortkataloge für die Flugblätter und Plakate.

Benutzungsrichtlinien: Einsichtnahme im Lesesaal der 'Bibliothek für Zeitgeschichte' oder anderer wissenschaftlicher Bibliotheken (Fernleihe), Anfertigung von Kopien, Erstellung von Literaturlisten auf schriftliche Anforderung (gebührenpflichtig).

Stand 1.6.1984.

DAS SOGENANNTE "ZAREN-ARCHIV" IN DER BIBLIOTHEK FÜR ZEITGESCHICHTE

Bericht und Bestandsaufnahme

von Werner Haupt

I. Einführung

Die Erwerbung

Die Bibliothek für Zeitgeschichte erwarb im Jahre 1964 eine wertvolle Sammlung älterer russischer Literatur zur Militärgeschichte. Dank der finanziellen Unterstützung des damaligen Bundesministeriums für wissenschaftliche Forschung, des Stifterverbandes für die deutsche Wissenschaft und der Thyssen-Stiftung war es möglich, diesen wertvollen Bestand aus dem Nachlass eines ehemaligen hohen Offiziers am Zarenhof in die Bundesrepublik zu überführen.

Nachdem dieser Nachlass in vielen Holzkisten von Schweden her in Stuttgart eingetroffen war, stellten die Bibliothekare der BfZ fest, dass es sich hierbei nicht nur um Bücher und Zeitschriften handelte, sondern dass sich in der Sendung auch wertvolle Archivalien, Dokumente, Photos, Photoalben u. a. mehr befanden, die sich ausnahmslos mit den Personen und dem Leben am und um den letzten Zarenhof befassten. Deshalb wurden diese Archivalien schlicht mit dem Begriff "Zaren-Archiv" versehen. Dieser Name hat sich bis heute im Sprachgebrauch der Bibliothek erhalten, obwohl es sich eigentlich um den Nachlass eines Flügeladjutanten von Nikolaus II. handelt.

Die Buch- und Zeitschriftensammlung - ca. 1230 Buch- und ca. 100 Zeitschriften- und Zeitungsbände - konnten bereits im ersten Jahr sortiert, katalogisiert und in den Bestand der BfZ einverleibt werden. Der frühere Bibliothekar M. Gunzenhäuser hat 1965 einen allgemeinen Überblick über die Buchsammlung sowie eine systematische Bibliographie der ersten 550 katalogisierten Bände veröffentlicht [1].

Die übrigen - von Gunzenhäuser nicht erfassten - Bände wurden von der Bibliothek nach und nach bearbeitet und jeweils in den entspre chenden "Jahresbibliographien" bibliographisch verzeichnet [2].

Die Archivalien

Erst nachdem die Bücher- und Zeitschriftenbestände katalogisiert waren, konnte an die Aufarbeitung der wahllos ducheinandergeratenen Archivalien gegangen werden. Bis dahin war in der Bibliothek vollkommen unbekannt, was sich in den übriggebliebenen Paketen und grossen Briefumschlägen (zum grossen Teil mit Packpapier verschnürt und mit kyrillischen Worten handschriftlich beschriftet) befand.

Nach grober Sichtung konnte allerdings schon festgestellt werden, dass es sich hierbei um wertvolle "Schätze" handelte, die zum zweitenmal wahrscheinlich nicht mehr in Europa vorhanden waren [3].

Die zahlreichen Photoalben konnten zuerst sortiert und bearbeitet werden. Dabei stellte man fest, dass sich es hier z. T. um Alben handelte, die direkt im Besitz der letzten Zarenfamilie gewesen sein mußten. Die Sichtung und Systematisierung dieser Alben war verhältnismässig leicht und konnte schon nach wenigen Tagen abgeschlossen werden.

Die Aufarbeitung der übrigen Bestände nahm sehr viel mehr Zeit in Anspruch, da es einfach aus personellen Gründen nicht möglich war, diese Tätigkeit in einem Zuge durchzuführen.

Der Autor hat - nachdem die Bibliothek für Zeitgeschichte einen grösseren Magazinraum für ihr Archiv im Hause der Württembergischen Landesbibliothek erhielt - die noch übriggebliebenen Materialien gesichtet und geordnet, so dass dieselben heute für Jedermann zugänglich sind.

Die systematische Einteilung der Sammlung konnte in vier Sachgruppen vorgenommen werden, die mit Signaturgruppen bezeichnet sind. Als allgemeine und übergeordnete Signatur wurde die Buchstabengruppe "RK" - "Russisches Kaiserreich" - verwandt. Die einzelnen Gruppen (siehe nachfolgende Aufstellung) erhielten dann durch einfache Hinzufügung von laufenden Zahlen ihre Bestimmung.

Lediglich die als letzte Gruppe unter Abschnitt 2 aufgeführte Abteilung "Militaria" wurde von einer Signatur verschont, da es sich hier um Einzelstücke handelt, die in Stahlschränken des Archivs der Bibliothek für Zeitgeschichte aufbewahrt werden.

1.) Gunzenhäuser, Max: Sammlung älterer russischer Literatur zur Geschichte und Kriegsgeschichte. In: Jahresbibliographie [der] Bibliothek für Zeitgeschichte. Jg. 36, 1964. S. 426-469.

2.) Jahresbibliographie [der] Bibliothek für Zeitgeschichte. Jg. 37, 1965- Jg. 41, 1969. [Hier jeweils in der Systematik Russland/ UdSSR; besonders unter Abschnitt "Wehrwesen".]

3.) Zwei der wichtigsten Fotoalben, die ausschliesslich aus dem direkten Nachlass der kaiserlichen Familie stammen mussten, wurden anlässlich des sogenannten "Anastasia-Prozesses" den Verteidigern ausgeliehen, die diese Unterlagen bis heute noch nicht wieder zurückgaben, da dieselben - angeblich - unauffindbar sind.

Übersicht der Sammlung

Gruppe 1:

Foto-Alben

Die Kaiserliche Familie	RK 1- 10
Landschaften und Städte	RK 11- 30
Heerwesen - allgemein	RK 31- 50
Truppengeschichten	RK 51- 80
Marinewesen	RK 81- 90
1. Weltkrieg	RK 91-100
Russische Geschichte vor 1914	RK 101-110
Vermischtes	RK 111-120

Einzel-Photos

Zar Nikolaus II.	RK 201
Die Zarenfamilie	RK 202
Familie Romanow	RK 203
Der Zarewitsch	RK 204
Offiziere - allgemein	RK 205
Das Heer	RK 206
Grossfürsten	RK 207
Offiziersfamilien	RK 208
Truppengeschichten	RK 209-210
Landschaftsbilder	RK 211-212
Der 1. Weltkrieg	RK 213
Uniformen	RK 214
Die Flotte	RK 215-216
Verschiedenes	RK 222

Archivalien

Militaria	RK 301
Hof-Feste	RK 302
Die Zarenfamilie	RK 303
Der 1. Weltkrieg	RK 304
Verschiedenes	RK 305

Truppenregister - Heer (für RK 1 - RK 305)

Gruppe 2:

Militaria

(siehe auch RK 301).

II. Archivalien

Foto - Alben

Die Kaiserliche Familie

Zar Nikolaus II. und seine Familie.
(Photographien und Postkarten, teils farbig.)
Inhalt: Zar und Familie,
Zar auf Truppenbesuch im 1. Weltkrieg,
Russische Offiziere im 1. Weltkrieg,
Farbpostkarten zum 1. Weltkrieg,
Aus der russischen Geschichte,
Frühere Herrscher und Grossfürsten,
Russische Städte. RK 1

Zar Nikolaus II. und seine Familie.
(Photographien und Postkarten, teils farbig.)
Inhalt: Der Zar,
Der Zarewitsch,
Die kaiserliche Familie
Zeit ca. 1912-1916. RK 2

Zar Nikolaus II., seine Familie und die russischen Grossfürsten.
(Photographien und Postkarten, teils farbig.)
Inhalt: Truppenbesuch des Zaren im 1. Weltkrieg,
Porträts der kaiserlichen Familie und der Fürsten,
Kaiserliche Prinzessinnen in den Lazaretten während des 1. Weltkrieges,
Kriegspostkarten. RK 3

Zar Nikolaus II., seine Familie und die russischen Grossfürsten.
(Photographien und Postkarten, teils farbig.)
Inhalt: Familienbilder der kaiserlichen Familie,
Porträts der kaiserlichen Familie und Fürsten. RK 4

Reise der kaiserlichen Familie auf die Krim im Jahre 1909.
(Photographien.)
Inhalt: Staatsbesuch auf der Krim. RK 5

Die Zarin und die Prinzessinnen auf der Jagd im Wald von Bialowies.
(Photographien auf Tafeln.)
Inhalt: Jagdszenen (um 1913). RK 6

Kaiserin Maria Feodorowna, Persönliches Fotoalbum 1920-1928.
(Photographien.)
Inhalt: Leben der Kaiserin nach der Flucht in Finnland und an europäischen Fürstenhöfen. RK 10

Hier auch zu beachten:
RK 40, 91, 92, 93, 102, 111, 112, 201, 202, 203, 204, 302, 303, 305.

Landschaften und Städte

Russische Landschaften und Städte von der Ukraine bis zur Mandschurei. (Postkarten, teils farbig.)
Inhalt: Ansichten von Städten, Landschaften, Gebäuden, Leben der Bevölkerung,(u. a.: Perm, Jekaterinoslaw, Ufa, Belgorod, Orel, Mogilew, Brest, Rshew). RK 11

Russische Landschaften und Städte auf der Krim und im Kaukasus.
(Postkarten, teils farbig.)
Inhalt: Ansichten von Städten, Landschaften, Gebäuden, (u. a.: Livadia, Jalta, Feodosia, Orianda, Sewastopol, Taschkent, Kisslowodsk). RK 12

Russische Landschaften und Städte an der Wolga und in Russ.-Asien.
(Postkarten, teils farbig.)
Inhalt: Ansichten von Städten, Landschaften, Gebäuden, Leben der Bevölkerung,(u. a.: Jaroslaw, Kostroma, Nishni-Novgorod, Kazan, Simbirsk, Samara, Saratow, Zaritzyn). RK 13

Russische Landschaften und Städte in der Ukraine und im Kaukasus.
(Postkarten, teils farbig.)
Inhalt: Ansicht von Städten, Landschaften Gebäuden, Leben der Bevölkerung, (u. a.: Kiew, Batum, Mzcheta, Elbrus, Tuapse, Baku, Batum, Tiflis, Sotschi, Kisslowodsk). RK 14

Russische Landschaften und Städte in Sibirien. (Postkarten.)
Inhalt: Ansichten von Städten, Gebäuden, Landschaften, Leben der Bevölkerung, Eisenbahnbau, (u. a.: Irkutsk, Tscheljavinsk, Baikalsee, Tschita, Nikolaewsk, Tomsk, Nabarovsk). RK 15

Landschaften und Städte am Amur. (Photographien.)
Inhalt: Privataufnahmen einer Reise ohne Orts- und Zeitangabe. RK 16

Landschaften und Städte am Amur. (Photographien.)
Inhalt: Privataufnahmen einer Reise ohne Orts- und Zeitangabe, Alltagsleben der Bevölkerung. RK 17

St. Petersburg. (Postkarten, teils farbig.)
Inhalt: Ansicht der Stadt, ihrer Gebäude und Bevölkerung. RK 18

St. Petersburg. (Bildband.)
Inhalt: Charakteristische Gebäude und Strassen. RK 19

St. Petersburg und Moskau. (Postkarten, zum grössten Teil farbig.)
Inhalt: Ansichten von Gebäuden (auch das Innere derselben u. a. Kreml), Kirchen, Denkmäler, Strassen, Alltagsleben der Bevölkerung. RK 20

Vues de Moscou. (Bildband mit farbigen Zeichnungen.)
Inhalt: Gebäude und Strassenszenen. RK 21

Moscou en Photographie. (Bildband mit Zeichnungen aus dem 19. Jahrhundert.)
Inhalt: Gebäude und Strassenszenen. RK 22

Sveaborg. (Faltblattalbum, Gesamtübersicht.)
Inhalt: Ansichten der Stadt. RK 23

Sveaborg. (Photografische Bildtafeln.)
Inhalt: Bau und Einweihung der Orthodoxen Kirche, 1897-1900. RK 24

Wyborg. (Photographien in Albumform, Kleinformat.)
Inhalt: Einweihung des Denkmals Peter des Grossen, 14. 6. 1910. (Grosses militärisches Zeremoniell.) RK 25

Russische Städte. 1-4. (Postkartenalben in Kleinformat.)
1. St. Petersburg,
2. St. Petersburg,
3. Nishnij-Novgorod,
4. Die Wolga. RK 26

Hier auch zu beachten:
RK 1,5,6,34,40,55,56,60,64,98,99,211,212,222.

Heerwesen - allgemein

Russisches Heerwesen. Allgemeines. (Photographien und Postkarten, teils farbig.)
Inhalt: Kasernen (Aussen- und Innenaufnahmen),
Exerzierplatzbilder,
Paraden,
Sport,
Ausbildung an Geschützen,
Ausbildung in Kriegsschulen,
Soldatenalltag,
Porträts- u. Gruppenaufnahmen. RK 31

Russisches Heerwesen. Militaria.
(Photographien und Postkarten, teils farbig.)
Inhalt: Personen (Fürsten, Offiziere u. a. m.), auch historische Aufnahmen, Zeichnungen,
Truppenbilder,
Übungsplätze und Kasernenanlagen,
Soldatenalltag,
Schlachtenbilder ab 1877,
Uniformen und Orden,
Flugzeuge u. a. m. RK 32

Russisches Soldatenleben. Vermutlich 200jähr. Jubiläum der Garnison Wyborg. Um 1910-1912. (Photographien.)
Inhalt: Inneres von Wohnräumen und Büros,
Offizierskasino,
Küstengeschütze,
Flottenparade,
Offiziere in Galauniform,
Militär. Zeremoniell,
Gruppenaufnahmen von Offizieren und Soldaten. RK 33

Russisches Soldatenleben. Bilder aus den Garnisonen Sveaborg, Abo, Pleskau. (Photographien und Postkarten, teils farbig.)
Inhalt: Offiziersgruppenbilder,
Küstengeschütz bei Sveaborg,
Familienbilder,
Finnische Landschaftsbilder,
Ansichten von Pskow-Pleskau,
Chinesische (mongolische) Frauenbildnisse. RK 34

Russische Kriegsakademie. Album. 1867-1915 und Traditionsfeier 1929 in Sarajewo. (Photographien.)
Inhalt: Aufnahmen von Personen, Kursusteilnehmern und Gruppen in verschiedenen Jahren,
Innenaufnahmen der Gebäude und Zimmer,
Kadettenbilder von Heer und Marine,
Traditionsfeier 1929. RK 35

Die Nikolaus-Generalstabsakademie in St. Petersburg im Jahre 1908. (Photographien.)
Inhalt: Gebäude, (Aussen- und Innenansichten,)
Lehrsäle,
Aufenthaltsräume,
Gruppenbilder,
Porträts von Lehrern und Schülern. RK 36

Die Generalstabsakademie in St. Petersburg. Unterricht im 3. Lehrkurs (um 1900). (Photographien.)
Inhalt: Lehrkörper,
Unterrichtsräume,
Bilder vom Unterricht in den einzelnen Disziplinen. RK 37

Militaria. 1.-5. (Zeitungsausschnittssammlungen.)
1. Militärisches Leben am Kaiserhof, ca. 1912-1914.
2. Höfisches und militärisches Leben in St. Petersburg, ca. 1906-1914. Flottenbilder.
3. Soldatischer Alltag in Kriegsschulen und in Kadettenanstalten, ca. 1910.
4. -dasselbe - um 1908.
5. Militärisches Leben allgemein 1890-1914. RK 40

Albom' imperatorskoj Gvardij. La Garde impériale. (Postkarten, farbig.)
Inhalt: Uniformbilder der einzelnen Regimenter, teils als Gruppe, teils Einzelpersonen.

Hier auch zu beachten:
RK 25,98,205,206,208,209,210,214,301.

Truppengeschichten

Die 1. Garde-Kavalleriedivision in St. Petersburg. (Photographien.)
Inhalt: Übungen, Paraden, Ausbildung und Alltagsleben der verschiedenen Garde-Kavallerieregimenter. RK 51

Das 5. Grenadierregiment "Kijewskij" in Moskau. Im Jahre 1910. (Photographien.)
Inhalt: Gruppenbilder,
Übungen,
Paraden,
Kasernenanlagen,
Soldatenalltag. RK 52

Das 5. Grenadierregiment "Kijewskij" in Moskau. Probemobilmachung 1911. (Photographien.)
Inhalt: Gruppenaufnahmen,
Kasernenhofbilder,
Marsch- und Exerzierdienst. RK 53

Das 11. Grenadierregiment "Fanagoriskij" in Moskau. Album zur 200-Jahrfeier seiner Geschichte 1890. Zusammengest.: Stabskapitän Surenjanz. (Photographien und Zeichnungen.)
Inhalt: Porträts der Generale und Kommandeure,
Schlachtfelder (z. B. Borodino),
Offizierskorps 1890. RK 54

Das 1. finnländische Schützenregiment in Abo. (Photographien.)
Inhalt: Porträt des Regiments-Kommandeurs,
Alltagsleben d. Offiziere,
Familienbilder,
Land und Leute zwischen Abo und Sveaborg. RK 55

Das 1. finnländische Schützenregiment in Abo, ca. 1900.
(Photographien.)
Inhalt: Gruppenbilder von Offizieren,
Familienbilder,
Kasernenanlagen,
Land und Leute um Abo. RK 56

Das 9. finnländische Schützenregiment in Lachti, 1811-1911.
(Photographien.)
Inhalt: Militär. Zeremoniell anl. der Jahrhundertfeier,
Kasernenanlagen und Umgebung,
Autogramme d. Offizierskorps. RK 57

Das 1. Leib-Dragonerregiment "Moskowskij" in Twer, ca. 1908.
(Photographien.)
Inhalt: Porträts der Offiziere,
Gruppenbilder,
Kasernenleben,
Übungen,
Soldatenalltag. RK 58

Das 19. Dragonerregiment um die Jahrhundertwende. (Photographien.)
Inhalt: Stab 1. Kavalleriedivision,
Stab 2. Kavalleriedivision,
Regimentsstab,
Exerzieren und Übungen der einzelnen Schwadronen. RK 59

Lehrfahrt eines Kommandos des 44. Dragonerregiments 1886
nach Suchum. (Photographien.)
Inhalt: Landschaftsbilder der Krim. RK 60

Die Festung Sveaborg, 1908-1909. (Photographien.)
Inhalt: Festungsanlagen,
Übungen,
Paraden,
Soldatenalltag. RK 61

Die Militärärztliche Akademie in St. Petersburg 1914.
(Photographien.)
Inhalt: Schulräume,
Lehrkörper,
Porträts der Absolventen. RK 62

Offiziers-Schießschule in Oranienbaum 1900. (Photographien.)
Inhalt: Gruppenbilder,
Lehrkörper,
Porträts der Offiziere,
Militär. Zeremoniell. RK 63

Die Infanterieschule in Tiflis, 1910.
(Photographien.)
Inhalt: Porträts d. Lehrkörpers u. d. Offiziersanwärter,
Gebäudeansichten,
Schulalltag,
Land und Leute. RK 64

Das Leben im Kadettenkorps. Allgemeine Bilder.
(Photographien, Postkarten.)
Inhalt: Porträts (auch zur früheren Geschichte),
Alltagsleben in den Kadettenanstalten um 1912,
Militaria, Uniformen, Orden usw. RK 71

Das 2. Kadettenkorps in St. Petersburg 1912. (Photographien.)
Inhalt: Kadettenleben in der Anstalt,
(einige Bilder aus dem Jahre 1916). RK 72

Das 5. Kadettenkorps in Moskau. (Photographien.)
Inhalt: Lehrkörper seit 1802 (Porträts),
Anstaltsbilder (aussen und innen),
Unterricht,
Kadettenleben. RK 73

Das 8. und 9. Kadettenkorps in Orenburg, Sibirien, 1912-1916.
(Photographien.)
Inhalt: Kadettenanstalten (aussen und innen),
Unterricht,
Alltagsleben,
Gruppenbilder. RK 74

Das 13. Kadettenkorps in Kiew, 1901. (Photographien.)
Inhalt: Lehrkörper (Gruppenbild),
Kadetten (Gruppenbild),
Anstalt,
Schulräume,
Unterricht und Ausbildung. RK 75

Das 14. Kadettenkorps in Woronesh, 1903. (Photographien.)
Inhalt: Gruppenbilder,
Porträts,
Gebäudeaufnahmen,
Dienst und Unterricht,
Alltagsleben. RK 76

Hier auch zu beachten:
RK 50,91,92,93,209,210,222,301.

Marinewesen

Die Schiffe der russischen Flotte. (Postkarten.)
Inhalt: Einzelbilder der Grosskampfschiffe,
Torpedo- und Unterseeboote. RK 81

Die Schiffe der russischen Flotte und ihre Besatzungen.
(Photographien und Postkarten, teils farbig.)
Inhalt: Bilder einzelner Kriegsschiffe,
Dienst an Bord,
Alltag der Besatzungen,
Postkarten mit techn. Details der einzelnen
Grosskampfschiffe. RK 82

Die russische Flotte im russisch-japanischen Krieg 1904-1905.
(Photographien und Postkarten, teils farbig.)
Inhalt: Einzelne Grosskampfschiffe,
Geschwader auf Fahrt,
Borddienst,
Häfen,
Matrosenalltag,
Porträts von Admiralen und Offizieren,
Kriegsfotos und -Postkarten aus dem
Krieg 1904-1905.(Seeschlachten.) RK 83

Der Krieg im Schwarzen Meer, 1914-1917. (Photographien.)
Inhalt: Privatphotographien e. Kriegsteilnehmers v. der Fahrt aus dem Hinterland bis zu den Kämpfen d. Schwarzmeerflotte. RK 88

Hier auch zu beachten:
RK 38, 215, 216, 301.

1. Weltkrieg

STAVKA - das grosse Hauptquartier im 1. Weltkrieg.
(Photographien.)
Inhalt: Bilder aus dem Grossen Hauptquartier in (u. a.)
Jaroslaw, Mogilew...,
Der Zar im Hauptquartier,
Die Generalität im Hauptquartier,
Truppenbesuche des Zaren,
Empfang von Regimentsdelegationen. RK 91

Zar Nikolaus II. auf Frontfahrten 1914-15. (Photographien.)
Inhalt: Zar und Grossfürst Nikolaj Nikolajewitsch,
Truppenbesuche,
Besichtigung e. zerstörten Forts,
Winter 1914-15 am Njemen,
Paraden d. Fronttruppe vor dem Zaren,
Kaiserlicher Eisenbahnzug,
Schloss Bialowies. RK 92

Zar Nikolaus II. auf Frontfahrten 1914-1916. (Photographien.)
Inhalt: Zar und Generalität,
Besuche in Lemberg, Odessa, Nikolaew 1915,
Besuch in Sewastopol Mai 1916,
Zar und Zarewitsch in der STAVKA, hier u. a.
Vorführungen neuer Waffen (Flak),
Parade von Feldeinheiten,
Generalstabsoffiziere,
Zarenfamilie in Zarskoe Sselo,
Truppenbesuche zwischen St. Petersburg und
Kaukasus. RK 93

Kriegsgeschichte allgemein. (Photographien und Postkarten, teils farbig.)
Inhalt: Militär. Zeremoniell, Paraden, Feldübungen,
Soldatenalltag vor 1914,
Japan.-russischer Krieg 1904-05, (sp. Port Arthur),
Russ. Truppen in Polen 1914-15 (Stellungsbau, Lazarette u. a. m.),
Farb-Propaganda-Postkarten 1. Weltkrieg,
Kronstadt im 1. Weltkrieg,
Sibirische Städte (Port Arthur, Dalniy, Wladiwostok.) RK 98

Farbige Propaganda-Postkarten zum 1. Weltkrieg. (Postkarten, teils farbig.)
Inhalt: Sammelsurium v. Propaganda-Postkarten zum 1. Weltkrieg,
Städtebilder (St. Petersburg, Zarskoe Sselo, Kronstadt, Moskau u. a.m.)
Soldatenalltag an der Front,
Russ. Traditionsverbände in Serbien nach 1920,
Künstlerpostkarten über Land und Leute,
Kinderbilder, Kitschbilder. RK 99

Zeitungsbilder zum 1. Weltkrieg. (Ausschnitte aus russischen Zeitungen.)
Inhalt: Das Kriegsgeschehen 1914-1916 im Überblick. RK 100

Hier auch zu beachten:
RK 1, 3, 72, 88, 213, 304.

Russische Geschichte vor 1914

Der russische Befreiungskrieg 1812. (Farbpostkarten.)
Inhalt: Die russische Generalität,
Napoleon in Russland,
Das brennende Moskau,
Schlachtenszenen,
Das Ende Napoleons. RK 101

Von Zar Alexander zu Zar Nikolaus. (Photographien.)
Inhalt: Die beiden Zaren,
Porträts von Generälen,
Die Schlösser (Aussen- und Innenaufnahmen),
Krönung Nikolaus II. RK 102

Der russisch-japanische Krieg 1904-05. (Ausschnitte aus russischen Zeitungen.)
Inhalt: Das Kriegsgeschehen im Überblick in Photos und Zeichnungen. RK 103

Hier auch zu beachten:
RK 1, 32, 54, 98, 111, 203, 222, 305.

Porträts russischer Persönlichkeiten aus dem Jahr 1861.
(Photographien.)
Inhalt: Zar Alexander,
Zar Nikolaus,
Generale,
Minister,
Offiziere,
Damen der Gesellschaft. RK 111

Monarchen und Staatspräsidenten der russischen Alliierten bei Beginn des 1. Weltkrieges. (Photographien.)
Inhalt: Zar, Zarin, Zarewitsch, Grossfürst Nikolaj;
Georg V. und Kronprinz Eduard;
Poincaré;
Albert von Belgien;
Peter I. von Serbien und Kronprinz Alexander;
Nikolaus I. von Montenegro und Kronprinz Danilo. RK 112

Die europäischen Fürstenhöfe.
(Photographien und Postkarten, teils farbig.)
Inhalt: Das Könighaus Serbien sp. Jugoslawien,
Das Könighaus Schweden,
Das Könighaus Dänemark,
Das Könighaus Norwegen,
Das Könighaus England,
Das Könighaus Preussen. RK 113

König Peter II. von Jugoslawien.
(Photographien, Zeichnungen, Zeitungsausschnitte.)
Inhalt: Der König und seine Familie. RK 114

L'Armée russe au travail dans les Balkans, 1922-23. (Postkarten.)
Inhalt: Grossfürst Nikolaj Nikolajewitsch,
General Baron Wrangel,
Weissrussische Regimenter und
Kosaken in Jugoslawien. RK 115

Kriegsschulen und Kadettenschulen der weissrussischen Armee in Jugoslawien nach dem 1. Weltkrieg. (Photographien.)
Inhalt: Gruppenbilder von Offizieren und Kadetten,
Kasernenanlagen,
Übungen und Einsätze,
Bilder von der zivilen Arbeit der Exilrussen.

Kriegsschulen und Kadettenanstalten der weissrussischen Armee in Sarajewo. (Photographien und Postkarten, teils farbig.)
Inhalt: Gruppenbilder,
Soldatenalltag,
Übungen und Unterricht,
Land und Leute.

Einzel - Photos

Zar Nikolaus II.

Grossbilder (ca. 20):
Porträts aller Epochen (teils farbig),
Zar in Begleitung verschiedener Persönlichkeiten,
Zar an Bord von Kriegsschiffen,
200-Jahrfeier der Kaiserlichen Garde,
Zarenbesuch in Warschau u. a. m.
Mittelbilder (ca. 20):
Porträts
Besuch Sewastopols,
Zar im Krönungsornat u. a. m.
Kleinbilder (ca. 20):
Porträts u. a. m. RK 201

Die Zarenfamilie

Grossbilder (ca. 15):
Die Zarin,
Die Zarenfamilie,
Die Zarenfamilie mit Gästen,
Innenaufnahme des kaiserlichen Schlosses u. d. Hofkirche,
Truppenbesuch 1910-11 u. a. m.
Mittelbilder (ca. 15):
Familienbilder,
Die Zarin u. a. m.
Kleinbilder (ca. 10):
Die Zarin,
Die Töchter,
Familienbilder,
u. a. m. RK 202

Familie Romanow

Grossbilder (ca. 20):
- Nikolaus I. (Porträts),
- Alexander II. (Porträts),
- Alexander III. (Porträts),
- Maria Feodorowna,
- Familienbilder d. früheren Zarenfamilien,
- Frühere Zaren (Porträts),
- Truppenparade vor Alexander III.,
- Einweihung des Denkmals für Nikolaus I. in St. Petersburg,
- Zarin Maria Feodorowna am dänischen Königshof um 1920,
- Gedenkblatt für die Romanowfeier 1913,
- Ball am Zarenhof 11. 9. 1837,

Mittelbilder (ca. 15):
- Porträts aller Zaren,
- Flottenbesuch 1913 u. a. m.

Kleinbilder (ca. 60):
- Porträts aller Zaren u. a. m.

RK 203

Der Zarewitsch

Grossbilder (ca. 5):
- Porträt in der Uniform des 13. Grenadier-Regiments Eriwan,
- Porträt als Kadett,u. a. m.

Mittelbilder (ca. 10):
- Porträts u. a. m.

Kleinbilder (ca. 10):
- Porträts mit dem Vater u. a. m.

RK 204

Offiziere

Grossbilder (ca. 25):
- Porträts aller Dienstränge,
- Gouverneure von Finnland.

Mittelbilder (ca. 120):
- Porträts aller Dienstränge.

Kleinbilder (ca. 200):

Porträts aller Dienstränge, darunter:

26 Generalporträts aus dem russisch. -türk. Krieg 1877,
48 Kadetten d. 1. Kadettenkorps 1894 u. a. m. RK 205

Das Heer

Grossbilder (ca. 30):

Offizierskorps versch. Regimenter,
Militärische Feiern,
Kasernenbauten u. a. m.

Mittelbilder (ca. 25):

Offiziere u. Soldaten verschiedener Regimenter,
Militärisches Alltagsleben,
Lagerleben,
Kasernen,
Russische Gefangene in Japan 1905 u.a.m.

Kleinbilder (ca. 60):

Offiziere verschiedener Regimenter,
Soldaten verschiedener Regimenter,
Kasernenalltag,
Geschützexerzieren,
Geländeübungen,
Paraden u. a. m. RK 206

Grossfürsten

Grossbilder (ca. 30):

Porträts u. a. m.

Mittelbilder (ca. 10):

Porträts,
Jagden im Wald von Bialowies u. a. m.

Kleinbilder (ca. 10):

Porträts u. a. m. RK 207

Hier auch zu beachten:
RK 201, 202, 205.

Offiziersfamilien

Grossbilder (ca. 20):
Porträts,
Familienbilder,
Familienfeste u. a. m.
Mittelbilder (ca. 20):
Porträts,
Familienbilder,
Familienfeste u. a. m.
Kleinbilder (ca. 15):
Porträts,
Familienbilder,
Familienfeste u. a. m. RK 208

Truppengeschichte

Bilder mittlerer und grosser Ordnung (ca. 30 Bilder):
Kaiserl. Pagenkorps,
Schlossgrenadiere,
Offiziere des IX. Militär-Bezirks Kaukasus 1900,
Offiziere der Garnison Wilna 1870,
Leib-Garde-Kürassier-Regiment der Zarin 1908,
Leib-Garde-Husaren-Regiment des Zaren,
Offiziere d. Litauischen Leib-Garde-Regiments 1908,
Leib-Garde-Dragoner-Regiment,
Leib-Garde-Grodno-Husaren-Regiment,
1. Leib-Dragoner-Regiment,
Offizierkorps e. Kürassier-Regiments,
19. Dragoner-Regiment,
Don-Kasaken-Regiment,
Kuban-Kasaken-Regiment,
1. Astrachan-Kasaken-Regiment,
Orchester des 33. Schütz-Regiments Poltawa,
Feldwebel des 40. sibirischen Regiments Nikolajewsk,
Musikkorps des 85. Infanterie-Regiments Wiborg,
3. Artilleriebrigade 1896 Kaluga,
Kommission der Militär-Lehranstalten 1890,
Infanterieschulen in Petersburg,
Kadettenkorps in Petersburg u.a.m. RK 209
Festung Sveaborg (ca. 25 Bilder):
Stab d. Festung bei Kriegsbeginn 1914,
Offizierskorps 1883-1914,
Leben in der Festung, Geschütze u. a. m.

20. finnländisches Dragoner-Regiment Wilmanstrand (ca. 10 Bilder):
Offizierkorps 1883-1914,
Millitärische Feiern u. a. m. RK 210

Landschaftsbilder

Bilder aller Grössenordnungen (ca. 100):
Moskau (teils farbig),
Sewastopol,
Narwa,
Zarskoje Sselo,
Astrachan,
St. Petersburg,
Wolgagebiet,
Russisch-Asien, u. a. m. RK 211

Bilder aller Grössenordnungen (ca. 120):
Krim (ausser Sewastopol),
Kaukasus. RK 212

Der 1. Weltkrieg

Bilder aller Grössenordnungen (ca. 20):
Gefechtsbilder (farbige Zeichnungen),
Ausmarsch der Regimenter,
Militärische Stäbe und ihre Unterkünfte,
Schwere Festungsartillerie Sveaborg,
Lazarettbilder, u.a.m. RK 213

Uniformen

Uniformtafeln, farbige (ca. 30):
1. Kavalleriedivision,
2. Kavalleriedivision,
Gardekürassiere,
Leibgarderegiment "Preobrashenskij" 1897,
Leibgarderegiment "Semjonovskij" 1883,
Palastgrenadiere 1855,
versch. Infanterieregimenter 1874,

Kadettenkorps 1855-1904
(Orenburg, Tambow, Nowgorod, Moskau,
Petersburg, Poltawa u. a.),
Leib-Garde-Regiment Semjonov (Gedenkblatt 1683-1883),
Leib-Garde-Regiment Preobrashenskij, (Parade 1897),
Palastwache (Gedenkblatt 1785-1883), u.a.m. RK 214

Die Flotte

Bilder aller Grössenordnungen (ca. 60):
Porträts von Offizieren,
Offiziersgruppenbilder,
Offiziere mit Damen,
Decksaufnahmen u. a. m. RK 215
Bilder verschiedener Grössen (ca. 40):
Kaiserliche Jacht "Standart",
Kaiserliche Jachten "Standart" und Hohenzollern"
1902 vor Reval,
Panzerkreuzer,
Kreuzer,
Kanonenboote,
Transportschiffe,
U-Boote, u. a. m.. RK 216

Verschiedenes

Truppengeschichte (nur Grossbilder):
Offizierskorps der 2. Kavalleriedivision,
Offizierskorps Festung Kronstadt,
Offizierskorps Don-Kasaken-Regiment 1903,
Offizierskorps 20. finnländisches Schützen-Regiment,
Offizierskorps Kriegsschulen 1904-1911,
Offizierskorps verschiedener Kavallerieregimenter,
Kuban-Kasaken-Regiment 1896,
Begleitkommando des Zaren mit Hunden, u.a.m.
Die Romanows (nur Grossbilder):
Zar Peter der Grosse,
Zar Alexander III.,
Zar Nikolaus II.,
Der Zarewitsch,
Altarbild in Zarskoje Sselo,
u. a. m.

Historische Bilder (nur Grossbilder):
Schlacht bei Moskau 1812,
Schlacht bei Taschkent 1902,
Finnische Briefmarken 1901, u. a. m.

Historische Landkarten
Russisch-Asien 1865 (grosse Wandkarte),
Die Feldzüge Suwarows (grosse Wandkarte),
Die Schlacht bei Borodino,
Eisenbahnkarte mit Fahrplan: Moskau-Kursk,
Kursk - Moskau. RK 222

Archivalien

Militaria

Militärische Festlichkeiten verschiedener Regimenter und sonstiger Truppenteile
ca. 50 Programme zu verschiedenen Konzerten bzw. Jubiläumsveranstaltungen (teils farbig),
ca. 10 Programme zu Regimentsjubiläen (teils farbig),
ca. 60 Speisekarten anlässlich verschiedener Festlichkeiten (teils farbig),
ca. 10 verschiedene Archivalien aus dem Bereich der Flotte (Briefbogen, Programme u. a. m.). RK 301

Hof-Feste

ca. 60 Einladungen zu Veranstaltungen am Zarenhof,
ca. 100 Theater- und Konzertprogramme aus der Zeit zwischen 1875 und 1914 (teilw. farbig),
ca. 60 Speisekarten für Hofdiners (teilw. farbig),
ca. 10 verschiedene Unterlagen über Pferderennen 1898-1912,
ca. 10 verschiedene Unterlagen des schwedischen Könighofes 1921-1939. RK 302

Die Zarenfamilie

ca. 20 verschiedene Archivalen (Dekrete, Aufrufe, Briefe, Todesanzeigen u. a. m.) aus der Zeit der Zaren Alexander II. und Alexander III.,
ca. 10 verschiedene Unterlagen (Einladungen, Speisekarten, Theaterprogramme u. a. m.) anlässlich der Hochzeitsfeierlichkeiten von Nikolaus und Prinzessin Alexandra Feodorowna 17. Mai 1896 (teils farbig),
ca. 10 Unterlagen Kaiserliche Jagden im Walde von Bialowies 1890-1912. (Jagdpläne, Abschusslisten, Skizzen und Pläne.),
ca. 15 Unterlagen Kaiserliches Hoffest am 13. 2. 1913,
ca. 15 Unterlagen Nachrufe auf Nikolaus I. aus den Jahren 1925-1934,
Festprogramm: Besuch des Zaren im Mai 1912 in Moskau. RK 303

Der 1. Weltkrieg

ca. 10 verschiedene Archivalien (Aufrufe, Befehle, Briefe) vom Zarenhof und aus dem Grossen Hauptquartier 1914-1916,
ca. 10 Eisenbahnpläne und Fahrzeitunterlagen der kaiserlichen Frontfahrten 1914-1916 (teils farbig),
ca. 20 verschiedene Militärmärsche (Noten). RK 304

Verschiedenes

Schriftwechsel von Ministerien, Gouvernements, Militärischen Kommandostellen 1832-1891 (ca. 25 Archivalien),
Begräbnis der Grossfürstin Alexandra Jusipov 1911 (ca. 12 Archivalien),
Kaisermutter Maria Feodorowna (ca. 40 Archivalien),
Kaiserliche Hoffeste 1890-1913 (ca. 100 Archivalien),
Das Kadettenkorps - Traditionsverbände nach dem 1. Weltkrieg (ca. 30 Archivalien),
Truppengeschichten verschiedener Regimenter und Schulen (ca. 10 Manuskripte),
Grossbildalbum der europäischen Fürsten und Präsidenten der mit Russland im 1. Weltkrieg verbündeten Mächte,
Standarte eines Grossfürsten (60x45 cm).

Truppen - Register
Heer

Erziehungsanstalten

Kriegsschulen und Akademien (verschiedene)	35, 36, 37, 62, 63, 64, 209, 222
Kadettenkorps (verschiedene)	71, 72, 73, 74, 75, 76, 205, 209, 214

Militaria

(Es handelt sich hierbei
lediglich um Einzelstücke)

Flaggen

Standarte	des Cesarewitsch (Kronprinzen). [Grösse 50x80 cm.]
Tischflagge	der kaiserlichen Jacht.

Orden

St. Annenkreuz IV. Klasse.	[Der 1735 gestiftete Orden wurde besonders für Verdienste am und um den Zarenhof verliehen.]

Schulterstücke etc.

Schulterstück	eines Generalmajors als Chef des Grenadierregiments 10 "Malorossijski", Wladimir.
Schulterstück	eines Hauptmanns des 1. Finnländischen Schützenregiments, Abo.
Schulterstück	eines Oberleutnants des Festungs-Artillerieregiments 1, Sweaborg.
Schulterstück	eines Unterleutnants des Leib-Garde-Regiments "Semjonowskij, Petrograd.

Epauletten	eines Oberleutnants des Leib-Grenadier-Reiterregiments, Stary Peterhof.

(Militariastücke nach 1917)

Schulterklappe	des Kadettenkorps Nikolaus II, Versailles-Paris.
Schulterklappe	des Kadettenkorps Krim, Zmigracija (Bulgarien).

Aufschläge etc.

Ärmelaufschlag	eines Flügeladjutanten des Zaren.
Kragenspiegel	eines Flügeladjutanten des Zaren.

Kokarden etc.

Kokarde mit Stern	der Offiziersmütze eines Garderegiments, Petrograd.
Helmzier	des 10. Finnländischen Schützenregiments, Rihimäki.
Mützenabzeichen aus Metall	der verschiedenen Truppenteile der Festung 2. Klasse Sweaborg.

Vermischtes

Schmucktücher verschiedener Art	Tuch zur Erinnerung an den russisch-japanischen Krieg 1904-1905; Tuch zur Erinnerung an die Waffengefährten 1914 (Grossbritannien, Frankreich, Belgien); 2 Tücher [verschieden] zum Gedenken an die Waffenbrüderschaft mit Grossbritannien, Frankreich und Belgien).

DIE DEUTSCHE MILITÄRMUSIK

Geschichtliche Darstellung und Bibliographie

von Kurt Ludwig

I. Einführung

Die deutsche Militärmusik blickt auf eine jahrhundertalte Tradition und auf eine beispielhafte Entwicklung zurück, die ihren Höhepunkt in der 1817 begonnenen und bis 1929 fortgesetzten Sammlung der Königlich Preußischen Armeemärsche und dem 1933 nachfolgenden Verzeichnis Deutsche Heeresmärsche(H. Dv. 34)fand. Die Bundeswehr nimmt heute noch ihre Truppenmärsche aus diesen beiden Sammlungen. Die Militärmusik wurde und wird trotzdem immer als Stiefkind der Musikliteratur behandelt. Es dauerte bis in die 30er Jahre unseres Jahrhunderts, daß ein Autor das Wagnis unternahm, eine grundlegende Geschichte der Militärmusik zu schreiben.

Es gab zwar schon Ende des vorigen Jahrhunderts einige Ansätze, die Militärmusik literarisch zu bewältigen, so wurden z. B. Aufsätze über die Militärmusik, besonders in den einschlägigen Zeitschriften für Musik, veröffentlicht. Die meisten Arbeiten behandelten engbegrenzte Ausschnitte aus dem recht ansehnlichen Gesamtkomplex der Militärmusik. Diese Veröffentlichungen kamen nicht über den Umfang bescheidener Broschüren hinaus; oder waren Aufsätze, geschrieben für Zeitungen und Zeitschriften, die dann mit diesen in den Archiven verschwanden und von denen keine Kartei berichtet. Erst 1937 und 1938 erschienen zwei Bücher, die bis heute ihre Gültigkeit und ihren Wert behalten haben:

Ludwig Degele: Die Militärmusik ihr Werden und Wesen, ihre kulturelle und nationale Bedeutung.
Dr. Peter Panoff: Militärmusik in Geschichte und Gegenwart.

Dann dauerte es wieder bis 1966, ehe ein Autor ein Buch über die Militärmusik herausbrachte, dem 1971 und 1975 zwei weitere Bände folgten: Joachim Toeche-Mitler: Armeemärsche. Band 1-3.

Nicht zuletzt angeregt durch diese drei Bände entstand 1978 durch Mitglieder der Deutschen Gesellschaft für Heereskunde ein "Arbeitskreis Militärmusik" mit Sitz in D-5883 Kierspe, Fliederstraße 34, deren Mitglieder es sich zum Ziel gesetzt haben, die Militärmusik in Theorie und Praxis zu pflegen und darüber in einer Zeitschrift zu berichten. Im Bayerischen Armeemuseum in Ingolstadt ensteht eine Abteilung Militärmusik. Dort fand der Arbeitskreis eine Heimstatt. Die neueste publizistische Arbeit auf dem Gebiet der Militärmusik ist eine vom Autor geplante Zusammenstellung aller jemals auf Tonträger aufgezeichneten Armee- und Heeresmärsche, die auf Tonband übertragen werden und dann im Bayerischen Armeemuseum Aufnahme finden werden. Parallel dazu erscheint für jeden überspielten Marsch eine kleine Geschichte mit Informationen über den Komponisten, einem Widmungsträger, über das Regiment, dem der Marsch einst gehörte oder dem er verliehen war, usw. usw.

II. Geschichtliche Darstellung

> "Wie beim Geschoß, so muß auch in dem Soldaten etwas zur Entzündung gebracht werden, das ihn vorwärtstreibt und fortreißt. Immer ist der Marsch einer der stärksten Traditionsträger gewesen. Als machtvoller Ausdruck des die Truppe beseelenden Geistes hat er mit seinem Zauber und seiner elementaren Wucht die Armee durch Leid und Freud, durch Glück und Unglück, geführt. Er ist erklungen zum Gang in den Kugelregen. Auf einsamer, endloser Landstraße hat er den Müden geweckt. Vom Grabe kommend, hat er ins Leben gewiesen. Als Fanfare hat er die Reiter eines Gustav Adolf, eines Pappenheim, eines Ziethen und Seydlitz zum Angriff gerufen. Als man dem alten Haudegen Suworow den Vorschlag machte, die Musik in seinem Heere zu verringern, wehrte er heftig ab, denn, 'sie erfreut das Herz des Soldaten und mißt seinen Schritt'. 'Sie verdoppelt und verdreifacht die Armee'. Unter schwerem Trommelschlag marschierten die Landsknechte eines Georg von Frundsberg mit gefälltem Spieß im gewaltigen Gevierthaufen, gleich einem von Stacheln starrenden Igel bei Pavia gegen Franz I. von Frankreich. Mit jubelnden Pfeifen und brummenden Trommeln, mit kupfernen Pauken und hellen Trummeten führte Prinz Eugen als des Reiches Marschall seine Grenadiere und Kürassiere in die Schlachten von Höchstedt und Turin."
> (Aus: Seeger, K. von: Marschallstab und Kesselpauke. 1939.)

Der "Alte Fritz" führte im unerschütterlichen Rhytmus der Tambouren seine Regimenter in die Schlachten von Hohenfriedberg und Leuthen, von Kunersdorf und Kolin. Die Angriffssignale rissen bei Jena und Auerstedt, in den Düppeler Schanzen und bei Königgrätz die Truppen vorwärts. Erst in den Materialschlachten des I. Weltkrieges verstummten die Instrumente der Regimentsmusik und der Spielleute. Militärmusik blieb fortan auf Kasernenhöfe, Paradeplätze und militärischen Veranstaltungen beschränkt.

Am Anfang aller Militärmusik stand die Signalgebung. Schon in ältester Zeit bedienten sich die kriegerischen Horden, teils um Signale zu geben, teils um furcht- und schreckenerregenden Lärm zu erzeugen, gewisser Musikinstrumente, die allerdings meist nur aus Schlaginstrumenten oder Pfeifen der allerprimitivsten Art bestanden. Nach und nach aber entwickelten sich aus diesen Lärmwerkzeugen regelrechte Trommeln, die sich als ein den Kriegsheeren der damaligen Zeit ganz unentbehrliches Instrument erwiesen.

Es konnte aber nicht fehlen, daß der Krieger neben den rhythmischen Elementen der Trommel sehr bald ein Verlangen nach Melodie empfand. Deshalb mag er sich anfänglich heimatliche Lieder gepfiffen oder gesungen haben. Später wurde zur Trommel die Querflöte erfunden. Damit haben wir schon das "Spil" der Landsknechte, das Vorbild unserer Spielleute. Durch weitere Vervollkommnung der Instrumente in den nächsten Jahrhunderten konnte sich allmählich eine Musik entwickeln.

Bis in das 19. Jahrhundert hinein gab es jedoch den heute bekannten Begriff "Marschmusik" nicht. Die Musikanten, die bei der Truppe Dienst taten, waren Spielleute - Tambouren (Trommler) und Pfeifer - und sie gaben Signale, die zwar Grenadier-, Musketier- oder Fahnenmarsch hießen, aber eben doch Signale waren. Die eigentliche Regimentsmusik spielte zur Unterhaltung der Offiziere bekannte Weisen oder in sogenannten Aufzügen die damals üblichen Musikstücke.

Wenn auch der "Alte Dessauer" der Legende nach in der preußischen Armee den Gleichschritt eingeführt hat, so wurde doch nicht auf der Straße marschiert, sondern es wurde nach dem Takt der Trommel exerziert. Das Tempo war 70 Takte oder Schritte in der Minute; damit rückte man vor, kniete das erste Glied nieder, schoß man die Gewehre ab und damit wurden auch die Gewehre wieder geladen. Jede Bewegung war genau vorgeschrieben und wurde minutiös nach dem Takt der Trommeln ausgeführt. So marschierte die fridericianische Armee in den 1. Schlesischen Krieg und wurde als die "Potsdamer Wachtparade" verspottet. Die preußische Armee zog nach diesem Vorbild in die Schlacht bei Jena und Auerstedt und wurde durch die veränderte Kampftaktik der Franzosen geschlagen.

Die als Marsch bezeichneten Signale waren bei jedem Regiment verschieden und nur bei diesem Regiment gespielt, sie waren aber auch jedem Angehörigen des Regiments bekannt und brauchten nicht aufgezeichnet zu werden. Deshalb ging auch mit der preußischen Armee das Wissen um diese Märsche unter. Bei der Neuordnung der Armee waren Krieger wichtiger denn Musikanten. Erst nach den Befreiungskriegen machte sich das Fehlen einer Musik störend bemerkbar und es wurden wieder Musikkorps errichtet; doch nun fehlte es an Musikstücken und Noten. Zudem war in der Zwischenzeit der Marschtakt auf über 110 Schritt in der Minute angehoben worden und notgedrungen begann man sich nach Märschen für die Truppe umzusehen.

In dieser Zeit hatte Anton Dörfeld in Petersburg die Musikchöre des Gardekorps reorganisiert und da es auch in Rußland an Märschen fehlte, eine Reihe Märsche selber komponiert oder aus aller Welt zusammengetragen. Diese ordnete er in eine Sammlung ein und unterteilte sie in

I. Langsame Märsche für Fußtruppen;
II. Geschwindmärsche für Fußtruppen
[Dieser Teil nicht mehr auffindbar].

König Friedrich Wilhelm III. von Preußen ließ sich diese Sammlung kommen. Eine Kommission bestimmte davon je 36 Märsche für eine preußische Sammlung. Die Allerhöchste "Cabinett-Ordre" lautete:

> "Um den Regimentern in der Armee in der Wahl guter Militärmusik zu Hilfe zu kommen, habe ich eine Auswahl bewährter Musikstücke veranstalten lassen und jedem Regiment eine Sammlung davon bestimmt. - Da die Truppen auf diese Weise in den Besitz guter Musikalien gelangen werden, so ist es Mein Wille, dass bei allen feierlichen Veranlassungen, großen Paraden und Revuen, und besonders wenn Ich denselben beiwohne, keine anderen Märsche gespielt werden.
> Berlin, den 10. Februar 1817. Friedrich Wilhelm."

Eine ganze Reihe dieser russischen Märsche waren preußischen Ursprungs und kamen nun wieder nach Preußen zurück.

Inzwischen wurden die Instrumente verbessert. So war die Kavallerie nicht mehr nur auf ihre Naturtrompeten angewiesen und konnte jetzt richtige Musik machen. Um auch hier die benötigten Noten zu beschaffen, wurde 1924 noch eine III. Sammlung eingerichtet:

III. Kavalleriemärsche, Präsentier- und Parademärsche für die berittenen Truppen.

Mit der Erfindung der Ventile bei den Blechblasinstrumenten begann, nicht nur in Deutschland, eine stürmische Entwicklung der Militärmusik. Waren doch in vielen Garnisonen die Regiments- oder Bataillonsmusiken die einzigen Klangkörper und wurden von der Bevölkerung bei jedem Platzkonzert stürmisch begrüßt.

Je nach Können des Stabshoboisten oder Stabstrompeters - so hießen die Kapellmeister der Infanterie und Kavallerie - wurden die klassischen Werke unserer großen Meister für Blasmusik bearbeitet und zu Gehör gebracht. Diese Märsche wurden verlangt und viele fühlten sich berufen, solche zu komponieren. Eine große Zahl dieser Neukompositionen kam in die Armeemarsch-Sammlung. Wenn auch nicht jeder Marsch ein großer Wurf wurde, so waren doch beachtlich viele Marschperlen darunter. Ab 1856 schrieb der Musikalienverlag 'Bote & Bock' in Berlin Preiswettbewerbe für Marschliteratur aus, von denen die besten dann ebenfalls in die Sammlung aufgenommen wurden.

In den 90er Jahren des vorigen Jahrhunderts fand man in der Berliner Schloßbibliothek und in der Großherzoglich Hessischen Hofbibliothek in Darmstadt eine beachtliche Anzahl alter fridericianischer Märsche, die der preußische König nach Bearbeitung für Harmoniemusik an seine Regimenter verlieh. Bis 1918 wuchs die Sammlung auf 499 Märsche an. Mit der Auflösung der Monarchie in Deutschland und Umwandlung in eine Republik wurde der Begriff "Sammlung der Königlich Preußischen Armeemärsche" unzeitgemäß, und so wurde 1936 unter Hinzufügung vieler bayerischer Märsche die Sammlung in "Deutsche Heeresmärsche" umbenannt. Dieser Begriff jedoch setzte sich nicht durch; es blieben Armeemärsche. Als 1929 die Sammlung abgeschlossen wurde, hatten in

Sammlung I 115 Langsame und Präsentiermärsche,
Sammlung II 270 Geschwind- bzw. Parademärsche,
Sammlung III 149 Kavallerie-Märsche

Aufnahme gefunden.

Der neue Heeresmusikinspizient Hermann Schmidt überarbeitete die Sammlung, nahm eine ganze Reihe alter kaum noch gespielter Märsche heraus, fügte dafür viele sächsische Märsche ein, numerierte die Sammlung neu durch und nannte sie

"Verzeichnis Deutsche Heeresmärsche".

Dabei befand sich eine beachtliche Anzahl russischer Märsche in der neuen Sammlung.

Die Bundeswehr nimmt heute ihre Truppenmärsche aus diesen beiden Sammlungen; und der überwiegende Anteil der auf Schallplatte eingespielten Märsche sind Armee- oder Heeresmärsche.

III. Bibliographie

Die nachfolgende systematisch-geordnete Bibliographie zur Geschichte der deutschen Militärmusik erhebt keinen Anspruch auf Vollständigkeit, gibt aber einen anschaulichen Überblick über die heute noch greifbare Buch- und Zeitschriftenliteratur. Es konnten und können nicht alle Titel erfasst werden, da sich viele kleinere Abhandlungen oder Aufsätze in den meisten Werken zur Militärgeschichte und in vielen militärischen Zeitschriften befinden.

So wurden deshalb in der Bibliographie nicht aufgeführt: Allgemeine wehr- und heereskundliche Bücher, Werke zur Militärgeschichte, Veröffentlichungen zur Geschichte der Kriege, Truppengeschichten, ferner Publikationen, die sich ausschliesslich mit Liedern, Signalen, Intrumentenkunde befassen sowie Notenwerke.

Der Autor möchte hierbei u. a. auf die besonders am Ende des vergangenen Jahrhunderts und nach dem Ersten Weltkrieg erschienenen Regimentsgeschichten hinweisen, die fast ausnahmslos jeweils einen Beitrag über die eigene Musik bzw. den entsprechenden Regimentsmarsch bringen. Ferner musste des Platzes wegen auch auf Werke verzichtet werden, die sich besonders mit der Geschichte bzw. Pflege des Militärwesens befassen. Als Beispiel hierfür seien nachfolgend zwei Titel aus zwei verschiedenen Epochen genannt, die diese Literaturgattung vertreten:

Seeger, Karl von: Marschallstab und Kesselpauke, erschienen Stuttgart 1939;
Stein, Hans-Peter u. Ottmer, Hans-Martin: Symbole und Zeremoniell in deutschen Streitkräften, erschienen Herford, Bonn 1984.

Der Autor hat sich bemüht, möglichst viele der aufgeführten Titel selbst einzusehen, doch da ein Teil dieser Werke in deutschen Bibliotheken kaum mehr aufzufinden ist, werden Buchtitel und Zeitschriftenaufsätze ohne Seitenzahl angegeben. Die nachfolgend unter a aufgeführten Zeitschriftentitel werden abgekürzt (siehe unter jeweiligem Titel) in der bibliographischen Aufstellung genannt. Für die Zusammenstellung der Bibliographie wurden die beiden wissenschaftlichen Werke herangezogen:

Reschke, Johannes: Studie zur Geschichte der brandenburgisch-preussischen Heeres-Musik. Dissertation. Berlin 1936.
Preuss, Donald: Signalmusik. Berlin 1980.

a.) Zeitschriften

Deutsche Militärmusiker-Zeitung. Organ zur Hebung deutscher Militärmusik. (Ab 1954: Das neue Blasorchester.) Hrsg.: E. Prager, sp. T. Kewitsch. Jg. 1-67. Berlin: Prager, sp.: Parrhysius 1879-1945. (Abkürzung: D. M. M. Z.)

Die Musik. Hrsg.: B. Schuster. Jg. 1ff. Berlin: Schuster und Loeffler 1900 ff.

Deutsche Musikerzeitung. Organ f. d. Interessen d. Musiker und des musikalischen Verkehrs. Hrsg.: H. Thadewaldt [u. a.].Red.: H. Mendel. Jg. 1-64. Berlin: Lesser, [ab Jg. 8] Bergmann. 1870-1934. (Abkürzung: DMZ.)

Neue Musik-Zeitung. Hrsg.: A. Svoboda u. Raschdorf. Red.: A. Reiser. Jg. 1-49. Köln, sp.: Stuttgart: P. J. Tonger, [sp.] Grüninger 1880-1928. (Abkürzung: D. M. Z.)

Neue Berliner Musik-Zeitung. Hrsg.: G. Bock. Jg 1-50. Berlin: Bote & Bock 1847-1896. (Abkürzung N. B. M. Z.)

Neue Zeitschrift für Musik. Begründet 1834 v. R. Schumann. Jg 1 ff. Leipzig: C. F. Kahnt Nachfolger 1834 ff. (Abkürzung: N. Z. f. M.)

b.) Geschichte der Militärmusik

1. Allgemeine Darstellungen

Altenburg, J. E.: Versuch einer Anleitung zur heroisch-mittelalterlichen Trompeter- und Paukerkunst. Halle 1795.

Back, J.: Blasmusik (Militärmusik). In: Rhein. Musik- und Theater-Zeitung. 1927. Nr. 35/36.

Bekker, P.: Militärmusik. In: Gemeinnützige Blätter für Hessen und Nassau. 1916. Nr. 50, 51, 91.

Beling, R.: Der Marsch bei Beethoven. Inaugural-Dissertation. Bonn 1960.

Blaschke, J.: Berlioz und die Militärmusik. In: D. M. M. Z. Jg. 25, Nr. 49.

Böhm: Militärmusik. In: Die Tonkunst. Jg. 26, Nr. 26.

Brandes, F.: Militärkapellen in der Schlacht. In: D. M. M. Z. Jg. 27, Nr. 9.

Bücken, E.: Kriegsmusik. In: N. M. Z. 1926. H. 1.

Cremer, P.: Kriegsmusik. In: Die Musik. 1914. Nr. 6.

Cursch-Bühren, P. T.: Etwas von der Militärmusik. In: Sängerhalle Leipzig. Jg. 45, Nr. 42/43.

Degele, L.: Die Militärmusik, ihr Werden und Wesen, ihre kulturelle und nationale Bedeutung. Wolfenbüttel 1937.

Dincklage, von : Militärmusik. In: Zur guten Stunde. Berlin 1912.
Eichborn, H. : Militarismus und Musik. 1909.
Frey, L. : Militärmusik. In: Vom Fels zum Meer. 1889-1890. Bd 1.
G., von : Über Militärmusik. In: N. B. M. Z. 1852. Nr. 9.
Die Gegner der Militärmusik. In: Deutsche Armee-Musik-Zeitung. Jg. 1. Nr. 23.
Aus der Geschichte der Militärmusik. In: Das Schwalbennest. Jg. 14, Nr. 6.
Georgii, W. : Musikalische Schlachtendarstellung. In: Rhein. Musik- und Theater-Zeitung. Jg. 16. Nr. 1/2.
Gleich, F. : Handbuch der modernen Instrumentierung für Orchester- und Militärmusikkorps. Leipzig [o. J.].
Kalkbrenner, A. : Die Organisation der Musik-Corps aller Länder. 1884.
Kalkbrenner, A. : Historische Militärmusik. In: Neue Militärmusik-Zeitung. Hannover 1896.
Kalkbrenner, A. : Musikalische Studien und Skizzen. Berlin 1903.
Kalkbrenner, A. : Über Marschmusik im allgemeinen und auf dem Paradefeld im besonderen. In: Militär-Wochenblatt. Berlin 1884.
Kandler, G. : Internationales Fest der Militärmusik in Turin. In: D. M. M. Z. 1934. Nr. 40.
Knötel, H. : Militärmusik. In: Zeitschrift für Heereskunde. Nr. 26.
Kott, L. : Aus der Geschichte der Militärmusik. In: Das Schwalbennest. Jg. 9, Nr. 23.
Kreiser : Übersicht über die geschichtliche Entwicklung der Militärmusik. In: Zeitschrift für Musik. Jg. 87. Nr. 17.
Krieger, J. P. : Lustige Feldmusic. Nürnberg 1704.
Lange, G. : Kurze Geschichte der Militärmusik. In: Der Soldatenfreund. 1881-1882.
Lange, G. : Vom Zapfenstreich. In: Der Soldatenfreund. 1881-1882.
Lange, W. : Der Regiments- und Bataillonstambour. Berlin 1895.
Lessmann, O. : Über die Militärmusik. In: Allgemeine Deutsche Musik-Zeitung. Jg. 10. Nr. 38.
Lewe, H. : Die Kriegsmusik der Deutschen in der Urzeit. In: D. M. M. Z. 1887. Nr. 5 ff.
Martell, P. : Zur Geschichte der Militärmusik. In: Die Garde. 1926. Nr. 1.
Merkelt, P. : Das Trommler- und Pfeiferkorps. Leipzig 1924.
Militärmusik. In: Vossische Zeitung. Vom 15. Okt. 1885.
Die Militärmusik. In: Der Soldatenfreund. 1899.
Moser : Die Zukunft der Militärmusik. In: D. M. M. Z. Jg. 39. Nr. 11.
Neefe, K. : Die Kriegsmusik der Hebräer. In: Allgemeine Musikzeitung. Jg. 14. Nr. 2 ff.
Neefe, K. : Die Kriegsmusik der Hellenen im klassischen Alterthume. In: D. M. M. Z. 1886. Nr. 5 ff.
Neefe, K. : Die Musik im Dienste der Kriegskunst bei den arischen Kulturvölkern im vorchristlichen Zeitalter.

In: N. Z. f. M. 1890.
Panoff, P. : Militärmusik in Geschichte und Gegenwart, Berlin 1938.
Panoff, P. : Militärmusik. In: Die Woche. Jg. 37. Nr. 34.
Pinnau, C. A. von der: Die Musik kommt. In: Die Woche. 1903. Nr. 12.
Rauschenberger : Was ist Militärmusik? In: Das Schwalbennest. Jg. 14. Nr. 20.
Eine Regimentsmusik in Blech. (67. Inf. -Rgt.) In: Zeitschrift für Instrumentenbau. 1901. Nr. 21.
Rode, T. : Eine neue Regiments-(Hornisten)-Infanteriemusik-Schule. Leipzig 1858.
Rode, T. : Entwurf und Vorschläge zu einer Normal-Instrumentierung der deutschen Militärmusik. In: N. Z. f. M. Bd 78.
Rode, T. : Militärmusik-Aphorismen. In: N. Z. f. M. Bd 52,
Rode, T. : Militärmusik-Hochschule für die deutsche Armee. In: N. Z. f. M. Bd 78.
Rode, T. : Militärmusikalisches. In: Spener'sche Zeitung. 1862. Nr. 184.
Rode, T. : Wiederholte Mahnung zur Gründung einer Militärmusik-Hochschule in Deutschlands Metropole Berlin. In: N. B. M. Z. 1878. Nr. 29.
Rode, T. : Zur Geschichte der Marschmusik. In: N. B. M. Z. 1860. Nr. 14.
Rode, T. : Zur Militärmusikfrage. In: N. Z. f. M. Bd 55. S. 293
Rott, F. : Der Dienst im Heere als Militärmusiker. Berlin [1898].
Saro, H. : Instrumentationslehre für Militärmusik. 1883.
Schering, A. : Zivilmusiker kontra Militärmusiker. Ein Existenzkampf? In: N. Z. f. M. Bd 72. Nr. 6.
Schmidt, H. : Militärmusik. In: Atlantisbuch der Musik.
Stuckenschmidt, H. : Militärmusik. In: Der Querschnitt. Jg. 13. Nr. 4.
Sundelin, A. : Die Instrumentierung für sämtliche Musikchöre. Berlin 1828.
Seeger, K. von: Feldzeichen und Marschmusik. In: Marschallstab und Kesselpauke. Stuttgart 1939.
Wallis : Musik und Kriegertum (Militärmusik). In: G. v. Alten: Handbuch für Heer und Flotte. Bd 6.
Werner, A. : Johann Ernst Altenburg, der letzte Vertreter der heroischen Trompeter- und Paukerkunst. In: Zeitschrift für Musikwissenschaft. März 1933.
Wie hat sich die Regimentsmusik bis zum Jahre 1806 entwickelt? In: Der Soldatenfreund. 1889. H. 1.
Wieprecht, W. : Die Militärmusik. Berlin 1885.
Wieprecht, W. : Die Militärmusik und die militärmusikalische Organisation eines Kriegsheeres. Hinterlassene Denkschrift. Berlin 1885.
Witzleben von: Die Militärmusik vor 100 Jahren. In: D. M. M. Z. Jg. 35. Nr. 30.
Winter, H. J. : Schriftenreihe des Arbeitskreises "Militärmusik" in der Deutschen Gesellschaft für Heereskunde. Loseblattsammlung. als Manuskript gedruckt. Kierspe. H. 1, 1978 ff.

Winter, H.-J.: Mitteilungen des Arbeitskreises "Militärmusik" in der Deutschen Gesellschaft für Heereskunde. Loseblattsammlung. Kierspe 1978.
Zschorlich, P.: Militärmusik. In: Die Tonkunst. Jg 6. Nr. 16.

2. Deutschland bis 1945.

Allgemeines

Bestimmungen über die Ausbildung von Militärmusikern. Berlin 1901 und 1910.
Bestimmungen über die Ausbildung von Militärmusikern zu Stabshoboisten. Berlin 1901.
Bestimmungen für Musik- und Trompeterkorps des Reichsheeres. Berlin 1933 und 1936.
Bunge, F.: Musik in der Waffen-SS. Ein Blick zurück auf die Entwicklung deutscher Militärmusik. Osnabrück 1975.
Chop, M.: Der deutsche Militärkapellmeister und die deutsche Militärmusik. In: Musik-Wochenblatt. Jg 38. Nr 5 ff.
Chop, M.: Deutsche Militärmusik im Felde. In: Leipziger Illustrierte Zeitung. 1916. Nr 3800.
Chop, M.: Geschichte der deutschen Militärmusik. Hannover 1925.
Chop, M.: Zur Entwicklung der deutschen Militärmusik. In: Neue Musik-Zeitung. 1909. Nr. 21.
Daussig, F.: Unsere Militärmusik. In: Daheim. 1905. Nr. 34.
Deisenroth, F.: Deutsche Militärmusik in 5 Jahrhunderten. Die Entwicklung von der Feldmusik zur modernen Militärmusik. Wiesbaden 1961.
Deisenroth, F.: Die deutsche Kavalleriemusik. Ein Rückblick. In: Deutsches Soldatenjahrbuch. Jg 13. 1965.
Dienstvorschrift für die Musikkorps und Spielmannszüge der uniformierten Ordnungspolizei. Polizeidienstvorschrift (PDV) 26. Berlin 1939.
Dippel, G.: Unsere Militärmusik. In: Deutschland. 1905. März-April.
Eckhardt, A.: Die Militärmusik in der Reichswehr. In: Wehrwissenschaftliche Rundschau. Jg 19. H. 1.
Eichborn, H.: Studien zur Geschichte der deutschen Militärmusik. In: Monatshefte für Musikgeschichte. 1892. H. 6/7.
Eichborn, H.: Unsere Militärmusik. In: Deutsche Instrumentenbau-Zeitung. Berlin 1902. Nr. 20.
Die künftige Gestaltung der deutschen Militärmusik. In: Zeitschrift für Instrumentenbau. 1911. Nr. 22.
Grawert, T.: Berlin und seine Militärmusik. In: Das Schwalbennest. Jg 10. Nr. 2.
Guthmann, F.: Forderungen an die militärische Musik. In: Allgemeine Musikalische Zeitung. 18. März 1807.
Günther, H.: Durch die Jahrhunderte der Militärmusik. In:

Truppenpraxis. Jg. 1960.
Huffschmied, O.: Gustav Roßberg und die Entwicklung der deutschen Militärmusik. In: D. M. M. Z. Jg 30. Nr. 50/52.
Kalkbrenner, A.: Die Musik der Spielleute. In: Musikalische Studien und Skizzen. Berlin 1903.
Kandler, G.: Was bringt der Militärmusik die nationale Revolution? In: D. M. M. Z. Jg 55. Nr. 16.
Kandler, G.: Deutsche Militärmusik im Weltkriege. In: D. M. M. Z. Jg 56. Nr. 30.
Kandler, G.: Die kulturelle Bedeutung der deutschen Militärmusik. Berlin 1932.
Kandler, G.: Die Militärmusik der Marine. In: D. M. M. Z. Jg. 56. Nr. 24.
Kandler, G.: Internationales Fest der Militärmusik in Turin. In: D. M. M. Z. Jg 56. Nr. 40.
Kandler, G.: Ein Ehrentag deutscher Militärmusik (Königgrätz). In: D. M. M. Z. Jg. 57. Nr. 7.
Kandler, G.: Deutsche Armeemärsche. Ein Beitrag zur Geschichte der deutschen Militärmusik. Bad Godesberg 1962.
Kandler, G.: Zur Geschichte der deutschen Soldatenmusik. In: Die Deutsche Soldatenkunde. Leipzig 1937. Bd 1.
König, A.: Deutsche Militärmusik in Irland. In: Die Woche. Jg 32. Nr. 22.
Liersemann, H.: Die Entstehung der Marine-Musikkapellen. In: D. M. M. Z. Jg 28. Nr. 18.
Militärmusik in Donaueschingen. In: D. M. M. Z. Jg 48. Nr. 33.
Unsere Militärmusik. In: D. M. M. Z. Jg 26. Nr. 18.
Morath: Deutsche Militärmusik. In: D. M. M. Z. Jg 30, Nr. 37.
Deutsche Musik im schwedischen Heere. In: D. M. M. Z. Jg 39. Nr. 16.
Die Musikkorps der deutschen Infanterie-Regimenter. 1900-1945. In: Feldgrau. Jg 1. H. 1-7; Jg. 2. H. 4.
Die Militärmusik bei der SS-Verfügungstruppe und in der Waffen-SS. In: Der Freiwillige. Jg 12. H. 1-2.
Naaf: Unsere Heeresmusik im Frieden und im Krieg. In: Deutsche Sängerbund-Zeitung. Jg 9. Nr. 21-22.
Neefe, K.: Zur Reform und Geschichte der deutschen Militärmusik. In: Allgemeine Musik-Zeitung. 1889.
Otto, H.; Studanski, R.: Zur Geschichte des deutschen Militärmusikwesens bis zum Ende des Ersten Weltkrieges. In: Militärgeschichte. Jg. 22, 1983. H. 6.
Pfannenstiel, A.: Unsere Reichswehrmusik. In: Das Schwalbennest. Jg. 10. Nr. 6.
Prietzel, A.: Die Militärmusikfrage im Reichstage. In: D. M. M. Z. Jg 13. Nr 13, 14, 19.
Schmidt, von: Unsere Militärmusik. In: Jahrbücher für die deutsche Armee. 1904. Märzheft.
Schmidt, H.: Die Musikmeisterlaufbahn im Reichsheer. In: D. M. M. Z. Jg 53. Nr. 47.

Schmidt, H.: Wie alt ist die deutsche Militärmusik? In: Der Aufstieg. Berlin 1932. Nr. 3.
Schmidt, H.: Märsche und Signale der deutschen Wehrmacht. In: Musikalische Formen in historischen Reihen. Berlin-Lichterfelde. Bd 15.
Spielhagen, P.: Die Regimentsmusik. In: Zeitschrift für Heeres- und Uniformkunde. Jg 1957. Nr. 156.
Die Spielleute der Infanterie. Berlin 1886.
Stein, H.-P.: Militärmusik. Wecken-Aufziehen der Wache-Große Flaggenparade-Zapfenstreich. In: Symbole und Zeremoniell in deutschen Streitkräften vom 18. bis 20. Jahrhundert. Herford, Bonn 1984.
Storeck, K.: Die Militärkapellen - eine Kulturfrage. In: Der Türmer. 1914. Nr. 9.
Tappert, W.: Marschmusik. In: Rhein. Musik- und Theater-Zeitung. Jg 5. Nr. 11.
Tappert, W.: Musikalische Studien. Berlin 1868.
Thadewaldt: Zur Reorganisation der Militärmusik. In: D. M. Z. 1878. Nr. 34.
Toeche-Mittler, J.: Armeemärsche. Bd 1-3. Neckargemünd. 1966-1975.
Voigt, F. W.: Richard Wagner über die Militärmusik. In: D. M. M. Z. Jg 15. Nr. 50.
Volbach, F.: Unsere Militärmusik. In: D. M. M. Z. Jg 23. Nr 33.
Ein Vorposten deutscher Militärmusik im Stillen Ozean. In: D. M. M. Z. Jg 27. Nr. 29.
Wasserfuhr, R.: Der Militärmusik-Interessenten-Kongreß in Berlin. In: Deutsche Armeemusik-Zeitung. Jg 1. Nr. 31.
Wasserfuhr, R.: Die Zukunft der deutschen Militärmusik. Schöneberg 1905.
Weweder: Die Militärmusik. In: Monatsschrift für den Schulgesang. Jg 11. Nr 4 ff.
Winter, P.: Zur Programmgestaltung der Militärmusik. In: Zeitschrift für Musik. Jg 102. Nr. 5.
Witzleben, von: Die Militärmusik nach dem neuen Etat. In: D. M. M. Z. Jg 33. Nr. 15.
Stille Wünsche der deutschen Militärkapellmeister. In: D. M. M. Z. Jg 25. Nr. 49.

Bayern

Besetzung der bayerischen Militärmusik. In: Zeitschrift für Instrumentenbau. 1901. Nr. 4.
Lutz: Die bayerische Militärmusik. In: D. M. M. Z. Jg 14. Nr. 48.
Lutz: Einiges über die Uniformierung der Hoboisten und Spielleute in Bayern. In: D. M. M. Z. Jg. 19. Nr. 48.

Wiedereinführung der Querpfeife in der bayerischen Armee. In: Zeitschrift für Instrumentenbau. 1915. Nr. 1.

Hessen

Jaffé, A.: Landgraf Ludwig IX. Marsch-Kompositionen. In: Die Pfalz am Rhein. Jg 16, 1933. Nr. 15.
Pruhs, K. A.: Der Fürst mit den vielen Märschen. In: D. M. M. Z. Jg 54. Nr. 13.
Schmid, O.: Ein fürstlicher Marschkomponist des XVIII. Jahrhunderts. (Ludwig IX. von Hessen-Darmstadt.) In: Neue Musik-Zeitung. 1914. Nr. 13.
Schmid, O.: Landgraf Ludwig IX. von Hessen-Darmstadt und seine Beziehungen zur Militärmusik. In: D. M. M. Z. Jg 32. Nr. 42.

Preußen

Brandt, H. J.: Die ehemalige Hoboistenschule im Kgl. Potsdamschen Militärwaisenhause. In: D. M. M. Z. Jg 51. Nr. 49.
Bülow, H. von: Zur preußischen Militärmusik. In: Neue Zeitschrift für Musik. Bd 49. Nr. 1.
Deisenroth, F.: Friedrich der Große und die preußische Militärmusik. In: Kampftruppen. 1962.
Die Hornmusik bei der Landwehr. In: Deutsche Wehrzeitung. 10. Juni 1849.
Die älteste Instrumententrationslehre für die preußische Militärmusik. In: Deutsche Armeemusikzeitung. Jg 1. Nr. 3.
Kalkbrenner, A.: Die Abteilung der Militärmusik der Musiksammlung auf der Kgl. Hausbibliothek im Schlosse zu Berlin. In: Neue Militärmusik-Zeitung. 1896.
Kalkbrenner, A.: Skizzen zur Geschichte der brandenburg-preußischen Militärmusik. In: Musikalische Studien und Skizzen Berlin 1903.
Militärmusik im Feuer. (Piefke bei Düppel.) In: D. M. M. Z. Jg 38. Nr. 42.
Die Militärmusikschule in Potsdam. In: Der Soldatenfreund. Jg 29. H. 10.
Die preußische Militärmusik. In: Der Soldatenfreund. 1834. H. 46.
Die Musikschule des Großen Weisenhauses zu Potsdam. In: Der Soldatenfreund. Jg. 28. H. 3.
Quadt, H.: Das Musikkorps des 4. Magdeburgischen Infanterie-Regiments Nr. 67 bei Königgrätz. In: D. M. M. Z. Jg 30. Nr. 29.
Rode, T.: Zur Geschichte der Kgl. Preussischen Infanterie-Jäger- und Cavallerie-Musik. In: Neue Berliner Musik-Zeitung. Jg 14.
Rode, T.: Zur Geschichte der Kgl. Preussischen Infanterie- und Jäger-Musik. In: Neue Zeitschrift für Musik. Bd 49.
Rode, T.: Zur preußisch-deutschen Militärmusik. In: Neue Berliner Musikzeitung. 1879. Nr. 39.

Rosenbaum : Die Entwicklung der preußischen Militärmusik. In: D. M. M. Z. Jg 28. Nr. 9.
Thouret, G. : Friedrich der Große als Musikfreund und Musiker. Leipzig 1898.
Thouret, G. : Zur Geschichte der preußischen Militärmusik von 1815-1866. In: Allgemeine konservative Monatsschrift für das christliche Deutschland. 1888. Sept. -Nr.
Thouret, G. : Zur hundertjährigen Geschichte der preußischen Infanterie-Hornsignale. In: Jahrbücher der deutschen Armee und Marine. 1889.
Thouret, G. : Führer durch die Fachausstellung der deutschen Militärmusik. Wien 1892.
Voigt, C. : Preußische Militärmusik unter Wilhelm Wieprecht und Wilhelm Voigt. In: D. M. M. Z. 1934. Nr 19.
Wendlandt, R. : Die preußische Militärmusik. In: D. M. M. Z. Jg 25. Nr. 19.
Wieprecht, W. : Briefe über die preußische Militärmusik. In: Musikalische Zeitung. 1845. Nr. 23.

Sachsen

Francke : Über die Entwicklung der deutschen Militärmusik mit besonderer Berücksichtigung auf Sachsen. In: Jahrbücher für Heer und Marine. 1888.
Fürstenau, M. : Beiträge zur Geschichte der Kgl. sächsischen musikalischen Kapelle. Dresden 1849.
Neefe, K. : Die geschichtliche Entwicklung des musikalischen Signalwesens bei der Kur- und Königlich sächsischen Infanterie. In: Der Kamerad. Jg. 32. Nr. 43-52.
Neefe, K. : Die geschichtliche Entwicklung des musikalischen Signalwesens bei den Kur- und Königlich sächsischen Pionieren. In: Der Kamerad. Jg 33. Nr. 2.
Neefe, K. : Die geschichtliche Entwicklung des musikalischen Signalwesens bei der Kur- und Königlich sächsischen Reiterei. In: Der Kamerad. Jg 33. Nr. 5-11.
Neefe, K. : Die geschichtliche Entwicklung des musikalischen Signalwesens bei der Kur- und Königlich sächsischen Artillerie. In: Der Kamerad. Jg 34. Nr 2, 12-14.
Neefe, K. : Die geschichtliche Entwicklung des musikalischen Signalwesens bei dem Kur-und Königlich sächsischen Train. In: Der Kamerad. Jg 34. Nr. 14.
Neefe, K. : Die historische Entwicklung der Königlich sächsischen Infanterie- und Jägermusik im 19. Jahrhundert. In: Neue Zeitschrift für Musik. Bd 92.
Neefe, K. : Die Entwicklung der Kur- und Königlich sächsischen Infanterie-Musik. In: Neues Archiv für sächsische Geschichte. 1897.
Neefe, K. : Die sächsische Kavallerie-Musik in ihrer geschichtlichen Entwicklung. In: Neue Zeitschrift für Musik. Bd 91.

Neefe, K.: Die Entwicklung der Kur- und Königlich sächsischen Artillerie-Musik. In: Dresdner Journal. 1895. Nr 270-271.
Neefe, K.: Sind die altsächsischen Hornsignale von Carl Maria von Weber? In: Neue Zeitschrift für Musik. Bd 91.
Neefe, K.: Soldatenpoesie im Dienste der sächsischen Signalwesens. In: Neue Zeitschrift für Musik. Bd 89.
Neefe, K.: Militär-Musikalisches. Gedenkblatt zur Jubelfeier des Wettiner Königshauses. In: Neue Zeitschrift für Musik. Bd 85.
Richter, P.: Militärmusikalische Erinnerungen eines alten Dresdners. In: D.M.M.Z. Jg 33. Nr. 41.
Schering, A.: Militärmusik. In: Musikgeschichte Leipzigs.
Schmid, O.: Musikalisches zur Jahrhundertfeier der sächsischen Jäger und Schützen. In: D.M.M.Z. Jg 31. Nr. 30.
Schurig, E.: Ein Kapital aus der Geschichte der Trommel in Sachsen. In: Zeitschrift für Instrumentenbau. 1900. Nr. 10.

Württemberg

Steinbrenner, L.: Das Infanterie-Regiment Kaiser Friedrich, König von Preußen (7. Württembergisches) Nr. 125 als Reformator der Württembergischen Militärmusik und die Wirkung hierdurch auf den militärischen Geist. Aalen 1909.

3. Bundesrepublik Deutschland

Kandler, G.: Militärmusik heute. Der Standort der deutschen Militärmusik in historischer und systematischer Betrachtung. In: Soldat im Volk. Jg 7, 1957. Juni.
Masuhr, F.: Der Militärmusikdienst in der Bundeswehr. In: Deutsches Soldatenjahrbuch. Bd 26, 1978.
Masuhr, F.: Der Militärmusikdienst in der Bundeswehr. Militärmusik-Geschichte 1955-1975. Bonn 1977.

c. Biographien von Militärmusikern

1. Allgemeine Biographien

Dienstalterliste der Musikmeister des deutschen Reichsheeres und der Kaiserlichen Marine am 1. April 1913. Berlin 1913.
Dreyer, J. F.: Leben und Taten eines preußischen Regimentstambours. Breslau 1810.
Dubitzky, F.: Unsere Tonmeister als Marschkomponisten. In: D.M.M.Z. Jg 33. Nr. 43.
Hackenberger, O.: Verzeichnis der Musikmeister. Berlin 1928.

Harzen-Müller, A. N.: Die Militärmusiker-Familie Herschel aus Hannover. In: D. M. M. Z. Jg. 29. Nr 50-52.

Hauptner, T.: Die Stellung der Musikmeister, Stabshornisten und Stabstrompeter im deutschen Reichsheer. Berlin 1878.

Heinze, R. U.: Zur Geschichte der deutschen Militärmusiker. In: Geschichte des deutschen Unteroffiziers. Berlin 1939.

Kewitsch, T.: Vermächtnis an die deutschen Militärmusiker und deren Freunde. Berlin 1901.

Knosp, G.: Deutsche Militärmusiker in Frankreich. In: D. M. M. Z. Jg 31. Nr 38.

Über Militärkapellmeister. In: D. M. M. Z. Jg 8. Nr. 25. [Dass.:] Österreichischer Soldatenfreund. 25. Mai 1887.

Militärmusiker-Adreßbuch. Berlin 1913 und 1925.

Militärmusiker-Almanach. Berlin 1892, 1895 und 1905.

Schmidt, H.: Verzeichnis der Musikmeister des Reichsheeres und der Reichsmarine. Berlin 1930-1932.

Über die Vorbildung und Ergänzung der Musikmeister im Heere und in der Marine. In: D. M. M. Z. Jg. 20. Nr. 29.

2. Einzelne Biographien

Blaschke, J.: Wilhelm Wieprecht. In: D. M. M. Z. Jg 24. Nr. 31.

Böck, A.: Leben und Schicksale des ehemaligen Musikmeisters August Böck im 24. Infanterie-Regiment. Halle 1839.

Bücker : Beim Generalkapellmeister Wieprecht. In: Der Bär. Jg 23. Nr. 2.

Doell, K. A.: "Alte Kameraden". Biographie des Komponisten Karl Teike. Bad Homburg v. d. Hardt. 1961.

Eine Erinnerung an Wilhelm Wieprecht. In: D. M. M. Z. Jg 8. Nr. 32.

Genutat, H.: Wieprecht und seine Zeit. In: Das Musikkorps. 1891. Nr. 12.

Golde, Musikdirektor des Militärchores in Erfurt, auch als Militärkomponist. In: Allgemeine Musikalische Zeitung. 1839. Nr. 36.

Kalkbrenner, A.: Wilhelm Wieprecht. Berlin 1882.

Kalkbrenner, A.: Wieprecht und seine Zeit. In: Das Musikkorps. 1892. Nr. 7.

Kandler, G.: Friedrich Wilhelm Voigt. In: D. M. M. Z. Jg 55. Nr. 12.

Kandler, G.: Professor Hermann Schmidt. In: D. M. M. Z. Jg 55. Nr. 1.

Kandler, G.: Hektor Berlioz über Wilhelm Wieprecht. In: D. M. M. Z. Jg 54. Nr. 37.

Kandler, G.: Obermusikmeister Britzkes Jubiläum. In: D. M. M. Z. Jg 57. Nr. 11.

Klinkhardt, J.: Feldzugserinnerungen des Kgl. Westfälischen Musikmeisters Friedrich Klinkhardt aus den Jahren 1812-1815. Braunschweig 1908.

Kotsde, W.: Die Geschichte des Stabstrompeters Kostmann. Mainz.

Lewe, H.: Erinnerungen aus dem Leben Wieprechts. In: D. M. M. Z. Jg 29. Nr. 5.
Pfannenstiel, A.: August Kalkbrenner. In: D. M. M. Z. Jg 30, Nr. 37.
Pfannenstiel, A.: Paul Lang Bey. In: D. M. M. Z. Jg 42. Nr. 2.
T., A. von: Dem Andenken eines Militärmusikdirektors. In: D. M. M. Z. Jg 7. Nr. 14.
Tappert, W.: Wilhelm Wieprecht. In: Die Musik. Jg 1. H. 22.
Toeche-Mittler, J.: Musikmeister Ahlers. Ein Zeitbild unserer Militärmusik 1901-1945. Stuttgart 1981.
Walther, C.: Kriegserinnerungen eines Militär-Kapellmeisters und Komponisten. In: D. M. M. Z. Jg 32. Nr. 27.

d. Märsche und Signale

1. Allgemeine Literatur

Grawert, T.: Unsere Armeemärsche. In: Vossische Zeitung. 24. 1. 1915.
Grawert, T.: Verzeichnis der Königlich Preussischen Armeemärsche. Berlin 1914.
Kalkbrenner, A.: Das Musiktempo zum Parademarsch. In: Musikalische Studien und Skizzen. Berlin 1903.
Kalkbrenner, A.: Die Königlich Preussischen Armeemärsche. Verzeichnis der Armeemarsch-Sammlung. Leipzig 1896.
Kandler, G.: Die Namen der deutschen Militärmärsche. In: D. M. M. Z. Jg 54. Nr. 44.
Köhler, L.: Unsere militärischen Märsche. In: Neue Berliner Musik-Zeitung. 1880. Nr. 26.
Langbein, H.: Unsere preußisch-deutschen Militärmärsche. In: Soldat im Volk. Jg. 10. Nr 12.
Ludwig, K. Archiv "Deutsche Militärmusik". Eine Datensammlung über jeden einzelnen Marsch der preußischen Armee- und deutschen Heeresmärsche. Loseblatt-Sammlung. [Als Manuskript gedruckt.] Korntal 1981 ff.
Naab, P.: Die Präsentier- und Parademärsche der Jäger und Schützen in der alten Armee, dem Reichsheer und der Wehrmacht. In: Feldgrau. Jg 13. H. 1.
Oberländer: Märsche einst und jetzt. In: Allgemeine Rundschau. Jg 12. Nr. 12.
Olden, R.: Schutz den Militärmärschen. In: Die Weltbühne. Jg. 28, 1932. Bd I.
Richter, P. E.: Zur Geschichte des Wiederauflebens der kursächsischen Regimentsmärsche. In: Deutsche Musiker-Zeitung. Jg 22. Nr. 11.
Rode, T.: Preismarsch-Aufführungen 1851-1862. In: Neue Berliner Musik-Zeitung. 1880. Nr. 29.

Rode, T.: Von der Wichtigkeit und Zweckmäßigkeit der preußischen Preismärsche als Militärmärsche. In: Neue Zeitschrift für Musik. Bd 51.

Rossberg, G.: Verzeichnis der Preußischen Armeemärsche. Leipzig 1898 und 1905.

Schmid, O.: Altsächsische Armeemärsche. In: Leipziger Zeitung 11.10.1902. Wissenschaftl. Beil.

Schmid, O.: Die Infanteriemärsche der vormaligen Churfürstlich Sächsischen Armee 1729. (Einleitung.) Leipzig 1902.

Schmid, O.: Die Infanteriemärsche der vormaligen Churfürstlich Säschsischen Armee 1729. In: D. M. M. Z. Jg 30. Nr. 47/48.

Schmidt, H.: Präsentier- und Parademarsch-Verzeichnis. Eine Zusammenstellung der den ehemaligen Regimentern der alten Armee verliehenen und gespielten Armeemärsche mit Angabe der Traditionstruppenteile sowie die Märsche des jetzigen Reichsheeres. Berlin 1930.

Schmidt, H.: Verzeichnis "Deutsche Heeresmärsche". H. Dv. 34. Berlin 1933.

Schmidt, H.: Märsche und Signale der deutschen Wehrmacht. In: Musikalische Formen in historischen Reihen. Bd 15. Hrsg.: H. Martens. Berlin 1934.

Spitta, H.: Der Marsch. In: Musikalische Formen in historischen Reihen. Bd 6. Hrsg.: H. Martens. Berlin.

Strom, K.: Beiträge zur Entwicklungsgeschichte des Marsches. Dissertation. München 1926.

Theis, A.: Die alten preußischen Armeemärsche. In: D. M. M. Z. Jg. 56. Nr. 52.

Thouret, G.: Katalog der Musiksammlung auf der kgl. Hausbibliothek im Schlosse zu Berlin. Abteilung VII, Militär-Musik. Berlin 1895.

Thouret, G.: Die preußischen Kavallerie-Signale. In: D. M. M. Z. Jg. 10. Nr. 42.

2. Einzelne Märsche

Gertner, A.: Der Hohenfriedberger Marsch. In: Der Soldatenfreund. Jg 39. H. 4.

Holdermund, H.: Der Dessauer Marsch. In: "8 Uhr-Blatt". Berlin, 15. Feb. 1935.

Kalkbrenner, A.: Der Armeemarsch Nr. 113. In: Musikalische Studien und Skizzen. Berlin 1903.

Kalkbrenner, A.: Der Koburger Josias-Marsch. In: Musikalische Studien und Skizzen. Berlin 1903.

Kunze: Der Fridericus Rex-Marsch von Radeck. In: Das Schwalbennest. Jg 10. Nr. 23.

Remagen, H. von: Der Dessauer Marsch. In: D. M. M. Z. Jg 31. Nr. 29.

Schneider, L.: Der Düppeler Sturmmarsch. In: Die Heimat. Kiel, Jg 15. Nr. 4.

Schmid, O.: Beethovens York-Marsch- ein Marsch für die Böhmische Landwehr. In: D. M. M. Z. Jg 32. Nr. 8.

AFGHANISTAN SEIT DEM STURZ DER MONARCHIE 1973.

von Ralf Münnich

Das Schicksal eines Landes und seiner Bevölkerung wird maßgeblich durch seine geographische Lage bestimmt. So auch Afghanistan. Jahrhundertelang zogen Erobererheere durch seine zerklüfteten Täler und kargen Hochebenen. Es ist Zankapfel der um Südostasien rivalisierenden Großmächte.

Zwar erlangte Großbritannien im 19. Jahrhundert den größten politischen Einfluß über das Land; doch gelang es dem britischen Empire nicht, die kriegerischen und freiheitsliebenden Stämme ganz zu beherrschen. Der Widerstand der Stämme führte langsam zu einem wachsenden Nationalbewußtsein. Die Schwächung der Großmächte Rußland und Großbritannien durch den Ersten Weltkrieg ermöglichten es der herrschenden Monarchie eigene Politik zu betreiben und eine Modernisierung des Landes anzustreben.

Die inneren Machtkämpfe und Stammesfehden in diesem ethnisch so zerrissenen Land wurden weiter geführt und gipfelten in der Absetzung der Monarchie durch Daud im Jahre 1973. Innenpolitische Ruhe und Konsolidierung der Reformen und entwicklungspolitischen Projekte bedeutete dies allerdings nicht.

Die durch Daud an der Macht beteiligte kommunistische pro-sowjetische "Demokratische Volkspartei Afghanistan" (DVPA) beseitigte 1978 unter Taraki mit Hilfe des von ihr beeinflußten, in der Sowjet-Union ausgebildeten Offizierkorps das Regime Daud und errichtete eine Parteidiktatur sowjetischer Prägung.

Die beiden Parteiflügel der DVPA, Parcham und Khalq, führten ihre auf Stammesrivalitäten und persönliche Fehden beruhenden Bruderkämpfe weiter. Im September 1979 beseitigte nun Amin durch einen weiteren Staatsstreich Taraki. Aufgrund einer überhastet angestrebten kommunistischen Gesellschaftsreform und der engen Anlehnung an Moskau wuchs der Widerstand gerade der traditionellen moslemischen Gruppen derart, daß es nur eine Frage der Zeit war, bis das Regime Amin und damit eine pro-sowjetische Regierung weggefegt würde.

Moskau reagierte als imperialistische Großmacht. In den Weihnachtstagen 1979 marschierte die Rote Armee in Afghanistan ein und rettete das Regime der DVPA. Bis jetzt gelang es den bis auf ca. 80 000 Mann angewachsenen Truppen der Sowjetunion nicht, die Widerstandsgruppen der afghanischen Stämme militärisch zu besiegen. Seit 1980 tobt in Afghanistan ein für beide Seiten verlustreicher Guerrillakrieg. Die Auswirkungen der Invasion auf die internationale Politik und auf das Verhältnis von Ost und West waren und sind noch erheblich.

Redaktionsschluß der Bibliographie: 31. August 1983.

Die Gliederung der Bibliographie

1. Allgemeine Darstellungen.
   a. Biographien.
2. Putsch 1973 und Regierung Daud.
3. Putsch 1978 und Regierung Taraki/Amin.
4. Putsch Karmals und sowjetische Invasion 1979.
   a. Innenpolitische Ereignisse und Kämpfe seit 1980.
   b. Widerstandsgruppen.
   c. Flüchtlinge.
5. Außenpolitische Beziehungen.
   a. Einzelne Länder.
   b. Auswirkungen auf die internationale Politik.

1. ALLGEMEINE DARSTELLUNGEN

Area handbook for Afghanistan. 4. ed. Washington: US Gov. Print. Office 1973. 453 S. B 30538

Masood, R.: The Afghan revolution, April 1978 to June 1980. A bibliography. In: International studies. Vol. 19, 1980, Nr. 4. S. 681-711.

Afghanistan- Hintergründe einer militärischen Intervention. In: Beiträge zum wissenschaftlichen Sozialismus. 1980. H. 2. S. 149-159. BZ 4640:1980

Ambri, M.: Come perdere l' indipendenza. In: Affari esteri. Anno 14, 1982. No. 56. S. 450-464. BZ 4373:14

Anderson, J. W.: There are no Khans anymore: Economic development and social change in tribal Afghanistan. In: The Middle East journal. Vol. 32, 1978, No. 2. S. 167-183. BZ 3066:32

Arnold, A.: Afghanistan. The Soviet invasion in perspective. Stanford, Calif.: Hoover Inst. Pr. 1981. 126 S. (Hoover Press Publication. 251.) B 45926

Bräker, H.: Iran, Afghanistan und die sowjetische Mittelost-Politik. In: Europa-Archiv. Jg. 35, 1980. Nr. 7. S. 227-236. BZ 4452:35, 1

Braun, D.: Der Indische Ozean: Konfliktregion oder "Zone des Friedens"? Globalpolitische Bezüge u. regionalspezifische Entwicklungen. Baden-Baden: Nomos-Verlagsges. 1982. 250 S. (Internationale Politik und Sicherheit. 9.) B 46277

Broenner, W.: Afghanistan. Revolution und Konterrevolution. Frankfurt: Verl. Marxist. Blätter 1980. 277 S. (Marxismus aktuell. 148.) B 43730

Brönner, W.: Ursachen der afghanischen Krise. In: Antiimperialistisches Informationsbulletin. Jg. 11, 1980. Nr. 2. S. 4-9. BZ 05283:11

Burrel, R. M.; Cottrell, A. J.: Iran, Afghanistan, Pakistan: Tensions dilemmas. Beverly Hills: Sage 1974. 68 S. (The Washington papers. 20.) F 1942:20

Chaffetz, D.: Afghanistan in turmoil. In: International Affairs. Vol. 56, 1980. No. 1. S. 15-36. BZ 4447:56

Charpentier, F. J.: Afghanistan mellem Mekka och Moskva. Stockholm: Arbetarkultur 1980. 143 S. B 47281

Crisis and conflicts in the Middle East. The changing strategy: From Iran to Afghanistan. Ed. by C. Legum. New York: Holmes and Meier 1981. 159 S. (Mideast affairs series. 2.) B 46676

Cummins, I.: Afghanistan: "The great game" or the Domino theory? In: Australian outlook. Vol. 34, 1980, No. 2. S. 141-147. BZ 4423:34

Dittrich, Z. R.: Afghanistan - een keerpunt? In: Internationale spectator. Jg. 34, 1980, Nr. 3. S. 170-178. BZ 05223:34

Dorbieu, P.-L.: Afghanistan de la royauté e la république. In: Défense nationale. Année 33, 1977. S. 83-106. BZ 3055:33

Fraser-Tytler, W. K.: Afghanistan. A study of political developments in Central and Southern Asia. London: Oxford Univ. Pr. 1967. 362 S. B 18478

Griffiths, J. C.: Afghanistan. London: Pall Mall Pr. 1967. 179 S. 96146

Griffiths, J. C.: Afghanistan. Key to a continent. Boulder, Col.: Westview Pr. 1981. 225 S. B 45918

Halliday, F.: Krieg und Revolution in Afghanistan. In: Aus Politik und Zeitgeschichte. 1981. B 23. S. 20-39. BZ 05159:1981

Hannah, N. B.: Afghanistan: The great gamble. In: Asian affairs. Vol. 6, 1979. No. 3. S. 187-195.

Harrison, S. S.: Dateline Afghanistan: exit through Finland? In: Foreign policy. 1980/81. Nr. 41. S. 163-187. BZ 05131:1980/81

Hyman, A.: Afghanistan under Soviet domination, 1964-81. New York: St. Martin's Pr. 1982. XI, 223 S. B 48096

Klass, R.: The tragedy of Afghanistan. In: Asian affairs. Vol. 7, 1979. Nr. 1. S. 1-7.

Knabe, W. K.: Afghanistan - Beute seit Jahrtausenden. Ein Land erhält sein Gesicht. In: Politische Studien. Jg. 32, 1981. Nr. 257. S. 251-266. BZ 4514:32

Landfried, K.: Afghanistan zwischen Ost und West. Das Afghanistan-Problem hat eine lange Geschichte. In: Der Bürger im Staat. Jg. 31, 1981. Nr. 1. S. 65-73.

Male, B.: Revolutionary Afghanistan. A reappraisal. London: Croom Helm 1982. 229 S. B 46435

Meister, J.: Abenteuer Afghanistan. Eine Krisenregion zwischen Risiko und Chance. In: Die politische Meinung. Jg. 25, 1980. Nr. 188. S. 43-49. BZ 4505:25

Moltmann, G.: Die Verfassungsentwicklung Afghanistans 1901-1981. Hamburg: Dt. Orient-Inst. 1982. 184 S. (Mitteilungen des Deutschen Orient-Instituts. 18.) Bc 0994

Nayar, K.: Report on Afghanistan. New Delhi: Allied Publ. 1981. 212 S. B 45816

Negaran, H.: Afghanistan: A marxist regime in a muslim society. In: Current history. Vol. 76, 1979. Nr. 446. S. 172-175. BZ 05166:76

Newell, R. S.: The politics of Afghanistan. Ithaca: Cornell Univ. Pr. 1972. XIV, 236 S. B 8624

Overholt, W. H.: The geopolitics of the Afghan war. In: Asian affairs. Vol. 7, 1980. Nr. 4. S. 205-217.

Paech, N.: Zur Entwicklung in Afghanistan. Der schwierige Weg aus dem Feudalismus. In: Blätter für deutsche und internationale Politik. Jg. 25, 1980. Nr. 2. S. 163-176. BZ 4551:25, 1

Peronne, L.-P.: Afghanistan. Révolution "democratique" et rébellion islamique. In: Etudes. 1979. S. 149-163.

Philips, J.: Afghanistan. Islam versus marxism. In: The journal of social and political studies. Vol. 4, 1979. Nr. 4. S. 305-320.

Poulton, R.; Poulton, M.: L'Afghanistan. Paris: PUF 1981. 127 S. (Que sais-je? 1922.) Bc 2410
Ratnam, P.: Afghanistan's uncertain future. New Delhi: Tulsi Publ. House 1981. 100 S. B 45834
Ringer, K.: Die Entwicklung Afghanistans. In: Indo-Asia. Jg. 16, 1974. H. 3. S. 248-257. BZ 3787:16
Roy, O.: Afghanistan, die "Revolution" aus dem Nichts. In: Befreiung. 1981. Nr. 21. S. 78-88. BZ 4629:1981
Sarwari, M. S.: Afghanistan zwischen Tradition und Modernisierung. Bern: Lang 1974. 312 S. (Europäische Hochschulschriften. Reihe 31. Bd 2.) B 21756
Shams, R.: Die interne politische Entwicklung in Afghanistan - zur Genesis einer gescheiterten Revolution. In: Die Dritte Welt. Jg. 9, 1981. Nr. 1/2. S. 123-149. BZ 4601:9
Shrar, S. A.: Afghanistan. Bericht eines Augenzeugen. Hamburg: Verl. Hanseatische Edition 1981. 217 S. B 45302
Siddiqi, A. R.: Afghanistan: a geo-political watershed. In: Defence journal. Vol. 8, Nr. 6/7. S. 1-8. BZ 4382:8
Väyrynen, R.: Afghanistan. In: Journal of peace research. Vol. 17, 1980. No. 2. S. 93-102. BZ 4372:17
Wald, H.-J.; Nadjibi, A.: Landreform in Afghanistan. In: Internationales Asienforum. Vol. 8, 1977. Nr. 1/2. S. 110-124. 4161:8
Wiebe, D.: Die Demokratische Republik Afghanistan. Zum Umsturz in einem islamisch-orientalischen Entwicklungsland. In: Geographische Rundschau. Jg. 23, 1981. Nr. 4. S. 134-146.
Wiegandt, W. F.: Afghanistan. Nicht aus heiterem Himmel. Zürich: Orell Füssli 1980. 307 S. B 40930
Wolpert, S.: Roots of confrontation in South Asia. Afghanistan, Pakistan, India and the superpowers. New York: Oxford Univ. Pr. 1982. 222 S. B 47392
Ziring, L.: Iran, Turkey, and Afghanistan. A political chronology. New York: Praeger 1981. 230 S. B 46924

2. PUTSCH 1973 UND REGIERUNG DAUD

Ackermann, K.: Stille Revolution in Afghanistan. 1963-1964. In: Aussenpolitik. Jg. 16, 1965. H. 1. S. 33-41. BZ 3055:16
Afghanistan in crisis. Ed. by K. P. Misra. London: Croom Helm 1981. 150 S.
Gochenour, T. S.: A new try for Afghanistan. In: The Middle East journal. Vol. 19, 1965. No. 1. S. 1-19.
Harrison, S. S.: Nightmare in Baluchistan. In: Foreign policy. No. 32, 1978. S. 136-160. BZ 05131:32
Kakar, H.: The fall of the Afghan monarchy in 1973. In: International journal of Middle East Studies. Vol. 9, 1978. No. 2. S. 195-214.

Newell, N. P.; Newell, R. S.: The Struggle for Afghanistan.
Ithaca: Cornell Univ. Pr. 1981. 236 S. B 44638
Oren, S.: The Afghani coup and the peace of the northern tier.
In: The world today. Vol. 30, 1974. Nr. 1. S. 26-32. BZ 3058:30
Oren, S.: De staatsgrep in Afghanistan en de vrede in Zuid-Azie.
In: Internationale spectator. Jg. 28, 1974. Nr. 3. S. 99-103.
S. 99-103. BZ 3856:28
Ridout, C. F.: Authority patterns and the Afghan coup of 1973.
In: The Middle East journal. Vol. 29, 1975. No. 2.
S. 165-178. BZ 3066:29
Rondot, P.: L'Afghanistan: terre d'intrigues et forteresse convoitée.
In: Défense nationale. Année 36, 1980. No. 3. S. 63-76. BZ 4460:36
Rouinsard, J.-A.; Soulard, C.: Les premiers pas du socialisme
en Afghanistan. In: Le monde diplomatique. 1979, Nr. 298.
S. 12-13. BZtg 271:26
Vercellin, G.: Afghanistan 1973-1978. Dalla repubblica presidenziale
alla repubblica democratica. Venezia: Seminario di Iranistica
1979. 157 S. B 41996

3. PUTSCH 1978 UND REGIERUNG TARAKI/AMIN

Afghanistan. In: Weltgeschehen. 1978. Nr. 4.
S. 557-559. BZ 3943:1978
Afghanistan: Der Widerstandskampf der Moslemrebellen gegen die
Regime Taraki, Amin und Karmal. Die sowjetische Invasion.
In: Weltgeschehen. 1980. Nr. 1. S. 1-47. BZ 4555:1980
Agwani, M. S.: The Saur revolution and after. In: International
studies. Vol. 19, 1980. Nr. 4. S. 557-573.
Charpentier, C. J.: One year after the Saur-Revolution. In:
Afghanistan journal. Vol. 6, 1979. Nr. 4. S. 117-120.
Dainelli, L.: Afganistan e sicurezza internazionale. In: Rivista
de studi politici internazionali. Anno 46, 1979. Nr. 4.
S. 521-527. BZ 4451:46
Dastarac, A.; Levent, M.: Afghanistan. L'éveil des nationalités.
In: Le monde diplomatique. Année 27, 1980. Nr. 311.
S. 6-7. BZtg 271:27
Dupree, L.: Afghanistan under the Khalq. In: Problems of commu-
nism. Jg. 28, 1979. Nr. 4. S. 34-50.
Eliot, T. L.: Afghanistan after the 1978 revolution. In: Strategic
review. Vol. 7, 1979. No. 2. S. 57-62. BZ 05071:7
Gurevič, N. M.: Social'no-ekonomičeskie predposylki revoljucii
1978 g. v Afganistane. [Die sozial-ökonomischen Vorbedingungen
der Revolution von 1978 in Afghanistan.] In: Voprosy istorii.
God 1982. No. 7. S. 55-70. BZ 05317:1982
Hyman, A.: Afghanistan's unpopular revolution. Reforming zeal fails
to enthuse the people. In: The round table. 1979. Nr. 275. S. 222-226.

Ignatov, A. V.: Revoljucija, roždennaja v aprele. Moskva: Politizdat 1980. 70 S. Bc 1430

Klass, R. T.: The tragedy of Afghanistan. In: Asian affairs. Vol. 7, 1979. Nr. 1. S. 1-7.

La Pira, G.: Profilo storico dell' Afghanistan. Dal feudalismo al socialismo importato. In: Politica internazionale. 1979. Nr. 4. S. 29-37.

Linde, G.: Des Kremls Weg zum Khyberpass. Köln: Bundesinst. f. Ostwiss. u. Internat. Studien 1978. 26 S. (Berichte d. Bundesinst. f. Ostwiss. u. Internat. Studien. 1978. 23.)

Mehnert, K.: Afghanistan und seine neuen Herren. In: Indo-Asia. Jg. 21, 1979. Nr. 1. S. 23-30.

Moffa, C.: La crisi afghana. Una rivoluzione "normalizzata". In: Politica internazionale. 1980. Nr. 2. S. 21-28.

Negaran, H.: The Afghan coup of April 1978: Revolution and international security. In: Orbis. Vol. 22, 1979. No. 1. S. 93-114. BZ 4440:22

Newell, R. S.: Revolutie en opstand in Afghanistan. In: Internationale spectator. Jg. 33, 1979. Nr. 11. S. 703-709. BZ 05223:33

Newell, R. S.: Revolution und Rebellion in Afghanistan. In: Europa-Archiv. Jg. 34, 1979. Nr. 21. S. 662-672. BZ 426:34

Poljakov, G. A.: [Kyr.] Afganistan revoljucionnyj. [Das revolutionäre Afghanistan. Moskva: "Meždunarodnye otnošenija" 1981. 68 S. Bc 2697

Praagh, D. v.: The greater game: implications of the Afghan coup. In: International perspectives. 1979. Nr. 2. S. 12-16. BZ 05366:1979

Sandri, R.: La crisi afghana. Può la distensione sopravvivere a Kabul? In: Politica internazionale. 1980. Nr. 2. S. 5-10.

Schroeder, G.: Afghanistan zwischen Marx und Mohammed. Materialien zur afghanischen Revolution. T. 1. 2. Giessen: Initiative für ein Sozialistisches Zentrum. 1980. D 1629

Stockwin, H.: A new great game? Consequences of the coup in Kabul. In: The round table. 1978, Nr. 271. S. 242-252.

Vercellin, G.: La crisi afghana. Le riforme, l' Islam e la società tribale. In: Politica internazionale. 1980. Nr. 2. S. 11-20

4. PUTSCH KARMALS UND SOWJETISCHE INVASION 1979

Afghanistan. In: Kampf-Magazin. 1980. Nr. 3. S. 2-6. BZ 05407:1980

Afghanistan: Der Widerstandskampf der Moslemrebellen gegen die Regime Taraki, Amin u. Karmal. Die sowjetische Invasion. In: Weltgeschehen. 1980. Nr. 1. S. 1-47. BZ 4555:1980

Albrecht, U.: Die afghanische Krise. In: Kritik. Jg. 8, 1980. Nr. 24. S. 69-76. BZ 4415:8

Ali, M.: Afghanistan: search for a political settlement.

A chronology. In: Defence journal. Vol. 7, 1981. No. 12. S. 37-45. BZ 4382:7

Behrens, H.: Die Afghanistan-Intervention der UdSSR. Unabhängigkeit u. Blockfreiheit oder Mongolisierung Afghanistans: Eine Herausforderung für das internationale Krisenmanagement. München: tuduv 1982. 227 S. B 46288

Borcke, A. v.: Die Intervention in Afghanistan - das Ende der sowjetischen Koexistenzpolitik? Köln: Bundesinst. f. ostwiss. u. Internat. Studien 1980. 37 S. Bc 0431

Borcke, A. v.: Die Intervention in Afghanistan - das Ende der sowjetischen Koexistenzpolitik. In: Beiträge zur Konfliktforschung. Jg. 10, 1980. Nr. 1. S. 29-47. BZ 4594:10

Collins, J. J.: The Soviet invasion of Afghanistan. Methods, motives, and ramifications. In: Naval War College review. Vol. 33, 1980. No. 6 (282). S. 53-62. BZ 4634:33

Ehrenberg, E.: Afghanistan - Die sowjetische Invasion aus konflikttheoretischer Perspektive. In: Orient. Jg. 22, 1981. H. 1. S. 69-88. BZ 4663:22

Expedit, B.: Géographie et histoire militaires. La crise Afghane. In: Stratégique. 1981. No. 12. S. 7-43. BZ 4694:1981

Freistetter, F.: The battle in Afghanistan. A view from Europe. In: Strategic review. Vol. 9, 1981. No. 1. S. 36-43. BZ 05071:9

Furlong, R. D. M.; Winkler, T. H.: Die sowjetische Invasion in Afghanistan. In: Internationale Wehrrevue. Jg. 13, 1980. Nr. 2. S. 168-170. BZ 05263:13, 1

Hacker, J.: Die Entwicklung der afghanischen Krise. In: Osteuropa-Recht. Jg. 26, 1980. Nr. 4. S. 233-259.

Die sowjetische Intervention in Afghanistan. Entstehung und Hintergründe einer weltpolitischen Krise. Hrsg.: H. Vogel. Baden-Baden: Nomos Verl.-Ges. 1980. 390 S. (Osteuropa und der internationale Kommunismus. 8.)

Kamlin, M.: Russia in Afghanistan. "Piercing a window", or bursting the floodgates? In: Asia Pacific community. 1980. No. 9. S. 67-93. BZ 05343:1980

Lange, P. H.: Afghanistan - Weltmachtpolitik ohne Gespür. In: Aussenpolitik. Jg. 32, 1981. Nr. 1. S. 73-84. BZ 4457:32

Masood, R.: The Afghan revolution, April 1978 to June 1980. A bibliography. In: Afghanistan in crisis 1981. S. 120-150. B 44483

Monks, A. L.: The Soviet intervention in Afghanistan. Washington: American Enterprise Inst. for Public Policy Research 1981. 60 S. (AEI studies. 314.) Bc 2773

Nayar, K.: Report on Afghanistan. New Delhi: Allied Publ. 1981. 212 S. B 45816

Razvi, M.: Politico-strategic impact of Soviet intervention in Afghanistan. In: Defence journal. Vol. 7, 1981. No. 12. S. 11-18. BZ 4382:7

Rudersdorf, K.-H.: Afghanistan - eine Sowjetrepublik. Reinbek: Rowohlt Verl. 1980. 170 S. (RoRoRo aktuell. 4643.) Bc 1352

Saint Brides : Afghanistan: The empire plays to win. In: Orbis. Vol. 24, 1980. No. 3. S. 533-540. BZ 4440:24

Samimy, S. M. : Hintergründe der sowjetischen Invasion in Afghanistan. Bericht u. Analyse. Bochum: Brockmeyer 1981. IV, 153 S. Bc 2685

Singleton, S. : The Soviet invasion of Afghanistan. In: Air university review. Vol. 32, 1981. No. 3. S. 2-20. BZ 4544:32

Sinha, S. P. : Afghanistan in Aufruhr. Freiburg: Hecht 1980. 207 S. B 41657

Srivastava, M. P. : Soviet Intervention in Afghanistan. New Delhi: Ess Ess Publ. 1980. 128 S. B 42733

Valenta, J. : From Prague to Kabul. The Soviet style of invasion. In: International security. Vol. 5, 1980. No. 2. S. 114-141. BZ 4433:5

Valenta, J. : The Soviet invasion of Afghanistan: The difficulty of knowing where to stop. In: Orbis. Vol. 24, 1980. No. 2. S. 201-218. BZ 4440:24

Valenta, J. : Soviet views of deception and strategic surprise: The invasions of Czechoslovakia and Afghanistan. In: Strategic military deception. 1982. S. 335-351. B 46438

a. Innenpolitische Ereignisse und Kämpfe seit 1980

Afghanistan. Hamburg: Solidaritätskomitee für das afghanische Volk 1981. 32 S. D 2151

Afghanistan. Chronology of events, Sept. 1980 - Febr. 1981. In: Defence journal. Vol. 7, 1981. Nr. 3. S. 29-37. BZ 4382:7

Afghanistan. Eine Dokumentation. Schwerte: Freistühler-Verl. 1980. 116 S. D 1913

Afghanistan. Hintergründe einer Invasion. Seminar vom 30. 5. -1. 6. 1980 an der ESG Düsseldorf. Düsseldorf 1980. 79 S. D 02043

Afghanistan: Januar - März 1980. In: Weltgeschehen. 1980. Nr. 1. S. 1-47. BZ 4555:1980

Afghanistan: what impact on Soviet tactics? In: Military review. Vol. 62, 1982. No. 3. S. 2-11. BZ 4468:62

Afghanistan. Der Kampf um die Freiheit. Bonn: Internat. Communication Agency 1983. 46 S. Bc 01159

Afghanistan - die militärischen Ereignisse. In: Österreichische militärische Zeitschrift. Jg. 18, 1980. H. 2. S. 148-151. BZ 05214:18

Afghanistan - Völkermord im Namen des Fortschritts. Hrsg. : R. Walter. Schwäbisch Gmünd 1980. 99 S. D 1936

Afghanistan ockuperat. Dokument och vittnesmal fran Afghanistantribunalen i Stockholm 1-3 Maj 1981. Stockholm: Ordfronts 1982. 175 S. Bc 2892

Albrecht, U. : Die afghanische Krise. In: Kritik. Jg. 8, 1980. Nr. 24. S. 69-76. BZ 4415:8

Der Befreiungskampf in Afghanistan. Bochum: General union

Afghanischer Studenten im Ausland 1979. 104 S. D 2095
Buchhorn, M.: 40 Tage in Kabul. Eine Reportage über Russen, Rebellen, Revolutionäre. Weinheim: Beltz 1982. 187 S. B 45795
Büscher, H.: Die Afghanistan-Krise im Jahr 1982: Bestandsaufnahme u. Perspektiven e. polit. Lösung. In: Vierteljahresberichte. Probleme der Entwicklungsländer. Nr. 87, 1982. S. 37-52. BZ 4543:1982
Chaliand, G.: L'Afghanistan deux ans après. In: L'Afrique et l'Asie modernes. 1982. No. 132. S. 3-7. BZ 4689:1982
Chaliand, G.: Afghanistan two years after. In: The Washington quarterly. Jg. 5, 1982. Nr. 1. S. 195-198. BZ 05351:5
Chaliand, G.: Rapport sur la résistance afghane. Paris: Berger-Levrault 1981. 163 S. B 45412
Chaliand, G.: The bargain war in Afghanistan. In: Guerrilla strategies. 1982. S. 328-345. B 49733
Collins, J. J.: Afghanistan: The empire strikes out. In: Parameters. Vol. 12, 1982. No. 1. S. 32-41. BZ 05120:12
Dürste, H.; Fenner, M.: Afghanistan: Widerstand und soziale Strukturen. In: Internationale Asienforum. Jg. 13, 1982. No. 1/2. S. 5-18. BZ 4583:13
Dupree, L.: Afghanistan in 1982: Still no solution. In: Asian survey. Jg. 23, 1983. Nr. 2. S. 133-142. BZ 4437:23
Favero, R.: Russians set to conquer - if they can. In: The Pacific defence reporter. Jg. 9, 1983. Nr. 12. S. 18-21. BZ 05133:9
Franceschi, P.: Ils ont choisi la liberté. Paris: Arthaud 1981. 267 S. B 45459
Fukuyama, F.: Afghanistan: A trip report. In: Defence journal. Vol. 8, 1982. Nr. 6/7. S. 9-21. BZ 4382:8
Fullerton, J.: Mujahideen. In: NATO's fifteen nations. Vol. 26, 1981. Nr. 1. S. 23, 102. BZ 05266:26
Grevemeyer, J.-H.: Afghanistan. Widerstand im Wandel. In: Blätter des Informationszentrums Dritte Welt. 1983, Nr. 108. S. 13-24. BZ 05130:1983
Habicht, S.: Expansion oder brüderliche Hilfe? In: Blätter des Informationszentrums Dritte Welt. Nr. 83, 1980. S. 17-24. BZ 05130:1980
Haggerty, J. J.: La encrucijada afgana. In: Defensa. Año 5, 1982. No. 45. S. 18-23. BZ 05344:5
Hansen, J. H.: Afghanistan: the Soviet experience. In: National defense. Vol. 66, 1982. No. 374. S. 20-24; 82. BZ 05186:66
Harrison, S. S.: Dateline Afghanistan. Exit through Finland? In: Foreign policy. 1980/81, Nr. 41. S. 163-187. BZ 05131:1980/81
Hart, D. M.: Low-intensity conflict in Afghanistan. The Soviet view. In: Survival. Vol. 24, 1982. No. 2. S. 61-67. BZ 4499:24
Heller, M.: The Soviet invasion of Afghanistan. In: The Washington Quarterly. Vol. 3, 1980. No. 3. S. 36-59. BZ 05351:3
Heyns, T. L.: Will Afghanistan become the Soviet Union's Vietnam? In: Military review. Vol. 61, 1981. No. 10. S. 50-59. BZ 4468:61
Hutcheson, J. M.: Scorched-earth policy. Soviets in Afghanistan.

In: Military review. Vol. 62, 1982. No. 4. S. 29-37. BZ 4468:62

L'intervention soviétique en Afghanistan. Bavure ou changement de cap? In: Défense nationale. Année 36, 1980. No. 12. S. 95-111. BZ 4460:36

Isby, D. C.: Afghanistan 1982, immer noch Krieg. In: Internationale Wehrrevue. Jg. 15, 1982. Nr. 11. S. 1523-1528. BZ 05263:15

Kamrany, N. M.: Afghanistan under Soviet occupation. In: Current History. Vol. 81, 1982. No. 475. S. 219-222. BZ 05166:81

Khalid, D.: Afghanistan's struggle for national liberation. In: Internationales Asienforum. Jg. 11, 1980. Nr. 3/4. S. 197-228. BZ 4583:11

Khalilzad, Z.: Soviet-occupied Afghanistan. In: Problems of communism. Jg. 29, 1980. Nr. 6. S. 23-40.

Kline, D.: Afghanistan. Reports from behind rebel lines on the resistance to Moscow's aggression. Chicago: Call Publ. 1980. 32 S. D 1739

Kline, D.: The conceding of Afghanistan. In: The Washington Quarterly. Vol. 6, 1983. Nr. 2. S. 130-139. BZ 05351:6

Koch-Olsen, O.: Afghanistan. In: Militaert tidsskrift. Arg. 110, 1981. Nov/Dec. -H. S. 323-341; Arg. 111, 1982. Jan. -H. S. 14-19. BZ 4385:110/111

Kuschnik, H.: Augenzeuge in Afghanistan. Stirbt die Entspannung am Khyberpass? Neuss: Plambeck 1980. 135 S. B 41399

Lami, L.: Morire per Kabul. Una lunga marcia afgana. Milano: Bompiani 1982. 135 S. B 48431

Levine, S. J.: The unending Sino-Soviet conflict. In: Current history. Vol. 79, 1980. Nr. 459, S. 70-74; 104. BZ 05166:79

Ludwig, K.: Die Sowjetunion auf der Anklagebank und welche Fragen sich daraus für die bundesdeutsche Linke ergeben. Bericht über die 2. Sitzung des "Ständigen Tribunals der Völker" zu Afghanistan, 16.-20. 12. 1982, Paris. In: Pogrom. Jg. 14, 1983. Nr. 97. S. 12-15. BZ 05324:14

Missen, F.: Le syndrome de Kaboul. Un afghan raconte. Aix-en-Provence: Edisud 1980. 185 S. B 41188

Mohn, A. H.: Afghanistan kjemper. Oslo: Cappelens 1981. 124 S. Bc 2870

Newell, R. S.: Soviet intervention in Afghanistan. In: The World today. Vol. 36, 1980. No. 7. S. 250-258. BZ 4461:36

O'Ballance, E.: Die sowjetische Besetzung Afghanistans. In: Europäische Wehrkunde. Jg. 29, 1980. H. 11. S. 550-554. BZ 05144:29

Roy, O.: Afghanistan, die "Revolution" aus dem Nichts. In: Befreiung. 1981. Nr. 21. S. 78-88. BZ 4629:1981

Rubinstein, A. Z.: Afghanistan: Embraced by the bear. In: Orbis. Vol. 26, 1982. No. 1. S. 135-154. BZ 4440:26

Seagrave, S.: Yellow rain. A journey through the terror of chemical warfare. New York: Evans 1981. 316 S. B 47458

Siddiqi, A. R.: The Afghan resistance. In: Defence journal. Vol. 7, 1981. No. 12. S. 1-9. BZ 4382:7

Siddiqi, A. R.: The Soviets in Afghanistan. The second year. In: Defence journal. Vol. 7, 1981. Nos. 1-2. S. 1-8. BZ 4382:7

Steul, W.: Der vergessene Konflikt. Ein Jahr sowjetische Invasion in Afghanistan. In: Die politische Meinung. Jg. 26, 1981. Nr. 194. S. 72-79. BZ 4505:26

Vivian, P. H.; Koziulin, B.: Die sowjetische Luftlandekompanie im Angriff auf einen Guerrilla-Stützpunkt. In: Truppendienst. Jg. 21, 1982. Nr. 4. S. 381-384. BZ 05209:21

Wafadar, K.: Afghanistan in 1980. The struggle continues. In: Asian survey. Vol. 21, 1981. No. 2. S. 172-180. BZ 4437:21

Wafadar, K.: Afghanistan in 1981. The struggle intensifies. In: Asian survey. Vol. 22, 1982. No. 2. S. 147-154. BZ 4437:22

Die Wahrheit über Afghanistan. Dokumente, Tatsachen, Zeugnisse. Moskau: APN-Verl. 1980. 223 S. Bc 3384

Walter, R.: Zum Verständnis des Widerstandes der Völker Afghanistans. In: Pogrom. Jg. 14, 1983. Nr. 98. S. 62-64. BZ 05324:14

The Afghan-Soviet war: Stalemate or evolution? A nearby observer. In: The Middle East journal. Vol. 36, 1982. No. 2. S. 151-164. B 4463:36

Chemical warfare in Southeast Asia and Afghanistan. Report to the Congress from Secretary of State Alexander M. Haig. March 22, 1982. Washington, D. C.: Department of State 1982. 31 S. (Special report. 98.) Bc 01050

Wimbush, S. E.; Alexiev, A.: Soviet Central Asian soldiers in Afghanistan. In: Conflict. Vol. 4, 1983. Nr. 2-4. S.325-338.BZ 4687:4

b. Widerstandsgruppen

Afghanistan. Dokumente der Widerstandsgruppen. Hannover: Arbeitsgruppe Afghanistan Flüchtlingshilfe 1981. 28 S. D 02257

Balikci, A.: L'idéologie et l'organisation de la résistance afghane. In: Le monde diplomatique. Année 27, 1980. Nr. 318. S. 5. BZtg 271:27

Bennigsen, A.; Lemercier-Quelquejay, C.: L'expérience soviétique en pays musulmans. Les lecons du passé et l'Afghanistan. In: Politique etrangère. Année 45, 1980. Nr. 4. S. 881-890.

Dastarac, A.; Levent, M.: Afghanistan. L'éveil des nationalités. In: Le Monde diplomatique. Année 27, 1980. Nr. 311. S. 6-7. BZtg 271:27

Die Gründung der Front der kämpfenden Modjahed. Karlsruhe 1979. 7 S. D 01789

Hundt, W.: Nationale Vaterländische Front in Afghanistan. In: Deutsche Aussenpolitik. Jg. 26, 1981. H. 10. S. 47-57. BZ 4557:26

Khalid, D.: Zur Situation des afghanischen Widerstandes. In: Mitteilungen. Deutsches Übersee-Institut. 1980. Nr. 2. S. 13-21.

Khalid, D.: Afghanistan's struggle for national liberation. In: Internationales Asienforum. Jg. 11, 1980. Nr. 3/4. S. 197-228. BZ 4583:11

Metge, P.: Savoir traduire la réalité sociale et culturelle. In: Le Monde diplomatique. Année 1982. Nr. 336. S. 6-7. BZtg 271:29

Sarkash, M.; O'Faolain, S.: Afghanische Rebellen und die Aussicht auf Frieden. In: Antiimperialistisches Informationsbulletin. Jg. 12, 1981. Nr. 9. S. 26-28; Nr. 10. S. 26-27. BZ 05283:12

c. Flüchtlinge

Ahmed, A. S.: Afghan refugees, aid and anthropologists. In: Internationales Asienforum. Vol. 12, 1981. Nr. 1. S. 77-92. BZ 4583:12

Branner, J.: Mennesker pa flugt. København: Gyldendal 1981. 72 S. Bc 0700

Afghanische Flüchtlinge in Pakistan, Bonn: Deutsche Welthungerhilfe 1980. 26 Bl. Bc 2396

Steul, W.; Beitz, W. G.: Hilfe für Afghanistan. Stuttgart: Bonn aktuell 1981. 93 S. Bc 2929

5. Außenpolitische Beziehungen

Adamec, L. W.: Afghanistan's foreign affairs to the midtwentieth century. Relations with the USSR, Germany and Britain. Tucson: Univ. of Arizona Pr. 1974. 324 S. B 24315

Braun, D.: "Krisenbogen" am Indischen Ozean. Regionale Einflußsicherung und die Rolle der Ideologien. In: Europa-Archiv, Jg. 34, 1979. Nr. 17. S. 513-522. BZ 426:34

Dainelli, L.: Afghanistan e sicurezza internazionale. In: Rivista di studi politici internazionali. Anno 46, 1979. No. 4. S. 521-527. BZ 4451:46

Foot, R.: Afghanistan. Sino-Soviet rivalry in Kabul. In: The round table. 1980. Nr. 280. S. 434-442.

Griffith, W. E.: The superpowers and regional tensions. The USSR, the United States, and Europe. Lexington, Mass.: Lexington Books 1982. 135 S. B 46973

Landfried, K.: Afghanistan zwischen Ost und West. In: Der Bürger im Staat. Jg. 31, 1981. H. 1. S. 65-74. BZ 05147:31

Mehta, J. S.: A neutral solution. In: Foreign policy. 1982. Nr. 47. S. 139-153. BZ 05131:1982

Mukerjee, D.: Afghanistan under Daud: Relations with neighboring states. In: Asian survey. Vol. 15, 1975. No. 4. S. 301-312. BZ 4437:15

Mourin, M.: L'Afghanistan, carrefour de la coexistence. In: Revue de défense nationale. Année 27, 1972. No. 10. S. 1480-1497. BZ 3055:27

Oren, S.: Bedrohliche Polarisierung im Mittleren Osten.

Außenpolitische Auswirkungen des afghanischen Umsturzes. In: Europa-Archiv. Jg. 29, 1974. Nr. 2. S. 55-62. BZ 426:29

Riencourt, A. de: India and Pakistan in the shadow of Afghanistan. In: Foreign affairs. Vol. 61, 1982/83. No. 2. S. 416-437. BZ 05149:61

Sanz, P. R.: Aspectos geopoliticos y geostratégicos de la cuestión de Afganistán y de la Región del Indico Occidental. In: Revista de la escuela superior de guerra. Année 59, 1981. No. 453. S. 93-113. BZ 4631:59

a. Einzelne Länder

China

Dutt, G.: China and the developments in Afghanistan. In: International studies. Vol. 19, 1980. Nr. 4. S. 597-608.

Segal, G.: China and Afghanistan. In: Asian survey. Vol. 21, 1981. No. 11. S. 1158-1174. BZ 4437:21

Indien

Ghosh, P. S.; Panda, R.: Domestic support for Mrs. Gandhi's Afghan policy: The Soviet factor in Indian Politics. In: Asian survey. Jg. 23, 1983. Nr. 3. S. 261-279. BZ 4437:23

Horn, R. C.: Afghanistan and the Soviet-Indian influence relationship. In: Asian survey. Vol. 23, 1983. Nr. 3. S. 244-260. BZ 4437:23

Malhotra, J. K.: Indiens Aussenpolitik und die Afghanistan-Krise. In: Deutsche Studien. Jg. 18, 1980, Nr. 70. S. 132-143. BZ 4535:18

Thakur, R.: Afghanistan. The reasons for India's distinctive approach. In: The round table. 1980. Nr. 280. S. 422-433.

Vivekanandan, B.: Afghanistan invasion viewed from India. In: Asia Pacific community. 1980. No. 9. S. 63-82. BZ 05343:1980

Pakistan

Cheema, P. I.: The Afghanistan crisis and Pakistan's security dilemma. In: Asian survey. Jg. 23, 1983. Nr. 3. S. 227-243. BZ 4437:23

USSR

Baloch, I.: Afghanistan, Paschtunistan - Belutschistan. In: Aussenpolitik. Jg. 31, 1980. Nr. 3. S. 284-301. BZ 4437:31

Bantle, F.: Die Erfahrungen des afghanischen Volkes mit der Sowjetunion. In: Blätter des Informationszentrums Dritte Welt. Nr. 83, 1980. S. 26-32. BZ 05130:1980

Bennigsen, A.: Les Muselmans de l' URSS et la crise afghane. In: Politique étrangère. Année 45, 1980. No. 1. S. 13-25. BZ 4449:45

Berner, W.; Linde, G.: Die afghanisch-sowjetischen Beziehungen 1919-1980. Köln: Bundesinst. f. Ostwissenschaftl. u. Internat. Studien 1980. 10 S. (Aktuelle Analysen. 1980, 6.)

Berner, W.: Die Intervention und das globale Kräfteverhältnis. In: Indo-Asia. Jg. 22, 1980. Nr. 1/2. S. 55-63.

Berner, W.: Der Kampf um Kabul. Lehren und Perspektiven der sowjetischen Militärintervention in Afghanistan. Köln: Bundesinst. f. ostwiss. u. internat. Studien 1980. 80 S. (Berichte d. Bundesinst. f. ostwiss. u. internat. Studien. 14/1980.) Bc 01015

Bradsher, H. S.: Afghanistan and the Soviet Union. Durham, N. S.: Duke Univ. Pr. 1983. VIII, 324 S. B 49528

Brancato, E.: Perché l'Afghanistan? In: Rivista di studi politici internazionali. Année 48, 1981. No. 1. (189). S. 18-32. BZ 4451:48

Caroe, O.: The Russian view of Afghanistan. In: The round table. 1981. Nr. 283. S. 276-279.

Carrère d'Encausse, H.: Les Soviétiques en Afghanistan. Un nouveau Cuba? In: Politique internationale. 1979/80. Nr. 6. S. 21-38.

Dahm, H.: Das Unternehmen Afghanistan als Lehrstück der politischen u. militärischen Doktrin Sowjetrusslands. Köln: Bundesinst. f. ostwiss. u. internat. Studien 1980. 91 S. (Berichte d. Bundesinst. f. ostwiss. u. internat. Studien. 9, 1980.) Bc 0428

Damodaran, A. K.: Soviet action in Afghanistan. In: International studies. Vol. 19, 1980. Nr. 4. S. 575-596.

Frenzke, D.: Afghanistan und der sowjetische Interventionsbegriff. In: Osteuropa-Recht. Jg. 26, 1980. Nr. 4. S. 259-277.

Frenzke, D.: Dokumentation zur Entwicklung der sowjetisch-afghanischen Beziehungen. In: Osteuropa-Recht. Jg. 26, 1980. Nr. 4. S. 297-332.

Garrity, P. J.: The Soviet military stake in Afghanistan. 1956-1979. In: RUSI, Vol. 125, 1980. No. 3. S. 31-36. BZ 05161:125

Grinter, L. E.: The Soviet invasion of Afghanistan: Its inevitability and its consequences. In: Parameters. Vol. 12, 1982. Nr. 4. S. 53-61. BZ 05120:12

Halliday, F.: Soviet policy in the arc of crisis. Washington: D. C.: Inst. for Policy Studies 1981. 143 S. B 47008

Halliday, F.: Threat from the East? Soviet policy from Afghanistan and Iran to the Horn of Africa. Rev. ed. Harmondsworth: Penguin Books 1982. 149 S. Bc 3263

Hendrikse, H.: De Sowjetunie als veiligheidsmanager von Zuidwest-Azie. In: Internationale spectator. Jg. 34, 1980. Nr. 4. S. 189-200. BZ 05223:34

Heugten, J. v.: Afghanistan: hoe de Russen er kwamen. In: Internationale Spectator. Jg. 37, 1983. Nr. 4. S. 206-215. BZ 05223:37

Hubel, H.: Die sowjetische Nah- und Mittelostpolitik. Bestimmungsfaktoren u. Ziele sowie Ansatzpunkte f. Konfliktregelungen... Bonn: Forschungsinst. d. Dt. Gesellsch. f. ausw. Politik 1982. II, 68 S. (Arbeitspapiere zur internationalen Politik. 20.) Bc 2754

Hyman, A.: Afghanistan under Soviet domination, 1964-81. New York: St. Martin's Pr. 1982. XI, 223 S. B 48096

Katz, M. N.: The Third World in Soviet military thought. London: Croom Helm 1982. 188 S. B 46646

Linde, G.: Afghanistan und die Sowjetunion. Köln: Bundesinst. f. ostwissen. u. internat. Studien 1980. 11 S. (Aktuelle Analysen. 1980, 4.)

Ludwig, K.: Die Sowjetunion auf der Anklagebank und welche Fragen sich daraus für die bundesdeutsche Linke ergeben. Bericht über die 2. Sitzung d. "Ständigen Tribunals der Völker" zu Afghanistan, 16.-20.12.1982. Paris. In: Pogrom. Jg. 14, 1983. Nr. 97. S. 12-15. BZ 05324:14

Magnus, R. H.: Tribal marxism: The Soviet encounter with Afghanistan. In: Conflict. Vol. 4, 1983. Nr. 2-4. S. 339-368. BZ 4687:4

Maprayil, C.: The Soviets and Afghanistan. London: Cosmic Pr. 1982. 165 S. B 47631

Matsson, R. J.: Politische und völkerrechtliche Aspekte der sowjetischen Invasion Afghanistans 1979/80 und die Position der Sowjetunion. In: Österreichische Zeitschrift für Außenpolitik. Jg. 21, 1981. H. 2. S. 79-96. BZ 4642:21

Meissner, B.: Sowjetische Aussenpolitik und Afghanistan. In: Aussenpolitik. Jg. 31, 1980. Nr. 3. S. 260-283. BZ 4457:31

Meissner, B.: Die Stellung der Sowjetunion zur Intervention und der Fall Afghanistan. In: Beiträge zur Konfliktforschung. Jg. 10, 1980. Nr. 2. S. 31-64. BZ 4594:10

Menon, R.: Soviet policy in the Indian Ocean Region. In: Current history. Vol. 76, 1979. Nr. 446. S. 176-179, 186. BZ 05166:76

Millar, T. B.: The East-West strategic balance. London: Allen and Unwin 1981. XXX. 199 S. B 45344

Monsawi, G.: Die Stellung Afghanistans in der sowjetischen Mittelostpolitik. In: Wirtschaftspolitische Chronik. Jg. 29, 1980. Nr. 1. S. 11-115.

Newman, J. M.: Soviet strategy in Asia, 1977-79. In: Asian affairs. 1980. No. 5. S. 305-334.

Rees, D.: Afghanistan's role in Soviet strategy. London: Inst. for the study of conflict 1980. 80 S. (Conflict studies. 118.) Bc 0416

Révész, L.: UdSSR über Afghanistan. Afghanistan im Spiegel der Sowjetpresse. Bern: Schweizer. Ost-Inst. 1981. 109 S. (SOI-Sonderdruck. 19.) 08741

Roy, O.: Die kalkulierten Risiken der Sowjetunion in Afghanistan. In: Befreiung. 1981. Nr. 21. S. 72-77. BZ 4629:1981

Rubinstein, A. Z.: Soviet imperialism in Afghanistan. In: Current history. Vol. 79, 1980. Nr. 459. S. 80-83; 103-104. BZ 05166:79

Rubinstein, A. Z.: Soviet policy toward Turkey, Iran, and Afghanistan. The dynamics of influence. New York: Praeger 1982. XIII, 200 S. B 49739

Rubinstein, A. Z.: The last years of peaceful coexistence. Soviet-Afghan relations 1963-1978. In: The Middle East journal. Vol. 36, 1982. No. 2. S. 165-183. BZ 4463:36

The Soviet status in Afghanistan. In: Defense and foreign affairs. Vol. 8, 1980. No. 2. S. 36-38; 44-45. BZ 05097:8

The Soviet Union and the Third World. Ed. by E. J. Feuchtwanger and P. Nailor. London: Macmillan 1981. 229 S. B 45487

Tahir-Kheli, S.: The Soviet Union in Afghanistan. Benefits and costs. In: The Soviet Union in the

Third World. 1981. S. 217-231. B 44155

Teplinskij, L. B.: [Kyr.] SSSR i Afganistan. 1919-1981. [Die UdSSR und Afghanistan. 1919-1981.] Moskva: Glavnaja red. vostočnoj lit-izd-vo Nauka 1982. 293 S. [Bibl.-Reg.] (SSSR i strany Vostoka.) B 46536

Ticktin, H. H.: Der Krieg in Afghanistan: Eine verzweifelte Elite expandiert. In: Planlose Wirtschaft. 1981. S. 93-116. B 44554

Weinland, R. G.: An (The?) explanation of the Soviet invasion of Afghanistan. Alexandria: Center for naval Analyses 1981. 44 S. (Professional paper. 309.)

USA

Poullada, L. B.: Afghanistan and the United States: the crucial years. In: The Middle East journal. Vol. 35, 1981. No. 2. S. 179-190. BZ 4463:35

b. Auswirkungen auf die internationale Politik

Artner, S. J.: Entspannungspolitik vor und nach Afghanistan. In: Aussenpolitik. Jg. 31, 1980. Nr. 2. S. 134-146. BZ 4457:31

Blechman, B. M.: The Afghan angle. Where detente? In: The Washington quarterly. Vol. 3, 1980. No. 4. S. 100-108. BZ 05351:3

Braun, D.: Regionale Auswirkungen der sowjetischen Besetzung Afghanistans. In: Europa-Archiv. Jg. 37, 1982. Nr. 16. S. 477-486. BZ 4452:37

Engel, B.: Die Bewegung der Blockfreien nach der sowjetischen Intervention in Afghanistan. In: Europa-Archiv. Jg. 36, 1981. Nr. 16. S. 485-492. BZ 4452:36

Görtemaker, M.: Afghanistan und die Entspannungspolitik. In: Osteuropa. Jg. 30, 1980. Nr. 6. S. 469-480. BZ 4459:30

Griffith, W. E.: Super-power relations after Afghanistan. In: Survival. Vol. 22, 1980. Nr. 4. S. 146-151. BZ 4499:22

Gupta, B. S.: The Afghan syndrome. How to live with Soviet power. London: Croom Helm 1982. X, 296 S. B 47503

Hacker, J.: Afghanistan und die Folgen. Zu einigen völkerrechtlichen Aspekten. In: Osteuropa. Jg. 30, 1980. Nr. 7. S. 599-614. S. 599, 614. BZ 4459:30, 2

Hammond, T. T.: Afghanistan and Persian Gulf. In: Survey. Vol. 26, 1982. Nr. 2. S. 83-101. BZ 4515:26

Jopp, M.; Schlotter, P.: Die westliche Embargopolitik nach dem sowjetischen Einmarsch in Afghanistan. Ziele - Reaktionen - Auswirkungen. Frankfurt: Hessische Stiftung Friedens- u. Konfliktforschung 1981. 62 S. Bc 01047

Khalizad, Z.: Afghanistan and the crisis in American foreign policy. In: Survival. Vol. 22, 1980. Nr. 4. S. 151-160. BZ 4499:22

Laloy, J.: Die Pranke des Bären. Westeuropa und die Afghanistan-Krise. In: Europäische Rundschau. Jg. 8, 1980. Nr. 3. S. 9-15. BZ 4615:8

Mit Carter in den Kreuzzug? Die USA, die UdSSR, Westeuropa und die Afghanistankrise. Köln: Pahl-Rugenstein 1980. 167 S. (Kleine Bibliothek. 173.) B 39775

Newell, R. S.: International responses to the Afghanistan crisis. In: The world today. Vol. 37, 1981. Nr. 5. S. 172-181. BZ 4461:37

Osgood, R. E.: The alliance after Afghanistan. A crisis in US-European relations. In: The Atlantic community quarterly. Vol. 18, 1980/81. No. 4. S. 394-402. BZ 05136:18

Pickard, C.: Afghanistan: difficult decisions for the West. In: The round table. 1980. Nr. 278. S. 132-137.

Posadas, J.: Afghanistan, der Imperialismus, die UdSSR und der Aufbau des Sozialismus. Frankfurt: Ed. Wissenschaft, Kultur u. Politik 1980. 69 S. D 1639

Riencourt, A. de: India and Pakistan in the shadow of Afghanistan. In: Foreign affairs. Vol. 61, 1982/83. Nr. 2. S. 416-437. BZ 05149:61

Ross, A.: In Afghanistan's shadow. In: The Washington quarterly. Vol. 5, 1982. Nr. 4. S. 216-221. BZ 05351:5

Schwarz, H.-P.: Das Ende aller Sicherheit. Die Weltpolitik nach dem Überfall auf Afghanistan. In: Die politische Meinung. Jg. 25, 1980. Nr. 188. S. 7-15. BZ 4505:25

Skinner, G. R.: Soviet invasion of Afghanistan calls for strategic reappraisal. In: International perspectives. 1979/80. March/April, S. 7-11. BZ 05366:1979/80

Sonnenfeldt, H.: Die Afghanistan-Krise und die amerikanisch-sowjetischen Beziehungen. In: Europa-Archiv. Jg. 35, 1980. Nr. 6. S. 169-178. BZ 4452:35, 1

Spohn, W.: Afghanistan und Iran im Brennpunkt imperialistischer Konflikte. In: Kritik. Jg. 8, 1980. Nr. 24. S. 44-55. BZ 4415:8

Timmermann, H.: Die Reaktion im Westen und in der Dritten Welt auf die sowjetische Intervention in Afghanistan. Köln: Bundesinst. f. ostwiss. u. internat. Studien 1980. 9 S. (Aktuelle Analysen. 1980. 5.)

Vander Beugel, E.: After Afghanistan. In: Survival. Vol. 22, 1980. Nr. 6. S. 242-247. BZ 4499:22

Vigor, P. H.: Lessons for NATO from the Soviet invasion of Afghanistan. In: NATO's strategic options. 1981. S. 13-26. B 45358

Vogel, H.: Die Embargo-Politik der USA gegenüber der Sowjetunion nach Afghanistan. In: Europa-Archiv. Jg. 36, 1981. Nr. 20. S. 615-626. BZ 4452:36

Wagner, W.: Das Ost-West-Verhältnis nach der sowjetischen Intervention in Afghanistan. In: Europa-Archiv. Jg. 35, 1980. Nr. 5. S. 135-146. BZ 4452:35, 1

III
ALPHABETISCHES VERFASSER-REGISTER